Titre courant

9

AUGUSTIN RENAUDET

ERASME ET L'ITALIE

Préface de Silvana Seidel Menchi

LIBRAIRIE DROZ S.A.
11, RUE MASSOT
GENÈVE
1998

Ce livre a d'abord paru en 1954
dans la collection

Travaux d'Humanisme et Renaissance

2ᵉ édition corrigée

ISBN: 2-600-00509-9 — ISSN: 1420-5254

© 1998 by Librairie Droz S.A., 11 rue Massot, 1211 Geneva 12
(Switzerland)

All rights reserved. No part of this book may be reproduced,
translated, stored or transmitted in any form or by any means,
electronic, mechanical, photocopying, recording or otherwise
without written permission from the publisher.

PRÉSENTATION

- 1 -

"Erasme, esprit italien". Cette formule de Michelet, que Renaudet cite à trois reprises, au début et à la fin de l'ouvrage réimprimé ici, dit mieux le projet que le titre même que l'auteur a préféré donner à son livre. Augustin Renaudet se proposait un programme plus vaste que de décrire les relations ayant existé entre Erasme et l'Italie. Ouvrage de la pleine maturité de l'auteur, ce livre se veut un portrait en ronde bosse d'Erasme, homme-charnière de deux siècles, esprit en qui convergent toutes les lignes de force de la culture italienne de la Renaissance, qui "domine si puissamment, au début des temps modernes, la chrétienté occidentale" (p. 411). On y trouve en effet trois thèmes: une vision italocentrique du premier âge moderne, Erasme figure tutélaire de cet âge, et le panorama d'un siècle de recherches culturelles dirigées vers l'humanisme et la Renaissance. Ces trois thèmes s'entrelacent et s'éclairent l'un l'autre, s'exprimant dans une prose noble, nourrie de sensibilité littéraire, aux horizons larges, aimant à fréquenter les cimes. Il faut donc tenter, près d'un demi-siècle après la première édition (1953), de dresser un bilan de ce qui est vivant et de ce qui est mort dans cette "somme" historiographique, aboutissement de l'œuvre d'Augustin Renaudet.

- 2 -

Erasme et l'Italie est avant tout un livre à thèse. Il s'inspire du chef-d'œuvre de Marcel Bataillon, répondant au défi de ce modèle, *Erasme et l'Espagne* (1937), et s'en nourrissant. Preuve en est son titre! A la géographie de la Renaissance, que Renaudet avait hérité de ses maîtres, Bataillon avait ajouté un continent nouveau, qu'il était allé reconnaître, tel un explorateur génial, et qu'il avait décrit avec beaucoup de précision, y développant des perspectives séduisantes. *Erasme et l'Espagne* ouvrait de nouvelles voies aux historiens, et donnait à cette aire de recherches une priorité, un attrait nouveau, alors que l'historiographie internationale ne l'avait jusqu'alors considérée que sous le rapport de ses institutions répressives, comme sont les tribunaux de l'Inquisition. Grâce à Erasme et à son point de vue, l'Espagne participait à l'Europe humaniste, faisait concurrence à l'Italie, devenait un creuset où s'élaboraient des programmes moraux et politiques, des propositions de réforme religieuse peut-être plus fécond et varié que le creuset italien, et surtout plus attrayant parce que moins connu que ce dernier. Or Renaudet, de par sa formation, était centré vers l'Italie - c'était là un article fondamental de son credo historiographique. Il réagit donc à cette nouvelle tendance avec vigueur. Il lui fallait rectifier l'image de l'Espagne du début du XVIe siècle qui restait à ses yeux, malgré les aspects évangéliques et la spiritualité rebelle que Bataillon avait mis en lumière, le pays qui "préparait l'asservissement de l'Italie", qui "fondait au-delà de l'Atlantique un empire avide et cruel" et qui couronnait par le sac de Rome un "messianisme hispano-impérial", auquel l'histoire de la Renaissance n'était pas disposé à reconnaître une matrice érasmienne (p. 332).

Le moment capital de cette mise au point, serait donc de replacer l'événement Erasme dans la sphère d'influence de l'Italie; la priorité traditionnelle de l'Italie réapparaîtrait, et la carte géographique de l'Europe du début de l'âge moderne serait rétablie. La thèse qui est à la base de ce livre, c'est que non seulement certains moments et certains aspects de l'œuvre d'Erasme, mais toute sa vie, de la formation jusqu'au déclin, sont en dialogue avec l'Italie. Et si la perspective

PRÉSENTATION

espagnole permet de saisir certains traits principaux de la physionomie d'Erasme, évangélisme, spiritualisme, philologie biblique, la perspective italienne permet seule d'avoir une vue d'ensemble d'Erasme, dans son être, dans les étapes de son devenir, dans la dynamique de sa pensée.

Ce défi abouti à une réussite. La démonstration est faite que l'Italie donne la clé de compréhension de la biographie intellectuelle d'Erasme, sans en laisser aucun aspect important dans l'ombre. En effet, chacune des étapes essentielles de la formation de l'humaniste s'exprime par une rencontre avec l'Italie - l'Italie aux diverses facettes et pourtant unie - l'Italie où la chrétienté occidentale de l'âge moderne trouve sa première définition. Lorsque l'humanisme italien se répand dans les Pays-Bas, Erasme à peine adolescent le découvre (Agricola, Hegius); puis ce sera la rencontre du jeune étudiant avec l'italianisme parisien (Gaguin, Andrelini), puis celle, décisive cette fois, avec l'italianisme anglais (Colet et les réformateurs anglais). Le héros en sortira marqué à travers sa jeunesse et sa maturité.

Ainsi, tout l'itinéraire formatif du futur maître de l'Europe moderne est comme aspirant à une patrie idéale, comme une préparation au voyage d'Italie: et le séjour italien de la maturité devient le sommet de la biographie intellectuelle d'Erasme. C'est dans le contact et par le contact avec cette patrie d'élection que sa physionomie de génie sans frontière trouvera ses traits définitifs - lors de la publication des *Adagia* (1508) et lors de la conception de l'*Encomium Moriæ* (1509).

A partir de son départ de l'Italie, la vie d'Erasme se configurera diversement, et son discours s'adressera à un autre auditoire. Et pourtant l'Italie, qui n'est pas dès lors objet de nostalgie, continue à être un observatoire privilégié pour suivre son évolution, parce que la place première qu'avait tenue jusqu'alors la culture italienne, sera désormais occupée par l'Eglise. C'est vers Rome désormais - encore l'Italie - que tendent ses pensées, ses inquiétudes, que vise la correspondance d'Erasme, c'est là que vont les dédicaces de ses œuvres. Cette équation implicite entre Italie et Eglise catholique permet à

Renaudet d'achever son œuvre, et de lire aussi la seconde partie de la vie d'Erasme d'un point de vue italien.

A ce changement de sens correspond un changement de registre. Ce qui, dans la première partie de la biographie, était rapport de sympathie, d'admiration, le regard d'un disciple, devient dans la dernière un rapport conflictuel, tout en dissonances. Il s'agit d'élaborer une stratégie d'autodéfense qui le mette à l'abri des attaques provenant de Rome, ou des milieux proches de la curie romaine. Erasme y consacre une grande partie de son énergie. Il faut donner une image rassurante de sa personne, ce qui lui conciliera la faveur du pape et de ses cardinaux, et cela l'oblige à "toute une politique, parfois médiocrement franche, d'incertitudes et d'hésitations" (p. 417). Rome n'est plus cet antre lumineux qui conserve le patrimoine idéal d'une humanité transfigurée, mais le nœud menaçant d'un pouvoir, dont il faut constamment se garder. Le rapport libre et fécond d'échanges est devenu un rapport inquiétant de dépendance. Dans cette phase de sa vie, consacrée souvent à l'autodéfense, le dialogue d'Erasme avec l'Italie, ou plutôt avec l'Eglise de Rome, ne conserve la tension idéale que Renaudet lui confère que s'il se trouve projeté sur le plan des possibles. Le "si" est alors une catégorie d'interprétation historique, et devient la grande ressource de Renaudet: "si" Erasme était retourné en Italie, "si" Erasme s'était trouvé à Rome... Aucun projet de voyage, aucune promesse de séjour, grâce auxquelles Erasme tient ses interlocuteurs romains en haleine et les rassure, n'échappe à Renaudet, qui accorde à chacun de ces projets, à chacune de ces promesses, le poids et la signification d'une occasion perdue pour l'Europe chrétienne. Dans la géographie idéale de l'historien du premier âge moderne, la troisième Eglise, l'érasmienne, celle qui théologiquement se situe entre Rome et Wittenberg et leur sert de lien, aurait eu son siège naturel en Italie. "Si" Erasme avait été à Rome, la ville éternelle "eût pu devenir érasmienne" (p. 416), "la fondation de la troisième Eglise eût été la tâche essentielle de cette Italie, à laquelle Erasme devait sa libération intellectuelle" (p. 345). C'est là que l'œuvre d'historiographie inspirée, non dépourvue de quelque chose de visionnaire, prend le pas, nettement, sur la reconstruction érudite.

- 3 -

Inévitablement, quarante-cinq années de recherches ont apporté quelques modifications au portrait d'Erasme tel que Renaudet l'a tracé. Ainsi le *Julius exclusus e cœlis* dont Renaudet ne voulait aucunement reconnaître la paternité à Erasme, parce qu'il apporte une note dissonante dans l'harmonie des lignes et des tons de son tableau, est aujourd'hui généralement considéré comme œuvre authentique par la critique. La polémique avec Ulrich von Hutten, que Renaudet passe sous silence, est aujourd'hui considérée comme une expérience qui marquera d'une manière décisive l'attitude d'Erasme face à la Réforme. Le poids qui incombe à la rhétorique, à la grammaire, aux éditions des Pères de l'Eglise, dans l'ensemble des activités d'Erasme, n'a pas été reconnu comme il le fallait; la place que Renaudet accorde aux polémiques et aux controverses qui ont rempli la fin de la vie de l'humaniste n'est pas proportionnelle à leur véritable importance existentielle et doctrinale. Mais ces modifications (il y en a encore d'autres) que la critique érasmienne a apporté au tableau de Renaudet ne font que mettre en évidence son étonnante fraîcheur.

En effet, l'image de l'Humaniste qu'un demi-siècle de recherches intenses a défini, a ciselée et codifiée - et ce en vertu d'un consensus scientifique relativement harmonieux - coïncide dans ses traits fondamentaux avec l'image de Renaudet. Notre auteur avait déjà entrevu l'Erasme porte-drapeau de l'humanisme biblique, le théoricien du pacifisme et de la modération, le précurseur de la tolérance et du dialogue interconfessionnel, celui qui harmonise le rationalisme antique et la révélation de l'Evangile, enfin le théoricien de la liberté de l'homme chrétien, le promoteur d'un évangélisme qui peut servir de moule à des choix théologiques divergeants ou même opposés, avec les conséquences confessionnelles que cela comporte. Dans d'autres domaines aussi, plus particuliers, le tableau biographique proposé par Renaudet se révèle parfaitement à jour, comme dans le tracé des tournants de l'itinéraire intellectuel d'Erasme, le catalogue de ses maîtres, l'analyse de ses obsessions et de certains de ses délires de persécution, comme celui qui est lié à la figure d'Aléandre. La continuité de l'interprétation d'Erasme, comme elle apparaît en lisant notre ouvrage, et en considérant le demi-siècle d'études plus récentes provient d'une base documentaire commune: l'édition des lettres d'Erasme de P.S. et H.M. Allen - série de volumes auxquels les *Etudes érasmiennes* de Renaudet font contrepoint. C'est la source privilégiée qui ne cesse d'irriguer toutes les synthèses interprétatives tentées par deux générations de spécialistes, et qui leur permet de converger en une figure profondément unitaire.

Dans le panorama de la critique érasmienne moderne, la synthèse de Renaudet se distingue par un trait particulier, que d'autres lui ont parfois emprunté, mais sans toujours retrouver la même force d'éloquence. Il s'agit de l'antithèse entre humanisme et dogmatique protestante, à laquelle Renaudet ramène la querelle entre Erasme et Luther. Ce conflit revêt, dans *Erasme et l'Italie*, une expression singulièrement incisive. Ce sont dès lors deux catégories antithétiques de l'histoire universelle. Le "biblicisme cruel" de Luther s'oppose à "l'harmonie du rationalisme ancien et de la raison chrétienne" que professe Erasme (p. 301), le sombre déterminisme, la vision pessimiste de la nature humaine, fatalement encline au péché, de l'un, contraste avec la confiance dans les lumières naturelles et la dignité humaine de l'autre. Si Erasme se détache du mouvement de la Réforme, et particulièrement de la théologie de Luther, cela est dû à son humanisme, qu'il ne faut pas alors comprendre comme une méthode de philologie ou comme un programme d'études, mais comme un credo, sinon même comme une philosophie de la vie. L'enthousiasme que Renaudet ressent pour l'*Hyperaspistes* de 1527 prend place et s'explique par ce heurt de deux catégories métahistoriques - l'humanisme comme "éthique de la noblesse humaine" d'un côté (p. 309), et un luthéranisme centré sur la notion de "grâce avare", d'une "Providence inhumaine" de l'autre (p. 343). Ainsi replacé, le traité *Hyperaspistes* s'élève à la dignité de monument philosophique et théorique de l'humanisme, devenant "un des plus beaux livres de la Renaissance", le réceptacle de l'"essentiel héritage du Logos italien" (p. 304). La critique érasmienne plus récente, mieux outillée théologiquement, ne souscrit pas à ce jugement, mais l'interprétation de la controverse entre Erasme et Luther sous forme de catégories philosophiques universelles s'est répandue dans beaucoup de

PRÉSENTATION   XV

livres de ces quarante dernières années, et a laissé une trace profonde et durable dans l'histoire de la critique érasmienne.

- 4 -

On peut dire que la controverse entre Erasme et Luther, en tant que contraste entre humanisme et théologie de la grâce, constitue le fondement même de l'idée d'un "Erasme esprit italien". De sorte que la méditation historique qui se condense en ce livre, englobe la définition des aspects de la civilisation de l'humanisme et de la Renaissance. L'Italie qui figure au titre, l'"italianisme" qui se dégage de ces pages, sont syno-nymes de l'humanisme. L'Italie est la patrie spirituelle d'Erasme parce que l'humanisme italien est comme le terreau dont sa pensée s'alimente, l'arbre dont il porte les fruits à complète maturité.

A cet égard, le travail de Renaudet représente comme l'aboutissement de tout un siècle d'études sur la Renaissance. Le thème que Burckhardt avait lancé, revu, mis à jour, corrigé et intégré avec la découverte de la religiosité de la Renaissance, se transforme en une apologie de la nature humaine. Ce que la pensée antique contient de saint, harmonieusement associé à l'éthique chrétienne, constitue le climat idéal où l'humanité découvre sa noblesse, s'épanouit en amour de la vérité, en culte de la beauté, et construit une communauté civile et politique éclairée par l'intelligence, vivifiée par la solidarité. L'humanisme apparaît alors comme l'apogée de l'esprit humain dans son devenir historique.

C'est ainsi qu'*Erasme et l'Italie* constitue le testament spirituel de son auteur, ainsi que sa profession de foi en un Olympe des esprits, vers lequel tendent les forces morales et intellectuelles de l'humanité. L'historiographie idéaliste, pour laquelle les idées sont le moteur de la société, fait voir ici toute sa force de transformation et laisse apparaître en même temps quelles sont ses limites. La cité lumineuse qui réunit les meilleurs esprits, là où séjourne Erasme, abrite encore Montaigne, Michel-Ange, Stendhal dialoguant librement entre eux. Melanchthon y a également droit de citoyenneté, car il bénéficie lui aussi de l'héritage idéal de l'humanisme (p. 366). Et si l'on veut une contre-épreuve de cette assemblée idéale des grands esprits, on la trouvera dans le sort réservé à Machiavel. Sa vision négative de la nature humaine, le "positivisme étroit" de sa conception politique, son obsession du pouvoir, sa conception de la société étrangère aux dimensions idéales, le peu de soin qu'il prend de la liberté individuelle et de la conscience, font que Machiavel n'entre pas dans cet Olympe lumineux des nobles esprits, et se trouve relégué dans les marges de la civilisation italienne de la Renaissance (p. 317).

Dans les années mêmes où Renaudet préparait son *Erasme et l'Italie*, Paul Oskar Kristeller renouvelait la définition historique de l'humanisme, en le ramenant aux dimensions plus modestes, mais plus concrètes, de la philologie, de l'herméneutique. Et dix ans plus tard, dès les années soixante, la vaillante escouade des élèves américains de Hans Baron et de Kristeller lui-même s'est emparée de l'héritage des études de la Renaissance, de concert avec Nicolas Rubinstein, en l'orientant dans le sens d'une histoire sociale (Gene Brucker, Anthony Molho, Lauro Martines, Julius Kirshner et leurs disciples). Si bien que peu d'années après la publication du livre de Renaudet, aucun historien n'aurait plus pu parler de l'humanisme dans les termes qu'utilise Renaudet. Son vocabulaire apparaissait dépassé.

Un demi-siècle après - en un moment où l'on met en cause la Renaissance elle-même comme concept de périodisation de l'histoire de l'Europe - *Erasme et l'Italie* apparaît comme un document des plus significatifs d'un mythe historique persistant. Le livre porte témoignage, dans un langage éloquent, de cette vision de l'humanisme qui a offert un refuge idéal à toute une génération d'Européens, bouleversés par deux guerres dévastatrices, déchirés par des pouvoirs inhumains, balayés par des déchaînements de férocité incroyables: un refuge idéal, qui sauve la foi en la dignité humaine et donne un modèle pour former l'humanité future.

Silvana Seidel Menchi

mai 1998

A LUCIEN FEBVRE
ami et historien

AVANT-PROPOS

Pierre de Nolhac, en 1898, publiait un petit volume, intitulé *Erasme en Italie* [1]. Le sujet, encore neuf, avait pu tenter l'historien de l'humanisme, le familier de Pétrarque, l'ami des maîtres de la Renaissance. Il connaissait à fond la Rome de Jules II et de Léon X, la Venise de Léonard Lorédan, la Florence de Laurent le Magnifique, de Savonarole et de Machiavel. Il avait fréquenté à Venise l'atelier d'Alde Manuce, vu travailler Michel-Ange à la Sixtine, Raphaël dans les Chambres du Vatican; il avait ses entrées chez le cardinal Grimani, au palais romain de Venise. Il maniait avec désinvolture les lourds in-folio de Leyde, et particulièrement les deux tomes du troisième volume, où la correspondance érasmienne s'entassait dans une confusion décourageante. Sa fantaisie, sa raison tempérée prenaient un vif plaisir à suivre les digressions des *Adages* et de l'*Eloge de la folie*. Son livre, exactement documenté, riche de détails pittoresques et vivants, nous révélait un Erasme curieux de moeurs et d'usages, et sans doute aussi de cet art dont il ne parlait guère, car telle n'était pas la coutume chez les écrivains d'alors; peu ému devant la majesté de cette Rome consulaire et impériale qu'il n'aima jamais, ni même par la Rome chrétienne et ces aspects sacrés qui troublaient la conscience inquiète de Pétrarque [2]; l'homme qui allait écrire l'*Eloge de la folie* savait que le christianisme des temps apostoliques était à Rome une chose morte dont les papes ne prenaient guère souci, et lui-même, voyageur amusé, philologue acharné à ses dures besognes, ne pensait pas encore à la ressusciter. Pourtant il aima Rome; il regretta jusqu'à son dernier jour de l'avoir quittée; il forma plus d'une fois l'inutile projet d'un retour. La ville et la campagne, baignées d'une immense lumière, lui avaient laissé une ineffaçable impression de grandeur et de paix sereines. Mais surtout Erasme, qui se disait volontiers citoyen du monde, avait goûté le charme cosmopolite de la ville, où l'on reconnaissait encore la véritable capitale de l'Occident, où les étrangers, venus des pays les plus divers, pouvaient se rencontrer, se connaître, et sans nulle contrainte, sous la tutelle d'un gouvernement léger et propice, comme les dieux antiques, aux grandes réunions d'hommes, échangeaient leurs propos, leurs idées, leurs espérances; libre capitale des libres esprits. Erasme, sans nul doute, se serait trouvé mal à l'aise dans la Rome de la Contre-Réforme, des Jésuites, de Sixte-Quint. Il est le premier écrivain qui ait, en homme moderne, subi la séduction de la vie romaine.

Plus récemment, en 1937, Marcel Bataillon publiait son beau livre, *Erasme et l'Espagne* [3]. Le problème était différent. Il ne s'agissait plus d'un voyage érasmien. Invité en Espagne, il ne voulut jamais s'y rendre. Rien ne l'y attirait. Mais on y vit naître de bonne heure, et hardiment se développer, un érasmisme actif et très fécond. Nulle part en Europe l'oeuvre du maître ne fut mieux étudiée, mieux comprise, traduite et divulguée, jusqu'au jour où l'autorité royale de Charles-Quint et l'Inquisition s'appliquèrent à briser ce mouvement érasmien qui déjà prenait le caractère, sinon d'une hérésie déterminée, du moins d'un effort pour créer, au coeur même d'une église universelle, un évangélisme très ferme et très simple, une spiritualité nourrie d'intellectualisme humaniste et de poésie biblique. Ce mouvement et ses progrès, les persécutions affrontées et subies, la formation et l'action des écoles, le recrutement des groupes dans les diverses classes de la société espagnole, leurs contacts fréquents avec les Juifs convertis, la résistance des anciens ordres religieux, les procès d'inquisition, exigeaient de longues et patientes recherches dans les bibliothèques et les archives. Plus encore, il fallait, pour saisir et pour interpréter une histoire que domine le travail des intelligences et la passion multiple de la vie religieuse, une aptitude singulière à discerner toutes les nuances de la pensée, des inquiétudes et des espérances. Enfin il n'y avait pas lieu de s'arrêter à la date du 6 juillet 1536; l'érasmisme et l'anti-érasmisme lui ont en Espagne largement survécu. Les influences de son oeuvre et de sa pensée, les querelles et les contestations que son nom provoqua dans l'Eglise, dans les Universités, dans le monde des savants et des écrivains, se sont poursuivies jusqu'après la mort de

AVANT-PROPOS

Philippe II. L'auteur d'*Erasme et l'Espagne* a rempli tout le programme que le titre de son livre lui imposait; avec quelle sûreté historique de méthode, avec quel sens et quelle intelligence des problèmes d'ordre intellectuel et religieux, avec quel talent et quelle maîtrise, tous les historiens de l'Espagne et de la Renaissance le savent depuis longtemps, et il n'y a pas lieu de le répéter ici.

Dans le présent ouvrage, le séjour d'Erasme en Italie, de 1506 à 1509, a certainement l'importance d'un épisode capital. Toutefois le livre a pour sujet, non pas Erasme en Italie, mais Erasme et l'Italie. Par suite, plus qu'aux narrations excellentes de Pierre de Nolhac, il tente de s'apparenter à la vaste enquête de Marcel Bataillon. L'auteur d'*Erasme et l'Espagne* recherchait ce qu'Erasme avait enseigné à l'Espagne, comment elle avait accueilli ses leçons, comment elle y avait résisté: ce qu'elle lui a dû, ce qu'elle a refusé de lui. La question, ici, ne se pose pas tout à fait dans les mêmes termes, puisqu'il s'agit premièrement de savoir ce qu'Erasme, comme tant d'autres humanistes européens, a pris de l'Italie, ce qu'il lui dut, et dans quelle mesure elle a instruit et formé son génie. Problème difficile, problème double en réalité puisque, outre les leçons qu'Erasme a pu recevoir des humanistes ou des philologues italiens dont il a de bonne heure lu les écrits, il faut tenir compte d'un second enseignement, indirect celui-là, mais plus précieux peut-être, que lui dispensa vers la fin du siècle l'Angleterre florentine et vénitienne d'Oxford, par des maîtres qui avaient connu Marsile Ficin et Pic de la Mirandole, ou travaillé chez Alde Manuce. On verra que, parmi les grands Italiens du Quattrocento dont il connut la pensée, son véritable maître fut Laurent Valla; choix heureux, si l'on peut admettre, avec Leibniz, que Laurent Valla et Nicolas de Cues furent les deux plus puissants esprits du Moyen Age finissant: Laurent Valla, maître d'Erasme; Nicolas de Cues, maître de Lefèvre d'Etaples.

Le séjour d'Erasme au-delà des monts fut celui d'un voyageur déjà complètement initié, et qui retrouvait en Italie ce qu'il savait d'elle, parce que déjà elle le lui avait enseigné. Pour ce séjour, le livre de Pierre de Nolhac restait un guide sage et si bien informé qu'un demi-siècle de recherches nouvelles et l'édition par P. S. et H. M. Allen de sa correspondance n'ont que peu augmenté ce que déjà on savait. Du moins, une étude plus approfondie de l'oeuvre érasmienne permet-elle de mieux comprendre les enthousiasmes, les étonnements, les réactions de l'homme de quarante ans qui poursuivait par les villes d'Italie son éducation d'humaniste et semblait goûter avant tout le plaisir du voyage. Il aima la simplicité cordiale d'un peuple qu'une civilisation antique, maintenant renaissante, affinait. L'esprit italien l'attirait, comme la science italienne dont il se disait volontiers le disciple. Et pourtant, certains aspects de l'Italie s'accordaient mal avec son tempérament. Il restait un enfant des Pays-Bas, riverain des grands fleuves et des mers grises du Nord. Il avait grandi, il était venu à l'âge d'homme dans les plaines de l'Overyssel et de la Hollande. Il savait et il aimait l'art flamand et gothique; nous ignorons ce qu'il put éprouver devant les fresques de Florence, de Sienne ou de Rome, les bronzes ou les marbres de Ghiberti, de Donatello ou de Michel-Ange. Sa religion demeurait fidèle aux images de la piété médiévale. Au cours d'une controverse avec Lefèvre d'Etaples sur un texte de l'Epître aux Hébreux, il apparut que le Christ d'Erasme demeurait l'Ecce Homo couronné d'épines sanglantes, le Dieu de pitié des ateliers de Flandre et de Bourgogne, tandis que le Christ de Lefèvre demeurait le Dieu métaphysique de Marsile Ficin [4].

Lorsqu'Erasme vint à Rome, et put connaître la cour pontificale, il n'était pas seulement l'auteur humaniste des *Adages*, dont la grande édition vénitienne, en 1508, avait fondé sa réputation européenne. Mais il avait, en 1504, dans l'*Enchiridion militis christiani*, défini l'idéal d'un christianisme réformé, sévère, évangélique et paulinien. Il voyait la religion romaine, chargée d'un lourd dogmatisme, s'égarer dans la stérile minutie des pratiques et des observances, qui souvent masquait, sinon la complète incrédulité, du moins la froideur indifférente d'un conformisme de bon ton. Certains aspects, déjà trop académiques, de l'humanisme italien lui déplaisaient. Il y décelait un certain manque de conviction, une acceptation trop facile du formalisme religieux, un paganisme qui se dissimulait sous le respect affecté du catholicisme papal et de ses pompes. Du moins, Erasme avait-il obtenu, auprès de quelques-uns des hommes qui gouvernaient l'Eglise romaine, une faveur où se mêlait une sorte de respect. On souhaitait qu'il se fixât à Rome; lui-même y eût volontiers poursuivi sa carrière d'humaniste chrétien. Peut-être, conseiller écouté des papes, un grand rôle lui eût-il appartenu dans l'histoire de l'Eglise et du monde chrétien. Mais le gouvernement de Henry VIII lui offrait en Angleterre des avantages inespérés. Il quitta Rome, où le cardinal Grimani l'eût voulu retenir. Ce fut la plus grande erreur de sa vie, et sans doute aussi son plus grand malheur. Ce fut peut-être aussi un malheur pour la chrétienté occidentale.

AVANT-PROPOS

Comme il aimait l'Italie, il exigeait beaucoup d'elle. Il définissait en 1516, dans le *Nouveau Testament* de Bâle, les méthodes sur lesquelles devait se fonder la Réforme de Luther, de Zwingli et de Calvin. Il rendit à Luther des services importants; mais la révolution religieuse le surprit et lui devint bientôt insupportable. Il se trouva en désaccord avec Luther sur l'essence même du christianisme, que pourtant comme Luther il voulait évangélique et paulinien. Il ne désira plus que l'apparition d'une troisième Eglise. Elle n'eût été ni Wittenberg, ni Zurich, ni Strasbourg, ni la Rome de Léon X ou de Clément VII; et pourtant elle fût restée la Rome papale, allégée d'une partie de ses dogmes, de ses observances, de ses pratiques, reconduite à la pureté de ses origines, au culte en esprit et en vérité. Il eût volontiers attribué à l'Italie le soin de fonder la troisième Eglise, de réformer Rome. Il savait la clarté de l'intelligence italienne, la vigueur d'une critique exercée depuis plus d'un siècle par la philologie et la libre exégèse des doctrines et des institutions. Mais les humanistes italiens n'acceptaient pas cette invitation. Le système romain, qui souvent leur accordait une place d'honneur, demeurait à leurs yeux indestructible. Ils ne voulaient honorer en Erasme que le plus éminent des lettrés; tout ce que son oeuvre pouvait contenir de pensée religieuse, agissante et grave, leur échappait. Ils avaient bientôt reconnu en lui le Barbare, instruit par leurs maîtres; ils écoutaient peu ses leçons; ils le sentirent hostile et réticent, bien plus qu'il ne l'était en réalité.

Ainsi put se préparer la querelle du *Ciceronianus*. Erasme ne pardonnait pas à l'Italie de manquer à son destin; il dénonça la futilité, le manque de sérieux, de l'humanisme cicéronien. Il s'agissait de bien autre chose que de savoir qui, d'Erasme ou des humanistes romains, observait le plus exactement les règles cicéroniennes du langage et du style. Erasme définissait son éthique d'écrivain: une éthique de sincérité, qui imposait le devoir de penser par soi-même et de chercher l'expression la plus juste, loin de toute tradition et de tout conformisme d'école. Les humanistes romains, séduits par des habitudes de facilité, ne connaissaient plus ces règles que leurs ancêtres avaient respectées. Ils s'irritèrent de ses leçons. Alors qu'Erasme rappelait aux cicéroniens la gravité romaine de l'ancien humanisme pétrarquiste, ils l'accusèrent d'offenser Rome et l'Italie. L'anti-érasmisme devint une question nationale. A Rome, qui avait imposé sa loi au monde, appartenait sans contestation le droit de guider les esprits et les consciences. Et comme on apercevait sans peine la solidarité qui, malgré une rupture éclatante, rapprochait les deux oeuvres d'Erasme et de Luther, un accord presque indispensable s'accomplit entre les cicéroniens et les défenseurs de la stricte orthodoxie catholique. Sans doute Erasme conserva-t-il quelques amis en Italie, et non des moindres, puisqu'ils se nommaient Sadolet et Bembo. Mais il avait presque complètement perdu l'audience de l'humanisme italien.

L'histoire des rapports d'Erasme et de l'Italie se trouve presque tout entière dans les onze volumes de sa correspondance; il y faut ajouter quelques apologies et les textes capitaux du *Ciceronianus*. Les rares documents qui, aux Archives ou à la Bibliothèque du Vatican, se rapportent aux relations du grand humaniste avec les Italiens, ont été à peu près tous publiés. Les écrits d'Erasme, des érasmiens, des anti-érasmiens d'Italie, sont désormais connus. Au contraire, l'histoire de l'érasmisme et de l'anti-érasmisme en Espagne est, presque tout entière, dans des documents difficilement accessibles, dans des procès d'inquisition, dans les débats obscurs de commissions théologiques. Un livre sur Erasme et l'Italie apporte moins d'imprévu, moins de faits inattendus et déconcertants. Les personnages du drame nous sont presque tous familiers, et l'étude de leurs écrits, de leurs pensées, de leur conduite, ne réserve pas de grandes surprises. Elle n'offre, en général, que le plaisir de mieux comprendre ce que souvent l'on savait déjà.

Mais tandis que, pour l'historien des choses espagnoles, Erasme reste un personnage lointain, un témoin absent, et n'agit que par l'effet éloigné de ses livres, de sa correspondance, de ses amitiés, de l'admiration que provoque sa pensée, Erasme, en Italie, a été présent pendant trois années. Amis et adversaires y avaient gardé le souvenir de sa frêle personne; on se rappelait la clarté de son regard, le son de sa voix, exercée jadis aux chants d'Eglise, sa parole vive, nuancée, enjouée, et qui ne se refusait pas au plaisir d'une impertinence. On ne l'avait pas revu depuis le printemps de 1509; mais on recevait ses livres et ses lettres circulaient. On savait qu'il était à Cambridge, à Paris, à Bâle, à Louvain où il se plaisait à vivre; à Bâle encore. Son éloignement devenait une sorte de présence invisible. Elle répandait des idées claires et humaines, dissipait les prestiges des vieilles légendes et des mythes récents, et des puissances à qui l'usage confiait le soin de gouverner les hommes. Elle encourageait, exhortait, mais aussi elle harcelait, provoquait les contradictions, la colère, l'invective, hâtait l'éclosion des pamphlets anonymes. Et si pour l'étude des rapports d'Erasme avec l'Italie, la besogne matérielle de l'historien est moins accablante, il lui faut interpréter des textes ambigus, des paroles incertaines, souvent contradictoires, des silences calculés, des réticences.

Marcel Bataillon a conduit son étude jusqu'aux premières années du dix-septième siècle. Le présent ouvrage prendra fin à la mort d'Erasme. Le sujet a pu sembler assez riche, assez compliqué, assez difficile, pour admettre ce point d'arrêt. Non pas que la question de l'érasmisme ou de l'anti-érasmisme en Italie soit épuisée à la date du 6 juillet 1536. Mais dorénavant elle est toute dominée par le problème de la Réforme et de la Contre-Réforme, du concile de Trente, de la soumission ou de la résistance à ses canons ou à ses décrets; par le problème des hérétiques italiens au XVIe siècle, si bien étudié par Delio Cantimori [5]. La critique érasmienne les avait, dès la première génération, conduits au-delà de Luther et jusqu'aux approches de Calvin. Dans le dernier tiers du XVIe siècle, elle conduisit certains d'entre eux à l'arianisme et au socinianisme. Et cette histoire de persistance érasmienne, éparse, incertaine, comme sa pensée, et pourtant active, agissante, car lui-même n'était jamais resté inactif, serait délicate à démêler, et plus encore à conter.

Le présent volume offre une synthèse de plusieurs travaux que l'auteur a, depuis quelques années, eu l'occasion de consacrer à Erasme. En 1926, un mince volume avait tenté de suivre Erasme en pleine crise de la Réforme luthérienne, analysé ses premières sympathies pour l'intervention du réformateur, sa vaine recherche d'une politique de médiation; le désastre que fut pour lui la diète de Worms, sa lutte inégale avec Aléandre et sa défaite. Treize ans plus tard, certains chapitres des *Etudes érasmiennes* poursuivaient, de 1521 à 1529, entre la fuite de Louvain et la fuite de Bâle, l'examen de quelques problèmes capitaux: la critique politique et sociale d'Erasme, son libre christianisme, cette sorte de modernisme accueillant à la sagesse païenne et presque sans dogme, ses relations et ses querelles avec l'Eglise romaine et les Eglises de la Réforme; sa seconde défaite, au lendemain du triomphe d'Œcolampade et des sacramentaires bâlois. On peut admettre que l'humanisme italien, la philologie et la critique des écoles italiennes, les diverses conclusions de leur éthique et de leur politique, de leur catholicisme savant et éloquent, les aspects variés d'une tradition papale ou antipapale, le culte d'une grandeur romaine qui souvent provoquait la colère ou prêtait à la moquerie, ont puissamment contribué à l'éducation intellectuelle et morale d'Erasme, à la formation de son humanisme, de sa critique, de son ironie. Erasme fut pour l'Italie un élève à la fois enthousiaste et prudent. Divers enseignements et divers souvenirs, qui provenaient d'autres latitudes, un tempérament qui n'était pas du Midi, ont introduit, dans l'italianisme indiscutable de sa culture, certains éléments d'hésitation, de doute, de méfiance. Le drame de la Réforme devait manifester avec éclat cet italianisme inconciliable avec le romantisme religieux de Luther, ce besoin septentrional de gravité et de liberté dans la religion, qui s'accordait mal avec le dogmatisme et le conformisme des Romains. Les pages qui vont suivre tenteront de démêler et de résumer le jeu incertain de ces contrastes.

Mais ici, un bref avertissement est dû au lecteur. Il a fallu parfois revenir sur des choses déjà dites. Le problème consistait à les placer dans une lumière différente, sous un meilleur éclairage. On trouvera dans ce nouveau livre divers passages qui rappelleront, avec quelques retouches, certaines pages des livres précédents, comme dans une nouvelle édition revue, abrégée, corrigée. On retrouvera même quelques réminiscences de *Machiavel* et de la lointaine *Préréforme*. Il n'a pas semblé nécessaire de récrire ce qui avait été écrit avec soin. Il faut souhaiter que dans cet accord des pages anciennes et des pages récentes, toutes également dominées par le souci de résoudre un problème qui intéresse l'histoire de la plus haute civilisation moderne, et de la pensée moderne sous sa forme la plus largement humaine et critique, le lecteur retrouve l'unité d'un même effort et l'esprit d'une même méthode.

Florence, ler octobre 1953

NOTES

[1] Bibliographie, n°11.

[2] Sonnet LII: L'aspetto sacro della terra vostra
mi fa del mal passato tragger guai.

[3] Bibliographie, n°21.

[4] MANN (Margaret), 17, ch. II: *Erasme et Lefèvre d'Etaples: le débat*, p. 23-46.

[5] CANTIMORI (Delio), *Gli eretici italiani del Cinquecento*; Florence, 1937.

NOTES BIBLIOGRAPHIQUES

Ire partie: ÉRASME, ÉRASMIENS, ANTI-ÉRASMIENS.

I. ÉRASME

a) Textes et traductions.

1. *Desiderii Erasmi Roterodami Opera Omnia*; éd. J. Clericus; Leyde, 1703-1706, 10 vol. in-f°.

2. *Erasmus, Ausgewählte Werke*, éd. par Hayo et Annemarie HOLBORN; Munich, 1933, in-8°.

3. *Erasme, Eloge de la Folie*; texte et traduction nouvelle de Pierre de NOLHAC, suivi de la *Lettre d'Erasme à Dorpius*. Notes de Maurice RAT; Paris, 1936, in-8°; coll. Garnier.

4. FERGUSON (W.-K.), *Erasmi opuscula;* La Haye, 1933, in-8°. Contient le *Julius.*

5. CONSTANTINESCU BAGDAT (E.), *La «Querela Pacis» d'Erasme;* (Traduction). Paris, 1924.

6. ALLEN (P. S.), *Opus Epistolarum Des. Erasmi Roterodami, denuo recognitum et auctum* ; Oxford, 1906-1947; 11 vol. in-8°; avec la collaboration de H. M. ALLEN depuis le tome III (1913) et, après la mort de P. S. ALLEN, avec la collaboration depuis le tome VIII (1934) de H. W. GARROD.

7. *Œuvres choisies*, par A. RENAUDET (Préface, traductions et notes); Paris, 1919, in-8°.

b) Etudes sur Erasme.

8. SMITH (Preserved), *Erasmus, a study of his life ideals and place in history*; New-York et Londres. 1923, in-8°.

9. HYMA (Albert), *The Youth of Erasmus*; Londres et New-York, 1930, in-8°.

10. SEEBOHM (F.), *The Oxford Reformers ; John Colet, Erasmus, and Thomas More ; being a history of their fellow-work* ; 4e éd., Londres, 1911, in-8°.

11. NOLHAC (Pierre de), *Erasme en Italie*, 2e éd., 1898, in-8°.

12. PINEAU (J.-B.), *Erasme et la Papauté*; Paris, 1924, in-8°.

13. KALKOFF (Paul), a) *Erasmus, Luther und Friedrich der Weise* ; Leipzig, 1919, in-8°. b) *Die Anfânge der Gegenreformation in den Niederlanden*; Halle, 1903, 2 vol. in-8°. c) *Die Vermittlungspolitik des Erasmus und sein Anteil an den Flugschriften der ersten Reformationszeit*; Berlin, 1903, in-8°.

14. RENAUDET (Augustin), *Erasme, sa pensée religieuse et son action d'après sa correspondance (1518-1521)* ; Paris, 1926, in-12.

15. RENAUDET (Augustin), *Etudes érasmiennes (1521-1529)* ; Paris, 1939, in-8°.

16. SMITH (Preserved), *A key to the Colloquies of Erasmus* ; Cambridge (Mass.), 1927, in-8°.

17. MANN (Margaret), *Erasme et les débuts de la Réforme française (1517-1536)*; Paris, 1933, in-8°.

18. RÜEGG, *Cicero und der Humanismus. Formale Untersuchungen über Petrarca und Erasmus*. Zurich, 1946, in-8°.

19. GAMBARO (Angiolo), *Il Ciceronianus di Erasmo da Rotterdam*; Turin, 1950, in-8°.

20. CANTIMORI (Delio), *Note su Erasmo e l'Italia, in Studi germanici*, a. II (1937), n° II, p. 145-170.

21. a) BATAILLON (Marcel), *Erasme et l'Espagne. Recherches sur l'histoire spirituelle du XVIe siècle*; Paris, 1937, in-8°.

b) *Erasmo y España, Estudios sobre la historia spirituel del siglo XVI*, por Marcel Bataillon, traduccion de Antonio Alatorre; Mexico-Buenos Aires, 1950, 2 vol.; in-8°.

II. THOMAS MORE. TEXTES ET ÉTUDES

22. MORE (Thomas), *L'Utopie ou le Traité de la meilleure forme de gouvernement*; texte latin édité par Marie DELCOURT, Paris, 1936, in-8°.

23. MORE (Thomas), *Œuvres choisies*. Préfaces, traductions et notes de Marie DELCOURT, Paris, s.d., in-12.

24. *The Correspondance of Sir Thomas More*, edited by Elizabeth Frances ROGERS; Princeton (New-Jersey). 1947, in-8°.

25. CHAMBERS (R. W.), *Thomas More* ; London, 1935, in-8°.

III. ERASMIENS ET ANTI-ÉRASMIENS DES PAYS-BAS

26. MANN PHILLIPS (Margaret), *Erasmus and the Northern Renaissance*; Londres, 1949, in-12.

27. DE VOCHT (Henry), a) *Monumenta humanistica Lovaniensia, texts and studies about Louvain Humanists in the first half of the XVIth century, Erasmus, Vives, Dorpius, Clenardus, Goes, Moringus*, Louvain-Londres, 1934, in-8°. b) *Literae virorum eruditorum ad Franciscum Craneveldium, 1522-1528. A collection of original letters, edited from the manuscripts, and illustrated with notes and commentaries*, Louvain, 1928, in-8°.

IV. ALÉANDRE

28. PAQUIER (J.), *Lettres familières de Jérôme Aléandre (1510-1514)*; Paris, 1909, in-8°.

29. PAQUIER (J.), *L'humanisme et la Réforme* ; *Jérôme Aléandre, de sa naissance à la fin de son séjour à Brindes (1480-1529)* ; Paris, 1900, in-8°.

IIe partie: ITALIE MÉDIÉVALE ET ITALIE DE LA RENAISSANCE

I. TEXTES

30. *Le opere di Dante. Testo critico della Società dantesca italiana.* Florence, 1921, in-8°.

31. DANTE ALIGHIERI, *Monarchia*, a cura di Gustavo VINAY; Florence, 1950, in-8°.

32. MARSILE FICIN, *Opera omnia* ; Paris, 1641, 2 vol. in-f°.

33. BARBARO (Ermolao), *Epistolae, Orationes et Carmina*, éd. par Vittore BRANCA; Florence, 1943, 2 vol. in-8°.

34. SOLERTI (Angelo), *Le vite di Dante, Petrarca e Boccaccio, scritte fino al secolo decimosesto*; Storia letteraria d'Italia; Milan, s.d. gr. in-8°.

35. MACHIAVEL, *Tutte le opere, storiche e letterarie di Niccolò Machiavelli*, a cura di Guido MAZZONI e Mario CASELLA; Florence, 1929, in-8°.

36. *Tutte le opere di Niccolò Machiavelli*, a cura di Francesco FLORA e Carlo CORDIE; Milan, 1949, in-8°.

II. CULTURE ITALIENNE : PHILOSOPHIE, RELIGION, POLITIQUE

37. BURCKHARDT (Jacob), *Die Kultur der Renaissance in Italien*; ein Versuch von... ; rééd. par Werner KAEGI, Berne, 1943, 2 vol. in-8°.

38. VILLARI (Pasquale), *Niccolò Machiavelli e i suoi tempi*; Florence, 1877, 3 vol. in-8°; 4e édition, Milan, 1927; 2 vol. in-8°.

39. TACCHI VENTURI, S. J., *Storia della Compagnia di Gesù in Italia*; Rome, 1907-1922, 2 vol. in-8°; t. I, Stato della religione in Italia alla metà del secolo XVI (2e éd. 1931).

40. GARIN (Eugenio), *Storia dei generi letterari italiani. La Filosofia*; Milan, 1947, 2 vol. in-8°.

41. RENAN (Ernest), *Averroès et l'Averroïsme*; 2e édit., 1861, in-8°.

42. GILSON (Etienne), *Etudes de philosophie médiévale*; Strasbourg, 1921, in-8°.

43. DELLA TORRE (Arnaldo), *Storia dell'Accademia platonica di Firenze*; Florence, 1902, in-8° (Pubblicazioni del Reale Istituto di Studi Superiori in Firenze).

44. KRISTELLER (Paul-Oskar), *The philosophy of Marsilio Ficino*; New-York, 1943.

45. ANAGNINE (Eugenio), *G. Pico della Mirandola. Sincretismo religioso-filosofico. 1463-1494*; Bari, 1937, in 8°.

46. GARIN (Eugenio), *Giovanni Pico della Mirandola, Vita, Opere e Pensiero*; Florence, 1937, in-8°.

47. FEBVRE (Lucien), *Le problème de l'incroyance au XVIe siècle. La religion de Rabelais.* (L'Evolution de l'Humanité, n° 53); Paris, 1942, in-8°.

48. BUSSON (Henri), *Les sources et le développement du rationalisme dans la littérature française de la Renaissance (1533-1601)*; Paris, 1922, in-8°.

49. AUBENAS (Roger) et RICARD (Paul), *L'Eglise et la Renaissance, 1449-1517*; Histoire de l'Eglise depuis les origines jusqu'à nos jours, publ. sous la direction d'Augustin FLICHE et Eugène JARRY, t. XV, 1951.

49*bis.* MOREAU (P. de), JANELLE (P.), JOURDA (Pierre), *La Crise religieuse du XVIe siècle*; même collection, t. XVI; Paris, 1950, in-8°.

49*ter.* CRISTIANI (L.), *L'Eglise et l'époque du concile de Trente*; même collection, t. XVII; Paris, 1948, in-8°.

50. IMBART DE LA TOUR (P.). *Les origines de la Réforme* ; Paris, 1905-1935. 4 vol., in-8°.

51. *Le concile gallican de Pise, Milan*; documents florentins (1510-1512), publ. par Augustin RENAUDET; Bibliothèque de l'Institut français de Florence, Ire série, t. VII; Paris, 1922, in-8°

52. RENAUDET (Augustin), *Machiavel. Etudes d'histoire des doctrines politiques.* Paris, 1942, in-8°.

III. CULTURE ITALIENNE: HUMANISME

53. DE SANCTIS (Francesco), *Storia della letteratura italiana*; Milan, 1924, 2 vol. in-8°.

54. RENAUDET (Augustin), *Dante humaniste* ; Paris, 1952, in-8°.

55. ROSSI (Vittorio), *Il Quattrocento*; Storia letteraria d'Italia dernière éd., Milan, 1951, in-8°.

56. FLAMINI (Francesco), *Il Cinquecento*; même collection; Milan, 1902, in-8°.

57. TOFFANIN (Giuseppe), *Il Cinquecento*; même collection; 1929, in-8°.

58. GARIN (Eugenio), *L'umanesimo italiano*; *Filosofia e vita civile nel Rinascimento*; Bari, 1952, in-8°.

59. RENOUARD (A. A.), *Annales de l'imprimerie des Aldes* ; 3e édit., 1834, in-8°.

60. NOLHAC (Pierre de), *Les correspondants d'Alde Manuce*; Rome, 1888, in-4°.

61. WALSER (Ernst), *Gesammelte Studien zur Geistesgeschichte der Renaissance*; Bâle, 1932, in-8°.

IV. MAÎTRISE EUROPÉENNE DE L'HUMANISME ITALIEN

62. *Peuples et civilisations*; histoire générale publiée sous la direction de Louis HALPHEN et Philippe SAGNAC.

a) VII. *La fin du Moyen Âge*, par Henri PIRENNE, Augustin RENAUDET, Edouard PERROY, Marcel HANDELSMAN et Louis HALPHEN; Paris, 2e éd., 1931; 2 vol. in-8°.

b) VIII. *Les débuts de l'Âge moderne* ; *la Renaissance et la Réforme*, par Henri HAUSER et Augustin RENAUDET; Paris, 3e éd., 1946.

On pourra se reporter également aux deux volumes de la Collection FLICHE, cités sous les n° 49 et 49*bis*.

Pour l'humanisme italien en Angleterre, se reporter à SEEBOHM (N° 10). Pour l'humanisme italien aux Pays-Bas, se reporter à HYMA (N° 9).

63. RENAUDET (Augustin). *Préréforme et humanisme à Paris pendant les premières guerres d'Italie (1494-1517)*; Paris, 1916, in-8°; 2e édit., Paris, 1953, in-8°.

N. B. - Ces notes bibliographiques n'ont pas l'ambition d'être une bibliographie méthodique et totale des questions amples et complexes qui sont posées dans ce livre[1]. On n'a retenu que les ouvrages les plus véritablement nécessaires pour marquer les contacts d'Erasme avec une Italie dont il a connu beaucoup d'aspects; pour saisir le sens de sa docilité et de sa résistance aux leçons et aux affirmations italiennes; chapitres d'histoire intellectuelle et morale, politique et religieuse, qui s'inscrivent dans la grande histoire de la Renaissance italienne et de la Réforme allemande.

Quelques ouvrages, cités une seule fois, seront mentionnés chemin faisant en fin de chapitre.

NOTE

[1] Bon résumé de la plus récente littérature érasmienne dans l'article de POLLET (J. V.-M.): *Erasmiana: Quelques aspects du Problème érasmien d'après les publications récentes*; Revue des Sciences religieuses, tome XXVI, octobre 1952, p. 387-404.

INTRODUCTION

ÉRASME DE ROTTERDAM[1]

Les premières générations du XVIe siècle ont d'un égal désir voulu le renouveau de la culture humaine et la restauration de la vie religieuse dans le monde chrétien. Renaissance des lettres, de la poésie, des arts, de la philosophie, de l'éthique, de l'ordre dans la cité. Réforme, qui était également une renaissance, de l'Eglise chargée de conserver à travers les siècles le message du Christ et des apôtres, la foi et l'espérance qui se fondaient sur les deux Testaments, la leçon évangélique de la charité. Unique et totale renaissance, et, selon la forte parole de Machiavel, résurrection des choses mortes[2]; car les hommes de ce temps demeuraient assurés que le Moyen Age avait laissé dépérir, avec le savoir antique, la vigueur et la noblesse antique du génie humain, et avec l'intelligence des textes sacrés, le sens humain et divin de la révélation chrétienne. Unique et totale renaissance, dont l'oeuvre d'Erasme a d'abord défini les ambitions, libéré les forces, conformément à l'esprit des grands Italiens dont il était l'élève et l'authentique héritier. Il a, pour un siècle, orienté l'humanisme européen. La Réforme protestante et la Contre-Réforme catholique ont pu s'achever sans lui, renier son nom et son oeuvre. La première avait appris de lui la critique des textes et l'affirmation des libertés nécessaires de l'esprit. La seconde lui a dû l'essentiel d'une culture classique dont la tradition romaine ne pouvait plus rejeter les bienfaits. Et comme l'oeuvre unique et totale de restauration humaine et chrétienne à laquelle Erasme avait entendu vouer son effort embrassait nécessairement l'Etat et la société, les générations condamnées à subir le drame de ces guerres de religion que son angoisse avait prévues, lui ont dû certaines des idées qui les soutinrent, certaines affirmations d'un libéralisme politique et religieux, qui, malgré les forces conjurées d'un monde hostile, ne devait plus périr.

Quelques dates aideront à suivre le progrès et le destin de l'oeuvre érasmienne. Les *Adages*, sortis en septembre 1508 des presses vénitiennes d'Alde Manuce, ont fait, presqu'à l'improviste, et d'un auteur presque ignoré, le continuateur génial des maîtres italiens du Quattrocento, le maître européen de la culture classique. Mais il n'avait pas voulu borner son effort au commentaire amusé, ironique, parfois amer, des proverbes et propos antiques par où s'est exprimée la sagesse familière et grave, parfois altière, d'Athènes et de Rome. Sa glose humaniste développait en essais originaux une pensée moderne, chrétienne et libre. Et bientôt, à Paris, en juin 1511, l'*Eloge de la Folie* allait transposer, dans un langage que la raison et l'Evangile inspiraient, l'ironie de Lucien, l'introduire hardiment dans les débats d'un monde nouveau, la hasarder sans crainte à la plus ample critique de l'Etat, des classes sociales, des Eglises, de la vie politique, civile et religieuse. Ainsi l'humanisme érasmien ne se contentait pas de restaurer une culture; il affirmait le prix des véritables valeurs individuelles et collectives; il travaillait de la sorte à la réforme totale de cette société sans loi et sans règles dont la parole de Dante avait depuis deux siècles dénoncé la misère et prophétisé le renouveau[3].

Aux Pays-Bas dès 1504, Erasme, dans l'*Enchiridion militis christiani*, ébauchait une première restauration des valeurs chrétiennes. Il reconduisait la théologie aux sources de la croyance, et, sur la Bible et les Pères, s'efforçait de rétablir la religion du pur esprit; il revendiquait, d'après l'Epître aux Galates, la liberté chrétienne. Mais le livre, incomplet, un peu triste, malgré des formules hardies, était venu trop tôt, et seuls quelques lecteurs, comme Guillaume Budé, en avaient saisi le sens profond[4]. Ce fut seulement en février 1516 que, dans l'édition du Nouveau Testament publiée à Bâle chez Jean Froben, la pensée réformatrice d'Erasme se définit tout entière. Il rendait aux modernes le texte grec des Evangiles, des Epîtres et de cette Apocalypse qu'il n'aimait guère; il enseignait l'art d'interpréter, à l'aide de la philologie et de l'histoire, ces documents hors desquels il ne pensait pas que l'on dût chercher la vérité. Il exhortait les chrétiens à rénover, sur la base scientifique d'une doctrine exactement fondée, les leçons et la pratique des Eglises. Les préfaces du *Nouveau Testament* de Bâle, bientôt accrues et publiées à part, dans la *Ratio seu compendium verae theologiae*, définissaient une nouvelle science du divin, et la nécessité de conformer à une vérité retrouvée la vie religieuse du monde chrétien. Au moment où se manifestaient, avec Léonard de Vinci et Copernic, les progrès nouveaux, irrésistibles, de la science positive, elles furent, pour les âmes avant tout soucieuses de croyance, un Discours de la Méthode. Pendant quelques années, l'humanisme chrétien d'Erasme apparut comme l'effort total de l'esprit pour la réforme intellectuelle et morale, politique, sociale, spirituelle, d'une génération incertaine et troublée, mais soutenue par l'ardeur de son espérance.

Cet humanisme chrétien put d'abord accueillir la protestation de Luther, et dans ses premiers écrits écouter son appel au pur Evangile et à la sainteté primitive d'une Eglise depuis longtemps égarée. Sans adhérer à la théologie du salut par la foi indifférente aux oeuvres, sans approuver la révolution religieuse bientôt déchaînée par les hommes de Wittenberg, le simple évangélisme d'Erasme put du moins offrir, à de nombreux esprits, une doctrine de réforme un peu flottante, mais dont les affirmations volontairement simplifiées constituaient une sorte de modernisme, où ne manquaient ni la netteté des vues, ni un sentiment d'affection profonde et sincère pour le Maître à la foi divin et familier dont les Evangiles résumaient l'enseignement et contaient, avec une simplicité douloureuse et tragique, la passion et la résurrection[5].

Mais dès lors l'effort d'Erasme rencontrait des adversaires obstinés. Sans doute à Rome, les papes, ou du moins Léon X, Clément VII et même Paul III, de nombreux cardinaux italiens, toute une haute Eglise assez libre de préjugés, qui connaissait le monde et que l'éducation de l'humanisme italien avait rendue favorable à quelque hardiesse, témoignèrent envers Erasme d'une amitié qui n'était pas feinte. Pourtant son évangélisme simplifié ne se confondait pas avec le catholicisme tel que l'entendait le Saint-Siège. D'autre part, à Paris, à Louvain, en Espagne, les Facultés de Théologie, gardiennes exactes d'une orthodoxie et de traditions que sa libre critique aimait à discuter, n'avaient pas tardé à déceler, entre son oeuvre scientifique et la protestation doctrinale de Luther, une solidarité difficile à nier; et Luther lui-même rappelait à Erasme les paroles inoubliables qui semblaient l'engager. Dès novembre 1521, l'hostilité des théologiens et des moines, excités contre lui par Jérôme Aléandre, son ancien compagnon de libres études à Venise, devenu maintenant prince de l'Eglise, légat pontifical dans les domaines impériaux, son ennemi intime et son mauvais génie, le contraignait à quitter Louvain, où il se plaisait. Et d'autre part Luther, après avoir tenté inutilement de l'attirer vers les nouvelles Eglises, refusait de le considérer comme un chrétien. En 1524, sur les instances de la cour romaine et de quelques amis anglais, Erasme acceptait de contester dans un petit livre sa négation du libre arbitre, son affirmation désespérée du néant humain sans le concours d'une grâce arbitraire; il défendait en humaniste chrétien le libre arbitre, la libre responsabilité du croyant, sa libre collaboration avec une grâce libéralement dispensée. On sait avec quelle violence Luther défendit son dur paulinisme, avec quel dédain accablant pour un humanisme qui, exaltant l'homme, abaissait le Christ, avec quel mépris d'un contradicteur, prompt à l'abandon de la vérité divine, et qui se refusait au combat nécessaire[6].

Cette double querelle avec les défenseurs de l'ordre romain et les chefs de la Réforme protestante allait troubler les douze dernières années d'un homme qui, sans relâche ni mesure, consumait dans une besogne écrasante les forces d'une frêle santé. Son humanisme chrétien ne se résignait pas à la rupture de cette unité religieuse, qu'il voulait libre et large, mais jugeait nécessaire à la restauration totale des valeurs humaines. Sans succès, il tentait de réconcilier les Eglises; il avait dit à l'un et à l'autre parti de trop dures vérités. Il consacrait ses derniers efforts à un traité de prédication évangélique, l'*Ecclesiastes.* Mais de même qu'il avait fui Louvain devant l'offensive des scolastiques, il avait depuis Pâques 1529, abandonné Bâle où triomphait une réforme plus critique, plus hardie, plus irréconciliable avec Rome que celle même de Luther. Il avait perdu l'audience de l'Allemagne luthérienne, des villes du Sud, gagnées aux doctrines sacramentaires, de la Suisse réformée selon l'idéal austère et démocratique de Zwingli. Mais en même temps il avait eu la malchance d'entrer en conflit, à propos d'une restauration artificielle et qu'il jugeait oiseuse du purisme cicéronien, avec la plupart des humanistes d'Italie. Au fond, son désaccord avec eux n'eût pas été si grave s'il n'avait posé un problème d'éthique et de sincérité religieuse. Erasme ne pouvait s'entendre avec eux sur leur soumission à tout le détail du conformisme papal. Dissident lui-même, porté à la critique de l'ordre traditionnel, il les eût voulus plus libres. Ils le soupçonnèrent d'hérésie, et bientôt l'accusèrent de refuser son amitié et son respect à l'Italie. La publication du *Ciceronianus* provoqua, dans la vie d'Erasme, une nouvelle crise, qui fut pénible et ne s'apaisa guère. Quelques semaines avant sa mort, il put lire le Dialogue où Etienne Dolet, avocat des cicéroniens, l'attaquait en termes si violents qu'il crut reconnaître la plume d'Aléandre.

Il avait dû abriter son labeur ininterrompu dans la petite ville habsbourgeoise et catholique, sans grande activité ni prestige, de Fribourg-en-Brisgau. Pourtant en juin 1535, il revenait à Bâle, afin d'y surveiller l'impression de l'*Ecclesiastes*. Peut-être aurait-il ensuite cherché aux Pays-Bas une retraite plus paisible, mais il s'habituait sans trop de peine à vivre dans une ville protestante qui lui restait chère, et malgré la différence des doctrines continuait de l'admirer. Ce fut là qu'après de longs mois de souffrances et de maladie, il s'éteignit dans la nuit du 5 au 6 juillet 1536.

Comme la vie d'Erasme, l'histoire de l'érasmisme offre le contraste d'une grandeur et d'une décadence. il exista réellement, une fois publiés les *Adages*, *l'Eloge*, et plus encore après avec l'éclatant succès du *Nouveau Testament*, un érasmisme européen; il y eut un érasmisme français. De septembre 1508 à l'été de 1520, où parurent l'*Appel à la noblesse chrétienne de la nation libre allemande*, le *De captivitate babylonica Ecclesiae*, le *De libertate christiana*, les livres les plus lus en Europe ont été ceux d'Erasme. La fuite de Louvain, la querelle ingrate avec Luther, la désaffection des humanistes italiens, l'affaiblissement, après 1530, de l'érasmisme espagnol, les progrès de la Réforme en Allemagne, en Bohême, aux pays scandinaves, aux Pays-Bas, en France même, le triomphe du schisme anglican, la mort tragique, le 6 juillet 1535, de Thomas More, son plus cher confident et longtemps le plus fidèle interprète de sa pensée, la publication par Jean Calvin, en mars 1536, du texte latin de l'*Institution chrétienne* dans cette même ville de Bâle, qu'Erasme avait dû quitter devant le triomphe d'Œcolampade, marquent les étapes d'un déclin que ne compensèrent pas les succès d'ailleurs décevants de l'érasmisme en Hongrie, en Pologne ou en Lithuanie. Le concile de Trente allait bientôt condamner, avec l'hérésie luthérienne ou calviniste, les incertitudes et les libertés de l'évangélisme érasmien. Enfin, et puisqu'Erasme ne cessa jamais de prendre intérêt à la cité des hommes, et y avait affirmé le prix de cette liberté qu'il revendiquait dans la cité de Dieu, il disparaissait au moment où ce qui subsistait des franchises traditionnelles semblait de plus en plus gravement menacé au profit des doctrines qui, pour renforcer les droits des princes grands ou petits, fondaient l'absolutisme moderne.

Il restait pourtant, dans la solitude où le reléguaient les violences d'une génération dont il n'avait pas su prévoir les passions religieuses, le maître, avoué ou non, parfois honni ou détesté, mais qui avait prononcé trop de paroles que ni les uns ni les autres ne pouvaient plus oublier. Car son effort, même dans les plus dures années, ne s'était jamais ralenti: exégèse biblique, patrologie, philologie et pédagogie, essais personnels, recueils de sa propre correspondance; colloques plaisants de forme, d'intention profonde; réponses et apologies, ébauches d'autobiographies. Humaniste d'abord, humaniste dès le couvent de Steijn, humaniste en théologie, dans l'éxégèse du Nouveau Testament, des Evangiles ou de saint Paul, humaniste dans sa lutte contre l'irrationalisme de Luther et sa haine des oeuvres de l'homme, humaniste dans sa conception de l'Etat, de la société, des rapports entre les individus et entre les peuples, il avait distribué sans compter les bienfaits les plus précieux d'une culture antique et désormais moderne; mais surtout il avait divulgué l'essentiel esprit de cet humanisme qui, depuis les Pères de l'Eglise, cherchait à se formuler et, traditionnellement concilié avec la foi chrétienne, trouvait enfin sa plus claire définition et l'affirmation la plus résolue de ses hardiesses.

Il faut donc rechercher ce qu'Erasme, depuis son adolescence, demandait à l'étude de l'antiquité; comment il concevait ce que les historiens modernes appellent humanisme et que son latin classique et personnel ne désignait pas encore d'un terme approprié.

Il savait seulement, comme les maîtres du Quattrocento, que l'étude des lettres antiques a la vertu de rendre l'homme plus humain. Elle révèle l'homme à lui-même en l'aidant à se connaître mieux, et, par cette connaissance, par cette révélation, à discerner d'une vue plus assurée les éléments psychologiques et moraux qui constituent la noblesse humaine, et se manifestent, chez certains individus favorisés, à certains moments d'enthousiasme et de grandeur, où l'être humain semble dépasser la nature humaine; dans quelques oeuvres où le génie de la création artistique ou poétique semble élever d'un coup d'aile l'homme au-dessus de l'homme. La recherche de ces illuminations, de ces brusques éclairs, n'avait sans doute pas constitué l'unique objet des lettres antiques, de la poésie antique, de l'art antique. Le médiocre, le banal et le vulgaire n'y manquaient pas. Mais poètes, artistes, philosophes, savaient que ces apparitions triomphales naissaient des longues patiences du génie humain; qu'elles exigeaient une culture méthodique, raisonnée, confiante d'une nature dont ils avaient mesuré les forces et les faiblesses. Tandis que leurs sages prescrivaient à l'individu de se bien connaître, leurs savants, leurs philosophes, leurs psychologues, leurs historiens s'étaient appliqués à l'étude de l'homme en lui-même, devant l'univers et dans la cité. Ainsi s'était développé cet humanisme antique, nourri d'expérience, de recherche positive, mais aussi d'une aspiration enthousiaste vers la grandeur, et qui, par l'oeuvre des moralistes, des théoriciens du droit et de l'ordre idéal de la cité, par l'oeuvre des poètes et des artistes, avait fondé une éthique de la noblesse humaine[7]. Une telle éthique, pour Erasme, comme pour Pétrarque et les maîtres du Quattrocento, constituait l'héritage le plus précieux de cet antique humanisme qu'ils ne savaient pas encore nommer, le terme de ces études que du moins ils appelaient études d'humanité[8].

Ainsi se définit l'élément essentiel de l'humanisme érasmien, comme de tout humanisme et par là Erasme demeure fidèle à la tradition de Pétrarque, bien qu'il n'ait guère lu ses oeuvres latines ou senti le besoin de les lire, et que, malgré l'hommage rendu à la vigueur ardente d'un beau génie, à tant d'érudition et d'éloquence, il les juge désormais primitives et dépassées[9]. Héritier pourtant, comme tout humaniste dans tout pays, des enthousiasmes et des mépris de Pétrarque, il rejette comme lui la scolastique médiévale et ne s'est guère soucié de la connaître. Le terminisme parisien, qui en d'abstraites et dures études de logique formelle, pense maintenir la tradition glorieuse des ockhamistes du XIVe siècle, n'est pour lui, comme le scotisme franciscain plus vigoureux et riche de substance religieuse, qu'un jeu de formules barbares. Saint Thomas, quoique philosophe et humaniste, inquiète Erasme par l'assurance d'un dogmatisme qui découvre trop aisément la solution de tous les problèmes[10]. Pour Erasme comme pour Pétrarque, si la grâce, selon la formule des Pères de l'Eglise grecque, vient d'Israël, la lumière vient des gentils; et ce sont les anciens qu'il faut interroger, dès que, l'essentiel du dogme chrétien solidement affirmé, on veut comprendre l'homme et la société humaine. C'est pourquoi Erasme a consacré la moitié de son effort à éditer, à traduire les auteurs antiques, à vulgariser leur pensée, leur savoir, leur éthique, leur idéal humain.

Pourtant, si tel passage du second *Hyperaspistes* exprime, en termes que Rabelais a retenus, la confiance d'un écrivain du XVIe siècle dans les ressources infinies du génie des hommes[11], et si Erasme, pas plus que Rabelais, ne permet aux pédagogues scotistes de corrompre toute fleur de jeunesse, l'humanisme érasmien n'entend pas que l'effort de la créature vers la plus haute perfection de son type refuse de chercher hors de soi sa mesure suprême. Il n'entend pas qu'une éthique humaniste refuse de dépasser, dans son élan vers la plus haute noblesse humaine. la limite des lois qui règlent l'harmonie de l'univers visible. Les Pères de l'Eglise avaient de bonne heure su interpréter en chrétiens la sagesse antique et, par une pédagogie à la fois antique et chrétienne, ils s'étaient efforcés de conduire l'homme de l'harmonie hellénique à la sainteté de l'Evangile. Pareillement si l'humanisme d'Erasme incorpore à la doctrine sacrée le savoir profane, il achève, à l'aide des affirmations de la foi chrétienne, l'enquête menée par les anciens sur le monde et sur l'homme. Le ciel érasmien accueille les grandes âmes de l'antiquité, alors que Dante les reléguait dans la paix mélancolique des Limbes, dans le désir éternel et sans espérance[12]. Mais Erasme s'irrite du culte superstitieux que certains humanistes romains vouent à l'antiquité païenne, comme s'ils voulaient la ressusciter tout entière, avec sa dureté, avec ses tares[13]. Il ne demande aux anciens que leur science de l'homme et de la cité, leur éthique et leur poésie, et sur Dieu et l'âme humaine, quelques vues sublimes, pourtant incomplètes et décevantes auprès de ce que sait le plus humble chrétien. Qui ne veut admettre, comme type définitif d'humanisme, que la sagesse hellénique et spinoziste d'un Gœthe, doit, avec Benedetto Croce, conclure à l'antihumanisme fondamental d'Erasme[14]. Pourtant, s'il ne s'entend ni avec Pomponazzi et les averroïstes de Padoue, ni avec Bonaventure Despériers ou Etienne Dolet, il vit en communion de foi et d'espoir avec Pétrarque et les grands Florentins du Quattrocento.

L'horizon d'Erasme n'embrasse pas l'antiquité tout entière. Helléniste, il ne semble lire assidûment ni Homère, sage conteur de fables, ni Sophocle auquel il préfère Euripide, ni Aristote, trop peu artiste, et trop difficilement conciliable, malgré saint Thomas, avec les dogmes chrétiens de la création et des fins dernières de l'âme immortelle, ni Platon, auquel il ne veut emprunter que des mythes et des symboles. En revanche il a, dès les premières années du siècle, retrouvé chez Lucien quelque chose de sa propre ironie; cultivé auprès de lui l'art d'une critique volontiers railleuse; mais le scepticisme de Lucien s'arrête dans l'oeuvre érasmienne devant toute grandeur spirituelle. Chez Plutarque, il goûte la gravité d'une morale pénétrée de sentiment religieux, plutôt que l'évocation de la cité antique et de ses dures vertus. Erasme latiniste ne s'attarde guère à l'éloquence politique ou civile de Cicéron, à sa critique parfois inquiétante des croyances officielles; il préfère le spiritualisme et l'éthique des *Tusculanes* ou des *Offices* et, pour leur ferme sagesse, le *De legibus* ou les fragments conservés de la *République*. Sénèque le séduit par sa hauteur et son humanité, le rebute par son emphase. Les historiens romains ne l'ont pas beaucoup retenu; il n'aime ni le gouvernement sénatorial et consulaire, admiré de Machiavel, ni l'Empire transfiguré par la passion gibeline de Dante. Virgile ne paraît pas l'avoir ému profondément; à la hauteur héroïque et religieuse de l'*Enéide* il préfère l'aimable sagesse d'Horace. S'il manie aisément le vers latin, les mètres épiques, élégiaques ou lyriques, il n'est guère poète, et l'on sent déjà dans son œuvre se dessiner quelques traits de l'honnête homme du XVIIe siècle, plus sensible à la raison qu'aux jeux des images.

Pareillement, l'horizon religieux d'Erasme, chrétien formé aux Pays-Bas par la littérature pieuse de Windesheim, par l'*Imitation*, par une spiritualité qui restait assez timide et reculait devant les hardiesses de la mystique spéculative, n'embrasse pas la Bible tout entière. Son goût affiné au contact des lettres antiques, rejette les outrances de langage, les légendes primitives ou barbares; sa critique rencontre dans l'Ancien Testament trop d'apparentes absurdités. Sans doute Erasme n'est pas Pierre Bayle, qui pourtant a su l'admirer et le comprendre; mais il ne lit guère la Genèse, ni les livres historiques ou légaux, ni les prophètes; la poésie du Cantique lui reste presqu'aussi étrangère que la glose symbolique de saint Bernard en marge des versets mystérieux. S'il a parfois commenté quelques psaumes, il y a cherché avant tout les thèmes courants d'une méditation pieuse. Dans le Nouveau Testament, outre quelques épîtres qu'il sait inauthentique, il néglige volontairement l'Apocalypse; il ne juge pas opportun de divulguer les écrits des voyants d'Israël ou les révélations de saint Jean, au risque d'encourager ces folles espérances, toujours prêtes depuis plusieurs siècles à l'annonce des tribulations qui précéderont le retour du Christ et le règne éternel des saints. Il n'aime pas, et sa raison repousse, cet esprit des franciscains spirituels, de l'Évangile éternel, de Jérôme Savonarole, des taborites de Bohème, qui revit sous ses yeux à l'extrême pointe du mouvement luthérien chez les prophètes d'Allstedt ou les anabaptistes de Münster. Il lui est arrivé de dire qu'il verrait sans regret périr tout l'Ancien Testament[15]. Pas plus qu'à l'antiquité païenne, il n'accorde pleine confiance à l'antique Israël. Il ne lit pas la même Bible que Luther. Il ne lit en réalité que l'Evangile, et en second lieu les Epîtres de saint Paul. Luther, consolé par saint Paul, traduit l'Ecriture tout entière; la puissance tragique de son génie, ami des violents contrastes, s'accorde au génie de la Bible juive. L'histoire dure et cruelle du peuple hébreu lui offre, offrira bientôt à Calvin, des règles et des lois pour le gouvernement des hommes dans le monde de la chute et du péché. Chez les calvinistes de langue anglaise, dans l'Eglise établie comme dans les sectes puritaines, l'Ancien Testament gardera toutes ses prises sur les intelligences et les coeurs. Erasme ne s'entendrait ni avec Cranmer, ni avec John Knox, ni avec Milton, ni avec Wesley.

On peut admettre également que l'horizon italien d'Erasme n'est pas illimité. Michelet a pu sans doute lui attribuer une forme italienne d'intelligence[16]; la clarté de son esprit, l'aisance avec laquelle il sait guider sa pensée à travers les problèmes de l'éthique, de la vie politique et sociale, et même de l'exégèse, rappellent la démarche rapide et facile de cette critique italienne, qui depuis plus d'un siècle venait de donner tant de leçons au monde, en attendant de nouveaux triomphes. Et pourtant, ce philologue, ce linguiste, qui, pendant trois années en Italie, a fréquenté les érudits et les hommes de cour, n'a jamais éprouvé le besoin d'apprendre leur langue; cet excellent latiniste n'a jamais entendu l'italien. Toute la littérature moderne de l'Italie, celle des poètes, des conteurs, des politiques, est restée pour lui un domaine où rien n'appelait sa curiosité, son désir de savoir, de connaître les hommes et leurs oeuvres. En revanche, il s'est exactement informé de l'immense travail accompli, depuis Pétrarque, par les humanistes italiens; il a dans le *Ciceronianus*, résumé leur oeuvre en un tableau complet, précis et vivant. Mais, dans cette Italie savante et pensive dont il semblait pieusement recueillir toutes les paroles, il existe une école qu'Erasme n'a pas suivie. Tout l'effort de l'humanisme italien depuis Pétrarque, tout le labeur du Quattrocento semblait aboutir aux synthèses métaphysiques et mystiques de l'Académie florentine. La philosophie érudite et poétique, la spiritualité néoplatonicienne de Marsile Ficin et de Pic de la Mirandole répondaient sans doute aux aspirations profondes du XVe siècle finissant, mal satisfaites par l'œuvre difficile d'accès, insuffisamment élaborée de Nicolas de Cues, puisque, non seulement en Italie, mais aux Pays-Bas, en Allemagne, en France, ces systèmes souvent hasardeux obtinrent de si enthousiastes et religieuses adhésions. Mais Erasme avait de trop bonne heure aimé les idées claires et distinctes; il n'était pas un métaphysicien; il n'eût admis qu'une mystique prudente et soigneuse de réfréner en elle toute ambition spéculative. Au contraire, Lefèvre d'Etaples avait reçu à

Florence, auprès de Ficin et de Pic, une inoubliable impression; il devait garder jusqu'au terme de sa longue carrière, close l'année même de la mort d'Erasme, le désir et l'espoir d'un contact avec le divin. Le platonisme florentin l'avait aidé à comprendre ces doctrines de Nicolas de Cues où son inquiétude métaphysique avait trouvé la lumière et la paix. Erasme n'a pris contact avec l'école florentine que par l'intermédiaire de cette Angleterre italienne d'Oxford, qui orienta son esprit vers une religion à la fois savante et simplifiée. L'auteur de l'*Enchiridion* connaît le nom et l'œuvre de Pic; mais il n'en a guère retenu que quelques pages classiques sur l'éminente dignité de l'âme humaine; il les a interprétées en humaniste; il les a détachées du système métaphysique où elles s'encadrent; l'auteur de l'*Eloge de la Folie* les a déjà peut-être oubliées[17]. Car, dès l'adolescence, il avait, parmi les grands Italiens du Quattrocento, choisi un autre maître, Laurent Valla. A ce philologue insigne, à ce fondateur de la linguistique latine, Erasme dut son instrument d'expression, ce latin souple, pressant, parfois éloquent, toujours exact et coloré, qui redevenait sous sa plume une langue vivante. Laurent Valla lui enseignait encore le doute méthodique, et une critique attentive à noter, dans le dogmatisme des philosophes, dans les affirmations autoritaires des théologiens, tout un chaos d'incertitudes et de contradictions. Erasme apprit de lui, mieux encore que de Lucien, cette ironie qui le conduisit au ferme propos de considérer en historien désabusé la succession des doctrines, des coutumes, des lois et des institutions; d'examiner leurs droits prétendus, de dénoncer leur absurdité. Mais Valla avait aussi fondé sur l'histoire et la philologie, une méthode critique et positive, qui dans les domaines où le vrai ne peut résulter que des textes minutieusement interrogés et comparés, permet de l'atteindre avec une suffisante certitude. Il avait appliqué cette méthode aux œuvres littéraires et philosophiques; il l'avait essayé à la Bible, dans ses *Annotationes in Novum Testamentum* qu'Erasme en avril 1505 éditait à Paris. L'esprit qui anime les traités de Valla sur les *Disputes des dialecticiens*, sur la *Profession des religieux*, sur la *Fausse donation de Constantin*, revit dans la critique de la *Moria* et des *Colloques*, moins amer toutefois et moins aigre, avec une ironie qui volontiers s'amuse à l'éloge de la sottise. La critique doctrinale et savante de Laurent Valla revit dans les préfaces du Nouveau Testament de Bâle, dans la *Ratio verae theologiae*. Continuateur génial d'un maître dont l'Italie humaniste avait peu suivi les leçons, Erasme fondait sur la philologie et l'histoire l'exégèse scientifique et moderne.

Ainsi s'est constitué, à l'aide de la culture antique, de la tradition chrétienne et de l'humanisme italien, le vaste programme érasmien de restauration humaine. En vertu de cette primauté que le XVIe s., continuant le Moyen Âge, attribue au fait religieux, l'urgence d'une réforme chrétienne de l'Eglise, de l'Etat, de la société, domine la pensée, à la fois critique et constructive, d'Erasme. On ne doit pas oublier qu'il demeure un homme d'Eglise, qu'il a quitté Bâle en 1529 pour le rester; que, s'il avait accepté les offres de Paul III, il serait mort cardinal de l'église romaine. C'est pourquoi tout son plan de restauration humaine se trouve déterminé par sa doctrine de réforme religieuse.

Cette réforme est d'abord celle d'un enseignement; elle est en premier lieu la fondation d'une nouvelle théologie. Cette théologie moderne repose comme celle des Vaudois et des Hussites sur le principe du retour à la Bible. Elle en établit scientifiquement le texte; elle l'interprète selon une méthode d'exégèse stricte et savante. Elle affirme la nécessité de confronter avec le texte biblique, et d'amender conformément à l'exacte doctrine qui s'en dégage, l'enseignement traditionnel, la pratique traditionnelle. Elle affirme, conformément à la tradition vaudoise, wicléfite, hussite, à la pratique aussi de toutes les écoles de la Réforme, la nécessité de rendre la Bible aux chrétiens et de la traduire dans toutes les langues modernes. Elle affirme l'urgence de restaurer, dans les Eglises du Christ, le culte en esprit et en vérité; elle fonde sur l'Epître aux Galates la revendication de la liberté du fidèle, affranchi par le Christ des servitudes judaïques de l'ancienne loi. Ainsi la critique érasmienne renouvelle et rajeunit, à l'aide de la science moderne et des méthodes essayées par les humanistes aux textes classiques, le vieux principe révolutionnaire, essentiellement hétérodoxe, du retour à l'Ecriture, afin de prêcher le Christ d'après les sources. Peu importe qu'Erasme se soit, avec une prolixité un peu suspecte, défendu de toute complaisance envers les hérésies du passé et du présent. Deux de ses initiateurs à la vie spirituelle, John Colet à Oxford, et, aux Pays-Bas, le franciscain Jean Vitrier, ont pu être soupçonnés, l'un d'indulgence pour les Lollards, l'autre d'hérésie bohémienne[18]. Il n'a jamais voulu adhérer à aucune secte, former une école ou des disciples; il a, de bonne heure, après lui avoir suggéré des idées capitales et rendu d'éminents services, rompu avec Luther, hostile à cette culture humaniste que la philosophie érasmienne du Christ entendait concilier avec l'Evangile. Pourtant il restait, à l'intérieur de cette Eglise romaine que, pour des motifs de sentiment plutôt que d'ordre doctrinal, il n'avait pas voulu quitter, un dissident.

La théologie nouvelle se moque de la théologie des Facultés; elle s'établit dans les limites volontairement admises d'une spiritualité scripturaire, essentiellement fondée sur le Nouveau Testament. Elle réduit la croyance à une essence très pure de foi tout évangélique. Elle est volontairement hésitante à définir; elle répugne à contraindre, par des formules trop strictes, et qui le plus souvent risqueraient d'être inexactes, le libre élan de l'âme vers le divin. Cette religion du pur esprit, de la libre foi, s'achève en une spiritualité qui, nourrie de l'Evangile et de saint Paul, semble entrevoir timidement à son terme une mystique d'illumination; elle en sent le désir plus qu'elle ne la pratique[19]; la tradition windeshémienne ne dépasse pas volontiers l'horizon où s'enferme l'auteur de l'*Imitatio Christi*. Mais les formules dogmatiques désormais ne comptent plus. Erasme sait que le langage humain n'emprisonnera jamais l'infini; et d'ailleurs le dogme évolue depuis les origines, évoluera jusqu'à la fin des temps, et cette adaptation nécessaire aux données de l'histoire humaine est aussi développement d'un germe mystérieux, enrichissement d'une pensée qui toujours se cherche[20]. Une telle conception permet au libéralisme érasmien d'échapper à la contrainte du critère protestant qui, posé en principe dans les Préfaces de 1516, rejette et condamne tout ce qui ne paraît pas exactement justifié par le texte primitif ou conforme à l'usage primitif. C'est par là qu'Erasme s'accommode de l'abri provisoire qu'offre l'Eglise romaine aux libres chrétiens, pour qui ses croyances et ses institutions revêtent des formes éternellement mouvantes. Mais il demeure irréconciliable avec le dogmatisme des théologiens, qui arrêtent le cours de l'histoire, et refusent aux fidèles l'espoir et le bienfait des transformations nécessaires; avec le formalisme religieux des moines, qui, par ignorance ou par orgueil, enchaînent la liberté des enfants de Dieu.

Doctrine d'attente et d'espérance, de conciliation et de refus. Le libre évangélisme érasmien ne peut être ni le paulinisme révolté de Luther, ni le romanisme inquisitorial, persécuteur, d'Aléandre. Sans doute Erasme, après avoir proclamé l'urgente nécessité de rendre à tous les peuples chrétiens, dans leur langue, le message du Christ, n'a pas traduit la Bible en hollandais; il s'est contenté de paraphraser les évangiles et les épîtres dans le latin des savants. Il s'est méfié de cette liberté chrétienne qu'avant Luther il avait revendiquée, et que d'ailleurs Luther ne tolérait pas volontiers dans ses Eglises ou en face de leurs protecteurs princiers. Il a, sans beaucoup de délais et de patience, méprisé, en aristocrate de l'esprit, la plèbe des prédicants improvisés, ignares et convaincus, hostiles à toute délicatesse de culture, que la révolution luthérienne avait déchaînés. Il a dit et répété qu'un pareil type d'humanité lui était particulièrement intolérable. Et pourtant il n'admet pas que l'on contraigne par la force Luther au silence; il assisterait avec horreur au triomphe des moines et des théologiens; il semblait déjà prévoir le concile de Trente, l'asservissement des consciences et des esprits à un dogmatisme renouvelé. Mais de plus en plus accoutumé à l'idée d'une évolution perpétuelle et nécessaire des doctrines et des formes religieuses, il réservait l'avenir. Il acceptait de ne pas rompre avec cette Rome dont il savait les tares, et que son affection ne voulait pas déserter. Il admettait que l'Eglise catholique, dont il n'ignorait pas les faiblesses humaines, avait pourtant conservé à travers les siècles un héritage d'esprit divin. Mais l'auteur de l'*Enchiridion*, l'éditeur du Nouveau Testament persistait à vivre dans l'attente d'un avenir plus favorables aux libertés spirituelles des peuples chrétiens. En février 1526, dans ce premier *Hyperaspites* où il s'efforçait de répondre au *De servo arbitrio* de Luther, il avait déclaré, à la face de Rome inquiète et de la chrétienté attentive: «je supporte cette Eglise, jusqu'au jour où j'en verrai une autre meilleure»[21].

En plein accord avec cet évangélisme presque sans dogme, qui est toute sa religion, Erasme propose une réforme de l'individu, de la société, de l'Etat, du monde chrétien.

Son humanisme cultive les éléments de la noblesse humaine; sa foi religieuse lui affirme le prix incommensurable de la plus humble des âmes chrétiennes, rachetée comme la plus haute de tout le sang d'un Dieu. Il définit donc les méthodes d'une pédagogie affectueuse et libérale, assez clairvoyante pour respecter et seconder le développement d'un être créé à la ressemblance divine, et dont la nature, blessée mais non avilie et dégradée par le péché originel, sent au plus profond d'elle-même le bienfait de la Rédemption, et compte sur l'aide de la grâce pour se relever et atteindre à la vertu des saints.

Mais surtout Erasme définit l'esprit d'une politique de liberté. Ceux qui détiennent sur terre l'autorité temporelle ne doivent jamais oublier qu'ils gouvernent des hommes libres et des âmes chrétiennes. L'humanisme d'Erasme et son évangélisme condamnent sans recours la tyrannie. Les princes européens ne lui inspirent que peu de confiance. Son idéal de gouvernement reste celui de la petite cité républicaine, qui élit elle-même ses magistrats et, dans ses libres assemblées, vote ses lois et impôts. Il en voit revivre les institutions dans les républiques italiennes, à Florence en 1506, à Venise en 1508; dans les villes libres de l'Empire comme Nuremberg, Augsbourg, Francfort, Strasbourg; dans les cantons suisses, à Bâle, à Zurich, dont il a aimé les libertés. Il admet la monarchie comme un fait historique; il en sait les faiblesses, les duretés, l'inaptitude fréquente à discerner et à gérer les vrais intérêts des hommes. De plus en plus, en tout pays, elle décline vers l'absolutisme. Il la verrait volontiers se réformer selon l'idéal de ce régime constitutionnel qu'il admire et qu'il aime aux Dix-sept Provinces des Pays-Bas[22].

Erasme, humaniste et chrétien, sait, comme Dante, que le but suprême de la société humaine devrait être le plein et libre développement de toutes les puissances de l'esprit. C'est pourquoi il souhaite, comme Dante, la réconciliation chrétienne des peuples et la paix universelle[23]. A maintes reprises, il exhorte Charles-Quint, François Ier et Henry VIII à désavouer la politique guerrière où se ruinent les grands Etats européens. Mais bien informé des rivalités nationales dans une chrétienté déjà profondément divisée par des conflits de prestige et d'intérêts, il n'accueille pas l'idée dantesque d'une monarchie universelle, ni le rêve impérial de Charles-Quint. Plus volontiers son humanisme chrétien s'accomoderait d'une fédération d'Etats sous la tutelle du pape. Mais il sait que ce rêve est plus vain encore que celui de Charles-Quint. Il sait trop bien que les papes, souverains temporels d'un domaine italien, qu'Alexandre VI et Jules II viennent de reconstituer, mêlés de plus en plus étroitement aux grands débats de la politique européenne, aux querelles des alliances françaises et des alliances espagnoles ont pris l'habitude de se compromettre dans les conflits où les engage une politique d'orgueil qui se veut, elle aussi, impériale. Et quand, en mai 1527, l'armée de Charles-Quint vient saccager Rome, Erasme n'est pas loin de reconnaître dans ce drame l'inévitable conséquence d'erreurs séculaires. Une histoire déjà longue lui enseignerait, s'il osait compter sur un avenir singulièrement trouble et menaçant, que toute restauration de l'ordre chrétien exige, comme première condition nécessaire, le retour de l'Eglise romaine à l'esprit de ses origines. La réforme intellectuelle, morale, sociale et politique du monde chrétien, qui est le principal souci d'Erasme, prend nécessairement pour point de départ la question capitale débattue par les hommes du XVIe siècle, la réforme de l'Eglise, et reconduit à la réforme de l'Eglise.

NOTES

[1] Une partie importante de ce chapitre a été déjà publiée dans *Rivista di Letterature moderne*, Florence, juillet 1950: *L'héritage d'Erasme*, p. 3-28.

[2] MACHIAVEL, **36**: *Arte della guerra*, VI, p. 620 : «questa provincia pare nata per risuscitare le cose morte, come si è visto della poesia, della pittura e della scultura».

[3] RENAUDET, **54**, p. 532.

[4] RENAUDET, **63**, p. 436 et n. 3.

[5] RENAUDET, **14**, ch. I, *Philosophie du Christ et réforme religieuse*, p. 1-42; **15**, p. XXIV; 168-177.

[6] Le *De libero arbitrio* d'Erasme est de septembre 1524 et le *De servo arbitrio* de Luther est de décembre 1525; voir RENAUDET, **15**, p. 333-337.

[7] RENAUDET, **54**, p. 17-19.

[8] A propos de *Humanae litterae* et de *studia humanitatis*, voir GARIN, **58**, p. 27-31.

[9] ÉRASME, **1**, *Ciceronianus*; I, 1008 C : Reflorescentis eloquentiae princeps apud Italos videtur fuisse Franciscus Petrarcha, sua aetate celebris ac magnus, nunc vix est in manibus; ingenium ardens, magna rerum cognitio, nec mediocris eloquendi vis.

[10] ALLEN, **6**, IV, 1211, 438-441. Souvenirs de propos tenus à Oxford, en 1499, par John Colet: Qui nisi habuisset multum arrogantiae, non tanta temeritate tantoque supercilio definisset omnia; et nisi habuisset aliquid spiritus mundani non iti totam Christi doctrinam, sua profana philosophia contaminasset.— Cf. RENAUDET, **15**, p. 123-124.

[11] ÉRASME, **1**, X, 1465 A : Magnificae dotes...; tot disciplinarum inventio perfectioque, tot rerum pulcerrime gestarum exempla, toi de recte vivendo praecepta...

[12] Les textes essentiels se trouvent dans le *Colloquium religiosum* (ÉRASME, **1**, I, 681 F-683 E); RENAUDET, **4**, p. 168-169.

[13] RENAUDET, **15**, p. 294.

[14] *Erasmo e gli umanisti napoletani*; dans Gedenkschrift zum 400. Todestag des Erasmus von Rotterdam; Bâle, 1936, in-8°, p. 92: al suo sostanziale antiumanesimo.

[15] ALLEN, **6**, III, 798, 25: Atque utinam christianorm Ecclesia non tantum tribueret Veteri Testamento...-701, 35: Malim ego incolumi Novo Testamento vel totum Vetus aboleri (écrit en novembre 1517 à propos du procès de Reuchlin et de disputes sur les livres juifs).

[16] J. MICHELET, *Renaissance*, réed. Calmann Lévy, Paris, 1898, in-8°, p. 295: Erasme, l'ingénieux latiniste, né en Hollande d'un hasard d'amour, esprit italien (et point hollandais), dans sa vie errante, subsistant d'enseignement, de corrections d'imprimerie, de compilation...

[17] RENAUDET, **15**, p. 129-130; — PUSINO (Ivan), *Der Einfluss Picos auf Erasmus* (Sonderabdruck ans Zeitschrift für Kirchengeschichte; XLVI Band; Neue Folge IX, Erstes Heft; Gotha 1928) exagère l'influence de Pic sur Erasme et n'en donne pas de preuves concluantes.

[18] RENAUDET, *L'héritage d'Erasme* (cité n. 1), p. 13, n. 11.

[19] RENAUDET, **15**, p. 176.

[20] RENAUDET, *ibid.*, p. XVIII-XIX, 151.

[21] ÉRASME, **1**, X, 1258 A: Fero igitur hanc Ecclesiam donec video meliorem.

[22] RENAUDET, 15, p. 105-108.

[23] DANTE, *Monarchia* **31**, I, 4, p. 28.

LIVRE I

INITIATIONS LOINTAINES

I - L'ITALIANISME DES PAYS-BAS

Il était nécessaire de définir l'humanisme d'Erasme et le vaste programme de réforme intellectuelle, morale, politique, sociale et religieuse auquel l'évolution naturelle de sa pensée a pu le conduire, avant d'entreprendre la recherche méthodique de ce qu'il a dû à l'Italie, du développement que sa réflexion et son expérience ont ajouté à ces leçons italiennes; de ce que l'Italie a pu, en échange, recevoir de lui, de l'entente qui a pu s'établir entre sa critique et la critique des écoles italiennes, entre sa doctrine et leurs doctrines; des discussions enfin et des disputes qui parfois, et de façon de plus en plus évidente au cours de la seconde moitié de sa carrière, ont pu l'écarter des écoles d'outremonts. On a déjà rappelé que Michelet, un jour, le qualifia d'esprit italien[1]. Il faudra vérifier l'exactitude historique de ce propos; définir certaines ressemblances, dues à un goût commun pour certaines formes de culture et de pensée; mais aussi certaines dissemblances, intimes et persistantes, et qui ont marqué leur effet dans l'histoire d'un siècle où les grands événements furent parfois déterminés, ou du moins orientés dans un sens particulier, par les plus fines nuances de la vie intellectuelle et morale, par les sympathies ou les répugnances, intellectuelles ou sentimentales, d'un petit nombre d'individus historiquement prédestinés.

Il n'y a pas lieu de raconter en détail la vie d'Erasme; il ne s'agit pas ici de lui consacrer une nouvelle biographie. L'objet de ce livre est différent: rechercher dès les débuts de sa carrière, ses contacts avec l'Italie. Et il apparaîtra tout aussitôt que, malgré des circonstances défavorables, sa naissance en Hollande, dans cette ville de Rotterdam qui manquait de tout prestige intellectuel, sa première éducation dans diverses écoles de Hollande et d'Overijssel, ses voeux monastiques dans une congrégation où la vie intellectuelle languissait, ces contacts, comme en vertu d'une affinité irrésistible, furent prompts, et dès d'abord décisifs. On peut admettre qu'il était né, malgré l'incertitude des dates, le 28 octobre 1466, second fils d'un clerc nommé Gérard et qui par la suite, copiste de manuscrits à Rome, devait y acquérir une assez belle culture grecque et latine. Devenu prêtre et rentré aux Pays-Bas, il ne semble pas avoir dépassé la quarantaine. Vers la fin de 1470, il avait envoyé l'enfant dans une petite école de Gouda; puis quelques années plus tard, à l'école cathédrale d'Utrecht où, sous la conduite de Jacques Obrecht, il put commencer l'étude du chant d'Eglise. En 1475, Erasme entrait au collège que les Frères de la Vie commune tenaient à Deventer en Overijssel. Depuis la fin du XIVe siècle, leurs associations de clercs et de laïques pieux s'étaient multipliées en Hollande, dans les basses régions rhénanes et l'Allemagne du Nord, pour travailler à cette réforme de l'Eglise et de la société civile dont Gérard De Groote avait conçu le projet. Homme de vie intérieure et d'action pratique, ami des mystiques des Pays-Bas, auditeur et lecteur de Ruysbroeck, il avait travaillé à une restauration active de la vie chrétienne et de la chaire chrétienne. Il avait vécu en communion de pensée avec les chanoines réguliers de Windesheim, petit couvent augustinien établi près de Zwolle et qui bientôt s'était agrégé un certain nombre de prieurés soumis à la même discipline. Les Frères de la Vie commune formaient une société étroitement close à ce monde que pourtant ils voulaient reconduire au Christ. Ils avaient instruit des écrivains spirituels et des mystiques. Ecole modeste, qui s'imposait une règle sévère d'humilité et de renoncement, de perfection monacale[2]. Ainsi l'auteur de l'*Imitation* désavoue les ambitions hautaines de la scolastique ou de la mystique spéculative; tout ce qui est humanisme, haute culture de l'esprit, réconciliation de la pensée antique avec l'Evangile lui demeure étranger. Il borne ses désirs à suivre le Christ, qui enseigne aux hommes la vraie science, accorde aux plus simples la claire intelligence des vérités éternelles[3].

Pendant quelques années, Erasme vécut sous la sévère et triste discipline des Frères de la Vie commune. L'enseignement, dans leurs collèges, restait fidèle aux méthodes et aux manuels du Moyen Âge. Erasme les lut alors et pour la vie en prit le dégoût. Mais sans doute lut-il aussi l'*Imitation* et quelques-uns des livres pieux de Windesheim et de la communauté. Peu sensibles à la beauté littéraire, où ils croyaient reconnaître une tentation, les maîtres modestes qu'il entendit à l'école de Saint-Lébuin se contentaient d'exercer leurs élèves à l'art du raisonnement. Peu curieux des querelles qui, à Paris comme à Louvain et à Cologne, divisaient les philosophes, méfiants à l'égard de la scolastique et de la théologie raisonneuse qu'on professait dans les Universités, ils n'en tenaient pas moins la logique pour la discipline fondamentale des intelligences. Ils ignoraient le grec et ne cherchaient guère, auprès des écrivains latins qu'ils lisaient sans discerner l'esprit des diverses écoles, dans Térence, Ovide ou Virgile, comme dans Tite-Live ou Pline l'Ancien, que des sentences morales ou des élégances d'expression. Les lectures qu'ils permettaient pour les mettre en garde contre les dangers du siècle demeuraient très libres. Le *Pamphilus de amore*, «comédie élégiaque», vraisemblablement composée vers la fin du XIIe siècle en quelque pays indéterminé de la chrétienté occidentale, —histoire assez banale d'une intrigue d'amour favorisée par une vieille entremetteuse, —avait obtenu dans les écoles du Moyen Âge un succès dont témoignent diverses traductions en espagnol, en italien et en français, et qui se prolongeait encore en plein XVIe siècle. Ce texte d'explication formait l'objet de commentaires magistraux. Erasme, probablement avant de quitter Saint-Lébuin, en copia le premier vers au début d'une églogue toute classique et virgilienne[4]. Ils mettaient pieusement en garde leurs élèves contre les erreurs païennes, l'ignorance païenne des fins dernières de l'homme, la morale païenne trop confiante en une nature dépravée. Mais, mieux que les maîtres des collèges universitaires, ils avaient compris l'urgence du retour à la Bible et aux Pères; sur ces textes trop négligés de la science universitaire, ils entendaient fonder une religion plus simple, plus vivante et plus efficace, dont ils sentaient le désaccord nécessaire et bienfaisant avec la pratique paresseuse et le dogmatisme des Eglises, et qu'avec le sentiment de travailler à une véritable réforme, ils appelaient la dévotion moderne. Leur enseignement, par là, paraît annoncer le lointain début d'un renouveau. D'ailleurs, leur principal souci était d'instruire de bons artisans pour une réforme chrétienne de l'Eglise et de la société; mais, peu habiles à concevoir un programme véritablement original, ils se contentaient d'encourager leurs élèves à chercher dans la profession monastique ou dans le sacerdoce une voie plus assurée de perfection.

Pourtant, vers la fin de son bref séjour à Deventer, quelques clartés nouvelles pénétrèrent dans cette école de mélancolique renoncement, et par là, pour la première fois, Erasme put entrer en contact avec l'Italie.

Un maître que toujours il tint pour un grand homme, le frison Rodolphe Huisman, plus connu sous le nom latinisé, selon la coutume, de Rodolphe Agricola, revenait, en 1479, d'un long voyage d'études. Né près de Groningue en février 1444, ancien élève des Frères de la Vie commune, il avait fréquenté les Universités d'Erfurt, de Cologne, de Paris, et au-delà des Alpes celles de Pavie et de Ferrare. Secrétaire de la ville de Groningue entre 1480 et 1484, il enseigna quelques temps à Heidelberg, et mourut encore jeune en 1485. Agricola était un lecteur passionné de Pétrarque. Comme lui, il pensait découvrir auprès des anciens une science complète du monde et de l'homme; il savait comme lui l'accorder sans peine avec l'essentiel du dogme chrétien. Il avait pu, dans les écoles de la Haute Italie, s'initier au grec. Mais, d'esprit plus hardi et plus aventureux que Pétrarque, il s'était plu à lire les principales oeuvres du maître qui, parmi les humanistes du Quattrocento, fut non seulement le créateur d'une linguistique latine scientifiquement établie, mais encore le véritable initiateur de la critique des Textes et des doctrines, Laurent Valla. Déjà apparaît à l'extrême horizon de l'adolescence érasmienne, le nom de ce vigoureux esprit, qui, dans le domaine des études latines, de la critique des textes et des systèmes, fut et demeura son véritable maître. Agricola avait appris, dans les *Disputationes dialecticae*, l'art de mesurer la puissance créatrice des écoles et le prix de leur effort vers la recherche de la vérité. Il avait, imitateur de Valla, composé un traité de l'invention dialectique. La critique de l'humaniste romain le détournait, comme elle devait plus tard détourner Erasme, des synthèses néoplatoniciennes, de caractère métaphysique et mystique, où les penseurs de l'Académie florentine, sous la conduite de Marsile Ficin, exerçaient déjà leur génie hasardeux. Agricola trouvait une satisfaction plus complète, des vues aussi amples et plus solides dans l'oeuvre de Nicolas de Cues, dans cette encyclopédie géniale nourrie de science antique et d'expérience moderne, de philosophie médiévale et de pensée grecque, d'humanisme italien et de mathématiques, de logique et de mystique. Un aussi grand esprit que Rodolphe Agricola devait nécessairement concevoir un vaste projet de réforme de l'enseignement. Il l'avait ébauché en 1484, dans un traité *De formando studio*, composé l'année même où il déclinait la direction offerte du Collège Saint-Lébuin. Mais il n'avait guère enseigné. Erasme ne fit que l'entrevoir lors d'un passage à Deventer; il eut peu l'occasion de l'entendre.

Un autre maître, qui aimait la culture antique, Alexandre de Heek (Hegius) administrait depuis 1483 Saint-Lébuin. Ce westphalien né en 1435, cet ancien élève des Frères de la Vie commune n'avait connu l'Italie et l'humanisme italien que par l'enthousiasme d'Agricola. Il avait déjà dirigé, de 1469 à 1474, le gymnase de Wesel, de 1475 à 1483 l'école abbatiale d'Emmerich, dans les basses régions du Rhin, lorsque le collège de Deventer lui fut confié; il devait le conduire jusqu'à sa mort en 1498. Agricola, revenu d'Italie, lui avait enseigné les éléments du grec; il aimait, comme Pétrarque et Agricola, la culture antique, et comme eux s'efforçait de la concilier avec l'Evangile. Son humanisme aboutissait pareillement à une spiritualité mystique; il voyait avec joie, comme les Frères de la Vie commune, les meilleurs de ses écoliers prendre l'habit monacal, et lui-même s'imposait une règle presque ascétique. Faute de livres modernes, il n'avait pas encore rompu avec les pédagogues du Moyen Âge, et se contentait de préparer, aidé par un autre professeur de Saint-Lébuin, Jean Synthen, admirateur lui aussi de l'antiquité, une réédition moderne du *Doctrinal* d'Alexandre de Villedieu, avec un commentaire où se hasardaient quelques affirmations de l'humanisme italien. Erasme ne fut pas l'élève de Synthen, mais il entendit quelques leçons qu'Alexandre de Heek professait aux jours de fête devant le collège réuni. Ainsi, à Saint-Lébuin de Deventer, le jeune écolier qui devait être Erasme de Rotterdam put de loin apercevoir l'humanisme italien, la culture italienne, la culture antique, la science antique de l'homme et du monde, l'éthique de l'humanisme antique, timidement à une spiritualité prudente, selon le programme de la *devotio moderna*[5].

La mort de ses parents interrompit, vers l'automne de 1484, ses études. Abandonné à des tuteurs sans conscience qui le sollicitaient de renoncer au monde, il perdit trois ans à Bois-le-Duc dans une école de la Vie commune où l'humanisme italien était encore inconnu, et finalement en 1487, prit l'habit de chanoine régulier de saint Augustin. Il n'entra pas dans la congrégation de Windesheim mais dans celle de Sion; la vie religieuse y était moins intense, la discipline moins sévère. Au couvent hollandais de Steijn, près de Gouda, Erasme put espérer qu'il trouverait le calme propice aux études vers lesquelles il se sentait appelé. Il éprouva une assez vive déception que peut-être, plus tard, il exagéra. La vie intellectuelle y languissait, comme d'ailleurs dans ces contrées qui ne devaient se réveiller qu'au temps des guerres de religions, de la révolte victorieuse contre Philippe II, et de la fondation en 1574 de l'Université de Leyde. La monotonie de l'existence claustrale satisfaisait mal ce besoin de religion personnelle et intérieure qui devait inspirer toute l'oeuvre spirituelle d'Erasme, et peut-être, autant que d'un besoin naturel et profond, lui venait de la tradition windeshémienne et faisait revivre en lui le souvenir confus de Gérard De Groot, de Ruysbroeck, de l'auteur de l'*Imitation*. Sa santé, déjà faible et délicate, souffrait du régime conventuel. Mais le respect humain, la crainte d'une vie incertaine, des rancunes monacales, le retenaient; il prononça des voeux qui ne tardèrent pas à lui peser.

Il se consolait par l'étude et par l'amitié. Le plus cher de ses compagnons, Servais Roger, devait être pour lui, en 1504, un prieur mécontent et jaloux. Du moins Erasme avait-il retrouvé à Steijn un camarade de Deventer, Guillaume Hermans, qui, né à Gouda en 1468, avait pu rester à Saint-Lébuin assez longtemps pour suivre les leçons de Hegius, de Synthen, et devenir assez habile à manier la métrique latine. Erasme connut encore un oncle de Guillaume Hermans, Corneille Gérard, qui, passé en 1484 de Sion à Windesheim, conservait des relations étroites avec Alexandre de Heek et l'école de Deventer. Il devint bientôt pour Erasme un maître et un ami. Ainsi se formaient de petits groupes à la fois monastiques et humanistes; on put trouver désormais dans les prieurés de Sion et de Windesheim quelques moines qui lisaient les poètes antiques et savaient les noms des grands humanistes italiens. En accord étroit avec ces religieux hollandais, Arnold De Bosch vivait au Carmel de Gand. Erudit, lettré, écrivain et poète spirituel, dont la correspondance s'étendait à la plupart des savants de son temps, il entretenait d'amicales relations avec le monde humaniste italien; Ermolao Barbaro lui dédiait en 1485 sa traduction de Themistius, avant de lui offrir sa version de Denys l'Aréopagite[6].

Il nous reste, à partir de 1487, un assez grand nombre de lettres écrites, au couvent de Steijn, par Erasme.

Ce qui frappe d'abord, c'est la réelle pauvreté de leur contenu religieux; la tradition spirituelle des Pays-Bas en cette fin du Moyen Âge, la tradition de Windesheim et des frères de la Vie commune ne s'y exprime aucunement . Et pourtant Erasme ne l'a jamais véritablement abandonnée; elle s'est réveillée chez lui par la suite; elle a souvent animé ses écrits religieux. Mais Erasme, s'adressant à des réguliers, n'a sans doute pas jugé nécessaire de traiter de sujets sur lesquels ils s'entendaient sans mot dire. C'est pourquoi il ne cite jamais la Bible ou les Pères. Il ne fait d'exception que pour saint Jérôme, dont il éditera les oeuvres complètes au cours des mois glorieux qui suivent le triomphe du Nouveau Testament grec. Il lit et relit sa correspondance, où revit, à côté de l'ascétisme des cénobites orientaux, la politesse de la haute société romaine, où le renoncement s'unit au tact du directeur de conscience et se drape dans la forme de l'éloquence cicéronienne[8]. Mais il se détourne de saint Bernard, maître de toute mystique, parce qu'il juge son latin inélégant. Il ne semble pas beaucoup pratiquer saint Augustin dont pourtant il éditera un jour les oeuvres sans trop s'y plaire. En réalité, il se montre assez indifférent à l'idéal de perfection monastique, si cher pourtant aux Frères de la Vie commune et aux écrivains pieux de Windesheim. Sans doute il compose alors, dans leur manière sinon dans leur style, un petit traité qu'il intitule : *De contemptu mundi*[9]. Il développe, sous ce titre banal, l'un des thèmes les plus courants de la spiritualité médiévale. Pétrarque l'avait renouvelé en 1365, dans un ouvrage qui portait le même titre, mais que plus volontiers il nommait son *Secretum*; il lui avait donné le caractère d'une confession intime, prolongée trois jours durant en présence de saint Augustin, maître de son esprit, directeur de sa conscience. Mais Erasme, à pareille date, n'a pas lu ces pages profondes, douloureuses et presque désespérées. Et s'il développe à son tour, sans beaucoup de conviction et sur la demande d'un ami, le vieux thème monastique du mépris du monde et de la fuite dans la solitude, c'est en humaniste qu'il conclut, en lecteur déjà peut-être de Laurent Valla et de son *De voluptate*; il assimile la profession régulière à l'abstinence qu'Epicure enseigne à qui sait calculer justement et selon la raison les peines et les plaisirs de la vie terrestre. Plus tard, il devait ajouter à ces chapitres encore hésitants quelques pages d'une inspiration antimonastique, comme pour s'excuser d'avoir perdu son temps et sa peine à développer quelques lieux communs hérités d'une tradition qu'il n'avait jamais aimée.

En réalité, le jeune moine de Steijn ne semble alors s'intéresser véritablement qu'aux études anciennes. Il ignore à peu près complètement la philosophie médiévale que les Frères de la Vie commune ne lui ont pas enseignée, et qu'il n'a pas pris la peine d'approfondir. En revanche il connaît déjà fort bien les classiques latins, Virgile, Horace, Térence, Juvénal. Il ne sait pas le grec et n'a encore pu rencontrer aucun maître capable de l'introduire à ces études helléniques où depuis Pétrarque s'était renouvelé l'humanisme italien. Mais c'est bien aux savants, aux penseurs, aux poètes et aux orateurs de l'antiquité qu'il demande de préférence ce qu'ils ont compris du monde et de l'homme. On reconnaît déjà chez lui, dès ces années obscures, l'humaniste qui dans les *Adages* recueillera pour l'instruction des modernes et commentera, pour son propre plaisir, et comme Montaigne écrivant les *Essais* pour se mieux comprendre, les textes où se résume la sagesse de la Grèce et de Rome.

Déjà l'Italie apparaît dans cette correspondance monastique. C'est avec l'aide des humanistes italiens qu'Erasme interprète les monuments d'un passé qui a connu et réalisé toute une noblesse humaine. Rodolphe Agricola et Alexandre de Heek, n'avaient pas en vain révélé, dans les écoles lointaines de la Frise et de l'Overijssel, la science élégante de l'Italie. Erasme put se procurer à Steijn, soit en manuscrit, soit dans les premières éditions déjà préparées par les typographes italiens ou allemands, les principaux ouvrages des maîtres de l'humanisme. D'abord les traités de grammaire, indispensables pour la connaissance et l'exacte pratique du latin: ceux d'Agostino Dati, de Gasparino de Barzizza, et, de préférence, ces *Elegantiae linguae latinae* où Laurent Valla avait définitivement fondé sur une vaste connaissance des textes classiques, et particulièrement de Cicéron, toute une linguistique. C'était là ce dont ces générations avides de s'instruire et d'apprendre l'art d'écrire, lasses des manuels barbares du Moyen Âge et d'un langage plus barbare encore, avaient le plus pressant besoin. Mais en même temps, c'est toute une philosophie, toute une éthique individuelle et sociale, qu'Erasme et ses amis demandent aux diverses écoles italiennes, sans bien savoir encore en distinguer exactement l'esprit et les méthodes[10]. Erasme ne semble pas avoir beaucoup pratiqué les écrits latins de Pétrarque, les *Rerum memorandarum libri*, le *De viris illustribus*, le *De vita solitaria* qui pourtant s'étaient largement répandus en manuscrit à travers l'Europe chrétienne, mais, en cette fin du XVe siècle, représentaient les tâtonnements encore incertains d'un humanisme enthousiaste. Il devait écrire un jour que Pétrarque, malgré son génie ardent, son immense érudition et la vigueur persuasive de son style, n'avait plus guère de lecteurs[11]. Il avait surtout interrogé les maîtres du Quattrocento, et la première école qui avait attiré son attention avait été nécessairement la première en date, celle qui, héritière de la passion de Pétrarque, avait travaillé à rénover la connaissance du monde antique avec plus de flamme que de stricte méthode: Poggio Bracciolini, admirateur éloquent des vertus antiques; historien qui, pour mieux comprendre Florence, s'efforçait d'y retrouver l'esprit des lois romaines et des institutions romaines, et, chancelier d'une république moderne, se faisait, pour la mieux servir, une âme antique; plein d'ironie et de mépris pétrarquistes pour ce monde moderne dont la méditation du passé romain l'aidait à s'évader. Pareillement, Erasme lisait les écrits de Filelfo, qui, sans être florentin, et bientôt engagé dans de vives polémiques contre le gouvernement de Cosme de Médicis, était passé au service des princes de l'Italie du Nord et particulièrement des ducs de Milan; il avait prolongé, jusqu'au terme d'une carrière qui se terminait vers l'époque où Erasme entrait au couvent de Steijn, les méthodes enthousiastes et divinatoires de l'humanisme pétrarquiste. Mais en même temps Erasme lisait Laurent Valla dont il avait, dès 18 ans, résumé les *Elegantiae*. Sans doute, il n'avait pas encore eu l'occasion de le suivre dans le détail de ses disputes avec les juristes, les théologiens, les scolastiques ou les moines. Du moins avait-il, dans le *De voluptate*, trouvé un exposé critique des principales doctrines morales de l'antiquité; les *Disputationes dialecticae* pouvaient lui offrir des arguments en faveur de sa propre aversion à l'égard de la philosophie médiévale et de cet aristotélisme qu'il ne s'était jamais encore donné la peine d'étudier, parce que les scolastiques l'admiraient trop. Il ne semble pas avoir pu lire au couvent le traité contre la donation de Constantin ni *De professione religiosorum*, trop négateur et trop hardi pour bien s'accorder avec cet épicurisme monastique où il semblait vouloir s'attarder; il n'avait certainement pas lu ses *Notes sur le Nouveau Testament* dont il ne devait découvrir le manuscrit qu'en 1504 chez les Prémontrés de Louvain. Mais, d'instinct autant qu'à la réflexion, il s'attachait à celui dont il reconnaissait déjà la maîtrise en matière de philologie, l'habileté inégalée dans la critique des textes et des doctrines. Et il lui pardonnait volontiers, en raison de cette vigueur d'intelligence et de cette supériorité scientifique, la véhémence de ses disputes avec ceux des humanistes italiens qui, tels Poggio Bracciolini ou Filelfo, prétendaient maintenir contre lui les méthodes inefficaces et fuyantes du vieil impressionisme pétrarquiste. Il défendait Valla contre les timidités de Corneille Gérard, lui rappelait que les grands philosophes grecs, que les Pères de l'Eglise, que saint Augustin et saint Jérôme, s'étaient vivement querellés; il affirmait que les contradicteurs de Valla ne méritaient que peu d'égards; il soutenait avec une véhémence juvénile les droits de la critique attentive à la recherche et à la défense de la vérité. Ainsi Erasme, bien qu'il n'eût encore de l'humanisme italien qu'une connaissance générale et lointaine, semblait avoir déjà choisi celui qui devait rester son maître. A l'intérêt particulier, véhément, personnel, qu'il prenait pour l'oeuvre de Laurent Valla, paraissait répondre une certaine indifférence, positive et sceptique, dont il ne devait jamais se dépouiller, pour les synthèses métaphysiques et mystiques de l'Académie florentine, qui pourtant avaient attiré l'intelligence philosophique et religieuse de Rodolphe Agricola.

Comme le chartreux gantois Arnold De Bosch, comme le chartreux mantouan Battista Spagnuoli, comme ses amis hollandais, Corneille Gérard ou Guillaume Hermans, Erasme lui-même s'exerçait à composer des vers latins. Il avait appris à manier avec une élégance classique l'hexamètre et le pentamètre, à composer des distiques élégiaques; les mètres de la lyrique gréco-latine devaient plus tard lui devenir familiers; bon versificateur, il n'était nullement poète; il ne devait avoir jamais ni l'imagination ni la sensibilité du poète; il ne devait jamais lire les poètes de la Grèce ou de Rome qu'en humaniste et en éthicien, curieux avant tout de moeurs et d'usages, attentif à la culture de l'esprit humain et l'âme humaine. Corneille Gérard, Erasme lui-même célèbrent en vers faciles les saints ou la Vierge. Corneille, sur le conseil d'Erasme, composait, à l'imitation de Battista Spagnuoli et des diverses *Parthenicae* où il célébrait les vertus de sainte Catherine et de la Vierge, les six premiers livres d'un poème épique, la *Mariade*. Nul doute n'effleurait leur esprit sur les légendes des saints pas plus que sur les dogmes essentiels[13].

Mais si respectueux qu'ils fussent de la tradition catholique, Erasme et Corneille Gérard admiraient trop l'antiquité et la science italienne pour ne pas vouer à un éternel mépris la pédagogie du Moyen Âge et les manuels ineptes d'Evrard ou d'Alexandre. Et déjà la critique d'Erasme ne se bornait pas à souligner et à dénoncer les barbarismes des gothiques. Il leur reprochait de répéter, comme Giovanni Dominici dans sa *Lucula noctis*, que l'étude des poètes antiques est dangereuse pour la piété et pour les moeurs. Il les blâmait amèrement d'interdire à leurs élèves la lecture des comédies de Térence. Et déjà, au contact lointain de l'Italie, Erasme avait dépassé ses maîtres de Deventer, et, sinon Rodolphe Agricola qui demeurait à ses yeux un grand esprit, du moins Jean Synthen et Alexandre de Heek. S'il conservait à l'école de Saint-Lébuin quelque reconnaissance, il n'épargnait guère l'enseignement que distribuaient dans leur collège les Frères de la Vie commune. Déjà, comme il devait le répéter en 1500, dans la préface de sa première collection d'*Adages*, il leur reproche de ne pas savoir mettre à profit l'enseignement psychologique et moral que les anciens transmettent aux modernes, et dont les Pères de l'Eglise ont pourtant connu le prix[14]. Il n'a de véritable amitié que pour les hommes qui, aux Pays-Bas, et en Allemagne, travaillent à répandre la connaissance et l'intelligence de l'antiquité[15]; et sans tarder, il engage la lutte contre les partisans obstinés de la pédagogie médiévale et contre les éducateurs ignorants qui rendent leurs élèves plus sots qu'ils ne les ont reçus[16]. Sa plume évoque tout un défilé de barbares: maîtres de Saint-Lébuin, maîtres et écoliers de Zwolle, l'un des plus importants séminaires de la Vie commune, et qu'il bafoue en vers grotesques inspirés du latin du *Doctrinal*[17]; ennemis enfin de toute poésie contre lesquels il écrit, en collaboration avec Corneille Gérard, une apologie en forme de dialogue, et qu'il fait confondre par saint Jérôme[18]. Dès 1486, il en ébauche le plan, et commence la rédaction de ses *Antibarbari*, qui, remaniés à diverses époques, ne devaient paraître qu'à Bâle en 1520, mais auxquels il confiait déjà ses haines les plus vivaces[19].

Sa piété catholique restait vive, et son attachement profond à une Eglise dont il savait, à n'en pas douter, comme les plus hautes intelligences de ce temps, qu'elle avait besoin d'être réformée, selon la formule des grands conciles du XVe siècle, dans le chef et dans les membres. Son idéal de gouvernement spirituel s'accordait peut-être alors avec celui du pape Pie II, qui, sous le nom du cardinal siennois Enea Silvio Piccolomini, avait manié en artiste, en poète et en romancier, le latin classique, et pourtant, une fois chef de l'Eglise romaine, avait dépensé sans compter son énergie à préparer une croisade où les princes d'Occident n'étaient pas venus. Le 25 avril 1492, Erasme était ordonné prêtre; comme Marsile Ficin, comme Lefèvre d'Etaples, il entrait à son tour dans les rangs de ce clergé humaniste auquel les circonstances allaient peut-être offrir l'occasion de jouer, dans l'histoire nouvelle de l'Eglise, un rôle nécessaire et bienfaisant. Ainsi que Marsile Ficin ou Lefèvre d'Etaples, comme Rodolphe Agricola, le seul véritable maître qu'il eût rencontré aux Pays-Bas, Erasme désirait ardemment se rendre en Italie, pour connaître les hommes, les oeuvres, les écoles. L'occasion parut s'en offrir.

En 1493, l'évêque de Cambrai, Henri de Bergen, qui attendait une prochaine nomination de cardinal, le choisit comme secrétaire et lui proposa de l'emmener à Rome. Affranchi de la contrainte monastique, Erasme ne vécut guère à Cambrai, où le prélat, selon l'usage, résidait peu. Mais il l'accompagna sur ses domaines seigneuriaux de Bergen-op-Zoom, et, sous la menace d'une épidémie, au château de Halsteren dans le Brabant septentrional. A Bergen, le secrétaire du conseil des échevins, Jacques Batt, était comme lui un admirateur passionné de l'antiquité; rentré depuis peu de Paris où il avait dû écouter les scolastiques, il leur gardait de vives rancunes; il devint bientôt pour Erasme un confident et un conseiller; Guillaume Hermans vint quelques jours célébrer avec eux le culte commun du monde classique et de l'Italie savante. Dans la maison de l'évêque, Erasme put rencontrer deux Italiens, Pietro Santeramo, sicilien assez obscur et Michel de Pavie qui, professeur au collège de Navarre, recteur de décembre 1492 à mars 1493, lui donna peut-être à Cambrai quelques leçons. C'est alors que les *Antibarbari*, ébauchés à Steijn, prirent le caractère d'une conversation familière, poursuivie pendant plusieurs jours à Bergen-op-Zoom entre Erasme, Batt, le bourgmestre et le médecin de la ville. Cependant Erasme restait en contact avec Corneille Gérard qu'il pressait d'achever sa *Mariade*. L'entourage de l'évêque, Erasme lui-même, vivaient pourtant encore en plein Moyen Âge. Une affaire de possession diabolique chez les religieuses du Quesnoy en Hainaut, parut alors le troubler si profondément, qu'il la rappelait en 1516 dans les notes de son saint Jérôme. Il restait en relations avec Steijn où il alla passer quelque temps. Plus volontiers il fit un bref séjour au cou-vent de Groenendael, dans la forêt de Soignes, près de Bruxelles. C'était là que Ruysbroeck avait terminé sa carrière d'écrivain spirituel. L'évêque était un des bienfaiteurs de la maison, qui appartenait à la congrégation de Windesheim. La bibliothèque était riche en manuscrits et en éditions primitives de saint Augustin. Nous savons qu'Erasme y passa de longues heures à les feuilleter. Alors peut-être prit-il, à défaut d'un goût durable et profond, une connaissance exacte et sûre de l'oeuvre inépuisable dont s'était nourrie la mystique de Pétrarque[20].

Rome trompa l'attente de l'évêque. Erasme déçu et attristé, ne souhaitait plus rester à Cambrai. Il obtint du moins la permission de se rendre à Paris pour y entreprendre les études théologiques auxquelles, dans la bibliothèque de Groenendael, ce rapide contact avec saint Augustin avait pu lui servir de brève initiation. Il aspirait maintenant à ce doctorat dont les spirituels de Windesheim montraient peu de souci, indispensable toutefois à l'autorité d'un clerc actif et instruit.

NOTES

1 Voir p. 6, n. 16.

2 ALLEN, **6**, I, Appendix II, *Erasmus' early Life*, p. 578-580. RENAUDET, **63**, p. 260-261. —HYMA, **9**, p. 51-70.

3 *De Imitatione Christi*, I, 3: De doctrina veritatis: Et quid curae nobis de generibus et speciebus?... Quanto aliquis magis sibi unitus et interius simplificatus fuerit, tanto plura et altiora sine labore intelliget. —III, 43: Contra vanam et secularem scientiam: Ego sum qui doceo hominem scientiam, et clariorem intelligentiam parvulis tribuo quam ab homine possint doceri... Ego sum qui humilem in puncto elevo mentem, ut plures aeternae veritatis capiat rationes quam si quis decem annis studuisset in scholis. —HYMA, **9**, p. 59-104; 115-129, 136-165; p. 21-35.

4 ÉRASME, **1**, VIII, 561. —HYMA, **9**, p. 235-237, a publié ce poème d'après un manuscrit de la bibliothèque de Gouda. Dans cette version, les noms de Pamphilus et de Galatea sont remplacés par Rosphamus et Gunifolda.

5 HYMA, **9**, p. 105-117.

6 RENAUDET, **63**, p. 260-264. —HYMA, **9**, p. 128-166. —ERMOLAO BARBARO, **33**. Ep. LXXII et LXXVI.

7 RENAUDET, **63**, p. 264-265.

8 ALLEN, **6**, I, 22, à Corneille Gérard; p. 103, 1. 18-24.

9 HYMA, **9**, p. 167-181. —RENAUDET, **63**, p. 264 et n. 3.

10 RENAUDET, **63**, p. 265.

11 Voir p. 5, n. 9.

12 ALLEN, **6**, I, 1. 20, à Corneille Gérard; p. 99, 1. 96, 101-103: Ego meos duces quos sequar habeo... Porro in elegantiarum observantiis nemini aeque fidem habeo atque Laurentio Vallensi; cui quem alium et ingenii acumine et memoriae tenacitate conferamus, non habemus. —Ep. 23, à Corneille Gérard; p. 107, 1. 73-76: Ut autem ad Italos veniam, quid Laurentio Vallensi, quid Philelpho veteris eloquentiae observantius? Quid Aenea Sylvio, quid Augustino Datho, quid Guarino, quid Poggio, quid Gasparino eloquentius? —Ep. 26, à Corneille Gérard; p. 113, 1. 39: Nihil igitur agunt qui obiiciunt quod Laurentianum nomen apud plerosque gravi flagrat invidia; nam semper huic malo virtus insignis fuit obnoxia. Multis non placet Laurentius: at quibus? Nimirum iis quibus non placent politiores literae. Hic dicet quispiam, ut negligamus vulgi rumusculos, qualem hunc depinxit Pogius, vir nec inelegans nec indoctus? Pogio fuit inuisus, sed uni; et Pogius hoc erat animo ut doctissimus haberi mallet quam reddi doctior. Quem ego sic inter eruditos poni feram ut non sit omnino a consortio barbarorum alienus; siquidem magis ille natura facundus quam eruditione, et plus habet loquentiae quam eloquentiae. Postremo vituperat

Laurentium Pogius, sed palam vir improbus, palam inimicus... —Ep. 29, au même; App. IV, *The correspondance with Cornelius Gerard.*

[13] HYMA, **9**, p. 205-237.

[14] ALLEN, **6**, I, 31, p. 123, l. 37; p. 124, l. 48; l. 51-52: Ne fas aiunt a Christianis lectitari Terentianas fabulas...; l. 59-62: Non vident quanta illic sit moralitas, quanta vitae instituendae tacita exhortatio, quanta sententiarum venustas. Neque intelligunt totum hoc scripti genus ad coarguenda mortalium vitia accomodatum, imo adeo inuentum; —p. 125, l. 80.

[15] ALLEN, **6**, 23, à Corneille Gérard, p. 105-107.

[16] *Ibidem*, p. 108, l. 91: Stultiores reddentes discipulos quam acceperant...

[17] ÉRASME, **1**, I, 890; *Conflictus Thaliae et Barbariei.*

[18] ÉRASME, **1**, VIII, 567, sqq.

[19] HYMA, **9**, p. 182-204; 239-331.

[20] ALLEN, **6**, I, Appendix 5, Erasmus with the bishop of Cambray; p. 587-593.

II - L'ITALIANISME PARISIEN

A Paris, où il arrivait en septembre 1495, il retrouva d'abord, plus morose et plus dur, l'esprit des Frères de la Vie commune. L'évêque de Cambrai, protecteur et ami de Windesheim, l'avait adressé au collège de Montaigu, alors fréquerité par les étudiants et les maîtres des Pays-Bas. Le principal, Jean Standonck, né à Malines, avait été formé à Gouda par les Frères de la Vie commune et les chanoines réguliers de Windesheim. Cet ascète étroit et rude admirait aussi l'un des plus rigides fondateurs d'ordre du Moyen Âge finissant, François de Paule, qui, venu de Calabre dans les dernières années du règne de Louis XI, avait récemment introduit à Paris les religieux italiens sévèrement mortifiés, dévoués à la plus stricte pauvreté franciscaine, que dans un esprit d'humilité absolue il avait voulu nommer les Minimes. Standonck avait fondé en 1490 une société de pauvres clercs, qui, sous une règle terrible, se préparaient à la vie cléricale et monastique; il comptait sur eux pour la réforme de l'Eglise[1]. Les étudiants en arts et en théologie qui habitaient comme Erasme le collège, se ressentaient de ce voisinage; la discipline était inflexible, le logis malsain; la culture antique ignorée et méconnue; qui se sentait attiré vers les lettres et la poésie inspirait le soupçon. Erasme ne tarda guère à mal s'entendre avec le principal, dont trente ans plus tard, dans le colloque Ἰχτυοφαγια, il blâmait la rudesse et l'esprit étroit. Il rencontrait sur la montagne Sainte Geneviève un confluent inattendu du rigorisme windeshémien et de la pauvreté franciscaine. Une telle alliance aboutissait, dans la pratique, à une pédagogie violente et triste. «Ils prétendent, écrivit un jour Erasme, abattre ainsi l'orgueil; entendez par orgueil toute noblesse de nature, qu'ils s'ingénient à ruiner pour rendre les adolescents aptes à la vie monastique». Standonck pouvait trouver place parmi les régents dont les interlocuteurs des antibarbares opposaient l'ignorance inculte à la pédagogie intelligente et humaine des maîtres italiens[2].

Erasme aborda l'étude de la théologie. Il suivit au collège des cours sur la Bible et le *Livre des Sentences* de Pierre Lombard, assista aux discussions doctorales de Sorbonne. Dans la maison des pauvres habitait déjà le picard Noël Bédier, qui plus tard, prit le nom doctoral de Béda, et, syndic de la faculté de théologie, devint l'un des contradicteurs les plus acharnés de l'humanisme érasmien. Parmi les étudiants qui payaient pension, étaient inscrits divers Ecossais, qui par la suite occupèrent un rang honorable dans l'Eglise et les hautes écoles de leur pays: tel Jean Mair, plus connu parmi les derniers défenseurs de la scolastique sous le nom de Jean Major et dont Rabelais devait tourner en dérision les écrits péniblement lisibles[3].

Erasme échappa vite à la société de ces étudiants trop respectueux d'un passé, d'un esprit et de méthodes qu'il n'aimait pas. Il profita de la liberté relative que son âge, son caractère de prêtre et la protection de l'évêque de Cambrai lui assuraient pour tenter de vivre, à sa guise et continuer à Paris son éducation classique; il y recherchait de préférence, il y retrouvait l'humanisme italien.

Le maître des nouvelles études était alors à Paris un autre homme du Nord, un de ces religieux attirés, comme le chartreux gantois Arnold de Bosch, comme les réguliers hollandais amis d'Erasme, vers la culture antique; Robert Gaguin possédait alors, en France et à l'étranger, le prestige d'un excellent écrivain latin et français, d'un poète et d'un savant. Ce flamand, né en 1433 à Calonne sur la Lys, cet homme d'Eglise, entré de bonne heure dans l'ordre des Trinitaires dont en 1473 il devenait général, ce canoniste élu en 1483 doyen de la Faculté parisienne de Décret, ce diplomate, chargé par le gouvernement royal de diverses missions et ambassades, était, comme Rodolphe Agricola, un élève de l'Italie, un admirateur des écoles italiennes, que dès 1465, au cours d'un long voyage à travers l'Europe, de l'Espagne à l'Allemagne, il avait visitées. L'humanisme italien avait été déjà introduit à l'Université de Paris par un maître qui fut, à certains égards, un homme de génie, Guillaume Fichet. Savoyard, élève aux écoles d'Avignon, où vivait une tradition de culture italienne et d'art italien, il y avait pris une admiration passionnée pour l'oeuvre de Pétrarque; sans hésiter, il avait adopté son programme total et de bonne heure souhaité la réforme intellectuelle, morale et religieuse de la chrétienté par le moyen d'un réveil de la culture antique et de la science antique, accordées et conciliées, selon la tradition des maîtres italiens, avec la foi du Christ. Admirateur et ami de Bessarion, il comptait comme lui sur le platonisme pour réveiller, avec l'esprit philosophique, le besoin et le sentiment d'une métaphysique religieuse. Il s'était efforcé d'orienter, à Paris, les études renaissantes dans le sens de ce platonisme italien qui maintenant, par l'oeuvre de Marsile Ficin, retrouvait à Florence un éclat grandissant. Mais Fichet depuis 1472 vivait retiré à la cour de Rome; Gaguin avait continué son oeuvre. Fichet avait enseigné la réthorique et la prose latine; Gaguin, plus attiré vers les poètes, bon poète lui-même en langue française, auteur d'un *Débat du laboureur, du prêtre et du gendarme*, où revivent les misères d'une époque troublée par des guerres sans fin, enseigna la poétique[4]. Mais en même temps, comme Fichet, il comprenait la nécessité d'une rénovation profonde de la vie intellectuelle. Un long débat, depuis le premier tiers du siècle, mettait aux prises les partisans des principales écoles philosophiques. Contre la décadence de la critique ockhamiste désormais affaiblie et dégénérée, et qui après avoir fondé au XIVe siècle une physique positive, ne savait plus que s'enfermer dans de stériles études de logique formelle, contre cette école dite moderne et déjà épuisée, s'élevaient les partisans des écoles anciennes, de saint Thomas et de Duns Scot; et déjà le thomisme qui avait soutenu la pensée de Dante, le scotisme, qui, dans l'ordre franciscain, s'était accordé avec une conception mystique du monde, semblaient ouvrir aux intelligences des horizons plus humains et plus religieux[5]. Gaguin, comme Fichet, avait pris parti pour les écoles anciennes. Mais plus que vers les doctrines médiévales, il se sentait, comme Fichet, attiré vers la philosophie antique. Comme Fichet, il suivait la querelle engagée dans les universités italiennes, et conduite par les Florentins entre les partisans d'Aristote et les partisans de Platon; comme Fichet, il inclinait vers Platon et suivait les efforts de Marsile Ficin pour restaurer à Florence le platonisme, pour créer une philosophie nouvelle, qui, fondée sur Platon, et fidèle à l'interprétation religieuse et mystique donnée du platonisme par l'école d'Alexandrie, pût concourir à une active restauration des valeurs chrétiennes. Robert Gaguin comptait parmi les correspondants et les admirateurs de Marsile Ficin; il vivait de la même pensée, participait aux mêmes espérances[6]. Ainsi Gaguin, continuateur de Fichet, poursuivait à Paris, sous les yeux d'Erasme, l'oeuvre d'inspiration essentiel-lement italienne, que le jeune écolier de Saint-Lébuin avait vu entreprendre aux Pays-Bas. Et désormais le prestige de Rodolphe Agricola, de l'humaniste frison, dont la personne et l'oeuvre avaient pu autrefois l'éblouir, s'effaçait devant la gloire à la fois française et européenne du maître parisien.

Les humanistes d'outre-monts connaissaient d'ailleurs le chemin de la capitale. En 1497 était venu de Bologne Filippo Beroaldo. Celui qu'Erasme devait plus tard appeler l'Achille des professeurs de son temps n'avait alors que vingt-trois ans et comptait déjà parmi les maîtres. Il ne resta que deux années à Paris et trouva le temps de publier diverses éditions classiques de Salluste, de Virgile, des *Catilinaires*. Dans sa leçon d'ouverture, il avait développé le programme admis déjà par Guillaume Fichet d'un humanisme pétrarquiste, qui se proposait pour but, avec le renouvellement des études littéraires, la fondation définitive d'une philosophie à la fois antique et chrétienne. Il avait proclamé la sainteté de cette culture antique et chrétienne qui restait l'idéal constant de l'humanisme italien, et que, comme Pétrarque, et comme bientôt Erasme, il entendait placer sous la double tutelle de saint Augustin et de saint Jérôme. Beroaldo professait le culte florentin de Platon. Gaguin, dans une lettre qu'il lui adressait le 25 septembre 1479, peu après son retour en Italie, souhaitait avec lui cette résurrection de Platon qui seule pouvait sauver les modernes de leur barbarie[7].

Un autre humaniste italien était arrivé en 1484, Girolamo Balbi. Ce vénitien, d'une famille illustre, avait alors trente ans. Elève de Padoue et de Rome, il avait acquis une brillante réputation de poète et de commentateur des anciens. Il édita à Paris les tragédies de Sénèque, et en 1488, avec le *Songe de Scipion*, il rendait aux humanistes français quelques-unes des plus belles pages philosophiques et religieuses que Rome eût laissées. Sa réputation s'étendait fort loin; au couvent de Steijn, Erasme, en 1489, citait son nom et son oeuvre avec admiration à Corneille Gérard. Mais il ne resta guère. Il avait introduit à l'Université les manières querelleuses des maîtres italiens, cette habitude de l'invective par où Laurent Valla, Poggio Bracciolini, Filelfo avaient acquis une célébrité qui, dans les couvents des Pays-Bas, inquiétait leurs admirateurs. Il engageait une vive querelle avec un fort honorable latiniste parisien, Guillaume Tardif; il prétendait encore enseigner le droit et la géométrie; déjà, dans ce milieu universitaire qui restait profondément chrétien, fidèle aux pratiques de l'Eglise et soucieux d'éviter tout contraste entre la tradition catholique et certaines formes trop évidemment anti-chrétiennes du paganisme, il provoquait le scandale par la liberté de ses moeurs et une indifférence religieuse qui ne se dissimulait guère[8].

La venue de deux autres Italiens allait bientôt hâter son départ. Cornelio Vitelli, toscan de Cortone, avait enseigné déjà treize années sans beaucoup d'éclat en Angleterre, quand il passa le détroit. Le romagnol Fausto Andrelini, né à Forli en 1460, était au contraire un des plus authentiques et des plus brillants élèves de Filelfo. Il savait à fond la poésie antique; plusieurs livres d'élégies d'un style élégant et facile lui avaient valu à Rome la couronne poétique, et à Mantoue la faveur des Gonzague. Comme son maître Filelfo, il excellait dans l'invective; et bientôt une violente querelle mit aux prises les trois Italiens. Vitelli regagna l'Angleterre; Balbi et Andrelini devant l'Université attentive et scandalisée, s'accusèrent l'un l'autre d'ignorance, se reprochèrent des plagiats et des turpitudes. Andrelini, d'abord vaincu, alla enseigner à Poitiers et à Toulouse, tandis que son rival répandait en Italie le bruit qu'il avait été brûlé à Paris comme hérétique. Mais Andrelini avait conservé ses partisans; il revint, la querelle se ralluma et Balbi dut prendre la fuite en janvier ou juin 1491[9].

Sans doute, son incroyance déjà dénoncée depuis trois ans par Tardif, qui l'accusait, comme on disait alors, «de manger lard en carême», lui avait rendu intenable le séjour de Paris. Andrelini fut plus habile. Assez dépourvu de personnalité intellectuelle, il cultivait l'amitié des théologiens et de Robert Gaguin. Il avait su trouver, pour écrire la préface d'un de ses recueils les plus libres d'élégies latines, la *Livia*, un professeur de théologie, Balbi parti, il se vanta d'avoir défendu la morale et les bonnes doctrines. Dans la préface d'un nouveau recueil d'élégies, publié en 1492, il affirmait, conformément à la doctrine constante d'un humanisme pieux, que l'homme d'étude ne doit pas vivre en épicurien. Il chantait donc le Christ et la Vierge, les sacrements catholiques, le savoir profond des maîtres parisiens.

Il put dès lors régenter les études latines à la Faculté des arts. Il y donna avec un grand talent un enseignement varié. On l'entendit commenter Tite-Live, Suétone, les poètes, et en même temps les Psaumes de David. Il n'hésitait guère à entremêler son enseignement de plaisanteries bougonnes qui réveillaient l'attention des auditeurs. Son succès était immense. Il savait d'instinct, et par l'enseignement de Filelfo, les secrets de la belle latinité. Il avait un sens exact et vif de l'éloquence et de la poésie antiques. Il n'ignorait pas les débats doctrinaux des écoles italiennes; il était capable d'en disserter agréablement. Erasme put l'entendre en 1496 discuter le problème, alors officiellement posé, de l'astrologie scientifique, et de l'influence depuis longtemps affirmée, depuis longtemps révoquée en doute, des constellations sur la vie des hommes et le destin des peuples[10].

Ainsi Erasme rencontrait à Paris l'humanisme italien. Dès son arrivée, probablement dès les premiers jours de septembre 1495, il avait écrit à Gaguin; il le priait de l'accueillir, lui adressait des vers enthousiastes. Gaguin lui ouvrit sa maison. Erasme se réjouissait de voir enfin s'adoucir sa triste fortune. Gaguin sans doute l'introduisit auprès d'Andrelini avec lequel il devint bientôt familier. Le professeur italien, qui, malgré sa gravité d'emprunt, s'ennuyait de l'attitude que la dévotion parisienne lui imposait, fut heureux de rencontrer un esprit exempt de la morosité scolastique et naturellement porté au rire et à l'ironie, et qui, d'ailleurs, sous cet aspect aimable et plaisant, cachait un enthousiasme pétrarquiste pour l'antiquité classique, et se montrait si désireux de connaître le savoir italien, les écoles italiennes, de s'informer de leur oeuvre, et d'y participer lui-même en vue de cette réforme intellectuelle, morale, religieuse de la société chrétienne, qui était déjà et devait, au cours de sa carrière, demeurer son principal souci[11].

NOTES

[1] RENAUDET, **63**, p. 171-183.
[2] RENAUDET, *Ibid.*, p. 267-268; —ÉRASME, **1**, I, *Colloquia*, col. 806.
[3] RENAUDET, **63**, p. 268-269.
[4] RENAUDET, *Ibid.*, p. 83-89, 114-116.
[5] RENAUDET, *Ibid.*, p. 79-82.
[6] RENAUDET, *Ibid.*, p. 126-129; p. 276, Gaguin à Marsile Ficin, ler septembre 1486: Virtus et sapientia tua, Ficine, tanta in nostra maxime Academia Parisiensi circumfertur, ut cum in doctissimorum virorum collegiis, tum in classibus etiam puerorum tum nomen ametur atque celebretur. Testes tuorum meritorum sunt illi preclari labores tui, quos ut Platonem latinum redderes desumpsisti; auget gloriam tuam Plotinus ex schola Platonis latinus a te factus. Leguntur preterea atque in precio habentur alia lucubrationis tue volumina et familiares epistole...
[7] RENAUDET, *Ibid.*, p. 116-117.
[8] RENAUDET, *Ibid.*, p. 121-123; —ALLEN, **6**, I, 23, p. 105, 47-52.
[9] RENAUDET, **63**, p. 122-123.
[10] RENAUDET, *lbid.*, p. 123-126; p. 270, p. 273 et n. 3.
[11] RENAUDET, *Ibid.*, p. 269-270.

III - L'ANGLETERRE ITALIENNE

I

Erasme n'était encore auprès de Gaguin et même d'Andrelini qu'un écolier, venu des lointains horizons du Nord, et qui avant tout cherchait à s'instruire. Andrelini, malgré sa médiocrité réelle et son manque de doctrine, l'emportait sur Erasme par une facilité italienne de versificateur, par une verve inépuisable et plaisante qui rappelait l'abondance joyeuse et l'ironie de Filelfo. Erasme pouvait écouter à Paris des leçons plus hautes. Gaguin suivait les travaux des platoniciens de Florence qui, sous la double conduite de Marsile Ficin et de Pic de la Mirandole, travaillaient à l'instauration d'une théologie nouvelle, fondée sur le spiritualisme et la mystique de Platon et de ses disciples alexandrins; elle eût offert, aux croyances chrétiennes, une base plus large et plus humaine que la scolastique, et renouvelé dans l'Europe occidentale, sous la conduite d'un humanisme spiritualiste et mystique, la vie religieuse. Gaguin, le 1er septembre 1496, écrivait avec une gaucherie affectueuse à Marsile Ficin:

> Votre vertu et votre sagesse sont tellement célèbres en notre Université de Paris, que votre nom est aimé et glorifié dans les petites. classes de nos écoles comme dans les collèges de nos savants. Les illustres labeurs qui ont produit votre traduction latine de Platon nous témoignent de vos mérites; la traduction de Plotin augmente votre gloire. Nous lisons encore et nous apprécions vos autres ouvrages et vos lettres familières. La plupart de nos maîtres et de nos étudiants désirent vous connaître personnelle ment, et contempler l'auteur de tant d'écrits pleins d'une illustre doctrine[1].

Gaguin, auquel Erasme avait soumis le premier livre de ses *Antibarbares*, en avait approuvé l'esprit.

> Vous avez entrepris, lui écrivait-il le 7 octobre 1496, une guerre encore plus dangereuse que difficile contre l'espèce méprisable de ceux qui ne cessent d'attaquer les études d'humanité. Je dédaigne leur impudence et je vous approuve de mener cette lutte. Toutes les armes sont bonnes contre eux et vous les maniez savamment[2].

Mais Erasme, à cette époque, n'avait encore que le renom obscur d'un petit poète latin; il allait publier, en janvier 1496, un mince recueil de vers écrits en Hollande et en France. Et lorsque, après une absence de quelques mois, passés à Bergen-op-Zoom chez l'évêque de Cambrai et de nouveau au couvent de Steijn, il revint à Paris en septembre 1496, avec l'intention d'imprimer les poésies composées en Hollande par Guillaume Hermans, et consulta Gaguin sur l'étude des philosophes antiques, le général des Trinitaires ne sembla pas l'y encourager. Il insista sur la variété infinie des sectes, la difficulté de démêler, parmi tant de doctrines, la vérité de l'erreur. Sans doute voulait-il excepter de cette méfiance générale Platon, ses élèves et les stoïciens. «Quelques-uns encore peuvent aussi nous apprendre la sévérité des moeurs, l'usage de la pauvreté et de la solitude. Mais il est rare que vous ne rencontriez chez eux quelque faste et le goût de la vaine gloire». Il s'exprimait en somme ainsi que saint Augustin, dans le *Secretum* de Pétrarque, avait voulu parler à l'humaniste pénitent. Ecrivant à un moine, engagé dans les devoirs de la prêtrise, peut-être avait-il volontairement exagéré ses scrupules de religieux et ses méfiances de théologien. Il aimait les philosophes antiques plus qu'il ne semblait le dire, et il savait bien que Ficin et Pic en avaient su exorciser l'orgueil et la vanité. Peut-être encore n'estimait-il pas très haut les aptitudes philosophiques de ce jeune Hollandais avant tout passionné de lettres latines[3].

Erasme publiait, en janvier 1497, les vers de Guillaume Hermans; il ajouta le conseil reçu de Gaguin. Il y obéissait. Il aurait pourtant trouvé à Paris, pour l'étude de la philosophie antique, un maître excellent. Jacques Lefèvre d'Etaples poursuivait alors, au collège du cardinal Lemoine, l'effort le plus actif et le plus vigoureux pour renouveler la connaissance exacte des doctrines antiques. A Florence, en 1492, il avait longuement questionné Marsile Ficin et Pic de la Mirandole; à Rome, il avait interrogé Ermolao Barbaro, restaurateur du péripatétisme, défenseur d'un Aristote spiritualiste et chrétien contre l'Aristote matérialiste et négateur des averroïstes padouans. Il avait, dès

1492, publié le *De vita triplici* de Ficin, deux ans plus tard, sa version des *Livres hermétiques*, et dès lors avait entrepris de composer des introductions et des commentaires méthodiques aux principales oeuvres d'Aristote; le 12 avril 1497, il publiait l'*Ethique à Nicomaque* dans les traductions modernes d'Argyropoulos et de Leonardo Bruni; il accompagnait le texte aristotélicien d'un commentaire qui fit de ce volume une création essentielle du premier humanisme parisien et français. Mais Erasme, trop fidèle peut-être au conseil de Gaguin, ne fréquenta pas le collège du cardinal Lemoine, et ne chercha pas à connaître Lefèvre. Il était ou se croyait poète, il ne lisait que des poètes; son ami le plus intime était un poète, et sa vocation scientifique ne l'attirait que vers la philologie[4].

D'ailleurs, il reconnut plus tard que pendant ces dures années, il avait d'abord cherché à vivre. Il n'était pas rentré à Montaigu. Il suivait, dans divers collèges, les cours d'initiation aux études théologiques; il y prenait peu d'intérêt. Absorbé par les soucis matériels, il menait, péniblement, une vie besogneuse. Comme Fausto Andrelini, il savait la nécessité de ne professer à Paris qu'un humanisme strictement conforme à la piété catholique. Cet humanisme était d'ailleurs le sien, et s'accordait avec les hardiesses des *Antibarbares*. Dans la préface qu'il écrivit aux poésies de Guillaume Hermans, et voulut dédier à l'évêque de Cambrai, qui restait son protecteur, il blâmait le culte exclusif de certains humanistes, sans doute italiens, pour les poètes les plus légers.

> Je m'irrite, écrivait-il, contre ces versificateurs modernes, qui choisissent pour modèles Catulle, Tibulle, Properce, Ovide, plutôt que saint Ambroise, Paulin de Nole, Prudence, Juvencus, plutôt encore que David ou Salomon, comme s'ils rougissaient d'être chrétiens.

Et, reprenant une image classique chez les Pères de l'Eglise, il concluait : «Je ne blâme pas l'usage des trésors de l'Egypte; mais je ne veux pas qu'on introduise chez nous l'Egypte tout entière». Parmi les poètes humanistes de l'Italie, c'était Battista Spagnuoli, le carme inspiré de Mantoue, et ses poèmes pieux en l'honneur de la Vierge et des saints, qu'il proposait pour modèles aux contemporains; Virgile chrétien que par une étrange aberration du goût et une inexacte notion de la vraie grandeur littéraire, il s'efforçait de juger égal à l'antique Mantouan.

Il était revenu de Hollande avec un besoin nouveau de consolations religieuses, et peut-être une intelligence renouvelée de cette tradition spirituelle de Windesheim, des Frères de la Vie commune, de l'*Imitation*, qui ne semble avoir eu jusque là qu'une assez faible prise sur son génie. Peut-être, à Groenendael, n'avait-il pas en vain feuilleté pour la première fois l'oeuvre complète de saint Augustin. Peut-être subissait-il alors l'influence des missionnaires windeshémiens, venus de Hollande et du Brabant depuis l'automne de 1496, pour réformer quelques couvents de la région parisienne; dans les derniers mois de 1497, ils travaillaient à restaurer la vie régulière à l'abbaye de Saint-Victor, célèbre dans les fastes de la mystique médiévale. Erasme retrouvait parmi eux son ami Corneille Gérard, contre lequel, moine enthousiaste de Steijn, il avait défendu les hardiesses critiques de Laurent Valla. Il s'était lié d'une vive amitié avec le chef de la mission de France, Jean Mombaer de Bruxelles, auteur d'un traité de méditations graduées et méthodiques, où se résumait, avec une longue tradition de vie spirituelle, la pratique religieuse de Windesheim. Ce *Rosetum exercitiorum spiritualium*, charma les humanistes qui, au collège du cardinal Lamoine, se réunissaient autour de Lefèvre d'Etaples pour réconcilier Aristote avec un platonisme christianisé. Ainsi Erasme se sentait peu à peu reconquis par la tradition windeshémienne et l'esprit de l'*Imitation*. Les missionnaires hollandais et brabançons lui firent oublier les moines de Steijn; il se passionna pour la réforme de Château-Landon, de Livry, de Saint-Victor. Il annonçait à Mombaer l'intention de raconter en quelque ouvrage les travaux de la mission[5].

Ainsi les tristesses d'une vie étroite, l'influence de Gaguin vieilli et réticent, l'influence des windeshémiens, semblaient avoir singulièrement refroidi son enthousiasme italien. Fausto Andrelini n'avait que peu de chose à lui enseigner. Les leçons de Lefèvre auraient pu réveiller la curiosité lasse de son intelligence, lui faire entrevoir toute une Italie pensive, savante, et religieuse que secrètement, de façon presqu'inconsciente, il recherchait. Mais il se tenait à l'écart du Cardinal Lemoine. Son esprit, loin de s'enrichir, se repliait sur lui-même.

A la Faculté de théologie, il écoutait, avec un ennui croissant, les argumentations de ceux que d'un terme générique et médiocrement approprié à l'école parisienne, il appelait les sectistes. Il constatait même, non sans ironie à sa propre adresse et quelque regret du temps perdu, qu'il réalisait des progrès dans leurs disciplines barbares. Les leçons privées qu'il lui fallait chercher pour vivre ne lui laissaient pas le loisir d'études méthodiques et suivies. Il avait demandé à l'un des innombrables Hellènes qui depuis un demi-siècle cherchaient fortune en Occident, Georges Hermonyme, de lui enseigner les éléments du grec; il resta mal satisfait. Il s'absorbait à de menues besognes; chez un certain Augustin Vincent, peut-être mecklembourgeois, qui tenait une pédagogie, comme l'on disait alors, où quelques jeunes étudiants prenaient pension, il avait rencontré deux fils d'un commerçant de Lübeck, Christian et Henri Northof. Il composa, pour leur enseigner le latin parlé, un petit traité de conversation, *Familiarium colloquiorum formulae*, qui demeura inédit jusqu'en 1518, et, retouché au cours des années suivantes, lui suggéra l'idéede ces *Colloques*, auxquels il devait confier une part de sa pensée et de son secret. Dans l'été de 1497, deux jeunes Anglais se placèrent sous sa conduite, Thomas Grey et Robert Fisher, neveu de John Fisher, évêque de Rochester, qui plus tard joua un grand rôle dans l'histoire spirituelle de l'Angleterre, et mourut tragiquement sous Henri VIII comme Thomas More. Pour eux, il rédigea deux petits traités de grammaire et de style, plus tard imprimés, le *De conscribendis epistolis*, le *De ratione studii*. Il écrivait à son tour des vers pieux: guéri en janvier 1497 d'une fièvre quarte, il composait un petit poème d'actions de grâces à sainte Geneviève. Son découragement, sa tristesse, au cours de l'année suivante, s'aggravèrent. Il continuait de fréquenter Robert Gaguin. Le général des Trinitaires n'avait pas perdu le contact avec les maîtres florentins. Au lendemain de la mort subite du roi, survenue le 17 avril 1498, il traduisait en prose française, sous le titre de *Conseil prouffictable contre les ennuis et tribulations du monde*, la lettre de Pic de la Mirandole à son neveu Jean-François, écrite le 15 mars 1492, sur les biens invisibles qui consolent des tristesses humaines. Robert Gaguin avait-il appelé l'attention d'Erasme sur ces pages religieuses? Il ne se sentait plus la force de travailler avec suite. Une fièvre quotidienne, depuis le printemps, épuisait lentement ses forces. Il correspondait avec Jean Mombaer; il voyait fréquemment Corneille Gérard à Saint-Victor. Il semblait se résigner à une carrière monastique. Vers la date de la mort de Charles VIII, il écrivait au prieur de Steijn, Nicolas Werner, qui toujours lui avait été favorable, ce billet désolé:

> Voici un mois et demi que je souffre cruellement, mon Père, et je n'aperçois aucun espoir de guérison... Qu'est-ce donc que la vie de l'homme, et combien de douleurs la traversent! Désormais le monde

me déplaît; je méprise mes belles espérances; je désire une vie qui m'assure de saints loisirs, me permette de ne songer qu'à Dieu seul, de méditer la sainte Ecriture, d'effacer avec mes larmes mes anciennes erreurs. Je pense y parvenir un jour avec votre aide et vos conseils.

Il confiait au Chartreux gantois Arnold de Bosch, humaniste et mystique: «Je ne souhaite que le repos, consacrer toute ma vie à Dieu seul, pleurer les péchés d'un âge imprudent, vivre dans l'étude de la sainte Ecriture». Mais sa santé ne s'accommodait ni de la vie monastique, ni des fatigues de l'enseignement dans un collège[6].

Pourtant il écoutait toujours l'appel de l'Italie. Comme au temps où l'évêque de Cambrai l'avait aidé à sortir du couvent, il ne voyait, pour ses études, pour le développement de sa personnalité restée vigoureuse, de l'oeuvre dont il se sentait capable, d'autre salut qu'en Italie. Il imaginait un long séjour d'étude et de voyage. Il aurait à Bologne achevé en moins de temps qu'à Paris, où les délais de scolarité étaient sensiblement plus longs, ses études théologiques et passé le doctorat. De là, il se serait rendu à Rome en 1500, pour l'année sainte et le jubilé du siècle finissant. Mais les ressources nécessaires, qui n'avaient pas manqué à Lefèvre d'Etaples en 1492, qui n'allaient pas lui manquer en 1500, faisaient défaut au modeste clerc hollandais. Dans les derniers jours de mai 1498, il put changer d'air et quitter Paris. Il revit son pays natal, Guillaume Hermans, ses amis de Steijn, se lassa vite d'une existence oisive et de repas trop prolongés. A Bergen-op-Zoom, en juin, il retrouva l'évêque de Cambrai. Il traversa Bruxelles et regagna Paris, où il apprit bientôt l'échec des missionnaires windeshémiens à Saint-Victor, le retour de Corneille Gérard aux Pays-Bas. Il s'enferma dans un isolement morose, et, d'octobre à décembre, resta sans voir Gaguin ni rencontrer Andrelini[7].

Il ne cessait, malgré la fortune adverse, de penser au voyage d'Italie. L'évêque de Cambrai ne lui offrait que de maigres subsides. Il crut trouver aux Pays-Bas de nouveaux mécènes. Jacques Batt venait d'entrer dans la maison d'Anne de Veere, veuve de Philippe de Bourgogne, qui avait été chambellan de l'archiduc Philippe. Précepteur de leur jeune fils Adolphe, Batt introduisit Erasme au château de Tournehem où elle résidait. Il y passa quelque temps, à la fin de décembre 1498, visita de nouveau le couvent de Steijn; rentré à Paris vers la fin de mars 1499, riche de promesses, il composa pour le jeune Adolphe une exhortation humaniste et morale à la vertu. Il espérait maintenant accompagner en Italie Anne de Veere et son fils. Mais il comptait aussi sur l'Angleterre. Il avait pour élève depuis l'automne précédent un jeune Anglais, William Blount, de la puissante famille des barons Mountjoy; le voyage à Rome semblait avec lui également possible. Et de nouveau, Erasme se voyait étudiant à l'Université de Bologne; il aurait quitté Paris quelques jours après Pâques. Mais Anne de Veere se montrait peu disposée aux largesses attendues, et Mountjoy prenait brusquement le parti de rentrer en Angleterre. Il offrit du moins à Erasme, pour l'y accompagner, des conditions si avantageuses que le projet italien fut provisoirement abandonné. Tous deux passèrent le détroit en juin 1499[8].

II

Erasme allait, en Angleterre, retrouver cette science italienne, cet humanisme italien, un moment entrevus en Hollande, et dont à Paris Robert Gaguin et Fausto Andrelini avaient pu lui offrir une image affaiblie. Sans doute aurait-il pu, à Paris même, en acquérir une connaissance plus profonde et plus exacte si, pour des raisons qui nous échappent, il n'avait paru éviter la rencontre de Lefèvre et de ses élèves. Mais, passé en Angleterre, il oubliait les tristesses et les déceptions de ses années parisiennes.

Hôte de Mountjoy sur ses terres de Greenwich et de Bedwell, il s'initiait aux divertissements de la noblesse britannique, aux longues parties de chasse, aux fêtes de la cour. Présenté au jeune prince qui devait être le roi Henry VIII, Erasme lui offrit un poème en l'honneur des gloires de l'Angleterre. Un peu ébloui, il pressait Andrelini de quitter les rues mal odorantes de Paris, dont, en des vers faciles, il avait décrit la malpropreté, et de tenter la fortune dans un pays hospitalier où vivaient quelques élèves passionnés de l'humanisme italien.

En octobre, Erasme s'inscrivit avec Mountjoy à l'Université d'Oxford. Logé au collège augustinien de Saint-Mary, sous la direction intelligente et humaine du prieur Richard Charnock, il suivit les travaux des théologiens érudits qui se réunissaient autour de John Colet. C'est par lui et par eux que, pendant ces quelques semaines, il prit, avec la critique italienne, avec l'humanisme italien, avec la pensée religieuse de l'Italie, un contact définitif et qui désormais ne fut plus jamais rompu[9].

John Colet avait environ l'âge d'Erasme. Il appartenait à la plus haute bourgeoisie de Londres. Son père Henry Colet, inscrit à la corporation des merciers, c'est-à-dire des commerçants en gros, importateurs et exportateurs, avait plusieurs fois occupé la dignité de Lord-maire; la famille disposait d'une grande fortune dont Colet devait user pour d'importantes fondations religieuses. Il était depuis 1496 rentré d'Italie, où il venait de passer trois ans. Admirateur de l'antiquité latine et de la sagesse cicéronienne, il s'était de bonne heure détourné de la scolastique, et la rejetait sans réserve. Il l'accusait d'introduire, dans l'enseignement du christianisme, dans la prédication chrétienne, dans la vie chrétienne, de vaines et stériles habitudes de discussion abstraite, dogmatique, systématique, étrangère à la vie de l'âme, sans profit pour l'intelligence. Il n'exemptait même pas de cette condamnation la science et la théologie de saint Thomas. Il ne lui pardonnait pas d'avoir introduit, dans la simplicité des croyances chrétiennes, au risque d'en fausser le sens et l'esprit, la science positive et le rationalisme d'Aristote; l'aisance et la certitude avec lesquelles saint Thomas tranchait toutes les questions, lui paraissaient témoigner d'un orgueil intellectuel qui convenait à un chef d'école plutôt qu'à un penseur chrétien. En Italie, il avait, pendant trois ans, recherché les vrais éléments de cette réforme intellectuelle, morale, politique et religieuse, où tendait le programme total de l'humanisme pétrarquiste, où devait tendre un jour le programme total de l'humanisme érasmien[10].

C'était auprès des Florentins que, de préférence, il était allé chercher les leçons qu'il désirait. Il avait, dans l'enseignement et dans les écrits d'Ange Politien, vu ressusciter l'humanisme antique, la plus haute culture antique, la poésie antique. Mais surtout il avait écouté Marsile Ficin, Pic de la Mirandole, et Savonarole. Il avait admiré l'effort philosophique et religieux de Marsile Ficin, la vigueur d'un travail obstiné qui reconstruisait, sur la base du platonisme et du néo-platonisme alexandrin, une théologie chrétienne, dont la démarche suprême aboutissait à une mystique de l'illumination[11]. Il avait admiré l'effort plus puissant et plus génial que Pic avait tenté pour incorporer à une métaphysique platonicienne et alexandrine quelques éléments précieux de la spéculation juive et arabe, quelques éléments précieux de la mystique chrétienne. Il avait admiré comment Pic, élève de la mystique alexandrine et de la spiritualité médiévale, avait recherché le dépouillement suprême de l'âme, affranchie de toutes les servitudes humaines et conduite à l'union divine par la voie d'un ascétisme crucifiant. Il avait en même temps écouté les prédications de

Savonarole; il l'avait vu travailler à la réforme d'une Eglise trahie par ceux qui auraient dû l'instruire et la guider. Il l'avait entendu rappeler aux Florentins l'Evangile oublié, afin de reconstituer selon l'enseignement du Christ, l'ordre idéal d'une société purifiée. Il l'avait entendu rappeler à l'Etat, apparemment créé par les hommes, sa signification surnaturelle; il l'avait vu à l'automne de 1494, après la chute des Médicis et d'un gouvernement qui, pour maintenir l'autorité usurpée d'une famille et d'une clientèle, énervait les volontés et dégradait les consciences, tenter l'instauration d'une république puritaine qui reconnaissait le Christ pour son roi[12].

Ainsi John Colet avait, auprès des grands Florentins, appris jusqu'où pouvait conduire dans le double domaine de la pensée et de la pratique, cette réforme intellectuelle, morale, religieuse, politique et sociale où, par la force d'une logique interne, l'humanisme semblait aboutir. Sans doute n'avait-il pas adhéré dans le détail aux systèmes compliqués, ingénieux et fragiles de Marsile et de Pic. Il se méfiait trop des incurables faiblesses de la connaissance humaine et de la logique humaine. Mais il en avait retenu l'esprit, accordé avec l'esprit de l'humanisme, avec cet esprit qui, depuis les premiers siècles chrétiens, s'efforçait d'unir et de fondre, dans un Logos éternel, les illuminations du spiritualisme antique et les affirmations de la foi chrétienne. Il y retrouvait, avec le parti pris de refaire, au moyen d'autres matériaux mieux choisis, les synthèses des grands théologiens, l'affirmation résolue d'un principe, celui du retour à la Bible. Lui-même faisait de ce principe la règle essentielle de toute méthode de pensée chrétienne, de science chrétienne, de philosophie chrétienne, de mystique chrétienne; et de plus en plus, il consentait à l'abandon du reste. Tout ce qui, dans les synthèses des Florentins comme dans celles des théologiens médiévaux, était spéculation constructive, ne lui paraissait plus que comme un jeu de figures inadéquates, incapables de contenir et d'exprimer l'infini; haute poésie, déploiement de nobles images, précieux symboles derrière lesquels se dérobait une réalité inaccessible, dont l'Ecriture seule montrait la voie et gardait la clef. De plus en plus sa pensée religieuse, par un travail de dépouillement volontaire, s'enfermait dans les limites, résolument acceptées, du texte biblique; limites qui elles-mêmes refusaient de se tracer exactement, de se conformer à un dessin conçu par l'intelligence humaine, et, dans la pratique, fuyaient à l'infini et se perdaient dans l'infini de Dieu.

Mais ce principe même de retour à la Bible, où Colet se voyait conduit par la méditation des systèmes florentins, de leur grandeur et de leur faiblesse, était une affirmation très ancienne d'écoles dissidentes, en quête d'une liberté que l'Eglise officielle ne semblait pas volontiers admettre. Affirmation des Vaudois, chez les pauvres de Lyon, dans l'Italie, du Moyen Âge, dans les hautes vallées des Alpes et de l'Apennin; affirmation de Wyclif dans l'Angleterre du XIVe siècle, et qui, malgré une législation draconienne, survivait dans ces petits groupes de Lollards, pour qui, au fond, Colet éprouvait une sympathie chrétienne; affirmation de Jean Hus et de ses disciples, et de ceux que, en tout pays, en Bohème, dans l'Empire, en France, en Angleterre, il était convenu d'appeler partisans des hérésies bohémiennes. Et par là, la pensée religieuse de Colet, si libre, si dépouillée, si strictement et jalousement biblique, s'accordait mal avec la pratique d'une Eglise dont il n'ignorait pas les tares, et que sous ses yeux, en Italie, Savonarole avait tenté de réformer malgré le pape, sans le pape, contre le pape.

Tel est bien le sens des leçons que John Colet professait alors à Magdalen College sur saint Paul, et qu'Erasme a pu suivre. Il y mettait en pratique le principe du retour à la Bible; principe vaudois ou wycléfite sans doute, mais qui se dégageait également de toute l'oeuvre religieuse des grands Florentins. Colet, à vrai dire, ne savait guère le grec et devait se contenter du latin de la Vulgate. Mais pour en rechercher l'intelligence il écartait la méthode de la quadruple interprétation, littérale, allégorique, tropologique et anagogique, en usage dans les Facultés. Il essayait aux textes sacrés la méthode que les humanistes italiens avaient fondée sur la philologie, sur l'histoire, et qu'ils appliquaient aux textes profanes; dans la recherche nécessaire du symbole, il demeurait volontairement sobre. Surtout, il évitait de s'égarer en ces discussion doctrinales chères aux commentateurs scolastiques, pour qui l'essentielle besogne consistait à justifier et à fonder, en sollicitant la lettre, les doctrines des écoles modernes. Colet au contraire, avec une modestie résolue, refusait de demander aux textes bibliques autre chose que l'authentique doctrine de l'écrivain sacré. C'est pourquoi il ne citait jamais les glossateurs du Moyen Âge, maîtres de mauvaises méthodes, maîtres d'erreur. Il ne recourait jamais qu'aux Pères de l'Eglise, plus proches, dans le temps et par l'esprit, des apôtres et des disciples de Jésus. Enfin le choix même de saint Paul était alors une nouveauté relative. Les Epîtres de saint Paul, en face de la tradition scolastique et de la théologie des Eglises, des pratiques et des observances obligatoires, pouvaient contenir un message de liberté. Saint Paul écrivant aux Galates, avait affirmé la liberté du chrétien, qui, affranchi des servitudes de l'ancienne loi judaïque, ne devait plus retomber sous le joug de cet esclavage. Il avait encore enseigné l'infinie misère de la créature déchue, la vanité de ses vertus, la vanité de ses oeuvres; enseigné aux chrétiens de n'attendre le salut que de l'humble confiance dans le sacrifice rédempteur du Christ[13]. Les Epîtres ne contenaient que l'enseignement destiné à la masse des fidèles. Comme Pic et comme Ficin, Colet recherchait dans les écrits pseudo-dionysiens la révélation secrète que saint Paul, descendu du troisième ciel, réservait à de rares initiés. Il résumait en quelques pages les traités de la *Hiérarchie céleste* et de la *Hiérarchie ecclésiastique*, et il mesurait la distance qui séparait le sacerdoce des primitives Eglises, toutes vivantes, encore des leçons du Christ et des Apôtres, et le sacerdoce médiéval, fondé sur le dur système juridique de l'absolutisme pontifical. La lecture de l'Aréopagite renforçait en lui le besoin. et l'amour d'une religion toute spirituelle, l'ardent désir de réformer une Eglise qui tolérait le scandale permanent des mauvais prêtres et des mauvais papes. La piété de Colet, toute voisine de la tradition de Wiclif et des Lollards, mais aussi de Pic, se détournait volontiers des cérémonies et des pratiques, pour concentrer sa passion et sa flamme dans une méditation active des leçons du Christ et des premières communautés évangéliques[14].

Ainsi John Colet, à Oxford, travaillait à restaurer, en héritier des plus précieuses traditions de l'humanisme italien, en héritier des plus précieuses hardiesses des sectes médiévales, le culte en esprit et en vérité. Ainsi s'accomplissait à Oxford le retour à la Bible; retour savant et humble sur lequel se fondait ce que les Florentins avaient appelé la *docta pietas*, et que Nicolas de Cues, dont l'oeuvre allait si puissamment dominer l'esprit de Lefèvre d'Etaples, avait appelé la *docta ignorantia*. Le renouveau humaniste des études antiques favorisait cette renaissance dont l'inspiration restait italienne. William Grocyn, plus âgé de deux ans que Colet, ancien élève lui aussi de l'Université d'Oxford, avait à Florence, de 1488 à 1490, étudié le grec sous la direction de Chalcondylas et d'Ange Politien. Il avait pu connaître à Florence, dans la personne du Politien, le maître de toute culture antique, le poète qui ressuscitait, en latin, en grec, en toscan, l'élégance exquise de l'art alexandrin, et qui, dans ses leçons publiques du Studio, faisait vivre, en artiste et en poète, toute une érudition multiple, colorée, émouvante. Sans doute n'était-il pas resté sans subir l'influence de Ficin et de Pic. Il devait conserver jusqu'à l'automne de 1501 sa foi dans l'authenticité des écrits pseudo-dionysiens, et discuter vivement les négations de Laurent Valla. Depuis 1491, il enseignait à l'Université d'Oxford la langue grecque et les lettres grecques[15].

Un autre élève de l'Italie, Thomas Linacre, collaborait à l'effort de Colet. Ce médecin, né vers 1460, élève du collège d'All Souls, venait de rentrer d'Italie, après un séjour qui s'était prolongé depuis 1485. Il avait fréquenté les universités du Nord, étudiant le grec et la médecine, particulièrement à Padoue; il y avait pris le grade de docteur. Il venait de collaborer à Venise avec Alde Manuce à l'une des oeuvres les plus géniales du grand imprimeur, l'édition princeps du texte grec d'Aristote, dont les cinq volumes avaient paru de 1495 à 1499. Il rapportait à Oxford, avec la connaissance du grec et de la médecine, un peu de cet esprit de large encyclopédie humaniste et chrétienne, qui, depuis 1494, animait les entreprises du glorieux atelier[16].

Erasme trouva bientôt en Colet un ami auquel il put, avec plus d'abandon qu'à Robert Gaguin, personnage officiel et grave, âgé et peut-être un peu chagrin, révéler des inquiétudes et des aspirations qu'il n'aurait pu confier à l'esprit superficiel et turbulent d'Andrelini, au piétisme windeshémien de Corneille Gérard et de Guillaume Hermans ou de Mombaer. Il n'osait encore condamner sans quelque scrupule toute la scolastique, ne l'ayant guère étudiée. Il croyait toujours pouvoir tirer quelque bienfait de saint Thomas, dont, à Florence, Marsile Ficin avait accueilli, pour soutenir ses propres synthèses, d'essentielles démonstrations. Mais Colet ne supportait pas le dogmatisme de l'école dominicaine. Il lui démontra, et désormais Erasme en resta convaincu pour la vie, que la théologie des écoles modernes s'est, par une sorte de fatalité interne, écartée du pur Evangile, et lui enseigna la nécessité de fonder uniquement sur le texte de l'Ecriture, méthodiquement interprétée, la science exacte du dogme. Les leçons de Magdalen College, les discussions que tous deux parfois engageaient à l'aide des textes sur des points controversés, lui révélèrent une exégèse nouvelle; et la religion personnelle de Colet, ennemi des cérémonies et des pratiques, lui offrit l'idéal de vie intérieure qu'il cherchait confusément. De cet hiver passé à Oxford, dans ce contact indirect avec l'humanisme italien, repensé par de fortes intelligences anglaises, date sa rupture complète et définitive, non seulement avec les sytèmes théologiques du Moyen Âge, mais encore avec l'idéal conventuel que par scrupule de conscience, et par l'exemple de Mombaer, de Corneille Gérard, de Gaguin, de Bosch, de Spagnuoli, il hésitait encore, étant moine lui-même, à rejeter[17].

Ainsi Erasme échappait enfin à l'incertitude intellectuelle et morale qui avait attristé ses années parisiennes. A Oxford, auprès de ces hommes qui lui transmettaient les plus précieux bienfaits de cette Italie, où, depuis le temps déjà lointain de sa profession monastique, il avait reconnu sa patrie spirituelle, auprès de Colet qui réconciliait la pensée italienne avec les hardiesses vaudoises et wycléfites, il découvrait enfin sa voie et sa discipline.

NOTES

[1] RENAUDET, **63**, p. 276, n. 3.

[2] ALLEN, **6**, I, 46, p. 153, l. 1-3 et 24-27; RENAUDET, **63**, p. 271.

[3] RENAUDET, *Ibid.*, p. 271; p. 276-278.

[4] RENAUDET, *Ibid.*, p. 278, p. 130-156, 257, 279-284.

[5] RENAUDET, *Ibid.*, p. 279-280, 213-228; sur l'admiration de Lefèvre d'Etaples pour le *Rosetum*, voir p. 255 et n° 5. —Sur J. Mombaer et son oeuvre de réformateur et d'écrivain spirituel, voir DEBONGNIE (Pierre), *Jean Mombaer de Bruxelles, abbé de Livry, ses écrits et ses réformes*; Louvain-Toulouse, 1928, in-8°.

[6] RENAUDET, **63**, p. 287-289, 370-373.

[7] RENAUDET, *Ibid.*, p. 373.

[8] RENAUDET, *Ibid.*, p. 381.

[9] RENAUDET, **63**, p. 385-386.

[10] SEEBOHM, **10**, p. 1-5 et 29-42; RENAUDET, **63**, p. 386-387.

[11] L'abbé Raymond MARCEL a découvert à la Bibliothèque Bodléienne d'Oxford deux lettres de, Marcile Ficin à Colet, qui peuvent dater de 1494; il a publié la première dans *Mélanges Augustin Renaudet*, Genève 1952, in-8°: *Les «découvertes» d'Erasme en Angleterre*, p. 122.

[12] Voir p. 58, n° 1. Erasme consacra à la vie et à l'oeuvre de John Colet une très belle étude, dans la lettre qu'il écrivit d'Anderlecht le 15 juin 1521, au luthérien Joos Jonas (ALLEN, **6**, IV, 1211, p. 514-527, l. 245-616). Il rappelle (l. 429-441), le jugement défavorable de Colet sur saint Thomas: Thomae tamen, nescio qua de causa, iniquior erat quam Scoto. Etenim cum hunc apud illum aliquando laudarem, ut inter recentiores non aspernandum, quod et sacras literas et autores veteres videretur euoluisse..., et aliquid haberet in scriptis affectuum..., tandem afflatus spiritu quodam: «Quid tu» inquit, «mihi praedicas istum? qui nisi habuisset multum arrogantiae, non tanta temeritate tantoque supercilio definisset omnia; et nisi habuisset spiritus mundani non ita totam Christi doctrinam sua profana philosophia contaminasset...» —Cf. p. 10, n° 2.

[13] SEEBOHM, **10**, p. 29-42; RENAUDET, **63**, 387-388; GAL., 5, 13; 5, 1: Vos enim in libertatem vocati estis... State et nolite iterum jugo servitutis contineri.

[14] SEEBOHM, **10**, p. 60-78. Les manuscrits des bibliothèques de Cambridge et de Saint-Paul de Londres, qui contiennent les travaux de Colet sur Denys l'Aréopagyte et sur la 1re Epître aux Corinthiens ont été étudiés et en partie traduits par J. H. LUPTON, *A Life of John Colet*, London, 1909, in-8°.

[15] SEEBOHM, **10**, p. 11, 90-93; ALLEN, **6**, 1, p. 273, 118, l. 22, n.

[16] SEEBOHM, **10**, p. 14; ALLEN, **6**, I, p. 274, 118, l. 23, n.

[17] RENAUDET, **63**, p. 387-388.

IV - DE JOHN COLET A LAURENT VALLA

I

Vingt ans, John Colet allait demeurer pour Erasme, un maître et un directeur de conscience. Il lui offrait ce que l'humanisme italien, ce que l'humanisme florentin, avaient créé de plus précieux pour la culture de l'esprit et de l'âme, l'idée et le dessein d'une restauration chrétienne de l'Eglise et du monde occidental. Auprès de Grocyn, helléniste instruit par l'Italie, âme religieuse, auprès de Linacre, médecin et physicien, formé par la science italienne et par un long séjour dans cet atelier d'Alde Manuce qui devenait alors le centre de l'Europe intellectuelle, Erasme perfectionnait cette connaissance du grec qui manquait à Colet; elle devait constituer l'arme essentielle de son génie renouvelé. Et voici que maintenant il allait trouver dans la personne de Thomas More son confident le plus intime, et qui, par la suite, devait être l'interprète le plus fidèle et le plus ingénieux de sa propre pensée. Erasme avait pu le rencontrer au cours de l'été dans la campagne anglaise, à Bedwel et à Greenwich, chez Mountjoy. Il le retrouva à Londres vers la fin de 1499 et dans les premiers jours de 1500. Thomas More était alors un jeune homme de vingt et un ans. Né à Londres le 7 février 1478, il sortait d'une famille de riche bourgeoisie; son père John More, administrateur de la corporation des avocats, était lui-même un avocat de grand renom. Thomas avait appris les premiers éléments du latin à l'école Saint-Antoine de Londres, et, de 1490 à 1492, vécut dans la maison du cardinal Morton. Il s'y était formé aux manières et à la courtoisie de la haute société anglaise. De 1492 à 1495 il avait, à l'Université d'Oxford, poursuivi ses études latines, et peut-être, sous Grocyn, commencé l'apprentissage du grec; dès lors, sans doute, malgré sa jeunesse, il entrait en relations avec Colet. D'ailleurs, dès l'automne de 1495, il revenait à Londres; son père le destinait à la profession d'avocat; il abordait le droit, où il devait un jour acquérir une maîtrise incomparable. Mais à pareille date, il hésitait et, comme Erasme, cherchait sa voie. Ses croyances religieuses étaient profondes et vives; comme tant de jeunes gens en cette fin du XVe siècle où se posait si gravement le problème de la réforme de l'Eglise, et où cette réforme semblait dépendre des dévouements individuels, exigeait des dévouements individuels, il songeait à prendre les ordres. L'humanisme italien et florentin, sous la direction spirituelle de Marsile Ficin, s'orientait vers un hellénisme enthousiaste, vers une conception mystique de la vie intellectuelle et morale. Les maîtres d'Oxford, Colet, Grocyn, y avaient adhéré. Thomas More, par leur intermédiaire, put connaître la pensée de Pic et l'ascétisme de l'auteur de l'*Heptaplus*. Comme Pic dans les dernières années de sa courte vie, Thomas More s'épuisait de jeûnes et d'austérités, dormait à peine quelques heures sur une planche, vêtu d'un cilice, Colet ne souhaitait déjà plus qu'un chrétien passionné de vie intérieure cherchât dans la régularité claustrale une perfection qu'il pouvait atteindre sans quitter le siècle. Mais Thomas More n'avait pas encore dépouillé son culte de l'idéal monastique. Il pensait le rencontrer dans cet ordre des Chartreux, qui seul, au déclin du Moyen Âge, n'eut pas besoin d'une réforme disciplinaire. Il vivait en communion de pensée et de prière avec les Chartreux de Londres, et peut-être eût-il un jour demandé à vivre sous leur clôture[1].

Il devint bientôt cher à Erasme pour la vivacité de ses enthousiasmes littéraires et philosophiques, sans doute aussi pour l'âpreté des luttes intérieures où s'affrontaient sa raison élégante et sa foi ascétique. Erasme, son aîné de douze ans, n'avait jamais vraiment eu à soutenir de pareils combats. Et si, dans les dernières années de son séjour parisien, il avait pu se sentir parfois reconquis à l'idéal des missionnaires windeshémiens, le simple évangélisme de Colet l'avait définitivement libéré de tout esprit monacal. Sans doute, comme Colet, n'aurait-il pas vu avec plaisir Thomas More s'enfermer dans la solitude de la chartreuse londonienne. Il eut probablement avec lui de graves entretiens sur le véritable sens de la perfection chrétienne. Du moins put-il prolonger avec More les conversations engagées à Oxford avec Colet sur la réforme de l'Eglise et cette restauration à la fois moderne et primitive des études théologiques, qui de plus en plus lui en apparaissait comme l'indispensable condition. Ainsi commençait et se fortifiait entre les deux hommes une amitié confiante, solide, durable et sans défaillance[2].

On ne peut donc exagérer l'influence qu'exercèrent sur le développement intellectuel, moral, religieux d'Erasme ces quelques mois passés en Angleterre, et au cours desquels, à Oxford, il avait découvert, avec le premier humanisme anglais, une Italie qu'en Hollande et à Paris il n'avait pu qu'entrevoir. Il n'avait guère été jusque là qu'un professeur obscur de grammaire et de style, un petit poète latin égaré parmi tant d'autres. Au contact de ceux que l'on a pu, d'un terme qui anticipe sur l'histoire, appeler les Réformateurs d'Oxford, son esprit s'était singulièrement élargi et renforcé. Auprès d'une intelligence aussi claire et vigoureuse que celle de Colet, son ironie était devenue netteté critique. Auprès de ces hommes en qui semblait se résumer l'essentiel et le plus précieux de la culture italienne, son intelligence acquérait une nouvelle ampleur et une nouvelle force de sympathie. Il connaissait maintenant des livres qu'il n'avait jamais abordés, comme ceux du Pseudo-Denys, que vraisemblablement Grocyn lui avait révélés. Des oeuvres dont il n'avait pas encore pu mesurer la vigueur critique ou la richesse intellectuelle, comme celles d'Ermolao Barbaro ou de Pic de la Mirandole, et que, avant le voyage d'Angleterre, et faute d'avoir fréquenté le collège du cardinal Lemoine et questionné Lefèvre d'Etaples, il ne connaissait guère, se révélaient à lui avec tout ce qu'elles signifiaient, en cette fin du Moyen Âge, pour l'éducation de l'esprit humain. Sa culture cessait d'être purement littéraire. Sa pensée désormais s'orientait, sinon vers la spéculation philosophique et théologique, dont toujours il devait se méfier, et pour laquelle, en somme, se connaissant bien lui-même, il ne s'attribuait qu'une faible aptitude, du moins vers l'éthique chrétienne, vers cette synthèse chrétienne d'hellénisme et de piété biblique, vers ce Logos antique et chrétien, qui sans cesse, au cours des combats de sa vie, devait le soutenir.

De là, dans les lettres qui datent de ce bref séjour, une sérénité nouvelle, un sentiment d'équilibre et de certitude active, qui contrastent avec l'agitation stérile et morose des années parisiennes.

> J'ai trouvé ici, écrivait-il le 5 décembre 1499 à Robert Fisher, tant d'humanité, une science si élégante, si profonde et si exacte, une telle richesse d'érudition grecque et latine, que je ne chercherai plus guère en Italie que le plaisir du voyage. Lorsque j'entends mon cher Colet, je crois entendre Platon lui-même. Quelle science encyclopédique chez Grocyn! Quel esprit plus pénétrant, plus délicat, plus élevé que celui de Linacre? La nature a-t-elle jamais formé une intelligence plus facile, plus aimable, plus heureuse que celle de Thomas More?

Il faut noter cet idéal italien d'humanité heureuse et grave, ce souci italien d'une connaissance encyclopédique des choses et des hommes, cette définition italienne de l'esprit de Thomas More, lumineux, charmant et profond, ce souvenir italien de Platon, cette attente italienne d'une révélation spirituelle où l'enseignement de Platon, grâce à l'exégèse de Colet, se serait accordé pour l'éternité avec l'enseignement du Christ[3].

II

Erasme, en février 1500, avait assez tristement regagné Paris. Il n'y pouvait plus rien apprendre, à moins d'écouter Lefèvre d'Etaples, trop scolastique à son gré, trop mal dégagé du culte d'Aristote et des programmes de la Faculté des Arts; trop fidèle, malgré sa récente édition de l'Ethique à Nicomaque, à la lecture de Raymond Lull et à l'étude d'une philosophie et d'une mystique totalement étrangères au génie de l'antiquité classique. D'ailleurs Lefèvre, depuis l'été de 1499, était parti pour son second voyage d'Italie. Tandis qu'Erasme, à Oxford, interrogeait anxieusement John Colet, il séjournait à Venise, et dans l'atelier d'Alde Manuce, il pouvait feuilleter les cinq volumes in-folio de l'édition princeps d'Aristote, à laquelle Linacre avait mis la main. Lefèvre était vraisemblablement à Rome le 24 décembre 1499, lorsque, à la basilique de Saint-Pierre, devant la foule des pèlerins accourue de toute l'Europe chrétienne, Alexandre VI frappa du marteau symbolique la porte close depuis un siècle. Erasme ne retrouvait à Paris que Robert Gaguin, vieilli et morose, et Fausto Andrelini, qui ne savait que la poésie latine et l'art d'écrire facilement des vers de circonstance.

Erasme était revenu d'Angleterre plein d'enthousiasme pour une réforme humaniste et chrétienne de l'apologétique et de l'Eglise. Il avait apporté dans son léger bagage un manuscrit de l'*Enchiridion* de saint Augustin, et ces Epîtres de saint Paul où les leçons de Colet lui avaient appris à découvrir une révolution des méthodes d'exégèse et de la vie intérieure. Il ne suivit pas, bien que toujours candidat à la licence en théologie, les cours de la Faculté, vains après les leçons de Colet. Ses maîtres d'Oxford lui avaient enseigné que, avant de commencer l'étude des doctrines et d'aborder sous la conduite des Pères de l'Eglise, une exégèse à la fois littérale et symbolique de l'Ecriture, il fallait acquérir, à l'école des auteurs profanes, une culture largement humaine. Ainsi avaient pensé Marsile Ficin et Pic de la Mirandole, et telle avait été la méthode de Laurent Valla. Erasme se laissa reprendre avec joie par les lettres antiques, gréco-romaines, qu'il aimait profondément, et que ses méditations bibliques lui permettaient maintenant de considérer sous un aspect d'éternité. Il avait, en Angleterre, conçu le dessein de réunir en une collection bien ordonnée les adages, proverbes, plaisants propos, mots historiques ou non qui nous restent de l'antiquité, et conservent le témoignage d'une expérience psychologique, morale, sociale, et d'une prudence à la fois élémentaire et profonde. A Oxford, Charnock l'avait très vivement approuvé. Il est probable que Colet ou More s'étaient montrés du même avis. Linacre, qui revenait de Venise, savait que Polydore Virgile d'Urbino venait de publier chez Alde le 10 avril 1498 un *Proverbiorum libellus*, d'ailleurs assez médiocre, dont une seconde édition allait paraître en 1500 à Milan. Il n'est pas impossible que certains propos de Linacre aient incité Erasme à refaire cette oeuvre manquée. De retour à Paris, il se mit en hâte à une besogne qui, exigeant peu d'effort de composition ou d'écriture, convenait à sa médiocre santé. Il feuilleta ses auteurs familiers, ses cahiers de notes; bientôt l'ampleur de l'ouvrage projeté lui apparut; pour le moment il entendait se borner à n'en publier qu'une ébauche. Robert Gaguin mit à sa disposition un Macrobe et quelques livres où se résumait l'essentiel de la philologie italienne, de ses théories et de ses hardiesses, la *Rhétorique* de Georges de Trébizonde, les *Disputationes dialecticae* de Valla. Erasme lui demandait parfois le sens d'un mot douteux. Il comptait achever le livre aussitôt après Pâques et, dans le courant de l'été, remanier définitivement, avec une doctrine plus claire et plus ferme, les *Antibarbares*. Si les volumes se vendaient bien, il comptait partir vers l'automne pour l'Italie afin d'y acquérir sans trop de peine, probablement à Bologne, son doctorat en théologie, indispensable dans les conflits de doctrine où il savait bien qu'étant dès lors un dissident, il serait fatalement entraîné[4].

L'ouvrage intitulé *Desiderii Herasmi Roterodami veterum maximeque insignium paoemiarum id est adagiorum collectanea*, sommaire ébauche de ce qui devait être, huit ans plus tard, les *Adagiorum Chiliades*, ne parut qu'en juin ou juillet, et fut dédié à William Mountjoy, c'est-à-dire à l'Angleterre italienne. Un humaniste italien, Fausto Andrelini, dans une lettre jointe à la dédicace, vantait l'élégance et l'utilité du labeur érasmien. Une longue préface adressée à Mountjoy en définit l'esprit, tout conforme à l'esprit d'Oxford. Erasme y développait la pensée agressive de ses *Antibarbares*, qui ne devaient pas paraître avant de longues années. Il ne se contenta pas d'énumérer les avantages qu'un écrivain avisé peut tirer de la connaissance des proverbes, et de rappeler l'exemple des philosophes antiques, des Pères de l'Eglise, des savants italiens, du Politien et de Pic de la Mirandole. Il attaquait résolument les scolastiques, philosophes ou même théologiens. Sans doute, simple candidat à la licence, il n'osa pas encore critiquer, à la manière de Colet, leurs méthodes d'exégèse ou d'enseignement, ni contester leur idéal religieux. Il leur reprochait en éthicien leur mépris puéril et superficiel de la culture antique, leur assurance ignorante. Ils avaient oublié que les proverbes et adages antiques gardent le dépôt d'une expérience morale accumulée par les générations mortelles, et que les prophètes, les apôtres, le Christ lui-même ont usé de paraboles. C'était donc une oeuvre utile et grave de rassembler, pour l'éducation de la jeunesse, ces sentences de la prudence humaine, qui la prépare à comprendre les lois de la sagesse éternelle et divine[5].

Le recueil, auquel Erasme, pour plaire à ses amis anglais, avait ajouté la *Prosopopoeia Britanniae*, composée l'été précédent à Greenwich, était d'une maigreur et d'une sobriété que Gaguin, fort capable de comprendre l'importance de l'entreprise, regretta. Huit cent dix-neuf proverbes s'y succédaient sans ordre, et le commentaire en était rapide. Il laisse pourtant apercevoir la personnalité de l'auteur et ses plus récentes études. Il apparaît ainsi que le livre, par toutes ses origines, se rattache à l'humanisme italien. Erasme rend un public hommage à ses maîtres Rodolphe Agricola et Alexandre de Heek, qui lui ont révélé l'Italie savante. Les noms d'Ermolao Barbaro, de Pic de la Mirandole, d'Ange Politien, dont il cite les *Miscellaneae*, les souvenirs des Epîtres pauliniennes et des révélations de Denys, diverses citations de Platon, rappellent les entretiens d'Oxford avec Colet, Grocyn ou Linacre, élèves de l'Italie. Les quelques lignes où il célèbre la facilité divine et inspirée de Pic, la critique et le savoir exact d'Ermolao, l'érudition classique et l'élégance de Politien, le charme attique de son style, préludent au chapitre que vingt-six ans plus tard, dans le *Ciceronianus*, il devait consacrer à l'histoire des diverses écoles de l'humanisme italien[6].

Il dut pourtant une fois encore renoncer au voyage d'Italie. Pour éviter le danger d'une de ces épidémies qui, à des intervalles presque réguliers, décimaient la population parisienne, il dut perdre l'automne à l'Université d'Orléans, où l'on sacrifiait les lettres au droit romain, où l'on ne parlait que d'Accurse, de Bartole et de Balde. Il ne rentra à Paris qu'en décembre, et de nouveau il vécut péniblement de leçons particulières, de menus travaux de grammaire et de stylistique. Rien de tel désormais ne pouvait plus le satisfaire; depuis son retour d'Oxford, en pleine conscience de sa force et de son talent, il entretenait les ambitions les plus hautes. Le but de son activité de savant et d'humaniste ne pouvait plus être que la fondation d'une théologie moderne. Pour la préparation d'une telle entreprise, le secours de saint Jérôme était nécessaire. Il conçut alors le projet, qu'il ne réalisa pas avant 1516, d'une édition complète des oeuvres de ce maître de tout humanisme chrétien. Il y admirait une profonde connaissance de l'antiquité, des lettres grecques, de l'histoire. Un tel exemple, un pareil modèle, étaient indispensables à la restauration théologique dont il rêvait. Conformément à l'esprit de saint Jérôme, il publiait hâtivement, vers la fin de l'hiver, une édition des *Offices* de Cicéron; il travaillait ainsi à cette réconciliation de la sagesse païenne et de la sainteté chrétienne qu'il appelait de ses voeux, selon la tradition des humanistes italiens et les enseignements d'Oxford, dans la préface des *Adages*[7].

Il partit vers la fin d'avril pour la Hollande, où le prieur de Steijn lui accorda un nouveau congé, non sans quelque étonnement de le voir encore si peu célèbre. Il revit à Bergen-op-Zoom l'évêque de Cambrai, séjourna quelque temps chez Anne de Veere au château de Tournehem et, pendant de longs mois, à Saint-Omer, fut l'hôte du prieur de Saint-Bertin, Antoine de Bergen, conseiller de l'archiduc Philippe. Las de cette vie étroite et dépendante, il regrettait les villes universitaires et leurs bibliothèques. Il se serait volontiers inscrit à la Faculté de Cologne; une nouvelle épidémie l'en écarta; en septembre 1502, il s'établissait à Louvain[8].

Il avait pu du moins développer sa connaissance du grec, et en élève de Colet alterner l'étude des auteurs profanes et sacrés, lire Euripide et Isocrate et le texte grec des Evangiles et des Psaumes. Mais surtout, à Saint-Omer, il avait connu Jean Vitrier, gardien du couvent des Frères mineurs, que bientôt il vénéra presqu'à l'égal de John Colet.

Ce franciscain, dont quelques propositions excessives sur la réforme des couvents, les indulgences et le culte des saints avaient été censurées le 2 octobre 1498 par la Sorbonne, n'était aucunement élève de l'humanisme italien. Mais il s'accordait merveilleusement sur l'essentiel avec Colet, que sans doute il ne connaissait pas. Il s'était comme lui détaché de la théologie scolastique; il lisait comme lui les Pères de l'Eglise, particulièrement saint Ambroise et saint Jérôme; il admirait comme lui Origène, bien que suspect d'hérésie; comme Colet, il s'était pénétré de la pensée paulinienne; il savait par coeur les Epîtres, dont il tirait une très libre conception de la vie chrétienne. Il blâmait la superstition des cérémonies et des pratiques, la multiplication abusive et le trafic des indulgences. Comme Colet, il jugeait avec sévérité l'observance monastique; et pourtant, soucieux de ne jamais blesser la foi des humbles, il n'approuvait pas qu'un religieux, ses voeux prononcés, rompît avec la règle; il n'avait jamais cessé de travailler à la réforme des Mineurs. Prédicateur, il avait renoncé à la manière scolastique; il évitait les effets vulgaires, les éclats de voix, la véhémence populacière qui assuraient alors le succès d'un Olivier Maillard, d'ailleurs austère et dur aux pécheurs. il parlait simplement, avec une flamme intérieure, et ne voulait chercher la matière de ses sermons que dans l'Ecriture, de préférence dans les Epîtres de saint Paul. Haï des théologiens du clergé mondain, des moines déréglés, des Cordeliers de son couvent, traduit quelques mois auparavant, pour avoir blâmé les indulgences, devant l'official, qui, le sachant populaire, préféra l'absoudre, ses ennemis voulaient sa perte et devaient bientôt obtenir sa disgrâce. Mais Erasme, qu'avaient d'abord inquiété les manières un peu hautaines du moine, reconnut bientôt en lui le frère spirituel de John Colet; il relut avec lui saint Paul et Origène, et dans un moment d'enthousiasme, écrivit quatre livres de commentaires sur l'Epître aux Romains. Il en garda toutefois le secret; Colet n'en fut informé que trois ans plus tard[9].

Louvain, où Erasme vécut de septembre 1502 à décembre 1504, était une des citadelles de l'orthodoxie scolastique. Pour éviter les ennuis de l'enseignement et les conflits faciles à prévoir, il n'avait pas accepté la chaire de lettres anciennes que lui offrait le magistrat. Comme à Paris, il vécut péniblement, au jour le jour, de menus écrits et de dédicaces. Mais il ne perdait pas les loisirs si chèrement achetés. il était maintenant capable d'écrire couramment le grec; il essayait d'apprendre l'hébreu. Il étudiait à fond les oeuvres d'Origène, chères à Colet et à Vitrier; il y étudiait l'art d'une interprétation à la fois littérale et spirituelle de la Bible; enfin il retouchait un petit traité de vie intérieure, composé à Saint-Omer, fruit de ses entretiens de Saint-Bertin, et qui, sous le titre d'*Enchiridion militis christiani*, parut à Anvers en février 1504. Ce petit livre annonçait, d'une façon désormais solennelle, dans le langage de l'humanisme italien, l'idéal théologique et chrétien sur lequel s'accordaient Colet, élève de la science italienne et de l'humanisme italien, et Jean Vitrier, franciscain réformé, lecteur d'Origène et de saint Paul, modeste religieux des Pays-Bas[10].

Pour la première fois, Erasme définissait cette théologie moderne dont il n'avait parlé, depuis la préface des *Adages*, que dans sa correspondance familière. Selon l'idéal de Colet, il décrivait ce retour savant à la Bible que le maître d'Oxford fondait sur les leçons les plus graves de l'humanisme italien, et qu'il souhaitait aussi ardemment que Wyclif. Comme Colet, comme les pédagogues italiens, comme les Pères de l'Eglise, Erasme s'applique à mesurer exactement la place que doivent tenir, dans l'éducation d'un penseur chrétien, les lettres antiques. Comme Colet, comme les Florentins, comme Ficin et Pic, il la mesure avec prudence, et avec le souci de ne pas enseigner, aux clercs qu'il formera, le goût d'une vie païenne. Comme Colet dans ses leçons d'Oxford, il définit une méthode d'exégèse biblique à la fois enchaînée au texte et soucieuse de trouver, aux passages obscurs et inintelligibles à la raison, une interprétation symbolique que d'ailleurs il ne parvient pas à caractériser nettement. Ainsi que dans la préface des *Adages*, il apparaît irréductiblement hostile aux commentateurs scolastiques et ne peut accorder sa confiance qu'à ceux des Pères de l'Eglise en qui se sont unis la culture antique et la foi chrétienne[11].

En même temps, fidèle aux leçons de Colet et de Vitrier et, par l'intermédiaire de Colet à l'esprit des Florentins, il résume sa conception de la vie chrétienne : «J'ai composé l'*Enchiridion*, écrira-t-il à Colet en décembre 1504, pour guérir l'erreur de ceux qui font consister la religion en cérémonies, en observances judaïques et corporelles, et négligent étrangement la véritable piété»[12]. Au judaïsme des oeuvres, il oppose la loi spirituelle de l'Evangile. Pour la première fois Erasme, complètement affranchi, grâce à Colet et à Vitrier, de l'idéal conventuel, exprime sans réticence et sans crainte ce qu'il pense de la régularité monastique, du pharisaïsme des moines, de leur orgueil antichrétien, des querelles qui divisent les ordres, de leur charité glacée et de leurs haines ardentes; tout un monde indocile, intraitable, tellement éloigné de la perfection chrétienne qu'il ne pratique même pas les vertus naturelles des païens.

C'est à saint Paul qu'Erasme, selon les leçons de Colet et de Vitrier, s'adresse pour résoudre l'antinomie du culte extérieur et du culte en esprit. Comme Vitrier, il souhaite que le chrétien arrive à savoir les Epîtres par coeur. Il emprunte à saint Paul la doctrine de la liberté chrétienne, qui, dégagée par Jean Wessel Gansfort dans un petit livre publié avant 1479 à Groningue et à Heidelberg, devait un jour servir de base à la protestation de Luther. Il invoque avant Luther le texte capital de l'Epître aux Galates: «Vos enim in libertatem vocati estis... Vous autres chrétiens, vous avez été appelés à la liberté, gardez-vous de retomber sous le joug de la servitude»[13]. Mais saint Paul lui-même, qui interdit aux Galates tout pacte avec les superstitions de l'ancienne loi, admet, dans l'Epître aux Romains, des concessions et des tempéraments. Il ne condamne pas l'usage des pratiques extérieures et matérielles, mais il ne veut pas qu'on leur sacrifie la liberté du chrétien. Le fidèle restera dans le siècle; mais il évitera de rejeter les usages accoutumés, de peur de blesser quelque frère infirme. Il ne s'abstiendra pas du culte visible, mais il saura qu'on ne plaît à Dieu que par le culte du pur esprit.

Erasme expose encore quelques règles de vie chrétienne. Il proteste contre les subterfuges des docteurs, qui, selon la parole sévère de saint Paul, faussent les leçons de Dieu, forcent le sens de l'Ecriture qu'ils accommodent aux sentiments des hommes. Pour conclure, après avoir, comme John Colet, comme Jean Vitrier, exalté saint Paul, il défend, en élève d'Oxford, en humaniste florentin, en héritier de Ficin et de Pic, la signification chrétienne de son labeur:

> Je prie les calomniateurs de comprendre, écrit-il, que si j'ai consacré ma jeunesse à une étude passionnée des lettres anciennes, et à force de veilles, acquis une connaissance passable des deux langues latine et grecque, ce ne fut pas pour la recherche d'une vaine gloire ou la joie futile de mon intelligence, mais pour embellir ce temple du Seigneur, que déshonorent l'ignorance et la barbarie; pour l'orner de richesses méconnues, et convier les esprits généreux à l'amour des saintes Ecritures[14].

Le volume que publiait à Anvers Martin Hillen, sous le titre modeste de *Lucubrationes aliquot*, contenait encore diverses prières et poésies pieuses, déjà publiées à Paris depuis plusieurs années, et qui pouvaient rassurer sur l'orthodoxie de l'écrivain les lecteurs inquiets. Mais Erasme imprimait aussi une lettre adressée à Colet dès octobre 1499, et qui jusque-là secrète, pouvait prendre le caractère d'un manifeste. Il y avait attaqué avec violence, dès les premiers mois de son séjour en Angleterre, ces théologiens scolastiques dont son ami combattait les méthodes; il y avait célébré les efforts accomplis par les maîtres d'Oxford afin de retrouver et de mettre en pleine lumière cette pensée libératrice de saint Paul, dont se réclamaient les chapitres les plus audacieux de l'*Enchiridion*. Enfin l'analyse d'une controverse menée en présence de Charnock, par Erasme et Colet, sur la lassitude, la crainte et languisse de Jésus lors de la veillée de Gethsémani, complétait le volume et semblait offrir aux étudiants en théologie le modèle d'une oraison chrétienne, où l'exactitude de la science scripturaire et le souci humaniste d'une psychologie éclairée par la pratique d'une stricte analyse venaient renouveler la méditation traditionnelle du drame de la Passion[15].

Ainsi Erasme à Louvain définissait en un langage à la fois humaniste et chrétien l'idéal d'une réforme religieuse qui, ébauchée par les grands Florentins, animait à Oxford l'enseignement de Colet dans les leçons de Magdalen College. L'auteur de l'*Enchiridion*, vers décembre 1504, avait regagné Paris; il annonçait à Colet une édition plus complète des *Adages*, dont la première lui paraissait pauvre depuis qu'il connaissait à fond les auteurs grecs. Mais les écrivains classiques le retenaient moins. «Je ne puis dire, écrivait-il, de quelle passion je me sens entraîné vers les lettres sacrées, quel ennui m'inspire tout ce qui m'en détourne ou peut me retarder dans leur étude. Je veux y consacrer le reste de mon âge». Il s'étonnait que Colet, par excès de modestie, ne publiât pas ses commentaires de saint Paul et de l'Evangile. Il ne voulait plus différer la fondation de cette théologie nouvelle dont il venait d'exposer les principes et les méthodes[16].

Depuis son séjour en Angleterre, il avait été, par l'intermédiaire de Colet, de Grocyn et de Linacre, l'élève des grands Florentins. Mais voici que maintenant Laurent Valla rentrait en scène. Grocyn lui-même, après avoir opiniâtrement défendu contre l'humaniste romain l'authenticité des écrits pseudo-dyonisiens, acceptait les conclusions de sa critique. Pendant l'automne 1501, au cours de nouvelle leçons professées à Saint-Paul de Londres sur la *Hiérarchie ecclésiastique*, il finissait, non sans hésitation, par abandonner ses premières certitudes, et ne plus reconnaître dans ces écrits que jusqu'au Ve siècle les Pères de l'Eglise avaient ignorés, l'inspiration paulinienne. Il n'est pas sûr que Colet se soit rallié à ces négations; d'ailleurs, dans l'oeuvre, même apocryphe, de l'Aréopagite, il eût aimé à recueillir le témoignage religieux de générations chrétiennes, évanouies depuis mille ans[17].

Mais la conversion de Grocyn marquait un progrès nouveau de la critique italienne à Oxford et à Londres.

Erasme avait, en 1500, dans un volume prêté par Robert Gaguin relu les *Disputationes dialecticae*[18]. A Louvain, dans l'été de 1504, quelques mois après la publication de ces pages où l'*Enchiridion* analysait l'idéal d'une théologie moderne, il avait découvert dans la bibliothèque des Prémontrés du Parc un manuscrit des *Annotationes* au Nouveau Testament. Laurent Valla y affirmait que la Vulgate abonde en fautes de traduction et en erreurs de copistes; il confrontait la version latine reçue par l'Eglise avec l'original grec; il enseignait aux exégètes modernes l'art de rétablir les passages mutilés, et de saisir, à l'aide de la philologie et de l'histoire, le sens exact des Ecritures saintes. L'ouvrage n'était en réalité qu'une ébauche; une série de remarques et de notes critiques sur la Vulgate des Evangiles, des Epîtres pauliniennes et canoniques, et de l'Apocalypse. Il en montrait les inexactitudes, les erreurs; il relevait les variantes des divers manuscrits; il corrigeait dédaigneusement les mauvaises leçons, sans perdre une occasion de reprocher aux théologiens médiévaux leur ignorance du grec, sans épargner les docteurs les plus illustres et saint Thomas lui-même. Mais un enseignement essentiel se dégageait de ce mince écrit: Valla démontrait aux modernes comment ils devaient revenir à la Bible, aux sources mêmes de la doctrine, et conduire scientifiquement l'examen critique des textes sur lesquels se fonde le dogme chrétien.

Erasme fit imprimer chez Josse Bade Ascensius les *Annotationes* de Laurent Valla; le livre fut mis en vente le 13 avril 1505. Par un nouvel hommage à cette Angleterre humaniste et italienne dont il était l'élève, il dédia le volume à Christophe Fisher, protonotaire apostolique au service de la légation pontificale de Londres; lettre-préface, nouveau manifeste de l'humanisme italien d'Erasme.

De même que jadis au couvent de Steijn, Erasme avait défendu la véhémence critique de Valla contre les préventions et les timidités de Corneille Gérard, il entreprenait, dans ces pages hardies, et dirigées à la fois contre les ennemis de la culture humaniste et les ennemis de la théologie moderne, une nouvelle apologie des violences nécessaires.

> Les lettres dépravées exigeaient un censeur des Barbares... Si l'on pense comme ces Goths ont indignement confondu toutes les disciplines, avec quel orgueil ils professent leur faux savoir, avec quel entêtement ils méprisent l'érudition d'autrui, on jugera sa colère pieuse et nécessaire.

Sans doute, les théologiens accuseront de témérité un grammairien qui porte la main sur le texte de l'Ecriture. Mais la théologie, reine des sciences, ne peut se passer de l'humble science des mots; il faut d'abord comprendre la lettre, et, quand elle est visiblement altérée, la corriger avec la prudence et le respect qu'exigent tous les livres, et particulièrement les textes sacrés. C'est pourquoi le concile ouvert à Vienne en Dauphiné au mois d'octobre 1311, et dont Erasme tient à citer exactement les canons, prescrivit aux autorités ecclésiastiques d'organiser dans les Universités l'enseignement régulier des trois langues de la Bible. Ainsi apparaît chez Erasme, dès la publication des *Notes* de Laurent Valla, l'idée d'un collège trilingue, qui, d'abord réalisée aux Pays-Bas et en Angleterre, devait aboutir en 1530 à la fondation par François Ier du collège des lecteurs royaux[19].

NOTES

[1] RENAUDET, **63**, p. 388; CHAMBERS, **25**, p. 77-86.

[2] RENAUDET, **63**, p. 388; CHAMBERS, **25**, p. 70-77.

[3] RENAUDET, **63**, p. 389 et n. 2; ALLEN, **6**, I, 118, p. 273-274, l. 17-24, Tantum autem humanitatis atque eruditionis, non illius protritae ac triuialis, sed reconditae, exactae, antiquae, Latinae Graecaeque, ut iam Italiam nisi videndi gratia haud multum desyderem. Coletum meum cum audio, Platonem ipsum mihi videor audire. In Grocino quis illum absolutum disciplinarum orbem non miretur? Linacri judicio quid acutius, quid altius, quid emunctius? Thomae Mori ingenio quid unquam finxit natura vel mollius, vel dulcius, vel felicius?

[4] RENAUDET, **63**, p. 389-395.

[5] RENAUDET, *Ibid.*, p. 395-397.

[6] RENAUDET, *Ibid.*, p. 397, n. 1. —Il faut constater que, à cette date, Erasme, comme Grocyn, qui ne changea pas d'avis avant octobre 1501, croyait encore à l'authenticité des écrits pseude-dionysiens, et par là se trouvait en désaccord avec son maître Laurent Valla.

[7] RENAUDET, *Ibid.*, p. 397-403; ALLEN, **6**, I, 138, l. 39-40; 141, l. 16-26; RUEGG, **18**, *Das Ciceronische Encheiridion*, p. 75-77.

[8] RENAUDET, **63**, p. 403, 425-426.

[9] RENAUDET, *Ibid.*, p. 426-428; RENAUDET, **14**, p. 29-30; Erasme a consacré plus tard quelques belles pages d'analyse psychologique et religieuse à la mémoire de Jean Vitrier: ALLEN, **6**, IV, 1211, à Josse Jonas, Anderlecht, 13 juin 1521, p. 508-514, l. 13-245.

[10] RENAUDET, **63**, p. 428-429; L'*Enchiridion* a été excellemment réédité par Hajo et Annemarie HOLBORN, **2**, p. 22-136.

[11] RENAUDET, **63**, p. 429-434.

[12] ALLEN, **6**, I, 181, p. 405, l. 46-50: Enchiridion non ad ostentationem ingenii aut eloquentiae conscripsi, verum ad hoc solum, ut mederer errori vulgo religionem constituentium in ceremoniis et observationibus pene plusquam Judaicis rerum corporalium, earum quae ad pietatem pertinent mire negligentium.

[13] Voir p. 31, n. 13.

[14] HOLBORN, **2**, p. 23-33.

[15] RENAUDET, **63**, p. 434-435; ALLEN, **6**, I, 108, p. 245-249; 108, p. 245-249; 109-110, p. 249-253.

[16] RENAUDET, **63**, p. 477-78; ALLEN, **6**, I, 181, p. 404.

[17] Voir p. 32, n. 17.

[18] Voir p. 35.

[19] RENAUDET, **63**, p. 478-479.

LIVRE II

LE VOYAGE D'ITALIE

I - DE CAMBRIDGE A TURIN

Par la publication des *Notes* de Laurent Valla, en avril 1505, Erasme avait proclamé, devant les Facultés parisiennes, qu'il était élève de l'Italie. Peu de temps après il partait pour Londres et reprenait contact avec cette Angleterre humaniste et italienne, l'Angleterre de Colet, de Grocyn, de Linacre. Elle était depuis 1499, après l'Italie, sa patrie intellectuelle. Il lui devait le progrès décisif et les hardiesses nouvelles de son esprit. Il y avait les seuls maîtres qu'il eût rencontrés dans le monde des vivants. John Colet, depuis 1500, n'avait cessé d'inspirer sa pensée et son oeuvre. Il y avait encore le plus cher de ses amis, le plus capable, par la vivacité et la profondeur de l'intelligence, par une ironie qui s'arrêtait devant toute grandeur spirituelle, de comprendre l'esprit érasmien: Thomas More.

Colet était maintenant doyen de la cathédrale Saint-Paul; il travaillait à restaurer la discipline du chapitre et du clergé de la capitale. Erasme aurait souhaité qu'il publiât ses leçons d'Oxford, ses commentaires bibliques; il y montrait peu d'empressement[1]. More devenait peu à peu un grand avocat. Son talent d'orateur en langue anglaise attirait sur lui l'attention de la bourgeoisie. Il avait au début de 1504, pris contact avec la vie politique. Pour faire face à de graves difficultés financières, Henri VII convoquait un Parlement; More fut envoyé à la Chambre des Communes par les électeurs du bourg de Londres. Sans tarder il joua devant l'assemblée un rôle actif. Il appartenait à cette haute bourgeoisie qui tirait sa force du négoce, de l'industrie et des fonctions publiques; en vertu d'une tradition déjà ancienne, elle restait vigoureusement attachée aux libertés constitutionnelles du peuple anglais; elle devait les défendre à travers les siècles. Elle n'entendait voter de nouvelles taxes qu'en échange du redressement des griefs. Ce fut en grande partie grâce à l'intervention de More que la plupart des subsides réclamés par le roi fut refusée. Henri VII s'indigna contre ce jeune député imberbe qui montrait une telle audace; John More, administrateur de la corporation des avocats, dut passer quelque temps à la Tour de Londres, et Thomas demeura suspect jusqu'à la fin du règne[2].

Erasme le vit fréquemment dans sa maison de Bucklersbury, aux environs de la capitale. More avait depuis quelque temps sans doute avec l'aide de Colet, surmonté la crise de conscience où il s'était débattu pendant plusieurs années; il avait renoncé à prendre les ordres; il restait dans le siècle; Erasme le retrouvait marié et père de famille. Mais sa pensée demeurait toujours dominée par le souci de la plus haute perfection chrétienne. Il venait de traduire en anglais, à la fin de 1504, la vie de Pic de la Mirandole, écrite par son neveu Jean-François. Il conservait le même culte pour sa mémoire, la même admiration pour son ascétisme, et demeurait fidèle à son idéal d'une piété à la fois savante et simple, reconduite à la pureté apostolique par l'étude des doctrines, de leur évolution, et désormais uniquement satisfaite du culte en esprit et en vérité[3].

Cette Angleterre italienne semblait retenir Erasme par des liens de plus en plus forts. Il se crut peut-être alors destiné à une carrière honorable dans l'Eglise britannique. Il restait en bons termes avec la cour, dont Mountjoy lui assurait la faveur; avec John Fisher, évêque de Rochester, Richard Foxe, évêque de Winchester, William Warham, archevêque de Canterbury et primat d'Angleterre. Le roi Henry VII lui faisait promettre une prébende. Il entrevoyait la possibilité d'un prochain triomphe de la théologie humaniste et moderne, fondée sur les méthodes exégétiques dont, avec Colet, il formulait de plus en plus clairement l'esprit. La reine Margaret Tudor ouvrait alors à l'Université de Cambridge Christ's College, dont John Fisher rédigeait, selon la pensée d'Erasme et de Colet, les statuts. La maison devait recevoir des étudiants choisis, parlant le latin, aptes à de hautes études théologiques et littéraires, destinés à servir activement la cause de la réforme religieuse. Erasme y put espérer une chaire de rhétorique et de poésie. Quelques jours avant Pâques, le roi et la reine, se rendant en pèlerinage à Walsingham, passèrent par Cambridge. Il y vint, peut-être avec le cortège royal, que suivait Mountjoy. On inscrivit Erasme à la Faculté de Théologie, parmi les candidats à la licence et au doctorat.

Mais, au moment où sa vie semblait pour quelque temps se fixer en Angleterre, il rencontrait enfin l'occasion de visiter l'Italie. Le Génois Battista Boerio, médecin du roi, cherchait un précepteur pour accompagner ses fils à l'Université de Bologne. Erasme, depuis 1492, depuis que l'évêque de Cambrai l'avait choisi comme secrétaire pour ce voyage de Rome auquel il avait fallu renoncer, rêvait, comme tout humaniste, de voir l'Italie, de connaître les écoles, d'entendre les maîtres. C'était à l'Italie que Colet, Grocyn, Linacre devaient leur savoir et leur doctrine. Erasme sentait qu'il ne serait vraiment lui-même qu'après avoir tenté, au contact de l'Italie, l'essai et l'épreuve de ses propres forces. Il accepta volontiers la conduite des deux adolescents, bien doués et de caractère facile. Dès les premiers jours de juin 1506, il avait regagné Londres; il était à Paris vers le 11; il devait y attendre, avant de passer les Alpes, la fin de l'été[4].

Pendant ce second séjour en Angleterre, bien plus bref qu'il n'eût pensé, il avait continué de travailler au développement de sa culture d'helléniste, à la fondation de la théologie moderne. Elève de l'Italie humaniste, il revoyait les versions, écrites à Louvain, de deux tragédies d'Euripide, l'*Hécube* et l'*Iphigénie en Aulide*. Puis il aborda l'œuvre de Lucien, dont l'ironie s'accordait si bien avec la sienne. Dans ces premières années du XVIe siècle, le rhéteur de Samosate n'était pas encore un écrivain suspect; il semblait réserver sa dérision aux erreurs païennes, et ne pas attaquer indistinctement, comme on le put penser au temps de Rabelais et de Calvin, toute croyance religieuse; son esprit critique s'accordait avec celui de Laurent Valla. More s'était volontiers associé à ces nouvelles études; son ironie tout érasmienne avait pris contact avec l'ironie de Lucien. Erasme avait traduit le *Toxaris*, et, avec More, le *Tyrannicide*. Ils discutèrent, en humanistes chrétiens, la question du meurtre du tyran; elle avait passionné les écoles italiennes, et les humanistes républicains; et ce débat, qui avait conduit les esprits les plus hardis à la glorification des Ides de Mars, parut encourager et justifier quelques attentats éclatants. Le despotisme des Tudors, pendant les dernières années du règne d'Henry VII, pouvait raviver de telles disputes. Les deux amis, humanistes chrétiens, devaient naturellement conclure à la condamnation du tyran et du meurtrier. En juin, à Londres, Erasme traduisit encore le *Timon* de Lucien. Cette analyse d'une misanthropie orgueilleuse pouvait mettre en lunùère certaines faiblesses de l'âme païenne, qui devant les erreurs et les folies humaines, ignorait la consolation et le remède de la vraie charité. Car l'Evangile continuait d'illuminer la pensée d'Erasme comme la pensée de Colet. Vers le printemps, à l'aide de deux anciens manuscrits latins du Nouveau Testament, conservés à la bibliothèque du chapitre de Saint-Paul, il avait, conformément à la doctrine de Laurent Valla, révisé la Vulgate, et rédigé en une prose latine, peut-être trop classique, une nouvelle version des Evangiles et des Epîtres[5].

A Paris, en attendant le départ pour l'Italie, il était revenu à Lucien; mais ç'avait été pour traduire, outre le dialogue des *Mercenaires*, l'*Alexandre faux prophète*. Dans cette biographie ironique d'un des innombrables imposteurs et faiseurs de miracles, qui, aux premiers temps de l'Empire romain, couraient le monde hellénique et oriental, prêchaient les mystères de religions nouvelles et prophétisaient d'émouvantes transformations, Erasme avait voulu étudier les superstitions dont les esprits humains se laissent trop aisément abuser aux époques où la raison vacille,, tandis que manque la discipline d'une véritable foi. More, de son côté, traduisait quelques nouveaux dialogues, et dans le *Philoxène*, le *Ménippe*, le *Cynique*, recherchait, à la manière des Pères de l'Eglise et selon les traditions de la science italienne, les contacts mystérieux du moralisme antique et de l'Evangile[6].

Lorsque ces divers ouvrages sortirent des presses de Josse Bade Ascensius, Erasme avait déjà passé les Alpes. Mais au moment où il touchait enfin le sol italien, ces deux nouveaux volumes apparaissaient comme un manifeste véhément de sa méthode et de sa doctrine. Devant l'Italie qui maintenant allait l'accueillir, il affirmait hautement, avec toute l'érudition classique et gréco-romaine qu'il devait aux écoles d'outre-monts, cette liberté de pensée religieuse, ce besoin d'un affranchissement de toute forme traditionnelle de croyance et de culte, cet évangélisme purifié qui, par l'intermédiaire de Colet et des réformateurs d'Oxford, lui venaient des grands Florentins, et d'autre part cette critique exigeante et dédaigneuse directement apprise de Laurent Valla.

De là le prix du petit volume parisien qui porte les deux noms fraternellement unis d'Erasme et de More; non pas seulement dans l'histoire de cette Angleterre italienne qui restait si chère à l'auteur de l'*Enchiridion*, mais dans celle de ses contacts intellectuels, moraux, religieux avec l'Italie. Les traductions d'Euripide avaient paru le 13 septembre. Une lettre-préface annonçait à William Warham que l'auteur entendait restaurer la vraie théologie dépravée par les sophistes. Mais l'édition de Lucien, achevée le 13 novembre, proclamait un dessein plus hardi. Dans une première partie, Josse Bade avait réuni les versions érasmiennes; dans la seconde, les dialogues traduits par Thomas More. Diverses préfaces abondaient en déclarations religieuses et graves. «Ce traité, disait Erasme, à propos du *Pseudomantis*, est admirable pour démasquer et réduire au silence les imposteurs qui, aujourd'hui encore, trompent les foules par de faux miracles de magiciens, par une religion feinte, par de fausses indulgences». Et sans doute se souvenait-il des abus contre lesquels, à Saint-Omer, Jean Vitrier avait élevé la parole. Thomas More, avec une ardeur juvénile, dans un langage encore plus hardi, présentait ses propres versions à Thomas Ruthall, chancelier de l'Université de Cambridge.

> Ces dialogues, écrivait-il, nous apprennent à rejeter les superstitions que l'on voit tout envahir sous prétexte de religion, les impostures que l'on colporte sous de hautes autorités. Saint Augustin lui-même ne sut pas leur échapper dans sa jeunesse. Aussi quelles prises n'ont-elles pas sur les faibles! Il n'est aucune vie de saint qui ne soit mêlée d'incroyables fictions. On n'a pas craint d'altérer par des légendes menteuses une religion fondée sur la vérité, et qui devait tirer sa force de la seule vérité. Rien pourtant n'est plus dangereux que de compter sur le mensonge; dès que le vrai paraît mélangé d'erreur, il devient suspect. Ceux qui ont introduit ces fictions dans nos croyances ont voulu, de parti pris, ruiner la foi.

Et, en plein accord avec Erasme et Colet, conformément à la tradition de Pic, à la critique de Laurent Valla, mais aussi des Vaudois, de Wyclif et de Jean Hus, il affirme la nécessité du retour à la Bible : «Suivons donc uniquement l'Ecriture, qui contient toute certitude. Ecartons les inventions humaines, si nous voulons nous garder d'une vaine confiance comme d'une superstitieuse terreur»[7].

Page étonnante, où s'exprime déjà, onze ans avant l'apparition de Luther, l'essentiel esprit de la Réforme. Ainsi, en juin 1523, Jacques

Lefèvre d'Etaples, traduisant le Nouveau Testament, devait écrire cette préface, qui demeure un des monuments les plus précieux de la première réforme française: «Le temps est venu que notre Seigneur Jésus-Christ, seul soleil, vérité et vie, veut que son Evangile soit purement annoncé par tout le monde, afin qu'on ne se desvoye plus par autres folles fiances en créatures, et toutes aultres traditions humaines, lesquelles ne peuvent sauver». Et il proteste contre ceux qui veulent empêcher le peuple de lire en sa langue l'Evangile, qui est la vraie doctrine de Dieu. «Malheur à vous, docteurs de la loi, qui avez osté la clef de la science. Vous n'y estes pas entrés, et vous avez einpesché ceux qui y entraient»[8].

C'est ainsi qu'Erasme, soutenu par Thomas More, s'était préparé au voyage d'Italie. Parti de Paris vers la fin de juillet, il avait suivi le chemin le plus long. Il s'était arrêté quelque temps à Orléans, où il comptait parmi les professeurs de l'Université un ami, Nicolas Bérauld, élève lui aussi de l'Italie et qui devait être le premier éditeur français du poème de Lucrèce. Pour le moment il venait d'éditer en 1505 le *De vita beata* de Battista Spagnuoli, le poète chrétien qu'Erasme et Corneille Gérard avaient tant admiré en Hollande, qu'Erasme peut-être, maintenant admirait moins. Par Bourges, qui gardait comme Orléans une Université, il atteignit Moulins, où la collégiale Notre-Dame venait de recevoir sa parure de précieux vitraux tandis qu'un peintre inconnu achevait le triptyque où la technique flamande s'unit à la grâce d'outre-monts. Lyon, capitale de la banque italienne en France et en Europe, était en même temps l'un des centres les plus actifs de l'imprimerie, et, vers le premier tiers du XVIe siècle, allait offrir le plus libre asile à l'humanisme érasmien. Quelques petits groupes d'amis et d'admirateurs de son oeuvre l'y fêtèrent. Par le haut Dauphiné, il passa les Alpes, probablement au Mont-Genèvre, voie de trafic, voie des armées d'invasion[9].

La pensée de John Colet, le désir d'une réforme chrétienne de l'individu et de la société, continuait de dominer son esprit. Dans un petit poème composé sur le chemin d'Italie, et que Josse Bade publiait en novembre avec les traductions de Lucien, Erasme disait son intention d'imposer désormais à ses études une stricte discipline:

> J'aimais d'un égal amour toutes les sciences humaines; je refusais d'en rien abandonner; je travaillais d'un vigoureux effort à réconcilier profane et sacré. Poussé par le désir d'apprendre, je

> courais les terres et les mers; plein de joie et d'entrain, je me plaisais à suivre lentement mon chemin à travers les neiges alpestres; je goûtais le bonheur d'une renommée naissante. Et voici que j'ai ressenti les premières atteintes de la triste vieillesse... Aussi, les années que les destins me voudront bien réserver, je les consacrerai uniquement au Christ. Toute ma pensée n'appartiendra désormais plus qu'à lui seul[10].

Mais l'humaniste impénitent ne pouvait qu'interpréter librement ce ferme propos. Retour à la Bible sans doute; mais pour saisir le sens des paroles divines, le secours de la science grecque et latine demeurait nécessaire. Au sortir des entretiens d'Oxford, il l'avait affirmé dans la préface des premiers *Adages*. Il le répétait, Thomas More le répétait avec lui dans les préfaces du Lucien. Erasme affirmait que la pure religion de l'Evangile, le lien affectueux du fidèle et du Christ, ne sont que la perfection de cette amitié décrite par Lucien dans le *Toxaris*. «Saint Jean Chrysostome, écrivait de son côté Thomas More, avait lu volontiers le *Cynique*, dont il introduisit une partie dans le commentaire de saint Jean; car la morale de Diogène enseigne, comme celle du Christ, la tempérance, la simplicité, la fuite des plaisirs». Où le philosophe païen, guidé par la seule raison, hésite et se tait, la révélation chrétienne intervient et complète la leçon inachevée. Et dès lors, peu importe que Lucien mette en doute, dans le *Philopseudes* ou le *Ménippe*, l'immortalité de l'âme. Nous savons, sur les fins dernières de l'homme, la vérité qui lui échappait; et le plus humble chrétien corrigera sans peine les erreurs de ces philosophes anciens qui demeurent pourtant nos maîtres[11].

Le premier soin d'Erasme, descendu en Piémont, allait être de passer son doctorat théologique. S'il voulait réellement travailler à la réforme des études sacrées, fonder sur une exégèse scientifique une théologie à la fois évangélique et moderne, le titre de docteur lui était indispensable. Le manque de ce titre expliquait sans doute que Colet ne publiât pas ses commentaires de saint Paul et de l'Evangile. On pouvait objecter à l'auteur de l'*Enchiridion*, à l'éditeur des *Notes* de Laurent Valla, qu'il n'était pas officiellement qualifié pour discuter de problèmes théologiques. On devait le répéter un jour à Lefèvre d'Etaples, quand il entreprit de traduire et de commenter la Bible. Erasme affirma plus tard qu'il n'ambitionnait aucunement cette dignité; mais ses amis lui avaient représenté que le doctorat était indispensable à son prestige. Sans doute s'agit-il de ses amis anglais, de Colet et de

More, et peut-être aussi de Warham, de Fisher, de Foxe, et, à Cambridge où il avait été question de lui offrir une chaire, du chancelier Ruthall[12]. Déjà, lorsqu'il était parti de Cambrai pour Paris, il avait désiré le grade de docteur. Mais certains, qui en étaient dépourvus, possédaient une science théologique, une pensée religieuse, une vie intérieure par où ils l'emportaient de beaucoup sur la plupart des maîtres de Sorbonne ou de Navarre; et il ne souhaitait plus guère de se soumettre aux examens et aux disputes qu'imposait le règlement des études universitaires. Il est d'ailleurs difficile de savoir quels grades il avait pu, depuis 1495, obtenir à Paris, à Oxford ou à Louvain. Probablement devait-il être bachelier sententiaire. Il avait pensé longtemps à se présenter devant la Faculté de Bologne, dont il savait l'autorité devant l'Europe chrétienne. Mais il lui aurait été nécessaire de produire des titres de scolarité qu'il n'avait pu acquérir au cours de sa vie errante. Il put juger préférable de se soumettre au jugement plus complaisant d'une petite Université qui se ferait un honneur de le citer un jour parmi ses maîtres. C'est pourquoi il ne devait jamais être que docteur de la Faculté de Turin.

NOTES

[1] Voir p. 38, n. 16.

[2] CHAMBERS, **25**, p. 87.

[3] RENAUDET, **63**, p. 480, 488; CHAMBERS, **25**, p. 92-94; —ROGERS, **24**, p. 9, lettre 4; Londres, janvier 1505; préface de cette traduction.

[4] RENAUDET, **63**, p. 488-489.

[5] *Ibid.*, p. 488-489.

[6] *Ibid.*, p. 490-491; CHAMBERS, **25**, p. 97.

[7] RENAUDET, **63**, p. 491 et n. 2; p. 492 et n. 1.

[8] HERMINJARD (A.L.). —*Correspondance des Réformateurs dans les pays de langue française*, Genève et Paris, t. I, 2e éd. 1878, in-8°, p. 133-138.

[9] RENAUDET, **63**, p. 490; NOLHAC, **11**, p. 9-10.

[10] RENAUDET, **63**, p. 492, n° 2; Singula correptus dum circumvector amore / Dum nil placet relinqui / Dumque profana sacris, dum jungere græca latinis / Studeo moliorque; / Dum cognoscendi studio terraque marique / Volitare, dum nivosas / Cordi est, juvat et libet ereptare per Alpes, / Dulces parare amicos / Dum studeo, atque viris juvat innotescere ductis. / Furtim inter ista pigrum / Obrepsit senium... / Quidquid mihi deinceps / Fata ævi superesse volunt, id protinus omne / Christo dicetur uni.

[11] RENAUDET, *Ibid.*, p. 493, n° I: Quum nihil aliud sit Christianismus quam vera perfectaque amicitia... ; n° 2.

[12] ALLEN, **6**, I, 200, p. 431-432, l. 8-9; Ep. 201, p. 432, l. 4-6: Nuper in Theologia doctoratum accepimus, idque contra animi sententiam ab amicis compulsi, qui titulum hunc putabant mihi non nihil authoritatis allaturum.

II - L'ITALIE EN 1506 . HUMANISME, POLITIQUE, RELIGION

I

L'Italie qu'Erasme allait rencontrer n'était plus celle que Rodolphe Agricola, Fichet et Gaguin, que Colet, Grocyn, Linacre, avaient connue, et dont, par leur intermédiaire, il s'était épris. Elle conservait sa maîtrise, et restait pour le monde occidental la plus haute école de savoir et de pensée. Pourtant l'humanisme italien, vers lequel se tournait la curiosité anxieuse d'Erasme, ne produisait plus d'hommes capables de rivaliser avec les géants du Quattrocento. La grande génération florentine avait disparu. La mort prématurée de Laurent le Magnifique, en avril 1492, en avait semblé annoncer la fin. Ange Politien et Pic de la Mirandole étaient morts dans toute la force de leur génie, dès octobre et novembre 1494. Marsile Ficin ne leur avait survécu que jusqu'en 1499, trop tard pour son renom, terni à jamais par une basse invective contre la mémoire de Savonarole. L'école platonicienne allait peu à peu s'éteindre. Savonarole, que John Colet avait écouté avec passion, était mort en mai 1498, au gibet de la place de la Seigneurie, et rien ne semblait subsister de son oeuvre. Quelques groupes de partisans silencieux, quelques artistes, Botticelli, Fra Bartolomeo, Michel-Ange, en conservaient le deuil. La symphonie florentine restait inachevée; inachevée, la réforme intellectuelle, morale, religieuse, politique, à laquelle les penseurs florentins avaient consacré le labeur d'un siècle. A Rome, Ermolao Barbaro était mort en 1493; à Naples, Pontano mourait en 1503. Du moins, la philologie antique était désormais fondée. Les humanistes continuaient de travailler à découvrir ce que l'antiquité a su du monde et de l'homme, comment elle a conçu l'art de vivre et compris la beauté. L'hellénisme semblait attirer les esprits les plus curieux. D'autre part, jamais, depuis le siècle d'Auguste, une prose latine plus élégante, plus claire et plus facile ne s'était offerte à traduire la pensée humaine. Jamais on n'avait manié avec autant de talent et de virtuosité le vers latin. Epigrammes, églogues, élégies, souvent risquées, indécentes, mais de forme exquise, pullulaient. Héritage de Politien, héritage un peu scabreux de Pétrarque. N'eussent-ils eu d'autres mérites, les prosateurs et poètes latins de l'Italie moderne rapprenaient à l'Europe barbare le secret de l'expression parfaite. Mais toute cette poésie trop facile manquait d'originalité et de vigueur; et cependant, la linguistique et la philologie risquaient déjà de n'instituer qu'une rhétorique. On voyait se fonder à Rome, à Ferrare, à Modène, à Reggio d'Emilien à Naples, trop d'académies, où déjà trop volontiers l'effort se bornait à discuter de l'art d'écrire.

L'activité de la pensée philosophique, avec la décadence de l'école platonicienne et le rapide affaiblissement de sa tradition, ne se manifeste guère que dans le renouveau des doctrines averroïstes, qui, pour un siècle encore, vont dominer l'enseignement à l'Université de Padoue. Nul ne sait rien des cahiers où, secrètement, Léonard de Vinci consigne au jour le jour les résultats de son immense enquête, tandis que, soucieux d'applications pratiques autant que de théorie, il parcourt tout le domaine des sciences avec la plus certaine divination de leur avenir, le plus sûr maniement de leurs méthodes, et s'efforce de saisir les lois de ce monde dont son pinceau et son infatigable crayon essaient de reproduire les jeux et les aspects. Mais le labeur de Léonard reste le divertissement d'un génie qui, mêlé à la vie la plus éclatante d'une société avide de fêtes et de joies, demeure dans le domaine de la pensée un solitaire. Bientôt, dans une solitude différente et la réclusion morose d'un homme d'Etat exilé, Machiavel fondera sur les bases les plus durement positives une science renouvelée de la politique et du gouvernement.

II

A cette Italie, où les humanistes de toute l'Europe venaient rechercher les traces et les souvenirs vivants de l'antiquité, et qui, comme Machiavel l'écrivit un jour à la dernière page de ses *Dialogues sur l'art de la guerre*, ressuscitait les choses mortes, il manquait un élément de force que le monde antique avait possédé jusqu'aux invasions barbares. La vigueur militaire lui manquait. Depuis le temps où les citoyens, qui jadis recrutaient des milices capables de tenir en respect les empereurs souabes, avaient confié la défense des libertés

HUMANISME, POLITIQUE, RELIGION 97

communales à des armes mercenaires, et depuis que la méfiance des princes et parfois des républiques elles-mêmes désarmait les populations, les Etats italiens n'avaient plus compté que sur le dévouement incertain des capitaines d'aventure. Lorsqu'Erasme, à l'automne de 1506, passa les monts, l'Italie, depuis douze ans, s'était habituée à l'invasion. Machiavel allait bientôt écrire qu'en 1494, Charles VIII avait pu courir tout le pays jusqu'à Naples, sans autre peine que de marquer à la craie les logis de ses troupes[1]. Depuis 1500, le duché de Milan était occupé par des garnisons françaises, et gouverné par un vice-roi qu'assistait un sénat choisi dans la noblesse et la haute bourgeoisie prêtes à s'entendre avec l'étranger. Naples, depuis 1503, était conquête espagnole, soumise à un dur régime d'absolutisme et d'exploitation économique. Gênes, depuis 1499 base d'opérations pour les flottes françaises en Méditerranée, devait, jusqu'à la révolte de 1507, rester sous la dure tutelle de Louis XII, pour être, après une répression cruelle, rattachée au domaine royal. Venise pratiquait, entre la France, l'Espagne et l'Empire, une neutralité attentive à sauvegarder les intérêts d'un irrunense commerce. La seule résistance énergique à l'occupation étrangère devait venir du pape Jules II, qui, mieux fait pour la politique et la guerre que pour le gouvernement de l'Eglise, ne s'occupait encore que de reconstituer par la force des armes le patrimoine de saint Pierre, très diminué au XVe siècle et dont Alexandre VI avait entrepris vigoureusement la reconquête. Avec l'invasion étrangère commençait pour l'Italie une longue période de souffrances, de misère, de déséquilibre politique, moral et religieux, que ne pouvaient entièrement masquer l'élégance raffinée de la culture, et la magnificence géniale d'un art dont nul pays et nulle époque n'égalèrent jamais la fécondité.

Erasme ne semble avoir pris jusque-là que peu d'intérêt aux questions politiques. Il restait un fidèle sujet de cet Etat flamand-bourguignon, qui, après un éclat incomparable sous Philippe le Bon et Charles le Téméraire, avait perdu, avec la Bourgogne, quelques-unes de ses terres et de ses villes les plus riches, et, passé sous le gouvernement des Habsbourg, ne formait plus désormais qu'une partie de leurs immenses domaines. En France, il ne semble pas avoir prêté une grande attention au régime de la monarchie sous les Valois, au gouvernement exact, quelque peu réformateur, économe, ordonné, de Louis XII. Mais à Londres, Thomas More, dans l'entourage du cardinal Morton, avait pu s'informer des affaires de l'Etat et de l'Eglise; plus tard, député à la Chambre des Communes lors du Parlement de 1504, il avait appris et montré comment les représentants d'une nation libre savent défendre leurs droits contre l'absolutisme royal; et sans doute lorsqu'avec Erasme il lut et commenta le *Tyrannicide* de Lucien, tous deux avaient pu débattre le problème des libertés populaires et de la résistance à l'oppression[2]. De même encore n'était-il pas possible de parler du *Tyrannicide* sans évoquer le souvenir récent de quelques meurtres princiers qui avaient eu l'Italie pour théâtre-, et c'est en Italie qu'Erasme, pendant trois ans, allait avoir l'occasion de s'instruire de cet art de gouverner qui, plus qu'en aucun pays d'Europe, offrait des aspects divers et dramatiques.

Il allait rencontrer dans les seigneuries et les républiques d'Italie le sentiment d'une supériorité sur les peuples autrefois conquis et gouvernés par Rome, soumis d'ailleurs au magistère catholique de Rome, et qui, pour la science du gouvernement et la culture de l'esprit, semblaient à peine issus de la barbarie gothique. Mais, divisées par des rivalités économiques et par des querelles de prestige, par le besoin d'élargir des domaines toujours trop étroits, elles n'avaient jamais su reconstituer l'unité que Rome jadis imposait par la force des armes et maintint par la force des lois. À l'intérieur des Etats, la lutte des classes et des partis entretenait des haines et des rancunes prêtes à solliciter l'intervention d'un puissant voisin, ou de l'étranger, qui, au-delà des Alpes, attendait l'heure de descendre dans les plus belles plaines du monde. Rien pourtant n'égalait en intérêt historique les créations récentes de la politique italienne.

La jeune économie florentine, fondée sur l'industrie et le commerce des draps, sur la puissance internationale de la banque, déterminait l'évolution d'un régime où les humanistes croyaient retrouver le souvenir de Rome, et qui en réalité inaugurait la politique des Etats modernes. Et déjà le capitalisme grandissant investissait la république florentine dont il préparait la ruine. Cosme de Médicis, banquier dont les affaires s'étendaient à toute l'Italie, au Saint-Siège, à plusieurs pays étrangers, grand entrepreneur d'exportations, avait égalé les plus redoutables manieurs de capitaux qui aient tenté de conduire le monde moderne et contemporain. Une énorme richesse lui avait permis, simple citoyen, de diriger en maître les affaires d'une république; la puissance nouvelle du négoce et de l'industrie élevait au rang des princes cette famille de marchands et de financiers qui devait créer en Toscane un duché, bientôt grand-duché, donner deux papes à l'Eglise et deux reines à la France. Laurent le Magnifique n'avait, à Florence, introduit dans la constitution républicaine que des retouches en apparence bénignes; et pourtant il menait la vie d'un prince et pratiquement équilibrait la politique générale de l'Italie. Mais la puissance de sa famille n'avait pas semblé survivre à sa mort prématurée. Le succès de Laurent tenait à la supériorité de son talent, de son intelligence, de. sa culture. Il y avait dans son oeuvre trop d'équivoque, il subsistait contre les Médicis trop de rancunes. La république n'existait plus, ayant cessé depuis longtemps de faire oeuvre républicaine. Le gouvernement des Médicis évoluait vers une monarchie, que pourtant, prisonnier de l'esprit des lois florentines, Laurent n'avait pas osé fonder. De la sorte, ni républicain ni monarchique, désormais incapable de retourner à la forme républicaine, mais incapable de s'achever délinitivement en monarchie, le régime conservait l'aspect d'une de ces formes politiques mal définies, nécessairement instables, et que Machiavel devait tenir pour vaines et de brève durée[3]. Il suffit du mauvais gouvernement de Pierre, fils de Laurent, pour provoquer, lors de l'entrée des Français en Toscane, l'expulsion des Médicis et le rétablissement d'une République incertaine et discutée, que Savonarole pendant quatre ans réussit à constituer en cité puritaine, et qui, après sa mort tragique, donna, jusqu'au retour de la famille exilée et son rétablissement par les Espagnols en 1512, une impression de faiblesse et d'incapacité. Venise, république dominée par une aristocratie d'armateurs et de financiers, fondait la solidité de son régime sur une constitution qui mesurait exactement la part accordée aux assemblées et aux conseils dans le gouvernement de l'Etat; aristocratie inquiète des progrès et des menaces de la puissance turque en Méditerranée, inquiète de la récente découverte par les Portugais des nouvelles routes maritimes qui menaçaient son monopole du commerce des Indes; aristocratie prête à solliciter l'appui de l'étranger contre un monde d'ennemis irréconciliables avec sa politique de grandeur territoriale et d'expansion maritime. Et pourtant elle allait bientôt, dans des circonstances tragiques, tirer de ses institutions et de ses lois la force de tenir tête à une redoutable coalition. Le Saint-Siège, politique et guerrier sous Jules II, lettré, artiste en vertu d'une tradition vieille déjà de plus d'un demi-siècle, enrichi du tribut des Eglises nationales et des ressources de ses domaines agrandis où il imposait la paix romaine, soutenu par la force italienne et internationale de la banque florentine, concentrait, dans la magnificence moderne de la Rome pontificale, toute la vigueur de cette papauté nouvelle qui allait traverser les désastres de la Réforme, survivre à la défection d'un tiers de l'Europe chrétienne, imposer à la catholicité moderne l'esprit romain du concile de Trente. De leur côté, les seigneurs de l'Italie du Nord, riches de la prospérité de leurs villes et de leurs territoires, avaient mis à l'essai une forme nouvelle, étrangère à l'Occident féodal, de gouvernement centralisé, absolu, souvent implacable et cruel, parfois éclairé, à laquelle était réservé un long avenir dans le monde occidental. Mais C'étaient eux qui, avec les Aragonais de Naples, avaient le plus souffert de l'invasion, depuis longtemps provoquée par leurs intrigues au-delà des monts. Machiavel, en quelques lignes amères et méprisantes, dénonce, aux dernières pages de l'*Art de la Guerre*, leurs responsabilités:

> Les malheureux ne s'apercevaient pas qu'ils se préparaient à devenir la proie de quiconque viendrait les assaillir. De là naquirent en 1494 les grandes épouvantes, les fuites éperdues, les désastres surhumains. Les trois plus puissants Etats de l'Italie furent à plusieurs reprises saccagés et ruinés. Les autres persistent dans les mêmes erreurs et vivent dans le même désordre[4].

Bien plus que vers la politique, Erasme, esprit religieux autant qu'humaniste, était attiré vers la vie spirituelle de l'Italie. Machiavel, auquel il faut toujours recourir, allait affirmer, dans ses *Discours sur la première Décade de Tite-Live*, que les Italiens étaient devenus un peuple sans religion et sans moralité. Il ajoutait que l'Italie était plus corrompue qu'aucun autre pays, et qu'immédiatement après venaient la France et l'Espagne. Il est certain que l'Italie, à la fin du XVe siècle et au début du XVIe traversait une crise morale, que les misères, les souffrances et les brutalités de l'invasion allaient aggraver[6].

L'Italie restait le pays de la vie joyeuse. Nulle part en Europe le goût du jeu n'était plus répandu. On joue passionnément à la cour des princes, on joue dans le monde des affaires et de la bourgeoisie. La cour de Rome est l'un des lieux du monde où l'on joue le plus. Francesco Cybo, fils d'Innocent VIII, perd en deux fois, jouant avec le cardinal Riario, quatorze mille ducats, et se plaint ensuite auprès du pape que son adversaire a triché. Mais cette Italie, qui dépense allégrement ses ressources dans les fêtes d'un carnaval sans fin, est en même temps violente et tragique. La passion de la vengeance se fonde sur un devoir strict que la morale courante impose de génération en génération. Elle s'exerce jusque sur des inconnus, de façon parfois atroce. Les chroniqueurs et les nouvellistes portent témoignage de cette habitude sanglante et répandue non seulement dans les classes populaires et dans les campagnes, mais dans les milieux les plus cultivés.

On en est resté à la loi primitive du talion, et l'usage approuve et justitie ce que l'on appelle une belle vengeance, parfois longuement et patiemment attendue et méditée.

Pareillement, nul ne s'émerveille plus du désordre des moeurs, du nombre des adultères, qui provoquent parfois des assassinats, ni de la fréquence des délits contre lesquels la loi reste désarmée, d'autant plus que, l'Etat, dans les seigneuries souvent fondées et exercées par des tyrans, est né de la violence, et que les princes eux-mêmes ne reculent pas devant le crime; Machiavel, au livre du *Prince*, dissertera froidement sur l'art d'user du crime de façon judicieuse[7]. Sous Alexandre VI, le fils préféré du pape, César Borgia, use de l'assassinat pour l'accomplissement de ses projets politiques, autant que pour satisfaire ses rancunes et ses passions. Sans doute, les mœurs étaient alors violentes en tous pays; mais la criminalité en Italie semble avoir été plus forte qu'en aucun autre pays chrétien. Le caractère primitif de certaines regions éloignées, comme dans le royaume de Naples, facilitait le développement du brigandage, le pullulement des malfaiteurs, et des assassins à gages souvent payés par les princes eux-mêmes. La pratique de l'empoisonnement paraît si répandue que toute mort inattendue ou subite en provoque immédiatement le soupçon. Ce déchaînement des passions avait pour effet l'apparition d'individus effrénés dans le monde des princes, des tyrans et des condottieri. La personne humaine semblait alors se libérer de toutes les contraintes morales ou religieuses qui jusque-là l'avaient retenue.

Les contemporains et Machiavel lui-même expliquent cette déchéance morale par l'affaiblissement du christianisme en Italie; ils dénoncent les responsabilités de l'Eglise romaine[8]. Il apparaît en effet que l'Italie était alors un pays où l'idéal chrétien semblait s'obscurcir. La cour de Rome et les chefs de l'Eglise catholique étaient tombés dans un discrédit que les papes, élevant aux plus hautes dignités des incapables, des indignes, ou même des enfants, semblaient avoir créé à plaisir, et qu'ils entretenaient par le désordre d'une vie scandaleuse, et par la brutalité cauteleuse d'une politique de rapine qui usait d'armes sacrées. Au discrédit des chefs de la hiérarchie catholique répondait le discrédit du personnel inférieur, et d'abord du clergé régulier. Le mépris des moines, généralement répandu en Europe, apparaît en Italie comme un fait constant. Il s'attaque particulièrement aux ordres mendiants; toute la littérature contemporaine, soit en latin, soit en langue vulgaire en est remplie; on déteste particulièrement les dominicains, en raison du rôle que, pendant plusieurs siècles, ils ont joué comme inquisiteurs d'autant plus que désormais le Saint Office, devenu pratiquement impuissant, n'ose plus guère prononcer de sentences capitales. Moins haïs, mais plus méprisés, les franciscains; depuis le début du XIVe siècle, des querelles intérieures n'ont cessé de déchirer et d'affaiblir leur ordre, accusé d'attirer aumônes et donations en colportant de faux miracles et de fausses reliques. Ce mépris est partagé par les prélats, cultivés ou non, de la cour de Rome, par les papes eux-mêmes, obligés de considérer le crédit et l'influence que les ordres mendiants conservent auprès de la plèbe ignorante; si bien qu'Erasme lui-même écrira un jour que les papes ont peur des moines[9]. Quant au clergé séculier, il ne valait ni plus ni moins en Italie qu'ailleurs, et l'opinion ne le ménageait pas davantage. La décadence évidente de l'Eglise et l'affaiblissement moral du clergé ne diminuaient pas dans la masse de la population italienne, le respect des usages religieux, des rites et des pratiques. La doctrine catholique du sacerdoce indélébile, en vertu de laquelle les sacrements conférés par le prêtre le plus indigne ne perdent rien de leur caractère sacré, permettait, tout en méprisant le prêtre, de recevoir par son intermédiaire les grâces de l'Eglise. Mais l'insuffisance de l'enseignement religieux et moral distribué par le clergé, donnait au catholicisme italien un caractère de plus en plus formaliste. La pratique religieuse n'empêchait à peu près aucun délit. Les populations parmi lesquelles le banditisme et le brigandage semblaient devenir habituels, gardaient inébranlable leur foi chrétienne. Au contraire, elles observaient avec sévérité les pratiques extérieures du catholicisme, les jeûnes, les abstinences du Carême. En Italie plus qu'ailleurs survivaient des traces de paganisme, qui se manifestaient de façon particulière dans le culte des saints locaux, dans la vénération de certains lieux considérés comme sacrés depuis l'antiquité la plus haute. Certaines des croyances les plus solidement enracinée du peuple italien étaient précisément celles qui provenaient de ces origines lointaines. A ces superstitions s'ajoutait le culte des reliques, chrétien par ses origines et par son esprit, mais défiguré par des usages de caractère païen. Ce culte, répandu à travers toute l'Europe, atteignait en Italie son plus large développement. Il était encouragé par les autorités gouvernementales. La république de Venise, malgré son extrême liberté d'esprit, manifeste officiellement sa ferveur pour les reliques des saints. A Milan, la dévotion populaire s'attache particulièrement à certaines reliques; les corps des martyrs saint Gervais et saint Protais, conservés dans la basilique de Saint-Ambroise, versent du sang à l'anniversaire de leur martyre. On conserve à la cathédrale de Naples le sang de saint Janvier, qui, à certaines fêtes, entre en ébullition, et l'on tire des présages de la façon dont le miracle s'accomplit. Ces reliques ont naturellement la vertu d'opérer des guérisons surnaturelles. Tout cela donnait lieu à beaucoup d'impostures; et l'esprit moqueur des Florentins ne prenait pas toujours ce culte au sérieux; Boccace et les conteurs avaient souvent accusé les franciscains d'imposer à la vénération des foules les reliques les moins vénérables[10].

La faiblesse de la vie religieuse entraînait par contrecoup le développement des superstitions les plus diverses. Dans les masses populaires elles prenaient surtout la forme de la sorcellerie; c'est-à-dire de pratiques mystérieuses fondées sur la croyance à la fois antique et chrétienne de démons malfaisants dont il était possible de capter, à l'aide de formules magiques, l'intervention. Dans la seconde moitié du XVe siècle, la sorcellerie sévissait en Allemagne comme une véritable épidémie et les populations vivaient sous la terreur de puissances maléfiques; les Pays-Bas, la France, l'Italie avaient subi cette contagion; en 1492, par la bulle «Summis desiderantes affectibus», le pape Innocent VIII organisait une répression terrible de la sorcellerie, qui en Italie avait envahi certains diocèses de Lombardie, particulièrement dans les régions alpestres, quelques grandes villes comme Milan ou Bologne, une partie de l'Ombrie et du royaume de Naples. Les classes supérieures de la population accordaient plus volontiers leur confiance à la magie qui, au moyen d'incantatiôfis et de formules compliquées, sollicitait l'intervention d'esprits célestes et bienfaisants; quelques hommes de la plus haute culture, comme Marsile Ficin, admettaient ces pratiques et les fondaient sur une philosophie religieuse de la nature. Enfin, différente de la sorcellerie et de la magie, la divination se pratiquait sous les formes les plus diverses, qui le plus souvent remontaient à l'antiquité païenne: nécromancie, c'est-à-dire évocation des âmes des morts, contraintes à prédire l'avenir; astrologie, science compliquée, venue de l'antique Chaldée, par l'intermédiaire de l'Orient méditerranéen et de Rome où avaient conflué toutes les doctrines, toutes les croyances et toutes les superstitions. Les sciences occultes, fondées sur la magie et l'astrologie, à la différence de la sorcellerie, dont le caractère demeurait plébéien, obtenaient un large crédit jusque dans le monde des humanistes. La croyance à la magie chez certains, curieux de doctrines orientales, se manifestait sous la forme d'une adhésion savante à la Kabbale; science secrète qui s'était développée dans le monde juif au XIIIe siècle, en Espagne, en Italie, dans la France méridionale. Elle se composait de deux éléments essentiels: d'une part, spéculations philosophiques sur les origines du monde et les hiérarchies des esprits, et qui, fondées sur une exégèse symbolique et mystique de l'Ancien Testament, se rattachaient au néo-platonisme alexandrin et au messianisme juif; d'autre part, spéculations sur le sens mystérieux de l'alphabet hébraïque; elles alimentaient toute une magie dont l'essentiel était constitué par des formules auxquelles on attribuait une puissance occulte et redoutable. Si la magie kabbalistique se réservait à quelques initiés, ce qu'on peut appeler la magie savante, héritée de l'antiquité orientale et romaine, conservait de nombreux fidèles à la cour des princes et notamment à la cour des papes. Il en existait une pratique officielle, admise par les républiques, les gouvernements princiers, admise même par le Saint-Siège. La construction des murailles d'une ville, d'un palais princier ou communal s'accompagnait souvent de certains rites magiques; c'est ainsi que le pape Paul II faisait enfouir des médailles d'or et d'argent dans les fondations du palais de Venise[11].

De même dans les milieux cultivés, s'exerçaient les arts divinatoires. Si l'on rejette la nécromancie vulgaire, on croit à l'astrologie. Depuis le XIIIe siècle, elle tenait une place importante, dans l'existence des Etats. On trouve souvent aux Universités italiennes des chaires d'astrologie à côté des chaires de physique et d'astronomie. On enseigne l'astrologie aux Universités de Bologne, de Padoue; on l'enseignera sous Léon X à l'Université de Rome. L'astrologie est devenue une science complexe, qui, en l'absence d'une théorie exacte du monde, pouvait se réclamer de quelques hypothèses plus ou moins vraisemblables. Sur cette science se fondait tout un art complexe. On établit l'horoscope des fils de grande famille; on interroge les astres, lorsqu'on doit prendre une décision importante; sur les voyages des princes, les réceptions d'ambassadeurs étrangers, et plus particulièrement les résolutions relatives à la guerre ou à la paix, on consulte les astrologues. De même dans toute circonstance politique où des intérêts graves sont en jeu, on les interroge. Princes et républiques les prennent à leur solde. Cosme l'Ancien fait grand cas de leur savoir; diverses fresques du XVe siècle, notamment à Ferrare, sont consacrées à l'astrologie. Parmi les savants, l'opinion est partagée. Le chef de l'école humaniste napolitaine à la fin du XVe siècle, Giovanni Pontano, écrit un traité *De rebus caelestibus*. Le chef de l'humanisme platonicien à Florence, Marsile Ficin, croit à l'astrologie et la fait entrer dans son système métaphysique. Il établit lui-même l'horoscope de Jean de Médicis, fils de Laurent; et on assura par la suite qu'il aurait ainsi pronostiqué le pontificat de Léon X. Seul parmi les grands humanistes italiens, Pic de la Mirandole combat les astrologues et contre eux écrit un traité. Mais en revanche, il croit à la magie, à la Kabbale, dont il incorpore certaines spéculations à sa métaphysique platonicienne, orientale et chrétienne[12].

III

L'Italie du début du XVIe siècle est le pays de tous les contrastes. Malgré la dégradation du catholicisme, malgré la corruption des mœurs, le goût de la violence, le progrès des superstitions populaires ou savantes, la vie religieuse conserve encore dans tous les milieux sa vigueur et son intensité. Lorsque Machiavel écrivit que les Italiens étaient désormais un peuple sans religion, il s'exprimait en historien passionné, en homme de parti; il ne retenait qu'un des aspects du conflit où s'opposaient en effet une démoralisation profonde et les germes inépuisés de la vie religieuse.

La persistance active du sentiment chrétien se manifeste dans la région qui est le foyer le plus intense de la civilisation italienne: en Toscane, à Florence sous Cosme et sous Laurent, qui pourtant, dans le gouvernement des hommes, n'ont jamais suivi que le calcul le plus positif de leur avantage temporel, et n'ont jamais guidé leur conduite selon d'autres principes que la raison d'Etat, assimilée aux intérêts et aux ambitions d'une famille.

On connaît assez bien la bourgeoisie florentine par des textes contemporains: lettres, livres de raison, mémoires, commentaires, journaux tenus quotidiennement; documents très nombreux pour la fin du XVe siècle et le début du XVIe. On rencontre souvent dans la haute bourgeoisie des hommes mêlés aux grandes affaires de négoce et d'industrie, à l'administration et au gouvernement de la Commune, chez qui la haute culture de l'esprit s'allie à la gravité des mœurs et à la profondeur du sentiment religieux. Il suffira de citer Giovanni Rucellai qui a pu acquérir une grande fortune dans le commerce florentin; c'est à ses frais que Léon Battista Alberti a reconstruit entre 1456 et 1470, la façade de la grande Eglise dominicaine de Sainte-Marie Nouvelle. Vers la fin de sa vie, il rédige ses *Mémoires*, qui nous aident à pénétrer dans l'intimité d'une noble famille florentine.

> Je rends grâces à Dieu, écrit-il, qui m'a fait naître dans un pays où règne en maîtresse la véritable religion, près de Rome, centre de cette religion, en Italie, de toutes les parties du monde chrétien, la plus noble et la plus élevée en dignité, dans cette ville de Florence, la plus belle non seulement de la chrétienté, mais de l'univers. Je lui rends grâces de ce qu'il m'a fait vivre à une époque que l'on juge la plus heureuse pour la ville de Florence. Parvenu à la vieillesse, je repasse dans mon esprit ses faveurs et ses bienfaits sans nombre: je me détache de tous les intérêts de la terre pour vous louer seul, mon Dieu, source unique de la vie[13].

Cette gravité de pensée est entretenue dans les familles par une éducation qui reste religieuse, et la pratique, qui demeure régulière, de la vie catholique. L'attachement aux leçons et aux pratiques de l'Eglise nous est attesté par d'innombrables donations, par les travaux commandés aux artistes, architectes, sculpteurs et peintres: chapelles reconstruites ou décorées, statues de saints, tabernacles, chaires ornées de bas-reliefs, fresques ou tableaux d'autels. Le spectacle qu'offre Florence pourrait se retrouver dans la plupart des villes d'Italie.

Dans les classes populaires la vie religieuse se manifeste par la multiplication des confréries. Le but immédiat en est tout matériel; mais la religion tient une place importante dans leurs statuts. Chaque corps de métier a son église ou du moins sa chapelle et vénère traditionnellement un saint protecteur. Le règlement de la corporation oblige ses membres à observer leurs devoirs religieux. A Rome, tout l'ensemble des corporations prend part, le 14 août, à une vaste procession de Saint-Jean de Latran à Sainte-Marie Majeure. En marge des corporations vivent les confréries qui recherchent le perfectionnement moral et religieux de leurs membres par l'exercice des oeuvres pieuses et charitables. Pas de ville ou de bourg qui ne possède quelque confrérie; à Florence, la Miséricorde, qui date du XIIIe siècle, existe encore aujourd'hui; ses statuts obligent les membres à l'assistance des malades et aux sept oeuvres de miséricorde que le sculpteur Giovanni della Robbia représentait alors dans la frise de terre cuite qui orne la façade de l'hôpital de Pistoia. Florence et Rome sont, de toutes les villes d'Italie, celles où les confréries se sont multipliées. A Rome, la plus illustre, également pieuse et charitable, est celle du Gonfalone, qui, née au XIIIe siècle, reçut ce nom sous Innocent VIII. Les confréries ne sont pas moins nombreuses à Sienne, à Pérouse, à Venise. Les plus riches, à Venise, construisent des «écoles», lieux de réunions pieuses, de prières en commun, foyers d'enseignement et de discussion.

L'école de Saint-Marc est reconstruite entre 1488 et 1490 sur la place Saint-Jean et Saint-Paul; l'école de Saint-Roch sera reconstruite après 1517, et recevra entre 1580 et 1589 une décoration due au génie du Tintoret[14].

C'est grâce à ces confréries que se maintiennent la poésie religieuse et le théâtre religieux. Ils ont depuis longtemps cessé d'être uniquement populaires, car les auteurs de ces cantiques ou de ces drames qui évoquent la Passion du Christ ou les martyres des saints appartenaient souvent au monde des écrivains de profession ou des humanistes; Laurent le Magnifique lui-même a composé des mystères.

Ainsi continuent d'agir sur la société italienne de très fortes influences religieuses. Elles se font sentir jusque dans l'épiscopat envahi par l'esprit mondain, jusque dans les ordres religieux les plus dégradés. Comme aux autres pays de l'Europe occidentale, l'Eglise prend conscience de son abaissement; elle tente parfois de se réformer. On voit apparaître quelques prélats qui travaillent à restaurer la vie, religieuse dans leur clergé. De même, malgré la décadence et le discrédit des moines, la restauration des ordres était commencée en Italie; elle ne devait pas aboutir avant le concile de Trente et la seconde moitié du XVIe siècle. Pourtant il s'était accompli une réforme des Carmes; le centre en était cette congrégation de Mantoue d'où était sorti Battista Spagnuoli, le Virgile chrétien autrefois admiré d'Erasme et de Corneille Gérard. L'ordre franciscain restait déchiré par la querelle des spirituels et des relâchés, que l'on appelait maintenant les Observants et les Conventuels; tous les efforts tentés pour une réconciliation avaient échoué; mais les Observants s'efforçaient de pratiquer exactement le pur idéal de la pauvreté franciscaine. La congrégation nouvelle des Minimes était née en Calabre et déjà possédait quelques couvents dans le royaume de France, en Touraine, et aux portes de Paris, sur la colline de Chaillot; François de Paule ne devait mourir qu'en 1508. Dans l'ordre dominicain, où Thomas de Vio, déjà illustre sous le nom de Caïétan, renouvelait l'enseignement du thomisme, étaient nées la congrégation lombarde et la congrégation toscane dirigée par le couvent florentin de Saint-Marc. On voyait survivre ainsi dans l'Eglise italienne, malgré une grave décadence, l'esprit d'ascétisme chrétien.

C'est des congrégations réformées que sortaient ces prédicateurs de pénitence qui annonçaient de ville en ville la colère divine, et malgré les moqueries traditionnelles, en dépit des conteurs et des humanistes, terrifiaient les foules et soulevaient leur enthousiasme. Ils maudissaient les vices de la société italienne, le luxe, l'usure, les moeurs relâchées, la passion de la vengeance; ils obtenaient parfois des conversions ou des réconciliations surprenantes. A côté de ces prédicateurs venus des ordres, le plus souvent de l'observance franciscaine, et que la foule vénérait comme des saints et des prophètes, vivait une classe hybride d'hommes qui n'étaient ni des moines ni des prêtres, mais avaient renoncé au monde et portaient le nom d'ermites. Sans aucune mission officielle, ils sortaient du désert et parlaient aux peuples. Lefèvre d'Etaples vit passer à Bologne, dans l'hiver de 1491-1492, un de ces ascètes; vingt ans plus tard dans son commentaire de saint Paul, il évoquait cette image lointaine: vêtu d'un sac, nu-tête et toujours pieds nus, il portait une ceinture de jonc; il tenait en main une croix de bois; il s'imposait les plus dures abstinences; il prêchait la pénitence et la conversion[15].

Ces moines, ces ermites, se multipliaient à Rome, à Bologne, à Milan, depuis la crise terrible qu'avait ouverte en Italie la première descente des armées françaises avec Charles VIII. On leur attribuait les dons du miracle et de la prophétie. Pendant les trois derniers siècles, toute une école importante dans l'histoire spirituelle du pays conservait le message transmis sous le nom d'un solitaire calabrais, mort en 1202, Joachim de Flore. Dante, au XIIe chant du *Paradis*, vénère sa mémoire et admet la véracité de ses révélations[16]. Amplifiées, plus émouvantes, plus dramatiques, ces espérances avaient soutenu le schisme des Franciscains spirituels qui entendaient conserver, intacte, dans toute sa rigueur, la discipline d'Assise. Ils attendaient la rénovation de l'Eglise et du monde par le véritable esprit du Christ; seuls ces héritiers de la tradition monastique la plus austère étaient capable de le comprendre, et dignes de le défendre à la face d'un monde corrompu. Les Spirituels n'avaient pas épargné l'Eglise déchue et pervertie, ni les pontifes simoniaques et prévaricateurs. Ils avaient annoncé le châtiment de Rome et du pape, le triomphe de la justice divine, et le règne des saints jusqu'à la fin des temps. Ces espérances apocalyptiques, violemment combattues par l'Eglise officielle, subsistaient vivaces au XVe siècle, et les désastres de l'invasion leur communiquaient une nouvelle vigueur. Les prédicateurs étaient conduits par la véhémence même de leur parole à prophétiser; les foules leur demandaient, avec des miracles, la promesse de temps meilleurs. Ils se trouvaient facilement entraînés à décrire, en un langage tragique, les calamités qui devaient, au nom de la vengeance divine, renouveler et guérir le monde chrétien.

Jérôme Savonarole, malgré sa culture théologique, son adhésion au thomisme, sa pratique traditionnelle de l'exégèse biblique, se fût aisément accordé avec l'esprit qui soutenait les prédicateurs de pénitence, et qui avait animé Dante lui-même, quand au spectacle du monde chrétien abandonné par l'empereur et trahi par le pape, il écrivit, aux derniers chants du *Purgatoire*, son apocalypse. Chez le Dominicain de Saint-Marc, ainsi que chez les grands mystiques, l'exaltation de la vie contemplative renforçait infiniment l'aptitude à l'action. Maître de Florence par la puissance de sa parole, les sermons qu'il prononçait au Dôme avaient eu bientôt pour thème essentiel la réforme morale et religieuse d'une cité redevenue chrétienne, par où devait commencer la réforme morale et religieuse de l'Italie. Mais la décadence des vertus chrétiennes n'était qu'un effet de la décadence des anciennes vertus communales savamment dégradées par un despotisme qui n'osait s'avouer. La politique de Laurent, comme celle de Cosme, assurait aux Florentins une vie facile et joyeuse, les subsistances à bon marché, et les fêtes, où ils oubliaient la perte des libertés publiques. Les prédicateurs populaires n'avaient jamais beaucoup ménagé les gouvernements; Savonarole risquait de claires allusions à la tyrannie corruptrice. Deux ans après la mort de Laurent, dans le tumulte de l'invasion française, les Médicis étaient renversés et Savonarole devenait à Florence le chef d'une république puritaine qui proclamait le Christ pour son roi.

L'idéal de Savonarole était, sinon une théocratie, du moins la collaboration étroite des chefs d'une république démocratique avec les chefs d'une Eglise véritablement réformée, revenue à la pureté primitive de ses institutions et de sa doctrine. Cette Eglise purifiée, c'était lui qui, de plus en plus, avait conscience de la représenter et de parler en son nom. Au fond, l'idéal de Savonarole était déjà celui que Calvin put réaliser à Genève: une cité gouvernée selon ses institutions républicaines par des magistrats républicains, issus du peuple; magistrats qui, sans cesse, reçoivent les conseils et agissent selon l'esprit de l'homme, qui, de l'aveu du peuple, parle au nom de l'Evangile et de la vérité.

Toutefois, pour tenir à Florence le rôle que Calvin devait remplir un demi-siècle plus tard à Genève, il manquait à Savonarole trop des qualités qui appartinrent à Calvin. Ni par la vigueur ni par la culture de l'esprit, il n'était son égal. Sa culture intellectuelle restait monacale et scolastique, il ne connaissait et ne voulait connaître que saint Thomas et les mystiques; il se méfiait de la culture antique, de la philosophie antique, des lettres païennes, de tout ce savoir gréco-latin que les humanistes avaient ressuscité, et qu'au contraire il jugeait malfaisant et damnable. Son intelligence restait étroite, fermée à tout ce qui ne servait pas à la restauration de la foi ou des moeurs. D'autre part il n'avait pas l'énergie implacable de Calvin; il était plutôt un homme de vie intérieure qu'un révolutionnaire. Ce qui le soutenait dans son oeuvre, c'était non pas comme chez Calvin une décision longuement méditée et mûrie, mais un enthousiasme alimenté par la lecture des prophètes et de l'Apocalypse; c'étaient ses extases, ses visions prophétiques qui parfois, devant tout le peuple, le saisissaient en chaire et l'animaient d'une exaltation qui se communiquait à qon auditoire. Mais il y a loin, de cette passion douloureuse et désordonnée, à la froide et impérieuse logique de Calvin.

Cet enthousiasme populaire ne pouvait assurer à Savonarole qu'un bref triomphe. Le 7 février 1497 eut lieu ce que l'on appela le «brûlement des vanités». Certains prédicateurs avaient pris l'habitude, lorsqu'ils parlaient contre le luxe, de brûler en grande pompe, après leur dernier sermon, cartes à jouer, masques, instruments de musique, vêtements de luxe, objets d'art. Savonarole suivit l'exemple de saint Bernardin de Sienne. On éleva sur la place de la Seigneurie un vaste bûcher; des masques de carnaval, des articles de toilette, des instruments de musique, des livres latins et italiens, le *Décaméron* de Boccace, le *Canzoniere* de Pétrarque, le *Morgante maggiore* de Pulci, des portraits féminins furent brûlés en présence des magistrats, au son des cantiques, des cloches et des trompettes. La population était tenue sous un régime de contrainte, de surveillance policière et de délation. Mais le régime était menacé par l'hostilité du parti médicéen, par l'indifférence des républicains qui avaient désiré la restauration de la République, mais non pas la réforme puritaine de la cité. Savonarole fut perdu quand il entra directement un conflit avec Alexandre VI, réclama devant l'Europe chrétienne le concile général et la déposition d'un pape indigne, sollicita contre lui l'action du roi de France et des princes chrétiens. De tels propos engageaient Florence dans une lutte dangereuse avec le Saint-Siège. Pour défendre son prestige et son autorité, Savonarole ne disposait pas des armes que Calvin devait un jour trouver à Genève. Chef de sa propre Eglise, il gouvernait en maître une cité qui s'était libérée de Rome. Savonarole, bien qu'en lutte avec Alexandre VI, invoquait en vain contre lui l'autorité de l'Eglise universelle. Il restait un prêtre de cette Eglise, un moine soumis aux chefs de son ordre; l'autorité du Saint-Siège, reconnue par le gouvernement florentin, par les gouvernements de l'Europe catholique, restait assez forte pour le briser. Calvin, à Genève, allait disposer contre ses adversaires d'une discipline d'excommunication qu'il avait empruntée à la tradition romaine; Savonarole devant Florence et devant les Etats italiens, ne pouvait longuement tenir tête à l'excommunication pontificale. C'est pourquoi, le 23 mai 1498, il succomba dans la lutte inégale où il s'était engagé pour imposer à Florence un idéal mortifié et pour soulever contre Alexandre VI la conscience d'un monde que le désordre romain n'émouvait plus. L'expérience et la tentative de Savonarole précèdent et annoncent celles de Calvin; sa rupture avec Alexandre VI précède et annonce la rupture de Luther avec Léon X. Pourtant, à l'étranger, le souvenir de ces événements mal connus et mal compris ne tarda guère à se perdre, sauf dans quelques couvents dominicains où l'on conserva, notamment en Espagne, le culte de Savonarol[17]. Mais Erasme, en 1521, l'année même de la diète de Worms, citait par un étrange contre-sens, la révolte de Savonarole comme un exemple de l'audace où pouvaient se porter ces moines mendiants qu'il détestait. A Florence même, les Piagnoni vaincus gardaient sa mémoire et sa tradition. En dehors du parti dispersé, certains, et non des moindres, puisqu'il s'agit de quelques grands artistes, Botticelli, Fra Bartolomeo, Michel-Ange, sentirent la grandeur de l'idéal de réforme auquel il avait sacrifié sa vie. Sa pensée devait renaître, en plein XIXe siècle, dans certains milieux catholiques de Toscane. D'autre part, de la lutte inégale où Savonarole avait péri et de la condamnation inique dictée par un pape simoniaque, il devait rester une méfiance et un mépris accrus à l'égard du Saint-Siège, plus vivaces à Florence qu'en aucune autre ville de l'Italie, et qui allaient s'exprimer en formules implacables dans l'oeuvre de deux écrivains florentins, les plus étrangers pourtant à l'esprit de Savonarole, et qui furent Machiavel et Guichardin.

NOTES

1 MACHIAVEL, **36**, I, *Il Principe*, XII, p. 39: Onde che a Carlo re di Francia fu licito pigliare la Italia col gesso.
2 Voir p. 32-33.

3 MACHIAVEL, **36**, II, *Discorso sopra il riformare lo stato di Firenze a instanza di Papa Leone*, p. 531: Tutte le altre cose sono vane e di brevissima vita.

4 *Ibid.*, I, , VII, p. 619: Ne si accorgevano i meschini che si preparavano ad essere preda di qualunque gli assaltava. Di quì nacquero poi nel mille quattrocento novantaquattro i grandi spaventi, le subite fughe e le miracolose perdite; e così tre potentissimi stati che erano in Italia sono stati più volte saccheggiati e guasti. Ma quello che è peggio è che quegli che ci restano stanne nel medesimo errore e vivono nel rnedesiino disordine...

5 *Ibid.*, I, *Discorsi sopra la prima Deca di Tito Livio*, I, XII, p. 130: ... essere diventati senza religione e cattivi.

6 Sur le désordre moral et religieux de l'Italie au début du XVIe siècle, se reporter aux ouvrages classiques de BURCKHARDT, **37**, de VILLARI, **38**, et à AUBENAS-RICARD, **49**.

7 MACHIAVEL, **36**, I, *Il Principe*, VIII, De his qui per scelera ad principatum pervenere, p. 27-31.

8 *Ibid.*, I, *Discorsi sopra la prima Deca di Tito Livio*, I, XII, p. 130: Per gli esempli rei di quella corte questa provincia ha perduto ogni divozione e ogni religione; il che si tira dietro infiniti inconvenienti e infiniti disordini... Abbiamo adunque con la Chiesa e con i preti noi Italiani questo primo obligo; di essere diventati sanza religions e cattivi.

9 AUBENAS-RICARD, **49**, p. 275-278; ALLEN, **6**, IV, 1033 à Albert de Brandebourg, Louvain, 19 octobre 1519, l. 122-124: ... tamen eo potentiae ac multitudinis euadunt ut ipsi Romano Pontifici atque ipsis regibus sint formidabiles.

10 AUBENAS-RICARD, **49**, p. 313-318; 330-337. Il sera toujours utile de se rapporter à BURCKHARDT, **37**, VI.

11 AUBENAS-RICARD, **49**, p. 376-383; BURCKHARDT, **37**, VI; FEBVRE, **47**, Occultisme et religion, 2e partie, l. II, ch. IV, p. 458-490; ANAGNINE, **45**, ch. III: Influence ebraiche —Cabala cristiana, p. 75-202.

12 Voir note précédente. ANAGNINE, **45**, p. 240-247.

13 Pour les livres d'oraison, les souvenirs, les testaments florentins de la fin du XVe s., voir AUBENAS-RICARD, **49**, p. 312, n° 1, 5 et 9; p. 320-321. Ludwig VON PASTOR, *Storia dei papi nel Rinascimento, dall'elezione d'Innocenzo VIII alla morte di Gulio II*, trad. di Angelo Mercati, Roma 1912, Introduzione, Condizioni e vicende morali e religiose d'Italia nel periodo del Rinascimento, p. 1-165.

14 AUBENAS-RICARD, **49**, p. 322, n° 1. Ludwig VON PASTOR, *Storia dei papi nel Rinascimento, dall'elezione d'Innocenzo VIII alla morte di Gulio II*, trad. di Angelo Mercati, Roma 1912, Introduzione, Condizioni e vicende morali e religiose d'Italia nel periodo del Rinascimento, p. 1-165.

15 AUBENAS-RICARD, **49**, l. II, ch. IV: Le clergé régulier et ses tentatives de réforme, p. 275-311; ch. V: Le clergé régulier et la vie religieuse populaire, p. 313-317; RENAUDET, **63**, p. 136, n° 3. Ludwig VON PASTOR, *Storia dei papi nel Rinascimento, dall'elezione d'Innocenzo VIII alla morte di Gulio II*, trad. di Angelo Mercati, Roma 1912, Introduzione,

Condizioni e vicende morali e religiose d'Italia nel periodo del Rinascimento, p. 1-165.

[16] *Paradis*, XII, p. 140-141: Il calavrese abate Giovacchino, di spirito profetico dotato.

[17] BATAILLON, **21**, p. 8, et 53; *Sur la diffusion des oeuvres de Savonarole en Espagne et au Portugal (1500-1560)*, dans *Mélanges de Philologie, d'Histoire et de Littérature, offerts à M. Joseph Vianey*, Paris, 1934, p. 93-103. —ALLEN, **6**, IV, Ep. 1033, à Albert de Brandebourg, Louvain, 19 octobre 1519, l. 249-250; Ep. 1173, à François Cranevelt, Louvain, 18 décembre 1520, l. 130-131; Ep. 1196, à Vincent Dircks, Louvain, Mars 1521, l. 236-237.

III - L'ITALIE EN 1506. MESURE DE L'INCRÉDULITÉ

Ainsi la religion conservait en Italie des prises plus fortes encore qu'ailleurs sur la vie privée et publique. Et cependant l'esprit italien avait depuis plusieurs siècles acquis une maturité qui pouvait assurer le développement et la vigueur d'une incroyance résolue et systématique.

I

Dante est, pour la fin du Moyen Age, le grand témoin de ces troubles de la conscience chrétienne. Au sixième cercle de l'Enfer, les hérétiques et les mécréants brûlent éternellement emprisonnés dans des sarcophages de pierre, qui rappellent au poète les Aliscans d'Arles et les tombes romaines de Pola. Près des chrétiens révoltés contre Rome, et dont le nombre dépasse tout calcul, plus de mille épicuriens, négateurs de l'âme immortelle, attendent le jugement dernier; alors le couvercle des sépulcres s'abaissera, murant à jamais leur tourment. Déjà l'auteur du *Convivio* avait déploré le succès de doctrines absurdes et bestiales, qui dégradaient la vie individuelle et collective. Elles trouvaient des partisans dans la plus haute société de Florence et des villes italiennes. Benvenuto d'Imola, commentant la *Comédie*, compte plus de cent mille épicuriens venus d'illustres familles, «uomini magnifici». Dante a reconnu, dans leurs tombes embrasées, Farinata degli Uberti, un des chefs du parti gibelin à Florence; Cavalcante de' Cavalcanti dont Boccace écrivit qu'il avait été éloquent et gracieux cavalier, et que son fils Guido, poète et ami de Dante, avait par la ville le renom de chercher à force d'études la preuve que Dieu n'existe pas. Ottaviano Ubaldini, évêque de Bologne, et cardinal de l'Eglise romaine, aurait un jour laissé échapper cet aveu sans illusion : «Si l'âme existe, je l'ai perdue au service des gibelins.» L'empereur Frédéric II, logicien, savant, grand clerc et digne de tout honneur, représente parmi les mécréants illustres la plus haute noblesse humaine[1].

Lorsque les épicuriens essaient de formuler systématiquement leur négation, ils font avec un sûr instinct appel de la révélation judéo-chrétienne au rationalisme hellénique; ils invoquent la seule doctrine scientifique et rationaliste alors connue des hommes, l'aristotélisme. Ils disent adhérer à l'averroïsme, qui fondait sur la stricte doctrine de la *Métaphysique* aristotélicienne l'affirmation de l'éternité du monde et de l'unité de l'intellect actif. Ils aboutissaient ainsi à nier les deux dogmes chrétiens de la création et de l'immortalité individuelle: Siger de Brabant avait, devant l'Université de Paris, enseigné cette philosophie positive, et peut-être l'avait amendée au moyen d'un acte de foi religieuse[2]; mais beaucoup de maîtres et de docteurs s'épargnaient cette peine; ils n'hésitaient pas à confesser que la théologie repose sur des fables et que seuls les philosophes ont compris la nature et le secret de l'univers. Les averroïstes transalpins s'en déclaraient convaincus.

Au contact des croyances et des révélations différentes, naissait alors, dans l'Italie méridionale, l'idée philosophique des religions comparées. On avait vu en Egypte un Saladin égaler et surpasser, en vaillance et en vertus, les barons chrétiens. Dante, qui le comptait parmi les princes qui ont pratiqué la libéralité, le rencontra dans les Limbes au Château de la Noblesse humaine parmi ses pairs, les grands hommes et les héros de l'antiquité classique. Certains purent admettre que les croyances des chrétiens, des juifs et des musulmans offraient trois versions, appropriées aux trois grandes familles humaines, d'une inconnaissable vérité. Ainsi fut rédigé, vers la fin du XIIIe siècle, le beau conte des trois anneaux. Le père de trois fils également aimés, ne sachant auquel léguer un anneau de prix merveilleux, en fit exécuter deux autres si parfaitement semblables au premier, que seul il savait le discerner. «Il en va pareillement, conclut le narrateur, des trois religions. Le père qui est au ciel connaît la meilleure, et chacun des trois fils, c'est-à-dire nous autres, croit avoir la bonne»[2bis]. Mais chez les esprits portés à la négation violente, ennemis du christianisme et de toute religion révélée, le mythe des trois anneaux s'effaçait devant le mythe blasphématoire des trois imposteurs. Ainsi, dès le XIIIe siècle, se développe en Italie une incroyance raisonnée et systématique. Elle affirme l'impossibilité de concilier le dogme chrétien avec une théorie scientifique et rationnelle du monde. Elle allègue la notion philosophique d'une correspondance nécessaire entre la variété des familles humaines et la diversité de leurs croyances.

La naissance, au XIVe siècle, d'une physique moderne, hardiment créée par les ockhamistes parisiens qui, sur la critique de la connaissance, fondaient leur agnosticisme métaphysique, fit apparaître que, trop strictement fidèle à la lettre d'Aristote, l'averroïsme désormais dépassé ne pouvait compter comme doctrine d'avenir. Mais les logiciens ockhamistes s'inclinaient devant l'autorité du dogme et lui conservaient une foi inébranlée; et d'autre part, la hardiesse négative des averroïstes se trouvait gravement infirmée par la timidité de leur superstition aristotélicienne, leur ignorance de la recherche nouvelle et du calcul nouveau. A certains propos authentiquement voltairiens de Jean de Jandun, il manqua d'être nourris, soutenus et renforcés par la substance d'une science moderne[3].

Pourtant et malgré la pauvreté réelle de ses doctrines, l'école averroïste, à Bologne d'abord, puis à Padoue, allait dominer jusqu'en plein XVIIe siècle, jusqu'à la mort de Cremonini en 1631, jusqu'aux découvertes et aux exposés théoriques de Galilée, l'enseignement des Universités dans l'Italie du Nord. A Paris, les physiciens ockhamistes n'avaient pas longtemps continué un effort que paralysait l'insuffisance de l'outillage scientifique, l'ignorance des méthodes d'expérimentation. Et tandis que l'école s'enfermait dans l'étude la plus stérile de la logique formelle, les averroïstes donnaient du moins l'impression de ne pas abandonner sans combat la recherche des causes premières et la discussion des plus hauts problèmes de la métaphysique. Cependant Pétrarque rénovait la connaissance du classicisme antique avec tant d'enthousiasme, qu'il put apparaître comme le fondateur et l'initiateur de l'humanisme moderne. L'Occident refaisait sa rhétorique sous la conduite des Anciens. Mais l'école nouvelle ne sut jamais se donner une philosophie originale. Pétrarque, âme tourmentée, poète et artiste sensible à toutes les formes du beau, et dont le rôle dans l'histoire de l'esprit humain fut de démontrer aux modernes, avec insistance et une conviction passionnée, le génie du paganisme, et de leur rapprendre ce qu'avait été le citoyen formé par la culture antique, restait pourtant un chrétien ami de la vie solitaire, et qui ne reculait pas devant certaines pratiques d'ascèse. Mais le même indiscernable mélange d'affectation et de sincérité que Maurice Barrès nota dans la personne et l'œuvre de Chateaubriand, ne permettait pas toujours à Pétrarque de voir bien clair en lui-même[4]. La vie religieuse a été pour lui avant tout un moyen de cultiver son moi et de le discipliner selon le style qu'il avait choisi. Faible penseur, il se contentait en philosophie d'éloquence et d'à peu près. Il exécra la scolastique, si vigoureuse et simplement grande, qu'il ne connaissait pas; il affirma sans hésiter la supériorité de Platon sur Aristote; il propagea le culte d'un platonisme littéraire et sans doctrine que les Florentins du Quattrocento durent profondément rénover et recréer à l'aide de la métaphysique et de la mystique des Alexandrins et qui, sous cette forme nouvelle, put redevenir une philosophie vivante et capable de durée.

L'école de Padoue put de la sorte et sans aucun génie maintenir son prestige non seulement sur les territoires vénitiens, mais à Ferrare et à Bologne. Elle y domina tout l'enseignement philosophique et médical, le monde des professeurs et la classe des médecins, riche, indépendante, très libre de pensée, fort capable d'esprit scientifique et de recherche, en mauvais termes avec le clergé. Pétrarque, hostile à l'impiété médicale, détestait les averroïstes pour le caractère arabe et médiéval de leur doctrine, pour leur arrogance. Il a raconté, non sans prolixité, dans son *De multorum et sui ipsius ignorantia*, ses querelles avec quelques jeunes aristotéliciens de Venise qui riaient de sa religion pathétique[5]: confession personnelle, de ton nécessairement augustinien, où l'éloquence et l'invective tiennent lieu de discussion et de preuves. Il apparaît du moins que ses contradicteurs jugeaient la création rationnellement indémontrable, se refusaient à concevoir ce qui avait pu la précéder, et sur l'éternité du monde professaient la doctrine résumée par Perse en un de ces vers serrés et pressants dont il eut le secret:

> ex nihilo nihil, in nihilum nil posse reverti.

Ainsi l'incroyance philosophique restait en possession d'un système que l'apologétique sentimentale de Pétrarque ne pouvait ébranler. Mais cette certitude négative, ce dogmatisme antichrétien, furent le secret d'une minorité d'esprits habitués à la discussion logique, parfois à l'interprétation des faits expérimentaux, et que parfois aussi, comme chez les gibelins, une vive opposition à la politique de l'Église rendait hostiles à ses enseignements et ses croyances. La société légère qui se divertissait aux nouvelles du *Décaméron* eût également mérité la réprimande chrétienne de Pétrarque. Peu importe que les jeunes dames et les jeunes cavaliers qui, dans la villa fiesolane, se charmaient à conter et ouïr tant de nouvelles très libres, se croient tenus d'observer avec soin les commandements de l'Église, et le vendredi, pour commémorer la Passion, de suspendre leurs récits. Si une conception morale se dégage du *Décaméron*, elle n'est pas chrétienne. Les personnages de Boccace ne connaissent que la loi naturelle; leurs vertus, libéralité, courage, discrétion, respect de la parole donnée, peuvent convenir aux sages païens, au musulman Saladin, modèle de toute chevalerie. Ainsi, comme l'enseignait jadis Francesco De Sanctis, s'oppose à la *Divine Comédie* une comédie humaine dont l'auteur ne songe pas à s'évader hors d'un réel où il trouve sa joie. Au moins Boccace demeurait sujet fidèle de l'Eglise romaine; entré plus tard dans l'intimité de Pétrarque, il comprit le sens profond de son livre, et, chrétien, se repentit de l'avoir composé. Mais si le naturalisme des conteurs suppose, dans la bourgeoisie qui s'en délectait, le contraste d'une morale officiellement austère et d'une pratique toute réaliste, dominée par l'intérêt et le souci des joies terrestres, la société du XIVe siècle ne semble guère en avoir pris conscience, ni s'être donné la peine de suivre dans les débats d'une scolastique abstraite les théoriciens averroïstes et antichrétiens de son épicurisme instinctif.

Les humanistes, élèves de Pétrarque, proclamaient à l'envi la pureté de leur foi catholique. Coluccio Salutati, Niccolò Niccoli, Leonardo Bruni, bourgeois florentins, n'ont jamais voulu douter de la foi romaine. Deux des plus actifs promoteurs de ce premier humanisme, Luigi Marsili, Ambrogio Traversari, sont, l'un moine augustin, l'autre moine camaldule. Il serait hasardeux d'affirmer, comme Giuseppe Toffanin, que ces hommes, préservés par leur culture antique de l'évangélisme révolutionnaire des Franciscains spirituels, préparaient, deux siècles d'avance, le concile de Trente et la Contre-Réforme[6]. Mais à coup sûr, ils poursuivaient le combat, où Pétrarque avait engagé l'humanisme, contre l'incroyance philosophique et médicale. Certains, parmi les rigoristes, ne s'en contentaient guère et ne pensaient pas que le spiritualisme antique s'accordât aisément avec la folie de la croix. La *Lucula noctis* que le Frère Prêcheur Giovanni Dominici publiait en 1405 était un livre étrange. L'auteur y résumait, avec une rare connaissance des problèmes posés par la haute culture de l'esprit, les thèses essentielles de l'humanisme pétrarquiste; il justifiait l'étude des lettres antiques, par la raison et la tradition des Pères. Néanmoins, dans une seconde partie, il maintenait la doctrine par lui jugée strictement catholique. La philosophie antique ne conduisait pas à la seule connaissance qui importe. Dieu n'a pas voulu que la foi, pour conquérir le monde, eût besoin du langage des savants; l'esprit des philosophes introduisit les hérésies dans l'Eglise; les erreurs de Valentin et de Marcion proviennent de Platon et des stoïciens. Nous vivons désormais dans un chaos antique et moderne d'opinions et de mensonges. Certains retrouvent chez Aristote le dogme chrétien de la Trinité, chez Platon le dogme chrétien de l'âme immortelle. On peut admettre une part de révélation accordée à quelques païens pour leur salut; mais les chrétiens, qui ont reçu du Christ la vérité complète, n'ont nul besoin de ces pédagogues imparfaits. L'esprit divin qui seul conçoit toute vérité, n'a rien de commun avec la science séculière et humaine. La connaissance de Dieu est charité; cette charité est pour le chrétien la seule grammaire, base de tout savoir; la seule arithmétique, attentive à supputer les bienfaits de Dieu et les péchés des hommes; la géométrie des âmes, qui se réforment selon la perfection de l'image divine; la musique où s'exprime leur joie; l'astronomie des contemplatifs et leur magie surnaturelle; la politique des justes; la physique des docteurs, des martyrs et des anges; la pédagogie de l'imitation divine. L'esprit du monde antique est hostile à l'esprit de Dieu. Dominici ne se borne pas à demander qu'on ne lise plus les anciens; il veut qu'un édit public ordonne de les brûler. Parmi les écrivains modernes qui ont su défendre les principes de la morale chrétienne il admet toutefois Pétrarque pour ses écrits spirituels et même Boccace, repenti du *Décaméron*. Mais en général il se méfie des humanistes et de leur enseignement. Ceux qui le suivent, ou bien en font métier dans une pensée de lucre, ou bien, devenus incertains sur la foi, cherchent les moyens de renforcer leur incroyance et de la défendre[7].

La *Lucula noctis* représente ainsi un vigoureux effort de résistance au progrès des études antiques. La polémique de l'auteur ne contient d'ailleurs rien que de traditionnel; mais il a recueilli et méthodiquement mis en oeuvre tous les arguments qui, dès l'origine, avaient servi à démontrer l'inconvenance et le péril d'une contamination de la foi judéo-chrétienne avec le rationalisme grec. Il adopte l'attitude de Pierre Damien, l'adversaire le plus résolu de tout humanisme, le plus décidé à s'enfermer dans la méditation de la seule Ecriture, le plus volontairement orientaliste si l'on peut dire parmi les maîtres du Moyen Age[8]. Mais il se trouve qu'en fait la partie la plus vivante et la mieux réussie de l'ouvrage est celle où, très objectivement, il expose les doctrines de l'humanisme pétrarquiste avant de les réprouver. Pétrarque, sans nul doute, ne s'était nullement montré hostile à ces contaminations de l'esprit païen avec l'esprit chrétien; et à bien des égards son christianisme éloquent n'avait servi qu'à voiler un art païen de vivre où il recherchait sa joie et ses plus précieuses émotions. Et pourtant Dominici ne cesse de le tenir pour un auteur pieux et pour un maître de bon conseil. Il lui adjoignait même Boccace revenu à l'austérité chrétienne. Mais malgré ses contradictions, il redoutait, à la faveur de l'humanisme, la renaissance de la tradition païenne, l'orgueil de la pensée, l'indifférence croissante aux dures vérités de la chute et de la Rédemption.

II

Mais Pétrarque avait marqué l'humanisme italien d'une si forte empreinte qu'un certain paganisme foncier put fort bien s'y accommoder avec la foi chrétienne, et n'aboutit jamais à des formules d'incroyance dogmatiques, abandonnées par les humanistes aux logiciens de l'école arabe. Pourtant Dominici ne s'était pas trompé lorsqu'il dénonçait chez eux les germes de certaines libertés suspectes. Leonardo Bruni, volontiers solennel et sentencieux, admirateur passionné de l'antiquité classique, s'efforce comme Pétrarque d'accorder la culture antique, étudiée sous ses aspects les plus divers, et de préférence chez les grands philosophes, avec une foi très équilibrée, exempte d'ardeur comme d'inquiétude[9]. Dans l'oeuvre de Dante, dont il vénère et glorifie la mémoire, il ne sait trouver qu'une synthèse de tout savoir humain, sans s'attarder beaucoup à ce qui serait l'essentiel pour une âme travaillée du souci de la perfection chrétienne. Ambrogio Traversari, moine camaldule, et peut-être lecteur de Dominici, ose moins se compromettre avec les païens; l'humanisme chez lui est essentiellement chrétien et pieux; il exagère dans le sens de la soumission à l'Eglise l'obéissance aux préceptes de Pétrarque. Il choisit pour les traduire ceux des Pères grecs qui furent les initiateurs authentiques de l'humanisme chrétien, et qui surent cultiver l'art littéraire de la Grèce et la raison hellénique. Le mépris qu'il professe à l'endroit des théologiens modernes, le désir qu'il exprime de voir le dogme chrétien parler la langue de la philosophie hellénique et revêtir l'élégance de la rhétorique athénienne, font de lui un des précurseurs de cet éclectisme théologique en vertu duquel Erasme demeura toujours en marge de toutes les Eglises.

Bruni et Traversari sont des hommes graves, et qui, à la manière de Pétrarque, ont grand souci de leur attitude et de leur gloire. Une génération nouvelle survenait qui, sans différer d'eux et de Pétrarque par l'orientation générale de la pensée, commençait à se lasser d'une austérité imposée, et plus librement s'abandonnait à sa nature et à son génie[10]. Les études antiques doivent à Poggio Bracciolini quelques insignes découvertes de manuscrits; l'humanisme lui dut quelques traités moraux, où se développe un stoïcisme volontairement tendu et parfois attristé. Mais ses voyages à travers l'Europe, les années qu'il passa dans les bureaux de la Curie, lui avaient permis de bien connaître la cour de Rome et le monde catholique; il n'était pas loin de juger les gens d'Eglise inférieurs aux sages et aux philosophes de l'antiquité. Avec lui apparaît ce qu'il faut appeler l'anticléricalisme des humanistes. Sans doute avait-on dans certaines oeuvres de Pétrarque senti passer quelques accents des colères dantesques à l'adresse des mauvais pasteurs. Mais Pétrarque gardait comme Dante le respect de l'institution catholique. De même lorsque Boccace se gausse des moines il ne fait que se conformer à une vieille tradition médiévale, qui ne contredit pas le respect de l'Eglise, de ses ordres et de ses lois. Chez Bracciolini apparaît un sentiment nouveau. Toute la corporation ecclésiastique lui est suspecte, et il ne la ménage pas. Le Moyen Age avait souvent accusé les clercs d'étaler de faux semblants. Le grief est repris par une plume savante au nom d'un idéal de noblesse et de fierté qui, inspiré par la tradition gréco-latine, refuse d'accueillir une humilité menteuse. Egalement Bracciolini, au nom de la haute culture humaine, reproche aux moines leur ignorance et leur barbarie. Ainsi déjà s'ébauche cet antimonachisme humaniste qui va peu à peu devenir une doctrine raisonnée pour éclater brutalement, à la veille de la Réforme, dans les *Epîtres des hommes obscurs*. Erasme aura déjà déclaré dans l'*Enchiridion* que moinerie n'est pas piété et durement blâmé les religieux qui croient par l'abaissement et la dégradation de la nature humaine, par la réduction de la vie chrétienne à de mesquines observances, réaliser sur terre le royaume de Dieu[11]. Pourtant cet esprit anticlérical et antimonastique, par lequel les amis des lettres anciennes répondaient aux anathèmes de Dominici, ne dissimule aucune incroyance. Poggio, pas plus qu'aucun autre humaniste, n'entendait se libérer de la foi chrétienne. Le milieu florentin restait toujours irréconciliable avec le credo du matérialisme averroïste. Au contraire, depuis que s'était tenu à Florence le concile qui avait pensé unifier l'Orient et l'Occident, et que la venue d'illustres Hellènes avait donné aux études grecques un irrésistible élan, le débat presque aussitôt rouvert sur les textes mêmes entre Aristote et Platon avait engagé les humanistes dans des querelles parfois vives à l'excès; mais il les habituait à ces disputes de philosophie religieuse où Pétrarque avait souhaité les voir s'exercer. Ils cultivaient plus profondément leur domaine dans l'horizon où Pétrarque l'avait circonscrit. L'hellénisme triomphant qui les introduisait au coeur des grands systèmes entre lesquels s'était partagée la pensée antique, les aidait à discuter en termes nouveaux l'éternel problème débattu par les écoles médiévales, posé en un langage à la fois plus antique et plus moderne par Pétrarque, d'une exégèse philosophique des dogmes chrétiens.

Poggio, peu attiré par ces pensées abstraites, vivait joyeusement, sans grand souci métaphysique. Au moment où se réunissait le concile, il continuait d'écrire ses *Facéties* dont le recueil conserve, gloses fréquemment indécentes en marge de son oeuvre érudite, le souvenir des propos qu'échangeaient dans les bureaux de la Curie des hommes libres de tout préjugés. L'histoire et l'éthique lui plaisaient plus que la philosophie première. C'est bien pour offrir à ses contemporains un idéal de morale et de pédagogie qu'il traduisit en habile arrangeur la *Cyropédie*. Comme Leonardo Bruni, il écrivait l'histoire de Florence. A son tour il devint chancelier de la République. Sa vie privée n'avait jamais été régulière. Un laisser-aller qui n'avait rien de commun avec la gravité pétrarquiste s'accordait mal à ses doctrines stoïciennes. L'humanisme sous sa plume se faisait adulateur et injurieux. Il avait en 1453 quitté le service pontifical, accepté de Cosme l'office de chancelier de la république; il ne l'occupa que peu d'années. Il vivait en épicurien de lettres; sa villa du haut Valdarno abritait une bibliothèque et un musée antique. Sa fin, qui ne tarda plus guère, laisse voir que si les humanistes florentins parlaient de plus en plus librement d'une Eglise vue de trop près, l'esprit florentin, quoique porté aux divertissements d'une vie facile, restait fidèle au Christ. Malgré les désordres de son existence, Poggio compte peu sur la vie humaine qu'il connaît trop. L'un de ses derniers ouvrages *De miseria humanae conditionis* s'inspire d'un pessimisme qui rappelle les pages les plus désolées de Pétrarque. En 1458 Poggio renonçait à ses fonctions de chancelier, pour se préparer, comme il le disait, à une vie meilleure et à rendre un compte sinon satisfaisant, du moins tolérable, de sa conduite au Juge éternel. C'est dans ces sentiments qu'il mourut en octobre 1459.

Engagé avec lui dans de sordides querelles, Laurent Valla semble avoir été l'esprit le plus vigoureux qu'ait produit l'humanisme italien du Quattrocento. Ce prince des philologues, ce créateur de la linguistique latine, ne se contentait plus, comme Pétrarque, d'essayer une réconciliation romantique entre les deux antiquités. Pour la première fois un humaniste entreprenait de soumettre à la critique de la raison les doctrines des philosophes et les dogmes de l'Eglise. Exactement informé de la pensée antique, les doctrines stoïciennes, auxquelles les humanistes depuis Pétrarque faisaient crédit, lui parurent aussi mal conciliables que le pur sensualisme avec l'Evangile. Pour la première fois un humaniste osait prendre parti contre Pétrarque, affirmer que le stoïcisme demande trop à l'homme, lui inspire trop d'orgueil et trop peu d'espérance, console mal sa détresse. Jugement sévère qui se retrouve sous la plume d'Erasme et de Montaigne, comme dans l'entretien de Pascal avec M. de Saci[12]. Mais pour la première fois aussi, l'humanisme ne tire pas d'un débat philosophique une conclusion chrétienne. Pétrarque avait tranché les questions de métaphysique religieuse en faveur d'un platonisme sommairement accordé avec le dogme chrétien. Valla traite du libre arbitre, ou aborde la critique de la connaissance, ou montre en technicien les insuffisances de la logique d'Aristote, de sa physique, de sa psychologie; mais, insensible au mirage platonicien et peu soucieux d'instaurer le culte de nouvelles idoles, il conclut à l'agnosticisme. Une telle attitude l'eût rapproché des ockhamistes, injustement dédaignés de Pétrarque, s'il avait accepté l'acte de foi par lequel ils échappaient aux dernières négations. Mais Valla est vraiment le premier humaniste dont la certitude religieuse apparaisse comme vacillante; ou du moins, s'il devait conserver jusqu'au bout sa confiance au message du Christ, l'interprétation qu'en donnait l'Eglise ne le satisfaisait plus. Volontiers son ironie s'exerçait à l'endroit de la théologie catholique; le ton en eût rappelé Jean de Jandun, si Valla, irréconciliable avec Aristote, avait pu s'entendre avec l'école de Padoue. Il prenait un vif plaisir à démontrer, dans ses *Disputationes dialecticae*, que la théologie aristotélicienne des scolastiques reposait sur une philosophie périmée. Lorsque, pour avoir nié trop hardiment que les douze articles du Credo romain eussent été rédigés par les douze apôtres, il dut publiquement déclarer qu'il croyait ce que croyait l'Eglise, il voulait dire qu'il croyait à l'Evangile. Il allait le prouver en fondant, à la cour romaine de Nicolas V, l'exégèse moderne. Il avait, pour le pape humaniste, traduit Hérodote et Thucydide, rendu aux modernes l'essentiel de l'histoire grecque, exposée par ses deux plus grands historiens, le plus simplement curieux et intelligent, le plus profond et génial. Mais d'autres études l'attiraient. Il confrontait la Vulgate au texte grec du Nouveau Testament, et, dans une série de *Notes*, dénonçait les insuffisances, le mauvais langage et les contresens du traducteur, l'ignorance des plus grands théologiens et de saint Thomas lui-même, incapable de bien entendre les documents élémentaires de la foi chrétienne. Une méthode essentielle, dès cette première ébauche, se définissait: Valla posait en principe la nécessité de restaurer entièrement la théologie à l'aide d'une exégèse scientifique, fondée sur la philologie et l'histoire. Erasme qui, en 1505, publiait à

Paris pour la première fois les *Notes* de Laurent Valla sur le Nouveau Testament, allait définir et pratiquer cette méthode dans son édition princeps du Nouveau Testament grec; toutes les écoles protestantes du XVIe siècle devaient, pour leur oeuvre de critique et de reconstruction, suivre Erasme et Laurent Valla[13].

Il mourut en 1458, chanoine du Latran et pénitencier apostolique. On peut admettre qu'il avait fini par trouver la paix de son esprit dans un simple évangélisme, nourri de ces textes dont ses *Annotationes* corrigeaient les fausses leçons; il ne s'était pas dégagé officiellement de ces dogmes théologiques dont tant de pages hardies et irrévérentes avaient engagé la discussion. Mais l'évangélisme vers lequel s'orientait cette libre exégèse semble annoncer de loin la Réforme. Evangélisme qui démontre encore une fois que, s'ils refusaient leur adhésion à l'averroïsme padouan, les plus libres esprits formés par l'humanisme, les plus enclins à mettre en doute la tradition médiévale, ne souhaitaient pas de rompre avec la foi du Christ, mais de la mieux comprendre et de la mieux croire.

Les membres de l'Académie qui se réunirent quelque temps à Rome autour de Pomponio Leto et de Platina s'efforçaient de ressusciter, parmi les ruines de la Ville éternelle, l'esprit de la cité antique. Chez eux réapparut avec une vigueur nouvelle le besoin de rajeunir le monde moderne par le retour aux formes classiques de la pensée et de la vie. Comme Pétrarque, ils n'étaient pas loin de juger que le monde était vide depuis les anciens. A Rome, le souvenir de Cola di Rienzo venait en 1453 d'inspirer la nouvelle tentative de soulèvement antipapal, conduite par Stefano Porcari. Les académiciens se souciaient peu de révolution politique. Ils ne rêvaient que d'une réforme intellectuelle et morale qui eût remis en honneur les vertus romaines de l'homme et du citoyen. Mais ils auraient aisément pensé que cette résurrection s'accorderait mal avec l'humilité catholique. Ainsi Machiavel, un demi-siècle plus tard, devait la rendre responsable du triomphe des scélérats armés sur le droit. Dans la pratique, ils se bornaient à rajeunir quelques rites et quelques symboles du paganisme romain. On les soupçonna de nier Dieu et l'âme immortelle. Mais pas plus que Laurent Valla, ils n'admettaient l'incroyance systématique des Padouans. Humanistes, lecteurs de Tite-Live et de Cicéron, encouragés et soutenus par le platonisme mystique de Bessarion, ils accordaient peut-être le spiritualisme pétrarquiste avec ce christianisme primitif et sans dogme où la critique de Laurent Valla semble s'être apaisée. Ils avaient pris l'habitude d'en rechercher l'âme dans les Catacombes de saint Calixte et de sainte Priscille où quelques inscriptions rappellent leur passage. Mais, durement persécutés par Paul II, leurs chefs, se montrèrent faibles et sans dignité; reconstituée sous Sixte IV, l'Académie romaine borna désormais son effort aux lettres antiques et à la philologie[14].

Vers le dernier tiers du Quattrocento, l'incroyance philosophique ne subsistait plus que dans l'école padouane, qui maintenait ses deux dogmes traditionnels, l'éternité du monde et l'unité de l'intellect actif. La doctrine classique de la double vérité permettait aux moins hardis d'esquiver le scandale. C'est ainsi que Gaetano de Thiene put mourir chanoine de la cathédrale de Padoue. Mais Nicoletto Vernia de Chieti professa l'averroïsme de 1471 à 1479, avec une netteté si résolue qu'on put l'accuser d'avoir infecté de ses erreurs l'Italie entière.

A Florence, pas plus qu'aux temps lointains de Dante, l'incroyance n'était inconnue. Beaucoup, dans l'entourage de Laurent le Magnifique, ne s'en cachaient guère. Il se disait chrétien et platonicien. Mais dans la joyeuse société florentine l'averroïsme, comme à Venise du temps de Pétrarque, était la doctrine dont aimait à se réclamer sans l'étudier trop à fond le scepticisme élégant. Il semble bien que le poète Luigi Pulci ait justifié d'un averroïsme sans doctrine son évidente incrédulité. Cette époque a produit peu d'esprits plus étrangers au christianisme. En 1474, alors qu'il avait déjà composé en grande partie son *Morgante maggiore*, trois sonnets irrévérencieux laissèrent peu de doute sur sa véritable pensée. Il rappelle gaîment les longues argumentations de Marsile Ficin sur l'âme immortelle, et ne compte guère sur une autre vie:

> Noi ce n'andrem, Pandolfo, in val di buia,
> senza sentir più cantare alleluia.

L'auteur du *Morgante* ne prend pas la religion au sérieux, l'acte de foi de Margutte est une dérision de toute croyance, et lorsque Astarotte, diable chrétien, expose la foi orthodoxe, il y introduit toutes les hardiesses où se plaisait le poète sur le pullulement des familles humaines au-delà des limites du monde fidèle à la révélation évangélique, et sur la nécessité d'élargir à la mesure de continents sans bornes le vieux dogme de la Rédemption. Pulci ne croit guère au miracle chrétien ni à la divinité de Jésus. Entre les deux premières éditions du *Morgante*, il est probable que Laurent, ému par les plaintes de Ficin et les protestations des moines, lui conseilla quelque prudence. Le poète adoucit certains passages et persista dans son incroyance; car le merveilleux chrétien restait à ses yeux solidaire de ce merveilleux musulman dont il aimait à se divertir. Il laisse parfois entendre qu'il croit à l'éternité du monde matériel, mais comme toutes les choses humaines, la religion du Christ ne peut se promettre l'éternité. Dieu, principe de joie et de lumière, semble se confondre pour lui avec l'âme de la nature et ses lois éternelles. Il pense peut-être que toutes les méditations religieuses des hommes à travers les âges ne peuvent aboutir qu'à créer des symboles toujours décevants, parmi lesquels du moins celui qui est l'objet de la foi chrétienne s'élève au plus haut degré de noblesse spirituelle, Malgré ses irrévérences et ses moqueries, Pulci apparaît ainsi que Laurent comme singulièrement attiré par le problème religieux. L'averröisme latin du Moyen Age et la Kabbale juive, qu'il a connue, semblent avoir tour à tour séduit son intelligence[15].

Mais la pensée florentine, dans la mesure où elle s'exprimait publiquement, cherchait sa voie loin de la tradition averroïste. Les deux synthèses philosophiques et religieuses, alors réalisées par Ficin et Pic de la Mirandole, en portent témoignage. L'un et l'autre se sont proposé de ralentir les progrès de l'incroyance, qui depuis Pétrarque se fondait sur le matérialisme arabe. Tâche quasi officielle et qui correspondait à la politique de Laurent le Magnifique, enclin à cultiver, dans l'intérêt de ses entreprises financières et pour la grandeur de sa maison, l'amitié du Saint-Siège. Tâche à laquelle l'un et l'autre pouvaient personnellement se passionner; âmes tourmentées, esprits exigeants en fait de certitude, qui pour rester eux-mêmes fidèles au dogme chrétien, ont dû résoudre tant bien que mal de graves objections.

Marsile Ficin, fils d'un médecin, avait pu à Bologne, où il étudiait l'art de son père, entrer en contact avec les physiciens averroïstes de l'Italie du Nord. Plus tard, consacré par Cosme à l'exégèse de Platon, une très large enquête à travers les écoles antiques, de l'épicurisme scientifique de Lucrèce au néo-platonisme mystique de Proclos, l'avait à peu près détourné des croyances chrétiennes. Sa nature l'inclinait vers une conception religieuse du monde, vers une mystique spiritualiste, qui ne put revêtir le caractère catholique et romain qu'une fois étayée de toute une métaphysique. C'est alors seulement qu'en 1473, sur les instances de Laurent, il prit les ordres sacrés. Pic de la Mirandole également, à Bologne, à Ferrare, à Padoue, s'était rendu familier avec l'Aristote arabe et antichrétien des averroïstes. Il avait, lui aussi, entrepris une immense enquête doctrinale, plus vaste d'horizon, plus libre et plus hardie, car à la différence des héritiers de Pétrarque, il connut la scolastique des derniers siècles; il devint le premier orientaliste de ces temps; il étudia d'après les textes la science juive et la science arabe. C'est ainsi que la première manifestation de son génie put troubler l'inquisition romaine, provoquer sa brève détention au donjon de Vincennes et la censure d'Innocent VIII. Bouleversant la tradition de l'apologétique, il la restaurait à l'aide de la Kabbale; les théologiens purent craindre que la pensée juive, fondée sur l'idée d'un Dieu unique, ne reconduisît les chrétiens àmettre en doute la Trinité. En fait, Pic ne laissait au Verbe qu'un rôle subordonné; il ne reconnaissait dans la Bible que légendes, allégories et symboles. L'immortalité de l'âme ne lui paraissait démontrable qu'à l'aide du *Phédon*; il eût volontiers admis la métempsychose pythagoricienne. Peu assuré de la transsubstantiation, il n'était pas loin de la tenir pour un dogme récent, inutile surcharge de la croyance au Christ présent dans l'Eucharistie. Il rejetait l'éternité des peines de l'Enfer, s'accommodait mal avec les pratiques de la dévotion romaine, condamnait la vénération des images et des croix. Ainsi la logique interne de sa pensée l'entraînait aux extrêmes limites de l'orthodoxie. Pour rentrer en possession de la foi, il lui fallut, comme à Ficin, construire tout un système de métaphysique religieuse, la brièveté de sa vie ne lui permit pas d'en achever l'exposé. Mais en revanche ce fut par la plus dure ascèse qu'il se plia de force à la discipline catholique. Ce fut dans une mystique volontairement réglée selon les normes de la piété romaine qu'il espéra la paix et l'assentiment devant lequel sa raison vacillante hésitait[16].

Il n'y a pas lieu d'entrer dans le détail des deux doctrines, semblables d'inspiration, sensiblement différentes par les matériaux et l'agencement. L'une et l'autre ont essayé, rejetant Aristote. de refaire sur d'autres bases la synthèse philosophique et théologique de saint Thomas et de Dante. C'était une entreprise séduisante, pour un helléniste instruit exactement de la pensée alexandrine, que de recommencer l'effort des Pères latins et grecs, de saint Augustin luimême, et d'incorporer après eux Platon et le néo-platonisme au dogme chrétien. Mais pour y réussir il aurait fallu à Ficin le génie de saint Thomas et son art de la construction philosophique. Il suffira de rappeler qu'en vertu de cette fatalité qui semblait poursuivre l'humanisme, et dont Laurent Valla seul avait conjuré la malfaisance, l'oeuvre de Ficin se développe dans l'à-peu-près de Pétrarque. Elle atténue certaines croyances essentielles du christianisme, comme le dogme du péché originel et de la Rédemption. Le ministère de l'Eglise et son culte perdent leur caractère indispensable. Même à-peu-près dans l'oeuvre inachevée de Pic, faite de matériaux empruntés aux philosophies antiques ou orientales, soit directement, soit par l'intermédiaire hasardeux des Arabes et des kabbalistes. L'homme, tel qu'il le définit, composé de trois éléments cosmiques essentiels, intelligence pure, force animatrice des corps célestes, matière inerte, ne ressemble ni à l'homme matériel et spirituel des Pères, ni au composé humain de saint Thomas. L'homme, que Dieu n'a créé ni mortel ni immortel, et qui par un effort de sa libre volonté peut s'élever à l'immortalité des êtres célestes ou se ravaler au niveau de la matière, ne ressemble guère à la créature pécheresse et rachetée, grande par ce seul rachat, que définit le dogme catholique. La logique du système admet, sous condition, l'immortalité des plus hautes intelligences; elle ne s'accommode pas avec la résurrection de la chair, que Ficin déjà n'admettait que par un acte de foi; elle exige l'anéantissement du méchant et n'accueille pas les peines et châtiments d'outre-tombe, et moins encore leur éternité. Si l'action rédemptrice du Christ, presque superflue chez Ficin, redevient indispensable chez Pic, il se plait à tirer de saint Paul cette doctrine de la grâce que Ficin mettait en lumière; il n'a jamais défini sa pensée sur l'Enfer, le Purgatoire et le Paradis; pas davantage sur l'Eucharistie. Son christianisme ardent et personnel reste essentiellement libre, et sur bien des points, Pic ne s'entend avec son Eglise que dans le silence[17].

Ainsi le double effort de Ficin et de Pic répondait à la tendance la plus profonde de l'humanisme italien qui, depuis Pétrarque, menait laborieusement la lutte contre les formes diverses de l'incroyance. Mais l'extrême liberté de leur double synthèse démontrait la difficulté d'un accord doctrinal entre l'humanisme essentiellement indépendant et l'orthodoxie. Au fond, l'un et l'autre, pour écarter l'incroyance averroïste, recherchait cette religion naturelle, dont Nicolas de Cues avait essayé naguère de définir les dogmes simplifiés. Mais il apparaissait que dans cette quête, certains éléments précieux de la théologie traditionnelle risquaient d'être abandonnés. Il apparaissait que Giovanni Dominici ne s'était pas entièrement trompé quand il affirmait que l'étude des philosophes n'apportait à l'apologétique nulle force nouvelle et menaçait au contraire d'accommoder au sens humain une vérité trop hautaine pour ne pas en accabler la faiblesse.

III

L'averroïsme padouan renaissait alors et recevait de ses adversaires mêmes une nouvelle vigueur. Ermolao Barbaro renouvelait à Venise, en helléniste et en philosophe, l'exacte interprétation de l'aristotélisme. Il croyait que, pour réfuter les Padouans, il suffisait de souligner leurs contresens; ces desseins tournèrent à l'avantage des doctrines qu'il combattait. Contre Averroès et les Arabes, il avait appelé à son aide certains commentateurs antiques et Alexandre d'Aphrodise, qui n'atténue aucunement la pensée d'Aristote sur l'éternité du monde et l'unité de l'intellect actif. Les Padouans citèrent moins souvent les Arabes; ils étudièrent Alexandre; sous la garantie de la science grecque, l'averroïsme rajeuni sembla rentrer à son tour dans le courant de la Renaissance. Cependant Ermolao consacrait les loisirs de son exil romain à rétablir le texte de Pline. Les adversaires du spiritualisme chrétien et platonicien recevaient de celui qui pensait encore les combattre ces textes de l'*Histoire naturelle*, qui développaient une conception matérialiste et pessimiste du monde et allaient offrir de nouveaux arguments aux libertins du XVIe et du XVIIe siècle[18].

Instruit par l'humanisme d'Ermolao, Pietro Pomponazzi renforçait à l'aide des gloses d'Alexandre l'interprétation antichrétienne d'Aristote. La question de l'immortalité restait le problème philosophique au sujet duquel se perpétuait la dispute dans les Universités italiennes. Quand les étudiants voulaient, dès la première leçon, éprouver la doctrine d'un professeur, ils lui criaient: «Parlez-nous de l'âme». Pomponazzi allait en 1516 publier son *Tractatus de immortalitate* animae. La critique d'Ermolao Barbaro, la connaissance plus exacte qu'il lui devait de la psychologie aristotélicienne, l'avaient déterminé à l'abandon de la vieille théorie averroïste et arabe de l'intellect unique. Mais il refusait de concéder aux platoniciens la distinction d'une âme sensible et d'une âme intellectuelle, l'une vouée à la mort, l'autre incorruptible et impérissable. Il repoussait les preuves morales et sociales alléguées en faveur de l'immortalité. L'unique fin de l'homme et de l'activité humaine était de conserver dans l'harmonie la société des hommes. On ne pouvait reconnaître dans les récompenses et les châtiments d'outre-tombe que fictions imaginées par les législateurs, immorales en soi, inutiles aux justes. En face du christianisme, son éthique toute stoïcienne instaurait la vertu d'un paganisme réformé. Entre l'homme et l'être divin totalement inconnaissable, il ne se souciait plus d'établir un contact illusoire. La philosophie de Pic et de Ficin avait pour principe et pour inspiration le *Noverim te* de saint Augustin. Pomponazzi se défend contre le rêve des mystiques et, pour fonder la morale, ne considère que l'homme et la société. La négation du libre arbitre, le mystère éternel du monde et de ses lois, devaient renforcer en 1520, lors de la publication du *De fato*, les thèses essentielles de ce rationalisme que la science humaniste et la poésie d'un Lucrèce venaient de rajeunir. Le *De naturalium effectuum admirandorum causis*, publié seulement en 1556, vingt ans après sa mort, testament du nouveau chef d'école, affirme la fixité immuable des lois de la nature, refuse de reconnaître dans les miracles allégués par les croyants de toute secte aucune dérogation scientifiquement constatée à ces lois, proclame l'inefficacité de la prière lorsqu'elle sollicite de Dieu un acte de volonté particulière contre l'ordre universel. Peu importe dès lors que selon une tradition trois fois séculaire, Pomponazzi sépare les domaines de la raison et de la foi et comme autrefois Jean de Jandun, dise croire en chrétien ce qu'il nie en philosophe. Ses auditeurs, ses élèves et Lazzaro Buonamico, qui à Padoue fut l'interprète le plus fidèle de sa pensée, ont moins divulgué ses protestations d'orthodoxie que ses négations[19].

Ainsi, se renouvelait la vieille incroyance philosophique dénoncée par Dante. D'autre part, Giovanni Dominici n'avait pas en vain accusé les maîtres antiques de n'apporter aux intelligences chrétiennes qu'une lumière sans vertu, et le plus souvent de les égarer dans les voies du mensonge. Les esprits formés par l'humanisme, admirateurs de l'antiquité au point de lui demander les règles morales jusque-là reçues de l'Eglise et de la tradition, s'accoutumaient à des formes de pensée mal conciliables avec la foi. On serait d'abord tenté de nommer Lucien, dont le texte grec fut d'ailleurs édité avec un certain retard à Florence en 1496, à Venise en 1503 si la vulgarisation de son ironie ne semblait pas être avant tout érasmienne, et si le terme de lucianiste n'appartenait pas authentiquement au vocabulaire français. Mais cette ironie. qui défend la cause de la raison contre l'ignorance, contre la sottise populaire, contre tous les ennemis des plus nobles curiosités de l'esprit, trouvait si naturellement accueil dans les milieux italiens éclairés par l'humanisme, qu'elle devait inspirer à maintes reprises les octaves de l'Arioste. Sans doute ne conviendrait-il guère d'attribuer à l'auteur de l'*Orlando furioso* l'incroyance systématique d'un Pomponazzi. Les disputes des écoles, qu'il n'avait guère fréquentées, lui demeuraient trop indifférentes. Mais Francesco De Sanctis a depuis longtemps compté parmi les sources de son inspiration le mépris des classes cultivées pour la foi primitive du vulgaire et les gens d'Eglise qui en tiraient profit. En France, au temps de Rabelais, tout lecteur de Lucien devait être soupçonné d'incliner vers l'athéisme; il ne pouvait guère en être différemment en Italie.

De même les averroïstes et les Padouans n'étaient pas seuls à lire Lucrèce; les esprits curieux de poésie savante et philosophique purent trouver dans le *De rerum natura* l'occasion de se familiariser, en dehors de toute obédience aristotélicienne, avec la négation de la providence divine et de l'âme immortelle. Marsile Ficin, dans sa *Theologia platonica, De immortalitate animorum* consacrait un chapitre à réfuter les partisans de Lucrèce[20]. Enfin les humanistes avaient accueilli, sur la garantie de Pétrarque, certains textes fort libres de Cicéron. Sans doute le plus authentique spiritualisme trouvait dans les *Tusculanes* la plus noble expression. Saint Augustin affirmait que l'*Hortensius* avait déterminé sa conversion. Mais Cicéron avait encore écrit le *De nature deorum* et le *De divinatione.* Dans le premier, les hommes de la Renaissance pouvaient lire la liste des philosophes éminents qui avaient mis en doute l'existence de la divinité: Protagoras, Evhémère, Diagoras, Callimaque, Anaximandre, Théodore de Cyrène. Les interlocuteurs, sans se voir efficacement réfutés, y admettaient sur la notion de Dieu, la création, la providence, des opinions si résolument négatives que l'oeuvre pouvait paraître inspirée par l'athéisme. Le second livre du *De divinatione* offrait une théorie rationaliste du miracle. Tout ce qui advient en quelque domaine de la nature a nécessairement sa cause dans les lois qui la régissent. Tout ce qui, en apparence, les contredit, ne se produit jamais que sous leur empire. Si quelque chose nous surprend ou nous étonne, il en faut rechercher la cause; et même si on ne la découvre pas, on doit pourtant garder la certitude que rien ne se produit sans une cause naturelle. Les prodiges ne sont que des faits rares; mais tous les jours, la nature produit des effets étonnants et qui ne nous surprennent plus. Ainsi se trouve introduite une théorie naturaliste des oracles de Delphes. Quintus Cicéron les attribue aux exhalaisons du sol; mais son frère, plus sceptique, se demande si ces forces mystérieuses n'ont pas cessé d'agir dès que les hommes se sont montrés moins crédules. Pomponazzi avait recueilli cette double négation du surnaturel. Les héritiers de Dominici pouvaient dénoncer l'athéisme du grand orateur; mais l'humanisme italien lui réservait un culte si dévot que les réserves les plus graves se perdaient au milieu d'un concert d'admiration.

Enfin restait Pline et son *Histoire naturelle*, indispensable encyclopédie pour les savants de la Renaissance peu exercés encore à l'observation personnelle; Ermolao Barbaro venait d'en corriger le texte; trente-huit éditions devaint s'en succéder de 1469 à 1532. Le second livre, consacré à la religion, prenait aisément le caractère d'un manuel de négation antichrétienne. Le Dieu de Pline se confond avec le monde qui n'a jamais eu de commencement et n'aura jamais de fin; avec la nature éternelle. Les divinités du paganisme ne sont pour Pline comme pour Evhémère que des hommes divinisés en souvenir de leur génie. Mais nul effort de l'esprit humain ne parviendra jamais à concevoir l'être divin, et l'on ne peut sans ridicule imaginer qu'il s'occupe des choses humaines, Les miracles sont des faits naturels dont l'homme, mal informé, peut s'émerveiller; pour qui connaîtrait exactement les lois de la nature, rien de surprenant, rien d'irrégulier, rien de monstrueux ne subsisterait. La puissance infinie de la nature s'impose du moins une limit: elle ne peut produire aucun effet absurde ou contradictoire à ses propres lois. Sur la condition de l'être humain, abandonné de la divinité, Pline au début du livre VII a écrit quelques pages désespérées où se prolonge un écho de Lucrèce; les hommes de la Renaissance, chrétiens ou croyants, les ont eues sans cesse présentes à l'esprit. La nature a créé l'homme débile, condamné aux larmes dès les premiers jours de sa vie, livré aux passions, mal guidé par une intelligence qui s'égare dans le tumulte des sentiments et le désordre des idées; mieux vaudrait ne pas naître ou mourir aussitôt. Pline rejette toute croyance à la survie de l'âme; fables pour amuser les enfants, inquiétudes d'une mortalité qui ne veut pas mourir. Elles gâtent le seul bien de la vie humaine, qui est la Mort[21].

IV

Ainsi existaient en Italie, au temps de l'invasion étrangère, et tandis qu'elle assistait apparemment passive au drame de son histoire, les éléments d'une incroyance raisonnée. Sans doute la religion traditionnelle conservait sur les âmes des prises plus fortes encore qu'en France. C'est toutefois un fait constant que l'étonnement des étrangers à noter en Italie le contraste entre la pompe du culte, la magnificence des églises, l'ardeur et la frénésie de la dévotion populaire, et d'autre part l'indifférence des classes cultivées, et, plus surprenante encore, celle des prêtres et des prélats. «Nous devons au Saint-Siège, écrit Machiavel, d'avoir perdu religion et moralité». Lui-même ne s'embarrassait guère, pour fonder sa politique positive, d'une religion à laquelle il croyait peut-être, d'un idéal chrétien qui lui restait du moins étranger. S'il déplore la décadence de l'Eglise, que l'on devrait réformer selon l'esprit de son fondateur, s'il affirme que dans une Europe véritablement chrétienne les Etats seraient plus solides et les peuples mieux gouvernés, ce ne sont que vues d'un politique soucieux de mesurer exactement les forces que mettent en jeu son art et son calcul[22].

Francesco De Sanctis, en des pages vigoureuses, a défini le matérialisme de la société italienne du XVIe siècle; il l'accuse d'avoir vécu pour l'unique divertissement de l'art et de la poésie. Il assure toutefois que ce matérialisme masquait un profond travail qui se poursuivait dans les esprits. Il reconstruisait un monde intérieur, créait à nouveau une foi qui, ne pouvant être ni vraiment religieuse ni vraiment scientifique, cherchait ses bases non dans le surhumain et le surnaturel, mais au plus profond de la nature et de l'homme. L'averroïsme, qui rompait tout lien entre le ciel et la terre, imposait comme unique objet à la science l'étude de l'honune et de la nature; les platoniciens, par d'autres voies, s'affranchissaient de la théologie et souvent aussi du dogme. Le concile de Latran condamnait en vain la doctrine averroïste de la double vérité; la cour de Rome et Léon X étaient mal qualifiés pour protester contre une conception matérialiste à laquelle ils n'échappaient guère. En fait, l'Italie observait les formes de la religion par habitude; elle en parlait le langage ; mais cette fidélité tout extérieure masquait un vide que les lettres et l'art ne parvenaient pas à remplir. Francesco De Sanctis affirme, dans le langage d'Auguste Comte, que l'Italie sortait ainsi de l'âge théologique et ne croyait vraiment qu'à la science et à la raison. Après Savonarole, Luther et Calvin lui paraissaient des barbares et des scolastiques. C'est dans l'immense enquête où Léonard de Vinci avait semblé définir le programme moderne des sciences physiques et naturelles, la pratique moderne du calcul et de l'expérience, qu'il faut reconnaître la plus authentique affirmation du génie italien, au temps où l'ironie de l'Arioste, indifférente à la grandeur chrétienne de la chevalerie médiévale, s'égayait à conter de belles histoires pour l'unique plaisir de les conter avec art, où Raphael, dans les Chambres du Vatican, glorifiait les triomphes de cette papauté que Machiavel accusait d'avoir démoralisé l'Italie[23].

Mais il ne suffit pas de dire, avec le grand historien napolitain, que l'Italie fut empêchée de remplir sa mission parce qu'elle perdit son indépendance avec sa primauté, et que les débats de l'histoire moderne allaient se poursuivre sans elle et se résoudre à son détriment. Elle allait aider à la victoire du Concile de Trente; la Compagnie de Jésus, conçue par la passion d'un Espagnol, allait devenir création de l'Italie. Mais, si elle devenait ainsi terre d'élection de la Contre-Réforme, c'est sans doute que nulle part en Europe le catholicisme n'avait poussé de plus solides racines, ni plus profondément pénétré, en dépit des méfaits romains, un peuple particulièrement sensible à l'émotion religieuse, et qui depuis trois siècles voyait s'en propager la tradition dans les images d'un art qui était la plus humaine, la plus dramatique, la plus tendre poésie. Sans doute la Contre-Réforme, après avoir rétabli les dogmes intangibles et les pratiques obligatoires, lui imposa pour deux siècles la discipline d'un conformisme dont les gouvernements princiers surveillèrent l'exactitude. Despotisme religieux et despotisme politique s'allièrent pour étouffer la vie de l'esprit. Mais la libre recherche, la spéculation libre, conservaient, malgré l'hypocrisie et la servitude, assez de force pour soutenir la pensée d'un Giordano Bruno et d'un Galilée. Bien avant eux, bien avant le Concile de Trente, Raphael avait, dans la Chambre de la Signature, uni le catholicisme italien avec le plus sublime humanisme. Michel-Ange, isolé dans la grandeur et la tristesse de sa pensée, avait été assez poète pour retracer, au plafond de la Sixtine, l'histoire vivante des origines juives et chrétiennes; spectateur assez ému des misères italiennes pour sculpter sur les tombes chrétiennes des Médicis ses géants désespérés; assez sensible aux disputes ouvertes par la Réforme sur le problème du salut, pour évoquer, au mur de la redoutable chapelle, la scène du Jugement de Dieu; assez pénétré du sentiment de la tendresse humaine et divine pour laisser aux modernes, héritage poignant et inachevé, la Descente de Croix du Dôme florentin et la Pietà Rondanini. Tout le tragique du mythe chrétien, toute la grâce familière et humaine de la légende sacrée, allaient maintenir et perpétuer eur accord indissoluble avec l'esprit et l'âme de la Renaissance.

NOTES

[1] DANTE, **30**, *Convivio*, II, VIII, 8-10: Dico che intra tutte le bestialitadi quella è stoltissima, vilissima e dannosissima, chi crede dopo questa vita non essere altra vita... —*Inf.*, X 13-15, 21-120.—BOCCACE, *Décaméron*; Giornata VI, 9: Alquanto tenea dell'opinione degli epicuri, sî diceva tra la gente volgare che queste sue speculazioni eran solo in cercare se trovarsi potesse che Iddio non fosse...

[2] RENAUDET, **33**, p. 262-264.

[2 bis] Le conte des trois anneaux, rédigé par l'auteur anonyme du *Novellino*, fut repris par Boccace dans le *Décaméron* (I. 3).

[3] GILSON, **42**, *La doctrine de la double vérité*, p. 51-69, Appendice: textes de Jean de Jandun, p. 69-75.

[4] *Amori et dolori sacrum*, Paris, 1903, in-16, p. 65; le vicomte de Chateaubriand, à la fois artificiel et le plus sincère des hommes.

[5] La question des contradicteurs vénitiens de Pétrarque vient d'être renouvelée avec beaucoup de précision par Paul-Oskar KRISTELLER, dans *Mélanges Augustin Renaudet*, Genève, 1952, in-8°: *Petrarch's «Averroists»: A note on the history of aristotelianism in Venice, Padua, and Bologna*; p. 59-65.

[6] Giuseppe TOFFANIN, *Che cosa fu l'umanesimo?* Florence, 1928, in-8°, ch. III-VI.

[7] Beati Johannis Dominici cardinalis S. Sixti *Lucula noctis*, éd. par Rémi COULON, O.P., Paris, 1908, in-4°; ch. VII-XII; ch. XIII-XXX; ch. XXXII: Utilius est Christianis terram arare quam gentilium intendere libris; ch. XXXV: Non legerunt plene codices sacros, quicumque asserunt doctrinas gentilium ad bene vivendum conferre..., sur Pétrarque, voir p. 94-95, 380, 411; sur Boccace, p. 93 et 164.

[8] GILSON, **42**, *La servante de la théologie*, p. 32-37.

[9] SOLERTI, **34**, *Le vite di Dante e di Petrarca*, p. 107.

[10] Sur toutes ces questions, il est nécessaire de se reporter à l'ouvrage capital de Vittorio Rossi, 55.

[11] ÉRASME, **2**, p. 135: ...perinde quasi extra cucullam Christianismus non sit... Monachatus non est pietas, sed vitae genus, pro suo cuique corporis ingeniique habitu vel utile vel inutile.

[12] ÉRASME, **1**, IV, Μωρίας ἐγκώμιον, 430 B: Quis enim non istius modi hominem ceu portentum ac spectrum fugit horreatque?

[13] Voir p. 39-40.

[14] Sur l'Académie romaine, se reporter à ZABUGHIN (Vl.), *G. Pomponio Leto*, Roma- Grotta-ferrata, 3 vol. in-8°, 1909-1912. —Sur Machiavel et le christianisme, le texte capital se trouve dans *Discorsi sopra la prima Deca di Tito Livio*, **36**, t. I, p. 237-238, l. II, ch. II: ...Perchè avendoci la nostra religione mostro la verità e la vera via, ci fa stimare meno l'onore del mondo; onde i Gentili stimandolo assai, ed avendo posto in quello il

sommo bene, erano nelle azioni loro più feroci... La religione antica... non beatificava se non uomini pieni di mondana gloria, come erano capitani di eserciti e principi di republiche. La nostra religione ha glorificato più gli uomini umili e contemplative che gli attivi. Ha dipoi posto il sommo bene nella umiltà, abiezione, e nel dispregio delle cose umane: quell'altra la poneva nella grandezza dello animo, nella fortezza del corpo ed in tutte le altre cose atte a fare gli uomini fortissimi. E se la religions nostra richiede che tu abbi in te fortezza, vuole che tu sia atto a patire piuttosto che a fare una cosa forte. Questo modo di vivere adunque pare che abbi renduto il mondo debole, e datolo in preda agli uomini scelerati. —*Discorsi*..., Proemio, p. 90: ...dalla debolezza nella quale la presente religione ha condotto il mondo...

15 WALSER, (Ernst), *Lebens-und Glaubensprobleme aus dem Zeitalter der Renaissance*; *Die Religion des Luigi Pulci, ihre Quellen und ihre Bedeutung*; Marburg an der Lahn, 1926, in-8°.

16 KRISTELLER, **44**; GARIN, **46**; DELLA TORRE, **43**.

17 Textes choisis et traduits en italien dans GARIN (Eugenio), *Filosofi italiani del Quattrocento*; *pagine scelte, tradotte e illustrate*; Florence, 1942, gr. in-8°.

18 RENAN, **41** IIe partie, ch. III, V, VIII, XI-XIII. BUSSON, **48**, 1re partie, l. I, ch. I: *Quelques sources antiques*; ch. II: *Sources italiennes. L'école de Padoue entre 1520 et 1530*.

19 Sur Ermolao Barbaro, voir BRANCA, **33**. Le *De naturalium effectuum admirandorum causis* a été traduit avec une introduction importante par BUSSON (H.), *Les causes des merveilles de la nature ou les Enchantements*; Paris, 1930, in-8° (Coll. «Les textes du christianisme»).

20 *Marsile Ficin*, **32**; t. I; l. XIV, ch. X: *Tres objectiones Lucretianorum, et solutiones*, p. 314-319.

21 Sur Lucien, Cicéron et Pline, voir BUSSON, **48**, Première partie l. I, ch. I: Quelques sources antiques, p. 3-28.

22 Voir p. 49, n. 5. RENAUDET, **52**, p. 86-87. —MACHIAVEL, **36**, I, *Discorsi*..., I, XII, t. I, p. 129-130: La quale religione se né principi della republica cristiana si fusse mantenuta secondo che dal datore d'essa ne fu ordinato, sarebbero gli stati e le republiche cristiane più unite, più felici assai che le non sono. Né si può fare altra maggiore coniettura della declinazione d'essa, quanto è vedere come quelli populi che sono più propinqui alla Chiesa romana, capo della religione nostra, hanno meno religione. E chi considerasse i fondamenti suoi, e vedesse l'uso presente quanto è diverso da quelli, giudicherebbe essere propinquo sanza dubio o la rovina o il fragello.

23 F. DE SANCTIS, **58**, t. I, ch. XII: Il Cinquecento, p. 330-362; p. 359: L'Italia avea già valica l'età teologica e non credeva più che alla scienza, e dovea stimare i Lutero e i Calvino come de nuovi scolastici. —Cf. ch. XIX, p. 181-184.

IV - TURIN, FLORENCE ET BOLOGNE

Erasme, les Alpes passées, entrait dans les domaines italiens des ducs de Savoie. Aux deux tiers hors de la péninsule, presque étranger à l'italianité, le duché s'étendait de Nice au lac de Genève et au Rhône, atteignait les environs de Lyon, dépassait le fleuve, et, par la Bresse, entrait en contact avec la Franche-Comté espagnole. En Italie, la maison de Savoie régnait à Turin, dominait le cours supérieur du Pô, sauf le marquisat de Saluces, et par Suse et le Mont-Cenis, assurait ses communications avec Chambéry. Le Piémont différait sensiblement des régions proprement italiennes. Il y subsistait une féodalité vigoureuse, qui possédait le sol et en tirait sa subsistance. Le développement urbain n'y avait jamais été fort actif. Turin même n'était encore qu'une ville médiocre, sans grande activité ni industrie. La maison de Savoie avait, depuis les temps déjà lointains de Louis XI, pris l'habitude de se laisser entraîner à la suite de la monarchie française, à laquelle l'unissaient des liens de famille. Par l'esprit de ses institutions et de ses lois, le duché ressemblait davantage à l'Europe occidentale et centrale qu'aux grands Etats italiens; il ne participait que médiocrement à leur culture et à leur art.

Le gouvernement ducal était obligé de compter avec les libertés des barons, les franchises des communes, et les droits des Etats Généraux, survivance d'un passé féodal, que maintenait un ensemble confus d'anciennes coutumes. L'autorité de la maison de Savoie se trouvait singulièrement affaiblie depuis que ses domaines incohérents, dissemblables par les institutions, les traditions et la langue, étaient régis par des princes enfants, Charles II et Charles III.

L'Université de Turin, qui n'avait jamais compté de professeurs illustres, suffisait à la formation du corps des hauts fonctionnaires et du haut clergé. L'humanisme sans doute avait pu y réaliser quelques progrès; l'empressement avec lequel les maîtres de Turin accueillirent Erasme semble témoigner assez évidemment de leur curiosité pour les doctrines nouvelles et de leur reconnaissance envers qui savait les enseigner et les défendre.

Dès son arrivée à Turin, Erasme se présenta devant les théologiens, soutint hâtivement et pour la forme les discussions obligatoires, et le 4 septembre 1506, fut reçu docteur. Josse Bade offrant au public, le 3 novembre, les versions de Lucien, prit soin d'annoncer aux Parisiens cette récente promotion[1]. On crut en général qu'Erasme avait passé le doctorat à Bologne; quelques passages ambigus de sa correspondance purent en suggérer l'illusion, et lui-même ne fit jamais grand effort pour rétablir la modeste vérité[2].

Malgré la sympathie qu'il éprouvait pour la simplicité cordiale de la population piémontaise, Erasme eut bientôt quitté Turin[3]. Il avait hâte de gagner Bologne où les deux jeunes fils du médecin Boerio devaient s'inscrire à l'Université. Il traversa la Lombardie, atteignit Milan, occupé depuis 1500 par les garnisons françaises que commandait le vice-roi Chaumont d'Amboise. Chez les dominicains de Sainte-Marie des Grâces, il put s'arrêter, dans le réfectoire, devant le Cenacolo de Léonard, que Lefèvre d'Etaples, six ans plus tôt, avait vu en sa plus fraîche nouveauté. Lorsque, en 1522, le rénovateur des études philosophiques et de la vie spirituelle publia son commentaire des Evangiles, il se rappela cette visite pour désapprouver le peintre d'avoir donné au disciple préféré de Jésus une jeunesse excessive. L'ami de John Colet, le lecteur passionné de l'Evangile devait nécessairement s'émouvoir à l'évocation de cette dernière Cène, prélude à la nuit d'angoisse, de douleur et de crainte, à ce Mystère de Jésus sur lequel, à Oxford, tous deux avaient médité[4]. Mais le silence de sa correspondance et de ses écrits laisse inviolé le secret de ses émotions. Près de Pavie, il visita la Chartreuse, récemment achevée en 1494, après un siècle de travail. Son idéal de simplicité évangélique s'y trouva mal satisfait. Il n'admettait pas volontiers que l'ordre pénitent et solitaire où Thomas More, pendant près de quatre ans, avait cru reconnaître l'union de la perfection chrétienne et de la pauvreté évangélique, pût s'accommoder, sans quelque contradiction intime et quelque déchéance, d'un luxe où revivait le faste païen des Visconti et des Sforza. Dix-sept ans plus tard, dans le *Colloquium religiosum*, il se souvenait de cette Eglise de marbre blanc, de ces autels et de ces colonnes de marbre blanc, de ces tombes de marbre blanc, et demandait si une telle magnificence convenait pour abriter quelques moines solitaires occupés au chant des Psaumes, et sans cesse importunés par la curiosité des voyageurs[5].

Erasme poursuivit sa route à travers l'Emilien par Plaisance, Parme et Modène. Mais, à mesure qu'il se rapprochait de Bologne, il trouvait un pays en guerre. Jules II poursuivait sa reconquête des domaines perdus par le Saint-Siège depuis la captivité d'Avignon, et sur lesquels s'étaient établies de petites seigneuries violentes, tyranniques et faibles. Le gouvernement de Louis XII, dont Machiavel devait un jour analyser durement la folle politique italienne, soutenait par la diplomatie et la force des armes le pontife qui devait quatre ans plus tard coaliser contre lui les Etats italiens, l'Empereur, le roi d'Espagne et les Cantons suisses[6]. Jules II avait déjà reconquis Pérouse sur les Baglioni. Il se proposait maintenant d'enlever aux Bentivogli Bologne, capitale de la Romagne. Erasme, arrivé à Bologne vers le milieu d'octobre, éprouva une vive déception. L'Université était fermée et la ville se préparait à subir un siège. L'auteur de l'*Enchiridion* condamnait en chrétien, et de plus en plus nettement allait condamner les guerres entre les peuples chrétiens. A plus forte raison ne pouvait-il admettre que le vicaire du Christ portât la cuirasse et commandât des armées en campagne. La prudence d'Erasme, tuteur de deux jeunes étudiants, lui déconseillait de rester dans une ville gravement menacée. La cause des Bentivogli ne l'intéressait pas; il avait déjà peu d'estime pour les princes petits ou grands. Il ne resta guère à Bologne, passa l'Apennin, et vers la fin d'octobre 1506 il s'établit provisoirement à Florence[7].

C'étaient déjà des années inquiètes. Depuis 1494, on avait expulsé les Médicis. Pierre, fils de Laurent le Magnifique, après avoir mené quelque temps à la suite des armées françaises la vie d'un prétendant en exil, s'était noyé dans le Garigliano, à cette bataille qui, le 6 janvier 1504, décida, entre la France et l'Espagne, du sort de Naples. Les Florentins, comme les autres peuples d'Italie, n'aimaient guère Venise, sa politique d'orgueil et d'expansion territoriale; mais ils lui enviaient la stabilité de son gouvernement, et lui demandaient parfois des leçons. C'est ainsi que leur République avait maintenant à sa tête un gonfalonier nommé à vie comme le doge vénitien. Piero Soderini n'était pas un homme d'Etat; mais le secrétaire de la seconde Chancellerie, chargé des rapports avec les administrateurs du domaine et avec l'étranger, s'appelait Niccolà Machiavelli. Les Piagnoni, dans un recueillement morose, cultivaient la tradition de Savonarole; mais les citoyens ne pensaient guère qu'à reprendre possession de Pise, qui lors du passage des Français avait reconquis son indépendance; la campagne faiblement conduite traînait en longueur. Ce gouvernement appartenait au type de ceux dont Machiavel explique la faiblesse par le désordre d'une incurie ambitieuse[8]. Florence semblait se reposer du drame qu'elle avait vécu pendant les quatre années au cours desquelles la brusque grandeur d'une révolution politique et religieuse l'avait enthousiasmée. On y sentait confusément la faiblesse et les dangers du vieux régime de la libre commune, et déjà les Médicis, pendant plus d'un demi-siècle, avaient su fonder un despotisme au coeur d'une république sans vertu. Débiles eux-mêmes, ils ne devaient y rétablir leur pouvoir qu'en 1512, avec l'appui de l'étranger.

L'enseignement, au Studio, avait perdu l'éclat que lui conféraient, avant l'invasion, les leçons d'un Politien. Mais la splendeur de la vie artistique restait inégalée. Erasme a pu, au coin d'une rue de Florence, rencontrer Léonard de Vinci, magnifiquement vêtu de drap rosé dans son cortège de jeunes artistes; il a pu rencontrer Raphaël. Michel-Ange venait de dresser, devant la façade du palais de la Seigneurie, son David adolescent et gigantesque; il avait en 1503 peint la Sainte Famille des Offices. Léonard venait d'achever cette sainte Anne du Louvre, dont le sourire semble résumer toute l'intelligence, la grâce et la mélancolie de la Renaissance florentine, à cette heure fugitive où Botticelli terminait son oeuvre par l'illustration de la Divine Comédie[9], où Michel-Ange essayait encore la puissance de son génie créateur. Probablement en 1506, Léonard achevait le portrait de Monna Lisa Del Giocondo; entre 1504 et 1506 Raphaël peignait à Florence la Madone du Grand Duc, la Belle Jardinière, La Vierge au Baldaquin, la Donna gravida.

De tout cela, Erasme n'a jamais parlé. Non pas qu'il ne sût regarder et comprendre. Il connaissait la peinture et avait acquis, aux Pays-Bas, une certaine pratique de cet art flamand qui, à Florence même, avait charmé les amateurs, et parfois inspiré le Ghirlandaio et Filippino Lippi. L'ami d'Albert Dürer, de Holbein, de Quentin Matsijs n'était certes pas indifférent aux plus belles créations de l'art. Il savait ce qu'est un portrait exact, appuyé et profond. Il n'ignora pas, quelques années plus tard, les écrits techniques d'Albert Dürer[10]. Mais les humanistes italiens eux-mêmes n'avaient pas l'habitude de disserter sur les oeuvres des sculpteurs et des peintres. Les poètes n'y hasardaient que de très sobres allusions. Il sera donc toujours vain de rechercher les impressions qu'Erasme put éprouver à Florence. De même nous ne saurons jamais comment Bruges et ses églises, comment les cathédrales françaises, comment les cathédrales anglaises et le charme d'Oxford, et tout un vieux Londres gothique et charmant qui devait s'abîmer presque entièrement dans l'immense incendie de 1666, ont pu l'émouvoir. Nous savons seulement qu'à Florence il ne connut personne, et pour ne pas rester complètement désoeuvré, traduisit quelques nouveaux dialogues de Lucien[11].

Erasme n'avait passé qu'un peu moins d'un mois à Florence. Il n'était pas resté sans réfléchir sur le spectacle que lui offraient les choses italiennes. Il écrivait le 4 novembre 1506 à un ami hollandais, Jacques Mauritz, pensionnaire de la ville de Gouda: «Il se passe ici bien des événements qui mériteraient qu'on en parlât»[12]. Malheureusement le courrier attendait et Erasme n'eut pas le temps de développer sa pensée. Mais nous savons qu'il s'agissait de la guerre conduite par un pape contre un peuple chrétien. L'évangélisme érasmien, l'évangélisme de Colet et de More, la haine humaniste et érasmienne de la violence, des armes employées pour trancher les débats de la politique, se révoltaient contre un pareil spectacle. Quand Jules II après la capitulation de Bologne y eut célébré son entrée triomphale, Erasme à son tour y revint. Il y était dès le 16. Mais les violences commises lui restaient odieuses.

Il s'en ouvrait, le 27, à l'un de ses amis des Pays-Bas, Jérôme Busleiden. Ce brabançon de Malines, plus jeune qu'Erasme de quatre ans, ancien élève de Louvain et d'Orléans où en 1500 il avait connu Erasme, comptait lui aussi parmi les admirateurs de l'Italie; c'était à Bologne qu'il avait passé en 1501 le doctorat en droit; il avait également suivi quelques cours à Padoue. Rentré aux Pays-Bas, en possession d'une fortune dont témoigna plus tard son magnifique hôtel de Malines, il devait occuper les plus hauts rangs dans le clergé des Pays-Bas et jouer un rôle actif dans la diplomatie du gouvernement de Bruxelles, qui l'avait choisi comme membre ecclésiastique du Grand Conseil des Pays-Bas. Au cours de l'hiver précédent, il avait été chargé d'une ambassade à Rome. Humaniste déclaré, ami de Thomas More, il devait laisser par son testament, en 1516, une somme importante pour fonder à Louvain un collège destiné, selon le programme érasmien de réforme théologique, à l'enseignement des trois langues de la Bible. Erasme, en dépit d'une prudence qui pouvait passer pour timidité, ne cachait guère à ses amis ce qu'il pensait des hommes et des choses. Il écrivait à Busleiden: «Le souverain pontife fait la guerre, remporte des victoires, célèbre des triomphes, et joue très bien le rôle d'un Jules César»[13].

Ces propos n'étaient pas destinés à rester secrets. La lettre à Busleiden servait en effet de préface à une réédition du *Lucien*, où s'ajoutèrent les deux dialogues traduits à Florence; elle parut chez Josse Bade, probablement avant la fin de l'année.

Erasme savait maintenant ce qu'il pouvait attendre de l'humanisme italien. Non plus, sans doute, cette révélation éblouissante des doctrines philosophiques, de l'analyse psychologique, de la spéculation métaphysique ou théologique que Lefèvre d'Etaples, en 1492, était venu chercher à Florence et à Rome. Mais la pratique de plus en plus exacte et savante de la philologie antique, et particulièrement la pratique de plus en plus exacte et savante des études grecques. Dans de tels domaines, la maîtrise de l'Italie restait indiscutable, accablante. Certes, depuis son premier voyage d'Angleterre, Erasme avait eu l'occasion de faire comme helléniste ses preuves. Ses traductions d'Euripide et de Lucien en témoignaient. Mais ni Lucien, ni même Euripide, n'étaient des auteurs particulièrement difficiles; et l'étude déjà commencée par lui du Nouveau Testament risquait de l'écarter de l'usage classique. Il avait donc l'intention de consacrer principalement au grec son séjour en Italie. Il écrivait de Bologne le 16 novembre 1506 à Servais Roger, son compagnon d'études à Steijn, prieur du couvent depuis 1504: «Je suis allé en Italie surtout pour l'étude du grec». Mais il s'attristait de constater que les presque incessantes depuis 1494, avaient interrompu et ralenti l'enseignement. Il s'en plaignait à Servais Roger; et déjà il laissait entendre la possibilité d'un prompt retour. Propos sans doute à demi sincère, et de circonstance dans cette lettre où il devait rendre compte de ses déplacements à un supérieur assez malveillant. Mais dans la lettre à Busleiden destinée à la publicité, il déplorait, presque exactement dans les mêmes termes, l'acharnement des guerres qui attristaient et ruinaient en Italie les études. Du moins, selon son dessein, relisait-il les classiques grecs. Bien qu'il eût annoncé publiquement son intention de consacrer au Christ le reste de son âge, il parut bientôt entièrement repris par la philologie antique et les études antiques[14].

Josse Bade, en effet, le 10 janvier 1507, achevait d'imprimer une nouvelle édition des *Adages* de 1500, sensiblement enrichie. Il est possible qu'alors Erasme eût conçu l'intention de refondre son ouvrage, qui dès le début avait paru à Robert Gaguin et à lui-même un peu sec, et d'y faire rentrer tout ce que, depuis six ans, dans les auteurs latins, et bien plus encore dans les auteurs grecs, dont en 1500 il ignorait presque tout, il avait pu recueillir de sentences morales, de proverbes, de propos sages, étranges et profonds. Et sans doute, comme il l'avait affirmé dans la préface de 1500, un tel travail s'accommodait-il bien avec cette entreprise de réforme intellectuelle et morale qui devait nécessairement servir de préface à toute restauration savante de l'enseignement chrétien. Il n'était en 1500 qu'un jeune poète latin à peu près inconnu. Avec la publication de l'*Enchiridion en* 1504, des notes de Laurent Valla en 1505, il avait pris rang parmi les jeunes théologiens. Peut-être ses versions d'Euripide et de Lucien témoignaient-elles. de curiosités qui pouvaient sembler discutables; la préface des *Adages*, celle du Laurent Valla, certains textes de l'*Enchiridion* le montraient en désaccord public avec l'enseignement traditionnel des facultés; mais il portait maintenant le titre de docteur, de professeur de la science sacrée; il pouvait, avec une autorité nouvelle, incontestable, d'autant plus qu'en général on le croyait docteur de Bologne, répéter plus haut ce que l'on n'avait pas encore beaucoup écouté, refaire la mince collection de 1500, lui donner une ampleur qui imposât le nom et l'oeuvre d'Erasme aux humanistes comme aux théologiens.

A Bologne, où l'Université avait probablement repris ses cours, il sembla subir une certaine déception; Filippo Beroaldo était mort depuis 1504. Il avait, dès l'âge de ving-trois ans, émerveillé les humanistes parisiens et Robert Gaguin; revenu dans sa ville natale, il y avait enseigné avec éclat la rhétorique et la poésie antique[15]. Il laissait de nombreuses éditions des classiques latins, et en matière de style et de langue, une doctrine anticicéronienne, antiacadémique et qui n'écartait ni l'archaïsme du vocabulaire, ni une certaine recherche de termes techniques et d'expressions parfois obscures. Erasme devait toujours le considérer comme le maître des professeurs de son temps. A défaut de cet humaniste insigne, que sans doute à Paris il avait entendu louer par Robert Gaguin, Erasme écouta Paolo Bombace. Ce Bolonais enseignait à l'Université, depuis l'année précédente, la rhétorique et l'art poétique, et bien qu'il n'eût rien publié, comptait parmi les meilleurs hellénistes italiens. Il ne s'était pas tenu à l'écart des événements politiques: en 1502, le conseil communal de Bologne l'avait chargé d'une mission auprès de Louis XII. On le soupçonnait de fidélité aux Bentivogli; pourtant, le gouvernement pontifical restauré ne l'avait pas privé de sa chaire. Il ne quitta pas Bologne avant 1512, chercha fortune à Naples, puis enfin à Rome; après la mort de Jules II, il devint secrétaire du cardinal Pucci. Il passait en 1524 au service personnel de Clément VII; il devait périr tragiquement lors du sac de Rome, le 6 mai 1527[16].

Erasme, qui n'était plus un étudiant, n'eut pas besoin de suivre ses cours; mais il se lia d'une vive amitié avec lui; tous deux lurent ensemble avec passion les textes grecs. Erasme révisa ses versions d'Euripide, reprit la composition des *Antibarbares*. Revenant à l'une des questions posées dans l'*Enchiridion*, il semble avoir rédigé un petit écrit, qu'il ne conserva pas, sur les avantages et les inconvénients de cette vie monastique à laquelle plus que jamais il se sentait étranger. Plus tard, il affirma que pendant son séjour en Italie, il avait appris peu de choses. En fait, il avait pu recevoir de Bombace quelques précieux conseils d'helléniste. Mais sa maîtrise était désormais assurée. Les humanistes de Bologne lui auraient demandé de professer quelques leçons à l'Université. Il n'aurait pas accepté, alléguant son accent du Nord et la crainte de se rendre ridicule par une prononciation barbare du latin. Il n'aimait guère l'enseignement et préférait agir par la conversation, la correspondance ou le livre. Il avait deux ouvrages à publier: l'*Euripide*, mal imprimé par Josse Bade, et surtout les *Adages*, qui peu à peu se transformaient en un lourd volume où se résumait la sagesse pratique de la Grèce et de Rome. Après quoi, un peu déçu par l'Italie, et maintenant délivré de la tutelle, qui lui était devenue importune, des fils de Boerio, il reprendrait la route des Alpes, reverrait les Pays-Bas et probablement l'Angleterre[17].

Il résolut de choisir comme éditeur Alde Manuce. L'illustre imprimerie vénitienne s'était ouverte en 1494. Alde, né dans la région romaine, devait l'essentiel de sa haute culture aux hellénistes de l'Université de Ferrare. A Venise, porte de l'Orient, où vivaient d'innombrables Grecs réfugiés en Italie depuis l'invasion turque, où la bibliothèque de Saint-Marc gardait les manuscrits de Bessarion, où Ermolao Barbaro renouvelait l'étude d'un Aristote christianisé, Alde avait conçu dès 1490 le projet d'une typographie destinée à publier selon des méthodes savantes les textes de l'antiquité grecque, dont les presses de Milan et de Florence poursuivaient, un peu au hasard, la vulgarisation. Un petit prince lombard, Alberto Pio de Carpi, dont Alde avait dirigé l'instruction, soutint et commandita l'entreprise. Esprit cultivé, âme profondément chrétienne, il devait par la suite, à l'occasion des querelles de la Réforme, mener contre Erasme de vives polémiques. Alde s'était engagé dans son labeur avec une passion d'humaniste philologue, et le souci de rendre aux chrétiens les textes nécessaires à la connaissance de ce monde dont l'Ecriture leur résolvait les énigmes; avec le souci de servir, par la réalisation d'un programme d'encyclopédie antique, illuminée par la foi chrétienne, l'esprit humain. Dès avant la fin du XVe siècle, il avait donné aux générations modernes, qui depuis un demi-siècle l'attendaient, le texte grec d'Aristote, dans cette admirable édition princeps dont les cinq volumes s'étaient succédés de 1495 à 1499. Cependant il multipliait, en d'admirables caractères, avec un soin plus admirable encore, les éditions des classiques, des poètes, des orateurs, des savants, des moralistes, des écrivains religieux de l'antiquité. Le *Dante* de 1502, l'*Homère* en deux volumes de 1504, semblaient annoncer la réconciliation du génie classique et du génie chrétien.

Mais Erasme n'avait pas en vain déploré ces guerres sans cesse renaissantes qui paralysaient les travaux de l'esprit. Pendant toute l'année 1506, l'activité de l'imprimerie aldine, si laborieuse depuis douze ans, avait dû s'interrompre[18].

Erasme écrivit donc à Alde le 28 octobre 1507. Il lui dit son admiration pour tant de livres, imprimés avec tant de soin et de savoir. Il avait entendu annoncer à Bologne que le maître vénitien préparait la publication des oeuvres complètes de Platon dans le texte grec. En fait, cette glorieuse édition princeps à laquelle Alde pensait depuis longtemps ne devait paraître qu'en septembre 1513. Erasme du moins affirmait au grand imprimeur l'attente et l'impatience du monde humaniste. Mais en même temps il exprimait le désir de le voir un jour entreprendre l'édition princeps du Nouveau Testament. «Cette publication, disait-il, ne pourrait obtenir qu'un grand succès, particulièrement auprès de cet ordre des théologiens auquel j'appartiens». Texte important: pour la première fois Erasme, après avoir à maintes reprises dans l'*Enchiridion*, dans l'édition des *Notes* de Laurent Valla, prêché le retour savant à la Bible, affirmait la nécessité de rendre aux modernes le texte original qui fondait leur croyance. Il semblait annoncer l'entreprise qui fut sans doute la plus importante dans sa carrière d'humaniste chrétien. Déjà, obéissant à la logique intérieure de sa pensée et de son oeuvre, il y songeait. Il pouvait avoir appris à Oxford, en 1499, par Grocyn, revenu de Venise, qu'Alde lui-même avait formé un pareil projet; Grocyn, dans une lettre à l'imprimeur publiée en octobre 1499 avec l'édition des *Astronomi veteres*, y faisait allusion. Et probablement s'agissait-il d'un plus vaste projet de cette Bible polyglotte, qui ne devait être réalisée qu'en 1521, par les soins du cardinal Jiménez de Cisneros, à Alcala.

Pour le moment, Erasme envoyait à Venise ses traductions d'Euripide; il citait les noms des grands humanistes anglais qui les avaient approuvées et qu'Alde comptait au nombre de ses amis: Grocyn et Linacre, Latimer et Tunstall. Il ajoutait que divers Italiens, au premier rang desquels il nommait Bombace, avaient également aimé ses versions. Puisque l'édition de Josse Bade était pleine de fautes, il priait Alde d'accepter la tâche d'une réimpression. Il disait sa préférence pour le petit caractère cursif et italique, création d'Alde, imitation de l'écriture élégante et nette adoptée par Pétrarque dans ses manuscrits. Le format serait cet in-8°, dans lequel depuis 1501 Alde éditait les classiques. Erasme ajoutait qu'il devrait bientôt quitter l'Italie, et que ses amis anglais l'avaient chargé de s'enquérir des auteurs peu connus qu'Alde se proposait de publier. Il ne lui parlait pas encore de la nouvelle édition des *Adages*; il se réservait sans doute d'en poser la question après la réponse d'Alde[19].

L'imprimeur, dans une lettre qui n'a pas été conservée, accepta la réimpression des drames d'Euripide et invita Erasme à Venise. Erasme lui répondit vers la fin de novembre et discuta quelques-unes de ses observations sur la lecture de divers textes et sur la liberté que lui-même avait prise de ne pas traduire toujours les parties lyriques dans le mètre dont Euripide s'était servi. Il souhaitait que le volume parût avant la fin de décembre, afin de pouvoir l'offrir en étrennes a ses amis italiens, fort nombreux à Bologne. Il annonçait maintenant l'intention nouvelle et apparemment inattendue de partir pour Rome dès le lendemain de Noël; le séjour à Venise n'aurait lieu qu'après ce voyage[20].

Mais dans une lettre malheureusement perdue, Erasme posait quelques jours plus tard la question des *Adages*, et demandait à Alde s'il se chargerait de l'édition. Comme l'achèvement et la préparation du livre exigeaient encore un assez long travail, la présence de l'auteur à la librairie d'Alde, riche de textes et de manuscrit, était nécessaire. Il partit pour Venise, dans le courant de décembre, au moment où, selon ses voeux, l'*Euripide* sortait des presses. La lettre-préface d'Erasme à Warham, archevêque de Canterbury, était un nouvel hommage de reconnaissance envers cette Angleterre italienne à laquelle il devait la libération de son génie. C'est pourquoi le volume contenait encore les vers composés à Greenwich dans l'été de 1499 à la louange du pays hospitalier. Il y avait joint, dans une pensée de confession spirituelle, le petit poème philosophique et religieux écrit au passage des Alpes. Selon l'usage, une brève adresse d'Alde aux gens d'étude célébrait le savoir et le talent d'Erasme. Cependant, par Ferrare et Padoue, il atteignait Venise; il y fut dans les premiers jours de 1508[21].

NOTES

[1] NOLHAC, **11**, p. 9-10. RENAUDET, **63**, p. 490-491, n. 1.

[2] .Voir p. 45, n. 12. Noter le caractère ambigu de 200, l. 3-4, l. 8, et de 201, l. 3-5.

[3] ALLEN, **6**, IX, 2473, à Pierre de Mornyeu, Fribourg, 2 avril 1531, p. 244, l. 11: Mire placebat gentis humanitas.

[4] Voir p. 38, n. 15.

[5] .ÉRASME, **1**, I, *Coll.*; *Convivum religiosum*; col. 685, A-B: Cum essem apud Insubros, vidi monasterium quoddam ordinis Cartusiani, non ita procul a Papia: in eo templum est, intus ac foris, ab imo usque ad summum, candido marmore constructum, et fere quidquid inest rerum, marmoreum est, velut altaria, columnae, tumbae. Quorsum autem attinebat tantum pecuniarum effundere, ut pauci monachi solitarii canerent in tempio marmoreo, quibus ipsis templum hoc oneri est, non usui, quod frequenter infestentur ab hospitibus; qui non ob aliud eo se conferunt, nisi ut spectent templum illud marmoreum.

[6] MACHIAVEL, **36**, I, *Il Principe*, ch. III: De principatibus mixtis; t. I, p. 10-13

[7] ALLEN, **6**, I, 200, Florence, 4 novembre 1506, p. 431, l. 1-4: Italiam... magnis bellorum tumultibus agitatam offendimus; adeo ut Pontifice una cum Gallorum copiis Bononiam obsidere parante illinc Florentiam profugere simus coacti.

[8] MACHIAVEL, **36**, *Discorsi...*, Proemio, t. I, p. 90: quel male che ha fatto a molte repubbliche cristiane uno ambizioso ozio... —I, 47, p. 197: Dopo il 1494, sendo stati i principi della città cacciati da Firenze, e non vi essendo alcuno governo ordinato ma più tosto una certa licenza ambiziosa, e andando le cose publiche di male in peggio...

[9] BATARD (Yvonne), *Les dessins de Sandro Botticelli pour la Divine Comédie*; Paris, 1952, in-4°.

[10] Sur la connaissance qu'Erasme put avoir de la peinture, voir ALLEN, **6**, t. I, 16, p. 91, l. 12, n.; sur la connaissance qu'il eut des écrits théoriques d'Albert Dürer, que d'ailleurs il connut personnellement, RENAUDET, **25**, p. 292; ÉRASME, **1**. De recta latini graecique sermonis pronuntiatione dialogus; I, 928 C-D.

[11] ALLEN, **6**. 205, Bologne, 17 novembre 1506, t. I, p. 435, l. 35-37: Dialogos aliquot Luciani... pauculis his diebus dum obsidionis metu

Florentiam profugeremus, Latinos feci; hoc nimirum agens ne nihil agerem.

[12] ALLEN, **6**, 202, Florence, 4 novembre 1506, I, p. 453, l. 4-5: Multa sunt hic in Italia noua scriptu digna, verum iam aufugit tabellio.

[13] *Ibid.*, 205, Bologne, 17 novembre 1506, t. I, p. 435, l. 38-39: Summus Pontifex Julius belligeratur, vincit, triumphat, planeque Julium agit.

[14] ALLEN, *Ibid.*, 203, t. I, p. 433, l. 2-4; Italiam adiuimus Graecitatis potissimum caussa; verum hic iam frigent studia, fervent bella, quo maturius reuolare studebimus. —Ep. 205, voir note précédente.

[15] Voir p. 22, n. 7.

[16] Voir ALLEN, **6**, I, p. 443, Introduction à l'Ep. 210.

[17] NOLHAC, **11**, 21-25. Pour la déception qu'Erasme put éprouver en Italie, voir *Resp. ad Petrum Cursium* (X, 1756), et dans *Responsum ad Albertum Carpensem* (IX, 1137); textes cités *Petrum Cursium* (X. 1756), et dans *Responsum ad Albertum Carpensem* (IX, 1137); textes cités par Nolhac, p. 25, n° 4. La proposition de conférences repose sur une tradition incertaine.

[18] RENOUARD, **59**, p. 51. —ALLEN, **6**, 207; I, p. 437, l. 13-15: Audio Platonem Graecanicis abs te formulis excudi, quem docti plaerique iam vehementer exspectant... —p. 437-438, l. 16-19 / Demiror quid obstiterit quo minus Novum Testamentum iampridem euulgaris, opus (ni me fallit coniectura) etiam vulgo placiturum, maxime nostro, id est Theologorum, ordinis; l. 17, note.

[19]*Ibid.*, p. 438-439, l. 20-39.

[20] ALLEN, p. 163, 209; I, p. 440-442.

[21] NOLHAC, 11, p. 30.

V - VENISE

Pour un homme qui, comme Erasme, aimait de plus en plus à se détourner des livres pour regarder les hommes, Venise était un théâtre prodigieux.

I

La ville possédait une immense richesse, créée par le commerce, entretenue par le commerce. Elle assurait les relations de l'Europe occidentale avec l'Orient et l'Extrême-Orient par les Echelles du Levant et la route des caravanes, par l'Egypte, la Mer Rouge et l'Océan Indien. La possession de la Dalmatie lui permettait de tenir le débouché du monde des Balkans et de dominer l'Adriatique, dont quelques places récemment acquises sur la côte des Pouilles, lors de la débâcle du royaume de Naples en 1503, l'aidaient à surveiller l'entrée. Maîtresse de Chypre depuis 1485, elle dominait, par sa flotte d'Alexandrie, les routes de la Méditerranée orientale. Elle contrôlait tout le trafic de l'Orient et de l'Extrême-Orient avec l'Allemagne du Sud et l'Europe centrale, avec Augsbourg, Nuremberg et Vienne; avec l'Allemagne du Nord et les villes de la Hanse, la Hongrie et la Pologne. La route du coton, la route des épices, aboutissaient à ses entrepôts. Vers eux descendaient, des hautes régions allemandes et bohémiennes, les métaux qui alimentaient le travail de ses arsenaux, et toute une part de son commerce méditerranéen.

Cette puissance économique n'avait pu être ébranlée par la conquête turque de l'ancien Empire d'Orient. Afin de nourrir son peuple, Venise avait besoin non seulement de ses domaines de terre ferme, mais aussi des produits des territoires ottomans. Elle se trouvait contrainte à garder de bonnes relations avec le sultan. Les nécessités de son commerce et de son ravitaillement imposaient à la République une politique très complexe, et savamment servie par une diplomatie dont l'action s'étendait à toute l'Europe chrétienne, particulièrement du côté de Vienne et de l'Empire, comme du côté de l'Europe musulmane et de Constantinople.

Dans quelle mesure cette prospérité se trouvait-elle menacée par la découverte des nouvelles routes des Indes depuis 1498, et par la fondation, dans l'Hindoustan, des comptoirs portugais, dont le trafic enrichissait Lisbonne? Dès 1504, une flotte en était partie pour l'Océan Indien et la Perse. Les Portugais occupaient en 1506 l'île de Socotora, clef de la Mer Rouge; en 1507 Ormuz, clef du Golfe Persique. Lisbonne allait tenter un effort pour disputer à Venise la suprématie commerciale en Extrême-Orient. Cependant l'Egypte, menacée par les Turcs, entrait dans une telle décadence que, en 1504, le convoi d'Alexandrie revenait à vide[1]. L'incendie du Fondaco dei Tedeschi, en 1505, avait semblé un événement de mauvais présage; le commerce allemand, par suite des guerres et des troubles politiques dans l'Italie du Nord, subissait des pertes inquiétantes.

Mais l'énormité même du capital accumulé devait permettre à Venise de tenir tête au désastre qui s'annonçait, et contre lequel un gouvernement d'armateurs et de commerçants, habitué de tout temps à fonder sa politique sur le calcul des intérêts et des dangers, était capable de lutter. Car il possédait, avec la vigueur d'institutions stables, une dure autorité. Il assurait à Venise une administration intelligente des subsistances, et par là, épargnait à la République les crises sociales qui si souvent avaient ébranlé l'histoire florentine. Il suivait les traditions d'un impérialisme qui maintenait la domination vénitienne, dans la mesure où l'invasion turque le permettait, en Méditerranée orientale, et d'autre part s'efforçait d'élargir sans cesse ses domaines de terre ferme à travers les plaines de Lombardie. Cet impérialisme provoquait la méfiance, la rancune et la haine dans tous les Etats de la Haute Italie, prêts à s'entendre avec l'étranger, avec le pape Jules II, pour ruiner une puissance dont la suprématie commerciale, financière et politique rançonnait l'Italie et semblait menacer jusqu'à la liberté des peuples et des gouvernements.

La vie artistique était éclatante. On travaillait à la cour du palais ducal. Venise avait formé peu de sculpteurs, mais entretenait une admirable école de coloristes. Giovanni Bellini continuait de peindre ses conversations saintes, ses concerts sacrés autour de la Vierge Mère. Il multipliait d'admirables portraits, parmi lesquels se détache triomphalement, dans sa noblesse et sa gravité austère, l'effigie du doge Léonard Loredan, alors régnant. Vittorio Carpaccio avait terminé vers 1504 cette Légende de sainte Ursule, où la magnificence vénitienne s'accorde avec la fantaisie éclatante et grave de l'Orient. Giorgione avait achevé le Concert champêtre du Louvre, Titien débutait; il avait en 1502 peint l'évêque Jacopo Pesaro, présenté à saint Pierre par Alexandre VI. Il entreprenait en 1505 la décoration du Fondaco dei Tedeschi, bientôt restauré. Il peignait, entre 1508 et 1510, la noble et rayonnante allégorie où l'humanisme voulut reconnaître la double image de l'amour profane et de l'amour sacré. Pendant le séjour d'Erasme, Albert Dürer allait, en 1508, terminer son second voyage à Venise. Déjà maître de la gravure sur bois, créateur d'un art étrange, tragique, émouvant, qui volontiers, à Mantoue, dans l'atelier de Mantegna, s'était orienté vers la recherche d'une beauté abstraite, il cultivait auprès des Vénitiens sa science de la couleur. Mais la gravure gardait ses préférences; elle exprimait, elle devait toujours exprimer ses aspirations véritables, ses tristesses graves et profondes, qui, plus tard, le conduisirent à recueillir avec enthousiasme la parole de Luther, à se passionner même pour les leçons d'Erasme, transfiguré en chevalier du Christ[2].

La vie intellectuelle était moins intense. De même que Milan, Venise ne possédait pas d'Université; Padoue, sur les domaines de Saint-Marc, tenait le rôle de Pavie sur les terres des Sforza. La scolastique se maintenait vigoureusement auprès des lettres anciennes. L'aver-roïsme, dont Ermolao avait cru ruiner définitivement le crédit, en démontrant que le désaccord prétendu fondamental entre Aristote et Platon n'était qu'une imposture des glossateurs arabes, se relevait. Naguère si verbal et si pauvre depuis Pétrarque, depuis même ce XIIIe siècle que Giuseppe Toffanin a pourtant appelé le siècle sans Rome, il tirait à son tour bénéfice du progrès des études et particulièrement des études grecques[3]. Alde Manuce avait imprimé les commentaires encore mal connus d'Alexandre d'Aphrodise, qui soulignaient vigoureusement, sans en atténuer la gravité, le contraste d'Aristote et de Platon; et Pomponazzi allait restaurer pour un siècle les doctrines de Padoue.

Mais à Venise les hommes qui travaillaient au progrès des lettres antiques appartenaient à l'aristocratie ou au monde du gouvernement. Tel avait été Ermolao Barbaro. C'est dans son palais de la Giudecca qu'il avait commenté Themistios et Dioscoride. C'est à cette société de patriciens éclairés qu'appartenait Marino Sanudo. Ce sénateur vénitien dont le père était mort ambassadeur à Rome en 1478, avait l'âge d'Erasme. Chargé lui-même de hautes fonctions, administrateur, en

1501-1502, de Vérone, il joignait à la science politique et à l'érudition historique le culte des lettres. Sa *Vie des Doges*, véritable chronique de Venise jusqu'à la descente de Charles VIII, résumait tout le passé de la République; ses *Diarii*, dont il poursuivit la rédaction de 1498 à sa mort, survenue en 1535, devaient être, de son propre aveu, une mine sans laquelle aucun écrivain ne pourrait jamais raconter cette histoire. Il y rassemblait les événements de la politique intérieure et extérieure; il les éclairait par une ample et inappréciable collection de documents officiels, de lettres particulières, d'informations secrètes; il avait noté d'introuvables détails sur l'élection des magistrats, sur les fêtes et les spectacles, sur le commerce et les affaires, les divertissements; il se plaisait à conter des anecdotes, à recueillir des plaisanteries et des bons mots. Mais il était en même temps un ami des lettres renaissantes, et pensait en humaniste. C'était à lui qu'en juillet 1498 Alde Manuce avait dédié son édition des oeuvres complètes d'Ange Politien.

A la même aristocratie, curieuse et lettrée, appartenait Pietro Bembo. Né en 1470, il avait pu à Florence, étant lui aussi fils d'ambassadeur, apprendre dès son enfance la pure langue toscane. Il allait bientôt recueillir, comme humaniste et admirateur de Platon, le double héritage de Politien et de Ficin. Il avait, à Messine, sous Constantin Lascaris, étudié le grec, le latin de Virgile et de Lucain. A Ferrare, où son père Bernardo Bembo représenta de 1498 à 1500 la République, il apparut comme un poète parmi les poètes. Il commençait alors la composition de ce canzoniere pétrarquiste, d'une élégance de forme que nul, depuis Pétrarque, n'avait égalée. En 1505, il achevait ses *Asolani*, dialogues qu'avait inspirés, lors de son séjour à Ferrare, sa passion pour Lucrèce Borgia. Nourris de platonisme florentin, ils firent de lui le plus authentique héritier de l'école qui avait eu pour chef Marsile Ficin. Bembo représentait Venise, en 1507, auprès de la cour élégante et lettrée d'Urbino; son platonisme, dans les octaves qui célébrèrent d'autres amours, se transformait en un épicurisme élégant et lettré. Il allait, en 1513, passer comme secrétaire au service de Léon X; il devait finir sa carrière en cardinal de l'Eglise romaine, et demeurer jusqu'au bout le plus convaincu et le plus fidèle des érasmiens d'Italie.

Le centre de la vie intellectuelle à Venise était désormais, proche du Rialto, l'imprimerie d'Alde Manuce. Elle avait été, jusqu'au chômage forcé de 1506, la première des grandes entreprises typographiques d'Europe, et tenu le premier rang à la foire des livres de Francfort. Alde conversait avec Bembo et Sanudo; il correspondait avec la plupart des savants italiens; il connaissait les philologues de l'Empire et de la Pologne comme d'Oxford ou de Paris. Il s'était, dès le début, prescrit de publier, dans des éditions savantes et critiques, les écrivains de l'antiquité grecque; et d'année en année, il avait rempli sa promesse. Sa technique se perfectionnait. Dès 1499 était sorti de ses presses un volume qui fut l'un des plus admirables que l'âge de la Renaissance ait produit, le *Songe de Polyphile*; allégorie plus étrange que belle ou riche d'une pensée vivante, oeuvre du dominicain Francesco Colonna; quelques-uns des plus grands artistes de l'Italie, Giovanni Bellini ou peut-être Andrea Mantegna, en avaient assuré la précieuse illustration. Mais presque aussitôt, dès 1501, Alde créait le type du livre moderne, le petit in-8°, portatif, commode et léger, qui sous les dimensions d'un manuel, imprimé en cursif italique, allait divulguer autant de textes grecs que l'in-4° des premiers typographes. Erasme admirait le format et le caractère; il les avait choisis en novembre 1507 pour ses versions de l'*Hécube* et de l'*Iphigénie* d'Euripide[4].

La maison du Rialto dominait le labeur intellectuel de l'Italie et peut-être de l'Europe entière. Elle abritait maintenant une académie, officiellement constituée en 1502. La première mention en apparaît dans l'édition des tragédies de Sophocle, publiées en août; Académie aldine, société d'hellénistes, toute dévouée à la cause du savoir grec et des lettres grecques. Le règlement avait été rédigé en grec par Scipione Forteguerri, qui selon l'usage et pour l'exemple, avait donné à son nom la forme hellénique de Carteromachos. Il avait collaboré, dès 1495, à l'édition princeps d'Aristote; et bien qu'il n'eût guère publié, il consacrait sa peine à la plupart des éditions grecques entreprises par Alde Manuce. Le règlement imprimé sur des feuilles volantes, s'était répandu à travers le monde des humanistes italiens. Les membres de l'Académie ne devaient, sous peine d'amende, parler que grec. Alde, le plus souvent, présidait les réunions. Des banquets, dont les amendes payées par les latinistes délinquants avaient assuré en partie les frais, réunissaient les académiciens. Ils y élaboraient les projets de publications et se partageaient les diverses tâches. C'est probablement l'un des plus anciens exemples de travail organisé en équipe, aux fins d'une collaboration à une entreprise scientifique[5].

Beatus Rhenanus, dans sa biographie d'Erasme, adressée de Sélestat le 1er juin 1540 à l'empereur Charles-Quint, a conté l'arrivée de l'humaniste inconnu et modeste, dans le travail et le bruit des presses. Par une sorte de coquetterie, ou pour le plaisir qu'il éprouvait à se mêler aux hommes sans leur imposer sa présence, il n'avait pas dit son nom. Alde, accablé comme toujours de besognes diverses, corrigeait les épreuves, et dans l'atelier dirigeait et surveillait lui-même l'activité des protes et des compagnons. il crut à la visite d'un de ces curieux qu'attirait l'activité d'un machinisme alors presque nouveau. Erasme attendit assez longtemps. Alde enfin se confondit en excuses, l'embrassa très affectueusement, et tout aussitôt le conduisit et l'établit dans la maison de son beau-père, Andrea Torresani d'Asola, imprimeur lui-même et son associé, dont le nom apparaît en novembre 1508 à la première page des *Lettres de Pline le jeune*[6]. Erasme allait, jusqu'en septembre 1508, passer chez Andrea d'Asola et chez Alde neuf mois de labeur, au sortir desquels l'auteur des *Adages* devait apparaître en Italie et en Europe comme le maître incontesté de l'humanisme international, comme le plus vigoureux critique de la vie sociale, politique et religieuse de l'Europe chrétienne.

II

La date de l'arrivée d'Erasme à Venise est capitale dans l'histoire de ses contacts intellectuels avec l'Italie, de son évolution intellectuelle et de sa production scientifique, de sa création littéraire. La date est capitale sans doute dans l'histoire de l'esprit humain.

La maison d'Alde abritait trente-trois personnes, y compris les serviteurs et les ouvriers. Telle était à cette date l'importance de la plus puissante entreprise d'édition et d'imprimerie qui existât en Italie et en Europe; malgré cette modestie apparente, elle avait dépassé le stade artisanal et médiéval; elle présentait le caractère moderne et capitaliste, et fonctionnait à l'aide de fonds importants, dont une partie avait été mise à la disposition d'Alde, dès la fondation de son imprimerie par le prince Alberto Pio de Carpi. La famille d'Alde comprenait, avec sa femme Maria Torresani d'Asola, épousée en 1499, son fils aîné Manuzio, encore tout enfant, son beau-père Andrea Torresani, qui parta-geait la direction de l'atelier, et dont les fils Francesco et Federico prêtaient leur concours l'un au travail technique, l'autre à l'administration. Alde, malgré la tournure grave et religieuse d'une pensée parfois mélancolique, était d'un commerce agréable, d'un esprit volontiers tourné à la plaisanterie, et, nous dit-on, excellait dans l'art d'imiter les uns et les autres.

Erasme avait sa chambre dans la maison d'Andrea d'Asola. Mais toute la famille se réunissait chez Alde pour les repas. On y menait la vie parcimonieuse des petits industriels, qui devait contraster longtemps encore avec la somptuosité des commerçants et des financiers. Il est vraisemblable aussi qu'après le chômage prolongé depuis le début de 1506, l'entreprise devait se trouver dans des conditions difficiles. Plus tard, en 1531, dans le colloque *Opulentia sordida*, Erasme devait raconter avec quelque ironie ce séjour vénitien. Andrea d'Asola, auquel il donna le nom d'Antronius, qui peut signifier homme des cavernes, apparaît sous l'aspect d'un parvenu, né dans la crasse, habitué depuis l'enfance à n'aimer que le gain. Alde, sous le nom d'Orthrogonus, fils de l'Aurore, offrit le type de l'homme laborieux, infatigable, levé dès les premières heures du jour, endurci à toutes les privations, et d'une économie qui frisait la lésine. Erasme décrit ces repas, dont le désordre, la lenteur et la sobriété lui devinrent bientôt mal tolérables, finalement, il dut se faire servir à ses frais dans sa chambre. «Je passais, conclut-il, pour un glouton, un goinfre, qui dévorais à moi seul tant de victuailles... Orthrogone m'avertissait d'avoir égard au climat et de penser à ma conservation. Il me citait plusieurs étrangers venus de nos pays, qui, faute d'avoir modéré leur régime, étaient morts ou avaient contracté de graves maladies». Plus tard les cicéroniens d'Italie blâmèrent Erasme de s'être montré ingrat et discourtois envers ses hôtes vénitiens; Jules-César Scaliger l'accuse de les avoir quelque peu étonnés par son appétit et son amour du vin. Maïs tout ce détail appartient au domaine de l'anecdote et de la polémique antiérasmienne. Aléandre, qui vécut avec lui à Venise, et devint douze ans plus tard son plus intime ennemi, n'a jamais risqué de pareilles allusions[7].

Il est certain du moins qu'Erasme, chez Alde, accomplit un labeur presque surhumain. En quelques mois il acheva de préparer pour l'impression et imprima presque en même temps la nouvelle collection des *Adages* et termina les *Antibarbares*. La première collection, plusieurs fois réimprimée depuis 1500, dite *Adagiorum collectanea*, continuait de servir de base à l'oeuvre qui peu à peu revêtait sa forme définitive. Les notes prises par Erasme à Bologne lors de ses dernières lectures grecques avaient enrichi l'ouvrage. Quand il s'établit à Venise, il avait réuni plusieurs milliers de textes anciens, et peut-être considérait-il déjà son travail comme achevé. Mais à Venise il trouvait encore d'importants secours; il en a rendu témoignage dans le commentaire de l'Adage *Festina lente*. «Tout ce qu'il y avait de savants autour de moi s'empressaient à me fournir des textes d'auteurs inédits. Alde n'avait rien dans sa librairie dont il ne me fît part». Erasme cite encore Jean Lascaris, le vénitien Battista Egnazio, le crétois Marco Musuro, et Fra Urbano Bolzano de Belluno. Le premier, né à Constantinople avant la conquête turque, avait achevé son enfance à Venise, étudié à Padoue; devenu à Florence l'un des familiers de Laurent le Magnifique, il allait de 1490 à 1492 chercher pour lui des manuscrits grecs au Levant. De bonne heure il avait, à Florence, édité Callimaque, l'*Anthologie*, les poèmes attribués à Musée, plusieurs tragédies d'Euripide. Après l'expulsion des Médicis en novembre 1494, il s'était attaché à la fortune de la France; Louis XII l'avait nommé son bibliothécaire; chargé en 1503 d'une mission diplomatique à Venise, il s'y était établi l'année suivante comme ambassadeur royal. Il devait y vivre jusqu'en 1509, en étroit contact avec Alde et l'Académie aldine. Marco Musuro était lui aussi venu de l'Orient. Ce Crétois, né probablement en 1470 à Rhétymnos, avait été à Florence élève de Jean Lascaris, et après un bref séjour en Orient s'était fixé à Venise entre 1494 et 1497. Tout aussitôt il collaborait sous la direction d'Alberto Pio de Carpi aux éditions helléniques d'Alde Manuce. A Padoue, il professait, depuis 1503, les lettres grecques. Giovanni Battista Egnazio sortait au contraire d'une antique famille vénitienne. Elève de Politien à Florence, rentré de bonne heure dans sa patrie pour y enseigner le grec, il avait chez Alde aidé à l'édition de nombreux classiques. Le Franciscain Urbano Bolzano était le premier qui eût publié une grammaire grecque en langue italienne. Erasme garda toujours un souvenir reconnaissant de leur concours bénévole, amical, empressé. «J'ai été secondé par des hommes que je ne connaissais ni de vue ni de nom». Et peu importe que Jules-César Scaliger ait pris encore prétexte de cette collaboration pour nier l'originalité de son oeuvre et l'accuser de plagiat. On ne peut qu'admirer la générosité fraternelle de ces humanistes qui mettaient leur savoir à la disposition d'un étranger, selon le plus pur esprit de l'Académie aldine, pour cette oeuvre commune qui était l'éducation de l'esprit humain[8].

Erasme cite parmi les ouvrages qui dans la librairie du Rialto furent mis à sa disposition, le recueil de proverbes que Michel Apostolios, l'un des premiers Grecs venus de Byzance, avait édité avant la chute de la ville; il était dès 1462 partisan véhément de la restauration du platonisme contre la tradition médiévale et l'aristotélisme des écoles. Erasme a pu consulter les manuscrits grecs de ces oeuvres de Platon, qui devaient jusqu'en 1513 demeurer le principal souci du grand imprimeur; lire les *Vies* de Plutarque et ses *Oeuvres morales* dont Alde commençait en 1508, vers la fin de l'été, l'impression; la *Rhétorique* d'Aristote, les anciens poètes grecs, Hésiode et Pindare, les poésies bucoliques, artificielles à la fois et réalistes, de Théocrite; Pausanias enfin, excellent guide à travers les incertitudes de l'antiquité grecque. Mais il lisait aussi, parmi les Pères grecs amis de l'antiquité et des études classiques, saint Grégoire de Nazianze[9].

Ainsi l'enquête d'Erasme à travers le monde gréco-romain s'élargissait; et peu à peu tous ces matériaux disparates, souvent, s'ordonnaient à la lumière d'une intelligence claire entre toutes. Le commentaire des *Adages* cessait d'être uniquement grammatical, philologique ou littéraire. Erasme avait depuis 1500 pris l'habitude de ne pas seulement écrire pour enseigner aux étudiants en lettres antiques la grammaire et le style, l'éloquence ou la poésie; il s'était exercé dans l'*Enchiridion*, dans les *Notes* de Laurent Valla, dans les versions de Lucien, à dire très nettement son avis sur les questions qui lui tenaient le plus à coeur, la réforme de l'Eglise, la réforme de l'enseignement chrétien, la réforme intellectuelle et morale du monde chrétien. Maintenant, d'une plume encore plus libre, il ne cachait plus rien de ce qu'il pensait en général des hommes et des choses; il prenait plaisir, en de longues et personnelles digressions, à se confesser lui-même, pour mieux comprendre le secret des hommes. Il avait été jusque là un petit poète latin parmi d'autres petits poètes latins; un grammairien parmi d'autres grammairiens; instruit comme eux par l'Italie, mais encore élève enthousiaste des grands humanistes d'Oxford, il s'était essayé au rôle d'un réformateur religieux. Il devenait maintenant, sans rien abandonner de son programme religieux, le grand écrivain moderne appelé Erasme de Rotterdam, le maître par qui le génie de l'humanisme, la valeur de l'humanisme pour la formation de l'esprit moderne devait le plus complètement s'exprimer, jusqu'à l'apparition de ces *Essais* de Montaigne que les *Adages* de Venise semblaient annoncer.

Tout ce travail fut conduit avec une étonnante prestesse. Erasme, par la suite, admirait sa propre témérité et celle d'Alde. On imprimait le livre en même temps que l'auteur en poursuivait la composition et sans cesse retouchait l'expression et le style. Tour de force qu'il devait renouveler à Bâle, lorsque, en 1515-1516, chez Froben, il acheva l'édition du Nouveau Testament grec, et l'accompagna d'une version et de commentaires qui, bien qu'un peu brefs, comptèrent dans l'histoire de la pensée. Les ouvriers d'Alde avaient depuis 1494 acquis une étonnante dextérité. La première épreuve était corrigée par un lecteur salarié, dont nous savons qu'il s'appelait Serafino. Erasme corrigeait la seconde; Alde voulait absolument réviser lui-même la dernière: «C'est pour m'instruire», disait-il. Dans le fracas des presses, le bourdonnement de l'atelier, Erasme imperturbable relisait et retouchait ses pages latines, le texte ingénieux, presque éloquent de ses commentaires et de ses confessions; et l'excellent typographe vénitien s'émerveillait de le voir tant écrire et si aisément[10].

Il n'est pas impossible qu'il ait encore, dans une certaine mesure, collaboré à quelques-unes des entreprises d'Alde, qui, en même temps que les *Adages*, imprimait les *Lettres* de Pline le Jeune parues en novembre 1508, et les *Rhetores graeci*, dont le premier volume parut vers la même date. Erasme n'a pas travaillé aux *Rhetores*; mais il donna vraisemblablement son concours à la belle édition princeps des *Moralia* de Plutarque, publiée en mars 1509. Nous savons qu'il eut en main le texte de Plaute, de Térence, des tragédies de Sénèque, en étudia les manuscrits et que, lors de son départ, il laissa ses notes à Alde. Nous savons encore qu'il reçut vingt écus d'or pour avoir, dans le texte jusqu'alors continu de Plaute, distingué les parties versifiées. Le Térence et le Sénèque ne devaient paraître qu'en 1517, après la mort d'Alde, et le Plaute en 1522, par les soins d'Andrea d'Asola[11].

Enfin les *Adagiorum Chiliades* parurent en septembre 1508. La dernière édition parisienne de la *Collectanea*, en 1507, contenait huit cent trente-huit adages. Le nouveau volume en rassembla trois mille deux cent soixante. Une préface d'Alde en dit l'utilité pour les amis des lettres grecques et latines. Dans une nouvelle dédicace à Lord Mountjoy, qui avait reçu l'hommage de la première édition, Erasme proclamait une fois encore sa reconnaissance envers cette Angleterre humaniste, italienne, où il avait, au déclin du dernier siècle, trouvé sa voie. Une fois encore, il affirma la doctrine humaniste et chrétienne au nom de laquelle, en 1500, jeune théologien obscur tout récemment revenu des leçons de John Colet, il avait justifié son premier effort. Mais il ajoutait, toujours fidèle à la tradition oxfordienne, qu'il aurait voulu, pour accompagner ces textes profanes, composer un recueil des allégories que les Pères de l'Eglise avaient recueillies dans les textes sacrés. Il aurait recherché auprès d'eux le modèle de cette exégèse symbolique dont lui-même, dans l'*Enchiridion*, avait affirmé la nécessité, sans arriver à de bien exactes définitions. Un tel travail eût ainsi rassemblé les plus précieux documents pour une histoire de la symbolique chrétienne, permis de renouveler ou même de ressusciter une partie essentielle des études sacrées, et de raviver la théologie mystique. Mais nul ne pouvait l'entreprendre avant l'impression de nombreux textes encore inédits. Pour une pareille tâche, Erasme devait compter sur le labeur infatigable d'Alde, et patienter. Ainsi Erasme, au moment même où il achevait l'ouvrage qui allait consacrer son autorité de philologue, persistait, selon la tradition d'Oxford, à voir dans la philologie antique l'indispensable moyen, mais pourtant un moyen et non un but, qu'il subordonnait à l'accomplissement d'une oeuvre plus haute, la réforme de la théologie chrétienne, et par là, de l'Eglise chrétienne et du monde chrétien[12].

Les *Chiliades* étaient d'abord un admirable manuel de philologie antique, le plus important et en somme le plus génial qui eût été conçu et réalisé jusque-là. Les étudiants des «humaniores litterae» y trouvaient une immense collection de sentences, de proverbes, de mots historiques, de vers passés en aphorismes, où se condensait toute cette sagesse pratique d'Athènes et de Rome, dont Erasme, dès 1500, avait dit tout le prix pour une éthique attentive à comprendre les conditions, les nécessités, les convenances de la vie humaine; éthique dont l'aspiration suprême devait être d'acheminer l'esprit humain de la sagesse antique à la sainteté de l'Evangile, et comme Budé un jour devait le dire en deux mots, de l'hellénisme au christianisme. Les étudiants en «humaniores litterae» pouvaient, dans le lourd volume vénitien, trouver toute cette sagesse admirablement commentée à l'aide de la plus sûre interprétation des textes, et d'une exacte connaissance de l'histoire des institutions, des croyances, des légendes, des formes de la société. A cet égard les *Adages* d'Erasme continuaient et complétaient les *Miscellanea* du Politien. Mais en même temps on y découvrait non plus seulement le maître de la philologie moderne, mais un écrivain original, qui maniait la langue latine avec une aisance élégante et le talent d'une expression à la fois simple et raffinée. Et cet écrivain était un homme, qui livrait au public une partie de son secret en essais personnels qui étaient des confidences et des confessions.

Sans doute ces confidences, ces confessions demeuraient encore hésitantes. L'analyse psychologique, la critique du gouvernement et de la société, se montrent souvent superficielles, et ne se libèrent pas aisément du lieu commun et du souvenir classique. Elles parviennent mal, comme dans les premiers *Essais* où Montaigne fait l'épreuve de son génie, à dépouiller un caractère d'érudition livresque. Bien qu'Erasme ait déjà beaucoup voyagé, connu les Pays-Bas, Paris et une partie de la France, Londres, Oxford et Cambridge; la Haute Italie, la

Lombardie et la Toscane; Milan, Pavie et Florence, la Romagne et la Vénétie, Bologne et Venise, il demeure encore, il demeurera longtemps un homme d'étude et de cabinet. Et pourtant, dans le commentaire de quelques Adages, *Aut regem aut fatuum*, *Festina lente*, *Spartam nactus es*, s'exprime déjà avec une singulière liberté une sagesse qui ne s'en laisse imposer ni par l'opulence brutalement acquise et conservée ni par l'appareil de la force matérielle, ni par le prestige même des hommes chargés à tort ou à raison, de gouverner les peuples.

III

Erasme, les *Adages* publiés, ne désirait pas prolonger son séjour à Venise. Il avait eu le temps chez Alde de connaître la société la plus lettrée et la plus fine. D'autres, plus étrangers aux tâches de l'érudition classique, mais qui fréquentaient la librairie aldine, Marino Sanudo, Antonio Navagero purent entretenir avec lui de vivantes conversations. Pietro Bembo était alors à la cour d'Urbino; Paolo Canale, autre patricien de Venise, et l'un des fondateurs de l'Académie, mourait pendant le séjour d'Erasme. Mais il a pu connaître le médecin Ambrogio Leoni de Nole, hostile, selon la tradition de Pétrarque et d'Ermolao Barbaro, à l'averroïsme padouan[13]. L'un des savants avec lesquels il se lia le plus intimement fut Jérôme Aléandre. Ce Frioulan né en 1480 à Motta Visconti, était venu dès 1493 à Venise; il y avait appris les langues antiques et les premiers rudiments de l'hébreu; à Padoue, il commençait l'étude des philosophes. Passé, en 1501, au service d'Angelo Leonini, légat pontifical auprès de la République, il l'accompagnait en Hongrie; de retour à Venise, il y avait péniblement vécu de leçons privées comme jadis Erasme à Paris; il travaillait en même temps chez Alde où Erasme le connut. C'est Aléandre qui mit à sa disposition la collection des proverbes grecs de Michel Apostolios. Tous deux partagèrent quelque temps, chez Andrea d'Asola, une chambre commune; ils s'étaient liés d'une amitié très intime; au cours de confidences alors échangées, Aléandre n'avait guère dissimulé son indifférence religieuse. Quand en 1508 il voulut partir pour Paris, et, comme une vingtaine d'années plus tôt Fausto Andrelini, y chercher fortune, il fut introduit par Erasme auprès de ses amis français, et bientôt, à la Faculté des Arts, inaugura, professeur de grec, un enseignement dont le succès fut éclatant. Erasme devait le retrouver avec surprise en 1520, légat de Léon X aux Pays-Bas et dans l'Empire, champion intransigeant de l'orthodoxie romaine contre l'hérésie luthérienne et la critique humaniste. Il ne devait jamais admettre la sincérité de cette attitude[14].

En octobre ou novembre 1508, il quitta Venise; Padoue fut naturellement sa première étape; il y eût volontiers passé l'hiver. Pour couvrir les frais de ses voyages italiens, il avait accepté un préceptorat fort brillant. Le roi Jacques IV d'Ecosse le chargeait de surveiller les études de son fils naturel, Alexandre Stuart, alors âgé de dix-huit ans. Ne pouvant, en raison de sa naissance, jouer un rôle officiel dans la politique et le gouvernement, il était destiné à l'Eglise, et, selon un abus qui annonçait et appelait la Réforme, il était déjà titulaire du plus haut siège de la hiérarchie catholique dans le royaume, l'archevêché de Saint Andrews[15].

A Padoue, après l'immense effort qu'avait coûté l'achèvement des *Adages*, Erasme était en vacances. Le séjour de cette ville, riche de monuments et d'oeuvres d'art, le contact d'une des plus insignes universités d'Italie et d'Europe, lui furent agréables. Il retrouva le Crétois Marco Musuro qu'il avait connu à Bologne, le Français Germain Brice, rencontré à Venise chez Lascaris, ambassadeur royal; Brice, excellent humaniste, allait devenir aumônier de Louis XII et chanoine de Notre-Dame. Il connut encore Lazzaro Buonamico, vulgarisateur éloquent de la culture antique, naturellement antiaverroïste et déjà cicéronien.

Tout en surveillant les études d'un archevêque adolescent, il se sentait repris par sa passion pour l'antiquité grecque; il collaborait à quelques éditions projetées par Alde, relisait Pausanias, et avec une attention nouvelle les scoliastes d'Euripide, de Sophocle et de Pindare; il travaillait avec Musuro. Cet excellent maître de grec et de philosophie antique préparait activement la grande édition de Platon qui fut sa principale oeuvre scientifique; un bel hymne platonicien, dont il était l'auteur, y devait servir de préface[16].

De graves événements se préparaient dans l'Italie du Nord. Le 10 décembre 1508 était signée à Cambrai une ligue qui unissait les principaux ennemis de la richesse et de la puissance vénitiennes: Maximilien, roi des Romains, exigeait Vérone, Padoue, le Frioul comme fiefs de l'Empire, et dès le printemps, avait commencé l'invasion du Cadore. Jules II réclamait Ravenne, Faenza, Rimini, anciens domaines pontificaux. Louis XII revendiquait certains territoires lombards occupés par la République, d'accord avec la monarchie française lors de la défaite de Ludovic le More. Ferdinand d'Aragon revendiquait diverses places des Pouilles occupées par Venise quand la France et l'Espagne avaient conquis en 1503 le royaume de Naples. Le duc de Savoie voulait Chypre, le duc de Ferrare et le marquis de Mantoue élevaient des prétentions sur quelques autres domaines vénitiens. Le roi de Hongrie menaçait de descendre sur les côtes de Dalmatie et d'occuper ces marines et ces ports dont la civilisation et l'art de Venise avaient embelli l'aspect. Les coalisés se proposaient de détruire l'Empire vénitien sur la terre ferme, et de ruiner en partie la puissance maritime de la République.

Une fois encore, la guerre menaçait l'asile des études. Erasme ne souhaitait pas de prolonger son séjour dans une ville qui risquait d'avoir bientôt à soutenir un siège, dans un pays menacé d'une prompte invasion. Il quitta Padoue après le 9 décembre, et, avec son royal élève s'établit à Ferrare.

La cour de Ferrare, sous Alphonse Ier d'Este et Lucrèce Borgia, passait pour la plus élégante d'Italie. La ville était magnifique, d'aspect moderne, coupée de larges rues régulières, au long desquelles s'alignaient les hautes façades des palais. On y cultivait les lettres plus encore que les arts. Lodovico Ariosto, après avoir parmi les poètes humanistes et latins retrouvé savamment l'inspiration lyrique de Catulle et d'Horace, travaillait depuis 1506 à la composition de son *Orlando furioso.*

Mais Erasme qui n'avait ni le loisir ni le souci d'apprendre le toscan moderne, ne rechercha guère, dans la ville des Este, que les humanistes. Il y retrouvait l'Angleterre humaniste et italienne. Richard Pace, qu'il fréquenta particulièrement, avait étudié à Padoue, probablement depuis 1498, les lettres antiques et la philosophie sous Leonico. Erasme avait fait récemment sa connaissance. Lorsque Pace, en décembre 1508, fuyant comme lui le danger de la guerre, se fut réfugié à Ferrare, les deux humanistes eurent plaisir à reparler de ces *Antibarbares*, commencés au couvent de Steijn, retouchés et abandonnés à plusieurs reprises, et qu'Erasme peut-être espérait alors achever et publier en Italie, probablement chez Alde, en des circonstances plus favorables. Pace devait par la suite jouer un rôle actif quoique de second plan dans la diplomatie de Henry VIII. Erasme rencontrait encore à Ferrare quelques savants transalpins Celio Calcagnini, passé du service de Jules II à la cour de Ferrare, lecteur de lettres antiques à l'Université, traducteur de Lucien, et qui en 1509 devait être envoyé par le duc Alphonse comme ambassadeur auprès du souverain pontife; le médecin vénitien Niccolà Leoniceno, traducteur d'Aristote, de Galien, d'Hippocrate, et qui, déjà fort âgé, avait soutenu de vives controverses avec le Politien au sujet de Pline, de ses doctrines médicales, et entretenu des relations confiantes avec Linacre, l'un des plus chers amis anglais d'Erasme; Ludovico Celso Ricchieri de Rovigo, dont il ne semble pas que les leçons sur les lettres classiques aient obtenu grand succès jusqu'au jour où François Ier en 1515 le chargea d'enseigner les auteurs latins à Milan reconquise après Marignan. Erasme devait l'accuser par la suite d'avoir puisé sans assez de discrétion dans les *Adages*[17].

Le duc de Ferrare était entré dans la Ligue contre Venise. Ferrare, qui tenait sous la surveillance de ses redoutables bastions un des principaux passages du Pô, se transformait en une place de guerre; Erasme n'y resta pas longtemps. Il quitta la ville vers le 20 décembre, revit à Bologne Paolo Bombace, et passant par Florence sans s'y arrêter, arriva rapidement à Sienne vers la fin du mois.

La ville, que toujours Florence avait jugée vaine et folle, appartenait, sous la médiocre seigneurie de Pandolfo Petrucci, au parti français et antivénitien. La vie artistique était ralentie, la vie intellectuelle peu active; mais l'Université conservait d'assez nombreux élèves; Alexandre Stuart pensait y poursuivre de sommaires études de droit.

Erasme, pendant quelques semaines, s'occupa fort activement de diriger le travail du jeune prélat. La discipline intelligente qu'il avait su lui faire accepter semble annoncer à quelques égards celle que dans le *Gargantua* le bon pédagogue Ponocrates mit en pratique pour l'éducation de son disciple gigantesque. D'ailleurs le maître et l'élève savaient aussi se divertir. Ils prirent part aux fêtes du Carnaval, et probablement sur la Piazza del Campo, devant le palais de la Seigneurie, assistèrent à des combats de taureaux. Mais Erasme désormais avait hâte de voir Rome. Il laissa Alexandre Stuart à Sienne, après avoir avec soin tracé le plan de ses études; il lui donna rendez-vous pour les fêtes de Pâques dans la Ville éternelle. Il dut y arriver vers la fin de février ou le début de mars 1509. Il réalisait enfin le rêve dont, jeune moine hollandais, étudiant parisien, humaniste errant, il avait vécu depuis dix-sept années.

NOTES

[1] BRAUDEL (Fernand), *La Méditerranée et le monde méditerranéen à l'époque de Philippe II*; Paris, 1949, in-8°. On trouvera dans cet ouvrage de précieuses indications sur les données générales du commerce vénitien au seizième siècle, et sur les crises diverses de ce commerce, notamment dans la seconde moitié de ce siècle. Citons par exemple, p. 339-347, le quadrilatère Gênes, Milan, Venise, Florence; p. 437-439, le poivre portugais offert à Venise.

[2] RENAUDET, **14**, p. 88, n. 124.

[3] TOFFANIN, *Il secolo senza Roma (Il Rinascimento del secolo XIII)*, Bologna 1942, in-8°.

[4] Pour le format et les caractères, voir RENOUARD, **59**, p. 379. —Voir p. 157-158, n° 18.

[5] NOLHAC, **11**, p. 43-52; NOLHAC, 60.

[6] ALLEN, **6**, I, IV, Beatus Rhenanus à Charles V; p. 60-61, l. 149-158.

[7] NOLHAC, **11**, p. 32-39; ÉRASME, **1**, I. col. 862 D-866 E; RENAUDET, **7**, p. 182-192.

[8] *Ibid*, p. 39-40 et p. 46, 48-49. ÉRASME, **1**, II, 405 B D.

[9] Ibid, p. 40, n. 4.

[10] *Ibid.*, p. 40-41.

[11] *Ibid.*, p. 43, n. 1 et 2.

[12] ALLEN, **6**, I, 211, p. 443-447.

[13] NOLHAC, **11**, p. 45-47.

[14] PAQUIER, **29**, p. 1-28; RENAUDET, **63**, p. 509.

[15] NOLHAC, **11**, p. 53-54.

[16] *Ibid.*, p. 54-56.

[17] *Ibid.*, p. 59-61.

[18] *Ibid.*, p. 61-64.

VI - ROME

Erasme passa à Rome la plus grande partie du Carême. Il revint à Sienne, et conduisit dans la Ville éternelle le jeune prince écossais dont il avait accepté pour quelque temps la tutelle. Ils assistèrent ensemble aux cérémonies de la Semaine Sainte, puis, après un bref voyage à Naples, revinrent à Rome. Erasme, quelques semaines encore accompagna l'archevêque novice, un peu gêné de sa dignité, dans les Eglises et chez les prélats. Puis ils se séparèrent vers le milieu de mai.

Alexandre Stuart repartit bientôt pour l'Ecosse. Il devait trouver la mort, quatre ans plus tard, avec son père, sur le champ de bataille de Flodden, au cours d'une de ces guerres qui mettaient sans cesse aux prises l'Ecosse, alliée traditionnelle de la France, et l'Angleterre. Il avait laissé en don à Erasme une pierre gravée de travail antique; elle portait l'image d'un Terme et l'inscription, symbole de l'esprit érasmien: *Concedo nulli*[1]

I

Plus encore que Venise sous le doge Leonard Loredan, Rome sous Jules II était, pour un homme capable de voir et d'observer, un théâtre prodigieux. Elle offrait à l'auteur à la fois passionné et désabusé des *Adages* le spectacle d'un gouvernement qui mêlait le temporel et le spirituel; gouvernement de cette Eglise dont Erasme connaissait les faiblesses et gardait l'amour; gouvernement d'un Etat qu'il ne pouvait aimer. Toute une puissante bureaucratie que dirigeaient, non sans indolence, divers collèges de cardinaux, dont beaucoup avaient atteint et dépassé le seuil de la vieillesse, tandis que d'autres, encore jeunes, dévorés d'ambition, amis des fêtes, du jeu, de la vie facile, semblaient ne se soucier que des avantages matériels d'une carrière dont quelque haute naissance leur avait souvent ouvert l'accès. Une foule d'évêques et de prélats se pressait dans les bureaux, les tribunaux, les offices de la Curie, afin d'y défendre leurs intérêts, de solliciter pour leurs procès, de soutenir les droits et les avantages de leurs Eglises. Les chefs des congrégations monastiques, des ordres puissants et actifs, disputaient aux chefs du clergé séculier l'influence et l'autorité, parlaient haut, se faisaient entendre; et le Saint-Siège, considérant la foule obscure qu'ils pouvaient mobiliser, les écoutait avec une attention déférente qui parfois semblait timide[2]. Les revenus des domaines temporels du Saint-Siège, les décimes et les taxes diverses prélevées sur les Eglises, les prélatures, ou les dignités ecclésiastiques, se concentraient dans les caisses du Saint-Siège. Cette fiscalité ne suffisait point à entretenir une diplomatie envahissante, à payer les frais des guerres où le Saint-Siège, Etat italien parmi les Etats italiens, se trouvait engagé. Pour les dépenses accablantes qu'exigeaient le luxe d'une cour qui voulait être magnifique, et les travaux confiés à des artistes de génie, la trésorerie romaine ne pouvait guère se passer du concours des banquiers; et les Médicis, qui pendant un siècle avaient assuré ses entrées et ses paiements, connaissaient quelques-uns des secrets les plus inavoués de l'Etat pontifical, de sa force apparente, et de sa faiblesse. Au service de la cour romaine pullulait une cohue de fonctionnaires de tout rang et de tout ordre, qui menaient, à l'ombre de la basilique des saints Apôtres, une vie joyeuse. Tout ce monde étrange, plaisant et bariolé, ne désirait que voir se perpétuer un régime où les uns et les autres, des plus grands aux plus petits, trouvaient honneur, plaisir et divertissement.

Rome avait depuis Alexandre VI donné le scandale de dérèglements et d'excès qui d'ailleurs ne s'accordaient que trop bien avec une tradition séculaire et justifiaient avec éclat l'indignation des rigoristes, obstinés depuis la fin du Grand Schisme à réclamer la réforme de l'Eglise dans le chef comme dans les membres, et d'abord la réforme de la cour pontificale. Sous Jules II, elle ne montrait plus une aussi basse dégradation; mais l'orgueil païen et la vie relâchée des chefs continuaient d'attrister les consciences exigeantes. Jules II n'était plus le pasteur sans loi et sans foi que Dante avait damné[3]; l'on ne peut dire de lui, comme d'Alexandre VI, qu'il ne croyait pas à l'Evangile. Un dur souci de régir en chef à peu près absolu l'Eglise du Christ guidait sa conduite; et il n'est pas permis d'affirmer qu'il en négligeait le gouvernement spirituel. Mais l'Eglise du Christ se confondait pour lui avec tout un Etat, né d'une donation impériale, et grandi à la faveur de renoncements impériaux. Etat temporel, que le pape et les cardinaux jugeaient nécessaire pour soutenir le prestige matériel de la papauté.

Les conciles réformateurs et révolutionnaires du XVe siècle ne semblaient pas avoir véritablement ébranlé ce prestige; les hérésies de la fin du XIVe et du XVe siècle, l'hérésie anglaise de Wyclif, l'hérésie bohémienne et nationale de Jean Hus, ne l'avaient pas encore véritablement affaibli. Jules II tenait pour indispensable à l'ordre chrétien d'achever la reconquête des territoires qui jadis avaient fait partie des domaines pontificaux, et, pendant la Captivité d'Avignon ou les troubles du Grand Schisme et des premières décades du XVe siècle, s'en étaient affranchis, proie de petits tyrans cruels ou de l'impérialisme vénitien. Il s'était fait chef de guerre; il l'était de tempérament; il portait avec joie le casque et la cuirasse, et s'exposait sans hésiter au tir de l'artillerie. Il avait en 1506 reconquis par la force des armes Pérouse et Bologne; il se proposait de reconquérir sur Venise, au-delà de Ravenne, Faenza et Rimini. Et déjà une redoutable alliance où il était officiellement entré, unissait contre la République de Saint-Marc la plupart des princes du Nord, et parmi les étrangers, Maximilien, le roi d'Espagne et le roi de France[4].

Un tel régime d'orgueil, de violence et de force militaire, un si étrange gouvernement d'une Eglise dont la croyance se fondait sur l'Evangile et dont les fondateurs avaient été d'humbles apôtres, provoquaient nécessairement un mécontentement devenu traditionnel. Dante avait depuis longtemps affirmé que Rome était le lieu où le Christ, tout le long du jour, devient objet de trafic. Il avait prophétisé la ruine et la réforme d'une papauté qui trahissait l'Evangile[5]. Pétrarque avait dénoncé le nid de trahisons, où se couve tout le mal qui par le monde se répand Laurent le Magnifique lui-même, bien qu'il eût fait son fils cardinal, avouait un jour que la cour de Rome était la ruine de l'Italie, et Machiavel allait dans quelques années déclarer que le Saint-Siège avait démoralisé l'Italie par les exemples criminels de la cour pontificale, entretenu les querelles des princes et des républiques, les désaccords et les faiblesses de la nation, et pour conserver un domaine temporel qu'il ne savait pas défendre, sollicité l'invasion étrangère[7]. Dans l'Europe d'Occident, les colères des Eglises nationales durement exploitées par la fiscalité romaine et peuplées de favoris du Saint-Siège s'exprimaient en termes de plus en plus rudes, et dès 1457 à la Diète de l'Empire, on avait vu entendre des paroles menaçantes et prophétiques: «Cette nation, autrefois libre et puissante, est maintenant appauvrie et réduite à l'état de servage. Mais les grands de l'Empire ont résolu de secouer le joug et de reconquérir leur ancienne indépendance. Et s'ils persistent dans leur dessein, ce ne sera pas un faible coup porté à la cour de Rome». En France les théologiens séculiers et un certain nombre de canonistes, le chapitre de Notre-Dame de Paris et l'Université, soutenaient contre l'absolutisme romain la supériorité doctrinale du Concile et l'autonomie des Eglises. On eût aisément constaté pareille désaffection en Angleterre, où les vieilles lois du royaume maintenaient comme en France les libertés de l'Eglise nationale, pareille désaffection en Espagne, dans les Cantons Suisses, et jusqu'en Pologne[8].

Les Etats italiens connaissaient la manière à la fois cauteleuse et brutale de la Curie, qu'ils voyaient de près. Depuis Paul II et les dernières décades du XVe siècle, le pape ressemblait trop aux princes laïques pour ne pas risquer parfois les périls qui les menaçaient. Les deux plus puissantes républiques, Florence et Venise, avaient, à quelques années de distance, dénoncé devant le monde chrétien l'hypocrisie d'une politique de violence qui usait d'armes sacrées, et solennellement proclamé leur volonté de recourir, contre le Saint-Siège, au Concile, législateur souverain de l'Eglise universelle. Venise, au moment où Erasme arrivait à Rome, se préparait à renouveler le même appel. Et pourtant, bien que nulle part plus librement qu'en Italie on ne jugeât la conduite et la politique des papes, l'Italie tenait au Saint-Siège et n'osait pas souhaiter sa ruine. Dans le système catholique dont l'Allemagne, l'Angleterre, les pays Scandinaves allaient se détacher par une révolte du sentiment national presque autant que de la conscience morale et religieuse, l'Italie s'était depuis trop longtemps réservé le premier rôle; elle ne pouvait y renoncer. Rome, dont elle savait les tares, demeurait la ville des Césars disparus; devenue papale, elle continuait d'enseigner et de régir les peuples. Une papauté impériale y continuait les triomphes des empereurs antiques.

La splendeur de cette papauté impériale se manifestait par l'éclat d'un art systématiquement encouragé; le gouvernement et la cour en soutenaient la grandeur et l'universelle maîtrise.

Le Saint-Siège travaillait à rebâtir avec une magnificence nouvelle, encore inconnue dans la mémoire des hommes, cette basilique de Saint-Pierre d'où son autorité spirituelle rayonnait. Depuis l'été de 1505, Jules II avait approuvé le projet grandiose et audacieux de Donato Bramante. La nouvelle Eglise eût dessiné le plan d'une croix grecque. Appuyés sur quatre piliers massifs, quatre arcs gigantesques auraient supporté l'immense coupole; des chapelles quadrangulaires et couronnées de coupoles, auraient épaulé, au flanc des quatre nefs, la poussée centrale. Bramante avait conçu l'idée d'élever sur les voûtes de la basilique de Constantin le Panthéon d'Agrippa. Il s'était mis à l'oeuvre le 18 avril 1506. Il poursuivait en même temps les travaux du Vatican, siège du gouvernement spirituel de l'Eglise, siège du gouvernement temporel de l'Etat romain. Entre le palais de Nicolas V et le Belvedere d'Innocent VIII, s'allongèrent deux nouveaux corps de bâtiments, et pour clore la perspective de la cour qu'ils encadraient, allait s'élever une abside triomphale. Bramante achevait de construire les parties du palais qui touchaient à la basilique, et dessinait le plan de la cour Saint-Damase, avec ses trois étages de nobles arcades. Le pape aurait voulu que sa propre tombe, sous les plus hautes voûtes du Temple, perpétuât sa mémoire de guerrier, d'homme d'Etat, de bâtisseur, et rappelât à jamais que la chrétienté lui devait la reconstruction du plus vénérable des sanctuaires. Il avait en mars 1503 appelé de Florence à Rome Michel-Ange. Un énorme soubassement, flanqué de figures géantes, devait supporter la chapelle funéraire où le pontife aurait jusque dans la mort poursuivi ses triomphes. La sculpture eût célébré ses vertus, son oeuvre de reconquête, évoqué le deuil des lettres et des arts. Huit mois Michel-Ange, dans les monts de Carrare, surveilla l'extraction des marbres. La découverte du Laocoon, en janvier 1506, lui révéla chez les anciens un pathétique en accord avec le drame de sa pensée. Mais le pape maintenant songeait à la décoration intérieure du Vatican. L'hiver de 1506 allait finir, quand Jules II commanda au sculpteur de peindre à fresque la voûte de la chapelle Sixtine. Il savait la peinture; la Sainte Famille des Offices, dès 1503, le démontrait. Mais il connaissait mal la technique de la fresque. Le 17 avril 1506 il avait voulu éviter, par une fuite à Florence, l'échec que Bramante lui souhaitait. Maître de Bologne reconquise en novembre, Jules II, impérieusement, l'y convoqua. Réconcilié à grand'peine avec le pape, il y exécutait sa colossale effigie de bronze, érigée le 21 février 1508 devant la façade de San Petronio, et qui devait être détruite dans l'hiver de 1511 par les mercenaires des Bentivogli. De mai 1508 au 1er novembre 1512, il peignit le plafond de la Sixtine; il y travaillait depuis dix mois quand Erasme arriva dans la Ville éternelle. Raphaël, appelé de Florence sur le conseil de Bramante, entreprenait alors la décoration des Salles du palais; il devait en 1512 achever la Chambre de la Signature, où l'humanisme chrétien triomphe dans les trois fresques de l'Ecole d'Athènes, du Parnasse et de la Dispute du Saint-Sacrement.

II

Erasme n'a jamais parlé de ces splendeurs; on ne doit tirer aucune conclusion de son silence. D'ailleurs à Saint-Pierre, au Vatican, autour de la cour de Saint-Damase, il n'a vu que des chantiers de construction. On peut imaginer, si l'on veut, que certains de ses amis romains, qui appartenaient au monde de la prélature, lui aient servi de guides. La chapelle Sixtine restait jalousement fermée. Au contraire, de fréquentes visites égayaient le travail à peine commencé de Raphaël. Erasme n'ignorait pas la peinture, il en a rarement parlé. A Rome, il semble avoir été surtout frappé par l'immensité des ruines, par les souvenirs accablants d'une grandeur morte, par les témoignages rencontrés en tous lieux d'une civilisation orgueilleuse et dure, que, chrétien et homme du Nord, il n'aimait pas.

Dès son arrivée, le monde des humanistes l'avait accueilli triomphalement: le grand succès des *Adages* l'avait précédé. Il put s'apercevoir qu'il était devenu, la quarantaine à peine dépassée, le maître de l'humanisme européen, l'égal des plus grands maîtres du Quattrocento. L'Italie, qui jusque-là le connaissait à peine, maintenant l'acclamait. Il retrouvait à Rome Scipione Forteguerri, rencontré chez Alde, et qui, toscan et comme tel attaché au parti pontifical, avait dû quitter Venise en rupture avec Jules II. Il venait de passer au service du cardinal Galeotto della Rovere, neveu du pape. L'amitié qui unissait Erasme à cet excellent helléniste devint de plus en plus intime. Forteguerri lui fit connaître Egidio de Viterbe, général des Augustins, autre helléniste, bon hébraïsant, homme de vie intérieure. Ami et admirateur de Lefèvre d'Etaples, il rédigeait alors en philosophe chrétien habitué à la méditation augustinienne du passé une *Historia viginti saeculoram* demeurée inédite; il allait, comme cardinal de l'Eglise romaine, ouvrir le 3 mai 1512 le cinquième concile du Latran.

Mais parmi les humanistes romains, Erasme fréquenta plus assidûment Tommaso Inghirami. Ce type accompli du prélat italien de la Renaissance était depuis 1505 préfet de la Bibliothèque Vaticane où Erasme sans doute fut assidu. Lorsque, dans les dernières années du siècle précédent, le cardinal Raffaello Riario faisait devant son palais représenter quelques tragédies antiques, Inghirami, dans l'*Hippolyte* de Sénèque, avait joué le rôle de Phèdre avec tant de passion et de talent qu'il conserva, dans les milieux lettrés, le surnom de Fedra, Erasme le sut de Riario lui-même. Inghirami n'en comptait pas moins parmi les prédicateurs les plus écoutés de l'aristocratie romaine. Ce ne fut guère avant 1511, semble-t-il, que Raphaël peignit son portrait avec d'évidents souvenirs de la manière flamande. Il n'est pas impossible qu'Inghirami ait conduit Erasme dans cette Chambre de la Signature où tant de génie allait éclater; mais l'humaniste hollandais n'a guère pu y voir que des échafaudages et des plâtres.

Il devenait peu à peu familier avec le haut clergé romain; il connaissait maintenant ceux que par la suite il appela ses mécènes. Robert de Guibé, évêque de Nantes, n'était qu'un prélat breton en disgrâce, qui, mal satisfait de l'entrée de sa province dans l'unité française, vivait à Rome, dévoué à la politique de Jules II. Mais Stefano Ferrerio, archevêque de Bologne, ami depuis longtemps et admirateur de Lefèvre d'Etaples, et d'accord avec lui sur le sens de l'humanisme chrétien, s'entendit aisément avec l'auteur de l'*Enchiridion*, des *Adages*, l'éditeur des *Notes* de Laurent Valla sur le Nouveau Testament. Au palais de la Chancellerie, que Bramante alors achevait, il visita fréquemment le cardinal Raffaello Riario. Ce Ligure, né à Savone en 1461, était neveu de Sixte IV, qui l'avait fait cardinal de San Giorgio in Velabro en 1477, à peine âgé de 16 ans. Candidat à la tiare en 1503, neveu de Jules II, il tenait à la cour pontificale le plus haut rang après le pape lui-même; il espérait lui succéder, et collaborait activement à la direction de la politique étrangère. Au nom du souverain pontife, il pria Erasme de rédiger un mémoire sur le projet de coalition contre Venise. Erasme aimait la ville où il venait de passer de longs mois; il haïssait la guerre; il avait eu déjà l'occasion de dire et d'écrire à ses amis les plus intimes ce qu'il pensait d'une guerre faite par un pape à un peuple chrétien. Dans l'écrit qui malheureusement fut perdu, il aurait discuté la question des usurpations territoriales commises au détriment du Saint-Siège par la République, il aurait, d'autre part, discuté le problème général de la guerre avec une modération philosophique et chrétienne, qui eût prôbablement rappelé l'Evangile et le *De Officiis*. Jules II s'en serait montré peu satisfait, et ne modifia pas ses projets[9].

L'amitié de Riario l'introduisait dans l'entourage immédiat du pape régnant. Il connaissait maintenant, dans la personne de Jean de Médicis, celui qui devait quatre ans plus tard prendre le nom de Léon X. Le fils de Laurent le Magnifique, nommé cardinal à quatorze ans, aimait les lettrés et les artistes; il devait bientôt en donner largement les preuves. Il aimait la vie joyeuse et ne s'imposait nullement la contrainte d'une discipline chrétienne. Il partageait alors les tristesses de sa famille, qui, tombée du pouvoir et chassée de Florence depuis l'automne de 1494, ne pouvait guère espérer une restauration, à moins de circonstances et de complications soudaines, d'ailleurs toujours possibles, depuis que l'Italie servait de champ de bataille aux grandes puissances européennes. Les Médicis avaient gouverné Florence sous Cosme et sous Laurent; la politique maladroite et brutale de Pierre avait ruiné en deux ans l'oeuvre subtile de soixante années. Ce frère aîné du cardinal avait dès lors mené à la cour de France et à la suite des armées françaises la vie d'un prétendant en exil. Depuis sa mort, Jean était le chef de la famille; il savait, comme son père, la diplomatie, la politique italienne et européenne. Il ne pouvait passer pour un prêtre fervent, et sans doute conservait-il peu d'illusions sur le gouvernement de l'Eglise romaine, s'il est vrai que Laurent l'avait envoyé à la cour d'Innocent VIII avec ce viatique: «Prenez garde que vous allez entrer dans la sentine de tous les vices»[10].

Jean de Médicis, que Jules II n'aimait guère, comptait encore assez peu dans l'entourage pontifical. Les deux maîtres du jeu politique étaient Riario et Domenico Grimani. Vénitien, né en 1461, fils d'un général quelque temps exilé, qui finit par rentrer en faveur et devenir doge en 1521, il était depuis 1493 cardinal, et depuis 1498 patriarche d'Aquilée. Il savait la diplomatie, la politique, l'administration de l'Eglise. De tous les personnages de la cour romaine, il était sans doute le plus lettré, le plus exactement humaniste selon l'idéal d'Erasme. Au Palais de Venise, où il résidait, il l'accueillit dans sa bibliothèque, riche de huit mille volumes, parmi lesquels il conservait une collection de manuscrits grecs qui plus tard passèrent à la Bibliothèque de Saint-Marc[11].

Toute cette société romaine se montrait fort libre d'esprit. Rome était certainement alors la ville d'Europe où l'on pouvait parler le plus franchement et avec le moins de retenue sur les sujets les plus scabreux. Les bureaux de la Curie et de la Chancellerie étaient peuplés d'humanistes qui, sachant à fond le latin, paraient de leur prose cicéronienne les actes officiels de la cour pontificale, sans avoir perdu l'habitude de ces propos fantaisistes et débridés que Poggio Bracciolini s'était plu à recueillir dans ses *Facéties*. La Ville éternelle rapidement se transformait, et, avec la papauté triomphante, semblait renaître à une nouvelle grandeur italienne. Mais en même temps, capitale d'un monde, elle offrait l'aspect d'une ville internationale, où se rencontraient les chefs et les représentants de toutes les Eglises, de tous les ordres religieux, de toutes les Universités. Erasme avait déjà pu connaître Venise, centre universel des grandes ataires et du commerce lointain. Mais Rome était le centre universel de la politique, de la diplomatie et de la religion.

Pourtant Erasme ne tarda guère à comprendre qu'en dehors du Saint-Siège, des services de la Curie et de la Chancellerie, en dehors des cardinaux, des innombrables prélats en mission et en charge, en dehors d'une foule bigarrée de fonctionnaires et de scribes, qui peuplaient les bureaux administratifs ou financiers et les tribunaux, il n'y avait rien à Rome. Dans toutes les villes qu'il avait connues, à Bruxelles, à Paris, à Londres, à Milan, à Florence, et récemment à Venise, une économie active, alimentée par l'industrie, le commerce, la finance, soutenait une forte bourgeoisie urbaine, ou comme à Venise, une aristocratie d'armateurs. A Rome toute l'économie, tout le commerce, toute la finance, étaient aux mains d'étrangers: marchands florentins ou génois, banquiers florentins ou génois. Ces étrangers tenaient dans leur dépendance un peuple de petits marchands, de petits artisans qui vendaient dans la boutique ce qu'ils fabriquaient dans l'arrière-boutique, de changeurs et de trafiquants juifs. Très peu d'industrie; la population romaine vivait au service de la Curie, des prélats, des couvents. Erasme s'émerveillait de l'orgueil avec lequel les descendants du peuple-roi prétendaient en maintenir l'antique majesté. Le nom du peuple romain n'était plus qu'un vain mot; Erasme devait un jour écrire que, dans le monde moderne, un citoyen romain comptait moins qu'un bourgeois de Bâle[12].

La vie intellectuelle également se concentrait dans les cercles de la cour pontificale, de la prélature, des religieux que le service de leurs congrégations ou les affaires générales de l'Eglise appelaient à Rome. En dehors des couvents où se retrouvaient maîtres et étudiants choisis dans les différents ordres, il n'y avait pas à proprement parler d'études universitaires. Il fallait attendre, pour imprimer à la vie intellectuelle une activité plus vigoureuse, l'avènement du fils de Laurent le Magnifique, l'appel de Jean Lascaris à Rome pour y diriger ce collège grec dont le pape lettré espérait, dans un esprit érasmien, la renaissance des études antiques. Pour le moment, ce qui triomphait à Rome, c'étaient les élégances académiques d'une poésie latine qui continuait d'offrir des modèles de style et d'éloquence, sans grande originalité etsans inspiration vraie, aux humanistes d'outre-monts.

Mais Erasme put à Rome confirmer quelques-unes des impressions qu'il avait déjà recueillies pendant son voyage à travers la péninsule. Il devait écrire plus tard qu'il avait en somme peu appris en Italie. Quelques-uns, comme Bombace à Bologne, comme Alde Manuce à Venise, comme Scipione Forteguerri, comme Egidio de Viterbe, avaient pu lui donner l'impression d'une véritable maîtrise. Mais lui-même, sauf peut-être quelques détails de langue et d'érudition grecque, était leur égal; et la publication des *Adages* l'avait élevé au-dessus de tous. A Rome, il avait pu, chez Riario, chez Grimani, chez Jean de Médicis, se plaire à des conversations charmantes, dont il se souvint toujours et que sans cesse il regretta. Il avait passé de longues heures dans les plus riches bibliothèques de la chrétienté. Mais il n'avait rencontré personne qui fût, pour sa pensée inquiète, un véritable guide. Il restait, à Rome, l'élève de John Colet et des réformateurs d'Oxford.

C'est pourquoi Rome, que comme eux il avait tant voulu connaître, ne pouvait satisfaire entièrement les besoins profonds de son esprit. Il rêvait, depuis 1500, de la réforme intellectuelle, morale, religieuse du monde chrétien. Il l'avait définie dans l'*Enchiridion militis christiani*. Il avait affirmé la nécessité de fonder sur le retour savant à la Bible un enseignement renouvelé des vérités chrétiennes. Peu à peu s'était défini l'idéal d'un humanisme chrétien qu'il fondait sur la Bible et sur la culture antique. Les préfaces du *Lucien* affirmaient l'urgence d'une lutte méthodique et résolue contre les fausses doctrines, les légendes vaines et trompeuses, la superstition des pratiques, le formalisme des rites et du culte. Les *Adages* avaient cherché à définir cette sagesse antique et humaine qui naturellement conduisait de l'hellénisme au christianisme. Mais la vie religieuse, dans la capitale même de la chrétienté, ne faisait que confirmer ce qu'en tous lieux il avait pu entendre dire sur la nécessité d'une réforme que l'on eût d'abord imposée aux chefs.

La cour de Rome ne pensait qu'à l'expédition contre Venise. Les armées de la Ligue de Cambrai entraient en campagne, et Jules II, avant de partir pour la guerre, lançait contre la République, le 27 avril 1509, une bulle d'excommunication. Louis XII avait déjà passé les Alpes; il infligeait aux armées vénitiennes, près d'Agnadel, le 14 mai 1509, une défaite écrasante. Les forces pontificales commençaient l'invasion des territoires romagnols que Jules II revendiquait. Erasme jugea l'action de Jules II inhumaine, anti-chrétienne, indigne du vicaire du Christ, contraire à tous les devoirs moraux et religieux d'un successeur de saint Pierre. Il n'ignorait d'ailleurs pas que dans cette cour de Rome, où il aimait à fréquenter quelques prélats humanistes, cultivés, sincèrement attachés à leur foi, la vie morale était depuis longtemps fort relâchée. Il n'avait pas lu Dante, bien qu'il connût son nom et la grandeur de son oeuvre[13]. Il n'avait que feuilleté les oeuvres latines de Pétrarque, et malgré l'hommage volontiers rendu à un génie ardent, passionné, à une érudition éloquente, il les jugeait dépassées et presque illisibles[14]. Il ne pouvait guère connaître les invectives des deux poètes contre la cour papale. Mais il n'ignorait pas le mécontentement des Eglises et des peuples; il le savait justifié. Comme tous les fidèles instruits, il savait l'Eglise mal gouvernée; il avait vu les diocèses de France et d'Angleterre, d'où il venait, peuplés d'hommes légers et négligents qui devaient leurs dignités à la faveur du Saint-Siège et ne résidaient pas. Il savait le désordre des clercs, et que Rome, vainement sommée, à Constance et à Bâle, par deux conciles généraux, de se réformer, portait la principale responsabilité de cette déchéance. Mais il put encore avoir l'impression que parmi les fonctionnaires et les officiers de la cour romaine, certains pensaient ou vivaient en païens. Il put avoir l'impression que le clergé paroissial n'apportait à sa tâche que peu de zèle; il entendit affirmer l'incroyance fréquente des prêtres. «Lorsque j'étais à Rome, écrivit-il plus tard, je ne trouvai pas partout une foi sincère»[15]. Il put entendre des prédicateurs à la mode ne parler du mystère chrétien qu'avec une étonnante froideur. L'un d'eux, le Jeudi Saint, dans la chapelle Sixtine, avait prononcé d'abord l'éloge du pape et de son gouvernement; puis, après quelques phrases conventionnelles et bien tournées sur le Christ et sa croix, il s'était attardé complaisamment à glorifier les sublimes sacrifices de l'histoire païenne, les Décius et les Curius, et d'après le texte d'Euripide, la noble résignation d'Iphigénie[16]. Il n'ignorait pas que dans les bureaux de la Curie, les humanistes habiles aux finesses du latin classique n'étaient pas beaucoup plus convaincus de la vérité chrétienne que ce Jérôme Aléandre, dont, à Venise, il avait constaté la réelle incroyance. Quelque chose de l'esprit de l'Académie romaine, qui sous Paul II avait inquiété le gouvernement pontifical, l'esprit de Platina, de Pomponio Leto, admirateurs trop passionnés de l'antique pour ne pas se montrer indifférents à la Bible, revivait parfois chez les joyeux héritiers de Poggio Bracciolini; leur société lui sembla toute païenne[17]. De même que Pétrarque à Venise avait rencontré des contradicteurs qui, au nom d'Averroès, tournaient en dérision son catholicisme parfois trop éloquent, il lui arriva de soutenir une vive discussion sur l'immortalité de l'âme avec un négateur qui alléguait quelques passages désespérés de Pline l'Ancien[18]; Erasme entendit affirmer que parfois, à la messe, certains prêtres affectaient de prononcer de façon impie et outrageante les paroles de la consécration. Il crut savoir que, parmi la population romaine, l'habitude du blasphème, dont les prêtres eux-mêmes donnaient parfois l'exemple, était très répandue[19].

Ainsi Erasme, dans la Ville éternelle, regardait, observait, vivait. Tant de spectacles divers lui offraient un vif divertissement, à quoi se mêlait une sourde inquiétude. Il se plaisait à Rome; il en aimait le ciel, la lumière, les ruines, la vaste campagne. Il aimait les libres entretiens de tout un monde plus cultivé, plus lettré qu'en aucun lieu, et plus qu'en aucun lieu affranchi des conventions intellectuelles, morales, politiques ou même religieuses[20]. Mais son évangélisme sincère et profond, bien qu'il ne fût lui-même ni un saint ni un ascète, réagissait parfois en mouvements de protestation et de colère. Erasme n'est pas Luther, qui devait venir à Rome l'année suivante, et d'ailleurs dramatisa fortement, dans la suite, le trouble dont parfois il se sentit envahi. Erasme ne vécut jamais l'angoisse de conscience où Luther, plusieurs années, se débattit, avant d'entendre la voix libératrice de saint Paul. Mais, en 1509, il était plus hardi que Luther; il avait déjà parlé plus haut, à plusieurs reprises, que Luther ne devait l'oser avant le 30 octobre 1517. Déjà pourtant se formaient, dans son esprit, les véhémentes protestations, les vives colères, qui devaient un jour animer quelques pages de la *Moria*, et dès lors, semblaient annoncer et réclamer la réforme de l'Eglise et du Saint-Siège. Il pensait maintenant à Jules II, à ses pompes et à ses triomphes; et déjà s'ébauchait dans son esprit le réquisitoire qu'il devait composer et publier deux ans plus tard:

> L'Eglise chrétienne a été fondée dans le sang; le sang l'a cimentée, elle s'est accrue par le sang. Ils en répandent aussi pour sa cause, comme si le Christ n'existait plus... Les papes ne négligent rien pour en faire leur principale occupation. Vous en verrez qui, malgré la décrépitude de la vieillesse, montrent une ardeur juvénile, ne se laissent ni rebuter par la dépense ni lasser par les fatigues, et ne redoutent pas de bouleverser le droit et la religion, de troubler la paix, de semer la confusion et le tumulte parmi les hommes[21].

Ainsi Erasme, pendant ce séjour à Rome, se renforçait dans sa certitude évangélique d'une réforme nécessaire, urgente. Peut-être, comme Dante, eut-il parfois l'espoir que le Christ, sans beaucoup tarder, allait venir au secours de son Eglise.

NOTES

¹ NOLHAC, **11**, p. 83, 84 et n. 4.

² Voir p. 102, n° 9.

³ *Inferno*, XIX, v. 83: Di ver ponente un pastor senza legge...

⁴ IMBART DE LA TOUR, 50, t. II; *L'Eglise catholique, la crise et la Renaissance*, l. I, ch. I: La Papauté à la fin du Moyen Age, p. 3-72; AUBENAS-RICARD, **49**, l. I, ch. II: La papauté à la mort d'Alexandre VI, p. 146-149.

⁵ *Paradiso*, XVII, v. 51: Là dove Cristo tutto di si merca. —*Purgatorio*, XXXIII, v. 37-45.

⁶ PETRARQUE, *Rime*, CXXXVI, v. 5-6: Nido di tradimenti, in cui si cova / quanto mal per lo mondo oggi si spande...

⁷ Propos tenu par Laurent en 1486 à l'ambassadeur de Ferrare: Questo stato ecclesiastico è sempre stato la ruina d'Italia, perche sono ignoranti e non sanno il modo di governare stati; pero pericolano tutto il mondo; cité par PERRENS (F.r.). —*Histoire de Florence depuis la domination des Médicis jusqu'à la chute de la République*. Paris 1888-1890, 3 vol. in 8°. II, p. 479, n. I. —MACHIAVEL, **36**. I, *Discorsi sopra la Prima Deca di Tito Livio*, I, 12, p. 130: ...Per gli esempli rei di quella corte... siamo diventati senza religions e cattivi... La Chiesa ha tenuto e tiene questa provincia divisa... perche avendovi quella abitato e tenuto imperio temporale, non è stata si potente ne di tanta virtù che l'abbia potuto occupare la tirannide d'Italia e farsene principe, e non è stata, d'altra parte, si debile che per paura di non perdere il dominio delle suo cose temporali la non abbia potuto convocare uno potente che la difenda contro a quello che in Italia fusse diventato troppo potente...

⁸ *Peuples et civilisations*, t. VII, 62a, 2e partie, p. 23.

⁹ ALLEN, **6**, *Catalogus Lucubrationum*, I, p. 37, l. 7-12; NOLHAC, **11**, p. 82.

¹⁰ VILLARI, **38**, I. p. 76.

¹¹ NOLHAC, **11**, p. 87-91; ALLEN, **6**, II, p. 73.

¹² ÉRASME, **1**, *Ciceronianus*, I, 1016 E-1017 A: Tolle Pontificem, Cardinales, Episcopos, Curiam et hujus officiarios, deinde Legatos, Principum, Ecclesiarum, Collegiorum et Abbatiarum, tum colluviem hominum partim qui vivunt ex hisce nundinis, partim qui vel libertatis amore, vel fortunam aucupantes eo confluunt, quid erit Roma? *Ibidem*, 1017 C: Quasi facies rerum non tota sit immutata... Nunc autem quid est esse civem romanum? profecto minus aliquanto quam esse civem basiliensem. —RENAUDET, **15**, p. 294.

¹³ ALLEN, **6**, IV, 1211; lettre à Josse Jonas, Anderlecht, 8 juin 1521, l. 277-27 . Habet gens Britannica qui hoc praestiterunt apud suos quod Dantes ac Petrarcha apud Italos. —*Ecclesiastes*, ÉRASME, **1**, V, 856 A B: libros eorum qui linguae vulgaris eloquentia polluerunt: quales celebrantur

apud Italos Dantes et Petrarcha. Nec est ulla tam barbara lingua quin habeat suam peculiarem elegantiam et emphasim...

[14] Voir p. 10, n° 9.

[15] ÉRASME, **1**, *Coll. Inquisitio de fide*; I, 732, C: Ego cum essem Romae, non omnes reperi aeque sincere credentes.

[16] ÉRASME, **1**, *Ciceronianus*, I, 913 A. —Il s'agit, non pas, conune l'écrivait NOLHAC (**11**, p. 76 et n. 3), du Vendredi Saint, mais du Jeudi Saint: Die sacro quem Parasceve, appellant...

[17] ÉRASME, **1**, X 939 E: paganum illud sodalitium.

[18] NOLHAC, **11**, p. 77, n. 2.

[19] ÉRASME, **1**, Apologia ad Albertum Pium, IX, 1104 E; 1110 E, 1111 A: Qui divina derideant facilius invenies in Italia apud tui ordinis homines quam apud nos. —ALLEN, **6**, IX, 2465; à Agostino Steuco, Fribourg, 27 mars 1531, l. 470-476: At ego Romae his auribus audiui quosdam abominandis blasphemiis in Christum et in illius apostolos debacchantes, idque multis mecum audientibus, et quidem impune. Ibidem multos noui, qui commemorabant se dictu horrenda audisse a quibusdam sacerdotibus aulae pontificiae ministres, idque in ipsa Missa, tam clare, ut ea vox ad multorum aures perveniret.

[20] ALLEN, **6**, I, 253; à Robert de Guibé, Londres, 8 février 1512, l. 6-9: Nam non possum non dotere, quoties in mentem venit quod coelum, quos agros, quas bibliothecas, quas ambulationes, quam mellitas eruditorum hominum confabulationes, quot mundi lumina, quam fortunam, quas spes tam facile reliquerim.

[21] ÉRASME, **3**, LIX, p. 150: ...Hic videas etiam decrepitos senes, juvenilis animi robur praestare, nec offendi sumptibus, nec fatigari laboribus, nec deterreri quicquam si leges, si religionem, si pacem, si res humanas omneis sursum ac deorsum misceant.

VII - LE RETOUR DE ROME ET L'ÉLOGE DE LA FOLIE

I

Un événement important, d'où la carrière d'Erasme pouvait dépendre, et d'où en effet elle dépendit, mais sans les avantages qu'il attendait, venait de se produire en Angleterre. Le roi Henry VII Tudor était mort le 21 avril 1509. Il avait pris peu d'intérêt aux études et ne passa jamais pour prodigue. Thomas More, dont le roi ne pardonnait pas l'attitude d'opposition au Parlement de 1504, était suspect; en 1508, il séjournait quelques mois à Louvain et à Paris, et pensait à s'établir sur le continent[1]. Les humanistes accueillirent avec joie l'avénement d'Henry VIII, cultivé, curieux de lettres et de philosophie, prompt à traiter en amis les écrivains et les savants, et qui, par sa beauté robuste et son goût des choses de l'esprit, semblait réaliser aux yeux des admirateurs du monde gréco-romain un type accompli d'humanité royale, à la fois guerrière et pensive. Les maîtres d'Oxford et de Londres, John Colet et ses amis, pouvaient espérer un règne favorable aux oeuvres du savoir. More, en vers enthousiastes, célébra le couronnement du jeune roi[2]. Erasme, depuis son séjour à Oxford, considérait l'Angleterre comme la patrie de son intelligence. Il était en faveur, depuis 1499, auprès de Henry VIII. Il avait reçu de lui une lettre autographe et flatteuse, écrite de Richmond le 17 janvier 1507[3]. Il avait le droit d'espérer une heureuse carrière dans l'Eglise anglicane.

Ses amis le rappelaient en termes pressants. William Mountjoy, qui le premier l'avait introduit en Angleterre, conduit à Oxford, présenté aux enfants royaux, lui adressait de Greenwich, le 27 mai 1509, une lettre enthousiaste. Il lui laissait entrevoir les libéralités d'un roi ami des lettres. L'archevêque de Canterbury, William Warham, lui promettait une prébende, et se chargeait de ses frais de retour. Mountjoy s'engageait également à l'aider. Admiré par le roi, soutenu par des hommes puissants à la cour, par le primat de l'Eglise nationale, encouragé par toute une école ardente, par toute cette

Angleterre qui avait libéré son génie, Erasme pouvait attendre beaucoup du nouveau souverain[4].

Il hésita. Il s'était laissé prendre au charme de la Ville éternelle et de la haute société romaine. Il savait quels appuis ses efforts y pouvaient rencontrer, quelles richesses encore mal connues les bibliothèques y pouvaient offrir à ses études. Il semble que le Sacré Collège ait tenté de le retenir. Les cardinaux savaient quel prestige Rome aurait tiré de sa présence, quel bénéfice elle obtiendrait de la science érasmienne mise officiellement au service de la Curie, de la politique romaine, de l'autorité romaine sur les Eglises nationales, de la grandeur impériale du Saint-Siège. Ils offraient à Erasme cette charge de pénitencier apostolique, tenue par Laurent Valla dans les dernières années de sa vie orageuse[5]. Erasme pouvait attendre, par la suite, de plus hautes dignités. Mais il avait écrit l'*Enchiridion*., la préface des *Annotationes* de Laurent Valla, la préface des traductions de Lucien; il avait dit très librement dans les *Adages* ce qu'il pensait du train du monde; il portait déjà dans son esprit quelques pages assez redoutables de l'*Eloge de la Folie*. Il ne tenait pas Jules II, qui maintenant triomphait de Venise avec l'aide des milices françaises, pour un prêtre du Christ. Peut-être, si le pape guerrier eût alors terminé sa violente carrière, si le cardinal Jean de Médicis, ami de l'humanisme et de la paix, eût été déjà le pape Léon X, Erasme serait-il resté. Mais il imaginait aisément que même sous un pontife humaniste, Rome chercherait à se servir de lui. Il se sentirait certainement plus libre en Angleterre, parmi ses amis lettrés, enthousiastes, sous un roi humaniste. Mais nous connaissons mal ses incertitudes; nous les devinons par quelques lettres plus tardives, par quelques pages des *Colloques* ou du *Ciceronianus*. Aucune des lettres qu'Erasme a pu écrire de Rome ne subsiste, et pourtant il ne resta vraisemblablement pas sans confier ses impressions à l'amitié fidèle de More ou de Colet. Il a peut-être lui-même détruit une correspondance, trop explicite.

Non sans peine, il finit par se décider à reprendre le chemin de l'Angleterre. Il revit, au palais de Venise, le cardinal Grimani, qui, dans une conversation amicale, familière, essaya de lui faire comprendre à quels avantages, à quelle vie il renonçait[6]. Erasme fut un moment ébranlé. Pourtant il partit, et pour ne plus être tenté de faiblir, évita de revoir le cardinal. Vingt-trois années plus tard, il ne s'en consolait pas. Dans les premiers jours de juillet, il quitta Rome où son existence aurait été sans doute plus heureuse, moins traversée de conflits, moins exposée aux contradictions et aux haines des partis et des Eglises. Ce départ marque dans sa carrière une date qui n'est sans doute pas moins grave dans l'histoire des Eglises chrétiennes et de l'esprit humain.

Il traversa Florence et Bologne, où il ne resta qu'une nuit, mais retrouva Bombace. La guerre ne lui permit pas de revoir à Ferrare Alde Manuce qui s'y était établi provisoirement. Par Milan, Côme, la vallée de l'Adda, il atteignit le Splügen, la haute vallée du Rhin, Constance, Fribourg-en-Brisgau, Strasbourg; il s'embarqua sur le Rhin, qu'il descendit jusqu'à l'entrée des Pays-Bas[7]. Sur la route des Alpes, sur les eaux du fleuve, il avait conçu l'idée de reprendre, de traiter et développer à son tour un des thèmes de la mélancolie médiévale. Le vieil humaniste alsacien Sébastien Brant avait, au déclin du XVe siècle, composé sa *Nef des Fous*; il y passait en revue l'universelle démence des hommes, embarqués sur une mer incertaine. Lecteur et traducteur de Lucien, Erasme entendait rajeunir, à la manière grecque, cette lourde satire, didactique et pédantesque; lui donner la forme d'un éloge ironique, prononcé par la Folie elle-même, de ses sujets, de leurs pompes et de leurs oeuvres. Il ne s'arrêta guère à Louvain ni à Bruxelles et, par le port d'Anvers, passa en Grande-Bretagne. Il était à Londres vers la fin de juillet ou les premiers jours d'août 1509[8].

II

La correspondance d'Erasme, déjà très pauvre pour son séjour en Italie, s'interrompt complètement de juin 1509 à mars 1511. A cette grave lacune, la correspondance de Thomas More, très incomplète, ne saurait suppléer. Nous savons simplement qu'Erasme est resté en Angleterre jusqu'en avril 1511 et que, pendant ces vingt mois, le seul écrit de sa plume fut l'*Eloge de la Folie*. Il vécut, selon toute apparence, chez Thomas More, à Londres, à Chelsea ou à Bucklersbury, chez Mountjoy à Londres ou à Greenwich; il dut fréquenter assidûment John Colet, doyen de Saint-Paul. Il passa certainement les dernières semaines de son séjour à Bucklersbury[9]. More le reçut, dès son arrivée, à la campagne. Ce fut là que, souffrant de la gravelle, privé de ses livres qui n'étaient pas encore arrivés du continent, il écrivit, pour se distraire, les premiers chapitres du nouvel ouvrage. Il en donna lecture à ses amis, qui le pressèrent de continuer. L'*Eloge* aurait été terminé en huit jours[10].

En réalité, ce texte primitif ne devait ressembler qu'en partie à celui qui fut publié deux ans plus tard. Ces quelques pages étaient, d'après son témoignage, plaisantes et gaies; elles offrirent aux auditeurs le divertissement d'un rire sans contrainte[11]. Le livre qui, en juin 1511, sortit des presses parisiennes de Gilles Gourmont, posait devant la chrétienté occidentale, devant les peuples et les Etats, devant l'intelligence chrétienne et la conscience chrétienne, le problème d'une réforme intellectuelle, morale et religieuse qu'il semblait difficile désormais d'esquiver. La portée de l'ouvrage, en apparence badin et léger, en explique le succès, qui fut immense et inattendu.

Une reconstruction du premier texte de l'*Eloge* serait sans doute arbitraire. Erasme affirme que son travail fut entrepris sous la double inspiration de Lucien et de la comédie antique[12]. Les souvenirs des *Dialogues des Morts*, du *Timon*, du *Coq*, de l'*Icaroménippe*, de l'*Alexandre faux prophète*, durent réjouir Thomas More, autre lucianiste. Mais l'auteur se rappelait encore Aristophane, les *Grenouilles*, les *Nuées*, le *Plutus*. Il évoquait, au hasard de sa fantaisie, Homère, père des fables, Ovide, qui les conta si élégamment, Virgile qui les embellit de sa poésie humaine et tendre, quelques drames terribles de Sophocle et d'Euripide, quelques pages ironiques et lumineuses de Platon, quelques anecdotes vivantes de Plutarque, la joyeuse bouffonnerie de Plaute et, avec une sorte de prédilection, la sagesse nuancée d'Horace. Mais en somme il avait pris pour modèles les badineries où s'étaient parfois complu quelques grands esprits de l'antiquité.

Dans quelle mesure l'oeuvre ainsi ébauchée gardait-elle la marque de l'Italie savante et pensive, de cet humanisme italien dont les *Adages* de Venise venaient de glorifier et de poursuivre triomphalement l'effort, de cet hellénisme italien dont, à Bologne, à Venise, à Rome, il avait écouté, auprès de Bombace, d'Alde Manuce, de Forteguerri, et pieusement recueilli, dans les *Miscellanées* du Politien, les inépuisables leçons? Sans doute, l'*Eloge* est d'un helléniste qui a vu l'Italie. Mais, du Panthéon gréco-romain, il n'a retenu qu'un Jupiter, barbon sourcilleux et parfois ridicule, que les yeux perçants d'une Minerve trop prudente et trop sage; Bacchus éternellement enfant, gai d'une ébriété divine; Flore souriante à un printemps éternel, le vieux Silène, ivre lui aussi et moqué par les Nymphes, Priape indécent et burlesque. Il s'est plu, ainsi que dans leurs drames satyriques les plus grands maîtres de la tragédie grecque, à rire des Olympiens et de leur dure gravité. Mais, fleur d'hellénisme, fleur d'humanisme, l'*Eloge* ne tire pas toute sa substance de l'Italie. Non seulement parce qu'Erasme n'a pas oublié certains proverbes hollandais et brabançons[13]. Comme pour Rabelais, l'Italie de la Renaissance a été pour lui un décor éclatant et fugitif; comme Rabelais, il défend contre elle tout un monde qu'il porte en lui. Le génie tourangeau de Rabelais se nourrit d'une sève qui demeure populaire et gothique. Erasme demeure un riverain des mers et des fleuves du Nord. Son Italie demeure l'Italie anglaise d'Oxford, celle de Colet, de Grocyn, de Linacre; toute une Angleterre italienne à laquelle il devait l'essentiel de son génie. Cette Angleterre s'était nourrie aux sources florentines du Quattrocento finissant; elle n'avait rien de commun avec l'Italie des Princes et la Rome de Jules II, avec l'Italie déchirée, envahie, sanglante, mal gouvernée, où Machiavel cherchait à définir les lois d'une politique positive, d'une monarchie éclairée, absolue, ou d'une république jacobine. A ces impressions fortes, mais contradictoires et confuses, se mêlait dans l'esprit d'Erasme l'expérience d'un homme né hors de la société régulière, et qui avait appris péniblement l'art de vivre parmi les grands du monde, et de leur imposer, à force de talent, le respect; et au fond de tout cela une certaine tristesse, le souvenir et le besoin de la vie intérieure, de la perfection chrétienne, suivant le modèle qu'avaient pu lui offrir à Paris pendant quelques mois, les missionnaires de Windesheim, à Saint-Omer le franciscain Jean Vitrier, à Oxford John Colet.

C'est pourquoi le spectacle du monde lui inspirait parfois, lorsqu'il réfléchissait sur la condition humaine, quelques lignes d'une étonnante amertume:

> Une naissance misérable et sordide; les épreuves de l'éducation; les périls qui entourent l'enfance; les rudes travaux auxquels la jeunesse est astreinte; les incommodités de la vieillesse, la dure nécessité de la mort; les innombrables maladies qui nous harcèlent, les accidents qui nous menacent, les malheurs qui fondent sur nous; enfin l'amertume infinie de notre destinée. Et je ne parle pas des maux que l'homme cause à l'homme... Il ne m'appartient pas de vous dire par quels crimes les mortels ont mérité ce triste sort, et quel Dieu, dans sa colère, les a condamnés à naître pour souffrir[14].

Erasme, bien qu'il lui arrive de citer le *De rerum nature*[15], n'a jamais compté parmi ces lucrétistes contre lesquels Marsile Ficin écrivit quelques chapitres de son *De religione christiana*; il avait lu Pline l'Ancien sans adopter ses conclusions[16]. Mais la tristesse érasmienne rejoint ici la mélancolie poignante de certains choeurs de la tragédie grecque, et de cet Euripide vers qui l'attiraient certaines affinités mystérieuses. Pourtant, au spectacle de tant de misères, il n'accepte pas de conclure avec les Stoïciens en faveur d'un idéal abstrait, inhumain, presque barbare, d'indifférence et d'insensibilité[17]. La règle de vie qu'il propose à la misère des hommes se fonde sur une résignation souriante, qui espère très peu de la vie, mais en accepte et sait goûter les pâles et rares satisfactions[18]. Erasme avait déjà, dans les *Adages*, décrit en pessimiste sans illusions le spectacle que lui offrait en tout pays la comédie humaine. Avec une sorte de délectation morose, il se réjouit de l'immense sottise qu'il voit pulluler dans toutes les classes d'une société dont la structure elle-même n'est qu'un défi à la raison. Les rois haïssent la vérité, s'entourent d'hommes tarés, avides et bouffons[19]. Erasme avait déjà dit en 1508 son avis sur les fous qui gouvernent les peuples; et le spectacle qu'avaient offert à ses yeux leurs vaines querelles pour la possession de Naples ou de Milan ne pouvait lui inspirer le respect de leurs jeux inhumains[20]. Machiavel allait bientôt dénoncer la paresse et l'incapacité des princes italiens[21]. Erasme ne l'ignorait guère: et si du moins il acceptait la tradition qui, glorifiant le mécénat de Cosme et de Laurent, semblait justifier un despotisme contenu dans les limites du droit, on eût cherché en vain dans l'*Eloge* cette imagination de poète, qui bientôt allait permettre au secrétaire florentin de transfigurer César Borgia en grand homme, et de reconnaître dans sa médiocre aventure, facilitée par une suite de hasards heureux, mal secondée par l'économie, l'oeuvre géniale d'un fondateur d'empire[22]. Autant que les rois et les princes, Erasme méprise les gens de cour et les nobles, ces gentilshommes sur qui Machiavel, dans quelques brèves années, prononcera un jugement sans appel[23]. Il sait que cette classe fait de la guerre son principal divertissement[24]. Il sait que les peuples créent la richesse des Etats et que les rois, les princes et les grands, la gaspillent et la ruinent[25]. Il n'a pas encore assez longtemps habité Anvers pour étudier sur place les progrès de cette bourgeoisie urbaine, qui fondait alors sur le commerce lointain, l'industrie et la banque, le capitalisme moderne. D'ailleurs, lorsqu'il passa par Florence, la banque des Médicis était ruinée, à Venise, la prospérité des grands armateurs était menacée par une ligue internationale. Mais l'idéal économique d'Erasme devait rester longtemps celui des petites villes médiévales, jalousement encloses dans leurs murs et la modestie conunode de leurs marchés[26]. C'est pourquoi les hommes absorbés et dominés par les affaires du grand négooe lui semblent tenir leur rang, eux aussi, dans le cortège de la Folie; et le succès même de leurs affaires ne lui semblait qu'une nouvelle faveur de la Folie partout triomphante[27]. Ainsi, lorsqu'il voulait se représenter en une brève image l'ensemble des activités humaines, il ne découvrait que des fols, s'agitant sous la conduite d'autres fols[28]. Il ne tentait même pas d'espérer que l'homme, tout misérable qu'il fût, pût se racheter par l'énergie de l'intelligence. La Folie ne perdait jamais ses droits. A son appel défilent les maîtres de ces Universités dont Ulrich de Hutten et bientôt Rabelais vont dessiner la caricature grotesque; maîtres ès arts, théologiens, vains les uns et les autres d'une science verbale et stérile; grammairiens prompts à s'exagérer le prix de recherches pédantesques et souvent risibles; et les humanistes eux-mêmes, adorateurs superstitieux d'une antiquité abolie, rhéteurs superbes et injurieux[29].

Si l'on admet que telle fut à peu près la première rédaction de l'*Eloge*, moins comique et divertissante qu'Erasme ne voulut raconter par la suite, et déjà mélangée d'amertume et de tristesse, il est probable qu'on peut reconnaître l'écho des conversations échangées avec More et Colet dans le retour, nullement inattendu, de l'auteur, mais sous un biais inattendu, vers les problèmes religieux dont son esprit était hanté; vers ces projets, de mieux en mieux définis, d'une réforme intellectuelle, morale et religieuse de l'Eglise et de la chrétienté. La Folie peut vanter encore les services de ceux qu'Erasme attaquait déjà dans l'*Enchiridion*:: docteurs dont le pédantisme et l'orgueil faussent l'interprétation et le sens de l'Ecriture, substituent au simple et véridique enseignement du Christ et de saint Paul les vaines inventions des écoles modernes; moines qui se glorifient de l'absurde minutie de leurs règles, et, dans les leçons malfaisantes que, du haut de la chaire chrétienne, ils prodiguent au peuple ignorant, transforment la sainte et grave religion des Apôtres en un judaïsme nouveau; dévots égarés par les moines, et dont la superstition rend aux saints et à la Vierge le culte dû seulement au Christ, et qui croient gagner des mérites à force d'abstinences, de jeûnes et de pèlerinages, oubliant la culture de l'âme[30].

Mais ici la Folie brusquement intervient au nom de la raison, de l'Evangile, de la critique érasmienne, de l'idéal oxfordien, de l'Italie oxfordienne, de la Florence oxfordienne: en face des pharisiens modernes que le Christ, au jour du Jugement, confondra, elle salue la grandeur naissante d'une nouvelle école:

> Certains, formés par de meilleures disciplines, jugent exécrable et presque sacrilège, à tout le moins parfaitement impie, cette manière barbare et grossière de traiter des mystères impénétrables, qu'il faut adorer et non expliquer, d'en disputer à grand renfort d'arguties dignes des sophistes païens, de les définir avec tant d'arrogance, et d'avilir la majesté divine de la théologie en un langage où la niaise bassesse des termes égale celle de la pensée[31].

III

Mais voici maintenant que toute la folie des chefs de l'Eglise, toute la folie de Rome, apparaît en des pages dont aucun livre érasmien n'avait encore annoncé la hardiesse. Dans les conversations de Londres, de Greenwich, de Bucklersbury, l'Italie n'avait cessé d'être présente: Venise, l'imprimerie d'Alde, l'académie aldine; mais surtout Rome, la cour pontificale, les cardinaux, Jules II, sa politique violente de reconquête, l'impérialisme papal, la guerre papale. Des événements singulièrement graves s'annonçaient en Italie et semblaient menacer jusqu'à l'équilibre religieux du monde catholique.

Venise, après Agnadel, avait été sauvée, comme Rome après Cannes, par la force de ses institutions, et parce que, vaincue sur la terre ferme, elle gardait la maîtrise de la mer. Les lenteurs et l'incapacité débile de Maximilien, sourd aux appels de Louis XII, affaiblissaient la coalition. Sur les domaines vénitiens de terre ferme, si la noblesse avait applaudi aux défaites de la République, le peuple se révoltait contre l'envahisseur et particulièrement contre les Impériaux. Venise put tenter la négociation d'une paix séparée. Jules II, satisfait d'avoir récupéré les domaines romagnols qu'elle avait usurpés sur le Saint-Siège, accepta ces pourparlers; et, le 24 février 1510, il accordait à la République une absolution solennelle. Il s'engageait maintenant dans une grande politique italienne, dont le but était de chasser tous les barbares, et qui aurait permis au Saint-Siège de se montrer à la tête d'un puissant effort de libération nationale. Mais la débilité fatale d'une telle politique apparaissait en ce que, ne pouvant s'appuyer sur des forces nationales, dont l'Italie divisée et affaiblie ne disposait pas, Jules II était obligé de faire appel, selon l'usage constant de la papauté, à des armées étrangères. Pour chasser Louis XII du Milanais, il lui fallait marchander avec Ferdinand d'Espagne, avec Maximilien, avec Henry VIII, avec les Cantons suisses. La politique qui consistait à chasser un Barbare à l'aide d'un autre se montrait déjà sans issue. Il était bien évident que le dernier, le plus fort, le plus habile, le plus astucieux resterait. Les Espagnols restèrent pour deux siècles; ils amenèrent l'Autriche à leur suite; et Machiavel eut raison de ne pas reconnaître en Jules II un véritable homme d'Etat, pour la passion furieuse avec laquelle il menait ses entreprises[31].

On vit donc de nouveau Jules II commander une armée; en janvier 1511 il entrait par la brèche dans la Mirandole. Cependant le gouvernement de Louis XII organisait la résistance à cette politique. Une assemblée nationale du clergé de France s'était ouverte à Tours le 13 septembre 1510, sous la présidence du chancelier Jean de Ganay, ami des humanistes parisiens. On y avait posé la question des rapports de la France avec Rome; les députés autorisèrent le roi à faire en Italie la guerre au pape; s'ils demandaient l'ouverture de nouvelles négociations, ils admirent, en cas d'échec, la soustraction d'obédience et l'appel au concile général. Comme on pouvait le prévoir, les pourparlers, en novembre 1510, n'aboutirent pas. Alors intervint un groupe de cardinaux hostiles à Jules II: Briçonnet, Prie, Albret du côté français, les Espagnols Carvajal et Borgia, qui s'entendaient mal avec le gouvernement de Ferdinand, et l'irréconciliable Napolitain Sanseverino. Ils se mirent d'accord avec Louis XII et Maximilien pour la convocation d'un concile œcuménique afin de juger le pape et au besoin de le déposer. On fit choix de Pise, sur les territoires de la République florentine, liée à la monarchie française par une longue tradition d'amitié. Le nom de Pise eût rappelé le souvenir du premier des grands conciles antipontificaux du XVe siècle.

Une seconde assemblée du clergé gallican, véritable synode national, s'ouvrit à Lyon le 11 avril 1511. Elle ébaucha un projet de réforme des nominations aux dignités ecclésiastiques, prit des mesures contre le cumul des bénéfices et l'incapacité des titulaires. Elle ébaucha une réforme des réguliers, leur imposa la clôture, leur interdit le colportage des fausses reliques, la vente des indulgences, l'accès des chaires paroissiales sans la permission de l'ordinaire. Et Machiavel, alors chargé de légation en France, écrivait de Blois, le 18 août, aux Dix de la liberté et de la Paix:

> Souhaitons que Dieu chasse du pape cet esprit diabolique dont on dit ici qu'il est possédé... Mais si le domaine de Vos Seigneuries était situé ailleurs, il faudrait souhaiter que ce gouvernement de prêtres puisse goûter en ce monde quelques bouchées amères[23].

On n'ignorait pas, dans l'entourage anglais d'Erasme, la crise qui se préparait. Il n'était pas un savant de cabinet, isolé du monde extérieur par un triple rempart de textes classiques. Il avait voyagé, vu et réfléchi. Colet, ami des grands conunerçants de Londres, More, grand avocat d'affaires, ancien député aux Communes, futur diplomate, ne pouvaient ignorer la politique européenne. Le gouvernement de Henry VIII n'avait pas encore pris parti contre Louis XII et pour Jules II; il était encore permis en Angleterre de juger librement les violences du pape. C'est peut-être alors que furent écrites les pages où la sainte colère d'un chrétien, qu'avaient pu indigner certains spectacles romains, éleva jusqu'à une haute éloquence la fantaisie érasmienne, et soudain anima la vigueur d'un réquisitoire dont l'écho se prolongea plusieurs années et jusqu'en pleine querelle des Indulgences. La Folie convoque devant elle toute la haute Eglise, car les prélats et les papes sont les dignes émules des rois. Elle invite ces serviteurs du Christ à considérer la signification symbolique des ornements dont l'Eglise revêt ses dignitaires. Si un évêque songeait

> que son rochet, d'une éclatante blancheur, est l'emblème d'une vie sans tache; que sa mitre dont les deux pointes sont contenues par un même noeud, indique la connaissance approfondie de, l'Ancien et du Nouveau Testament; que ses gants l'avertissent qu'il doit administrer les sacrements avec des mains pures de toute souillure humaine; que sa crosse est le symbole de la vigilance pastorale; que la croix dont il se fait précéder signifie la victoire sur toutes les passions; s'il méditait ces enseignements. et d'autres que j'omets, ne vivrait-il pas dans la tristesse et l'anxiété? Mais aujourd'hui ces princes de l'Eglise ont le bon esprit de ne songer qu'à se bien nourrir. Quant à leur troupeau, ils en laissent le soin au Christ, ou à ceux qu'on nomme les Frères, ou à leurs vicaires. Ils oublient que le nom d'évêque signifie travail, vigilance, sollicitude. Mais, pour rafler les écus, ils connaissent leurs droits, et leur vigilance n'est pas aveugle[34].
>
> Si les cardinaux, à leur tour, songeaient que, successeurs des Apôtres, ils doivent pratiquer leurs vertus; qu'ils sont, non pas les possesseurs, mais les dispensateurs des biens spirituels, dont ils

auront bientôt à rendre un compte sévère; s'ils raisonnaient un peu sur leur costume et se disaient: «Que signifie ce rochet blanc, sinon la parfaite et la suprême innocence des moeurs? cette soutane de pourpre, sinon un ardent amour de Dieu? Qu'indique ce manteau de pourpre aux vastes plis, qui couvre complètement la mule du révérendissime, et pourrait encore vêtir un chameau?» N'est-ce pas une charité sans bornes, qui doit se répandre sur tous les hommes, et suffire à tous leurs besoins; instruire, exhorter, consoler, corriger, avertir; pacifier les peuples en guerre, résister aux mauvais princes, et sacrifier, au besoin et sans regret, non seulement les richesses, mais la vie même, pour le troupeau du Seigneur? Des richesses En faut-il aux successeurs des pauvres Apôtres? S'ils méditaient, dis-je, sur leurs devoirs, bien loin de rechercher ambitieusement les honneurs, ils s'en dépouilleraient, ou plutôt, fidèles imitateurs des Apôtres, ils mèneraient une vie recueillie et laborieuse[35].

Enfin si les souverains pontifes, qui tiennent la place du Christ, s'efforçaient d'imiter son exemple, c'est-à-dire sa pauvreté, ses travaux, sa doctrine, sa croix, son mépris de la vie; s'ils songeaient que le nom de pape veut dire père, et qu'on les révère du titre de Sainteté... à quels dépouillements ne seraient-ils pas réduits... Tant de richesses, d'honneurs, de puissance, de triomphes, d'offices, de dispenses, d'impôts, d'indulgences, de chevaux, de mulets, de gardes, tant de délices... il faudrait renoncer à tout cela pour se vouer aux veilles, aux jeûnes, aux larmes, à la prière, à la prédication, à l'étude, à la pénitence... Et puis que deviendraient tant d'écrivains, de copistes, de notaires, d'avocats, de promoteurs, de secrétaires, de muletiers, de palefreniers, de maîtres d'hôtel, d'entremetteurs... Il y aurait de l'inhumanité, ce serait une horreur abominable et un sacrilège, que de ramener au bâton et à la besace les souverains sacriifteateurs, ces vraies lumières du monde. Aujourd'hui, pour le travail du ministère, ils s'en déchargent à peu près complètement sur saint Pierre et saint Paul, qui ont du temps de reste; ils ne s'en réservent que l'éclat et les plaisirs... Faire des miracles est un usage antique, tombé en désuétude, et qui ne convient plus à notre époque; instruire le peuple est pénible; expliquer les Saintes Ecritures est affaire de pédant; prier, c'est temps perdu... Ces très saints pères en Jésus-Christ, ces vicaires du Christ ne déploient jamais si bien la force de leurs bras que s'il s'agit d'atteindre ceux qui, à l'instigation du diable, essaient d'écorner ou de rogner le patrimoine de saint Pierre. «Nous avons tout abandonné pour vous suivre», dit cet apôtre dans l'Evangile. Et pourtant ils lui attribuent en patrimoine des terres, des villes, des tributs, des douanes, un empire. Pour conserver dans leur ardent amour du Christ, ces richesses, ils s'arinent du fer et du feu et répandent à flots le sang chrétien; ils croient défendre apostoliquement l'Eglise, épouse du Christ, s'ils ont taillé en pièces ceux qu'ils appellent leurs ennemis! Comme si les plus dangereux ennemis de l'Eglise n'étaient pas les pontifes impies qui, par leur silence, laissent oublier le Christ, l'enchaînent par leurs lois vénales, adultèrent sa doctrine par des interprétations forcées, et, par leur vie scandaleuse, se font ses bourreaux![36]

En plein accord avec Colet et More, Erasme terminait son petit livre par un éloge de cette folie de Dieu que saint Paul avait déclarée plus sage que la sagesse des hommes. Il exaltait la simplicité d'esprit de ceux que dévore le zèle ardent de la piété chrétienne; il glorifiait enfin, et maintenant il n'était plus question de folie, mais d'un des plus hauts accomplissements de l'esprit humaniste, ce platonisme chrétien qu'avec Thomas More et John Colet il continuait d'aimer:

> Les mortels, disait-il, sont comme ces prisonniers qui, d4après le mythe de Platon, se trouvent retenus dans une caverne où ils n'aperçoivent que les ombres des objets, et les admirent. Un d'eux, qui a pu s'échapper, vient les rejoindre et leur dit qu'il a vu les objets réels, et que leur erreur est grande de prendre des ombres vaines pour l'unique réalité. Ce sage a pitié d'eux, et déplore leur folie et leur illusion... De même le commun des hommes admire le plus vivement ce qui est le plus matériel et ne voit à peu près rien au delà. Pour les dévots au contraire, tout ce qui se rapproche de la matière est objet de mépris; la contemplation des choses invisibles les ravit tout entiers... Ils tendent de tous leurs efforts vers Dieu, l'être simple par excellence, puis vers la perfection de l'âme; ce qui est encore vivre en Dieu, puisqu'elle est sa plus fidèle image...
>
> Dans les sacrements et les cérémonies, continuait-il avec Colet, ils distinguent le corps et l'esprit. Dans le jeûne, par exemple, ils attribuent un faible mérite à la privation d'un repas, si en même temps on ne mortifie les passions, si l'on ne modère la colère et l'orgueil, afin que l'esprit, nlôins opprimé par le poids du corps, s'efforce de goûter et de posséder les biens célestes. De même, dans le sacrifice de l'autel, sans dédaigner les cérémonies, ils disent qu'elles sont médiocrement utiles, ou même nuisibles, si l'on n'en pénètre l'esprit, si l'on ne considère la signification cachée des symboles. La messe représente la mort du Christ. Les mortels doivent dompter leurs passions, les étouffer, les ensevelir, pont ainsi parler, s'ils veulent la commémorer dignement, afin de renaître pour une vie nouvelle, et de ne faire tous ensemble qu'un seul corps avec lui[37].

Et finalement Erasme s'absorbe dans une méditation presque inattendue de ces états mystiques dont il avait la connaissance par la littérature pieuse des Pays-Bas, par les conversations de Colet et de More, dont il eut parfois le désir et n'éprouva jamais la réalité[38]:

> Puisque la vie des dévots n'est que la méditation et pour ainsi dire
> qu'une image de la vie bienheureuse, il leur arrive parfois d'éprouver
> comme un avant-goût, de sentir comme un parfum lointain des
> récompenses célestes. Ce n'est qu'une goutte imperceptible au prix
> de la source de l'éternelle félicité; plus délicieuse pourtant que toutes
> les voluptés charnelles, lors même que l'on fondrait en un seul tous
> les plaisirs humains. Tant le spirituel l'emporte sur le matériel, et
> l'invisible sur le visible. C'est là ce que nous annonce le prophète:
> «L'oeil n'a pas vu, l'oreille n'a pas entendu, le coeur de l'homme n'a
> pas ressenti ce que Dieu destine à ceux qu'il aime...» Ceux dont tel
> est ici bas l'heureux et rare partage éprouvent des transports qui
> ressemblent à la démence. Ils tiennent des propos sans suite, et qui
> n'ont rien de naturel; ils articulent des mots vides de sens. Leur
> visage, d'un moment à l'autre, prend les expressions les plus
> diverses. Ils passent de la joie à la tristesse et de la tristesse à la
> joie, ils pleurent, ils rient, ils soupirent, ils sont en vérité hors
> d'eux-mêmes. Revenus à eux, ils disent qu'ils ne savent s'ils étaient
> dans leur corps ou hors de leur corps, éveillés ou endormis. Ce qu'ils
> ont entendu ce qu'ils ont vu, ce qu'ils ont dit, ce qu'ils ont fait, n'est
> plus pour eux qu'un souvenir lointain qu'ils entrevoient comme à
> travers un brouillard ou un songe. Ils savent seulement qu'ils ont été
> très heureux pendant leur délire. Ils regrettent amèrement d'avoir
> recouvré la raison; ils donneraient tout au monde pour jouir
> éternellement de ce genre de folie. Ce n'est pourtant qu'un faible
> avant-goût de leur future félicité[39].

Ainsi Erasme, comme toujours, revenait à ce problème de la Réforme, au sujet duquel il semblait que l'Europe occidentale dût bientôt se diviser.

Le gouvernement français poursuivait son offensive sans trop savoir si Maximilien et Henry VIII le soutiendraient. De violents pamphlets, avec l'autorisation royale, se répandaient. Déjà Pierre Gringore, dans la *Chasse du Cerf des Cerfs*, jeu de mots facile sur le titre dont se parait l'humilité fictive des papes, annonçait que les Francs Veneurs iraient bientôt forcer la bête dans son hallier[40]. On préparait un nouveau synode de l'Eglise gallicane pour mars 1511. Un mois auparavant, Gringore publiait l'*Espoir de Paix*[41]; il énumérait les griefs du Très Chrétien contre le pontife simoniaque; il comparait Jules II, qui avait «trompettes pour campanes», aux évêques de l'Eglise primitive et à ceux qui «trespassèrent martyrs en grande humblesse»; il en appelait au tribunal de l'Eglise universelle. On préparait en hâte, au printemps de 1511, la réunion du concile de Pise, au moyen de négociations un peu difficultueuses avec Florence. On annonçait officiellement l'ouverture de l'assemblée pour le 1er septembre.

C'est alors, en avril 1511, qu'Erasme passa le détroit. Il allait négocier, avec Josse Bade la réédition des *Chiliades* de Venise, dont les exemplaires se vendaient moins cher à Paris que chez les libraires de Rome. Mais en même temps, il allait publier l'*Eloge de la Folie*. Il raconta plus tard que le manuscrit lui avait été dérobé et imprimé à son insu. Les libraires ne reculaient guère devant certains procédés de piraterie, et l'affaire, à considérer le nom de l'auteur et les circonstances, pouvait être avantageuse. Du moins savons-nous que Richard Croke, ami dévoué d'Erasme, corrigea les épreuves[42].

La propagande officielle contre Jules II se développait avec une ardeur accrue. En mai 1511, Jean Lemaire de Belges, qui, poète officiel de Marguerite d'Autriche, veuve du duc Philibert de Savoie, surveillait alors les travaux de l'église de Brou, dédia, en mai 1511, à Louis XII, le *Traicté de la différence des schismes et des conciles, et de la prééminence et utilité des conciles de la sainte Eglise gallicane*. Il montrait que les papes avaient sans cesse provoqué des schismes, et que le droit le plus certain attribuait aux rois la faculté de convoquer le concile, lorsque Rome, par son mauvais gouvernement, ruinait l'Eglise. Comme Dante, qu'il avait lu, il affirmait la malfaisance de la donation attribuée à Constantin; peut-être se fondait-elle sur le mensonge, comme l'avait assuré Laurent Valla, «homme de grande littérature et liberté», qui semblait alléguer «raisons presque invincibles». Malgré les efforts des rois de France et des conciles oecuméniques, vingt-trois schismes avaient déchiré le monde chrétien, et l'on sentait approcher le vingt-quatrième, de tous le plus grave. «Le soudan, concluait-il, est préférable au pape moderne, tout martial et rébarbatif»[43].

Ainsi l'*Eloge de la Folie* devenait un écrit de circonstance. Erasme semblait s'accorder avec Gringore et Lemaire de Belges, l'humanisme lucianiste, aristophanesque et chrétien, avec la polémique gallicane. L'ouvrage démontrait l'urgence de ce concile dont l'assemblée de Lyoti discutait en avril le programme, et dont les débats devaient s'ouvrir en Toscane à l'automne.

Erasme n'a jamais dit très clairement ce qu'il pensait de l'autorité comparée des conciles et des papes. Il estimait assez peu les rois pour espérer d'eux de grands progrès dans la voie d'une réforme du monde chrétien. Mais il entendit ses amis parisiens défendre la politique royale. Budé était un solide gallican[44]; Fausto Andrelini, un agent très actif de propagande. Seul, Jérôme Aléandre aurait certainement pu formuler quelques réserves. Mais la crainte d'une épidémie l'avait hâtivement conduit à l'Université d'Orléans[45]. Lefèvre d'Etaples souhaitait vivement la réforme, et certains purent penser qu'il participerait aux prochains débats[46]. Erasme eut avec lui, à Saint-Germain des Prés, des conversations très amicales. Pourtant les deux hommes restaient séparés par leurs goûts, par leurs lectures, par leur conception même de la vie spirituelle. Erasme, malgré quelques lignes de la *Moria*, demeurait étranger à la mystique de Lefèvre. Il ne lui dit rien du projet, formé depuis longtemps, de publier le texte grec du Nouveau Testament; Lefèvre ne lui annonça pas l'édition de saint Paul qu'il préparait[47].

L'ouvrage, dédié à Thomas More, parut en juin[48]. Le succès, aidé par les circonstances, fut éclatant. Erasme ne tarda guère à quitter Paris. Il y avait conquis définitivement l'audience du public. Les *Adages* de Venise faisaient de lui l'égal des maîtres les plus illustres de l'humanisme. L'*Eloge de la Folie* le classait, en dehors de toute nationalité, au premier rang des maîtres européens de l'art d'écrire. et de penser. En même temps, grâce à lui, la science italienne de l'antiquité classique se développait à Paris et s'organisait. C'était lui qui, en 1508, avait aidé Jérôme Aléandre à quitter Venise, où il préparait les textes des éditions aldines, et l'avait introduit dans le cercle des humanistes parisiens. Très vite, Aléandre avait obtenu, comme professeur de grec, le plus haut renom[49]. Budé, encore tout érasmien, venait d'imprimer ses premières *Notes aux Pandectes*, où se manifestent une connaissance si profonde du droit romain, une curiosité si intelligente de l'histoire, des institutions, de la vie sociale du monde antique. Il travaillait, comme Erasme dans ses *Adages*, à continuer cette oeuvre de résurrection des choses mortes où Pétrarque, Coluccio Salutati, les savants du Quattrocento et les *Miscellanee* du Politien avaient marqué tant de glorieuses étapes[50]. Cependant les leçons de Colet n'avaient pas été perdues pour les humanistes français. Erasme n'avait pas en vain, dans l'*Enchiridion*, défini l'esprit de la nouvelle école, ni montré inutilement, par l'édition des *Notes* de Laurent Valla, quelles méthodes elle entendait suivre. Lefèvre d'Etaples, le 31 juillet 1509, publiant son *Psautier quintuple*, entreprenait, avant Erasme, cette critique des textes sacrés sur laquelle devait se fonder l'étude rajeunie de la pensée chrétienne. Il continuait Marsile Ficin et Pic de la

Mirandole. Erasme, bien qu'élève de Colet qui les avait aimés, restait le continuateur de Laurent Valla[51].

Erasme aurait pu prolonger son séjour à Paris. Mais il devait maintenant rentrèr en Angleterre. Une chaire de théologie à l'Université de Cambridge lui était offerte. Il en avait été déjà question pour lui en 1506, à la veille de son départ pour l'Italie. Il allait pouvoir enfin travailler, par la parole et par l'enseignement, à cette instauration d'une théologie évangélique, savante et moderne, dont il n'avait encore défendu la cause que par la plume. Il quitta Paris le 15 juin 1511; pas plus qu'à Rome, il n'y devait jamais revenir. Il traversa le détroit pour un long séjour dans un pays qui devenait pour lui une seconde patrie. Il retrouva Colet, More, l'Angleterre florentine.

NOTES

[1] CHAMBERS, **25**, p. 98.

[2] ROGERS, **24**; Introduction à 6, lettre de More à Henry VIII, Londres, vers juin 1509.

[3] ALLEN, **6**, I. 206.

[4] ALLEN, *Ibid.*, **1**, 215; 214; cette dernière lettre est incomplète et non datée.

[5] NOLHAC, **11**, p. 87. —ALLEN. **6**, I. IV. Beatus Rhenanus à Charles-Quint. 205-207: Oblata est poenitentiarii dignitas, si Romae manere vellet, via futura ad altiora conscendendi.

[6] NOLHAC, **11**, p. 87-89. ALLEN, **6**, IX, 2465, Erasme à Agostino Steuco, Fribourg, 27 mars 1531, 10-55.

[7] NOLHAC, **11**, p. 92, et n. 1 et 2; ALLEN, **6**, I, IV, Beatus Rhenanus à Charles-Quint, 216-220; Intr. à 216.

[8] ALLEN, **6**, I, Intr. à 218.

[9] Voir note précédente.

[10] NOLHAC, **11**, p. 93 et n. 1. —ALLEN, **6**, II, 337, lettre à Martin van Dorp, Anvers, mai 1515; l. 126-136.

[11] ALLEN, **6**, II, 337, l. 133-134.

[12] ÉRASME, **3**, Erasmus Roterodamus Thomae Moro suo, p. 4.

[13] ÉRASME, **3**, ch. XIV, p. 26.

[14] ÉRASME, **3**, ch. XXXI, p. 58-60.

[15] ÉRASME, **3**, ch. XI, p. 20.

[16] MARSILE FICIN, **32**; Pour le tableau désespéré que Pline l'Ancien trace de la vie humaine, voir p. 141-142.

[17] ÉRASME, **3**, ch. XXX, p. 56. —Cf. RENAUDET, **15**, p. 55.

18 ÉRASME, **3**, ch. XXX, p. 59. —HORACE, Epîtres, II, 2, 133.

19 ÉRASME, **3**, ch. XXXVI, p. 73-75.

20 *Ad.* 1501, *Spartam nactus es.*

21 Voir p. 49, n. 4.

22 Sur les Médicis, voir ALLEN, **6**, II, 335; Erasme à Léon X, Londres, 21 mai 1515: Nobilis illa et nominis immortalitate semper victura Medicium familial cui Leonem debet orbis, semper excellentium probitate ac litteris virorum et altrix fuerit et ornatrix. Ex qua nobis velut ex equo Troiano tot eximiii in omni doctrinae genere proceres paucis iam annis exilierunt, tot Cicerones, tot Marones, tot Platones, tot Hieronymi, ut vel hoc unum omen studiosos omneis summam in spem debuat erigere, numinum providentia Leonem orbi datum, sub quo praeclarae virtutes, sub quo bonae artes omnes reflorescant; II, 384: Erasme à Léon X, Bâle, ler février 1516: infinitis Medicae domus ornamentis, non minus eruditorum hominum monumentis quam maiorum tuorum imaginibus et honoribus inclytae...

23 ÉRASME, **3**, LVI, p. 143-144. —MACHIAVEL, **36**, I. *Discorsi...* I. 55, p. 122.

24 ÉRASME, **3**, XXIII, p. 44.

25 *Adages*, 1301 (III, III E): Rempublicam civium industria ditescere, principum rapacitate spoliari.

26 *Mélanges offerts à M. Abel Lefranc...* Paris, 1936, grand in-8°; A. RENAUDET, *Erasme économiste*, p. 130-141.

27 ÉRASME, **3**, XXIX, p. 53.

28 ÉRASME, *Ibid.*, XXV, p. 48-49.

29 ÉRASME, *Ibid.*, LII-LIII, p. 114-129; XLIX, p. 104-109; L, p. 108-115.

30 ÉRASME, *Ibid.*, XL, p. 82-87; XLVII-XLVIII, p. 98-105; LIII-LIV, p. 116-141.

31 ÉRASME, *Ibid.*, LIII, p. 124-125.

32 RENAUDET, **52**, p. 211.

33 RENAUDET, **63**, p. 524-534; RENAUDET, **51**, n. 7, p. 5: Che Iddio lasci seguire quello che sia el meglio, a cavi di corpo al Papa quello spirito diabolico che costoro dicono gli è entrato addosso: acciochè non facci calpestare voi e sotterrare voi: che in veto, se Vostre Signorie fussino poste altreve, sarebbe da desiderarlo, acciocchè ancora ad codesti preti toccassi di questo mondo qualcheboccone amaro.

34 ÉRASME, **3**, XVII, p. 144-147.

35 *Ibid.*, LVIII, p. 146-147.

36 *Ibid.*, LIX, p. 146-153.

37 *Ibid.*, LXVI, p. 180-183; 184-185.

38 RENAUDET, **15**, p. 176, n. 2.

39 ÉRASME, **3**, LXVII, p. 186-189.

40 RENAUDET, **63**, p. 526-527.

41 *Ibid.*, p. 531-533.

42 *Ibid.*, p. 606; ALLEN, **6**, II, 337, l. 137-138.

43 *Ibid.*, p. 534-535.

44 En 1514, Budé, dans le *De asse*, f° 145 verso, affirme, bien que maintenant il désapprouve le conciliabule de Pise, la nécessité de maintenir comme un texte inviolable la Pragmatique Sanction de Bourges: Felicitatis regnique fortasse Palladium velut caelo delapsum munus.

45 RENAUDET, **63**, p. 610-611. —Aléandre, en 1512, devait refuser de partir pour Pise afin d'y représenter l'Université de Paris (p. 546-547).

46 Lefèvre d'Etaples, en 1512, désapprouve le concile de Pise dans son édition des Epîtres de saint Paul (RENAUDET, **63**, p. 633). Pourtant, en septembre 1513, certains purent penser qu'il viendrait aux sessions que le concile tenait encore, avec une violence accrue, à Lyon (p. 626).

47 RENAUDET, p. 610, n. 2.

48 La préface est datée du 9 juin, à la campagne. Onze ans plus tard, dans l'édition donnée à Bâle par Jean Froben en juillet 1522, apparaît la date de 1508. Elle est invraisemblable. «A la campagne» peut désigner Chelsea, Bucklersbury ou la banlieue parisienne. Erasme semble avoir pris soin d'égarer le lecteur. Cette préface était probablement écrite depuis longtemps. Il a pu la remanier et la dater du jour où l'impression se trouvait terminée. Il a quitté Paris au moment où le livre allait être publié.

49 Sur le succès d'Aléandre à l'Université, RENAUDET, **63**, p. 509-511, 605-612.

50 Sur la publication des *Notes aux Pandectes*, *Ibid.*, p. 511-512.

51 *Ibid.*, p. 514-1517.

LIVRE III

ÉRASME, LA RÉFORME ET L'ITALIE

I - ITALIANISME ÉRASMIEN ET RETOUR A LA BIBLE

I

A Londres, Erasme avait subi la dangereuse contagion de l'épidémie que les Anglais appelaient sweating sickness et les Français suète. On put le croire mortellement malade. Il se remit pourtant et dans le courant d'août put s'établir à Cambridge. Il habita Queen's College où il avait déjà passé quelques jours en 1506. Il débuta dans l'enseignement universitaire par des cours sur la correspondance de saint Jérôme et son Apologie contre Rufin.

Erasme ne tint pas, à Cambridge, le rang auquel ses écrits et son savoir, le prestige de son séjour en Italie, l'immense succès des *Adages* et de la *Moria*, pouvaient lui assurer des droits. Malgré ses nombreux séjours en Grande-Bretagne, il ne parlait pas l'anglais; son goût de l'ironie put paraître à ses collègues signe de légèreté. L'esprit de Cambridge n'était pas l'esprit d'Oxford. Le traducteur de Lucien, l'auteur de l'*Enchiridion*, l'éditeur des *Notes* de Laurent Valla et, à plus forte raison, l'auteur des *Adages* et de l'*Eloge* dut plus d'une fois se sentir mal à son aise dans une Faculté qui restait fidèle aux traditions du Moyen Age. Les méthodes définies dans l'*Enchiridion*, dans les *Adages*, n'y étaient pas en faveur. Ses contacts avec thomistes et scotistes purent être parfois difficiles. La protection de Warham, de Foxe, de Fisher, de Ruthall le couvrait contre le mauvais vouloir des scolastiques. Mais ses leçons de théologie ne semblent pas avoir obtenu grand succès, ne laissèrent que peu de souvenirs et ne fondèrent pas une tradition. Il ne se lia véritablement à Cambridge qu'avec de rares hellénistes, dont les scolastiques lui disputaient aigrement la conduite. Toujours à court d'argent, il attendit longtemps les largesses royales que Mountjoy, à l'avènement de Henry VIII, lui avait promises. Il devait encore écrire des dédicaces, offrir à Fisher le commentaire de saint Basile sur Isaïe, à Warham de nouveaux dialogues de Lucien, à Henry VIII un petit traité de Plutarque. Enfin le 12 mars 1512, l'archevêque de Canterbury lui conféra la cure d'Aldington dans le Kent; il se hâta de l'échanger contre une rente annuelle qui vint s'ajouter à la pension servie régulièrement par Mountjoy. Mais il s'impatientait sans doute d'enseigner la théologie devant un auditoire qui ne savait pas le grec ou ne lisait pas les textes. Plus d'une fois il regretta d'avoir quitté Rome où le cardinal Jean de Médicis succédait, en février 1513, à Jules II[1].

Isolé dans sa chambre de Queen's College, il travaillait sans relâche. Pour les rares étudiants qui aimaient l'antiquité hellénique, il continuait ses versions d'auteurs grecs. A la demande de Colet, qui désirait un manuel de composition latine pour les élèves de l'école qu'il avait fondée à l'ombre de la cathédrale de Saint-Paul, il écrivait le *De duplici copia verborum et rerum*. Il corrigeait le texte des oeuvres de Sénèque, il complétait et remaniait, de façon originale et grave, les *Adages* de 1508. Mais surtout il reprenait ses études bibliques et patrologiques, en sommeil depuis son voyage d'Italie. Il aurait voulu publier en partie la traduction du Nouveau Testament que, dès 1506, d'accord avec Colet et à l'aide de deux manuscrits empruntés à la Bibliothèque du chapitre cathédral de Saint-Paul, il avait composée peu avant de quitter l'Angleterre[2]. Il espérait trouver quelque appui auprès d'un autre représentant de cette Angleterre humaniste qui aimait et connaissait l'Italie, Richard Bere, abbé de Glastonbury qui, attaché à la diplomatie des Tudors, avait visité plusieurs fois Rome. Mais l'abbé appartenait eu théologie au groupe conservateur; il avait eu récemment une vive contestation avec Warham sur la question des études de certains religieux; il désapprouvait l'idée de réviser la Vulgate[3]. Du moins, les bibliothèques de Cambridge offraient à Erasme une belle collection de manuscrits de la Bible et des Pères. Pendant deux ans il s'efforça de rétablir le texte des lettres de saint Jérôme. En même temps, il relevait les variantes des Evangiles, des Epîtres, des Actes des Apôtres, de l'Apocalypse. Vers la fin de 1513, il avait achevé l'ébauche d'une édition de la correspondance de saint Jérôme, et en même temps, du Nouveau Testament grec.

Un ami italien était maintenant le confident de ses ennuis et de ses projets. Andrea Ammonio était né à Lucques en 1478; protégé par les Della Rovere, il avait peut-être vers la fin du pontificat d'Alexandre VI passé quelque temps dans les services de la Curie; à l'automne de 1504, il s'établissait en Angleterre, probablement introduit par son compatriote Silvestro Gigli, évêque de Worcester, chargé de mission diplomatique par Jules II, l'un de ces nombreux prelats italiens que l'Angleterre supportait mal. En 1509, secrétaire de Mountjoy, il avait sans doute rédigé le 27 mai la lettre cicéronienne qui induisit Erasme à quitter Rome. Il le connaissait peut-être depuis 1506. Comme Erasme, il maniait aisément le vers latin; il avait à Paris en 1511, fait imprimer un petit volume de poésies qui, dédiées à Mountjoy, ne sont ni meilleures ni pires que tant d'autres publiées au cours de ces années. Quelques pièces célèbrent le mariage d'Henry VIII avec Catherine d'Aragon, l'avènement du jeune roi; d'autre adressées à Richard Foxe, à John Colet célèbrent la fondation et les progrès de l'école Saint-Paul; quelques-unes furent offertes à Erasme. On retrouve dans ce petit volume toute l'Angleterre humaniste, italienne, érasmienne. Vers le mois de juillet 1511, il entrait comme secrétaire latin au service de Henry VIII; devenu, en février 1513, chanoine de Westminster, il devait prendre la nationalité anglaise en avril 1514[4].

La correspondance d'Erasme avec Ammonio est confiante, secrète et plaisante. Ammonio apparaît comme un esprit charmant, plein de finesse et de verve, un peu attristé et découragé par moments. Erasme, dans ses lettres de Cambridge, est un Erasme familier, qui aime l'amitié, les longues conversations par écrit, qui parle de tout, s'informe de tout, comprend tout, s'inquiète facilement, et, déjà assez gravement malade, n'entend pas négliger le soin de sa vie matérielle, de sa commodité, et se montre parfois à nous un pantoufles. La question du vin de Crète, qu'on appelait alors vin grec et dont Erasme se pourvoyait attentivement, y tient une place assez importante[4bis]. Ces lettres intimes, un peu bavardes et faciles, ne donnent pas tout à fait l'impression de la correspondance d'un grand homme. Il faut toutefois s'entendre et ne pas oublier que si la pensée d'Erasme était naturellement grave, il avait depuis son arrivée à Paris en 1495 pris dans la familiarité de Fausto Andrelini l'habitude de s'exprimer volontiers, avec ses amis italiens, en termes facétieux.

D'ailleurs en même temps il correspondait activement avec Colet, qui le tenait au courant des obstacles que rencontrait à Londres même, de la part de l'évêque Fitzjames, l'enseignement évangélique et libéral de l'école Saint-Paul. Mais avec Ammonio, il était aussi question de l'Italie et des affaires italiennes. Erasme continuait de suivre la politique violente et guerrière du pape. «Que fait, demandait-il le 5 octobre 1511, le très invincible Jules?» Ammonio, le 27, le renseigne sur la politique des rois, sur le concile, de Pise qui va bientôt s'ouvrir, sur l'interdit lancé par le pape contre Pise et Florence.

> Vous m'annoncez à propos de l'Italie, répond Erasme, des choses qui m'attristent. Sans être partisan de la France, je hais la guerre. Le médecin du pape a mal soigné sa folie... J'apprends, écrit-il le 20 novembre, que le pape est allé en pèlerinage à Lorette. Que de piété!... Supposons qu'il arrive malheur au Saint-Siège, ne sera-ce pas justice? Si les Français perdent l'Italie, supportera-t-elle mieux les Espagnols, ou Venise, intolérable même à ses sujets? Il est du moins certain que les princes laïques n'admettront jamais la suprématie des prêtres. J'ai peur que l'Italie ne change de maîtres. Elle ne supporte plus les Français; elle devra en supporter d'autres, deux fois pires.

Cependant les Bentivogli sont rentrés, avec l'aide de la France, dans Bologne. Paolo Bombace, resté leur partisan, annonce à Erasme le 21 décembre que le souverain pontife prépare un nouveau siège de la ville. Erasme, venu à Londres pour les vacances de fin d'année, a dû parler avec Ammonio de ces événements; le 9 mai 1512, il s'inquiète encore, dans une lettre au secrétaire royal, de la politique romaine. Et le regret de l'Italie s'exprime dans cette correspondance à maintes reprises. «Je mérite tous les malheurs, écrit-il le 11 novembre, pour avoir quitté cette belle Italie, cette Rome dont le sourire m'appelait». Il le répète dans une lettre au cardinal Robert de Guibé le 8 février 1512. «Je ne puis que m'attrister chaque fois que je me souviens de ce ciel, de cette vaste campagne, de ces bibliothèques, de ces promenades, de tout ce rayonnement d'intelligence, de la fortune et des espérances que j'ai avec tout cela abandonnées». Et le Lucquois, pourtant acclimaté depuis longtemps en Angleterre, dit aussi parfois (18 novembre 1511) son regret d'avoir quitté Rome, et de vieillir dans ces ténèbres cimmériennes. Erasme cependant s'efforce, avec son habituelle ironie (9 décembre), à ne pas déplaire, à ménager les uns et les autres, et semble parfois (26 novembre 1512) résigné à s'établir définitivement en Angleterre. «J'imaginerai que ce pays est ma patrie, puisque j'ai eu le tort de le préférer à l'Italie»[5].

La mort de Jules II, en février 1513, lui laissa peu de regret. Il ne le tenait pas pour un véritable prêtre du Christ, et pensa qu'avec lui disparaissait un des hommes les plus certainement responsables de tous les malheurs de l'Italie et de la chrétienté. Bientôt sans doute fut secrètement rédigé un petit dialogue anonyme, à la manière de Lucien et d'Erasme, le *Julius exclusus*. Le pontife orgueilleux exigeait en vain de saint Pierre l'entrée au Paradis, alléguait en vain le droit canon, l'autorité irréfragable des clefs, glorifiait en vain ses victoires sur les ennemis de l'Eglise. Le prince des Apôtres le repoussait au nom de l'Evangile, justifiait ses adversaires et contradicteurs, le roi de France, l'empereur, les Pères du concile de Pise. Beaucoup de lecteurs crurent reconnaître la plume, la manière, la pensée d'Erasme. Il se défendit opiniâtrement d'avoir écrit ces pages impertinentes et doctrinales. Sans doute lui fallait-il ménager ses amitiés romaines: le cardinal Riario était neveu de Jules II; le cardinal Grimani lui devait en partie sa fortune. A Cambridge ou à Londres, Erasme n'était pas libre. Henry VIII, depuis novembre 1511, avait adhéré à la Sainte Ligue présidée par Jules II; au printemps de 1513, il entrait en guerre contre Louis XII; écrit dans cette Angleterre qu'Erasme officiellement servait, le *Julius* eût présenté un caractère de fronde. Ammonio n'aimait guère les cardinaux dissidents; rien ne permet de penser qu'Erasme éprouvât quelque sympathie pour ces princes d'Eglise, fastueux et durs, mal qualifiés pour prendre l'initiative d'une réforme de la papauté défaillante. Il n'aimait guère et n'aima jamais les conciles. Discuter sur les droits comparés du synode universel et du pape, du pape et des rois, n'était pas son fait. Il n'ignorait ni l'incapacité de Maximilien, ni la débilité politique de Louis XII; il savait la grande politique européenne. Le *Julius* contenait des pages qu'il n'aurait jamais songé d'écrire. Le pamphlet, sans doute composé dans l'entourage de l'un des cardinaux dissidents par un secrétaire érasmien, lui parvint à la fin de

1513 ou au début de 1514. Les chefs de l'entreprise s'étaient alors soumis à Léon X et Louis XII, depuis le 28 octobre, avait adhéré au concile pontifical du Latran. Erasme lut avec un vif intérêt le petit ouvrage où il retrouvait d'évidents souvenirs de l'*Eloge* et quelque chose de sa propre inspiration. Il en prit une copie rapide que d'ailleurs, quittant l'Angleterre, il devait laisser, au printemps de 1514, entre les mains de son élève Thomas Lupset[6].

II

Erasme ne pouvait songer à publier en Angleterre, où les ateliers typographiques n'étaient pas encore très actifs, les ouvrages, d'ailleurs incomplets, qu'il avait préparés à Cambridge. La guerre qui désolait l'Italie ne permettait pas de penser à un nouveau séjour chez Alde Manuce. Josse Bade, à Paris, aurait voulu être chargé des lettres de saint Jérôme. Mais Erasme admirait la netteté des caractères avec lesquels Jean Froben, à Bâle, venait d'imprimer les *Adages*. Il avait appris que Jean Amerbach projetait, depuis plusieurs années, une édition de saint Jérôme. Il ignorait que le vieil imprimeur bâlois venait de mourir le 25 décembre 1513, laissant à ses fils et à Jean Froben le soin de continuer ses entreprises. Erasme du moins fut heureux de savoir qu'il existait, aux pays rhénans, un atelier moins lointain que celui d'Alde, et dirigé par des humanistes chrétiens amis de la théologie moderne. Las de Cambridge, las de l'Angleterre où maintenant la guerre contre la France occupait tous les esprits, il résolut, à la fin de 1513, de partir pour Bâle. Dès janvier 1514, il avait regagné Londres. Il s'attarda quelques mois encore auprès de More et de Colet. Dans les premiers jours de juillet, il s'embarqua pour le continent; il passa quelques jours à Louvain et par Liège, Mayence et Strasbourg, atteignit Bâle vers le 15 août. Certains, en Angleterre, croyaient qu'il était parti pour Rome afin d'accomplir un voeu[7].

A Bâle, quelques familiers avaient attendu Erasme en secret: l'excellent humaniste alsacien Beatus Bild de Sélestat, plus connu sous le nom latinisé de Beatus Rhenanus; élève à Paris de Lefèvre d'Etaples, admirateur passionné de l'oeuvre érasmienne et de l'esprit érasmien; Bruno Amerbach, fils de l'illustre imprimeur bâlois, élève également de Lefèvre; le médecin hollandais Gérard Lister, humaniste prompt à la raillerie, à suivre toutes les hardiesses érasmiennes, à les commenter et à les divulguer sans rien en affaiblir. Erasme logea chez le beau-père de Froben, Wolfgang Lachner, libraire souabe naturalisé bâlois, qui, après une longue pratique de la typographie, administrait l'entreprise de son gendre. Erasme se trouva mieux chez Lachner qu'à Venise chez André d'Asola. La Faculté de Théologie le reçut avec honneur, et, semble-t-il, sans réticence. Le recteur de l'Université était alors Louis Ber, qui, après avoir parcouru à Paris tout le cycle des études théologiques jusqu'au doctorat, n'était revenu qu'en 1512. Il avait enseigné à Sainte-Barbe, fait partie de la société de Sorbonne et, gagné de bonne heure à l'idéal de l'humanisme italien, avait connu Lefèvre, Andrelini, Aléandre. Il admirait l'oeuvre d'Erasme et fut bientôt son ami. Les professeurs bâlois auraient fêté chaque jour l'auteur des *Adages*, s'il ne les avait priés de le laisser un peu à lui-même et à sa lourde tâche[8].

A peine arrivé, il se remit à l'oeuvre, avec l'aide des savants que Froben, comme Alde à Venise, réunissait dans son atelier. Beatus Rhenanus restait le principal auxiliaire de l'imprimeur. Il était secondé par un jeune érudit suisse, Henri Loriti de Glaris, qui, à Cologne, auprès des humanistes Jean Kayser et Hermann von dem Busche, avait reçu d'eux les traditions de la culture italienne. Excellent musicien, bon poète latin, décoré par Maximilien du laurier poétique, il avait dû quitter la ville, où, malgré les efforts de quelques élèves de l'Italie les Dominicains régnaient en maîtres. Wolfgang Lachner aidait Jean Froben à relire les épreuves; les fils de Jean Amerbach, Bruno et Basile, apprenaient parmi les correcteurs le métier de leur père.

Sans doute, Erasme ne trouvait pas à Bâle le savoir, le goût et le talent qu'il avait rencontrés à Venise. Jean Froben, Franconien formé par les leçons des Bâlois, n'égalait ni par la culture ni par l'esprit Alde Manuce. Plus tard, après sa mort survenue en novembre 1527, Erasme dans une *Deploratio mortis Joannis Frobenii*, imprimée en mars 1528 avec le *Ciceronianus*[9], dit ses qualités d'ami, sa franchise, sa promptitude à rendre service, son désintéressement, sa générosité. Il le montra né pour la cause des bonnes études et prêt à la servir avec un dévouement enthousiaste; vanta le soin avec lequel il préparait ses éditions, la technique parfaite de son atelier. Mais Froben ne possédait pas l'immense érudition antique d'Alde manuce, ni sa vaste curiosité, ni ce mélange de gravité méditative, parfois mélancolique, et de gaîté d'esprit, ni la hardiesse véritablement géniale avec laquelle il conçut et réalisa le projet de rendre aux modernes l'ensemble presque complet des grands écrivains grecs.

Du moins, Erasme retrouvait maintenant, parmi les savants suisses et allemands, cet humanisme, création de l'Italie, dont lui-même à Oxford avait reçu la plus éblouissante révélation. Les Allemands se hâtaient de lui souhaiter la bienvenue. Le premier à lui écrire fut le plus voisin, Ulrich Zäsi, professeur de droit à l'Université de Fribourg-en-Brisgau. Sa connaissance profonde de la pensée et des moeurs antiques lui avait, comme à Guillaume Budé, permis de renouveler la science des lois. Mais, fidèle comme la plupart des humanistes rhénans aux traditions nationales, il n'entendait pas sacrifier les coutumes germaniques, les libertés féodales à l'absolutisme juridique de l'Etat romain. Une correspondance active de caractère grave et scientifique s'établit bientôt entre les deux hommes. Ils se lièrent d'une amitié que le temps n'affaiblit jamais. Cependant Willibald Pirckheimer, patricien de Nuremberg, apprenait avec joie l'arrivée de l'auteur de la *Moria* en pays germanique. Formé par les hellénistes de Padoue et les juristes de Pavie, devenu l'un des principaux citoyens de la grande ville de commerce, d'industrie et d'art où travaillaient alors Albert Dürer et Pierre Vischer, nommé par Maximilien conseiller de l'Empire, il se plaisait à lire et traduire les écrivains et philosophes grecs. Comme Erasme, il haïssait les scolastiques et les moines. Il partageait son goût pour la morale simple et droite de Plutarque et l'ironie généreuse de Lucien. Le 9 décembre 1514, il priait Beatus Rhenanus de le recommander auprès du maître: «Procurez-moi, lui écrivait-il, l'amitié de ce grand homme... Vous m'avez promis de le faire venir ici... si vous pouvez conduire avec vous un pareil hôte, c'est avecjoie queje le recevrai» Erasme, le 21 janvier 1515, lui répondait: «La lecture de vos ouvrages m'a depuis longtemps appris à vous aimer. Car j'y croyais voir votre image, celle d'un homme ou plutôt d'un héros incomparable, chez qui la science et la haute fortune s'embellissent l'une par l'autre.» En même temps Erasme recevait le salut de Henri Bebel, professeur d'antiquités latines à Tübingen. Il se sentait entouré d'une admiration enthousiaste, qui ne lui avait été accordée ni par les Parisiens, trop habitués à vénérer Lefèvre, ni par les professeurs[10] de Cambridge pour qui il n'était qu'un étranger d'esprit aventureux, ni par ceux de Louvain, qu'effrayaient ses hardiesses, et prêts à le soupçonner de doctrines hétérodoxes, ni même en Italie, où, malgré le triomphe des *Adages*, l'orgueil des humanistes voulait bien le traiter en égal, mais non en maître. il se réjouissait de trouver tant de savoir et d'intelligence dans cette Germanie qui le réclamait comme l'un des siens; il regrettait de l'avoir connue si tard, après une longue passion pour l'Angleterre et l'Italie et se plaisait maintenant à rappeler qu'il était un Germain par la langue et les origines[11].

Au moment où les humanistes allemands lui faisaient fête et attendaient avec impatience les volumes qui allaient sortir des presses de Bâle, deux hommes, élèves comme lui de l'Italie savante et méditative, dont l'un avait été son inspirateur et son guide, alors qu'au déclin du siècle il cherchait anxieusemetit sa voie, dont l'autre, arrivé maintenant à la vieillesse, mais encore plein d'énergie et d'esprit d'entreprise, avait accompli une oeuvre plus philosophique et plus gravement religieuse, s'effaçaient modestement devant lui. Colet lui écrivait de Saint-Paul de Londres, le 20 octobre 1514, pour le féliciter de sa gloire naissante. Lui-même, découragé, harcelé par les moines, traité avec méfiance par l'évêque Fitzjames, pensait à se retirer de la lutte auprès des Chartreux de, Richmond. «Quand vous reviendrez parmi nous, écrivait-il, vous me trouverez mort au monde»[12]. Et Lefèvre, de Saint-Germain des Prés, lui écrivait le 23 octobre:

> Je suis heureux de vous savoir en Germanie parmi les imprimeurs. Le bien public, l'amour des lettres, le désir d'en propager le culte, vous ont fait quitter l'Angleterre pour notre joie et notre utilité... Qui n'admire, qui n'aime Erasme et ne le vénère?... Que celui qui donne la durée à la vie humaine allonge les fils de la vôtre, afin que vous ajoutiez longtemps encore les mérites aux mérites, et n'entriez dans le royaume bienheureux qu'après avoir comblé le monde de vos bienfaits... Vous mènerez alors avec les êtres bienheureux une existence héroïque. Soyez heureux, vivez pour nous et notre siècle, et aimez celui qui vous vénère et qui vous aime[12].

Ainsi encouragé, Erasme travaillait avec plus d'acharnement encore que chez Alde. Dès son arrivée, il avait donné à Froben une série d'opuscules de Plutarque, traduits à Cambridge, et qui parurent avant la fin d'août. Le mois suivant, on imprimait l'édition nouvelle des *Adages*, qu'il avait préparée à Cambridge, et dont la préface était écrite dès le 5 janvier 1513. L'ouvrage, annonçait-il à Pirckheimer, était augmenté et remanié au point de sembler nouveau. Les essais personnels y tenaient une place de plus un plus large; la critique de la société, de l'économie et de la politique, s'y faisait de plus en plus hardie. L'impression dut en être achevée en février 1515. Cependant à Strasbourg Matthias Schürer donnait une réédition de la *Moria*, et, pour Froben qui désirait la reproduire, Gérard Lister écrivait, sous la dictée d'Erasme, un commentaire qui n'atténuait aucune hardiesse du texte. Erasme achevait en mars son édition de Sénèque; mais surtout, il classait et corrigeait les lettres de saint Jérôme. Enfin à l'aide de nouveaux manuscrits grecs, il achevait l'édition du Nouveau Testament. Mais il n'entendait plus l'imprimer chez Froben. Un premier accord conclu en septembre 1514 était rompu. Il eût désiré que le Nouveau Testament parût en Italie où désormais il avait hâte de revenir. Et sans doute eût-il été heureux de voir son grand ouvrage sortir des presses vénitiennes, et revêtu des nobles caractères aldins[13].

Pourtant, lorsque, vers la fin de mars ou le début d'avril 1515, il quitta Bâle afin de prendre un peu de repos, il ne suivit pas la route du Midi. Depuis l'avènement de François Ier, on pouvait prévoir que la monarchie française ne tarderait guère à tenter la reconquête de ce Milanais, perdu en 1513 grâce à l'entente de Jules II, de l'Espagne et des Cantons suisses. Il jugea moins dangereux de regagner l'Angleterre, et d'y revoir non seulement More et Colet, mais les prélats qui lui assuraient leur protection, Warham, Foxe, Fisher, Wolsey. Il jugeait nécessaire de cultiver ces hautes amitiés; car il savait maintenant la lutte engagée entre l'humanisme et les défenseurs obstinés, orgueilleux, de la tradition scolastique.

Les théologiens de Cologne cherchaient depuis 1510 une mauvaise querelle à Jean Reuchlin, le grand helléniste, le fondateur des études hébraïques, maintenant accusé, comme quelques années plus tôt Pic de la Mirandole, d'avoir affirmé le prix de la spéculation juive pour l'intelligence des mystères chrétiens. Bien qu'Erasme ne dût jamais savoir que fort peu d'hébreu, il avait probablement feuilleté ses *Rudimenta linguae hebraicae*, et, sans goûter la philosophie obscure et l'érudition cabbalistique de ce *De verbo mirifico* qui aurait plu à Pic de la Mirandole, il ne pouvait l'abandonner à des ennemis qui étaient en même temps ceux de la philologie et des lettres humaines. Colet et sans doute More avaient pris résolument parti, comme Froben à Bâle, pour Reuchlin. Erasme avait correspondu avec lui. Il le rencontra à Francfort, où se tenait la foire annuelle des livres; il y vit également Ulrich de Hutten, le plus brillant, le plus actif, le plus ardent des humanistes allemands, le plus hostile au monde monastique. Malgré la décision de l'évêque de Spire, qui avait ordonné aux inquisiteurs l'abandon du procès les Dominicains de Cologne faisaient appel à Rome et brûlaient les apologies de Reuchlin. Erasme eut souvent l'impression que la Curie romaine avait peur des moines. Bien que

Léon X fût favorable à Reuchlin, il le laissait indéfiniment attendre la sentence que tous les humanistes souhaitaient. Erasme promit d'écrire aux cardinaux qui lui avaient montré de l'amitié; il fut alors probablement averti de la campagne de presse que Hutten et quelques jeunes humanistes allemands allaient engager contre les théologiens de Cologne, sous la forme de correspondances supposées et burlesques entre les maîtres et leurs plus doctes écoliers[14].

Mais Erasme avait personnellement constaté que d'autres Universités, bastions de la scolastique, pouvaient d'un moment à l'autre intervenir dans le conflit. Passant par Louvain en août 1514, il s'était senti mal à l'aise. Les humanistes y étaient rares et publiaient peu; il avait cru déceler une mauvaise volonté latente chez les théologiens qui venaient de condamner, d'accord avec les dominicains de Cologne, l'oeuvre de Reuchlin. L'*Eloge de la Folie* blessait leur orgueil et scandalisait leur dévotion étroitement fidèle aux formes du passé. Ils n'ignoraient pas qu'Erasme entendait réviser la Vulgate. Or les derniers travaux de Lefèvre, le *Psautier* et le *Saint Paul*, leur avaient paru inopportuns et dangereux; Laurent Valla, dont Erasme se réclamait, leur semblait un exégète suspect. Ceux-mêmes auxquels les études classiques étaient assez familières, comme le hollandais Martin van Dorp, qui avait édité quelques comédies de Plaute et de Térence, et qui encourageait le grand imprimeur de Louvain, Thierry Martens, à publier les poètes et les orateurs latins, n'admettaient sans réticence ni la *Moria*, ni le projet de restaurer la version latine du Nouveau Testament.

Enfin Erasme lui-même se trouvait, au regard de l'Eglise romaine, dans une situation qui pouvait, en cas de graves conflits doctrinaux, devenir dangereuse. Le prieur du lointain couvent de Steijn, Servais Roger, l'avait au printemps de 1514 pressé de rentrer au bercail. La lettre ne lui était parvenue que vers le 20 juillet, au moment où il se disposait à passer sur le continent pour se rendre à Bâle. Elle était tombée sous les yeux de quelques indiscrets. Il avait le 28 juillet répondu par un refus motivé[15]. Mais il encourait ainsi de très graves censures. Il avait cessé de porter le costume monastique et s'habillait en prêtre séculier. Or la permission qu'il en avait reçue de Jules II n'était valable que provisoirement et pour l'Italie[16]. L'abandon du costume régulier était pour la discipline ecclésiastique un acte d'apostasie que le droit canon poursuivait et punissait très sévèrement. Cette situation incorrecte avait sans doute empêché l'accomplissement des promesses qu'au printemps de 1509 il avait reçues des chefs de l'Eglise anglicane. Depuis qu'il avait refusé de revenir à Steijn, personne n'insistait plus pour l'y ramener. Mais il n'ignorait pas le péril qui le menaçait. Il savait que si les théologiens n'osaient plus pour le moment le contredire en face, le vrai combat n'était pas encore engagé et qu'en attendant ils le dénigraient entre eux. Il prévoyait que le Nouveau Testament soulèverait contre lui tous les hommes déjà groupés contre Reuchlin.

Dans de telles circonstances c'était à Rome qu'il se serait senti le plus en sûreté. Il y pouvait compter sur la protection de Grimani, de Riario, de Léon X. Il y réglerait, plus facilement qu'ailleurs, sa situation ecclésiastique; il y trouverait plus aisément qu'ailleurs des hommes capables de comprendre et de suivre sa pensée. C'est pourquoi, à peine arrivé à Londres, où il avait eu la contrariété de ne pas rencontrer More, alors en ambassade aux Pays-Bas, mais où du moins il retrouva Colet, qui n'avait pas donné suite à son projet de retraite monastique, il écrivit, le 15 mai 1515, aux deux cardinaux. Il les remerciait des bienfaits qu'il n'avait pas oubliés. Il, disait à l'un et à l'autre, presque dans les mêmes termes, ses regrets de Rome.

> Quelle liberté, quels paysages, quelle lumière, quelles promenades, quelles bibliothèques, quelles conversations avec les hommes les plus savants, quel charme dans leur commerce, quels souvenirs et quels monuments de l'antiquité, et quelle joie de voir réunies dans un même lieu toutes les lumières du monde!

Il disait son crédit auprès de la haute Eglise d'Angleterre, auprès d'Henry VIII, dont il vantait le dévouement à la cause pontificale. Il disait le travail de l'atelier bâlois; il vantait le savoir et l'oeuvre de Reuchlin, en butte à la calomnie, et défendait indirectement sa propre cause avec celle de l'helléniste allemand[17]. Mais il voulait encore s'assurer un plus haut appui. Warham renonça volontiers à la dédicace du *Saint Jérôme* pour qu'elle pût être offerte au pape. Et le 21 mai 1515, Erasme, dans une lettre élégamment flatteuse, exprimait à Léon X le désir de lui présenter bientôt le volume dont l'impression se poursuivait à Bâle[18]. Il n'oublia pas de célébrer, écrivant au fils de Laurent le Magnifique, la famille des Médicis, famille noble et déjà certaine de l'immortalité; famille qui avait encouragé et honoré les lettres et dont la protection avait donné au monde tant d'orateurs, de poètes, de philosophes et de théologiens. Il affectait de croire que la paix régnait par les soins de Léon X; le schisme pernicieux, provoqué par Louis XII et Maximilien, avait pris fin; les exilés italiens rentraient dans leur patrie; les Médicis restaurés assuraient de nouveau à Florence le bienfait d'un régime intelligent et modéré. D'autres, continuait-il, loueront les guerres et les victoires de Jules II; mais Erasme savait que Léon X ne chercherait jamais qu'à maintenir entre les peuples chrétiens la paix chrétienne et l'union nécessaire contre l'invasion turque. Pourtant il connaissait par Ammonio les secrets de la politique européenne, et probablement n'ignorait pas que le pape. malgré sa prudence, restait engagé dans la ligue qui unissait contre François Ier l'empereur, le roi d'Espagne, les Cantons suisses, et comptait fermement sur la défaite du parti français. Du moins Erasme suggérait-il cette politique de paix dont il devait bien inutilement prêcher la cause devant tous les princes d'un temps de violence, et qui, si le pape l'eût alors suivie, aurait épargné au Saint-Siège l'humiliation et l'inquiétude de se voir, le 15 septembre suivant, enveloppé dans le désastre de Marignan. Erasme enfin avait su glisser, au sujet de ses propres travaux sur saint Jérôme, un éloge discret de Reuchlin, et sans faire allusion au procès pendant en cour de Rome, il avait rappelé que tout le monde germanique le soutenait et le considérait à bon droit comme le maître des plus hautes études. Et sans doute n'était-il pas indifférent de rappeler au Saint-Siège, à la veille de l'apparition de Luther, la nécessité de respecter la passion nationale qui pouvait s'attacher au nom d'un grand homme et le soutenir même contre l'autorité romaine. Mais en même temps, Erasme affirmait l'urgence de restaurer une religion menacée de ruine; et s'efforçait de reconnaître dans les décrets du concile que Léon X présidait au Latran, non plus l'orgueil d'un despote avide, mais la modestie des apôtres et le pur esprit du Christ[19].

Erasme avait annoncé aux cardinaux et au pape qu'on le reverrait prochainement à Rome. Mais il lui fallait d'abord achever ses besognes bâloises. Il quitta Londres dès la fin de mai 1515. A Anvers, où il s'arrêta quelques jours, il put constater la justesse de ses pressentiments. En septembre 1514, Martin van Dorp, avec lequel pourtant un mois plus tôt, il échangeait à Louvain des entretiens amicaux, lui avait adressé une longue épître pleine d'accusations d'autant plus graves que le ton en restait volontairement modéré. Au nom de la Faculté de Théologie, il blâmait les hardiesses de l'*Eloge*, les attaques d'Erasme contre les scolastiques, le projet de réviser la Vulgate. Cet écrit s'était longuement égaré; diverses copies en circulaient aux Pays-Bas[20]. Erasme, dut rédiger en hâte une réponse; il n'eut pas de peine à rappeler que les théologiens avaient tort d'attribuer aux doctrines dont ils avaient surchargé les enseignements primitifs du Christ, une autorité qui ne permettait même plus de reconduire le monde à la simple foi des origines; il rappela que nul concile encore n'avait proclamé l'infaillibilité de la Vulgate. Après Laurent Valla, qui s'était contenté de rédiger quelques notes sur le Nouveau Testament, après Lefèvre qui n'avait traduit et commenté que saint Paul, il croyait faire oeuvre utile en offrant aux chrétiens le texte authentique et une traduction fidèle des livres qui contiennent le dépôt de leurs croyances[21], Thomas More qu'Erasme vit alors, chargé d'une mission diplomatique à Bruges, allait à son tour, dans une longue lettre qui est un véritable traité, défendre contre Dorp la théologie nouvelle, et cette critique italienne dont Erasme était l'héritier[22].

Il fut de retour à Bâle vers la fin de juillet, et le labeur reprit chez Froben. Dès son arrivée, Erasme se hâta d'imprimer, avec la réponse à Dorp, les lettres aux deux cardinaux et à Léon X[23]; il y apparaissait comme un familier du Sacré-Collège et du Souverain Pontife. Il confiait enfin à Froben le Nouveau Testament. Il savait la mort d'Alde, survenue le 6 février 1515; Andrea d'Asola, continuateur de ses entreprises, n'était pour Erasme qu'un parvenu sans culture ni finesse, très inégal à Jean Froben[24].

L'ouvrage n'était pas encore au point. Comme à Venise chez Alde, le travail de l'éditeur et du typographe s'accomplit en même temps. Chaque jour une feuille nouvelle, parfois improvisée, comme Erasme le reconnut plus tard, sortait des presses; et l'on imprimait encore le *Saint Jérôme*. Une équipe de savants, sous la conduite de Beatus Rhenanus, corrigeait les épreuves; Oecolampade vérifiait les textes hébraïques; Erasme pouvait se croire de nouveau chez Alde[25]. Il avait écrit à un ami alsacien, Jean Witz, en octobre 1515: «Je crois vivre ici dans un véritable musée; personne n'ignore le latin, personne n'ignore le grec; la plupart savent aussi l'hébreu. L'un connaît à fond l'histoire, l'autre la théologie, celui-ci excelle en mathématiques; cet autre a étudié l'antiquité, celui-là le droit... » Il en oubliait l'Académie aldine. «Jamais, poursuivait-il, je n'ai eu la joie de vivre en si heureuse compagnie. Pour ne rien dire de plus, quelle honnêteté, quelle bonne humeur, quelle entente». Et il concluait, dans le style des *Actes des Apôtres:* «On dirait que tous n'ont qu'une âme»[26].

Les humanistes allemands continuaient de suivre et d'encourager son effort. Il recevait alors la première série des *Epistolae obscurorum virorum*, qui tournaient joyeusement en moquerie les scolastiques de Cologne; et Ulrich de Hutten lui écrivait de Worms qu'il voulait s'attacher à lui plus étroitement qu'Alcibiade à Socrate. Le duc Ernest de Bavière lui faisait offrir une chaire de théologie à l'Université d'Ingolstadt[27]. Mais Erasme, tout accablé de travail, ne négligeait pas ses intérêts. Andrea Ammonio et Thomas More les suivaient en Angleterre. Il désirait savoir par Ammonio le succès de sa lettre à Léon X; et, comme le *Nouveau Testament* devait soulever plus de tempêtes que le Saint Jérôme et que l'impression en serait achevée plus tôt il résolut de le dédier au pape; d'autres amis veillaient aux Pays-Bas; le chancelier de Brabant, Jean le Sauvage, s'efforçait de lui ménager la faveur du prince Charles, qui allait, à la fin de l'année, devenir par la mort de son grand-père Ferdinand, le roi d'Espagne Charles Ier, et en 1519, après la mort de son grand-père Maximilien, l'empereur Charles-Quint. Ce fut sans doute en janvier 1516 qu'Erasme reçut le titre tout honorifique de conseiller du gouvernement des Pays-Bas, au traitement annuel de 200 florins[28].

Enfin dans le courant de février 1516, le *Nouveau Testament*, achevé d'imprimer, sortit des presses bâloises de Froben. On peut admettre que cette publication marque une date capitale dans l'histoire de l'esprit humain[29].

III

La préface adressée à Léon X semblait placer sous la garantie du Saint-Siège et du Collège des cardinaux romains le programme de réforme intellectuelle, morale et religieuse où aboutissait, à travers l'oeuvre d'Erasme, élève de l'Italie, à travers l'oeuvre des réformateurs d'Oxford, élèves de l'Italie, à travers les traditions religieuses qui, aux Pays-Bas, avaient soutenu la *Devotio moderna* et inspiré l'*Imitation*, à travers enfin certains souvenirs inexprimés des Vaudois, de Wyclif ou de Jean Hus, tout le labeur d'un siècle et demi d'humanisme instruit et dominé par l'Italie.

> Le plus sûr moyen de rétablir et de consolider la religion, disait Erasme à Léon X, est que les fidèles par toute la terre adhèrent pleinement et consciemment à la sagesse du Christ, et que, avant tout, ils apprennent à connaître la pensée de leur maître divin, d'après les livres où sa parole céleste vit et respire encore.

Ainsi Erasme, après Colet, et conformément à la pensée de Wyclif et de Hus, entreprend de convertir le pape à la doctrine, jusque-là réputée à Rome dangereuse et révolutionnaire, du retour à la Bible.

> C'est aux sources mêmes qu'il faut puiser la doctrine. Aussi avons-nous revu le Nouveau Testament d'après l'original grec, à l'aide de manuscrits nombreux des deux langues, choisis parmi les plus anciens et les plus corrects... Mais comme on ne doit toucher aux choses sacrées qu'avec des mains pieuses, nous avons encore parcouru les oeuvres des théologiens primitifs, afin d'y rechercher les anciennes leçons et les anciennes corrections. Nous avons ajouté des notes pour justifier les changements, expliquer les passages douteux, empêcher toute altération ultérieure du texte rétabli avec tant de soin[30].

Dans la préface à Léon X, Erasme présentait donc le retour à la Bible comme une oeuvre essentiellement savante, conçue et dirigée selon les méthodes de la philologie et de l'histoire, selon les méthodes que l'humanisme italien, depuis plusieurs générations, appliquait avec une sûreté de plus en plus infaillible, aux textes de l'antiquité profane. Comme dans l'*Enchiridion*, comme dans la préface des *Notes* de Laurent Valla, Erasme définissait, justifiait devant le vicaire du Christ, son oeuvre d'humaniste et de chrétien. Il rendait la Bible aux fidèles, il leur donnait du Nouveau Testament un texte correct, purifié de toutes les erreurs gothiques. Aux savants il offrait la lettre grecque. A ceux qui n'entendaient pas la langue de l'Evangile et des Epîtres, il offrait une traduction latine élégante et châtiée. Rien, dans un tel effort, n'était contraire à l'esprit chrétien; rien non plus n'était contraire à cet esprit de l'Italie humaniste dont le fils de Laurent le Magnifique était l'héritier.

La *Paraclesis ad lectorem pium*, —Appel au lecteur pieux—, démontrait, dans un langage plus proche des Vaudois, de Wyclif et de Hus, la nécessité du retour au texte biblique; non plus seulement, comme dans la préface à Léon X, un retour savant, mais un retour populaire.

> Les chrétiens négligent la doctrine chrétienne. Ils connaissent la philosophie de Platon, de Pythagore et d'Aristote. Ils savent ce qu'Aristote a dit de la nature et de l'infini. Toutes choses,

> poursuivait-il, en des termes qui rappellent la Dévotion moderne et l'*Imitation*, dont la connaissance ne donne pas le bonheur, dont l'ignorance ne rend pas malheureux. Et nous, initiés à la doctrine chrétienne de tant de manières, liés au Christ par tant de sacrements, nous ne jugeons pas criminel et honteux d'ignorer cette doctrine qui nous apporte le bonheur le plus certain. Pourtant, cette sagesse suprême, auprès de qui toute sagesse humaine est folie, se manifeste aisément dans un petit nombre de livres, tandis qu'on a peine à chercher, parmi tant de volumes et de commentaires contradictoires, la pensée d'Aristote. Accessible à tous, elle n'exige pas de ses fidèles l'apprentissage d'anxieuses disciplines. Il suffit de venir à elle d'un cœur pur, simple et pieux. Elle s'offre aux plus humbles esprits comme aux plus sublimes. Il est donc légitime, il est nécessaire, que tous les chrétiens lisent la Bible et qu'on la traduise pour eux dans leur langue.

Erasme blâme vivement ceux qui veulent interdire aux simples de lire l'Ecriture traduite en langue vulgaire; comme si les préceptes du Christ ne révélaient leurs sens qu'à un petit nombre de théologiens, et comme si toute la force de la religion consistait dans l'ignorance publique de la doctrine.

> J'admets que la prudence conseille de cacher les secrets des rois; mais le mystère du Christ veut être divulgué. Je souhaiterais que les femmes lisent l'Evangile, lisent les Epîtres de saint Paul. que le laboureur, que le tisserand les chantent à leur travail, que le voyageur se les récite pour oublier la fatigue du chemin. Le baptême, les sacrements appartiennent à tous les chrétiens; pourquoi la connaissance du dogme serait-elle réservée à quelques-uns, que l'on appelle théologiens et moines, qui forment la plus faible portion de la chrétienté, et souvent n'attachent leur pensée qu'à la terre et à ses biens? Tous ceux qu'anime et que soutient l'esprit du Christ possèdent la vraie théologie, fussent-ils fossoyeurs ou tisserands[31].

Ces pages, malgré le latin d'un humanisme classique, s'adressaient aux peuples; elles affirmaient leur retour nécessaire à la Bible; l'auteur parlait en dissident, déjà moralement en rupture, sinon de fait, avec l'Eglise officiellement enseignante, par l'organe des Facultés de Théologie. Il posait un problème qui allait maintenant se débattre pendant plusieurs générations dans les Eglises de la Réforme, le problème de l'interprétation des Livres Saints et de la liberté des interprètes.

Et maintenant, il définissait ce spiritualisme chrétien, l'évangélisme presque sans dogme qui était déjà toute sa religion.

> Il est possible, même sans la foi, de discuter sur l'intelligence des anges. Mais la philosophie du Christ —«terme nouveau et qui pour la première fois apparaît sous sa plume»— repose sur le sentiment. Elle est une vie, une inspiration plutôt qu'une dispute et une érudition. Elle est une renaissance, une restauration de l'âme selon cette véritable et naturelle harmonie qu'ont recherchée les sages antiques, Socrate, Aristote et les épicuriens eux-mêmes. Il n'est besoin ni d'Albert, ni de Thomas, ni de Scot, ni d'Ockham; la pure et simple doctrine du Christ se trouve avant tout dans l'Evangile et les Epîtres apostoliques. Ces livres seuls nous conservent sa vraie pensée; nous y entendons sa voix, nous le voyons guérir les malades, mourir et ressusciter, si présent devant notre esprit que nous l'apercevrions moins clairement avec les yeux du corps. C'est selon l'exemple de cette vie que doit renaître la nôtre. Le reste ne compte pas[32].

Dans la *Methodus*, qui suit la *Paraclesis*, Erasme expose la discipline du théologien moderne. Il doit connaître les trois langues; car la lecture de la Vulgate ne suffit pas. Les décrets des papes eux-mêmes ordonnent de se reporter, en cas de doute, au texte hébreu ou grec. «Rodolphe Agricola n'aborda pas l'hébreu avant 40 ans; moi-même dans ma cinquante et unième année, je suis obligé de me remettre à cette langue dont autrefois j'avais commencé l'étude». Le théologien doit posséder la culture humaniste la plus complète, savoir les sciences et l'histoire. Il lira les philosophes antiques, et de préférence Platon, dont la doctrine se rapproche le plus de l'Evangile. Mais il ne s'attardera pas aux études profanes et moins encore à celles qui sont en faveur dans les Universités. Il établira en philologue le texte biblique; il l'étudiera en philologue et en linguiste. Il pourrait alors, sans présomption, se passer comme les premiers chrétiens de l'aide des commentateurs; car l'Ecriture est simple, et quoi qu'en aient dit les modernes, d'intelligence aisée. Il consultera pourtant les Pères, saint Augustin et saint Jérôme saint Basile et saint Cyrille, Origène surtout, suspect sans doute, mais le plus profond, le plus capable de comprendre le sens caché de la Révélation. Il les suivra sans esclavage, et résolument écartera les scolastiques, leurs questions inutiles, leurs discussions verbales et sans âme. Content de dégager de la lettre la vraie pensée du Christ, il l'acceptera tout entière, même si elle contredit le dogme établi, la morale courante ou la pratique consacrée.

Car la vraie théologie refuse de plier la sagesse éternelle aux décrets des hommes, elle refuse d'accepter les doctrines introduites par les modernes et qui ne reposent pas sur le texte évangélique. Elle refuse de distinguer dans les leçons du Christ deux morales, l'une pour le commun des fidèles l'autre plus parfaite pour ceux que l'on appelle les moines. Elle refuse de réserver le nom d'Eglise à la communauté des clercs, alors que l'Eglise est la communauté des chrétiens. Elle refuse de reconnaître dans les cérémonies et les pratiques, l'essentiel de la vie religieuse; elle affranchit les croyants de la servitude judaïque, et leur rend, avec l'usage des livres saints, le culte en esprit et en vérité[33].

La *Paraclesis* et la *Methodus* sont suivies d'une *Apologie*. Erasme y répond aux objections qu'il peut aisément prévoir. Il défend le droit, qui appartient à un savant chrétien, de corriger à l'aide de l'original grec la version traditionnelle, altérée dans le cours des âges, et dont le texte varie avec les manuscrits. Il dit avec quel soin pieux il a rétabli la lettre corrompue et mutilée. Il cite les savants qui ont essayé avant lui de restaurer la science biblique, Laurent Valla, Lefèvre d'Etaples. Mais il ne parvient pas à dissimuler son impatience des calomnies auxquelles il s'attend de la part des théologiens, ennemis de toute nouveauté[34].

On doit sans doute reconnaître que l'édition princeps du Nouveau Testament grec n'est aucunement satisfaisante pour la science moderne. Erasme a travaillé trop vite, sans une collation suffisante des manuscrits; il n'a donné qu'un texte médiocre et faiblement établi; sa version, trop élégamment banale, modifie souvent la Vulgate sans raison, l'affaiblit et la décolore; dans les Epîtres, certaines infidélités trahissent un travail parfois inattentif, ou le dessein inavoué d'adoucir, dans un esprit semi-pélagien que Luther exécrera, la doctrine paulinienne. Il apparaît qu'Erasme a parfois cité les Pères sans les avoir lus de près; malgré les leçons d'Oecolampade, il laisse voir son insuffisante connaissance de l'hébreu. L'érudition théologique, dont il a proclamé la vanité, lui fait trop défaut; sa glose, systématiquement simplifiée, recherche avant tout la clarté élémentaire; malgré de longues digressions où se révèle une pensée religieuse volontairement dépouillée de tout souvenir des théologies médiévales, sinon parfois des mystiques, elle manque souvent de profondeur et d'émotion. Il se laisse aller avec trop de complaisance à des développements faciles, et qui sentent la déclamation. Mais le *Nouveau Testament* de Bâle n'était encore que le premier essai d'une science naissante. Et les préfaces où Erasme avait résumé en termes décisifs les règles de l'exégèse moderne, de la critique biblique, de la critique des doges religieux et des institutions religieuses, allaient constituer bientôt, polir toutes les Eglises de la Réforme, un Discours de la Méthode. Par là, le Nouveau Testament de Bâle est un livre capital dans l'histoire du christianisme et de la pensée humaine[35].

NOTES

[1] ALLEN, **6**, I. Introd. à 225; 226, 3-5; 229, 231; 237; 261; 272; 296; l. 135. —MULLINGER (J. Bass). *The University of Cambridge, from the earliest times*; Cambridge, 1873-1884, 2 vol. in-8°; I, p. 491-508. Sur la cure d'Aldington, ALLEN, I, Introd. à 255.

[2] *Idem*, II, Introd. à 384.

[3] *Idem*, V, Introd. à 1490.

[4] Sur Andrea Ammonio, ALLEN, I, Introd. à 218.

[4 bis] C'est, lui écrit un jour Ammonio, dans son charmant latin d'humaniste, du pipi de Jupiter enfant; ALLEN, **6**, I, 280, Londres, 25 novembre 1513; l. 25-26: vini Cretensis sinum, sed quod Iupiter cum in ea insula educaretur suo peniculo eminxit...

[5] ALLEN, **1**, 218-221; 226; 232-234, 236-238, 240, 243, 245-250, 255, 262, 280-283; 258; 232, 236, 239, 240, l. 32-37: De rebus italicis mihi parum laeta nuncias, non studio Galli sed odio belli... Neque tamen habeo cui succenseam, nisi verpo illi τοῦ Αρχιερευς ιατρῶ, qui quidem aut parum est artifex aut prorsus effoetae sunt Anticyra. —245, l. 19-28: Quid ais? 'o 'αρχιέρευς ad Lauretanam? ὦ τῆς εὐσεβείας.

De bello moveri coepto vide ne Graecum illud proverbium habeat aliquando locum, πυραυστου μόροσ. Etenim si quid acciderit ecclesiae Romanae, cui, quaeso, possis iustius acceptum ferre quam τῷ 'Ιούλιω minimum forti? Sed obsecro te finge Gallos ab Italia depulsos; iam mihi cogita utrum Hispanos malis dominos an Venetos nec suis tolerandos. Nam τους ἱερέις Principes nunquam ferent. Nec rursum inter ipsos conuenire poterit propter factionum dissidia plusquam capitalia. Vereor ne Italia dominum mutet, dumque Gallos ferre non potest, bis Gallos ferre cogatur. Sed haec viderint αἱ μοίραοι nos ἔξω βέλων ταῦτα μαχόμεθα; 251 ; 240, l. 29-31: Denique nullo infortunio non dignus mihi videor, quoties succurrit qualem Italiam et quam mihi arridentem Romam reliquerim. 253, l. 6-9: Nam non possum non dolere quoties in mentem venit quod coelum, quos agros, quas bibliothecas, quas ambulationes, quam mellitas eruditorum hominum confabulationes, quot mundi lumina, quam fortunam, quas spes tam facile reliquerim. —Il lui signale le dévouement de Warham et de la monarchie anglaise à la cause de Jules II. —243, l. 22-36: ...quam plane in his consenuerim. —250, l. 6-12; 281, l. 12-13: Imaginabor hanc esse mihi patriam, quam Romae praetuli et in qua me senectus deprehendit.

6 Texte dans FERGUSON, **4**, p. 65-124; introd. p. 38-64. FERGUSON, PINEAU, **12**, ALLEN, **6** (II, Introd. à 502) attribuent l'ouvrage à Erasme. Henri HAUSER soutient l'opinion contraire (*Le Julius est-il d'Erasme?* Revue de Littérature comparée, VII, 1907, p. 605-618). De même, Carl STANGE (*Erasmus und Julius II, eine Legende*; Berlin, 1937, in-8°). —More (ROGERS, **24**, 502; Londres, 15 décembre 1516, 9-10) cite, parmi les papiers conservés et maintenant restitués par Lupset, le *Julii genius*. L'ouvrage ne fut imprimé qu'au début de 1517, sans lieu ni date. La première édition datée est celle de Thierry Martens, Louvain, septembre 1518. On connaît une édition sans date qui attribue le *Julius* à F.A.F. (Fausto Andrelini de Forli); l'évêque de Paris, Etienne Poncher, rencontrant Thomas More, lors d'une mission diplomatique aux Pays-Bas, lui affirma que l'ouvrage était d'Andralini (ROGERS, **83**, 881-883). Il reste difficile d'imaginer Andrelini capable d'une oeuvre aussi vigoureuse. Pio PASCHINI (*Atti dell'Accademia degli Arcadi*, XVIII, 1934-35, publ. en 1937, in-4°, p. 85-98), dans un article important (*L'autore del dialogo satirico controGiulio II*), affirme que le *Julius exclusus* a été composé par Girolamo Rorario, secrétaire du cardinal Adriano Castellesi de Corneto qui, disgracié par Jules II, vivait alors dans le Trentin. G. G.LIRUTI (*Notizie della vita e delle opere scritte da letterati del Friuli*), Venise, 1762, t. II, p. 272) avait identifié Rorario comme auteur du *Jullus*. —Quelques passages des *Sileni Alcibiadis* et de la préface de l'édition de Suétone, en 1517, peuvent rappeler le *Julius* et manifester l'intérêt d'Erasme pour le petit dialogue.

7 ALLEN, **6**, VII, 1900; I, 296; l. 220.

8 *Idem*, II, 303.

9 Voir note précédente.

10 *Idem*, II; 317; 318; 321; 322.

11 *Ibid.*, 305, l. 215: Quo mihi magis arridet et delubescit mea Germania, quam piget ac pudet tam sero cognitam fuisse.

12 *Ibid.*, II, 314; 315, 3-18.

13 *Ibid.*, II, Introd. à 384.

14 RENAUDET, **63**, p. 640-647.

15 ALLEN, **6**, I, 296. —La lettre de Servais Roger, écrite le mardi de Pâques (l. 232-233), n'a pas été conservée. —Erasme lui rappelle son propre crédit auprès de la haute Eglise d'Angleterre et des prélats italiens. «A Rome, il n'était pas un cardinal qui ne m'accueillit comme un frère». Il cite Riario, Grimani, Guibé, Médicis, désormais pape sous le nom de Léon X. —l. 101-109.

16 ALLEN, **6**, I, 296, l. 171-199.

17 *Idem*, II, 333, à Riario; 334, à Grimani; 333, l. 30-34; 334; l. 34-38: Neque enim non possum tangi Romae desyderio, quoties tantus tantarum simul commoditatum aceruus in mentem venit; Primum Urbis omnium multo celeberrimae lumen ac theatrum, dulcissima libertas, tot locupletissimae bibliothecae, suauissima tot eruditissimorum hominum consuetudo, tot litteratae confabulationes, tot antiquitatis monumenta, denique tot uno in loco totius orbis lumina.

18 *Ibid.*, II, 335.

[19] *Ibid.*, l. 16-26.—l. 79-88: Compositae bellorum vndae, cohibitae principum inter ipsos minae, acerbis odiis dissidentes maximorurn regum animi in Christianam adacti concordiam; sublatum perniciosissimum illud schisma, et ita sublatum tam ingens malum vt ne cicatrix quidem supersit. Vt sileam interim quod aliquot Italiae principes suis ciuibus, quod complures ciues in exilium actos suae patriae reddidisti; quod tuam familiam diu fortunae injuria vexatam restituisti; quod Florentiam, ciuitatem tuam quae majorum tuorum prudentia diu florentissima fuit, multo reddidisti florentiorem... ; l. 90-95: Idque non vi neque severitate, veluti sectionibus, inusturis aut alioqui tristibus pharmacis sed consilio, sed prudentia, sed animi moderatione, sed mansuetudine. Alii laudibus vehant bella a Julio secundo vel excitata gnauiter vel gesta feliciter, victoria armis partas recenseant, triumphos regaliter actos celebrent... —l. 109-112: Ut maximum declararit Julium totus pene orbis ad bellum excitatus, certe maiorem testatur Leonem pax orbi restituta. Clarius arguit tuam magnitudinem, quod inclytus Lodouicus Galliarum rex se suaque omnia tuo submisit arbitrio. —Sur le danger turc et l'idée de croisade des peuples chrétiens réconciliés, l. 195-205; l. 303-307: Vnde merito virum hunc ceu phoenicem et unicum suum decus tota susdicit ac veneratur Germania; l. 184-191 inaudita tua pietas, pater beatissime, quae simul et Christianae plebis religionem iam olim multis collapsam modis et in dies magis ac magis collabentem saluberrimis, vt audio synodi constitutionibus sarcit ac restituit; et huiusmodi constitutionibus, non quae quaestum aut dominandi libidinem aut tyrannidem oleant, sed quae vere spiritum referant apostolicum; quas quivis a patribus non a dominis profectas possit agnoscere, in quibus piae mentes ipsum Christum veluti loquentem venerentur.

[20] ALLEN, **6**, II, 304; DE VOCHT (Henry), **27**, *Humanistica Lovaniensia*, Louvain-Londres, 1934, in-8°; *Martin van Dorp's Apology...*; *Gérard Morinck's Life of Martin van Dorp*; *Martin van Dorp's correspondance and analecta*; p. 61-408.

[21] ALLEN, **6**, II, 337, fin mai 1515.

[22] ROGERS, **24**, 15; Bruges, 21 octobre 1515, p. 27-74.

[23] ALLEN, **6**, II, Introd.; 333, 334, 335, 337.

[24] *Idem*, I, p. 448; cf. coll. *Opulentia sordida.*

[25] ALLEN, **6**, II, Introd. à 384; RENAUDET, **63**, p. 673.

[26] ALLEN, **6**, II, 361, l. 6-15: ...Mihi certehactenus non contigit in aeque felici versari contubernio.

[27] *Ibid.*, 365; Worms, 24 octobre 1515; 386, Urban Rieger, secrétaire du duc de Bavière à Jean Faber (Heigerlin), chancelier de l'évêque de Bâle; Ingolstadt, février 1516.

[28] *Ibid.* II, 388; More à Erasme, Londres, 17 février 1516; 389, Ammonio à Erasme, Londres, 18 février 1516; Erasme à Jean Le Sauvage, Anvers, 1er juin 1516; 410; RENAUDET, **14**, p. 1, n. 5.

[29] Sur le *Nouveau Testament* de Bâle, RENAUDET, **63**, p. 673-682; RENAUDET, **15**, ch. IV, Le modernisme érasmien; Erasme éditeur et commentateur du Nouveau Testament.

30 RENAUDET, **63**, p. 673 et 674, n. 2-3.

31 *Ibid.*, **63**, p. 674 et 675, n. 1-3.

32 *Ibid.*, p. 676, n. 2: Quid aliud est Christi philosophia, quam ipse renascentiam vocat, quam instauratio bene conditae naturae?

33 *Ibid.*, p. 676-678; RENAUDET, **14**, ch. I; Philosophie du Christ et réforme religieuse.

34 RENAUDET, **63**, p. 678; 679, n. 1-3. —L'*Apologia* résume la longue réponse à Martin van Dorp (ALLEN, II, 337), déjà publiée par Froben en août 1515.

35 GOGUEL (Maurice). —*Le texte et les éditions du Nouveau Testament grec*. Revue d'Histoire des Religions, t. LXXXII, 1920, p. 1-73. RENAUDET, **15**, ch. IV, Erasme éditeur et commentateur du Nouveau Testament. —Sur l'ensemble de la question, v. même chapitre (Le modernisme érasmien), particulièrement I, Erasme et les écoles philosophiques et théologiques; Erasme et la sagesse antique; la philosophie du Christ; l'Ecriture, le retour à la Bible, l'exégèse moderne; III, l'Esprit de la théologie érasmienne.

II - L'ATTENTE ÉRASMIENNE DE LA RÉFORME ET L'APPARITION DE LUTHER

I

Ainsi l'édition du Nouveau Testament grec avait complété les déclarations les plus hardies de l'*Enchiridion*. Elle ébauchait d'avance quelques-unes des affirmations essentielles et des négations essentielles de Luther dans le *De captivitate babylonica Ecclesiae*. Résolument, Erasme avait dédié l'ouvrage à Léon X. C'eût été un succès capital pour lui-même et pour l'oeuvre entreprise depuis son retour d'Oxford en 1500, que l'approbation officielle accordée par le Souverain Pontife à son programme de réforme intellectuelle, morale et religieuse de l'Eglise chrétienne et du monde chrétien. Léon X présidait alors le cinquième concile du Latran, ouvert depuis Pâques 1512, pour cette réforme de l'Eglise dont on parlait sans cesse, sans jamais paraître sérieusement y penser; et les questions qu'Erasme semblait poser au pape s'adressaient de la sorte en même temps et comme avec une solennité accrue, à l'assemblée de l'Eglise universelle.

L'année 1516 correspond, dans la carrière d'Erasme, à l'année 1762 dans la carrière de Rousseau. Il avait rendu aux chrétiens le texte grec du Nouveau Testament; il travaillait maintenant à leur rendre l'oeuvre qui, à ses yeux, dominait la patrologie latine. En même temps, il réfléchissait profondément sur ces problèmes politiques dont Thomas More et lui-même, instruits par l'Evangile et l'antiquité, cherchaient la solution. Le *Saint Jérôme* s'imprimait; la correspondance parut d'abord; les huit autres volumes suivirent avant la fin de l'année. L'édition ne posait pas de problèmes aussi graves que le rétablissement du texte authentique du Nouveau Testament. Erasme, selon son intention primitive, offrit le *Saint Jérôme* à William Warham, primat d'Angleterre, le 1er avril 1516. L'impression de l'*Institutio principes christiani*, où il définissait, pour le jeune prince qui, trois ans plus tard, allait être Charles-Quint, le programme positif d'un gouvernement philosophique et chrétien, fut entreprise au printemps. Ainsi la réforme de la pensée chrétienne exigeait, pour corollaire indispensable, la réforme de l'Etat chrétien.

Erasme pouvait constater le succès du *Nouveau Testament* dans les régions allemandes, où maintenant l'*Enchiridion*, réimprimé après onze années à Strasbourg, en septembre 1515, éblouissait comme une révélation. Les travaux entrepris à Bâle étaient désormais achevés; rien ne l'y retenait plus. Depuis le 10 juillet 1515, un bref pontifical avait été rédigé à son adresse par Jacques Sadolet, l'un de ses admirateurs italiens, l'homme de vie intérieure, l'humaniste passionné qui, en 1506, avait célébré en vers latins enthousiastes la découverte du Laocoon. Le pape, en termes grandioses et vagues, disait l'oeuvre de restauration chrétienne où il se trouvait engagé. Il remerciait amicalement Erasme de la promesse du *Saint Jérôme*, rappelait le goût qu'il partageait avec lui pour les bonnes lettres, et annonçait l'intention de lui témoigner bientôt sa libéralité. Expédié en Angleterre, ce document était resté aux mains d'Ammonio, qui de semaine en semaine attendait le retour d'Erasme. La réponse pontificale aurait certainement déterminé l'éditeur du Nouveau Testament à reprendre le chemin de Rome, pour offrir lui-même son livre à Léon X; l'occasion fut perdue. Fait minime, et de conséquences graves. L'autorité que lui conféraient ses travaux lui aurait permis de jouer auprès de Léon X et des cardinaux, qui l'auraient volontiers accueilli, le rôle d'un conseiller libre et parfois éloquent; il eût dit clairement son avis sur les débats du Latran[1].

Il pensa que ses obligations envers le prince Charles, auquel il allait dédier l'*Institutio*, l'appelaient au Brabant; on l'attendait à la cour de Bruxelles; mais c'était en Angleterre qu'il souhaitait le plus tôt revenir; et désormais l'histoire des contacts d'Erasme avec l'Italie allait être celle des occasions perdues pour lui-même et pour le monde chrétien. S'il s'était trouvé à Rome lors de l'apparition de Luther, le débat des Indulgences et le débat général de la Réforme se seraient engagés en d'autres termes, et peut-être auraient abouti à d'autres conclusions.

Il quitta Bâle après la Pentecôte, et par les villes du Rhin atteignit Cologne. Il y rencontra divers ambassadeurs italiens, envoyés par leurs princes aux Pays-Bas. Il fit route avec eux et fut à Anvers le 30 mai. A Bruxelles, le chancelier Le Sauvage lui fit conférer une des prébendes de Courtrai, qu'il se hâta de transformer, comme la cure d'Aldington, en un titre de rente; le gouvernement des Pays-Bas lui laissait en même temps espérer de plus hautes dignités sur les domaines des Rois Catholiques, vraisemblablement en Italie[2]. Cependant, il faisait connaissance du nonce Gianpietro Carafa, évêque de Chieti; le futur créateur de l'ordre des Théatins, le futur pape Paul IV, qui devait se montrer un jour sévère, violent et dur, était alors tout érasmien. Vers le milieu de juillet, il était de nouveau à Londres et de nouveau logeait chez Thomas More. John Colet qui, seize ans auparavant, lui avait ouvert les voies italiennes d'une spiritualité évangélique et savante, s'effaçait maintenant, avec sa modestie habituelle, devant lui, ne voulait plus être que son disciple; il lui demandait la révélation de la vraie philosophie du Christ et le priait de commenter longuement les Evangiles[3]. Warham lui écrivait que le Nouveau Testament avait reçu l'approbation d'un grand nombre d'évêques et de théologiens anglais[4]. Erasme avait pu constater que même à Cologne, capitale de l'activité dominicaine, citadelle de la scolastique, une forte minorité se réclamait de lui; à Louvain, autre conservatoire des vieilles méthodes, Martin van Dorp semblait renier ses propres critiques et annonçait l'intention d'expliquer devant les étudiants en théologie les Epîtres de saint Paul selon les méthodes érasmiennes[5].

Mais Erasme était venu en Angleterre pour s'entendre avec Ammonio sur une négociation délicate et pressante avec la cour de Rome. Depuis que le 28 juillet 1514 il avait définitivement refusé de réintégrer son couvent hollandais, il courait le risque des censures les plus sévères, et certainement de se voir échapper toute haute dignité ecclésiastique. Il se savait soutenu en cour de Rome. par divers cardinaux, estimé par Léon X; mais Rome pouvait l'oublier, comme elle oubliait Reuchlin; il lui fallait en même temps cultiver l'amitié de la haute prélature anglaise. Or, le bref de Léon X, signé le 10 juillet 1515, et un autre bref daté du même jour et qui le recommandait à Henry VIII, lui étaient enfin parvenus et lui offraient le prétexte d'une démarche personnelle[6]. Le 9 août, il écrivit à Léon X une lettre de remerciements; puis, de concert avec Ammonio, rédigea pour la chancellerie apostolique un long plaidoyer où il racontait, sans se nommer, sa propre histoire, son entrée au couvent, sa profession forcée, sa triste vie à Steijn, seize ans plus tard, et comment, rappelé dans le monde en 1492 par l'évêque de Cambrai, il avait en Italie, reçu du Saint-Siège l'autorisation de ne plus porter le costume de son ordre; il demandait l'absolution de toutes les peines encourues de ce fait.

Silvestro Gigli, évêque de Worcester et ambassadeur d'Angleterre auprès du concile, se chargea de transmettre la requête et promit son appui. Erasme quitta bientôt l'Angleterre; le 27 août 1515 il était à Calais[7].

Il regagna les Pays-Bas, fut de nouveau à Anvers hôte de l'érasmien Pierre Gilles, secrétaire municipal; à Bruxelles, il s'entendit annoncer par le chancelier Le Sauvage, vers la fin de septembre, que le prince Charles lui avait conféré un évêché en Sicile et que l'on attendait la confirmation pontificale[8]. Il résolut alors de passer l'hiver à Bruxelles. Ammonio qui, le mois précédent, avait sollicité Léon X en sa faveur, lui conseillait avec son expérience de courtisan de ne pas se laisser oublier. Le 22 octobre, il lui communiquait de bonnes nouvelles de Rome. Silvestro Gigli avait vu le pape et comptait obtenir facilement les absolutions demandées[9]. Erasme cependant menait à Bruxelles une vie brillante; il se divertissait à lire l'*Utopie* de Thomas More, que l'année précédente tous deux avaient pensée en commun. Il en surveillait l'impression à Louvain chez Thierry Martens. Le dernier volume du *Saint Jérôme* avait paru en août; Froben réimprimait l'*Eloge de la Folie*; Erasme pensait déjà à une édition plus soignée du *Nouveau Testament*, pour laquelle il se procurait encore quelques manuscrits. Il aurait voulu publier enfin les *Antibarbares*, la plus ancienne création de son plus ancien enthousiasme italien. Les deux premières parties avaient plu à Robert Gaguin et à John Colet, mais les deux autres, écrites en Italie et laissées en 1508 chez Richard Pace, s'étaient égarées; on n'en put retrouver que des fragments incomplets et mutilés; les *Antibarbares* ne parurent pas encore[10].

L'autorité intellectuelle et morale d'Erasme s'imposait si fortement que, en janvier 1517, les théologiens de Louvain concluaient solennellement la paix avec lui[11]. A Bâle, Wolfgang Koepfel, celui qui fut par la suite le luthérien Capiton, commentait les écrits d'Erasme du haut de la chaire chrétienne; Reuchlin se désolait d'avoir été jeune en un temps où l'on manquait de maîtres. Son neveu Philippe Schwarzerde qui, étudiant à Heidelberg, avait pris le nom hellénique de Mélanchthon, saluait Erasme en vers grecs. Le chapelain de l'électeur de Saxe, Georges Burchard de Spalt, qui fut le luthérien Spalatin, lui disait l'admiration des humanistes d'Erfurt, et le saluait au nom d'un jeune moine augustin étudiant en théologie, qui se nommait Martin Luther. En France, Budé lui offrait de la part de François Ier, s'il voulait venir à Paris pour continuer ses travaux et enseigner sa doctrine, une riche prébende. L'évêque de Paris, Etienne Poncher, admirateur du *Nouveau Testament* de Bâle et qui avait eu quelque temps Jérôme Aléandre pour secrétaire, était alors ambassadeur à Bruxelles et communiquait à Erasme les offres royales[12]. Mais, après l'expérience de Cambridge, il ne désirait plus enseigner; ses obligations l'attachaient au gouvernement de Bruxelles; il ne voulut prendre aucun engagement. Le 11 mars 1517, il écrivait mystérieusement à Ammonio: «Le roi de France m'invite dans son royaume et me promet mille florins par an. J'ai répondu sans bien donner de réponse»[13].

L'évêché sicilien lui avait déjà échappé. Il perdait une nouvelle occasion de vivre à Rome; car il n'eût jamais sans doute résidé dans une île lointaine. Du moins, vers la fin de mars 1517, apprit-il le succès des négociations engagées en cour de Rome pour mettre fin à sa situation irrégulière. Un bref daté du 26 janvier le déliait de toutes peines et censures encourues, lui reconnaissait le droit d'obtenir tous bénéfices ecclésiastiques; un autre bref l'autorisait à porter le costume de prêtre séculier. Les deux documents étaient signés de Sadolet; Ammonio recevait le soin de procéder aux formalités et cérémonies d'usage. Dans une lettre personnelle, Léon X promettait à Erasme de lui témoigner prochainement sa bienveillance «Nous jugeons équitable que votre savoir et votre labeur assidûment consacrés au service du bien public reçoivent une récompense qui vous encourage à de plus hautes entreprises»[14]. Ainsi le pape, en quelques mots brefs mais significatifs, approuvait le *Nouveau Testament* de Bâle. Erasme, délivré d'une double inquiétude, se hâta de passer en Angleterre pour recevoir solennellement des mains d'Ammonio l'absolution pontificale. A Bruxelles, dans les premiers jours d'avril, il revit l'évêque de Paris. Cet ami, ce lecteur de Lefèvre, eut avec Erasme, que jamais encore il n'avait rencontré, des entretiens qui semblent avoir porté sur la nouvelle culture antique et moderne, sur les plus hauts problèmes de la philosophie et de la théologie. Lorsque, en 1503 et 1504, il avait, à Milan, récemment occupé par les armées françaises, organisé un Sénat et une Chancellerie ducale, il avait rencontré quelques brillants élèves de la génération des géants. Il crut reconnaître en Erasme la génération renaissante d'Ermolao et de Politien[15]. L'humaniste fut bientôt à Londres; la cérémonie d'absolution eut lieu le 9 avril, à l'abbaye de Westminster; Ammonio, chanoine, officiait.

Le nouveau séjour d'Erasme à Londres dura jusqu'à la fin du mois. Mountjoy et Thomas Wolsey, archevêque d'York, chancelier d'Angleterre, lui laissaient espérer une haute dignité dans l'Eglise anglicane. Wolsey, fils d'un bourgeois de Norwich, n'était encore en 1509, quand Erasme l'avait connu, que doyen de Lincoln, et devait tout au roi, notamment le chapeau de cardinal. Il avait reçu de Léon X le droit de visiter et de réformer les Eglises et les ordres religieux. Sans beaucoup de doctrine, ambitieux, inférieur à William Warham et à John Fisher, il appartenait comme eux au groupe érasmien. La politique religieuse dont il prit alors l'initiative consistait à corriger les désordres du clergé régulier, à séquestrer les revenus des monastères discrédités ou dépeuplés, pour les attribuer aux Universités, où divers collèges nouveaux se créaient peu à peu, accueillants aux études antiques et à la théologie érasmienne. Il aurait été indispensable de rompre avec le système qui, abandonnant la nomination des prélats à l'arbitraire d'accords conclus entre Londres et Rome, peuplait la haute Eglise de favoris des deux pouvoirs, souvent italiens et peu enclins à résider. Mais de puissants intérêts ne permettaient pas au gouvernement royal d'aller si loin. Du moins, en quelque mesure, une réforme érasmienne semblait s'annoncer. Erasme lui-même, confiant dans l'avenir, put songer quelque temps à s'établir de nouveau en Angleterre où vivaient ses plus chers amis, et à prier respectueusement le prince Charles, désormais roi d'Espagne, de lui rendre sa liberté.

Pourtant, vers le milieu de mai, il était de nouveau à Anvers dans la maison de Pierre Gilles; et tandis que le plus grand peintre des Pays-Bas, Quentin Matsjis, exécutait son portrait et celui de son hôte dans un diptyque dont Thomas More reçut l'hommage, Erasme attendait toujours la fortune. Le cardinal Ximénez, archevêque de Tolède, venait de créer à l'Université d'Alcalà, le centre européen le plus actif d'études bibliques; on y poursuivait la préparation de la grande Bible polyglotte dite *Complutensis*. Il eût été heureux d'y accueillir Erasme[16]. Budé insistait pour qu'Erasme s'établît à Paris. Le duc de Saxe Georges lui offrait une chaire à l'Université de Leipzig[17]; Willibald Pirckheimer voulait qu'il se fixât à Nuremberg, où il verrait une République comme on en connaissait peu en Allemagne[18]. Mais Erasme n'entendait compter que sur le roi d'Angleterre ou le roi d'Espagne, et n'espérait d'avenir qu'en Angleterre ou aux Pays-Bas. Il s'était établi à Louvain, depuis le 10 juillet, au collège du Lys. Le contact d'une Université active, peuplée en 1521 de trois mille étudiants, le retenait, bien qu'il eût le pressentiment de n'être à Louvain qu'un hôte de passage et peu aimé. Et déjà il se remettait au travail. Il pensait à une réédition du *Nouveau Testament*, à une série de paraphrases des Epîtres et des Evangiles, à une réédition vénitienne des *Adages*; il en eût confié le soin au beau-frère et successeur d'Alde Manuce, Andrea d'Asola.

La cause de l'humanisme italien, de l'humanisme érasmien en Europe, était désormais gagnée. Reuchlin voyait son procès pendre en cour de Rome; le tribunal des lettrés lui donnait raison; et quand, au printemps de 1517, parut la seconde série des *Epistolae obscurorum virorum*, la bouffonnerie en sembla inutile et excessive à quelques-uns. De nouvelles questions allaient se poser. Le programme de restauration théologique défini par Erasme paraissait avoir reçu, en même temps que le *Nouveau Testament* bâlois, l'approbation pontificale. Le pur Evangile était retrouvé; le moment était venu de passer de l'humanisme érudit à l'action réformatrice. Reuchlin s'attardait encore en 1517 à publier son *De arte cabalistica.* Il y résumait toute sa science de la spéculation hébraïque et de la philosophie alexandrine. Ses recherches inquiètes, dans le domaine le plus secret de la métaphysique religieuse avaient autrefois séduit Pic de la Mirandole, elles passionnaient encore Jean Trithème au couvent mosellan de Sponheim. Lefèvre d'Etaples les avait goûtées; lui-même, revenant de Florence et de Rome en 1492, avait composé un traité de magie naturelle[19]. Mais le souci érasmien d'accorder la pratique avec l'Evangile allait le détacher de la pensée purement contemplative et le conduire malgré son âge à l'oeuvre de restauration évangélique. Et John Colet, inspirateur de cette Angleterre florentine à qui Erasme devait tant de leçons, écrivait à son tour, après avoir lu le livre de Reuchlin:

> Je n'ose pas en juger; je confesse mon ignorance et mon aveuglement dans des questions si obscures et auprès d'un si grand homme. Toutefois il me semble que ces merveilles sont plus verbales que réelles... Erasme, les livres et la science n'ont pas de fin. Le pythagorisme et la Kabbale nous promettent une vie sainte et pure, la lumière et la perfection. Mais aucune voie ne nous y conduit plus sûrement que l'amour et l'imitation du Christ. Laissons donc ces détours et marchons à la vérité par le plus court chemin... Je le veux de toute mon âme[20].

Erasme cependant maintenait avec soin ses bons rapports avec la cour de Rome. De Louvain, le 13 novembre 1517, il adressait au cardinal Grimani sa *Paraphrase de l'Epître aux Romains*. Il essayait d'y résumer en humaniste évangélique nourri de raison antique et de spiritualisme cicéronien, la doctrine paulinienne de la grâce, d'après le texte où la dure doctrine de l'apôtre se montre le plus volontairement apaisée. Cette paraphrase ne lui avait pas moins coûté qu'un commentaire dogmatique. Du moins semblait-il affirmer, non sans quelque sous-entendu facilement suggéré par les préfaces du Nouveau Testament, que Rome aurait avantage à écouter Paul, fondateur de la doctrine, autant que Pierre, qui n'avait fondé que l'Eglise. Ce paulinisme d'Erasme étonne et peut surprendre. Il ne faut pourtant pas oublier que certaines pages de l'*Enchiridion*, longtemps négligées et maintenant connues de tous, avaient pour la première fois souligné dans l'Epître aux Galates la revendication de la liberté chrétienne, ce *Vos autem in libertatem vocati estis*, que Luther allait commenter avec son éloquence tragique. Et l'éditeur du Nouveau Testament disait au cardinal Grimani ce que devait être la grandeur d'une Rome vraiment chrétienne. Certes, la Rome impériale de Léon X était grande, parce que la Rome des Césars renaissait en elle. Mais la Rome des apôtres était plus vénérable que celle des consuls et des empereurs. Erasme ne partage pas le culte exclusif des humanistes romains pour l'antiquité; il ne cache pas combien lui paraît vain le culte des ruines romaines. Le Capitole, qui se promettait l'éternité, n'a laissé nulle trace visible. Il juge futile le culte exclusif de Cicéron, alors que les écoles ne savent pas encore décider si son éloquence a sauvé ou perdu l'Etat. Erasme révère la Rome triomphante de Léon X, mais dans un langage qui, pour un lecteur de l'*Eloge de la Folie*, sous-entend de sévères critiques:

> Que verrait saint Jérôme s'il revenait à Rome? Un immense concours de prêtres de toutes les Eglises, d'évêques et de cardinaux, un immense concours de pèlerins venus des régions les plus lointaines, et qui ne croiraient pas avoir rempli leur devoir de chrétiens s'ils n'avaient pas vu le pontife romain, comme s'il était un dieu en terre.

Ces lignes ne rappelleraient pas avec tant de force une page classique du *Quart Livre de* Rabelais si l'ironie érasmienne n'avait pas inspiré ce tableau, suggéré ce contraste. Et Grimani, qui avait lu la *Moria*, sans doute comprit. Erasme se plaît à glorifier le triomphe romain des lettres et des arts; mais il n'aime pas certains aspects de la Rome papale, et ne cache pas au cardinal vénitien qu'il souhaiterait reconnaître en Léon X un vrai successeur de Paul et de Pierre; il n'ignore pas que cet espoir est vain[21].

Paolo Bombace, l'excellent helléniste avec lequel en 1506 il avait relu à Bologne les classiques grecs, accompagnait alors à Zurich le cardinal Lorenzo Pucci, nonce de Léon X, auprès des Cantons. Il y constatait le renom d'Erasme; il le tenait au courant des progrès des Turcs en Orient, de la conquête de la Syrie et de l'Egypte par le sultan Sélim. Le monde chrétien était en danger; le royaume de Naples et l'Etat pontifical pouvaient craindre de brusques attaques. Le pape sollicitait le secours militaire des Suisses, appelait les princes chrétiens à la Croisade[22]. Erasme, le 14 mars 1518, le félicitait avec l'ironie désabusée d'un habitué de la cour de Rome: «Ces légations lointaines, dont vous vous plaignez, enfantent des évêques, des cardinaux». Il voyait déjà son modeste ami coiffé de la mitre ou peut-être du chapeau rouge. Et lui-même, qui toujours regrettait Rome, y retournerait peut-être au printemps[23]. Mais la mort de Fausto Andrelini, survenue le 25 février 1518, la mort inattendue d'Ammonio, enlevé à Londres en quelques heures, le 18 août 1517, par une épidémie de sweating sickness, l'accablaient de mélancolie. L'un avait été son premier guide, lorsque, à l'automne de 1495, il débarquait, jeune moine hollandais, à Paris. L'autre avait été pendant plusieurs années, à Londres et à Cambridge, le confident de ses ennuis et de ses projets: «L'un, écrivait-il à Bombace le 20 juillet 1518, a régné longtemps à Paris; l'autre se serait élevé aux plus hautes dignités s'il avait obtenu une vie plus longue»[24].

Mais il s'agissait désormais d'autre chose que de destinées individuelles. Il s'agissait même d'autre chose que d'une croisade orientale, à laquelle la chrétienté, instruite par une longue expérience, ne croyait plus[25]. Une immense transformation des choses humaines commençait; Luther avait pris la parole[25bis].

II

Lorsque Luther, le 31 octobre 1517, afficha ses quatre-vingt-quinze thèses à la porte de la Schlosskirche de Wittenberg, Erasme reconnut aisément en lui le jeune Augustin anonyme qui, l'année précédente, par l'intermédiaire de Georges Spalatin, lui avait dit son admiration. Déjà pourtant Luther jugeait Erasme. Il lui reprochait de ne pas comprendre véritablement saint Paul, de trop accorder aux oeuvres et pas assez à la foi, de préférer la rhétorique et le pathétique de saint Jérôme à la profondeur de saint Augustin. Héritier de cette mystique spéculative, qui, malgré l'enseignement des Frères de la Vie Commune, était restée fort étrangère à l'esprit d'Erasme, parce que Colet l'avait peu connue, l'oeuvre théologique de l'auteur de l'*Enchiridion* et de l'éditeur du Nouveau Testament grec lui semblait pauvre, courte, inspirée par la raison païenne plus que par les dogmes du péché et de la rédemption. En marge du *Nouveau Testament* de Bâle il avait écrit: «Du bist nicht fromm»; —tu n'es pas un homme de piété. Déjà la lettre de Spalatin avait au nom de l'inconnu résumé une critique assez vive de la conception érasmienne de la grâce; conception trop humaine et trop humaniste, trop peu émue en face du drame psychologique et surnaturel de la justification[26].

Le blâme solennel des Indulgences, mises en vente pour la reconstruction de Saint-Pierre de Rome, n'étonna pas Erasme comme un événement inattendu, et lui parut certainement justifié. C'est contre Léon X que se tourna sa colère. Privé d'Ammonio, son informateur politique et diplomatique, il ne savait peut-être pas que la grande pensée du pape, en cette année si grave pour l'Eglise et la chrétienté, avait été d'établir les Médicis au duché d'Urbino, et d'en assurer l'héritage, par la diplomatie et la force des armes, à son neveu Laurent, fils de Pierre et petit-fils du Magnifique. Mais il croyait connaître d'autres intrigues; le 22 février 1518, il avait écrit à un ami anglais: «Les princes et le pape jouent une nouvelle comédie, sous prétexte de la croisade turque, alors qu'ils pensent à des affaires bien différentes. Nous voici arrivés au comble de la tyrannie et de l'impudence...» Aussi, vers le 5 mars 1518, confiait-il sa colère secrète à John Colet: «La cour de Rome a perdu toute pudeur. Quoi de plus effronté que ces indulgences multipliées... On allègue maintenant la guerre turque, alors qu'il s'agit de chasser les Espagnols de Naples et d'établir en Campanie le neveu du pape ». Et il adressait à Thomas More, le 5 mars 1518, un exemplaire des quatre-vingt-quinze thèses de Wittenberg[27].

Le débat de la Réforme, si longtemps attendue et désirée, s'ouvrait en face de l'Europe chrétienne. L'auteur de l'*Enchiridion*, de la *Moria*, l'éditeur du Nouveau Testament devait parler. Dès le 12 mars 1518, il chargeait Froben de préparer une réédition de l'*Enchiridion*. Et lui même, pour suivre de plus près la réimpression de ses oeuvres et sans doute aussi pour se sentir l'esprit plus libre que dans le voisinage des Facultés de Théologie, demeurées soupçonneuses et hostiles, avait quitté Louvain dans les derniers jours d'avril. Par Liège, Cologne, Mayence, il rejoignit Bâle, le 13 mai 1518[28].

C'est de là que, le 14 août, il adressait à Paul Volz, abbé des Bénédictins de Hugshofen en Alsace, la nouvelle préface de l'*Enchiridion*. Elle fut un véritable manifeste érasmien de la religion du pur esprit. Moins de théologie dogmatique et de disputes d'école; une plus exacte pratique des enseignements du Christ. Le pape devra confier à quelques hommes de science et de piété la mission de tirer des Evangiles et des Epîtres apostoliques, selon les plus exacts interprètes, un résumé complet, simple et pourtant critique, bref et pourtant explicite de ce qu'Erasme appelle désormais, en un langage volontairement humaniste, la philosophie du Christ. Quelques articles devront suffire au dogme et à la morale, pourvu que Rome impose le principe de ne jamais s'écarter du Christ ni de l'Evangiles de ne jamais abandonner la charité, de ne pas trahir le vrai en l'accommodant aux intérêts humains. Les erreurs les plus pernicieuses à la société sont celles des hommes qui la conduisent, la tyrannie des princes, et, pires encore, l'avarice et l'ambition des clercs, leur ignorance, leur hypocrisie. On ne doit donc pas se lasser de rappeler au pontife, aux prêtres, aux moines, les préceptes que le Christ, pasteur éternel, leur a dictés. Il ne faudra donc pas accuser de sacrilèges les défenseurs de l'Evangile et de la vérité; car le plus sensible outrage à la piété chrétienne est de préférer les lois humaines aux lois divines[29].

Ainsi parlait Erasme, au lendemain des thèses de Wittenberg. Le programme de réforme qu'il eût présenté devant cette commission dont il souhaitait la réunion, et dont il eût nécessairement fait partie, était hardi et libéral. Mais la conscience chrétienne eût peut-être espéré davantage. Il l'éclairait depuis le *Nouveau Testament* de Bâle, mais

Luther, brusquement, venait de la réveiller et l'appelait à l'action. Erasme se bornait à rééditer un livre, audacieux sans doute, mais qui datait de quatorze ans.

Du moins pour saisir le ton exact de sa pensée, qui demeurait irritée contre Rome, faut-il relire une lettre que de Louvain, le 23 octobre 1518, il adressait à Colet, son vrai confident, et le véritable directeur de sa conscience. Erasme fait allusion au discours prononcé devant la Diète d'Augsbourg par le cardinal Caïétan, général de l'ordre des Frères Prêcheurs. Dans ce commentateur insigne de saint Thomas, légat dans l'Empire et chargé d'y régler d'autorité, en exigeant une rétractation immédiate, la question de Luther, et d'obtenir des subsides et des soldats pour la croisade, il ne veut reconnaître qu'un diplomate trop habile.

> L'empereur, dit-il, joue une plaisante comédie. Il a poussé l'archevêque de Mayence, —Albert de Brandebourg déjà chargé de lever les deniers de l'indulgence—, à se déshonorer (il est sijeune), moyennant le chapeau de cardinal, et à se mettre comme un simple moine au service du pontife. O mon cher Colet, quelle comédie humaine! Nous transformons des hommes en Dieu, et le sacerdoce en tyrannie. Les princes, d'accord avec le pape, et peut-être avec le Grand Turc, conspirent à la ruine des peuples. On met le Christ aux antiquailles, et on ne suit que l'esprit de Moïse[30].

La querelle des Indulgences se poursuivait. Aux *Antithèses* de Tetzel, Luther avait, en avril 1518, opposé ses *Resolutiones*. A Rome, le dominicain Silvestro Mazzolini, chargé de l'enquête canonique, pensait réfuter Luther en un dialogue sommaire et méprisant; dans les premiers jours de juillet, il l'inculpait d'hérésie et le citait devant les tribunaux du Saint-Siège. Un bref, le 23 août, ordonnait à Caïétan de convoquer Luther et d'exiger sa rétractation; il devait, en cas de refus, l'arrêter et le conduire à Rome. L'entrevue d'Augsbourg, en octobre, n'aboutit et ne pouvait aboutir qu'à une rupture; mais Luther rentrait à Wittenberg, et le légat vainement invitait l'électeur Frédéric de Saxe à le livrer ou à l'expulser. Un autre théologien, Jean Eck, intervenait alors dans le débat; et l'on préparait une discussion solennelle, pour le mois de juin 1519, à l'Université de Leipzig. Le procès de Luther allait maintenant s'ouvrir publiquement devant théologiens et humanistes.

Erasme attendait ces débats dans une assez grande inquiétude. Il n'était pas sans comprendre que, s'il n'avait pas écrit l'*Enchiridion* ou les préfaces du *Nouveau Testament*, Luther n'aurait probablement pas écrit les quatre-vingt-quinze thèses. Et déjà il prévoyait que bientôt ses adversaires, qu'il savait nombreux et hardis, proclameraient ses responsabilités, assez peu discutables. Il devait donc, avant tout, se procurer pour sa défense une approbation solennelle du pape. Léon X l'avait déjà remercié de la dédicace du *Nouveau Testament*; il semblait en approuver implicitement les préfaces, la méthode et l'esprit. Mais il ne l'avait pas dit publiquement. Erasme s'inquiétait de cette réticence.

Le 26 août 1518, il écrivit donc au cardinal Antonio Pucci, évêque de Pistoia, nonce apostolique auprès des Cantons Suisses. Pucci, esprit cultivé, ami des humanistes, avait, de passage à Bâle pendant le même été, vu Erasme chez Froben. La lettre annonça qu'il travaillait à la seconde édition du *Nouveau Testament*; et, sans perdre l'occasion de défendre une fois de plus son oeuvre et ses méthodes, Erasme le pria instamment d'obtenir de Léon X un bref authentique, et le témoignage d'une expresse approbation. Il souhaitait que ce document pût être publié à la première page de la nouvelle édition; elle devait paraître dans trois mois; en fait, elle ne fut pas terminée avant mars 1519[31].

Antonio Pucci, qui aimait Erasme, dut faire diligence, et Bombace, alors présent à Rome, intervint activement dans les bureaux de la Curie. Car le bref tant désiré, si précieux pour définir l'attitude du Saint-Siège sur la question de l'exégèse érasmienne, fut signé à Rome dès le 10 septembre. Le texte pontifical, adressé à Erasme, professeur de la sainte Théologie, pouvait lui donner toute satisfaction: «Nous avons pris grand plaisir, déclarait Léon X, à vos études sur le Nouveau Testament; nous savons qu'elles obtiennent la plus haute approbation auprès de tous les hommes de science». Le pape se réjouissait d'apprendre que la seconde édition paraîtrait prochainement; la première était déjà parfaite. Il reconnaissait combien un tel ouvrage était profitable à quiconque étudiait la théologie sacrée, combien il pouvait rendre service à la foi orthodoxe. Il encourageait donc Erasme à bientôt publier, dans l'intérêt du monde chrétien tout entier, l'oeuvre saintement entreprise[32].

Tandis que Pucci se trouvait encore retenu à Rome, le bref fut confié par Bombace à Marino Caracciolo, qui partait en légation auprès de l'empereur; il fit parvenir à Erasme dans la première semaine de décembre 1518, le précieux document[33].

Erasme était alors rentré à Louvain. Il avait quitté Bâle le 4 ou 5 septembre. Après un court arrêt à Strasbourg, il avait atteint Spire le 7, Worms et Mayence le 9. Il descendit le Rhin en bateau et par Coblence et Bonn fut à Cologne le 2 septembre; il était le 17 à Aix-la-Chapelle; par Maestricht et Tirlemont, il arrivait à Louvain le 21 septembre 1518[34].

C'est alors que les amis de Luther jugèrent indispensable, et peut-être facile, d'obtenir l'appui moral d'Erasme. Déjà Wolfgang Capiton, prédicateur du chapitre de Bâle, avait transmis au parti l'avis favorable de l'éditeur du Nouveau Testament sur les *Resolutiones*. Eoban Hess, professeur à l'Université d'Erfurt, l'un des auteurs des *Epistolae obscurorum virorum*, passait en octobre à Louvain pour l'informer des événements d'Allemagne; Jean Lang, prieur des Augustins d'Erfurt, conseillait à Luther une démarche nécessaire, tout amicale et respectueuse[35]. Erasme lui attribuait un beau génie, apte surtout à découvrir et illustrer le sens caché de l'Ecriture; mais il voyait en lui un homme du passé, un élève des scolastiques et des mystiques; un gothique[36]. Pourtant il n'avait jusqu'alors, aucune raison de le désavouer, et il ne s'en cachait pas:

> Luther, écrivait-il à Lang le 17 octobre 1518, obtient ici l'approbation des meilleurs esprits; ses thèses ont plu généralement, sauf quelques-unes sur le Purgatoire: ces gens-là ne veulent pas perdre leur gagne-pain. J'ai lu la réponse très inepte de Mazzolini. Certainement, l'autorité sans contrôle du pape, soutenue par l'adulation impudente des Dominicains, est la peste de la religion chrétienne.

Il rit de voir Eck partir en guerre. Sa prudence toutefois formule quelques réserves et quelques appréhensions. «Je ne sais si la discrétion conseille de dévoiler publiquement ces ulcères. C'était l'affaire des princes; mais je crains qu'ils ne s'entendent secrètement avec Rome pour le partage des dépouilles»[37].

On savait maintenant à Wittenberg la pensée secrète d'Erasme; une tentative personnelle de Luther pouvait être bien accueillie. Le 5 janvier 1519 il sollicitait l'approbation d'Erasme par l'intermédiaire de Mélanchthon; le 28 mars 1519 il lui écrivait directement[38]. Date capitale dans l'histoire de l'érasmisme, de la Réforme et de l'esprit humain.

NOTES

[1] ALLEN, **6**, II, 338, l. 19-23: Et sunt ad huc quidem aliqua inchoata per nos, quae tu amanter in tuis litteris attingis. Sed restant maiora multo et difficiliora ad quae divino maxime opus est auxilio; quod si affuerit, dabimus operam vt cui bene de nobis et natura nostra sentiunt, id vero iuditio facere videantur. —l. 35-40: Nos tum communi studio nostro et amore erga bonas litteras, tum praecipua quadam opinione virtutis et dectrinae tuae desideramus admodum tuis ornamentis et commodis patere aliqua occasione liberalitatem nostram, sicut et nostra in te voluntas postulat et virtus tua meretur.

[2] *Ibid.*, 436; Jean Le Sauvage à Erasme, Bruxelles, 8 juillet 1516, 2-7.

[3] *Ibid.*, 423; Stepney, 20 juin 1516; l. 36-49. —C'est dans cette lettre que se trouve la formule connue (l. 47-48): Nomen Erasmi numquam peribit.

[4] *Ibid.*, 425, l. 36-49; Ottford, 22 juin 1516; l. 21-23.

[5] Sur Martin van Dorp et sa réconciliation très sincère avec Erasme, voir DE VOCHT (Henry); *Humanistica Lovaniensia*, cité p. 245, n. 20.

[6] ALLEN, **6**, II, 338-339.

[7] *Ibid.*, 446-447; sur Silvestro Gigli, voir Introd. à 521.

[8] *Ibid.*, 475, Erasme à Ammonio, l. 1-9.

[9] *Ibid.*, 466, 478, 479.

[10] Sur la composition et la publication des *Antibarbari*, ALLEN, **6**, IV, Introd. à 1110.

[11] ALLEN, **6**, II, Introd. à 509; Martin van Dorp à Erasme, janvier 1517.

[12] *Ibid.*, 454, 459, 501, 522, 562; RENAUDET, **63**, 688.

[13] *Ibid.*, 551, l. 10-12.

[14] *Ibid.*, 518 et Introd.; 519, l. 7-12: Unde postulationi tuae libenter annuimus, vberius etiam nostram in te pietatem declaraturi curn occasionem vel ipse ministrabis, vel casus obiiciet; aequum esse iudicantes sanctam tuam industriam publice vtilitati assidue desudantem dignis praemiis ad maiora conandum excitari.

[15] *Ibid.*, 569, Germain Brice à Erasme, Paris, 6 avril 1517. Cette lettre contient, 57-123, un résumé en style direct, des propos tenus par Poncher, à son retour de Bruxelles, sur Erasme; il s'y manifeste la plus vive et sincère admiration. —Pour la cérémonie de Westminster, 517, l. 73-81.

[16] BATAILLON, **21**, 1, 2, p. 11-55; II, 2, p. 77-88.

[17] ALLEN, **6**, II, 514, 527.

[18] *Ibid.*, 555, Nuremberg, 20 mars 1517, l. 11-12: Praecipue rem publicam qualem... nondum in Germania conspexisti.

[19] RENAUDET, **63**, p. 150-151.

[20] ALLEN, **6**, II, 593, Londres, juin 1517; l. 15-21.

[21] *Idem*, III, 710, l. 95-101. —*Quart Livre*, ch. XLVIII: Comment Pantagruel descendit en l'île des Papimanes: Nous ne parlons mie, dirent-

ils, de celluy hault Dieu qui domine par les cieulx. Nous parlons du dieu en terre. L'avez vous oncques veu? Ils entendent, dist Carpalim, du pape...

22 ALLEN, **6**, III, 729, Zürich, 6 décembre 1517.

23 *Ibid.*, 800, l. 9-10; 37-38.

24 *Ibid.*, 855, l. 75-77: Periit et apud Gallos Faustus et apud Britannos Andreas Ammonius; quorum alter diu regnauit Lutetiae, alter ad summam dignitatem emersurus erat, si vita diuturnior contigisset.

25 *Ibid.*, l. 68-70: Rumores quos vulga spargunt de Turcis, plerisque suspecti sunt, quod toties iam experti sint alio spcetare remiges, alio provehi cymbam...

25 bis ALLEN, **6**, II, 545; Erasme à Thomas More. Anvers, 8 mars 1517, l. 9-10: Nam hic magna rerum mutatio videtur instare, nisi me animus fallit.

26 *Ibid.*, 501.

27 RENAUDET, **14**, p. 48-49.

28 *Ibid.*, p. 43-44. —ALLEN, **6**, III, 775, l. 5-7: Venimus ad sununum tyrannidis et impudentiae...; 786, l. 23-24: Curia Romana plane perfricuit frontem; 785, l. 37: Mitto... conclusiones de veniis Pontificum. —Ces lettres ne furent pas publiées du vivant d'Erasme.

29 *Ibid.*, 858; RENAUDET, **14**, p. 44-47.

30 ALLEN, **6**, III, 890 l. 24-33: Mittimus exemplar orationis F.P. Ordinis Predicatorum, Cardinalis Caietani, habite in Consilio principum Auguste, ubi Imperator bellam agit comoediam. Et Archiepiscopum Maguntinensem impulit —est enim adolescens— vt galero accepto dignitatem suam dedecoraret, monachus factus Romani Pon(tificis). O mi Colete, que nunc rerum humanarum scena vertitur! Ex hominibus deos facimus et sacerdotium vertitur in tyrannidem. Principes vna cum Pontifice, et fortasse cum Turca, conspirant in fortunas populi. Christus antiquatur et Mosen sequimur. —Sur les collusions possibles du gouvernement pontifical et des gouvernements princiers avec les Turcs, Cf. PFEFFERMANN (Hans), *Die Zusammenarbeit der Renaissancepâpste mit den Türken*; Winterthur, 1946, in-8°.

31 ALLEN, **6**, III, 860.

32 *Ibid.*, 864, l. II: ac publicae utilitati studens operi tam sancto...

33 *Ibid.*, 865, Bombace à Erasme, Rome 1er octobre 1518; 905, Erasme à Bombace, 13 décembre 1518.

34 *Ibid.*, 867, Erasme à Beatus Rhenanus, Louvain, vers le 15 octobre 1516; Introduction.

35 *Ibid.*, Introd. à 933 (Luther à Erasme, Wittenberg, 28 mars 1519).

36 RENAUDET, **14**, p. 48-49 et notes. —ALLEN, **6**, IV, 1143, Erasme à Léon X, Louvain, 13 septembre 1520, l.14-17: ...visus est mihi probe compositus ad mysticas litteras veterum more explanandas, quando nostra aetas immodice indulgebat argutis magis quam necessariis quaestionibus; 1167, Erasme à Lorenzo Campeggio, Louvain, 6 décembre 1520, l. 125-127: Ingenium pulchre accomodatum ad explicandas iusta veterum morem arcanas litteras; III, 948, Erasme à Pierre Mosellanus (Schade),

l. 91-93: ...vel quasi Lutherus hisce praesidiis instructus esset, ac non magis scholasticis litteris, his, inquam, quae nunc scholasticae vocantur.

37 *Ibid.*, 872, 1. 14-25: Puto illae conclusiones placuerunt omnibus, exceptis paucis de Purgatorio; quod isti nolunt sibi eripi vt πρός τα ἄλφιτα faciens. Vidi Sylvestri insulsissimam responsionem. Video την τοῦ Ῥωμάνου Ἀργιέρεως (ut nunc est ea sedes) μοναρχίαν pestem esse christianismi: cui per omnia adulantur Praedicatores facie prorsus perfricta. Sed tamen haud scio an expediat hoc ulcus aperte tangere. Principum hoc erat negotium; sed vereor ne hi cum Pontifice colludant, in praedae partem venturi.

38 *Ibid.*, 910; 933.

III - LUTHER, ROME, ET L'ITALIANISME ÉRASMIEN

I

La lettre de Luther à Erasme posa, malgré certains procédés d'une rhétorique scolaire, et certaines formules de politesse un peu gauches, la question à laquelle beaucoup sans doute, en Allemagne et aux Pays-Bas, souhaitaient une réponse claire et décisive. Il avait lu la récente préface de l'*Enchiridion*. Il l'interprétait ou feignait de l'interpréter comme une approbation publique des quatre-vingt-quinze Thèses. Il priait donc Erasme de reconnaître en lui un humble frère; ce qui équivalait à dire que son dernier ouvrage ne manquerait guère de compromettre Erasme devant l'absolutisme romain, et que, par suite, leur accord et l'appui de l'humaniste étaient naturels et nécessaires[1]. Une véritable ambassade porta cette lettre à Louvain; l'électeur Frédéric de Saxe l'avait confiée à Josse Jonas, professeur de droit canon et de théologie à l'Université d'Erfurt, admirateur d'Erasme, et à un autre théologien de la même Faculté. Un courrier diplomatique les escortait, chargé d'une lettre authentique de l'électeur. Cependant Capiton démontrait à Erasme les avantages d'une alliance avec Luther et ses amis: «Veillez à ce que Louvain ne nous crée pas d'obstacles; de notre côté nous vous conserverons la fidélité de la Saxe et de l'Allemagne»[2].

Erasme n'aimait guère, et il n'aima jamais, la doctrine du salut sans les oeuvres et par la seule foi. Toutes les hardiesses de l'*Enchiridion*, toutes les hardiesses de son commentaire des Epîtres, n'aboutissaient pas à des négations aussi péremptoires. Et s'il n'aimait guère le gouvernement romain de l'Eglise universelle, il conservait sa confiance à la nécessaire institution pontificale. Il n'était pas, à proprement parler, un luthérien. Mais il n'entendait pas, et jamais il n'entendit, même séparé de Luther par trop de disputes et d'amères paroles, l'abandonner à l'arbitraire de l'inquisition, et renoncer ainsi à tout espoir d'une restauration de l'Eglise chrétienne par la religion du pur esprit. La perte de Luther entraînerait la ruine de l'œuvre à laquelle lui-même travaillait depuis vingt ans, et la ruine des plus précieuses conquêtes de la critique humaniste et italienne. Il fallait donc esquiver avec soin tout procès de Luther en cour de Rome, imposer silence aux théologiens et aux moines, éviter à tout prix une condamnation. Mais il fallait encore, à tout prix, modérer Luther, le maintenir dans la communion romaine, le détourner de l'exemple hussite et de la tentation du schisme. Enfin, pour répondre à ceux dont la malveillance chercherait sans tarder à confondre Erasme avec Luther, il fallait marquer avec soin les différences qui déjà séparaient l'évangélisme de l'*Enchiridion*, la religion du pur esprit selon Colet, du paulinisme déjà violemment antipapal et antiromain où Luther s'engageait[3].

Ainsi tandis que, pour écarter les soupçons de complicité directe avec la propagande luthérienne, il détournait Froben d'imprimer, après les *Resolutiones*, d'autres écrits de la même plume, il engageait une active corespondance. Afin de ne pas se compromettre dans le débat et de réserver son opinion, il adopta la tactique d'affirmer qu'il ne connaissait pas Luther personnellement, ce qui était exact, et qu'il n'avait presque rien lu de lui, ce qui n'est guère croyable. Mais en même temps, sans hésiter, il encourageait l'électeur de Saxe à prendre Luther sous sa protection. Le débat n'était pas tranché; les théologiens et les moines, conjurés pour la ruine des nouvelles études, acharnés à poursuivre comme hérétique un maître dont ils n'égalaient pas le savoir, reprochaient à Luther des opinions professées par Jean Gerson et saint Augustin sur la justification et la hiérarchie ecclésiastique. Il n'était pas possible que l'électeur acceptât de livrer un innocent aux rancunes de quelques hommes, contre la volonté certaine, quoique non encore exprimée, de Léon X[4]. Il conseillait au cardinal de Mayence, Albert de Brandebourg, d'imposer silence aux théologiens ignares. Il écrivait à Wolsey, légat du pape en Angleterre, que nul ne pouvait juger un maître aussi éminent que Luther, quoi que pût inventer la haine des moines, atteints dans leurs intérêts matériels[5]. Dès le 14 mai, Erasme obtint un succès éclatant. L'électeur lui répondit, reprenant les propres paroles de sa lettre, qu'il ne commettrait pas la faute de livrer l'innocent. Ainsi se concluait, pour la défense de Luther, un véritable pacte entre Erasme et Frédéric de Saxe. Fait capital dans l'histoire de la Réforme: Luther pouvait compter sur l'appui du prince qui, à l'élection impériale de juin 1519, fut un moment désigné par la majorité des suffrages. Une telle alliance le garantissait contre le destin de Jean Hus[6].

Erasme n'avait pas encore reçu cette promesse; mais le retour de Josse Jonas à Louvain la lui laissait pressentir quand, le 30 mai 1519, il écrivit à Luther dans quelle mesure tous deux pouvaient s'entendre. En termes généraux, il condamne, comme il l'a toujours fait, l'ignorance des moines et des théologiens. Il a lu de Luther quelques pages seulement, et de préférence ses commentaires des Psaumes, dont il espère de grands bienfaits. On doit résolument écarter les hypocrites; mais Erasme ne refuse pas de compter sur les prélats éclairés que Luther pourra se concilier; certains évêques anglais et néerlandais, et non des moindres, estiment ses écrits. Mieux vaudrait pourtant, selon l'exemple du Christ, renoncer à défendre la vérité par la violence. Il ébauche les principes d'une réforme de l'Eglise. A son tour, il invoque l'autorité de saint Paul. Mais, tandis que Luther a déjà fondé, sur les Epîtres, une protestation véhémente contre le judaïsme romain, Erasme, après avoir, bien avant lui, invoqué l'autorité de l'Apôtre contre la déformation romaine de l'idéal chrétien, ne tire de saint Paul qu'une politique de temporisation et de prudence[7]. Ainsi déjà l'exégèse d'Erasme, moins hardie que dans la lettre à Paul Volz, évite d'attaquer résolument les dogmes et les pratiques; elle s'efforce de les réduire à des symboles, pour en dégager peu à peu, sans révolution ni violence, les quelques affirmations où se résume l'essentiel du christianisme. Méthode fort différente de celles que Luther, le 31 octobre 1517, a inaugurées. Il la lui suggère cependant, et définit en même temps sa propre règle de conduite: guerre à ceux qui abusent de l'autorité romaine pour exercer un despotisme antichrétien; mais tenir hors de toute atteinte les droits légitimes de la hiérarchie; ne pas condamner sans réserve les écoles théologiques, mais les inviter à la pratique de meilleures disciplines; ne répondre aux violents que par le silence du mépris; se garder des passions que peut engendrer le zèle d'une sainte colère; éviter l'attitude d'un chef de parti; conserver intact l'esprit du Christ. «Je ne prétends pas, conclut-il, vous dicter des conseils, mais vous prier de poursuivre comme vous avez commencé». Phrase ambiguë et que les ennemis d'Erasme devaient retenir. C'était la mesure, non le silence, qu'il conseillait à Luther[8].

D'ailleurs, le même jour, dans une lettre à Jean Lang, dont il connaissait le crédit à Wittenberg, il ne désavouait rien de sa solidarité avec les nouveaux réformés, et parlait leur langage, tout en conseillant la modération:

> Les papistes sont ici dans une étrange fureur. Nous n'en finirons jamais avec les faux chrétiens qu'une fois abattue la tyrannie du Siège romain et de ses satellites, les moines mendiants. Mais les meilleurs esprits aiment la liberté de Luther ; ils comptent sur sa prudence pour éviter les factions et le schisme[9].

Pourtant Erasme entretenait soigneusement ses bonnes relations avec la cour de Rome, l'entourage pontifical, et le pape lui-même; il ne désespérait pas encore de le conduire à l'idée d'une réformation nécessaire, évangélique, pacifique, érasmienne, de l'Eglise universelle.

Un nouveau cardinal humaniste, excellent diplomate, apparaît alors dans sa correspondance: Lorenzo Campeggio. Un peu plus jeune qu'Erasme, ce canoniste était entré relativement tard dans les ordres; grâce à la faveur de Jules II, que Léon X lui avait conservée, il était devenu évêque de Feltre en 1512, cardinal en 1517; légat depuis 1518 en Angleterre, il y préparait cette croisade, à laquelle sans doute il ne croyait guère; Erasme allait lui dédier, en février 1520, sa *Paraphrase de l'Epître aux Ephésiens*. Peut-être, en ce printemps de 1519, Campeggio le pressa-t-il de retourner en Angleterre, où, plus éloigné du théâtre de la querelle luthérienne, il aurait pu, avec ses plus intimes amis, Colet et More, aviser à la défense de la cause évangélique. Mais sa mauvaise santé lui interdisait toute nouvelle traversée[10].

Du moins devait-il se défendre contre une nouvelle offensive des théologiens et des moines. Ils comprenaient fort bien la solidarité inavouée d'Erasme avec Luther. Plus modéré, plus diversement instruit, d'intelligence plus large et mieux informée, Erasme leur paraissait plus dangereux; c'était lui que d'abord ils voulaient mettre hors de combat. Ils le rendaient responsable de tous les écrits anonymes qui alors pullulaient; ils lui attribuaient les *Epistolae obscurorum virorum*, et déjà plusieurs écrits de Luther; ils disaient reconnaître en lui l'auteur anonyme du *Julius exclusus*, paru au début de 1517; Campeggio n'était pas sans le soupçonner. Erasme, le 9 mai 1519, se défendit: «L'auteur fut un fol, et l'imprimeur plus fol encore. Si l'on y trouve quelques passages érasmiens, c'est que l'oeuvre d'Erasme était dans toutes les mains, et que l'inconnu a bien imité son style, sans y parvenir complètement». Il savait fort bien que ses amis bâlois, que ses amis anglais, et particulièrement Thomas More, n'ignoraient guère l'intérêt que, dès le début, il avait pris à cette débauche d'ironie érasmienne; il savait aussi que certains attribuaient l'ouvrage soit à

Girolamo Balbi, qui poursuivait alors en Bohême une carrière d'humaniste, brusquement interrompue à Paris depuis 1492, soit à Fausto Andrelini, soit même à un Espagnol mystérieux[11]. Le 31 juillet, il offrait au cardinal Lorenzo Pucci une édition, qu'il achevait alors, de saint Cyprien. Car il jugeait indispensable qu'à Rome on sût Erasme absorbé par ses travaux sur les Pères de l'Eglise; il fit dans cette lettre grand étalage d'érudition patrologique[12].

Enfin, le 13 août 1519, il écrivit à Léon X. Il défendait son oeuvre de restauration chrétienne. La seconde édition du *Nouveau Testament* venait de paraître. Il rappelait que la première avait reçu l'approbation publique du Souverain Pontife. Les chrétiens pouvaient maintenant puiser aux sources de leur croyance, rentrer en contact avec les apôtres et le Christ lui-même. Les ennemis des bonnes études cherchaient à ruiner la vraie théologie maintenant renaissante. Serviteur du Christ et de son Eglise, dévoué au Saint-Siège et au pape, Erasme sait son devoir. Il n'a jamais provoqué, il ne provoquera jamais de tumulte; mais on ne doit pas abuser de l'accusation d'hérésie. Il loue les princes qui cherchent, comme Henry VIII et François Ier, à calmer les disputes religieuses; il conclut en priant le Saint-Siège d'imposer silence, non pas à Luther et à ses amis, mais aux ennemis des lettres et de cette théologie érasmienne que Léon X lui-même a daigné approuver[13].

II

Ainsi se développait la politique érasmienne, non sans difficulté, non sans une diplomatie qui n'était pas très franche. Elle n'encourageait pas véritablement Luther et ne lui promettait pas un concours avoué; elle aurait usé de la menace luthérienne pour contraindre le pape à définitivement accepter un programme de réforme modérée et pacifique, mais qui l'eût obligé à réviser profondément ses pratiques et ses amitiés.

A Louvain, la Faculté de Théologie s'inquiétait. Elle ne tolérait pas le collège érasmien des Trois Langues, institué en 1517 par le testament du chanoine Jérôme Busleiden. Dès la publication des premiers écrits de Luther, moines et théologiens avaient dénoncé la complicité masquée d'Erasme. Ces accusations, d'abord vagues colportées dans les couvents et les collèges, devinrent plus dangereuses lorsqu'au début de 1519 elles se produisirent dans les livres d'un Jacques Masson ou d'un Jean Briard d'Ath, derrière lesquels Erasme voyait se profiler les Inquisiteurs de Cologne, et leur chef Jacques Hoochstraeten; mécontent de n'avoir pu obtenir à Rome la condamnation de Reuchlin, il cherchait une revanche, et maintenant écrivait contre Erasme, qui se sentait en pays hostile[14]. Il avait en mai adressé un appel à ses protecteurs anglais, Mountjoy, Wolsey, au roi Henry VIII[15]. Il s'était plaint, dans sa lettre à Léon X, d'adversaires ignares et orgueilleux, qui invoquaient le nom du Souverain Pontife. Les maîtres de Louvain alors hésitèrent. Dans un conflit avec Erasme, soutenu par tant de princes, d'hommes d'Etat, de prélats, de cardinaux, en faveur auprès du pape lui-même, ils craignirent de ne pas jouer, pour le moment du moins, le beau rôle. Une réconciliation fut conclue le 7 octobre en un banquet au collège du Faucon[16].

Elle ne dura guère; Hoochstraeten put rouvrir, avant la fin du mois, les hostilités; car il s'était procuré la lettre d'Erasme à Luther, déjà deux fois publiée par l'indiscrétion du parti luthérien. Armé de ce texte compromettant, il reconstituait hâtivement la coalition antiérasmienne. Les nouveaux chefs sortaient de cet ordre des Carmes où Erasme ne voulait plus reconnaître qu'un bétail: Jean Brislot, Adrien Arnouts et le hollandais Nicolas Baechem, prieur du couvent de Louvain et qui devait un jour reconnaître n'avoir jamais lu le *Nouveau Testament* de Bâle; il s'y joignait le Dominicain Vincent Dirks, autre Hollandais, élève des Jacobins de Paris. La Faculté nomma une commission pour examiner les livres d'Erasme. Une nouvelle campagne d'insultes commença dans les collèges, les églises, au confessionnal ou du haut des chaires, dans les boutiques des libraires et jusque chez les pharmaciens et les barbiers. On assurait qu'à Louvain même il avait écrit en partie les derniers traités de Luther[17].

Le complot une fois encore échoua. Erasme avait cherché des garanties auprès des prélats les plus puissants des Pays-Bas: Erard de la Marck, prince-évêque de Liège; Philippe de Bourgogne, évêque d'Utrecht[18]. Mais en même temps, dès le début d'octobre, il avait écrit au cardinal Grimani et par là maintenu ses bonnes relations avec le Sacré Collège[19]. Hoochstraeten, rendu prudent par la tempête d'invectives qu'il avait essuyée lors du procès de Reuchlin, hésitait. Il avait obtenu de la Faculté, le 7 novembre, la condamnation de Luther; il savait qu'elle serait un coup pour Erasme; il n'osa pousser plus loin ses avantages. Le cardinal Adrien Floriszoon d'Utrecht, qui allait succéder à Léon X sous le nom d'Adrien VI, et tenait alors auprès de Charles-Quint le rôle de régent d'Espagne, protégeait Erasme et devait lui conserver son amitié. Vers la fin de l'année la querelle s'assoupit[20].

Erasme se sentait alors envahi d'une tristesse profonde. John Colet, guide de son esprit, directeur de sa conscience, témoin et confident de ses incertitudes, conseiller de ses hardiesses, venait de mourir, comme Ammonio, victime d'une nouvelle épidémie de sweating-sickness, le 16 septembre 1519[21].

Pourtant, Erasme ne perdait pas courage. Il ne désavoua rien de sa lettre à Luther, désormais divulguée. «Une juste colère, disait-il, en novembre 1519, dans la préface des *Colloquiorum formulae*, destinées au public des Ecoles, l'a entraîné trop loin. Mieux instruit, il peut devenir un admirable instrument aux mains du Christ»[22]. Et si la dispute de Leipzig, en juillet 1519, n'avait conduit qu'à une rupture éclatante, Luther n'était encore ni prisonnier ni excommunié. Erasme savait que l'électeur Frédéric de Saxe ne le trahirait pas. Il obtenait pour lui en février 1520 la protection du plus puissant prélat de l'Empire, Albert de Brandebourg, archevêque-électeur de Mayence[23]. En Angleterre, où la question de la Réforme se posait en termes moins pressants, Warham et Wolsey conservaient à Erasme leur amitié. Il put, au printemps de 1520, par une rapide intervention auprès de l'archevêque d'York, empêcher que les livres de Luther ne fussent brûlés à Londres[24]. La diplomatie préparait une entrevue de l'empereur avec François Ier et Henry VIII. Obligé par ses fonctions officielles d'y assister, Erasme pensait trouver l'occasion d'exposer à ses amis anglais sa politique. Il continuait de la défendre devant le Sacré Collège[25]. Il avait écrit, le 5 février 1520, à Campeggio. Une tempête agitait le monde chrétien, elle rappelait les périodes les plus troublées de l'histoire romaine. Mais le désordre s'était introduit, depuis des siècles, dans les études sacrées. Les théologiens y avaient fait entrer Platon, puis Aristote; ils s'étaient égarés dans l'infini de la dispute; le Christ se trouvait comme enseveli sous la masse des argumentations. Quelques hommes pourtant s'efforçaient de reconduire les chrétiens à la simplicité de la doctrine primitive. Les théologiens leur cherchaient querelle, les accusaient de toucher témérairement à la lettre sacrée. Ils répondaient avec une violence excessive. Erasme prie le cardinal d'intervenir auprès du pape, afin que prenne fin la campagne déchaînée contre les études, contre ceux qui ne cherchent qu'à restaurer la pure doctrine du Christ. Deux autres lettres à Silvestro Gigli et à Campeggio, le 15 mars, annoncèrent son intention de se rendre l'été suivant à Rome, où sans doute il eût défendu son oeuvre et son programme de réforme évangélique[26]. De toute cette activité, Luther, qui n'en connaissait pas exactement le détail et les intentions secrètes, lui sut un gré évident; il adressait à Erasme, en mai 1520, une lettre malheureusement perdue, mais dont le ton semble avoir été reconnaissant et amical[27].

Erasme avait-il véritablement l'intention de se rendre à Rome? Sans doute sa présence y eût été plus que jamais utile et nécessaire, et son avis sur la question luthérienne, sur l'urgente nécessité d'une réforme des études, de la vie ecclésiastique ou religieuse, eût probablement obligé le Sacré Collège à reprendre la discussion des problèmes que le dernier concile du Latran n'avait pas résolus. Mais les ordres religieux, les congrégations romaines, qui se sentaient en danger, le disaient volontiers responsable d'une hostilité grandissante. Il craignit peut-être de s'engager devant la cour pontificale dans des contestations véhémentes et pénibles; d'ailleurs, à Louvain même, il devait faire face à une troisième offensive des théologiens. On tentait maintenant de ruiner son crédit non seulement aux Pays-Bas, mais en Angleterre, où il trouvait ses plus sûrs appuis. Un théologien anglais, Edward Lee, établi à Louvain depuis l'été de 1517, publiait à Paris chez Gourmont, le 15 février 1520, une collection de notes critiques sur le *Nouveau Testament* de Bâle; il concluait à une accusation directe de complicité avec Luther: «Vous semblez patronner les doctrines des hérétiques. Certains théologiens plus instruits que vous m'en ont donné la preuve. A l'exemple d'Arius, vous allumez l'incendie dans l'Eglise, et je ne sais qui pourra jamais conjurer le désastre si vous continuez comme vous avez commencé»[28]. Lee était soutenu en Angleterre par le franciscain Henry Standish, auquel Erasme ne pardonnait pas d'avoir prêché contre Colet. A Louvain, Baechen et les Carmes, Dirks et les Dominicains, Masson et les séculiers, excitaient contre le luthéranisme présumé d'Erasme la foule des étudiants monastiques et des petites gens qui vivaient dans la clientèle cléricale[29]. Erasme ne partit pas pour Rome.

Du moins, encore une, fois, vigoureusement soutenu par ses amis des Pays-Bas et d'Angleterre, il l'emporta; Lee et Standish se trouvèrent réduits au silence. Et bientôt, dans la suite de Charles-Quint, Erasme put assister, en juillet, aux entrevues du Camp du Drap d'Or. Il revit Wolsey; il fut reçu publiquement par Henry VIII. Il lui dit sans doute de quelle ardeur il souhaitait l'apaisement des querelles religieuses, la fin des poursuites contre Luther, le triomphe de la pure doctrine chrétienne, de la philosophie du Christ, de la religion du pur esprit, de la tradition de John Colet et de Pic de la Mirandole. A Louvain, la haine théologique rendait tout accord impossible; mais désemparés par l'échec de Lee et de Standish, intimidés par les hautes amitiés qui le couvraient, par la faveur qu'un roi humaniste lui avait publiquement témoignée, ils n'osaient plus discuter que ses irrévérences de langage: on attaqua l'*Eloge de la Folie*; on parla moins de ses ouvrages exégétiques et du *Nouveau Testament*[30].

Pourtant, la trêve fut courte. Un nouveau livre, venu d'Espagne et dont Erasme ne connut la publication que dans les premiers jours d'août, allait encourager les théologiens à une quatrième offensive. L'auteur était un professeur d'Alcalà, helléniste et hébraïsant, qui avait collaboré à la *Bible polyglotte*, Diego Lopez de Zúñiga. Dès l'apparition du Nouveau Testament de Bâle, il avait rédigé contre Erasme et Lefèvre d'Etaples des notes critiques. Il ne publia ses *Annotationes* que deux ans après la mort du cardinal Ximénez, favorable à Erasme. Il le blâmait aigrement de s'être aventuré dans un domaine qui lui était étranger.

> Après avoir obtenu des louanges chez les amateurs des lettres humaines par ses traductions d'Euripide et de Lucien et son livre des *Adages*, Erasme de Rotterdam, mécontent de son sort. et désireux de s'essayer à tout, a entrepris de traduire le Nouveau Testament, et, comme Laurent Valla, de l'annoter. Son ouvrage témoigne d'une audace excessive. Instruit par la lecture des auteurs païens à la pratique des élégances séculières, il a cru que la grâce du style rendait tout permis. Ce n'est pas l'ardeur de la charité ni le désir de se rendre utile aux étudiants en théologie qui lui ont inspiré sa tentative, mais l'amour du succès... Aussi m'a-t-il paru nécessaire de défendre le vieil interprète... On peut admettre quelques corrections; mais il ne convient pas de rédiger pour tout le corps de l'Ecriture une version nouvelle.

Les erreurs de la version érasmienne seraient moins nombreuses s'il avait consacré moins de temps à Lucien et plus à l'Ecriture. «Avec une étonnante impudence il s'institue juge de questions qu'il ignore». Quelques exemplaires de l'ouvrage circulèrent dès le mois d'août à la Faculté, on veilla soigneusement à ce qu'Erasme n'en pût prendre connaissance[31]. Mais la question essentielle se posait à Rome et non à

Louvain. Comment allait-elle juger l'attaque d'un théologien réputé contre un livre qui avait reçu officiellement l'approbation papale?

Erasme commençait à s'inquiéter de l'attitude des luthériens, de leurs violences verbales, de leur passion révolutionnaire; le 6 juillet, dans une lettre à Spalatin, il laissait entendre que la défense de la vérité exigeait plus de politique. Peut-être, à l'automne, irait-il à Wittenberg donner quelques conseils de sagesse. Mais déjà Luther le comparait au bélier pris par les cornes dans un buisson, et certains, peu reconnaissants des services évidents rendus à la cause, tentaient de le compromettre et de l'engager malgré lui[32]. La lettre du 30 mai 1519 à Luther, publiée deux fois par les luthériens, déférée par Hoochstraeten aux théologiens de Louvain, était déjà dans les mains de Léon X[33]. Cette indiscrétion regrettée de Luther fut suivie d'une récidive: la lettre au cardinal de Mayence parut, contre le gré d'Erasme, à Cologne, Wittenberg et Nuremberg. Blessé, il blâmait la maladresse voulue des amis de Luther, incapables de garder un secret. Au spectacle de leurs violences, il craignit de voir recommencer les guerres religieuses qui avaient ensanglanté la Bohême. Et pourtant, on ne devait pas abandonner Luther: nul n'oserait plus dire la vérité. Le 1er août, il lui écrivait encore pour lui conseiller quelque mesure, et le prier de ne pas mêler imprudemment le nom d'Erasme aux querelles des théologiens, acharnés contre ce qu'ils appelaient les nouvelles doctrines. Il rappelait que les moines mendiants dominaient toutes les cours princières et que le roi d'Angleterre lui-même les écoutait parfois[34].

C'est aux premiers jours de septembre 1520 qu'il apprit l'imminente publication de la bulle *Exsurge Domine*, signée par Léon X le 15 juin. La politique érasmienne échouait. Il avait espéré, par son action auprès des prélats romains, des cardinaux et du Souverain Pontife, différer la décision doctrinale du Saint-Siège, obtenir l'ouverture de l'indispensable discussion, où Luther et lui-même auraient librement parlé, où la réforme évangélique aurait pu recevoir une confirmation solennelle, où l'idée érasmienne, critique et modérée, d'une réforme évangélique aurait pu recevoir une confirmation solennelle. Rome avait parlé, et sa parole était un refus. Elle condamnait la doctrine de Luther, prescrivait la destruction de ses écrits, lui donnait deux mois pour se rétracter, sous peine d'excommunication. Erasme connaissait assez Luther pour savoir qu'il ne plierait pas. Le schisme qu'il aurait fallu à tout prix éviter, était certain.

La bulle lui parut maladroite, impolitique, dictée par les moines et les Facultés de Théologie, par leur haine de Luther et plus encore par leur haine d'Erasme. Luther résisterait et serait défendu; les lettres classiques, la culture humaine, l'étude des langues, la théologie renouvelée, l'exégèse moderne, la philosophie érasmienne du Christ, se trouvaient en péril mortel. Des mots de révolte échappèrent à l'auteur de l'*Enchiridion* et de la *Moria*, à l'exégète du Nouveau Testament grec: «Je souffre de voir étouffer la doctrine évangélique. On prétend nous contraindre au lieu de nous enseigner; et l'on nous enseigne ce qui est en horreur à l'Ecriture et au bon sens »[35].

Mais, tandis qu'il s'élevait contre la sentence romaine, Rome le sollicitait officieusement de l'approuver: elle lui offrait, s'il voulait écrire contre Luther, cette dignité épiscopale que le gouvernement espagnol de Bruxelles lui avait déjà proposée en Sicile quatre ans plut tôt. Ainsi la diplomatie d'Erasme en cour de Rome, ses lettres aux cardinaux, ses lettres au pape, aboutissaient à cette impasse: Rome oubliait qu'elle l'avait approuvé; elle le sommait, courtoisement encore et en termes flatteurs, de mettre son savoir, son nom et son oeuvre au service d'une tradition qui n'était plus entièrement la sienne; Rome, informée de ses compromissions secrètes avec Luther, le sommait de parler clairement et, s'il voulait rester catholique, de les désavouer[36].

Erasme n'admit pas sa défaite. La bulle n'était pas encore publiée aux Pays-Bas et dans l'Empire; il ne la jugeait pas irrévocable. Les circonstances pouvaient retarder cette publication, obtenir du Saint-Siège la suspension de la sentence. A Anvers, où, dans le décor magnifique d'une ville de commerce, d'industrie et d'art en plein essor, il oubliait volontiers Louvain, ses couvents et ses collèges, ses théologiens et ses moines, parmi tant d'amis fidèles, Pierre Gilles, Adrien Herebouts, Corneille De Schrijver et le prieur des Augustins, Jacob Probst, Erasme se sentit le ferme courage d'une action audacieuse. L'âpre portrait au crayon qu'Albert Dürer, vers la fin d'août, esquissa de celui qu'il appelait le chevalier du Christ, trahit déjà bien de l'amertume et de la tristesse, mais témoigne d'une énergie encore intacte[37].

Il fallait, sans retard et sans nulle compromission publique avec Luther, affirmer que la cause n'avait pas été jugée; il fallait l'affirmer en fils dévoué de l'Eglise romaine. Dès le 13 septembre, il écrivit à Léon X. Il dénonçait la conspiration des obscurantistes, acharnés à confondre dans un même procès les humanités et les thèses de

Wittenberg. Il n'avait jamais rencontré Luther. Il avait parcouru quelques pages de ses livres, noté son aptitude à l'exégèse mystique de l'Ecriture. Or une réaction s'imposait contre la théologie verbale et disputeuse. Toutefois, redoutant, dès le début, la violence de Luther, il détournait Froben d'imprimer ses ouvrages, il lui faisait conseiller de ne pas troubler la paix de l'Eglise. Luther avait le premier écrit à Erasme. Sa réponse, dénoncée à Rome par la malveillance, mériterait, toute modérée et prudente, l'approbation de Léon X. C'est pure calomnie que d'y lire entre les lignes un encouragement. D'autres, vers la même date, ont approuvé Luther sous les mêmes réserves. Erasme a pu juger son intervention nécessaire; il n'admet pas ses affirmations doctrinales. Il n'écrit pas contre lui, faute de loisir, et plus encore de compétence: les Facultés de Théologie y sufriront. Respectueux de la hiérarchie ecclésiastique, il reconnaît ses obligations personnelles envers le Souverain Pontife. Il ne travaillera qu'à la gloire du Christ et n'aura pas d'autres adversaires que les perturbateurs de la paix chrétienne. Définition volontairement ambiguë, et qui, dans le vocabulaire érasmien, n'avait jamais désigné que ces moines et théologiens auxquels la bulle officiellement donnait raison. Il blâmait leur manière brutale de discuter; elle n'aboutirait qu'à répandre parmi les fidèles une curiosité plus vive des livres suspects. Avant de les brûler, il fallait les réfuter, car les esprits généreux aiment qu'on les instruise et détestent la contrainte. Ainsi, avec des doutes sur l'équité de la sentence, Erasme insinue l'idée que l'exécution risquera d'en devenir dangereuse. Il laissait entendre à Léon X que l'hiver suivant il pensait se rendre à Rome[38].

Il écrivit le même jour à Francesco Chieregato, nonce en Angleterre. Conscient de son propre danger, il défendait sa propre cause devant ceux qui volontiers l'accusaient de complicité tacite avec Luther. Et déjà son inquiétude le poussait à revendiquer, sans beaucoup de franchise, le bénéfice de ce qui avait été chez lui timidité, incertitude, résistance de la sensibilité, plutôt que résolution doctrinale. Il insistait sur le service qu'en refusant de se lier publiquement avec Luther il avait rendu à la hiérarchie romaine. Et comme déjà en Angleterre autant qu'à Rome, certains commençaient à désirer qu'il fît publiquement connaître son credo, il laissait pour la première fois entendre qu'un jour, en quelque livre, il saurait dire son dévouement au Saint-Siège et combien il détestait les auteurs de toute sédition religieuse; promesse ambiguë, où manquait une définition exacte de la dissidence licite ou illicite. D'ailleurs, il n'écrirait pas avant d'avoir achevé la grande édition à peine entreprise des oeuvres complètes de saint Augustin. Du moins n'oublia-t-il pas de rappeler à Chieregato la conjuration des moines et des théologiens contre tout savoir, la bassesse de leurs haines, la sottise et la trivialité de leurs invectives, l'insuffisance de leurs réfutations, et l'imprudence qu'eût commise le Saint-Siège à les prendre pour conseillers[39].

Rome ainsi avertie, Erasme ne désespérait pas d'obtenir la suspension de la sentence, l'évocation du procès de Luther devant d'autres juges. Il se trouvait alors en relations avec un dominicain très libre d'esprit, Jean Schmidt, né à Augsbourg, élève, comme les réformateurs anglais, de l'Italie, docteur de Padoue, et resté fidèle à l'idéal théologique de Colet et d'Erasme, à la spiritualité de Marsile Ficin et de Pic de la Mirandole. Sans aimer Luther, il s'entendait mal avec les thomistes; son adhésion à la doctrine conciliaire, sa fidélité aux droits des Eglises nationales dans l'ensemble de l'Eglise universelle, son mépris germanique de la cour italienne de Rome, et du despotisme romain qui accablait les clergés barbares, lui inspiraient contre les auteurs de la bulle les propos les plus amers. De ses entretiens avec Erasme sortit un petit livre anonyme, *Consilium cujusdam ex animo cupientis esse consultum et Romani Pontificis dignitati et christianae religionis tranquillitati*. On devait avant tout éviter la guerre religieuse. Un accord était possible, à condition de maintenir l'autorité pontificale sans infliger aucune diminution à la vérité évangélique. On devait écarter de ce débat les hommes de violence qui, par intérêt personnel ou esprit de corps, travaillaient à l'envenimer. La haine du nom romain s'aggravait de toutes les colères provoquées par les moeurs romaines et la brutalité des agents pontificaux. La querelle ne pourrait plus s'apaiser que par voie d'arbitrage. Il aurait fallu que le pape, sans croire sa dignité humiliée, autorisât les princes et l'empereur à désigner des arbitres informés et non suspects. Le projet aboutissait à recommander l'essai d'une assemblée de type nouveau, restreinte, érasmienne, de savants et d'hommes d'Etat; les laïques y auraient tenu sans doute une place importante, et elle aurait sensiblement différé de ces conciles oecuméniques dont les papes avaient triomphé dans le passé et s'apprêtaient à triompher dans l'avenir[40].

Erasme recommanda Jean Schmidt à Mercurino Gattinara, chancelier piémontais, érasmien et libéral de Charles-Quint; à Erard de la Marck, à Albert de Brandebourg[41]. Peut-être conçut-il quelque espoir de résoudre ainsi, sans rupture avec Rome, la question déjà dramatique de la Réforme.

Mais c'était le moment où Luther définissait sa doctrine antiromaine. Du milieu d'août au milieu de novembre 1520, parurent les trois grands ouvrages de polémique et d'affirmation doctrinale sur lesquels allait se fonder la Réforme protestante: en allemand, l'*Appel à la noblesse de la nation allemande pour la restauration de la société chrétienne*; en latin le *De captivitate babylonica ecclesiae* et le *De libertate christiana*, dont une version allemande suivit bientôt.

Au nom de la théorie du sacerdoce universel des chrétiens, ébauchée par Jean Hus, l'auteur de l'appel condamne, comme l'avait déjà fait Erasme, la distinction des clercs et des laïques. Tous les chrétiens appartiennent à l'ordre de l'esprit; la fonction sacerdotale n'est qu'un ministère auquel les plus dignes sont appelés. Il en résulte que l'autorité civile, confinée dans les soins du temporel par une usurpation que soutiennent ces *Décrétales* déjà exécrées de Dante, a le droit de juger les chefs de l'Eglise et les souverains pontifes. En vain les clercs se sont-ils arrogé le droit d'expliquer l'Ecriture. Erasme en 1516 avait affirmé la nécessité de rendre la Bible aux fidèles, Luther proclame que la lecture des livres saints est leur bien le plus précieux. Le pape revendique pour lui seul le droit de tenir le concile; il appartient également aux princes de le convoquer, malgré le pape et contre le pape. Luther définit maintenant le vaste programme de cette réforme dans le chef et dans les membres, que le concile devra un jour imposer à l'Eglise. Abolition d'abus séculaires, et surtout rétablissement du culte en esprit et en vérité; restauration d'un enseignement chrétien, fondé sur le texte sacré; restauration de la société chrétienne selon l'esprit et la règle de l'Evangile.

Dans le *De captivitate babylonica*, la critique de Luther, formée aux méthodes érasmiennes, attaque, devant le monde latin des clercs, la base même sur laquelle repose toute l'autorité spirituelle de l'Eglise romaine, dispensatrice de grâces divines: la doctrine des sacrements. Trois seuls subsistent, parce que trois seuls se fondent sur des textes certains, sur des paroles évidentes de Jésus: baptême, pénitence et cène. Mais Rome refuse aux laïques le calice, que les Bohémiens ont eu raison de réclamer; elle impose le dogme thomiste et moderne de la transsubstantiation, que Wyclif rejetait à bon droit. Elle a transformé la messe en un sacrifice et en une bonne oeuvre, alors que cette commémoration des promesses du Christ à son Eglise devrait se dépouiller de toute pompe sacerdotale et que l'usage de la langue vulgaire la rendrait plus intelligible aux simples. S'il est vrai que le sacrement de la pénitence se fonde sur la miséricorde infinie du Christ, le tribunal du sacerdoce romain se montre soucieux à l'excès d'étaler aux yeux des peuples son pouvoir de lier et de délier. Mais la confirmation n'est qu'une cérémonie; l'Eglise primitive ne reconnaissait ni au mariage, ni à l'ordination le caractère sacramentel; l'extrême-onction ne se réclame que d'un texte douteux de l'Epître de Jacques.

Ainsi dans ce livre redoutable, dont le concile de Trente devait tirer la plupart des thèses qu'il condamna, Luther posait les bases d'une réforme qui dépassait largement le programme tout romain et modéré où s'arrêtait la prudence de la critique érasmienne. Et de même qu'il avait, après Erasme, invoqué la liberté chrétienne, il la définissait dans son troisième traité. Il l'exaltait pour l'homme intérieur; il l'abaissait pour le chrétien soumis à la discipline nécessaire de l'Eglise et de la cité. Il complétait, il précisait la doctrine de l'*Enchiridion* encore hésitante, embarrassée d'antinomies insolubles; il enseignait aux fidèles des Eglises renaissantes la discipline qu'elles tentèrent de garder et que Calvin, à Genève, imposa.

Luther, à l'automne de 1520, manifestait en termes inoubliables le sens antiromain de son action et de sa doctrine; Erasme ne pouvait plus le suivre sans se faire lui-même antiromain. Sa propre situation, à mi-chemin de Rome, qu'il continuait d'aimer malgré ses tares, et de Wittenberg, qu'il n'aimait pas, allait devenir intenable; sa politique vaine. Et maintenant apparaissait Jérôme Aléandre, le grand ennemi[41].

NOTES

[1] ALLEN, **6**, III, 933, 1. 18-21; 31-32.
[2] La lettre de l'électeur Frédéric n'a pas été conservée. —ALLEN, **6**, III, 938, Capiton à Erasme, Bâle, 8 avril 1519, 1. 5-6: Curate Lovanium ne obsit. Nos tibi in officio continebimus Germaniam et Saxoniam.
[3] RENAUDET, **14**, p. 51-52.
[4] *Ibid.*, p. 52-53; ALLEN, **6**, III, 904, 19, 939, Anvers, 14 avril 1518.
[5] *Ibid.*, 968, 967.
[6] *Ibid.*, 963, 20-21: Neque Deo omnipotente iuvante commit temus nostra culpa innocens quispiam sua querentium impietati dedatur.
[7] RENAUDET, **14**, 54-56; ALLEN, **6**, III, 980.
[8] *Ibid.*, 980, 52: Haec non admoneo vt facias, sed vt quod lacis perpetuo facias.

⁹ *Ibid.*, 983, 5-14: Hic hactenus mire saeuiunt Papistae, nunc demum ad laedendum concordes; sed sunt aliquanto mitiores, speroque futurum vt illos aliquando suae pudeat insanie. Optimi quique amant libertatem Lutheri; cuius prudentia non dubito quin cautura sit ne res exeat in factionem ac dissidium. Siquidem huc potius annitendum arbitror, vt instillemus Christum hominum mentibus quam vt cum personatis Christianis digladiemur; a quibus nunquam referetur gloria vel victoria nisi sublata Romanae sedis tyrannide et huius satellitibus, Praedicatoribus, Carmelitis et Minoritis.

¹⁰ *Ibid.*, 961, Erasme à Campeggio, Louvain, ler mai 1519; Introd.

¹¹ *Ibid.*, 961, 35-53: Dialogi cuiusdam suspicionem mihi moliuntur impingere. Is, ut ex argumento satis constat, scriptus est in odium diui Julii Pontificis Max. schismatis tempore, sed a quo incertum: ante quinque annos degustaui verius quam legi. Post reperi in Germania apud quosdam descriptum sed variis titulis. Quidam testabantur Hispani cuiuspiam esse, sed suppresso nomine; rursus alii Fausto poetae tribuebant, alii Hieronymo Balbo. Ego quid de his coniectem non habeo. Subodoratus sum quoad licuit, verum nondum peruestigaui quod animo meo faceret satis. Desipuit quisquis scripsit, at maiore supplicie dignus quisquis euulgauit. Ac miror esse qui solo stili arguments mihi obtrudere parent, cum nec mea sit phrasis, nisi prorsus ipse mihi sum ignotus. Nec mirum sit futurum etiam si qui in oratione nonnihil referrent Erasmicum, cum verser in manibus omnium, et referimus fere in quorum assidua lectione versamur. Neque desunt hic qui iactitent tuam quoque reuerendam dominationem propemodum in eam suspicionem adductam esse. Quod mihi certe nunquam persuadebitur, donec persuasum erit non esse vana quae de doctrina prudentiaque eius admirabili passim a summis viris praedicantur. —Erasme lui-même, dans une lettre à Hermann de Neuenahr (III, 636, Louvain, 25 août 1517, l. 12-22), semblait alors attribuer l'ouvrage à un Espagnol, et affirmait que le dialogue, traduit en français, avait été joué sur la scène à Paris; confusion évidente avec certaines soties hostiles à Jules II représentées avant sa mort.

¹² *Idem*, IV, 1000 et Introd.

¹³ *Ibid.*, 1007, 3-6: Exiit autem felicibus, vt videtur, auspiciis, non modo Romani Pontificis titulo, verum etiam Leonis vocabulo commendatum, quo non aliud nomen orbi Christiano gratius. —17-21: Quos priotis aeditionis nouitas offenderat, hi nunc recipiscunt et errorem cognscunt suum Qui hactenus e putribus lacunis perturbatam quandam ac frigidam theologiam hauriebant, nunc e purissimis fontibus Christi et Apostolorum haurire malunt. —57-82: His technis, his cuniculis adoriri parant efflorescentes optimas literas ac puriorem illam theologiam suos fontes resipientem. Nihil non tentatum est, nullum calumniae genus non excogitatum, in eos quorum opera vident haec studia gliscere: inter quos me quoque numerant, qui quantum attulerim momenti nescio. Certo magno conatu sum admixus vt homines ab his frigidis argutiis, in quibus tantum consenescebant, ad purioris pariter ac seuerioris theologiae studium accenderem. Neque laborem hunc mihi prorsus frustra susceptum esse vel hinc intelligo, quod quidam sic in me saeuiunt, quibus aegre est quicquam in precio esse quod ipsi nec docere possunt et erubedicere. Ast ego primum Christo teste, cui potissimum meae vigilant literae, deinde tuae sanctitati iudicio, scunt ad

haec recti conscientia, postremo tot insignium virorum suffragio fretus, istorum latratus semper neglexi. Hoc Quantulumcunque est ingenium semel Christo dicatum est. Vnius huius gloriae seruiet Ecclesiae Romanae, seruiet Ecclesiae Principi, praesertim autem sanctitati tuae cui me plusquam totum debeo. Poteram aliis argumentis tractandis ad opes, ad dignitates provehi: grauissimis testibus docere possum verum esse quod dico. Hoc lucrum mihi visum est potius; Christi gloriae seruire malui quam meae. Semper a puero mihi curae fuit ne quid aut impiae scriberem aut spurcae aut seditiose. Quod si quid etiam olim peraetatem licentius effutiuimus, hanc certe aetatem nihil decet nisi serium ac sanctum. Nullus adhuc meis scriptis factus est vel pilo nigrior, nullus minus pius; nullus mea causa tumultus ortus aut oriturus.

14 RENAUDET, **14**, 56-59.

15 ALLEN, **6**, III, 964, 965, 967.

16 RENAUDET, **14**, 65.

17 *Ibid.*, 65-68.

18 ALLEN, **6**, III, 1038, 1043.

19 *Ibid.*, 1017.

20 RENAUDET, **14**, 68-69. —ALLEN, **6**, III, 1053, Erasme à Thomas Lupset, Louvain, 13 décembre 1519.

21 RENAUDET, **14**, 76, —ALLEN, **6**, III, 1053, l. 530-538: Mors ademit Johannem Coletum, mihi sinceryssimum amicum, tibi singularem patronum, praeceptorem ac potius parentes. O verum theologum! O mirum Euangelicae doctrinae praeconem! Quanto studio vir ille imbiberat philosophiam Christi! Quam auide hauserat pectus ac spiritum diui Pauli! Vt coelesti doctrinae totius vitae puritate respondit! Quot annos ille gratis populum docuit, et in hoc suum Paulum referens! Nunquam mihi tam familiare aut non serium cum illo colloquium fuit, quin ab eo discederem melior, aut certe minus malus.

22 *Idem*, IV, 1041, 37-38: deinde pectori quod etiamsi iustis de causis exasperatum plus iusto incanduit, tamen alio vocatum possit esse egregium organum Christi...

23 RENAUDET, **14**, 70-73.

24 *Ibid.*, 73. —ALLEN, **6**, IV, 1102, Erasme à Œcolampade, Louvain, 15 mai 1520.

25 *Ibid.*, 1062.

26 *Ibid.*, 1079, 8: nam spero futurum vt ipse Romae sacras istas manus tuas deosculer... ; 1081, 5: Spero fore vt ante paucos menses Romam olim adamatam reuisam...

27 RENAUDET, **14**, 74. —ALLEN, **6**, IV, 1141, Erasme à Gérard Geldenhauwer, Louvain, 9 septembre 1520, 15, note.

28 RENAUDET, **14**, 74-78. —ALLEN, **6**, IV, Introd. à 1037; 1061, 738-745.

29 RENAUDET, **14**, 78.

30 *Ibid.*, 78-82.

31 *Ibid.*, 82-84. —BATAILLON, **21**, 123-142.

[32] RENAUDET, **14**, 84-85. —ALLEN, **6**, IV, 1119, 22-23; 27-41.

[33] RENAUDET, **14**, 85-86. —C'est par une lettre et une conversation de Jérôme Aléandre, maintenant nonce en Allemagne, qu'Erasme sut que sa lettre à Luther était entre les mains du pape (1167 Erasme à Campeggio, Louvain, 6 décembre 1520, 120-122.)

[34] RENAUDET, **14**, 85-86; ALLEN, **6**, IV, 1127, Erasme à Louis Platz, Louvain, 31 juillet 1520, 18-20: Et tamen impium sit illum in his quae recte dixit prorsus indefensum relinquere: ne posthac nemo sit qui veram ausit proloqui. —VIII, 1127 a, 58-60: Dici non potest quam ubique conspiretur aduersus autores «novae doctrinae», sic enim illi vocant. Nulla est aula regum quam non occuparunt. Il rappelle que les scholastiques l'ont accusé en Angleterre d'avoir écrit le *Julius*; l. 79-80: apud Anglos detulerunt me tanquam autorem libelli de Iulio excluso. —Il affirme la responsabilité de Léon X, 87. Il signale déjà la duplicité d'Aléandre (inimice amicus meus Hieronymus Aleander; 88-89).

[35] La première lettre où Erasme fait mention de la bulle est du 9 septembre 1520; Erasme à Gérard Geldenhauwer, IV, 1141, 31-33.

[36] *Ibid.*, 29-31: Ego me huic tragoediae non misceo. Alioqui paratus est vel episcopatus, si velim in Lutherum scribere.

[37] RENAUDET, **14**, 87-88; sur le culte d'Albert Dürer pour Erasme, cf. un passage de son *Reisejournal*, écrit le vendredi après la Pentecôte de 1521, sous l'impression de la nouvelle inexacte qui, après la diète de Worms, s'était répandue en Allemagne de la mort de Luther: O Erasmo Roterodame, wo wiltu bleiben? Sieh, was vermag die ungerechte Tyranney der weltichen Gewalt, der Macht der Finsterniss? Hör du Ritter Christi, reuth hervor neban dem Herrn Christum, beschütz die Wahrheit, erlang der Märterer Cron; du bist doch ein altes Menniken...

[38] ALLEN, **6**, IV, 1143, 76-77: Libera ac generosa ingenia doceri gaudent, cogi nolunt; 79-81: Decreveram hyemare Romae... In proximam hyemem spero me adfuturum.

[39] *Ibid.*, 1144, 63-65; 71-74.

[40] RENAUDET, **14**, 90-93. —Erasme, dans une lettre à Conrad Peutinger, Cologne, 9 novembre 1520, résume les thèses essentielles du *Consilium* (ALLEN, IV, 1156). Sur les circonstances dans lesquelles le *Consilium* fut rédigé et sur les éditions successives de l'ouvrage, voir Introd. à 1149. On connaît 5 éditions en latin, dont une de 1521, et 4 en langue allemande.

[41] ALLEN, **6**, IV, 1150, 1151, 1152, 4 et 8 octobre 1520.

[42] Quivi trovammo Pluto, il gran nemico; *Inferno*, VI, 115.

I

V - *LA VICTOIRE D'ALÉANDRE*

I

Chargé par Léon X de présenter à Charles-Quint la bulle *Exsurge Domine*, qui condamnait tous les écrits de Luther et en exigeait la rétractation, le nonce Jérôme Aléandre était, le 27 septembre 1520, arrivé à Louvain.

Erasme l'avait très intimement connu en 1508 à Venise dans l'atelier d'Alde Manuce. Membre de l'Académie aldine, il collaborait aux éditions des textes grecs, collationnait les manuscrits, corrigeait les épreuves. Excellent helléniste, bon hébraïsant, protégé par le cardinal Grimani, il pouvait atteindre un rang très élevé parmi les humanistes d'Italie et d'Occident. C'était Erasme qui, à l'automne de 1508, l'avait introduit chez les savants parisiens et chez Guillaume Budé, maître de l'humanisme, érasmien en France. De 1508 à 1513, Aléandre avait enseigné le grec avec éclat à l'Université de Paris. Ce ne fut pourtant pas lui qui y fonda l'étude de la langue hellénique; mais l'enseignement, grâce à lui, s'en trouva complètement rajeuni et modernisé. En même temps il prenait une part active à la publication des livres grecs et latins imprimés chez Gourmont. Il s'était le plus souvent contenté de reproduire les excellentes éditions aldines; son seul travail original avait été une collection, conçue dans l'esprit érasmien de propos des hommes illustres (*Illustrium virorum sententiae*) où il était facile de retrouver un écho fidèle de ces *Adages* auxquels Erasme, à Venise, avait travaillé sous ses yeux. Lors du dernier passage d'Erasme à Paris, dans l'été de 1511, au moment où s'imprimait chez Gourmont l'*Eloge de la Folie*, il n'avait pu le rencontrer, ayant alors quitté la capitale que désolait une épidémie, et passé quelques mois à l'Université d'Orléans. La même année, désigné pour représenter les maîtres parisiens au concile de Pise, il avait pris soin de ne pas partir, et l'année suivante il avait rempli, pendant le trimestre d'usage, les fonctions de recteur. En 1513 il devenait secrétaire de l'évêque de Paris, Etienne Poncher, ami des humanistes, d'Erasme et de Budé, diplomate très actif, conseiller écouté de Louis XII. En 1514 il passait au service d'Erard de la Marck, prince-évêque de Liège. Il entrait alors dans la carrière ecclésiastique, recevait à Liège une prébende de chanoine et une prévôté; mais il ne tarda guère à regagner l'Italie et Rome, où bientôt ses talents, certainement éclatants, et son intelligence fort déliée lui assuraient un grand crédit. Le 27 juillet 1519, Léon X le désignait comme préfet de la Bibliothèque vaticane; dans l'été de 1520, il l'envoyait comme nonce pontifical auprès de Charles-Quint, avec la mission d'obtenir la stricte exécution de la bulle. Erasme croyait bien le connaître. Au cours de leurs entretiens chez Alde Manuce, ils avaient échangé bien des confidences. Erasme avait cru constater que la foi catholique du jeune helléniste encore ignoré était singulièrement vacillante. Il avait cru également apprendre que son ami était fils de Juifs baptisés; il devait le répéter par la suite avec une certitude dont il ne donna jamais les preuves. Il le retrouvait maintenant parmi les princes de l'Eglise, et destiné aux plus hauts honneurs de la hiérarchie romaine; Aléandre, dès 1524, allait devenir archevêque de Brindes, et cardinal en 1536. Il est possible qu'Aléandre fût revenu très sincèrement à cette foi catholique dont à Venise il paraissait assez détaché. Mais ce retour s'accommodait fort bien avec les intérêts d'une carrière ecclésiastique et diplomatique où son ambition, qui n'était pas petite, cherchait à se satisfaire. Erasme le savait avide de succès et d'argent. Il n'estimait pas beaucoup son caractère; il ne croyait pas, il ne voulut jamais croire à la sincérité de sa foi romaine; et comme trop de secrets d'Aléandre lui étaient connus, il pressentait sa malveillance[1].

Dès le 29 septembre, deux jours après l'arrivée du nonce, l'Empereur ordonnait la publication et l'exécution de la bulle dans ses domaines des Pays-Bas. Erasme voyait ainsi lui échapper le délai sur lequel sa politique avait compté. Il s'abstint, à Anvers et à Malines, de rendre visite au nonce. Rentré à Louvain, en octobre, Erasme put comprendre l'aggravation des dangers qui le menaçaient.

Sa lettre au cardinal de Mayence, divulguée par les presses luthériennes, se répandait alors. Sa réponse à Luther était connue depuis plusieurs mois jusqu'à Rome. Aléandre et les théologiens ignoraient sans doute que Luther lui devait la protection de l'électeur de Saxe; mais la lettre à Albert de Brandebourg démontrait qu'Erasme avait voulu rendre vaine l'action de la justice ecclésiastique. Ils devinaient sans peine son avis sur la bulle. Ils le soupçonnaient assez justement d'en vouloir entraver l'exécution.

Aléandre lui avait accordé un témoignage de déférence courtoise en imposant silence à un jeune bachelier jacobin, Laurent Laurensen, qui depuis quelques mois parlait chez les Dominicains contre l'*Eloge de la Folie*. Mais mieux eût valu que l'on se fût borné à de telles attaques. La bulle enjoignait au clergé de dénoncer dans les églises, pendant les offices, les erreurs de Luther et de ses partisans. Les moines avaient depuis quelques semaines commencé leurs prédications; et le nom d'Erasme s'y trouvait naturellement associé à celui de Luther. L'adhésion de l'Université à la bulle, non sans quelques dernières résistances, le 7 octobre 1520, la cérémonie du lendemain où un certain nombre de livres suspects furent solennellement brûlés, leur donna un nouveau courage. Erasme ne pouvait plus assister aux réunions de la Faculté. Le Dominicain Dirks, le Carme Baechem l'accusaient de complicité avec Luther. Le 9, jour de la Saint-Denis, Erasme, dans la collégiale Saint-Pierre, assistait à la grand'messe. Baechem, qui prêchait sur la charité, le reconnut et interrompit son sermon pour montrer du doigt l'homme qui avait encouragé Luther. Pourtant les érasmiens formaient, à la messe comme dans les collèges, une minorité dont il fallait encore tenir compte. On murmura, des protestations s'élevèrent. Mais le dimanche suivant, Erasme étant à Anvers, nouvelles invectives et pires menaces: «Tous ces hommes, cria le moine, finiront, s'ils ne changent de conduite, sur le bûcher». Devant le recteur Godescalc Rosemondt, esprit modéré, bon écrivain spirituel, Erasme eut avec Bacchem une vive dispute, où le Carme n'eut pas le dessus, mais du moins définit les nouvelles exigences des ordres, et sans doute aussi d'Aléandre: «Aussi longtemps qu'il n'écrira pas contre Luther, nous le tiendrons pour luthérien»[2].

Or, malgré la publication des trois grands ouvrages où se développait une critique dont la hardiesse dépassait sa pensée, Erasme poursuivait sa campagne contre la bulle. Luther, dans une lettre que sans doute il détruisit à peine reçue, en avait, d'accord avec l'électeur de Saxe, approuvé le plan. Après avoir assisté, dans la cathédrale d'Aix-la-Chapelle, au couronnement de Charles-Quint, Erasme passa trois semaines, en novembre, à Cologne; il s'efforça d'y défendre la tactique proposée dans le *Consilium*. La bulle avait reçu force de loi aux Pays-Bas; mais rien n'était décidé pour l'Empire; et l'Allemagne, d'où la Réforme tirait sa vigueur, importait davantage. Contre Aléandre et la bulle, Erasme, sans approuver ni l'*Appel* ni la *Captivité babylonienne*, s'entendit avec les luthériens et ceux qui penchaient vers Luther. Il conduisit une ardente campagne de presse; les humanistes allemands, qui avaient défendu Reuchlin et que plusieurs années de lutte antiscolastique avaient instruits à l'invective, le secondèrent. On multiplia des pamphlets anonymes contre la bulle et le nonce. Erasme, qui le méprisait, ne le ménagea pas. Alors sans doute fut écrit le *Hochstratus ovans*, triomphe grotesque du Dominicain rétabli par Aléandre dans ses fonctions d'inquisiteur. Alors, et sans doute avec la collaboration d'Erasme, les *Acta Academiae lovaniensis* dévoilèrent l'athéisme secret d'Aléandre, Juif et cousin de Judas, auteur d'une fausse bulle fabriquée avec l'aide des théologiens. Mais les auteurs anonymes surent aussi protester en nobles termes contre la violence faite aux esprits: «Trop longtemps déçu et dupé, le monde exige la lumière... On peut écraser Luther mais non l'esprit humain»[3].

Erasme toutefois ne voulait s'entendre avec les luthériens que dans l'intérêt de son propre idéal de réforme; il s'efforçait discrètement d'y gagner les politiques du parti. Invité à la table de l'électeur de Saxe, il lui montrait les dangers des violences où Luther s'emportait. C'est là que, pressé de dire son avis sur le fond du débat, il tint ce propos qu'on ne devait plus oublier. «Luther a eu deux torts; il a touché à la tiare du souverain pontife et au ventre des moines» Le même jour, d'accord avec Georges Spalatin, il rédigeait ses vingt-deux *Axiomata in causa Martini Lutheri*, où tout en accusant la mauvaise foi des moines et leur tyrannie il demandait, conformément au projet du *Consilium*, la nomination d'arbitres non suspects[4].

Il ne put éviter Aléandre qu'il soupçonnait de dépêcher par le poison, avec la bénédiction du pape, les ennemis de la cour romaine. Il refusa obstinément une invitation qui lui parut trop insistante. Il soutint du moins avec le nonce une discussion de plusieurs heures, où tous les griefs de part et d'autre furent vivement débattus, où sur la question de l'inauthenticité de la bulle il semble bien s'être trouvé à court de preuves. Les deux hommes se quittèrent, réconciliés en apparence, mais sans rien se pardonner. Le nonce avait renouvelé l'offre insidieuse et tentatrice de la cour pontificale: Erasme était prié de se rendre à Rome; s'il écrivait contre Luther, il serait évêque.

Ainsi le Saint-Siège tentait de régler la question luthérienne par la force, la question érasmienne par la séduction. Mais Erasme ne cédait pas. «Luther, disait-il, est trop grand pour que je l'attaque». Et il ajoutait avec son ironie coutumière: «Je profite davantage à lire une page de Luther qu'à lire tout saint Thomas»[5].

Avant de quitter Cologne, il put comprendre la vanité d'une politique de médiation. Les trois grands ouvrages de Luther, dont il évitait soigneusement de parler, se répandaient triomphalement à travers l'Allemagne. Le 10 décembre, à Wittenberg, le réformateur brûlait solennellement la bulle; mais Aléandre comptait en obtenir la ratification à la diète qui devait s'ouvrir à Worms dès le printemps.

Les invitations, du côté luthérien, se firent plus pressantes. Ulrich de Hutten, auquel Erasme tenait rigueur d'avoir divulgué sa lettre au cardinal de Mayence, écrivait en un langage à la fois déférent et brutal:

> Espérez-vous donc, les livres de Luther une fois brûlés, qu'on vous laisse en repos? Après lui, on ne vous épargnera pas. Déjà vos ennemis répètent que vous êtes l'auteur de tous ces troubles. Vous seul, disent-ils, avez répandu le goût de la liberté, réveillé les intelligences... Faudra-t-il donc nous laisser instruire par Aléandre? Les propos flatteurs que vous prodiguez au pape depuis si longtemps ne vous ont valu que la haine du nonce...

Hutten invoque les franchises de la nation allemande, soumise à la honteuse tyrannie des prêtres romains et de leurs valets. Qu'Erasme quitte donc Louvain, où il se trouve contraint à des ménagements qui l'humilient; qu'il revienne à Bâle où on l'attend, où les esprits sont libres[6].

Mais les arguments d'ordre national avaient peu de prise sur l'esprit d'Erasme; il ne pouvait plus se sentir d'accord avec la pensée de Luther, telle qu'elle se définissait dans les trois grands traités. Il aurait pu admettre le *De libertate christiana*; mais l'évangélisme de Colet, sa religion du pur esprit, l'humanisme chrétien des écoles italiennes, ne s'accordaient plus avec l'*Appel à la nation allemande* ou avec la *Captivité de Babylone*. Il avait le droit de dire qu'il n'ëtait pas luthérien; il commençait à regretter de s'être depuis quelques mois trop engagé avec le parti. Cependant Dirks et les jacobins, Baechem et les Carmes continuaient de proclamer ses ignorances et ses impostures. Aléandre, maintenant conseillé par Hoochstraeten, soutenait les moines de tout son pouvoir et de toute son énergie, tandis qu'Erasme s'émerveillait de trouver en lui tant de passion romaine[7].

L'humanisme libéral fondait un dernier espoir sur la diète de Worms. L'empereur avait promis à l'électeur Frédéric de ne pas condamner Luther sans l'entendre. Erasme, à sa façon, préparait les débats de l'assemblée. Le 6 décembre, il définissait encore, devant Lorenzo Campeggio, sa politique de conciliation et d'attente. Une fois de plus il accusait les Frères Prêcheurs de l'impliquer, en dépit de toute justice, dans le procès de Luther. Il insistait sur les conseils de modération donnés par lui à Wittenberg. Faute de science théologique, il n'avait pu discuter avec un maître qui savait invoquer tant d'anciens docteurs. Mais, dans la conduite des défenseurs de Rome, tout n'avait été que maladresse et abus de pouvoir. Personne n'avait tenté d'éclairer Luther, personne ne l'avait réfuté. De tels procédés compromettaient l'intangible autorité de l'Eglise. La corruption romaine exigeait peut-être un remède brutal. Erasme ne le réclamera pas; les ennemis de Rome sont les siens. Mais la question n'est pas encore tranchée; l'Université de Paris n'a pas encore parlé; la bulle, soutenue par des hommes de violence, a paru d'une sévérité qu'on n'attendait pas de Léon X. Mieux aurait valu que le pape, obéissant à la douccur de sa nature, n'eût pas écouté des conseillers pervers et dangereux, mieux vaudrait remettre le jugement de Luther à une commission d'arbitres animés d'un esprit pacifique. Mais déjà, tandis qu'Erasme ne sait que résumer une fois de plus le programme du *Consilium*, il murmure, en fataliste désabusé, ce mot qui désormais revient fréquemment sous sa plume: fata viam invenient. Les destins nous trouveront la voie[8].

II

Il n'assista pas à la diète, son titre de conseiller impérial l'y eût appelé; les voix des violents auraient couvert la sienne. Mais de loin il les jugeait et les condamnait. Les adversaires de Luther se montraient si maladroits qu'on les eût soupçonnés de connivence: «Je ne comprends pas comment le pape confie une telle tâche à de tels hommes. Y a-t-il vanité plus folle que celle de Caïétan? Aléandre est un véritable maniaque, méchant et sot». Hors d'Allemagne, même incapacité; en France, le nonce Antonio Pucci, irritable et faible; à Paris, Noël Béda, syndic de Sorbonne, une souche plutôt qu'un homme. Il comprenait que devant la diète sa politique n'avait plus aucune chance de succès. Aux Pays-Bas, le 21 mars 1521, l'empereur, à l'instigation d'Aléandre, ordonna de brûler tous livres hérétiques, et manifestement visait Erasme autant que Luther[9].

Mais voici que Léon X en personne l'exhortait à rompre le silence. Il n'avait répondu que froidement, le 15 janvier, à sa lettre du 13 septembre. Satisfait de sa fidélité, il ne lui cachait pas qu'il avait pu en douter, et qu'il le verrait volontiers venir à Rome pour la défense du Saint-Siège[10]. Aléandre, depuis les journées de Cologne, le dénonçait devant le pape comme le pire fauteur de l'hérésie et s'indignait d'une bienveillance imméritée. Aux Pays-Bas, il continuait de le diffamer devant les prélats[11]. Tant bien que mal, Erasme défendait sa cause. Il écrivait à Alvise Marliano, évêque de Tuy en Galice, au chancelier Gattinara, au nonce lui-même[12]. Il niait désespérément toute connivence avec Luther, et, sans beaucoup de franchise, désavouait ce qu'il avait laissé imprimer dans les *Acta Academiae Lovaniensis*. Il ne se séparera jamais de Rome, à moins qu'elle-même ne se sépare du Christ. Luther n'a pas emprunté sa théologie du péché aux livres d'Erasme; on n'y a jamais lu que toute action humaine soit nécessairement damnable. Sollicité de s'entendre avec Luther, ou seulement de définir une norme de pensée chrétienne, il a toujours répondu que sa foi restait celle de l'Eglise catholique. Le sort de Luther lui est indifférent; qu'on le fasse rôtir ou bouillir, peu importe. Mais les défenseurs de la cause romaine la compromettent à force de maladresses. Aléandre, qui fut l'ami intime d'Erasme à Venise, et dont il a jadis recommandé aux savants français l'érudition peu commune, semblait destiné à conserver l'entente qu'eût facilitée une sorte d'affinité spirituelle. Et il est certain que l'accord d'Erasme et d'Aléandre aurait pu rendre, dans l'affaire luthérienne, les plus grands services à l'Eglise. Mais, naturellement humain, il s'est laissé entraîner par les violents. La politique de modération qu'Erasme a proposée recevrait l'approbation du pape, s'il savait et comment l'affaire est conduite et l'enthousiasme de plusieurs nations pour Luther[13]. On ignorera toujours ce qu'Erasme écrivit alors à Aléandre. Il n'obtint que de froides réponses. Gattinara l'assure de sa bienveillance; il n'a jamais cru qu'Erasme, avec tant de savoir, ait pu s'écarter du vrai. Marliano concède que le procès de Luther a été maladroitement mené; mais il défend avec une insistance inquiétante la loyauté du nonce[14].

La diète de Worms fut pour Erasme un désastre irréparable. Son ressentiment se tourna contre les luthériens, qui, à grand bruit, dépassaient les hésitations de la Réforme érasmienne. Il mesura pleinement la distance qui les séparait de lui. Il avait invité les fidèles à lire l'Evangile; Luther divulguait les mystères parmi les savetiers. Il avait déconseillé aux jeunes gens de s'engager prématurément dans la vie religieuse; Luther condamnait les voeux monastiques. Il avait formulé quelques réserves sur l'abus de la casuistique. Luther, qui maintenait la pénitence, rejetait la confession. Il avait souhaité un meilleur usage des trésors de l'Eglise; les luthériens prononçaient des menaces de sécularisation. Il s'irritait de les voir invoquer son autorité; ils avaient compromis Reuchlin; ils compromettaient Erasme; ils avaient publié ses lettres confidentielles; ils tiraient de ses livres des textes qu'ils sollicitaient selon leur propre sens; autant valait le dénoncer à l'Inquisition. Et pour la première fois, Erasme en venait à regretter ses propres hardiesses: «Si j'avais pu prévoir une pareille génération, je n'aurais pas écrit tel passage de mes livres, ou je l'aurais écrit autrement». Découragé, il ne croit même plus au prix de la vérité. «Elle ne mérite pas qu'on bouleverse le monde. On peut la taire quand il n'est pas utile de la proclamer. Le Christ s'est tu devant Hérode». Mais ce qui l'inquiète plus que son propre danger, c'est la ruine de son oeuvre de réforme, de cette religion du pur esprit sur laquelle il avait, comme John Colet, fondé son espérance. Il semble prévoir le concile de Trente. S'il refuse de suivre Luther, il redoute le triomphe des Romains:

> Beau défenseur de la liberté évangélique! Par sa faute, le joug que nous portons va devenir deux fois plus pesant. Ce qui autrefois n'était dans les écoles qu'opinion probable devient déjà vérité de foi. Il devient dangereux d'enseigner l'Evangile... Luther agit en désespéré; ses adversaires l'excitent à plaisir. Mais si nous devons assister à leur victoire, il ne nous restera que d'écrire l'épitaphe du Christ, qui ne ressuscitera plus[15].

L'édit signé à Worms par Charles-Quint le 26 mai 1521 mettait Luther au ban de l'Empire, ordonnait la destruction de ses ouvrages; mais les articles qui interdisaient de publier aucun livre sur l'Ecriture et les matières de foi sans l'autorisation d'une Faculté de Théologie semblaient évidemment dirigés contre Erasme. Et tandis que Luther trouvait à la Wartburg, sous la protection de l'électeur de Saxe, un inviolable asile, Erasme demeurait abandonné sans défense en face d'un monde d'ennemis.

L'Angleterre officielle, qui l'avait longtemps soutenu, prenait parti contre Luther, et les érasmiens voyaient décroître le crédit de leur maître. A Rome on n'accueillait plus ses plaintes contre le nonce; et

Paolo Bombace, son plus fidèle ami, maintenant secrétaire du pénitencier Lorenzo Pucci, lui conseillait, le 18 juin, de citer moins souvent le nom d'Aléandre. Le nonce, aux Pays-Bas, triomphait. Il attribuait à Erasme les plus violents ouvrages du parti luthérien, et jusqu'à la *Captivité de Babylone* pourtant avouée par l'auteur devant la diète. Dans ses dépêches à Rome, il ne cessait de le dénoncer comme le chef de l'hérésie aux Pays-Bas; par tous les moyens il voulait le contraindre à quitter Louvain et la région[16].

Les théologiens poursuivaient avec acharnement leur offensive; et déjà Erasme alléguait sa mauvaise santé pour fuir le séjour de Louvain; il passait l'été à Anderlecht, près de Bruxelles. Pour la première fois il consentait à se justifier devant eux, à défendre sa politique d'attente et de conciliation, exposée dans le *Consilium*. Mais, à Rome, on ne se contentait plus de vagues paroles.

> Le pape, avait écrit Bombace, vous conserve son bon vouloir, alors que dans une cause si juste et si pieuse vous gardez le silence. Que ne devez-vous espérer si vous intervenez pour la défense de la vérité contre ces luthériens qui ne savent que ranimer de vieilles hérésies depuis longtemps éteintes. C'est là ce que la plupart attendent de vous.

Sous l'invitation courtoise, il devinait le mécontentement et la menace. Ses amis anglais eux-mêmes ne comprenaient plus son silence. Et les luthériens commençaient à se détourner de lui; certains déjà le traitaient de pélagien[17].

Il sentit sa faiblesse et vers le 11 juillet rendit visite au nonce, dont, le 5, dans une lettre à Richard Pace, il avait encore déploré la frénésie. Entrevue longue et pénible, où il n'eut pas le beau rôle, quand Aléandre l'accusa de diffamation. Il démontra plus facilement qu'il n'avait pas composé les pamphlets luthériens qui circulaient dans l'Empire. Aléandre, pour conclure, l'assura de sa bienveillance, mais ne lui cacha pas que l'empereur veillerait à l'exécution de l'édit. Profondément attristé, Erasme comprit son inaptitude à la résistance et au martyre[18]. Dès lors, à ses amis anglais, il laissa entendre qu'un jour il pourrait écrire sur les doctrines de Luther. A Bruges, en août, il le répétait à Wolsey; il l'écrivait à Warham[19].

Il fallait répondre maintenant aux exhortations de la cour de Rome, de plus en plus méfiante et hostile. A Bruges, Aléandre s'indignait de le voir encore, amicalement accueilli par de hauts personnages, par le roi Christian de Danemark, jouer au satrape. Le cardinal Jules de Médicis, qui dirigeait maintenant la politique de l'Eglise au nom de Léon X, avait le 20 août approuvé la conduite d'Aléandre, qui devait faire tout effort pour le ramener dans le droit chemin. Rome attendait sa capitulation[20].

Il s'humilia. Dans une lettre à Budé, vers septembre 1521, il vantait l'activité d'Aléandre, et le 23, annonçait à Bombace leur réconciliation: «Des langues empoisonnées avaient détruit notre ancienne amitié... Il est revenu à ses sentiments d'autrefois». Erasme semblait même annoncer l'intention de terminer ses jours à Rome, sur le conseil d'Aléandre. «Mon silence, concluait-il, n'est pas ce que l'on croit». Il demande donc que Rome l'autorise par un bref authentique, à lire les écrits de Luther; mais il sollicite, avant d'écrire, un délai de trois ou quatre ans[21].

Rome jugea ces promesses dérisoires. Elle ne voulait pas qu'il écrivît à propos de Luther, contre Luther, et qu'il écrivît sans tarder. Or il ne désespérait pas encore de soutenir, l'ouvrage qu'il entrevoyait vaguement, la politique du *Consilium*, et la nécessité de rouvrir devant des juges impartiaux le procès de Luther. Aussi lorsqu'il avait demandé l'autorisation officielle de lire les livres prohibés, Aléandre s'était dérobé avec une mauvaise volonté évidente[22]. Il persistait à le considérer comme le chef de l'hérésie aux Pays-Bas, et répétait qu'on ne pourrait en finir avec l'erreur sans brûler une ou deux douzaines de luthériens. Mais plutôt que de lui intenter un procès, peut-être hasardeux, de doctrine, il s'efforçait par tous les moyens de l'obliger à quitter la place. Il excitait de nouveau contre lui l'assaut général des théologiens et des moines. Il lui attribuait maintenant l'écrit où un luthérien anonyme tentait de démontrer que saint Pierre n'était jamais venu à Rome[23]. Erasme comprenait qu'il lui fallait combattre avec des ennemis insaisissables. Il aurait pu cependant rester, s'il avait accueilli les avances de la cour de Bruxelles, qui volontiers l'eût chargé de soutenir contre les nouveaux hérétiques la cause de Rome. Mais la bienveillance de l'Empereur et de son confesseur, le Cordelier normand Jean Glapion, cachait un calcul dont Erasme sans peine discernait la ruse. Défenseur offficiel des doctrines orthodoxes qu'il jugeait faiblement assurées, non seulement contre les luthériens mais contre les libres chrétiens qui se réclamaient de sa méthode, de sa critique et de son exégèse, de quelques inoubliables paroles qu'il avait dites, il aurait dû seconder, par la plume et par l'action, les enquêtes d'Aléandre; poursuivre des hommes avec lesquels il sympathisait, se renier lui-même ou se trahir: il avait préféré la liberté[24].

Une dernière entrevue à Bruxelles, le 6 octobre, avec Aléandre fut décisive. Le nonce n'avait peut-être pas encore reçu les instructions romaines du 27 septembre, qui l'invitaient à réclamer d'Erasme des engagements moins illusoires. Mais de vives paroles furent échangées à propos du dernier pamphlet luthérien. Erasme comprit alors que le séjour de Louvain lui était désormais interdit et ne pensa plus qu'à partir pour Bâle. Aléandre, vainqueur, montra quelque tact. Vers le milieu du mois, Erasme étant venu à Louvain pour mettre un peu d'ordre dans ses affaires, le rencontra par hasard à l'hôtellerie de l'Homme Sauvage. Aléandre lui annonça la soumission et l'absolution de Pirckheimer à Nuremberg. Puis les deux hommes ne voulurent plus parler que de leurs communes études. Ils évoquèrent de vieux souvenirs de Venise et de Paris, et prolongèrent leur entretien fort avant dans la nuit[25].

Erasme quittait la place. Il put encore apprendre, le matin même de son départ, qu'à Saint-Pierre, une heure durant, Laurensen l'avait accusé en chaire de prétendre corriger saint Augustin. Aléandre qu'il rencontra, imposa silence au moine qui voulait recommencer l'après-midi. Erasme partit le 28 octobre. Par Tirlemont et Düren, il atteignit Cologne, Coblence, Mayence, et fut à Bâle le 15 novembre[26].

Ce départ forcé de Louvain, cette retraite à Bâle, marquent dans l'histoire des contacts d'Erasme avec l'Italie une date critique. De plus en plus ralentis, ils vont être dominés par la question de ses rappports avec la cour de Rome. C'était un prélat romain, Aléandre, qui l'avait contraint à quitter les Pays-Bas où il se plaisait. Ce sont ses relations avec les prélats romains et le Saint-Siège qui détermineront dans la plus large mesure, et souvent envenimeront ses contacts de moins en moins actifs avec l'Italie. Il ne pouvait depuis longtemps plus rien apprendre d'elle; mais elle n'acceptait pas de le tenir pour un maître; elle refusait de le suivre sur le terrain religieux; elle allait maintenant discuter sa maîtrise d'humaniste et de philologue.

Erasme savait toute réconciliation impossible avec Aléandre, type accompli à ses yeux de ce catholicisme mondain qui, en cour de Rome, rachetait, à force de conformisme et de soumission docile, un certain manque de sérieux et de vie profonde. Il jugeait Aléandre dissimulé, vaniteux et avide, prêt à faire arme de toute calomnie. Après le départ d'Erasme, il maintenait, contre les érasmiens, avec le Carme Baechem et le Dominicain Diercks, le légat Marino Caracciolo et l'évêque-prince de Liège Erard de la Marck, une entente qui restait active. Il excitait en cour de Rome la passion du théologien espagnol Diego de Zùñiga, qui avait déjà publié deux volumes contre Erasme et réussi à capter les bonnes grâces de Léon X[27].

Le fils de Laurent le Magnifique allait mourir le 1er décembre 1521. Le cardinal hollandais Adrien d'Utrecht, ancien étudiant et maître de Louvain, ancien précepteur de Charles-Quint, devenait au début de 1522 le pape Adrien VI. Il souhaitait sincèrement la réforme de l'Eglise; Erasme aimait à le tenir pour un collègue et un ami; il ne désespérait pas d'en être écouté. Contre ses adversaires des Pays-Bas, contre Zùñiga et ses ennemis romains, il rédigeait de nettes et claires apologies, où tout en affirmant ses désaccords doctrinaux avec Luther, il défendait sa propre conception d'un libre christianisme. Il la définissait avec une clarté nouvelle dans ses *Colloques* dont la première édition paraissait en mars 1522; quelques pièces capitales, la *Confabulatio pia*, le *Colloquium religiosum*, donnèrent une expression vivante, à la fois aimable et grave, à un libre évangélisme négligent des cérémonies et des observances, prêt à se réconcilier avec le spiritualisme antique. Les lecteurs bâlois y pouvaient retrouver, dans le jardin de Froben, le maître-imprimeur et quelques hommes assez mal d'accord avec Rome, Conrad Pellican, peut-être encore Zwingli, Oecolampade et Capiton. L'apothéose de Reuchlin, mort récemment, reçu au Paradis en dépit des Inquisiteurs, accueilli dans la gloire des âmes bienheureuses par saint Jérôme, l'inspirateur de tout humanisme chrétien et de toute exégèse savante, rappela joyeusement aux Frères Prêcheurs les cruelles avanies des Hommes obscurs[28]. Mais avec plus de soin et d'inquiétude, Erasme plaidait sa cause devant le nouveau pape.

Le 16 juillet 1522, il écrivait à Pierre Barbier, l'un de ces hommes des Pays-Bas introduits au Vatican par Adrien VI, et dont le monde italien de la cour romaine aimait à rire. Il lui disait l'inimitié de Caracciolo et d'Aléandre, la haine des théologiens et des moines excités par le nonce, la faveur des cardinaux demeurés érasmiens, la bienveillance du roi d'Angleterre. Le 1er août 1522, il dédiait au Souverain Pontife les oeuvres d'Arnobe. Cet auteur chrétien qui parle au peuple la langue du peuple, justifie ceux qui estiment nécessaire de vulgariser l'Ecriture. Comme le pape est théologien, Erasme dans une longue dissertation sur la primitive littérature chrétienne, étale le savoir contesté par ses adversaires. Comme le pape est un homme de vie intérieure, Erasme s'attarde à définir la puissance de la poésie des Psaumes sur l'âme humaine, en quelques lignes assez belles qui rappellent la préface de Lefèvre d'Etaples à l'édition de son *Psautier quintuple*. Après ces longs détours, Erasme, trop habile pour introduire dans l'apparat un peu solennel de cette préface sa personne et sa cause, se borne à souhaiter qu'Adrien VI fasse régner dans le monde la paix chrétienne, et calme le conflit des doctrines. Discrètement, il lui rappelle leur patrie commune et leur ancienne familiarité. Mais quelques semaines plus tard, il accompagne d'une nouvelle lettre l'exemplaire qu'il offre au pape; l'appel à la bienveillance d'Adrien VI se fait plus pressant: «Puisque je vois ce que de nos jours peut la calomnie, j'ai cru nécessaire de prévenir Votre Sainteté contre ce poison, et je la prie, si elle reçoit quelque délation à mon sujet, de suspendre son jugement tant qu'elle n'aura pas entendu ma défense»[29].

Erasme sut plus tard qu'Adrien VI avait alors fait taire, malgré Aléandre, les gens de Louvain. Mais l'attitude de Rome à son égard était désormais fixée. On voulait qu'il écrivit contre Luther; et lorsque le pape, le 1er décembre 1522, répondit, ce fut Aléandre qui rédigea le bref. Sans doute le pape en avait revu lui-même le texte. Il l'avait voulu amical; il l'avait voulu pressant. Il n'écoutait pas volontiers certains rapports malveillants contre des personnes savantes et religieuses. Mais il exhortait Erasme à réfuter les nouvelles hérésies:

> Vous devez pour les meilleures raisons reconnaître que cette tâche vous est spécialement réservée par Dieu. La vigueur de l'esprit, la variété du savoir, la facilité du style vous appartiennent. Vous possédez au plus haut degré, chez les nations d'où est venu ce fléau, l'autorité et la faveur. Par là vous imposerez silence aux adversaires qui s'efforcent de vous rendre suspect.

Et comme Aléandre voulait qu'Erasme ne pût écrire que sous une stricte surveillance, le pape l'invitait à Rome. Il l'exhortait à venir, dès la fin de l'hiver, dans la ville éternelle. Il y trouverait tous les livres nécessaires pour l'oeuvre qu'il devait à l'Eglise.

Un hasard, peut-être provoqué, fit que le bref s'égara longtemps aux Pays-Bas, tandis que le bruit se répandait que, comme son prédéces-

prédécesseur, le nouveau pape tenait Erasme pour suspect. Il envoya donc à Rome, le 22 décembre, un second exemplaire d'Arnobe et une seconde lettre[30]. Pour prévenir sans doute l'invitation à réfuter Luther, il offrait d'exposer confidentiellement le moyen d'apaiser les conflits religieux. Sans se prononcer clairement sur les doctrines, il demandait au pape d'excuser certaines expressions parfois trop hardies. Mais il connaissait la cour italienne de Rome; il ne comptait guère sur l'action et l'autorité d'un pontife trop étranger pour imposer le règne de l'Evangile:

> Je ne doute pas, écrivait-il à l'évêque de Bâle, qu'il ne réforme activement la discipline; il corrigera le cumul des bénéfices, exigera des clercs une vie décente... Tous l'écouteront docilement par respect pour l'empereur, dont il servira pleinement, comme souverain pontife, la politique. Les cardinaux, même s'ils le détestent du fond du coeur, dissimuleront patiemment... Il ne durera pas longtemps et le futur pape gouvernera l'Eglise à sa fantaisie[31].

Il reçut enfin dans les derniers jours de mai le bref du 1er décembre; il le jugea honorable et bienveillant; mais il sut à n'en pas douter de quel prix il devrait payer la faveur romaine. Le pape répondit, le 23 janvier, à la lettre du 22 décembre. Puisqu'Erasme offrait son avis sur l'apaisement des querelles religieuses, Adrien VI le priait de se hâter, et lui renouvelait l'invitation de se rendre à Rome. Une lettre du dataire, Thierry de Heeze, accompagnait d'une glose significative le texte pontifical. Il ne doutait pas qu'Erasme ne préparât déjà contre Luther un livre considérable que l'on verrait paraître avant peu de mois. Ainsi la cour de Rome, avec quelques nuances, se conformait à la politique d'Aléandre; elle demandait l'intervention d'Erasme et n'acceptait pas qu'il se dérobât[32].

NOTES

[1] PAQUIER, **29**, 26-28, 142, 153.

[2] RENAUDET, **14**, 93-99.

[3] *ibid.*, 99-101.

[4] ALLEN, **6**, IV, Introd. à 1149, et Intr. à 1155. Spalatin, au grand déplaisir d'Erasme, publia les *Axiomata* en février 1521.

5 *Ibid.*, Introd. à 1155; 1188, à Nicolas Everard, mars 1521, 31-37. RENAUDET, **14**, 101-102.

6 ALLEN, **6**, 1161, 6-9; 26-28. Toute la lettre serait à citer.

7 RENAUDET, **14**, 105-108.

8 ALLEN, **6**, IV, 1166, Erasme à un inconnu, décembre 1520; 1167, à Lorenzo Campeggio, 12442; 1168, à Christophe Hegendorfer, 13 décembre 1520, 14.

9 RENAUDET, **14**, 110-111. —ALLEN, **6**, IV, 1188, à Nicolas Everard, 22-24: Quin et illud demiror, Pontificem tale negotium per tales homines agere, partim indoctos, certe impotentis arrogantiae omnes. Quid Caietano Cardinale superbius aut furiosius? —27-28: Aleander plane maniacus est, vir malus et stultus. Antonius Puccius apud Eluetios homo mire est iracundus et impotens.

10 *Ibid.*, 1180, 1-4: Gratae nobis admodum fuerunt litterae tuae; declararunt enim id de quo addubitare aliquantum ceperamus, neque tantum ex quorundam quamuis prudentium et proborum testimonio, quantum ex scriptis nonnullis tuis quae circumferuntur; 10-17: Itaque nos, quorum sepe ob animum versabatur tui quanquam absentis memoria, cum de tuis eximiis virtutibus aliquo praemio honestandis cogitaremus, paulisper ex ea opinione deturbati, valde iucunde accipimus restitutam in nobis esse, officio et diligentia litterarum tuarum, mentem pristinam diligendi tui. Atque utinam quod, iam nobis constat certumque est de officio et voluntate tua in hanc Sedem sanctam communemque Dei fidem, id apud ceteros omnes cerneremus constare!

11 *Ibid.*, 1195; à Alvise Marliano, Louvain, 25 mai 1521; Introduction; citation d'une lettre d'Aléandre au cardinal Jules de Médicis. me ho trovato con grandi homini, et presertim el Tudense, li quali tieneno expresse alcuni libri adscritti a Martino di peggiori esser de Erasmo, et li manifesti suoi esser pieni de pericolosissimi errori.

12 Cette correspondance est connue par ALLEN, **6**, V, 1342; Erasme à Marc Lauwereyns, Bâle, 1er février 1523, 54-61. —Il ne subsiste que la correspondance avec Martiano et la réponse de Gattinara. —Marliano, Milanais, médecin de l'archiduc Philippe le Beau, médecin et conseiller du futur Charles-Quin, était depuis 1527 environ, évêque de Tuy en Galice. Il avait accompagné Charles en Espagne, et venait d'assister à la diète de Worms, 1342, 54-56: Illico scriptis ad aulae primores episstolis ita fumum illum discussi, ut omnes mihi non minus amanter quam onorifice responderint. —Il exagéra grandement l'effet de ses lettres.

13 *Idem*, IV, 1195, 17-19; 29-30; 43-44; 47-61, 64-65.

14 *Ibid.*, 1197, Gattinara à Erasme, Worms, 5 avril 1521. Marliano à Erasme, 1198, Worms 7 avril 1521, 27-33: ab Aleandro vero nostro, ut reor, tibi cum communibus studiis, tum mutuis officiis coniunctissimo et veteri amico, ea de te tantum audivi quae de seipso dici vellet. Modestus est profecto, quod admiror in tanta linguarum multiplicitate et bonarum artium varietate, humanus et suavissimis vir moribus: est praeterea ea animi moderatione, ni fallor, ut non deteriora in alios dicat quam de se vellet audire. —Erasme à Marliano, 1199, Anvers. 15 avril 1521, 7-11: De Aleandri in me animo et a pluribus et a gravioribus mihi annunciatum est

quam ut potuerim omnino diffidere. Et tamen reclamat hominis eruditio, reclamat vetus nostra familiaritas; nec alioqui facile recipio in animum quod Gratiarum soluat nodum.

[15] RENAUDET, **14**, 113-115; ALLEN, **6**, IV, 1202, à Josse Jonas, Louvain, 10 mai 1521; toute la lettre est d'importance capitale; 233-234: Si praescissem huiusmodi saeculum exoriturum, aut non scripsissem quaedam quae scripsi, aut aliter scripsissem. —1219, à Mountjoy, Anderlecht, vers le 5 juillet 1521; 55-57: quaedam aut non scripsissem, aut aliter scripsissem. —100-101: Et arbitror phas esse tacere quod verum est, si non sit spes fructus. Sic Christus tacuit apud Herodem. —1203, à Louis Ber, Louvain, 14 mai 1521, 5-30: ...Egregius vindex evangelicae libertatis; quam ita tentauit, ut verear ne pro simplici iugo geminum sit nobis ferendum... —1205, à William Warham, Anvers, 24 mai 1521; 26-32: Si istis qui ventris ac tyrannidis suae causa nihil non audent, res succedit, nihil superest nisi ut scribam epitaphium Christo nunquam revicturo. —1211, à Josse Jonas, Anderlecht, 13 juin 1521.

[16] RENAUDET, **14**, 116. —ALLEN, **6**, IV, 1213, 30-31: In quibus hoc vnum, meo utique iudicio, peccare visus fuisti, quod nimis multa de N.; toutefois Bombace affirme que Léon X, toujours favorable à Erasme, vient d'interdire la publication du livre de Zúñiga à Rome. —PAQUIER, **21**, 276; ALLEN, **6**, IV, 1218, Erasme à Richard Pace, Bruxelles, 5 juillet 1521, 13-16: Prouolant vndique libelli virulentissimi: hos omnes mihi tribuit Aleander, cum ego multos nescirem natos priusquam ex illo cognoscerem. Agnouit Lutherus suos libros apud Caesarem et tamen ex his mihi tribuit Captiuitatem Babylonicam.

[17] *Ibid.*, 1217, Erasme aux théologiens de Louvain, Anderlecht, juin 1521; 1213, 38-43; 1219, Erasme à Mountjoy, Anderlecht, 5 juillet 1521, 3-6: Scribis isthic per nescio quos spargi rumorem me Lutheranae factionis non solum fautorem sed adiutorem etiam ac propemodum autorem esse; et hortaris vt me purgem, aedito aduersus Lutherum libro. —1225, Erasme à Pierre Barbier, Bruges, 13 août 1521, 282-284.

[18] RENAUDET, **14**, 120. —ALLEN, **6**, IV, 1218, à Richard Pace, 5 juillet 1521, 11-13: His satis insanit suapte natura, etiamsi nullus instiget; nunc habet instigatores qui possint etiam moderatissimum ingenium ad insaniam adigere; 32-36: Non omnes ad martyrium satis habent roboris. Vereor enim ne, si quid incideret tumultus, Petrum sim imitaturus. Pontifices ac Caesares bene decernentes sequor, quod pium est, male statuentes fero, quod tutum est. —Il rappelle dans la même lettre (l. 37) que l'on continue de lui attribuer le *Julius*.

[19] *Ibid.*, 1219, Erasme à Mountjoy, Anderlecht, 5 juillet 1521, 121-123; 1228, Erasme à Warham, Bruges, 23 août 1521, 1-4; allusion à la rencontre avec Wolsey, 46-51: Vrgent quidam vt nonnihil scribam in Lutherum. Ubi me extricavero ab his in quibus nunc mire distringor... accingar ad legendos omnes Lutheri libros, et errum qui scripserunt aduersus hunc. Neque enim temere res est tentanda. Hoc facto conabor efficere vt nec Pontificis Romani dignitati nec Christianae religionis tranquillitati videar defuisse pro mea quidem virili.

[20] RENAUDET, **14**, 121-122. —KALKOFF, **13** *b*. II, 91, n. 21, cite un mot de la correspondance d'Aléandre avec le cardinal Jules: questo satrapa, che sta qui. —De même, p. 44, ce passage des instructions du cardinal Jules à Aléandre: facendo dolcemente ogni sforzo per ridurlo alla dritta via.

[21] ALLEN, **6**, IV, 1233, 171-175: Aleander iam diu apud nos est, sed huius hactenus nobis maligna fuit copia, quod sategerit in hoc Lutherano negocio: in quo sane fortem ac strenuum virum se praebuit. Hoc ubi defunctus erit, imo quia iam prope defunctus est, licebit aliquoties hominis consuetudinis frui, non minus amoena quam erudita.

[22] *Ibid.*, 1236, Erasme à Bombace; Anderlecht, 23 septembre 1521, 115-116: Pernegauit se id posse, nisi nominatim impetraret a summo Pontifice.

[23] PAQUIER, **29**, p. 367.

[24] RENAUDET, **15**, p. 190. —ALLEN, **6**, X, 2792; Erasme à Nicolas Olah; Fribourg, 19 avril 1533; 20-23: Studebant me in id muneris coniicere vt aut carnificem agerem in eos quibus (vt putabant) bene volevam, aut meipsum prodens hererem illorum retibus. —De même, Erasme au même, Fribourg, 27 février 1532; 2613, 20-21: Aut abeundum erat, aut exercenda carnificina quam moliebantur in humeros meos detrudere.

[25] RENAUDET, **14**, p. 127; ALLEN, **6**, IV, Introd. à 1238 (à Nicolas Everard, octobre 1521); 1244, Erasme à W. Pirckheimer, Bâle, 29 novembre 1521, 2-4.

[26] *Ibid.*, Introd. à 1242; Erasme à Stanislas Turzo, Bâle, vers le 21 novembre 1521.

[27] Sur le théologien Diego Lopez de Zùñiga, voir ALLEN, **6**, IV, Append. XV; *Heine Collection*, p. 621-622.

[28] Pour l'histoire des éditions des *Colloques*, voir VANDERHAEGHEN, *Bibliotheca erasmiana*, *Colloquia*, Gand, 1903-1907, 3 vol. in-12; et Preserved SMITH, **16**.

[29] ALLEN, **6**, 1302, 1304.

[30] *Ibid.*, 1324 et introd.

[31] *Ibid.*, 1332; à Christophe de Uttenheim, évêque de Bâle, début de janvier 1523; 64-74 Nec dubito quin multa sit correcturus in Ecclesiae moribus: videlicet dispensationum immodicam licentiam, sacerdotiorum immensam congeriem. Praescribet cultum decorum lericis, palam facinorosos non feret, coget ad frequenter sacrificandum. Atque haec quidem vt aliquem habeant gradum ad speciem religionis, ita nescio an in his sita sit vis verae pietatis. Habebit omnes dicto audientes propter autoritatem Caesaris, cui per omnia geret pontificatum. Cardinales, etiam hi qui illi male volunt ex animo dissimulabunt ac ferent, donec regnum Romanae sedis iam nonnihil labefactum constabilient. Deinde huic non diu victuro qui succedet, suo rem geret arbitrio.

[32] *Ibid.*, 1338, 1339; la seconde lettre est du 25 janvier.

V - L'HUMANISME ITALIEN D'ÉRASME CONTRE LUTHER

I

La situation d'Erasme, bien qu'à l'abri des gens de Louvain, restait difficile. Aléandre demeurait maître du jeu. Erasme pouvait, dans la solitude de Bâle, esquiver les invitations du gouvernement de Bruxelles. Mais la plus lointaine retraite ne le protégeait pas contre la présence invisible d'une autorité spirituelle qu'il n'entendait pas diminuer. Pourtant, à Bâle, il retrouvait un nouveau courage. Il s'était trop humilié à Louvain. Il se sentait maintenant soutenu par une admiration qui ne diminuait pas, des amitiés qui ne faiblissaient pas encore. Il n'avait pu se faire écouter de Léon X, futile, sans vie intérieure, et malade. Il conçut peut-être l'espoir d'être mieux entendu par un pape étranger au monde romains hollandais comme lui, et qui avait, comme lui, suivi aux Pays-Bas la discipline de la *Devotio moderne*. Il crut pouvoir non seulement lui exposer les raisons qui le détournaient de se rendre à Rome, mais le projet qui, depuis ses entretiens avec la dominicain Schmidt et la rédaction du *Consilium*, mûrissait dans son esprit.

Une lettre adressée au pape le 22 mars 1523 fut confidentielle. Il déclinait encore une fois l'invitation de s'engager dans la controverse anti-luthérienne. Au pape qui lui alléguait l'autorité de sort oeuvre en Allemagne, il répondit qu'elle y avait perdu tout crédit. Il avait dû rompre la plupart de ses amitiés allemandes. Et pourtant, on prêchait contre lui à Rome comme au Brabant. Certains semblaient se plaire à le pousser de force dans le camp luthérien, comme s'ils ignoraient qu'on l'y avait longtemps attendu: «Je ne rappellerai pas quel mouvement, peut-être irrésistible, j'aurais pu provoquer, en acceptant de répondre à l'ardent appel de quelques-uns». Il se méfie de l'invitation d'Aléandre. Si Erasme écrivait à Rome un livre contre Luther, qu'y gagnerait-on? Il rendra plus de services à Bâle. Dès le premier bruit d'un voyage à Rome, tous l'ont accusé de se vendre. Quelle autorité reconnaîtraient-ils à un livre d'Erasme composé en cour de Rome?[1]

Ainsi, à la demande d'attaquer Luther, il répond en termes plus évasifs encore que l'année précédente. Mais il persiste à donner son avis sur l'apaisement du conflit religieux. La rigueur ne peut aboutir qu'à la guerre. Pareille méthode, en Angleterre, n'a pas détruit la secte de Wyclif. Si l'on se décide à la violence, on n'a pas besoin des conseils d'Erasme. Il faudrait donc avant tout rechercher les origines d'un mouvement de révolte en réalité si ancien, et corriger l'état de choses qui l'a provoqué. Il ne sera pas inutile d'assurer d'abord une large amnistie. Provisoirement les princes et les villes devront interdire toute innovation révolutionnaire en matière de culte, et il serait souhaitable de surveiller l'impression des pamphlets de caractère religieux et d'en limiter la diffusion. Mais en même temps, il faudrait garantir au monde l'espoir de certaines transformations, de certains allégements, de certaines libertés qu'il réclame à bon droit. Le seul mot de liberté, prononcé par le Souverain Pontife, soulagera les âmes. On ne portera nulle atteinte à la piété chrétienne; sans abaisser l'autorité des chefs de l'Eglise, on affranchira les consciences. Mais on délimitera exactement le domaine de l'autorité et le domaine de la liberté[2].

Ainsi Erasme invitait Adrien VI à se faire l'apôtre de cette liberté chrétienne que l'*Enchiridion* avait depuis longtemps définie, que Luther venait d'analyser profondément dans un traité dont l'évangélisme érasmien pouvait admettre les thèses essentielles. Il invitait le pape à fonder, sur la liberté chrétienne, un catholicisme réformé. Pour définir les origines du mal et les mesures nécessaires de réparation, il proposait, comme dans le *Consilium*, la réunion d'une assemblée d'hommes insoupçonnables, libres de toute passion, enclins à la modération et à la clémence[3]. La suite de la lettre est perdue, ou fut supprimée. Il apparaît du moins que, déjà ébauché dans l'apologie à Zúñiga, le nouveau projet érasmien écartait à la fois la bulle et l'édit de Worms, et que, comme le *Consilium* rédigé à l'automne de 1520, il recommandait au pape l'essai d'une assemblée religieuse de type nouveau, assemblée de savants et de politiques où la présence et l'expérience de laïques instruits auraient modéré le dogmatisme et l'intolérance des théologiens. Elle aurait différé de ces conciles, dont Erasme persistait à ne penser qu'un bien médiocre, et particulièrement de ce dernier concile du Latran, tenu de 1512 à 1517 par Jules II et Léon X, qui n'avait pas été à ses yeux une véritable consultation de l'Eglise universelle. Ce projet, si Rome l'eût accepté, aurait à la fois tenu compte de ce qu'Erasme jugeait légitime dans le mouvement luthérien, et en même temps eût assuré la revanche du libéralisme évangélique d'Erasme sur le conservatisme autoritaire et romain d'Aléandre.

Ainsi Erasme refusait encore une fois d'écrire contre Luther. Il avait une fois de plus défini son programme de modération. Il n'ignorait pas les inconvénients de sa longue réserve; il pensait maintenant à la rompre; mais il la romprait à la manière érasmienne et non romaine; il écrirait non contre Luther, mais sur la paix de l'Eglise.

Rien n'eût moins ressemblé à un traité de controverse dogmatique. Trois dialogues; trois interlocuteurs. Thrasymaque, hardi lutteur; Eubule, conseiller prudent, parleraient, l'un pour Luther, l'autre pour l'Eglise romaine. Philalèthe, ami du vrai, jouerait le rôle érasmien d'arbitre. Ils se demanderaient dans un premier entretien, si, au cas même où Luther aurait eu raison, tant de violence et d'audace étaient opportunes. Le second jour ils examineraient quelques-unes de ses doctrines; ils chercheraient enfin, dans une troisième conversation, le moyen d'apaiser le conflit et d'en prévenir le retour. Ils devaient discuter sans passion, sans injures, avec le zèle unique de la justice et de la vérité. Erasme affirma plus tard avoir reçu les encouragements d'Aléandre et de Caracciolo, qui pourtant, au moment où il entreprenait son nouvel ouvrage, continuaient d'exciter contre lui les gens de Louvain. L'attitude des deux prélats romains peut s'expliquer par ce fait que le confesseur de Charles-Quint, Glapion, semblait, sur l'ordre de l'empereur, se montrer favorable à Erasme. L'ouvrage, conformément au décret de Worms, n'eût paru qu'avec l'autorisation officielle des chefs de l'Eglise. Mais Erasme ne tarda guère à sentir qu'il entreprenait une tâche trop lourde pour ses forces. Il n'avait étudié à fond ni la théologie romaine ni la pensée de Luther. Il n'aurait été écouté ni des uns ni des autres. Il ne tarda guère à se décourager. Il n'acheva jamais le livre et en détruisit l'ébauche[4].

Il savait trop bien que Rome n'acceptait pas qu'au lieu d'écrire contre Luther il écrivît à propos de Luther. Adrien VI avait imposé silence aux moines et théologiens de Louvain; mais il laissait parler et agir la Sorbonne, qui maintenant entreprenait d'attaquer avec méthode les hérésies présumées d'Erasme. Il n'avait pas répondu à la lettre du 22 mars. Erasme craignait de l'avoir offensé; il sentait les dieux moins propices. Il savait que le pape écoutait volontiers Jean Eck, le principal contradicteur de Luther, le plus strict défenseur en Allemagne de la théologie traditionnelle. Assez inquiet, il gardait un vif ressentiment contre les chefs de l'Eglise romaine, sourds à ses avis, hostiles à toute réforme sévère[5]. Sur le fond du débat il refusait de céder. S'il se voyait contraint d'intervenir, il parlerait, mais en toute liberté; il dirait leur fait aux uns et aux autres, et particulièrement aux Romains: «Tous les princes, assurait-il le 29 août 1523 à Pirckheimer, m'exhortent à écrire contre Luther. Je n'écrirai pas, ou j'écrirai de telle sorte que les défenseurs du pharisaïsme devront regretter que j'aie rompu le silence». Et deux jours plus tard, il écrivait à Zwingli: «J'ai refusé toutes les offres. Le pape, l'empereur, les plus savants et les plus chers de mes amis insistent. Et pourtant je suis bien résolu à ne pas écrire, ou à écrire d'un style qui ne plaira pas aux pharisiens»[6].

Adrien VI mourut le 14 septembre 1523. Il avait, dans les dernières semaines de son bref pontificat, montré pour l'évangélisme érasmien une tardive sympathie, car le 23 septembre Ennio Filonardi, nonce auprès des Cantons suisses, pressait Erasme de rédiger plus complètement le projet défini dans la lettre du 22 mars 1522, afin de le soumettre au pape, dont à Zurich on ignorait encore la mort. Filonardi, le 22 octobre, renouvelait sa demande, offrait de transmettre la réponse d'Erasme au futur pontife[7]. Le 18 novembre, le cardinal Jules de Médicis, cousin de Léon X, devenait le pape Clément VII. Erasme savait probablement qu'à l'automne de 1521 le cardinal Jules de Médicis, qui dirigeait la politique de Léon X déjà gravement malade, encourageait et soutenait l'action antiérasmienne d'Aléandre à Louvain. Il savait du moins que le nouveau pape était avant tout un politique, et qu'avec lui le Saint-Siège allait se trouver mêlé aux querelles italiennes, aux conflits des grands Etats européens, et perdre davantage encore de son prestige devant ses fidèles et ses négateurs. Mais il savait aussi que l'évangélisme érasmien trouverait difficilement en lui un partisan bien convaincu. Pourtant il comptait sur l'intelligence diplomatique du nouveau pape et ne désespérait pas d'y faire appel. Il disait fonder sur ce pontificat d'heureux présages[8]. Du moins, l'un des premiers soins de Clément VII avait été de l'inviter à Rome et de lui offrir des conditions avantageuses[9]. Il comprenait l'urgente nécessité de s'y rendre, d'y défendre sa personne et sa doctrine. Il avait formé le dessein de prendre après Pâques la route du Tyrol et de Trente, et de gagner la Ville éternelle, dût-il y mourir[10]. Mais, lorsque le 31 janvier, il offrit au pape sa *Paraphrase des Actes des Apôtres*, il se bornait, après des compliments rituels sur la race fatidique des Médicis, à lui témoigner sa confiance et son espoir[11]. Le 13 février, sans annoncer nettement son arrivée, il demandait contre les calomniateurs la protection papale[12]. Et déjà le gouvernement des Pays-Bas semblait désireux d'adjoindre Erasme, conseiller d'Etat, à l'ambassade chargée d'offrir au Souverain Pontife l'obédience de Charles-Quint. Ce projet ne fut pas réalisé: il eût fallu qu'Erasme revînt d'abord à Bruxelles. Le 21 février, il annonçait à Filonardi qu'il quitterait Bâle en mai pour l'Italie[13].

Il en reçut alors de fâcheuses nouvelles. Aléandre, irréconciliable, y régnait en maître, dissimulant son jeu[14]. L'absence de Campeggio, qui, favorable au modernisme érasmien, venait de partir pour Nuremberg, afin de tenter, avec le consentement de Charles-Quint, une réconciliation des Eglises, l'hostilité d'Aléandre, détournèrent Erasme de tout projet romain. Du moins eut-il, un moment, le désir de passer le prochain hiver à Venise, où il avait publié les *Adages*; à Padoue, ville propice aux études philosophiques et littéraires auprès de Pietro Bembo, qu'il n'avait jamais eu la chance de rencontrer. Mais il craignait de ne pouvoir se dérober aux invitations compromettantes de la cour pontificale[15].

II

Mais, à pareille date, sous la pression de ses amis anglais et certainement de Thomas More, Erasme avait fini par se résigner à une intervention plus nettement antiluthérienne[16]. Sans doute il n'entendait pas s'engager dans une discussion théologique; il ne parlerait ni de la hiérarchie catholique, ni des sept sacrements. Il traiterait, en humaniste, une question psychologique, celle du libre arbitre, passionnément niée par le déterminisme luthérien, qui déjà, quoique avec moins de rigueur que Calvin, prédestinait les âmes humaines au salut ou à la damnation. Erasme, humaniste chrétien, défendrait contre Luther la base même de l'humanisme chrétien. Ce n'était pas là ce que Rome désirait; mais c'était déjà une capitulation et il le savait. Il l'avait annoncée à demi-mot, le 21 novembre 1523, dans une lettre au Dominicain Schmidt. Après avoir énuméré divers travaux inachevés, il ajoutait: «Si mes forces ne m'abandonnent pas, je composerai encore un traité sur le libre-arbitre»[17]. Il négligeait toutefois de dire qu'il y discuterait le déterminisme luthérien. Il n'avoua véritablement son projet que le 19 janvier 1524, dans une lettre confidentielle à Paolo Bombace, qui allait bientôt devenir secrétaire de Clément VII[18]. Les prières des amis d'Erasme l'avaient décidé à cette entreprise; elle n'aboutirait qu'à soulever des tempêtes.

Cependant il put juger utile de donner aux catholiques un premier gage de sa fidélité romaine. Il avait discuté la dévotion excessive aux saints et à la Vierge, condamné les superstitions qui dégradaient l'idée toute religieuse d'un appel adressé par la faiblesse humaine à de célestes intercesseurs. Mais les luthériens rejetaient, sans réserve, cette piété mariale qui avait soutenu l'oraison de saint Bernard et de l'Alighieri. En octobre 1523, Erasme, pour la joie de contredire Wittenberg, et sans doute avec l'espoir d'une approbation romaine, écrivit une messe en l'honneur de Notre-Dame de Lorette. On racontait qu'en 1291, lorsque les derniers soldats chrétiens avaient quitté la Terre Sainte, les anges, pour sauver de toute profanation la maison qu'avait habitée la Vierge à Nazareth, la transportèrent d'abord en Dalmatie près de Fiume, puis, sur l'autre rive de l'Adriatique, dans la Marche d'Ancône, en un lieu qui reçut le nom de Loreto. En réalité, cette légende n'obtint un véritable crédit qu'après la bulle par laquelle Paul II, en 1470, proclama l'authenticité de la Sacra Casa. Deux ans plus tard fut composé par Pietro di Giorgio Tolomei, prévôt de Teramo, le récit qui émut toute la chrétienté occidentale. Dès la fin du 15e siècle et les premières années du siècle suivant, les pèlerins accoururent. Un petit livre, publié en 1507, et signalé par Emile Mâle, guidait les pieux voyageurs. La même année, Jules II, par la bulle «In sublimia», approuvait, non sans quelque prudence, la nouvelle dévotion. Mais déjà les plus grands artistes, Giuliano da Sangallo, Bramante, Sansovino Antonio da Sangallo, travaillaient à la reconstruction du sanctuaire. Erasme n'avait jamais eu l'occasion, pendant son séjour en Italie, de visiter la Marche d'Ancône. Il ne croyait guère à ces fables; le texte de sa messe, paru chez Froben en novembre 1523, n'y contient aucune allusion. Thibault Biétry, curé de Porrentruy, où l'évêque de Bâle possédait un domaine et des tribunaux ecclésiastiques, était probablement un pèlerin de Lorette: Erasme lui dédia le petit écrit; la préface ne contient que des réflexions sur la piété chrétienne et les devoirs des pasteurs. Cette messe érasmienne obtint un tel succès dans le clergé comtois que le 20 avril 1524, pendant un court voyage du maître à Besançon, l'archevêque Antoine de Vergy accorda une indulgence de quarante jours à qui la célébrerait. Sur les instances de Biétry, Erasme en donna, dans le courant de 1525, une seconde édition, qui contenait le texte de l'indulgence, et un sermon tout évangélique. Il déplorait dans la préface la barbarie du chant d'Eglise; il souhaitait que la Vierge, de son temple de Loreto, vît avec joie se multiplier les véritables fidèles du Christ. Le livre fut connu en Italie; un éditeur vénitien réimprima en 1526 la seconde édition. Mais les théologiens romains lui accordèrent peu d'attention; les luthériens attendaient le livre où leur maître réduirait en poudre le romanisme d'Erasme. Parmi ses amis, certains s'étonnèrent. Zäsi se demandait à quoi pensait Erasme. Il avait enseigné que la Vierge habite l'immensité du ciel: pourquoi l'enclore à Loreto? Mieux vaudrait laisser de telles superstitions aux débauchés d'Italie.

Erasme n'attribuait sans doute qu'un faible prix à la fantaisie pieuse qui l'avait un moment diverti. Il devait pourtant la réimprimer chez Froben en 1529, au temps où, rompant tout contact avec les sacramentaires bâlois, il s'établit dans la ville autrichienne et romaine de Fribourg-en-Brisgau. Mais il avait dit sur les pèlerinages catholiques son opinion définitive en février 1526, dans le colloque *Peregrinatio religionis ergo*. Il avait alors trouvé pour conter une visite jadis faite avec John Colet à la tombe de saint Thomas de Canterbury et à la Vierge de Walsingham, certaines irrévérences d'expression qui annoncent Rabelais et le Calvin du *Traité des Reliques* [18bis].

Au moment où venait de paraître la *Messe de Lorette*, la cour de Rome lui demandait, par l'intermédiaire du grand pénitencier Silvestro Mazzolini, l'un des premiers contradicteurs de Luther, quelques éclaircissements sur sa foi. Erasme répondit vers le 19 janvier 1524. Il était facile de trouver dans ses livres consacrés à des problèmes qui admettaient des solutions multiples, certaines erreurs que saint Augustin lui-même n'avait pas évitées. Mais il n'avait jamais mis en doute aucun dogme établi. Il insistait sur les services par lui rendus à la cause catholique:

> Si j'avais voulu écrire une lettre de quelques lignes pour témoigner publiquement à Luther mon approbation, vous auriez vu toute l'Allemagne prendre une nouvelle assurance; et le soutien des princes ne m'aurait pas manqué... Aléandre se multiplie contre Luther. Mais pour qui connaît le fond des choses, Erasme à lui seul a plus affaibli le parti luthérien que tous les efforts d'Aléandre. J'ignore si Rome s'en rend compte, mais les luthériens le comprennent fort bien[19].

Erasme acceptait alors de se rendre à Rome. Mais à ce prélat qu'il sait influent auprès du pape, il ne confie pas encore son projet d'écrire contre le déterminisme luthérien; il craignait sans doute d'aigres objections.

Pas davantage il ne s'en ouvrit le 19 janvier 1524 au cardinal Campeggio. Il lui promettait de partir pour Rome dès que la saison serait plus propice, dût-il mourir dans la Ville éternelle. Il demandait protection contre certains adversaires, animés par les rancunes personnelles plus que par le zèle de l'intérêt public: «Jamais je n'ai mis en doute l'autorité du pape. Mais était-elle incontestée du vivant de saint Jérôme? J'ai eu l'occasion d'en discuter dans mon édition de ses lettres». De même, il a noté quelques faits relatifs aux origines de la confession; il n'est pas sûr que le Christ l'ait instituée lui-même; il admet pourtant le sacrement comme si le Christ l'avait fondé. Il n'accepte aucune des négations du *De captivitate babylonica*, mais il ne dit pas à Campeggio qu'il veut seulement écrire sur le libre arbitre[20].

Pourtant, lorsqu'il apprit que son plus dangereux adversaire continuait impunément à Rome de parler et d'écrire contre lui, il jugea imprudent d'attendre davantage. Le moment était venu d'annoncer publiquement aux cardinaux et aux papes son intention de contredire Luther en face. Il adressa, vers le 8 février 1524, une nouvelle lettre à Campeggio. Il rappelait qu'il avait, par son attitude, retenu dans la fidélité romaine bien des esprits hésitants. Il avait de la sorte mieux servi l'Eglise que par des volumes de controverse. Mais, puisque les princes et particulièrement le roi d'Angleterre le pressent d'agir, il publiera contre Luther un traité du libre arbitre. Non qu'il compte obtenir un résultat heureux; il espère du moins que dans l'intervalle la cour de Rome ne prendra contre lui aucune mesure dont les luthériens se réjouiraient les premiers: «J'ai beaucoup écrit, conclut-il, mais pour un siècle paisible. Si j'avais pu soupçonner la venue de cette génération, j'aurais écrit bien des choses en d'autres termes, ou je ne les aurais pas écrites»[21].

Il s'adressait en même temps à Clément VII. Il lui avait dédié le 31 janvier sa *Paraphrase aux Actes des Apôtres*. La préface ne contenait que des compliments et le souhait de voir le pape travailler à la réconciliation des princes chrétiens. Mais le 13 février il accompagnait d'une nouvelle lettre l'exemplaire offert au Souverain Pontife. Il disait une fois de plus les services qu'il avait rendus à l'Eglise, en refusant d'adhérer au luthéranisme, malgré tant de haines théologiques et de sollicitations. Il se plaignait des invectives de Zúñiga. Son adversaire isolait arbitrairement quelques passages de ses oeuvres. Saint Jérôme et saint Bernard pourraient aussi prêter à la calomnie: «Quand j'écrivais alors, je ne prévoyais pas la génération actuelle. Je me serais tu, ou j'aurais autrement parlé». Il se soumet d'avance au jugement de l'Eglise romaine. En termes formels, il annonce au pape qu'il prépare un ouvrage sur le libre arbitre et contre Luther, et qu'il entend le dédier à Wolsey[22].

Il n'en laissait rien savoir en pays luthérien, et c'est pourquoi il évitait d'en informer Ennio Filonardi, nonce auprès des Cantons suisses. Il se tirait d'affaire le 8 février 1524 par un jeu de mots: «Nous avons besoin d'un insigne médecin. Ce pape Médicis le sera-t-il? Je le souhaite et l'espère. Je ne manquerai pas de le seconder quand l'occasion s'en présentera[23].

III

Il avait en cinq jours, vers la fin de janvier ou le début de février 1524, rédigé un chapitre du traité du libre arbitre. Mais il travaillait à contre-coeur dans un domaine qui lui restait étranger. Il ne doutait guère de tenter un effort inutile[24]. Il aurait pourtant alors trouvé l'occasion de défendre plus efficacement ses méthodes, ses doctrines, ses vues sur l'avenir de l'Eglise. Clément VII venait d'envoyer Campeggio comme légat en Allemagne, avec la mission d'étudier les moyens d'apaiser le conflit religieux. Le pape semblait ainsi, en présence du désastre croissant de l'Eglise romaine, admettre tacitement la politique érasmienne de conciliation, déjà proposée sans succès à Adrien VI. Campeggio quitta Rome en février et fut le 14 mars à Nuremberg. Dès sa nomination, et quelques jours plus tard, d'Augsbourg, il pressait Erasme de le rejoindre en Allemagne[25]. Mais Erasme ne souhaitait pas de jouer officiellement ce rôle de conseiller qu'à plusieurs reprises il avait tenté de jouer en secret. Une certaine timidité l'en détournait. Il n'était pas venu à Worms en 1521; il ne devait pas aller à Augsbourg en 1530. Il répugnait à des débats où il aurait dû affronter des hommes ardents, convaincus, prêts aux outrances de paroles, soutenir en face d'eux une pensée qui parfois restait flottante, et dont les hardiesses préféraient ne s'exprimer qu'à demi et avec nuances. Il hésitait à définir une doctrine qui souvent ne s'y prêtait pas. Il savait depuis longtemps que la critique érasmienne, toujours arrêtée à moitié chemin, irritait les uns et les autres. Il ne voulut pas refuser nettement; il allégua selon l'usage sa mauvaise santé, les incommodités des auberges allemandes et des poêles d'Allemagne. Il prendrait peut-être, vers le printemps, le chemin de Nuremberg, à moins que Charles-Quint ne le rappelât au Brabant pour l'envoyer à Rome avec l'ambassade d'obédience. Mais à Filonardi, le même jour, il laissait entendre qu'il ne souhaitait aucunement ce voyage d'Allemagne; et, à Campeggio, il ne cachait pas qu'il ne conservait dans l'Empire aucune autorité. Du moins lui promettait-il de lui exposer à l'occasion ses idées dans un traité qui resterait secret, et qui sans doute eût reproduit assez exactement celui dont quelques mois auparavant il avait abandonné la rédaction. Il perdait ainsi volontairement une fois de plus l'occasion de définir en public entre Rome et Wittenberg, le libre évangélisme érasmien[26].

Il poursuivait, non sans quelques incertitudes, la composition de son traité du *Libre arbitre*. Une nouvelle *Apologie contre Zùñiga*, une nouvelle édition des *Colloques*, où ne manquèrent ni les attaques contre les moines et les théologiens, ni l'espérance, assez exprimée, d'une paix libérale de l'Eglise, avaient retardé son travail. Dès le début du printemps il pensait en soumettre une partie au roi d'Angleterre, qui, dans la querelle luthérienne, avait pris personnellement position[27]. Cependant Rome qui le voyait tenir tant bien que mal sa promesse lui témoignait une nouvelle bienveillance. Clément VII, dans un bref rédigé par Sadolet, le remerciait de sa *Paraphrase aux Actes des Apôtres*, se félicitait de le savoir occupé à la réfutation de Luther, annonçait l'intention d'imposer silence à ses contradicteurs. Une lettre de Filonardi accompagnait le bref. Le pape serait heureux de voir bientôt Erasme à Rome et d'y écouter ses conseils[28]. Ainsi Rome le couvrait; mais au fond peu satisfaite, elle voulait l'engager plus avant. Car déjà du côté catholique certains jugeaient qu'il évitait le vrai combat, les problèmes d'exégèse, de dogme, de droit canonique, pour se cantonner dans un débat éthique et psychologique où l'humanisme érasmien était plus intéressé que la primauté romaine.

Cependant Luther inquiet lui avait, le 15 avril, proposé, en termes d'une condescendance orgueilleuse, en style de prophète et de chef d'Eglise, un accord en vertu duquel ils n'auraient jamais écrit l'un contre l'autre. Erasme, le 8 mai, non sans noblesse ni fermeté, avait repoussé ce pacte, qui bientôt divulgué par l'habituelle indiscrétion des presses luthériennes, l'aurait fait accuser de trahison en tout pays d'obédience romaine, et même par ses amis anglais dont le jugement lui importait par dessus tout et qu'il savait inquiets et impatients[29].

Le traité du *Libre arbitre*, que Froben n'avait pas craint d'imprimer, car un désaccord de plus en plus grave séparait maintenant les sacramentaires bâlois et les luthériens de Wittenberg, sortit des presses en août et fut mis en vente au début de septembre. Les premiers exemplaires partirent pour Rome; les protecteurs romains d'Erasme les reçurent, et probablement aussi Aléandre, auquel Erasme proposait maintenant, sans beaucoup y compter, une réconciliation et une amnistie réciproque[30].

Il n'avait inscrit, à la première page du livre, aucune dédicace. Il s'en expliquait, le 2 septembre, avec Wolsey. «On aurait proclamé que je me vendais aux princes... Sinon, je vous l'aurais offert, ou au Souverain Pontife». Erasme ne désirait d'ailleurs ni épiscopat, ni autre dignité dans l'Eglise romaine. Il conservait peu d'espoir: les deux partis continueraient leur querelle; il prévoyait maintenant que le *De libero arbitrio* exaspérerait dans les deux camps tous ses ennemis[31]. Il écrivait, le 4 septembre, à Warham qu'il aurait volontiers gardé le silence; mais ses amis avaient promis pour lui au pape et au roi qu'il interviendrait; il avait lui-même imprudemment entretenu cet espoir, et les luthériens dès lors auraient pris son silence pour de la crainte. Du moins ceux qui l'accusaient de luthéranisme devraient maintenant se taire[32].

Il savait pourtant fort bien que le *De libero arbitrio*, si modéré de ton, si courtois dans la discussion, où l'auteur se montrait si désireux de comprendre son adversaire, et tout en défendant contre lui l'idéal d'un humanisme chrétien fondé sur le libre arbitre, affirmait un tel souci de ne pas laisser perdre l'essentiel du message luthérien, ne pourrait que décevoir l'attente des catholiques. D'ailleurs, pour montrer qu'il ne donnait aucun gage aux théologiens et aux moines, il publiait en même temps une nouvelle édition des *Colloques*. Aucune hardiesse n'y fut supprimée; il en ajouta de nouvelles. L'*Exorcisme* ou l'*Apparition* tournait en ridicule la magie, l'astrologie et certaines superstitions populaires entretenues par les moines. L'auteur, avec une bouffonnerie déjà rabelaisienne, s'égayait de l'efficacité que la dévotion populaire attribuait à certaines invocations aux ossements de sainte Werenfriede ou aux entrailles de la Vierge Marie. Une fois de plus il daubait sur les pèlerins, attirés par d'improbables reliques à Rome ou à Compostelle, et qui à Trèves baisaient le peigne de Jésus[34].

Bien qu'Erasme, le 13 octobre, écrivît au dataire Matteo Giberti que le *De libero arbitrio* avait déjà regagné de nombreux fidèles à l'Eglise catholique, le succès en fut médiocre. Clément VII promit à l'auteur de lui témoigner bientôt sa reconnaissance, et Henry VIII lui fit connaître son approbation; mais, à Rome, Sadolet, si érasmien, n'avait pas encore le 6 novembre trouvé le temps de lire le livre[35]. L'auteur put aisément comprendre que les catholiques d'Allemagne, d'Italie et de France lui auraient su plus de gré si, au lieu d'offrir courtoisement à Luther un débat académique sur un problème de psychologie morale et religieuse, il avait attaqué de front la doctrine luthérienne qui niait le prix des oeuvres et les sacrifiait à la foi; s'il avait résolument défendu la primauté romaine et les sept sacrements romains. Mais c'était précisément ce qu'Erasme, au vu et au su de l'Europe chrétienne, n'avait pas voulu faire. Aussi comprit-il, le livre à peine publié, que tous les griefs allégués contre lui par les défenseurs de l'ordre traditionnel subsistaient. Comme si le *De libero arbitrio* n'eût pas paru, il devait justifier son attitude, son oeuvre et sa pensée, contre ceux qui persistaient à le rendre responsable de l'hérésie luthérienne. Il maintenait en face des deux partis les thèses de son libre évangélisme. S'il avait accepté de contredire publiquement Luther, il n'entendait pas servir la cause désespérée de ceux qui, par leur mauvais gouvernement de l'Eglise, leur ignorance des besoins nouveaux de l'esprit, avaient provoqué tant de désastres. Il rappelait les avertissements qu'il avait prodigués à l'Empereur, au pape, aux princes. Il savait à n'en pas douter que si les ennemis de Luther l'emportaient, nul ne pourrait tolérer leur triomphe[36].

Le moment semblait donc moins propice que jamais à ces discussions pacifiques dont il avait pu rêver. Il écrivait, le 20 novembre, à l'archiduc Ferdinand, frère de Charles-Quint et son futur successeur: «il est dur d'être lapidé de part et d'autre»[37]. Il s'obstinait pourtant à lui recommander, et par son intermédiaire à l'Empereur, une politique de modération. Le luthéranisme gagnait du terrain. Les abjurations extorquées, les prisons, les bûchers ne l'arrêteraient pas. Mieux eût valu, au nom du pape, des chefs spirituels et temporels du monde, entreprendre quelques réformes indispensables et qui pouvaient s'accomplir sans dommage pour la religion et pour l'Etat. L'empereur Ferdinand Ier n'oublia jamais ces leçons libérales; mais Erasme ne comptait plus guère sur l'avenir. Le projet ébauché dans le *Libellus* en 1520 n'était plus de saison. Comme il l'écrivait à Paul Volz,

Thrasymaque et Eubule n'osaient plus montrer leur visage, de peur d'être lapidés par luthériens et catholiques[38]. Et en effet, taudis qu'à Wittenberg Luther, malgré le témoignage optimiste de Mélanchthon, se préparait à le traiter comme un homme incapable de se montrer fidèle à sa propre pensée[39], la Faculté de Théologie de Paris, conduite par Noël Béda, ennemi acharné d'Erasme autant que de Lefèvre d'Etaples, censurait le 12 mars 1525 quelques versions faites de divers textes érasmiens par Louis de Berquin; le 7 avril, revenant à l'auteur lui-même, elle condamnait quelques passages de ses *Paraphrases*, elle renouvelait le 20 mai les sentences du 12 mars, et, le 1er juin, condamnait la traduction de la *Querimonia pacis*, plainte de la paix exilée de la terre chrétienne par la folie guerrière des princes, auxquels les papes ne savaient pas rappeler la loi du Christ. Erasme ne pouvait plus affirmer que ses ouvrages n'avaient subi les censures d'aucune Faculté[40]. Toute condamnation prononcée par la Sorbonne restait grave devant l'Eglise universelle. Il perdit en vain quelques semaines en une discussion ingrate avec Béda[41]. Les théologiens ne lui savaient aucun gré de s'être hasardé avec Luther dans un combat inégal.

Au milieu de ces querelles, il lui fallait conserver la bienveillance de Rome. Le succès de son dernier livre y semblait médiocre. Certains soupçonnaient l'auteur d'avoir feint avec Luther une dispute dont le détail était d'avance concerté. Le 13 mai, il écrivait à Celio Calcagnini, qui, professeur à l'Université de Ferrare, ambassadeur des Este auprès de Léon X et d'Adrien VI, venait de publier à son tour, et pour la défense du christianisme humaniste, un petit traité sur le libre arbitre. Erasme repoussait une fois de plus tout soupçon de luthéranisme, disait le prix de sa fidélité, rappelait quel désastre il eût provoqué s'il avait seulement tendu un doigt à Luther. Le 2 juillet, il écrivait à Sadolet, dont il venait de recevoir le commentaire au Psaume L. Il souhaitait que la cour pontificale adressât fréquemment au monde chrétien de pareils messages; il protestait contre les attaques des moines et des théologiens. Rome ne tentait plus d'imposer silence aux hommes de Louvain, encore moins osait-elle parler ferme à la Sorbonne; elle laissa Erasme se débattre avec Béda et les amis de Béda[42].

Rome, ainsi, demeurait malveillante. Matteo Giberti, qui avait de l'amitié pour Erasme, recevait alors une lettre fort significative du grand pénitencier Thierry de Heeze: «Nous le pousserons à écrire contre

Luther; mais il vaudrait mieux le détourner pour l'avenir d'écrire quoi que ce soit». Aléandre demeurait hostile, fermé, irréconciliable. Erasme tentait inutilement d'agir auprès de lui par l'intermédiaire de Pierre Barbier. Et sans doute aurait-il mieux fait de ne pas hasarder cette déclaration déjà entendue et que nul ne pouvait croire sincère: «J'aime Aléandre; j'ai pour lui une haute estime; mais certains l'excitent contre moi et lui suggèrent de faux soupçons». De même, dans l'*Apologie à Pierre le Sueur*, il avait glissé quelques allusions flatteuses au savoir théologique et à l'impartialité d'Aléandre. Sur le dogmatisme romain du nonce, la critique érasmienne n'avait aucune prise; et il avait le droit de se méfier d'une amitié feinte[43].

Et maintenant à Rome même se levait contre lui un nouvel adversaire, Alberto Pio de Carpi. Ce petit prince lombard avait reçu les leçons d'Alde Manuce et fréquenté Pic de la Mirandole; il avait en partie avancé les fonds nécessaires à la création du grand atelier vénitien. Ambassadeur de Louis XII, puis de Maximilien, auprès du Saint-Siège, il servait maintenant le gouvernement français; il tenait à la cour pontificale et parmi les lettrés un des plus hauts rangs. Lié avec Sadolet, mais aussi avec Aléandre, il montrait en toute occasion une vive hostilité contre Erasme; il l'accusait de n'être ni philosophe ni théologien, de ne posséder aucune doctrine solide; il le plaçait, comme humaniste et penseur chrétien, très au-dessous d'Aléandre et le rendait responsable de toute la révolution luthérienne[44]. Erasme, impatient, lui adressa le 10 octobre 1525 une lettre d'avertissement. Il déclinait toute prétention au titre de philosophe ou de théologien; il n'avait jamais traité que du libre arbitre et fort simplement. Une fois encore il affirma que, dès le début, il avait évité de suivre Luther; il avait dû rompre la plupart de ses amitiés suisses ou allemandes; ni flatteries ni menaces ne l'avaient jamais détaché de l'Eglise. Bien informé des affaires d'Allemagne et des Pays-Bas, il ajoutait: «Vous ne dédaigneriez pas entièrement mon attitude, si vous connaissiez les sentiments de nos peuples, les dispositions de nos princes; si vous saviez quels tumultes j'aurais provoqués en acceptant de prendre publiquement la tête de cette affaire». On assure que Luther s'est inspiré d'Erasme; Luther le nie, d'accord avec Alberto pour refuser à Erasme toute compétence théologique. Que n'accuse-t-on plutôt encore saint Paul et saint Augustin, si fréquemment allégués par Luther? Erasme a refusé d'intervenir, mais la protestation de Luther se justifiait par l'évidente nécessité d'une réforme. La vie scandaleuse des prêtres, l'orgueil des théologiens, la tyrannie des moines ont soulevé cette tempête. L'opposition des scolastiques à l'étude des langues et des lettres, leur haine de tout savoir, couverte du prétexte de défendre la foi, s'étaient manifestés avec éclat lors de la querelle des Frères Prêcheurs avec Reuchlin. Les mêmes hommes travaillent maintenant à compromettre dans le conflit luthérien la culture classique. Alberto Pio ne répondit pas; il préparait un traité contre Luther et ses partisans, au nombre desquels il rangeait Erasme[45].

IV

Ainsi, du côté catholique, nul ne lui montrait aucune reconnaissance d'avoir écrit et publié, dans un pays déjà gagné en partie à la Réforme, le traité du *Libre arbitre*. Et maintenant la réponse de Luther, attendue depuis plusieurs mois, paraissait. En décembre 1525, il publiait à Wittenberg, pour réplique au traité du *Libre arbitre*, son *De servo arbitrio*.

Dans un langage dont il dépassa rarement la violence, il disait son mépris du livre et de l'auteur. Livre inepte, impie, blasphématoire, monument d'ignorance et d'hébétude, de dissimulation et d'hypocrisie. Oeuvre d'un sophiste, épicurien et sceptique, disciple de Lucien et de la nouvelle Académie, également indifférent à l'erreur et au vrai; adulateur du Saint-Siège, digne de prendre rang parmi les cardinaux les mieux rentés. Ignorant de cette théologie qu'il a feint d'étudier, il se risque, contre sa propre conscience et pour la défense d'intérêts personnels, à traiter de questions qu'il entend mal. Pourtant, il a su choisir (et là-dessus Luther voit plus juste que les catholiques) un problème essentiel. Il n'a pas perdu le temps à soutenir l'autorité pontificale ou le système romain. Il a vu que l'antinomie de la grâce et de la liberté domine toute la théologie chrétienne, et que, selon la solution adoptée, on est avec Luther un chrétien ou, comme Erasme, on ignore Dieu et la religion. Le réformateur nie qu'un chrétien doive rechercher avant tout la paix entre les hommes. Un Erasme préfère sans doute la tranquillité matérielle au triomphe de la vérité. Mais la parole de Dieu n'est pas une fable pour amuser les épicuriens. Certes, le gouvernement du pape va s'effondrer; mais ces tumultes, dont Erasme s'afflige, Dieu lui-même les a suscités et conduits; la vérité est plus précieuse que la paix. Qu'Erasme laisse donc agir ceux que Dieu a désignés pour agir. Luther écrase de son mépris une prudence en quête de conciliation entre la vérié et l'erreur. «Et pendant ce temps, Erasme, que deviennent les âmes?» La prudence érasmienne n'est qu'abandon hypocrite de l'Evangile. Impartialité et réserve apparentes, en réalité scepticisme et trahison. Erasme évite la guerre contre la tyrannie romaine: il s'en rend complice. Vainement il déclare impossible que depuis tant de siècles Jésus ait abandonné son Eglise à l'erreur: dans l'histoire d'Israël, il n'est pas de roi qui n'ait prévariqué; pareillement l'Eglise, sous le régime papal, vit dans l'erreur et le péché. L'Inquisition a brûlé des saints, le concile de Constance a condamné, avec la doctrine de Wyclif et de Hus, la vérité. Autant que la réserve doctrinale d'Erasme, Luther méprise son libéralisme évangélique, ce christianisme sans Christ, cette morale sans Christ. Il veut que la justice de Dieu se conforme à la justice humaine, selon Justinien et l'Ethique à Nicomaque. Le Dieu d'Erasme est celui des philosophes et des savants. Mais Erasme ne sait pas que si l'on veut adoucir le dogme sur un point parce qu'il heurte la raison, toute la foi s'écroule. Si la nature humaine, comme Erasme l'enseigne, n'est pas entièrement corrompue, si les philosophes, par la seule lumière de la raison, se sont élevés à la vraie vertu, si les plus hautes facultés de la nature humaine sont demeurées sauves, il n'était pas nécessaire qu'un Dieu vînt souffrir pour nous racheter; la passion du Christ était superflue; il n'était que le Rédempteur des plus misérables parmi les hommes. Mais les âmes en apparence les plus hautes ont elles aussi besoin d'être relevées de leur chute. Le rationalisme d'Erasme exalte l'homme à la fois au-dessus du diable et du Christ: affirmer que l'homme, par son seul effort, peut mériter la grâce, équivaut à nier le Christ.

Ainsi Luther réduit à néant l'humanisme chrétien de son adversaire. Rassuré par quelque signe mystérieux, il parle avec l'assurance d'un prédestiné, inscrit au livre des justes. Qu'Erasme se tienne à l'écart de la lutte engagée pour la reconquête de l'Evangile. «Dieu n'a pas voulu vous élever à la hauteur de notre cause». Dédaigneusement, Luther renvoie Erasme à Rome[46].

Le défenseur du libre arbitre chancela sous le coup. Le 2 mars 1526, il adressait à l'électeur Jean de Saxe une lettre de ton digne et grave. Il essayait encore de juger Luther sans colère et sans haine.

> Son nom a pu sembler en Allemagne d'heureux augure. C'est sur l'avis d'Erasme qu'il a écrit ses pages les plus chrétiennes. Mais il

s'est laissé entraîner par son orgueil, son goût de la bouffonnerie et de l'injure. Il s'est abandonné à la conduite de quelques hommes dépourvus de sérieux et qu'il n'aurait même pas dû admettre dans sa cuisine.

Pourtant Erasme ne souhaite pas que Luther soit réduit au silence. «Sa défaite nous priverait de biens précieux». Mais sa revendication brutale de la liberté ne fait qu'exaspérer les agents de l'antique tyrannie, et cette tyrannie exaspérée deviendrait terrible, une fois Luther abattu[47].

Il écrivait, au début de 1526, le premier *Hyperaspistes*. Il se défendait avec dignité contre tant d'insultes. Il démontrait sans peine qu'il n'avait jamais vendu sa plume aux Romains. «J'ai perdu la moitié des avantages que je pouvais attendre de la fortune pour ne pas jouer le rôle de pamphlétaire à gages et ce refus m'a valu beaucoup de soupçons et de haines». Erasme n'est pas le sceptique et l'athée que Luther dénonce. Sans doute, il refuse d'abandonner à Luther les philosophes antiques. Il sait, comme les humanistes italiens, ses maîtres et les maîtres de Colet, que les philosophes antiques ont apporté aux hommes les biens les plus précieux. Platon et son école ont enseigné la création, l'immortalité de l'âme, la spiritualité de l'essence divine. «Un grand nombre de nos croyances nous est commun avec les philosophes païens; la lumière naturelle leur a permis d'apercevoir ce que l'Ecriture nous a révélé». Mais Erasme ne suit les philosophes que s'ils s'accordent avec Jésus: «Je l'atteste en présence de Dieu, ma foi dans l'Ecriture ne serait pas plus forte si j'entendais la voix même du Christ... Je douterais plutôt de ce que mes oreilles entendent, de ce que voient mes yeux, de ce que touchent mes mains». Mais il persiste à penser contre Luther que divers dogmes sont obscurs et incertains, que l'Eglise a longtemps hésité à les définir; telles sont les relations qui s'établissent entre la grâce divine et la volonté humaine. Sur de tels problèmes, la discussion reste ouverte, sans que la foi cesse de demeurer intangible. Malgré tant d'incertitudes, Luther prétend imposer ses dogmes nouveaux. Qui s'en écarte ne compte plus au nombre des savants ni des chrétiens. Jamais il n'erre, jamais il n'ignore, jamais il ne se repent d'une de ses paroles. Comment cet orgueil digne des stoïciens ou des gnostiques s'accorde-t-il avec l'esprit du Christ qu'il prétend restaurer? Il ne lui manque que de réclamer pour lui-même le titre de prophète. «Si vous aviez pu nous persuader que vous étiez vraiment l'homme donné par Dieu au monde, nous nous traînerions sans hésiter jusqu'à Wittenberg et nous baiserions vos pieds. Mais toute votre assurance n'a pas réussi à nous en convaincre »[48].

Ainsi Erasme défend l'essentiel de ses méthodes, de son exégèse, de son humanisme, de son libéralisme évangélique; il défend sa loyauté de penseur et sa probité de théologien. C'est sur sa doctrine du libre arbitre qu'il veut évidemment le moins insister. Sans doute, sur la psychologie et la métaphysique de la grâce, il a moins profondément réfléchi que Luther. Il ne semble même pas tenter un grand effort pour trouver de nouveaux arguments en faveur de son interprétation du dogme de la chute et du salut. Il n'élève pas une protestation bien véhémente contre la dure théologie qui accable le néant humain devant la justice de Dieu. La nature humaine est malade et digne de pitié; mais Luther confond avec la mort cette maladie qui laisse pourtant subsister une part de forces précieuses. La raison est obscurcie, non éteinte; la volonté n'est pas radicalement corrompue. Et parfois il semble qu'Erasme essaie encore de découvrir entre son humanisme et la théologie biblique de Luther quelques possibilités d'entente. Il n'est pas loin de conclure comme Luther, et d'ailleurs avec saint Thomas, que le parfait libre arbitre ne peut exister qu'en Dieu. Il semble enfin souhaiter, sinon une réconciliation désormais impossible, du moins un apaisement de la querelle où moines et théologiens prennent une joie mauvaise.

Le premier *Hyperaspistes* parut en février 1526; il fut suivi en juillet d'une seconde édition. Erasme savait l'importance du problème de la grâce et de l'élection divine dans le système luthérien, et Luther dans le *De servo arbitrio* lui avait dit: «Vous seul avez traité le sujet véritable; vous avez vu le pivot de tout le système»[49]. Erasme aurait pu citer ce témoignage aux Romains qui l'accusaient d'avoir esquivé tout débat profond et secrètement ménagé son adversaire. Mais il regrettait ces polémiques; elles servaient la cause de Béda et d'Aléandre. La personnalité de Luther l'attirait et le repoussait par un singulier mélange de grandeur et de trivialité.

> Je sens parfois en lui l'inspiration apostolique; et d'autre part dans la plaisanterie, le sarcasme ou l'injure, il surpasse tous les bouffons. Il méprise d'un grand coeur empereurs et papes; et quelques paroles, murmurées par les plus vils et les plus abjects des hommes, le poussent contre le premier venu aux pires excès de langage, comme s'il oubliait le drame qu'il joue et le rôle qu'il y tient[50].

NOTES

[1] ALLEN, **6**, V, 1352, 57-59. —RENAUDET, **15**, p. 205-209.

[2] ALLEN, **6**, V, 1352, 170: Primum erit explorare fontes unde hoc malum toties repullulat...; 181-182: Ad libertatis dulce nomen respirabunt omnes.

[3] *Ibid.*, 188-191: Dicet tua sanctitas, «Qui sunt isti fontes, aut quae sunt ista mutanda?» Ad harum rerum expensionem censeo euocandos e singulis regionibus viros incorruptos, graues, mansuetos, gratiosos, sedatos affectibus, quorum sententia...

[4] RENAUDET, **15**, p. 209-211. —ALLEN **6**, I, Erasme à Jean Botzheim; Catalogus Lucubrationum; p. 35, 11-16.

[5] RENAUDET, **15**, p. 215; ALLEN, **6**, V, 1384; Erasme à Ulrich Zwingli, Bâle, 31 août 1523, 25-26 Nihil respondet: vereor ne sit offensus; 1416, Erasme à Ennio Filonardi, Bâle, 8 février 1524, 25-27: Atque sensi illico post mutatos deos: nec unquam ille respondit, sed Stunica coepit ad suam redire fabulam.

[6] *Ibid.*, 1383, 33-35: ...Ego autem non scribam, aut ita scribam vt qui pugnant pro regno Pharisaico, malint me siluisse. —1384, 44-47.

[7] 1387, 1392. Ces deux lettres sont datées de Constance.

[8] *Ibid.*, 1411; à Bombace, 19 janvier 1524; 29: De hoc Pontifice mihi mirifice praesagit animus.

[9] 1417, à W. Pirckheimer, 8 février 1524; 25-26: Iterum atque iterum magnis promissis Romam invitor vt advolem.

[10] RENAUDET, **15**, p. 8-9. —ALLEN, **6**, V, 1409, à Bernard de Cles, évêque de Trente, 1er janvier 1524; 9-10; 1410, à Campeggio, 11-12: Adrepam tamen ubi coelum erit mitius vel moriturus Romae; 1411, à Bombace, 29-30: Adrepam isthuc vel semivivus; 1412, à Silvestro Mazzolini, 56-57: Optarim esse Romae vel dispendio dimidii bonorum meorum; et adero si valetudo patietur.

[11] *Ibid.*, 1414, 50-51: Ubi Clementem Medicen intueor ex illa fatali familia rerum gubernaculis admotam, felix omen habere videtur.

[12] *Ibid.*, 1418, 57-59: Me vero nihil avellet a Roma nisi aut calculis morte crudelior, si mode sensero tuam istam aequitatem aduersus iniquos calumniatores mihi praesidio futuram.

[13] *Ibid.*, 1422, à Campeggio, Bâle, 21 février 1524, 35-37; 1423, 26-27: In Maio tamen, si Deus dederit aliquid virium, accingam me itineri, vt Romae vel moriar.

[14] 1437, Erasme à Conrad Goclen, 2 avril 1524, 112-113: Non videor quid mihi tutum esse possit, ubi regnat Aleander quantumvis dissimulat. —Sur les rapports d'Erasme et d'Aléandre, voir ALLEN, IV, 1115, 1195; V, 1256, 1281.

15 *Ibid.*, 1437, 114-115: Cuperem hyemem agere Pataui ac Venetiae. Sed illinc auocarer Romam.

16 *Ibid.*, 1385, Erasme à Henry VIII, Bâle, 4 septembre 1523. —RENAUDET, **15**, p. 217 et n.

17 ALLEN, **6**, 1397, 14-15.

18 *Ibid.*, 1411, 23-25: Et tamen urgentibus undique regibus et amicis aggressus sum negocium; quo scio me nihil aliud profecturum quam vt renouem illorum tumultus.

18 bis Sur le culte de Notre-Dame de Lorette, voir Emile MÂLE, *L'Art religieux de la fin du Moyen Age en France*. Étude sur l'iconograhie du Moyen Age et sur ses sources d'inspiration, Paris, 1908, gr. in-8°, p. 209-212. —La *Translatio miraculosa Ecclesiae Virginis Lauretanae* est citée, p. 211, n. 2, sans indication de lieu. —ALLEN, **6**, V, 1391; VI, 1573; Érasme à Biétry, octobre 1523 et 4 mai 1525; Introd. à ces deux lettres. —Le texte de la *Virginis matris apud Lauretum cultae Liturgia*, se trouve dans ÉRASME, **1**, V, 1327-1334, d'après l'édition de 1525. —SMITH, **16**, p. 40-41.

19 ALLEN, **6**, V, 1412, 22-34.

20 *Ibid.*, 19-22, 30-34.

21 *Ibid.*, 54-57: Et tamen quoniam vrgent principes, praesertim Rex Angliae, aedam librum aduersus illum De libero arbitrio: non quod confidam id profuturum, sed vt declarem principibus esse verum, quod mihi noluerunt credere... ; 74-78: Multa scripsi, sed saeculo tranquille; quod si suspicatus fuissem hoc saeculum exoriturum, longe aliter scripsissem multa, aut non scripsissem. Certe in hoc rerum tumultu sanctissime me gessi, et gesturus sum vsque ad mortem. Nullus haereticus aut schismatieus meis opibus adiuuabitur.

22 *Ibid.*, 1418, 35-41: Plura reperiam in libres Hieronymi et Bernardi, si libeat ad istum modum calumniari. Quum illa scriberem, nihil minus suspicabar quam hoc seculum exoriturum. Quod si scissem, multa aut siluissem, aut aliter scripsissem: non quod impia sunt, sed quod qui mali sunt, nihil non rapiunt in occasionem. Atque hac de causa ante annos duos in posterioribus aeditionibus multa sustulimus; 54-55: ...dicabitur illi liber qui nunc in manibus est de Libero arbitrio aduersus Lutherum: quod illi suspicor etiam gratius futurum.

23 *Ibid.*, 1416, 10-12.

24 RENAUDET, **15**, p. 222; 1419, à Louis Ber, février 1524, 2-3: Hic perdidi dies quinque non sine magno tedio. Sciebam me non versari in mea harena.

25 ALLEN, **6**, V, 1422, à Campeggio, 21 février 1524; 1423, à Filonardi. 21 février, 37-42; 1428, à Jean Schmidt, 1er mars 1524, 12-13; RENAUDET, **15**, 222-223.

26 ALLEN, **6**, V, 1422, 21 février 1524, 14-37; 1423, 42-45; 1422, 37-69.

27 RENAUDET, **15**, p. 223-224, 227-228; ALLEN, **6**, V, 1419, à Louis Ber, février 1524, Introduction.

28 *Ibid.*, 1438, 3 avril 1524; 1442, Constance, 15 avril 1524, 12-14: Cuius auctoritate spero eandem D.V.R. ad Urbem invitandam et conducendam; desiderat enim eius Sanctitas D. vestrae R. consilio et opera coram aliquando uti posse.

29 RENAUDET, **15**, p. 318-321; ALLEN, **6**, V, 1443, 1445.

30 RENAUDET, **15**, p. 318-321; ALLEN, **6**, V, 1482, à Aléandre, 5 septembre 1524, 26-28: Quod si voles nos tuis etiam lucubrationibus adiuvare, videbis Erasmum candidum applausorem tuae gloriae. Nec dubito quin inter nos pulchre conveniret, si liceret convivere.

31 *Ibid.*, 1481, 16-18, 37-38, 41-53, 66-68.

32 *Ibid.*, 1488, 24-33: A Lutheranorum harena lubens abstinuissem, idque hactenus totis viribus sum conatus; sed iam pridem ab amicis spes erat iniecta Pontifici ac Regibus fore vt aliquid aederem, eamque spem et ipse vtcunque pollicitis alueram. Si nihil prodisset, habuissem illos infensos, quibus visus fuissem obtrudere palpum. Simulque, quoniam rumor libelli proditurí iam apud omnes sparsus erat, et Lutheranos habuissem iniquiores, qui vel metu me premere libellum praedicassent, vel atrocius aliquid quam res habet expectassent. Certes ic obturauero os istis, qui principibus omnibus hoc persuadere conantur, mihi per omnia conuenire cum Luthero.

33 Sur le *De Libero arbitrio*, RENAUDET, **15**, p. 231-235.

34 ALLEN, **6**, V, 1476; lettre-dédicace à Jean-Erasme Frobeni; Bâle, 1er août 1524; Preserved SMITH, **16**, p. 27-38.

35 RENAUDET, **15**, p. 237; ALLEN, **6**, V, 1506, 12-14: Libellus de libero arbitrio iam multos pertraxit in diuersam sententiam, qui Lutherano dogmati fuerant addictissimi. —1509, Giberti, à Erasme, Rome, 19 octobre 1524, 8-13: Sanctissimo autem D.N. libellus tuus per me oblatus summe gratus fuit; quem cum sola auctoris gratia commendare posset, accesserunt caetera quae maxime commendarent, stilus, pietas, prudentia et, ne singula persequar, reliqua tua. Quare is sicut agnoscit meritum, aduertit labores, ita mox, cum occasio aderit, non deerit tuis commodis et ornamento. —1511, Sadolet à Erasme, Rome, 6 novembre 1524, 16-17: Librum tuum adhuc non legi; nam neque dum habui eius Potestatem, et eram maximis occupationibus impeditus. —1513, Jean-Louis Vivès à Erasme; Londres, 13 novembre 1524, 4-8.

36 Sur ces diverses questions, lettre importante d'Erasme au duc Georges de Saxe; 1526, Bâle, 12 décembre 1524.

37 *Ibid.*, 1515, 9-10: Sed utrinque lapidari durum est.

38 *Ibid.*, 1529, 18 décembre 1524; 25-27: Thrasymachus et Eubulus non audent proferre caput, vtrinque lapidandi si vel prespexerint. Seculum est in quo nec bene loqui licet nec male.

39 *Ibid.*, 1500, Mélanchthon à Erasme; Wittenberg, 30 septembre 1524, 42-54: Quod ad διατριβὴν De libero arbitrio attinet, aequissimis animis hic accepta est. Tyrannis enim fuerit vetare quenquam in Ecclesia sententiam de religione dicere. Debet id esse omnibus liberrimum, modo ne priuati adfectus admisceantur. Perplacuit tua moderatio, tametsi alicubi nigrum salem asperseris. Verum non est tam irritabilis Lutherus vt deuorare nihil possit. Proinde pollicetur se in respondendo pari vsurum esse moderatione.

Forsan autem multis profuerit diligenter excuti locum De libero arbit.: quorum si conscientiis seruitur, quid attinet ad publicam causam priuatos affectus adferre? Iam vbi iracundia animum transuersum rapere coeperit, non video qui tanto negocio satis facere possit. Mihi Lutheri erga te beneuolentia perspecta est; ea spem facit simpliciter responsurum esse.

[40] RENAUDET, **15**, p. 240-241.

[41] ALLEN, **6**, VI, 1571, 1579, 1581 (28 avril-15 juin 1525).

[42] *Ibid.*, 1576, Bâle, 13 mai 1525; 1586, 8-10: Si tales libellos nobis subinde mittat Roma, confido futurum vt plerique mortales aliquanto melius sentiant de vestra Vrbe...

[43] RENAUDET, **15**, p. 257; texte cité par BATAILLON, 21*a*, p. 164, n. I: Animamus hominem ad scribendum contra Lutherum; ...; sed longe melius esset eum dehortare ne quicquam ultra scriberet... —ALLEN, VI, 1605, 31 août 1525, 7-11: Aleandrum tum amo tum suspicio, sed quidam illum instigant in me, suggerentes falsas suspiciones. Et absens alius est quam praesens. Tuae igitur prudentiae fuerit cauere ne quid apud illum effutias, quod et amicitia nostra sit indignum et illius inimicitiam in me exasperit. —1621, 3 octobre 1525, 9-11: Fac amicitiam eloquentia tua confirmes inter me et Aleandrum. Admiror hominis eruditionem, ingenium amo; sed sunt in orbe tot malae linguae, quae suffundunt frigidam.

[44] RENAUDET, **15**, p. 257, n. 4.

[45] ALLEN, **6**, VI, 1634 et Introduction.

[46] RENAUDET, **15**, p. 333-337.

[47] ALLEN, **6**, VI, 1670.

[48] RENAUDET, **15**, p. 338-344; ÉRASME, **1**, X. 1268 B: Si persuasisses nobis te esse virum illum diuinitus orbi datum..., ultro istuc adrepsissemus, etiam pedes tuos exosculaturi. Verum hoc, quantumvis arrogas tibi, mihi nondum persuasisti.

[49] *Luther's Werke*, Ed. Weimar, XVIII, p. 786.

[50] ALLEN, **6**, VI, 1678, à Michel Boudet, évêque de Langres, Bâle, 13 mars 1526; 26-32: In Luthero demiror duas tam diuersas personas. Quaedam ita scribit vt spirare videatur apostolicum pectus; rursus in dicteriis, in sannis, in conuiciis, in salibus quem non vincit scurram? Magno animo contemnit Caesares et pontifices, et ad leuissimorum abiectissimorumque hominum susurros sic debacchatur in quemlibet, velut oblitus quam agat fabulam et quam personam induerit.

VI - LE TESTAMENT HUMANISTE ET ITALIEN D'ÉRASME

I

Luther avait dénoncé devant le monde chrétien Erasme comme un païen mal déguisé, asservi à Rome. Les théologiens de Louvain et de la Sorbonne continuaient de dénoncer en lui, devant le monde chrétien, l'auteur responsable des nouvelles hérésies, l'hérétique mal déguisé qui n'avait voulu engager avec Luther qu'une dispute oiseuse et dont le détail était concerté d'avance. Luther n'avait pas pris la peine de répondre au premier *Hyperaspistes*; la Sorbonne, à qui Erasme en avait adressé le texte, n'en tenait nul compte.

Mais Erasme avait maintenant trop à dire devant les uns et les autres. Il n'était pas sans comprendre que son dernier livre trop vite rédigé, dans le trouble profond où l'avaient jeté les invectives de Luther, son mépris insolent, son manque de reconnaissance envers tant de services rendus, son éclatante injustice, n'était ni très convaincant, ni très vigoureux. Dès le printemps de 1526, il préparait avec soin une seconde édition de l'*Hyperaspistes*. Retardé par la maladie et les nécessités de la lutte désormais quotidienne avec les moines et les théologiens, le volume ne parut chez Froben qu'en août 1527. Construit avec plus de méthode, composé avec plus de soin, plus riche de pensée et de réflexion, d'expérience religieuse, morale et humaine, il exposait aux Romains et aux luthériens, en termes presque définitifs, cet humanisme chrétien d'Erasme, héritage de l'humanisme italien du Quattrocento, repensé par un élève de Colet, du réformisme oxfordien, du libre évangélisme de Colet et de Jean Vitrier; humanisme chrétien que ne désavouait pas la tradition des Pères de l'Eglise, cette tradition de spiritualisme chrétien que Giuseppe Toffanin a voulu appeler le «Logos», et qui, d'autre part, semble annoncer l'humanisme chrétien de saint François de Sales[1].

Erasme résume et présente avec une plus sûre technique sa doctrine de la grâce coopérante avec la libre volonté humaine. Et comme il sait désormais trop bien qu'il ne convaincra ni les uns ni les autres, sa pensée gagne en équilibre et en sérénité. Il n'admet ni l'inertie absolue de la volonté humaine, une fois sous la conduite de la grâce, ni la liberté complète des Pélagiens qui réduisent presque au néant l'action divine. Le libre arbitre n'agit efficacement que soutenu par la grâce, avec laquelle il collabore. Mais de préférence, laissant de côté ce débat sans issue, Erasme définit sa propre conception de la vie chrétienne; et d'abord il montre comment son christianisme humaniste diffère du biblicisme luthérien.

Le Dieu de Luther effraie Erasme: Luther en fait un tyran qui hait les hommes, qui impose sa loi aux hommes pour abuser leur faiblesse et insulter à leur misère. Quand l'Ecriture ordonne, exhorte, menace ou accuse, elle se joue des hommes et les nourrit d'illusions: incapables d'action droite, impuissants à satisfaire jamais la justice divine, et pourtant condamnés. Car toute l'Ecriture est pleine de préceptes et de promesses, de menaces et d'appels affectueux; et pourtant rien de tout cela n'agit sur la volonté des hommes à moins que Dieu ne la prenne sous la conduite de sa grâce seule justifiante. La loi n'aboutit qu'à leur montrer le péché sans leur donner la force de n'y pas succomber. Les promesses et les appels n'agissent sur eux que par l'intervention et l'effet de la grâce. Pourtant, leur impuissance naturelle et fatale leur est imputée à péché; ils sont damnés sans avoir voulu être coupables, sans avoir pu éviter d'être coupables; ou bien, sans effort ni mérite, ils sont appelés à la béatitude éternelle. Et néanmoins Luther affirme la justice de son Dieu.

L'essence de toute justice est de mesurer châtiment ou récompense au mérite ou au démérite. Mais il importe à la religion de Luther que le comble de l'injustice apparaisse lorsqu'il s'agit de Dieu comme la suprême justice. Or Dieu ne peut pas avoir voulu cette contradiction. Il n'a pas voulu qu'on le vît cruel et injuste, et qu'on dût le croire juste et miséricordieux. En réalité, le Dieu de Luther est double. Il est un Dieu crucifié, compatissant, humain; il est un Dieu incompréhensible et terrifiant. Quel ange a pu enseigner à Luther que les arrêts du Dieu qui habite la lumière inaccessible contredisent les paroles du Dieu crucifié? Il y a là sans doute un grand mystère. Tous ceux qui sont sauvés, tous ceux qui périssent n'ont aucun mérite ni aucun démérite; la seule fatalité d'une élection incompréhensible détermine leur sort éternel; telle est la décision du Dieu qui se cache aux hommes. Mais le

Dieu qu'ils virent mourir sur la croix n'eut pas le dessein de les tromper. Il leur a promis le salut s'ils veulent venir à lui. Il a donc montré par là et enseigné par là que le salut dépend de nous et de notre libre choix. Seule une telle conception s'accorde avec cette idée de la justice divine, à laquelle les païens eux-mêmes se sont élevés. Si Dieu est juste, comme on doit nécessairement le penser, il ne châtie pas éternellement ceux qui n'ont pas péché par leur faute, mais ont subi la détermination d'une inéluctable nécessité. «Non, conclut Erasme, l'illumination béatifique elle-même ne me fera jamais comprendre que Dieu précipite dans les flammes éternelles un être qui ne le mérite pas»[2].

Erasme, contre le biblicisme cruel de Luther, défend en chrétien, en humaniste, en élève des maîtres italiens et de la raison antique, la bonté divine. Elle n'abandonne jamais le chrétien sur la voie du salut, pourvu qu'il ne s'abandonne pas lui-même. Une telle doctrine est conforme à l'Evangile et à la raison. Mais Luther se plaît à défier et à nier la raison comme si saint Paul n'y avait pas reconnu une révélation divine, comme si les Pères orthodoxes n'y reconnaissaient pas le reflet que rien n'efface en nous du regard divin. Erasme se souvient maintenant de ce qu'il écrivait naguère dans le *Colloquium religiosum*. Il suffit de penser à ce que Socrate ou les stoïciens ont écrit du souverain bien ou de la loi morale pour refuser de conclure que la raison ne puisse être jamais qu'aveugle, folle ou impie. Luther aime certaines formules inintelligibles, mais dramatiques et saisissantes, dont le romantisme s'empare des lecteurs médiocrement instruits et sans défense comme par une puissante incantation.

Le classicisme humaniste, italien d'Erasme affirme, contre le romantisme théologique de Luther, l'harmonie du rationalisme antique et de la révélation chrétienne. Saint Paul lui-même accorde à l'effort des philosophes païens un très haut prix. Du spectacle de la création, ils ont pu et su s'élever jusqu'à la notion et à la connaissance de l'Etre éternel. Sur la nature de Dieu, sur les peines ou les récompenses d'une vie future, ils ont enseigné des vérités qui s'accordent aisément avec le dogme chrétien. Luther affirme avec mépris qu'ils ont uniquement recherché la gloire humaine. On ne peut soupçonner un Socrate, un Epictète de cette vanité, ni Caton d'Utique. Le soleil est la lumière du monde; les étoiles ne se confondent pourtant pas avec les ténèbres, et il est faux de dire avec Luther que partout où l'on ignora le Christ il y eut le diable, l'impiété et la mort. Tout le bien que l'on doit reconnaître chez les Gentils, que l'équité exige que l'on reconnaisse chez les Gentils, était un don de dieu. Paul admet une sorte de révélation à leur usage, et peut-être plusieurs reçurent-ils une grâce particulière pour leur justification. Saint Ambroise assure qu'en aucun temps, en aucun pays la grâce n'a manqué pour le salut des hommes. Ainsi la clarté de l'esprit humain peut être obscurcie par le péché, elle ne fut jamais éteinte. Ce qui vient de la raison n'est pas toujours erreur. Tout effort réfléchi du vouloir humain n'est pas toujours impiété; ni les désirs, ni les aspirations, ni les dégoûts de la sensibilité humaine ne sont nécessairement criminels[3].

On ne peut donc nier et condamner la vertu naturelle des païens. Si l'on admet, si l'on doit admettre que l'effort moral, sans être accompagné de la foi dans les promesses du Christ, n'assure pas aux hommes la pleine et totale justification telle que l'a définie l'Evangile, du moins serait-il barbare de penser comme Luther que les païens étaient impies et damnables même quand ils sacrifiaient leur vie à l'intérêt de la famille ou de la cité. Les dons magnifiques de la nature humaine, dont témoignent, avec l'invention et le progrès des sciences, tant de hautes vertus, tant de nobles préceptes d'éthique, proviennent de la libéralité divine[4]. Ainsi Erasme, comme ses maîtres italiens du Quattrocento, refuse d'abaisser sous un niveau barbare de superstition et de tristesse la grandeur de la nature humaine. Son humanisme chrétien fonde une éthique de noblesse, dont le suprême effort aboutit à la sainteté. La nature de l'homme n'incline pas fatalement, uniquement, comme Luther l'affirme sans preuve, vers le mal et le péché. La naissance, l'éducation, le milieu, déterminent en grande partie la conduite des individus. Bien nés, et, comme dira bientôt Rabelais, «bien institués et conversans en compagnies honnestes», ils sont moins sensibles aux séductions du mal[5]. Le plus souvent, l'habitude du péché, le dérèglement de la volonté résultent d'une mauvaise éducation et d'amitiés mal choisies. A mi-chemin du royaume du Christ et du royaume de Satan, se trouvent ceux des chrétiens qui restent dans l'enfance et dans la langueur. Autrefois, certaines âmes se sentaient brusquement ravies par le Christ; l'Esprit Saint multipliait ses miracles. Aujourd'hui nous devons être heureux si nous sentons peu à peu le Christ, selon la formule de saint Paul, se former en nous[6]. Mais nul n'est ravi que s'il le désire, nul n'imite le Christ que s'il le veut. L'homme, par ses propres forces, collabore à l'oeuvre divine de rachat et de salut. Celui qui use de la raison pour s'instruire et pour comprendre, qui a puisé dans les livres des philosophes ce qui s'y trouve, c'est-à-dire l'amour de la vérité et de la sagesse, et d'ailleurs connaît Dieu par la foi, ne s'égare pas sur les voies de perdition[7].

Ainsi, contre le fatalisme biblique de Luther, se défend, en un langage mesuré, persuasif, parfois éloquent, l'humanisme chrétien d'Erasme; l'humanisme chrétien de Pétrarque et des Floretitins; l'humanisme des Pères de l'Eglise grecque, le Logos. Mais en termes de plus en plus nets, il critique et repousse une oeuvre de réforme sommairement conçue et brutalement réalisée. S'il était nécessaire de corriger la discipline, d'introduire quelques modifications dans le culte, quelques allégements dans la doctrine et la pratique, il fallait agir d'accord avec les chefs du monde chrétien ou du moins avec le consentement de la plupart d'entre eux. Il fallait agir lentement et avec sûreté, et ne rien supprimer qu'on ne pût aussitôt remplacer avec avantage. Mais certains ont entrepris cette oeuvre comme si l'on pouvait en un instant créer un monde nouveau. Il faut au contraire s'armer de patience, beaucoup tolérer et beaucoup pardonner, ne pas heurter le sentiment des simples. Si Luther avait observé cette modération, il aurait gagné à sa cause les princes, les évêques, les meilleurs de ces moines et de ces théologiens désormais irréconciliables. Mais il a détruit à plaisir l'enthousiasme que sa volonté passionnée de restauration chrétienne avait d'abord suscité. La révolution religieuse en était l'écueil. On croirait qu'il en a fait le but unique de son oeuvre. Et comment penser qu'il définit d'un coeur sincère la vérité de Dieu, quand après avoir bouleversé le monde, il se divertit comme s'il en avait le loisir à des propos bouffons et à des facéties[8].

II

Le second *Hyperaspistes* avait paru en août 1527. Mais l'oeuvre, encore une fois, pas plus que le *De libero arbitrio*, pas plus que le premier *Hyperaspistes*, maintenant aux mains des théologiens de Paris, ne pouvait satisfaire ni la Sorbonne, ni les Facultés de Théologie. Elles n'y pouvaient retrouver leur propre doctrine. Sans doute, la discussion du déterminisme luthérien, de cette prédestination luthérienne dont Calvin avec sa dure logique devait encore exagérer les excès, s'enrichissait de nouveaux arguments, présentait un caractère plus technique et plus vigoureux. Jamais encore la religion d'Erasme, sa conception de la grâce largement et libéralement offerte à toutes les âmes, la répugnance instinctive de sa raison et de son coeur, de son humanisme instruit par Florence et Venise, à l'idée luthérienne d'un Dieu farouche, irrité, impitoyable, n'avaient trouvé une expression plus humaine, plus humaniste, plus proche de l'idéal italien d'Oxford. Jamais le rationalisme chrétien d'Erasme n'avait plus directement affronté l'irrationalisme luthérien. Mais les théologiens ne lui savaient nul gré de ce plaidoyer pour sa propre cause. Certains passages, des pages entières du second *Hyperaspistes*, en faisaient l'un des plus beaux livres de la Renaissance. Mais théologiens et moines haïssaient l'esprit de la Renaissance; et bien que l'ouvrage défendît les positions essentielles et l'essentiel héritage du Logos italien, Rome, —non pas celle sans doute de Bembo ou de Sadolet— mais la Rome d'Aléandre et d'Alberto Pio, volontairement conservatrice en matière de religion, et qui de plus en plus donnait le ton à l'humanisme ultramontain, se sentait déçue. Car l'auteur, encore une fois, pas plus que dans le *De libero arbitrio*, ne défendait et n'avait montré souci de défendre les cérémonies et les pratiques romaines, la doctrine romaine des sacrements, la régularité monastique, l'absolutisme pontifical. Il semblait abandonner tacitement à l'ennemi la plupart des positions disputées. Il ne soutenait vraiment contre Luther que l'évangélisme humaniste d'Erasme; ce modernisme érasmien qui était en même temps un primitivisme illuminé par la culture gréco-latine et que la Sorbonne, que Louvain exécraient autant que l'hérésie luthérienne. Erasme observait dans la discussion une courtoisie qui sans doute mettait en évidence la brutalité de l'adversaire, mais qui, en somme, persistait à le ménager.

La théorie érasmienne de la grâce accordée avec le libre vouloir humain et le mérite humain pouvait sembler à demi rationaliste, et Rome, autant que Wittenberg, désapprouvait cette résurrection d'un pélagianisme humaniste. Avec une prédilection suspecte, Erasme alléguait l'autorité de cet Origène à qui la Sorbonne et Noël Béda lui avaient reproché d'accorder trop de confiance. Il insistait à l'excès sur les vertus des philosophes païens, et, comme dans le *Colloqiuim religiosum*, laissait trop clairement entendre que son humanisme les accueillait au Paradis du Christ. Il se permettait, avec saint Augustin et son dur exclusivisme, des libertés contestables. Il ne se cachait pas de n'avoir écrit le *Libre arbitre* que cédant aux importunités des princes. A la chrétienté déchirée il offrait de nouveau le programme de réconciliation spirituelle et de libre discussion dont théologiens et moines, dont Rome ne voulaient pas. Il souhaitait une réforme profonde de l'Eglise, alors que théologiens et moines, et Rome elle-même, évitaient d'en ouvrir le débat. Il soulevait l'indignation des ordres religieux, des Facultés, de la cour romaine, lorsqu'il affirmait ne tolérer que par crainte du scandale la vénération populaire de certaines images sacrées. Mais surtout, les uns et les autres s'indignaient de la sympathie que, malgré tant de traverses, il témoignait pour l'oeuvre de restauration évangélique entreprise dix ans plus tôt à Wittenberg, avec l'approbation unanime des plus hautes consciences et des intelligences libres; oeuvre malheureusement compromise par les outrances de Luther, sa négation inhumaine des droits de la raison, son goût de l'hyperbole, du paradoxe, de l'obscurité, plus compromise encore par l'entêtement, la sottise et la mauvaise foi de ses adversaires. Enfin ni les théologiens, ni les moines, ni Rome ne pouvaient oublier que, dès le premier *Hyperaspistes*, Erasme avouait qu'il avait volontairement différé son intervention pour ne pas nuire à cette cause de réforme évangélique dont Luther, bon gré mal gré, demeurait le défenseur[9]. Ils n'oubliaient pas que dans le second *Hyperaspistes*, devant l'Europe chrétienne attentive, il avait, écrivant à Luther, laissé échapper cet aveu, où se révélait le secret de son attitude religieuse, «Je supporte cette Eglise jusqu'au jour où j'en verrai une meilleure»[10].

Il ne cessait de souhaiter, sans désormais beaucoup y croire, la naissance de la troisième Eglise. Elle ne pouvait naître qu'à Rome, sur la tombe des apôtres, avec le consentement et le concours du Saint-Siège, enfin prêt à s'imposer sincèrement et volontairement la discipline de l'Evangile et le respect de la liberté chrétienne.

Il ne pouvait donc pas être question de détruire, avec Luther, certaines des vérités pour lesquelles il avait combattu. Erasme écrivait, le 10 juin 1527, à Frédéric Grau, plus connu sous le nom latin de Nausea et récemment promu, par l'accord de Rome et de l'Empereur, à l'évêché de Vienne: «Il serait vain de renverser Luther, si la victoire devait être confisquée par certains pharisiens»[11]. On devait donc empêcher à tout prix que la défaite de Luther ne causât la ruine d'aucune de ces libertés précieuses par lui revendiquées et défendues. En aucun cas il ne pourrait s'agir, comme on le pensait volontiers à Rome, d'une simple restauration du passé. Il avait écrit le 30 mars à Thomas More: «Certains croient que l'Eglise retrouvera toute la fraîcheur de son printemps, si l'on rétablit l'ancien ordre des choses. J'ai peur que cette confiance ne soit vaine»[12]. Il pouvait craindre que l'Eglise, afin de réprouver avec plus d'éclat l'esprit de Luther, ne s'appliquât à maintenir et à confirmer les traditions, les coutumes, les pratiques, les institutions qui avaient le plus besoin d'être corrigées. Très nettement, le 25 août, il affirmait à Jean Dobneck, célèbre plus tard sous le nom de Cochlaeus comme prédicateur et adversaire éminent du luthéranisme, la nécessité indispensable de réformes profondes: «Tous ces tumultes ne prendront jamais fin, si l'on n'admet certains changements. Mais ils sont de telle nature qu'on n'y peut compter»[13].

D'ailleurs, quand Erasme devrait définir avec quelque précision son programme, il se dérobe. Il s'en tient aux conseils que le pape Adrien VI n'a guère écoutés, et qui auraient trouvé leur expression plus complète dans le *Libellus* resté depuis 1523 à l'état de projet. Moins de dogmes, moins de pratiques, plus de vie intérieure et surtout plus d'enseignement moral et religieux. Ses sympathies s'adressent à quelques catholiques libéraux comme Thomas More, et dont en Italie Jacques Sadolet, plutôt que Bembo, trop écrivain, trop littérateur, trop absorbé par la tradition platonicienne d'un pétrarquisme rajeuni, offre le type le plus parfait, et qui restera érasmien jusqu'au bout. Mais tout cela demeure incertain et général. Non que la pensée d'Erasme soit vague et obscure; mais parce qu'il n'a pas l'occasion de la préciser, et parce que peut-être, il recule devant certaines hardiesses intimes, et qui sont restées au nombre des secrets qu'il devait emporter dans la tombe. Tourmenté, mécontent, mal satisfait de son Eglise et davantage encore des Eglises de la Réforme, en rupture maintenant publique avec Luther, dont il ne souhaitait pourtant pas qu'on le contraignît au silence, toute sa doctrine religieuse se réduisait peut-être à l'illumination intérieure et très simple d'un lecteur de l'Evangile et de saint Paul. Certains, depuis quelques années, semblaient l'avoir deviné. Dès le début de 1523, Henri Loriti de Glaris, excellent humaniste et musicien, écrivait de Bâle à Zwingli qu'Erasme ne trahirait jamais la cause du Christ. Ses livres étaient pleins du Christ. Le nom du Christ revenait sans cesse dans ses propos; et le reste était mystère[14]. Ce mystère ne risque pas encore de se dissiper.

Si donc il concevait l'idée d'une réforme érasmienne, il n'apercevait guère les moyens de l'accomplir. Sans nul doute, il fondait peu d'espoir sur le concile oecuménique dont la nécessité urgente apparaissait, dont les gouvernements chrétiens, et d'abord la chancellerie impériale, commençaient à parler avec quelque insistance. A Léon X, à son successeur Adrien VI, il avait proposé de réunir non pas un concile, mais une conférence d'hommes instruits et modérés, parmi lesquels les laïques informés de la politique, de la vie intellectuelle, de la critique humaniste, des nouveaux besoins religieux des peuples, auraient tenu une place très importante. Assemblée fort différente d'un concile et qu'il voulait plus active, plus efficace, plus capable de poser les problèmes, de les étudier et de les résoudre, que le dernier concile tenu à peu près inutilement au Latran de 1512 à 1517. Erasme juge maintenant le concile inévitable, il n'en attend que peu de bien[15]. Il écrit, le 30 mars 1527, à l'humaniste espagnol Juan Maldonado: «Je ne vois pas à quoi un concile universel nous avancerait si l'on y voyait régner des hommes semblables aux acteurs de ce drame». Et le 15 octobre 1527, à un moine inconnu: «Il n'y a rien à espérer du concile. Il se réunira tard, et le désaccord des princes l'aura longtemps différé. Et s'il parvient à s'ouvrir, il y faudra discuter pendant de longues années, et de bien autres choses que de cérémonies»[16]. L'ensemble des dogmes et de la discipline serait remis en cause, et l'on ne pouvait en imaginer l'issue. Ou plutôt, Erasme l'apercevait trop bien; car dès le lendemain de la diète de Worms, il avait prévu le concile de Trente: «Ce qui autrefois n'était qu'opinion probable deviendra vérité de foi» [17].

NOTES

[1] Giuseppe TOFFANIN, *La fine del Logos*, Bologne 1948.
[2] RENAUDET, **15**, p. 345-348. —*Hyperaspistes* II, ÉRASME, **1**, X, 1338 sqq.
[3] RENAUDET, **15**, p. 349-350 ; ÉRASME; **1**, X, 1512 D: Falsum est igitur quod assumit Lutherus, ubicumque Christus incognitus est, fuisse Satanam, impietatem et mortem. —1230 C; 1461 C: Et tamen hoc ipsum boni, quod erat in philosophes, Dei donum erat, dicente Paulo: «Deus enim illis revelavit»; et fortasse nonnullis haud deerat gratia peculiaris ad justitiam. —1488 C: Divus Ambrosius in libris de Vocatione gentium non semel arbitratur Dei providentiam nulli aetati nulli hominum defuisse ad salutem.
[4] RENAUDET, **15**, p. 350, n. 1; 1488 E; 1465 A: Quicquid in homine residet ex natura condita (resident autem magnificae dotes), id quod tot disciplinarum inventio perfectioque, tot rerum pulcerrime gestarum exempla, tot de recte vivendo praecepta docent, divinae benignitatis est.
[5] RENAUDET, **15**, p. 350, n. 2; 1454 F-1455 A: Male habet Luthernus quod Diatribe non tantum exaggerat pronitatem ad malum quantum ipsi commodum est. Fateor in quibusdam ingeniis bene natis ac bene educatis minimum esse pronitatis. Maxima proclivitatis pars est non ex natura, sed

ex corrupta institutione, ex improbo convictu, ex assuetudine peccandi malitiaque voluntatis. —Rabelais semble n'avoir pas oublié ce texte: *Gargantua*, VII: Pour ce que gens liberes, bien nayz, bien instruictz, couversans en compaignies honnestes, ont par nature ung instinct et aiguillon qui tousiours les poulse à faictz vertueux et retire de vice: lequel ils nommoyent honneur.

[6] RENAUDET, **15**, p. 350, n. 3; ÉRASME, **1**, X, 1512 E: Subitus ille raptus olim in quibusdam factus est, cum Spiritus ederet miracula, cum instrueret diversis linguis. Nunc bene nobiscum agitur, si paulatim Christus adolescat in nobis. —Cf. *Gal.* IV, 19: ...donec formetur Christus in vobis.

[7] *Ibid.*, ...nemo rapitur nisi volens, non tollitur funditus liberum arbitrium.

[8] RENAUDET, **15**, p. 350 et 351, n. 3 ; 1482 B: Fieri non posse ut sincero pectore causam Dei tractet qui, concitatis tantis in orbe tumultibus, ludit ac deliciatur sannis ac dicteriis, nec unquam expletur. 1483 C: Omnia spectant ad cruentos tumultos, et interim ille velut otiosus ludit facetiis.

[9] ÉRASME, **1**, X, 1256 A: Sed partim ne imprudens laederem causam cui initio totus pene orbis applaudebat. —1251 B: Ex his ratiocinabar rem non sine Numine geri; itaque decreveram spectator esse tuae tragediae, sic apud me cogitans juxta Gamalielis sententiam; si Deus haec movet, non est meum resistere; sin aliunde ortum est quod agitur, sua sponte dissipabitur. —1262 B.

[10] *Ibid.*, 1258 A: Fero igitur hanc Ecclesiam donec videro meliorem.

[11] ALLEN, VII, 1834, 6-7.

[12] *Ibid.*, 1804, 287-289: Sunt qui credant Ecclesiam mire florituram, si res in eum reponatur statum in quo fuerat. Id vereor ne frustra optent.

[13] *Ibid.*, 1863, 16-18: Horum tumultuum nullus vnquam erit finis nisi quaedam mutentur; sed ea sunt eiusmodi vt nulla spes sit fore vt recipiant.

[14] RENAUDET, **15**, XXIV, 308, n. 4; ALLEN, **6**, V, Introd. à 1327.

[15] RENAUDET, **15**, p. 208, n. 6; ALLEN, **6**, V, 1268, à W. Pirckheimer, Bâle, 30 mars 1522, 35-36: De conciliis non ausim aliquid dicere, nisi forte proximum Concilium Lateranense concilium non fuit.

[16] *Idem*, VII, 1805, 251-252 ; 1887, 50-52: Nec est quod spectemus concilium. Sero veniet, obstante principum dissidio; et si fuerit institutum, sedecim annis agetur de rebus longe aliis quam de ceremoniis.

[17] Voir p. 151, n. 15.

VII - ÉRASME ET MACHIAVEL

Ainsi s'achevait, au cours d'une double lutte contre Luther et contre les scolastiques, sous le regard méfiant de Rome, la définition de l'humanisme érasmien. Mais, dans la mesure où l'humanisme peut être considéré comme une éthique de la noblesse humaine, il aboutit nécessairement à une politique; il pose le problème antique et classique, aussi ancien que la société humaine, du bon gouvernement. Selon l'esprit dans lequel il analyse les éléments de cette société, les valeurs qu'elle crée et met en oeuvre, selon le choix des valeurs qu'il retient pour les garantir, les cultiver, les exalter, se définissent les caractères, la couleur, les tendances, les buts de la politique à laquelle il veut accorder son concours. Dans les républiques italiennes, dans les Etats italiens de la fin du Moyen Age, l'humanisme, selon les lieux, la forme et les principes des institutions, de la société, du gouvernement, avait été monarchique ou républicain. Il avait admis les aspects les plus variés, les plus divers ou les plus trompeurs de démocratie ou de république, les formes les plus simplement autoritaires ou les plus subtilement intelligentes et éclairées de la monarchie. L'humanisme érasmien ne pouvait se soustraire à la nécessité de rechercher le meilleur gouvernement des hommes. Il existe donc une politique érasmienne; elle s'inspire et ne s'inspire pas de l'expérience et de la pensée italienne; elle en adopte et en refuse les conclusions.

Il ne semble pas avoir accordé grande attention aux traités que les humanistes des écoles italiennes avaient consacrés, en philosophes et en éthiciens, aux problèmes de la politique. Peu lui importait la dispute que les républicains toscans et les monarchistes des écoles du Nord avaient pu soutenir sur la grandeur comparée de Scipion l'Africain ou de César. Les uns et les autres, Leonardo Bruni, Poggio Bracciolini, Matteo Palmieri, Giannozzo Manetti, comme Guarino ou Filelfo, avaient traité du bon gouvernement en philosophes, en éthiciens, en défenseurs de telle ou telle forme constitutionnelle, de telle tradition civique ou familiale, Erasme n'aurait pu tirer de leurs livres aucune nourriture vigoureuse. Seul son grand contemporain Machiavel, qui d'un élan les dépassait tous, aurait pu l'instruire.

I

A Florence, en novembre 1506, Erasme avait pu rencontrer Machiavel, secrétaire de la seconde Chancellerie; il n'a jamais rien su de ses oeuvres. Machiavel n'a pu ignorer le nom du maître de l'humanisme européen. Dans les derniers mois de 1513, le *Prince* était achevé; la composition des *Discours sur la Première Décade* de Tite-Live se poursuivait quand parut à Bâle, en mai 1516, l'*Institutio principes christiani*. Si Machiavel eut la curiosité de la parcourir, il dut lui appliquer la sentence lapidaire déjà inscrite au XVe chapitre du *Prince*: «Beaucoup ont imaginé des républiques et des monarchies que l'on n'a jamais vues ni connues dans la réalité; car la distance est grande entre la façon dont on vit et celle dont on devrait vivre, et celui qui abandonne ce que l'on fait pour ce que l'on devrait faire apprend plutôt sa ruine que sa conservation»[1]. Ainsi se trouve posé le problème du réalisme politique chez l'un et l'autre penseur.

Machiavel, dans la préface du *Prince*, avait défini la double source de sa doctrine politique: «une longue expérience des choses modernes et une lecture ininterrompue des choses antiques»[2]. Chargé de missions diplomatiques en France, dans l'Empire, dans divers Etats italiens, mêlé au gouvernement d'un grand Etat italien et aux affaires d'une politique dont l'horizon s'élargissait à la mesure de l'Italie et de l'Europe, il avait acquis sur l'art de gouverner les hommes des notions exactes et claires; il les confrontait avec les enseignements d'une histoire antique et d'une philosophie antique dont il rnéditait les leçons. Il avait dégagé, de cette comparaison ininterrompue, les éléments d'une science positive de la politique, et sur les bases de cette science, construit une doctrine d'action[3].

Erasme, sans doute, n'a jamais participé de façon directe au gouvernement des sociétés humaines. Son labeur fut celui d'un homme d'étude; on ne peut même dire qu'il ait pratiqué de façon très active l'enseignement public ou privé. Il a préféré agir par le livre, une inépuisable conversation, et la plus vaste correspondance. Mais peu d'hommes d'étude ont eu l'occasion de connaître des milieux aussi variés. En France et en Angleterre, humanistes et savants, membres du plus haut clergé, prêtres et religieux; bourgeois, hauts fonctionnaires et officiers, gens de cour; dans les villes du Rhin, à Bâle, Strasbourg, Cologne, bourgeois et clercs, fonctionnaires et magistrats; aux Pays-Bas, professeurs de Louvain, bourgeois de Bruges, commerçants, financiers, industriels d'Anvers, administrateurs, magistrats, membres du Grand Conseil de Malines; dans l'entourage flamand et germanique de Charles-Quint, hauts fonctionnaires, courtisans, conseillers laïques et ecclésiastiques; à Rome, cardinaux et prélats, haut personnel de la Curie. Il était en contact avec quelques-uns des hommes qui menaient le jeu du monde: trois papes, Léon X, Adrien VI, Clément VII; l'empereur Charles-Quint, Henry VIII, François Ier, le roi de Danemark Christian II, Jacques V d'Ecosse; plusieurs princes de l'Empire: Albert de Brandebourg, archevêque-électeur de Mayence; l'électeur de Saxe Frédéric; Georges, duc de Saxe; le frère de Charles-Quint, Ferdinand, qui en 1526 allait régner sur la Bohème et la Hongrie; il devait connaître encore Paul III, Sigismond de Pologne, Jean III de Portugal. Il était, aux Pays-Bas, depuis 1516, conseiller d'Etat. Sa correspondance assurait ses relations avec la plupart des cours européennes, s'étendait à tous les pays de la chrétienté romaine et de la Réforme. Elle lui apportait au jour le jour, sur les principaux événements, des nouvelles autorisées. Particulièrement pendant son plus long séjour à Bâle, de 1521 à 1529, les savants, les administrateurs, les diplomates que leur service conduisait aux pays du Rhin, le trouvaient prêt à questionner qui venait de loin. Aucun écrivain du XVIe siècle ne vit s'ouvrir devant lui de plus vastes perspectives humaines. Il n'est pas indifférent qu'Erasme, auprès de Thomas More, le grand avocat de Londres, le futur chancelier d'Angleterre, auprès de Guillaume Budé, prévôt des marchands de Paris, ait pu s'informer des réalités de la vie politique, sociale, économique, en Angleterre ou en France. Il n'est pas indifférent qu'il ait connu, comme conseiller du gouvernement de Bruxelles, le régime constitutionnel des Pays-Bas, ou que, à Bâle, grande ville de commerce et de librairie, il ait vu en pratique ces institutions républicaines des Cantons suisses, que Machiavel avait admirées. Et l'on peut se demander si l'expérience acquise par le secrétaire florentin fut aussi ample et variée. Homme d'Etat et diplomate, il possédait en matière de gouvernement et de diplomatie une expérience personnelle et une science technique dont Erasme était dépourvu. Il connut à fond le gouvernement et la politique des Etats italiens. Il les jugeait en vertu de sa doctrine, de ses sympathies, de ses pré ventions, de ses haines. Il détesta le Saint-Siège; il fut inique pour Venise. Il avait, au cours de ses légations, mené sur l'Empire et sur la

France de rapides enquêtes sans faire assez abstraction ni de la *Germanie* de Tacite ni des *Commentaires* de César. Il a vu seulement, du monde germanique, le Tyrol et une partie de la Suisse. Il ne connut pas la richesse des villes hanséatiques de la mer du Nord et des côtes baltes, la puissance marchande et la magnificence de Nuremberg, la puissance financière d'Augsbourg. Il ne connut pas l'Allemagne éclatante et encore primitive des princes, le luxe des prélats, des grands abbés, des électeurs ecclésiastiques. Du moins savait-il discerner les causes qui, malgré l'existence de forces réelles, latentes et profondes, déterminaient la faiblesse du corps impérial; particularisme, querelles d'intérêt locaux, vaste confusion d'un ensemble sans unité. Il avait mieux vu la France; il y notait la concentration croissante de l'autorité royale, la puissance territoriale de l'Eglise, et, malgré la dureté du régime seigneurial, la participation diminuée des nobles au gouvernement; l'existence d'une constitution non écrite, mais respectée, en vertu de laquelle les Parlements assuraient la garde et le maintien des lois fondamentales. A la différence de Guichardin, Machiavel n'avait pas étudié cette monarchie espagnole qui entreprenait alors au-delà des océans la fondation d'un empire colonial, et qui, aux mains des Habsbourg, détenteurs de la dignité impériale, allait peser si lourdement sur les destinées de l'Europe et de l'Italie. Son enquête, en Italie, dans les pays européens qu'il a parcourus, demeurait technique et limitée. Il savait la politique, la législation, la diplomatie; il croyait savoir la guerre; il connut mal et dédaigna l'économie. Il affirma sommairement un jour que, incapable de discourir sur l'industrie de la soie ou de la laine, ni sur les gains et les pertes des marchands, il lui restait à raisonner de politique[4]. Il néglige donc à peu près tout ce qui concerne la vie sociale et l'économie. Dans cette Italie où, depuis le XIIIe siècle et notamment à Florence, l'industrie fondamentale de la laine évoluait vers un type d'entreprise moderne et capitaliste; malgré le spectacle de ces Pays-Bas où la même industrie, après avoir pris à Bruges, dès ces temps lointains, pareil caractère, créait maintenant, sous la direction du capitalisme commercial d'Anvers, une énorme richesse, Machiavel ne s'intéressa pas aux formes antiques ou modernes du travail. L'Italie participait depuis le Moyen Age aux grands échanges orientaux; ils avaient créé la richesse des premières républiques marchandes et la puissance encore à peine diminuée de Venise; Machiavel dédaigna les affaires des négociants. Florence demeurait l'une des capitales de la banque internationale. L'alliance de la Banque et du Saint-Siège était un fait qui n'échappait à aucun observateur, notamment à Erasme. L'enquête de Machiavel n'accueillit pas les questions de finance. Indifférent à l'économie, il négligeait l'aspect social de la vie des peuples[5]. Homme d'Etat, homme de gouvernement, artisan de la politique, devenu historien de la Rome républicaine et de la Florence moderne, il ne considéra, dans les conflits sociaux et les rivalités de classes, que des épisodes secondaires de la lutte menée au premier plan par les partis politiques, les factions politiques, les hommes politiques[6].

On sait que l'*Utopie* de Thomas More, publiée à Louvain dans les derniers mois de 1516, fut écrite et pensée en une sorte de collaboration amicale avec Erasme, et que la fantaisie politique et sociale de l'écrivain anglais y prolongeait la critique sociale et politique des *Adages* et de la *Moria*. Il serait oiseux d'opposer au dur réalisme de Machiavel la philanthropie évangélique de Thomas More. Mais l'auteur de l'*Utopie*, exactement informé du réel, avait su juger la politique monétaire ou la législation agraire des premiers Tudors, écrire telle page demeurée classique chez les historiens de l'économie anglaise sur les effets des «enclosures», de ce mouvement irrésistible de concentration et d'usurpation agraire, qui peu à peu transformait en vastes domaines clos et en immenses pâtures, aux mains des grands propriétaires, les parcelles que les paysans autrefois labouraient sur la ruine des villages désertés d'où les moutons chassaient les hommes, sur le pullulement tragique des journaliers sans travail et des vagabonds[7]. Erasme, lecteur amusé de l'*Utopie*, où se jouait une fantaisie qu'il savait grave, avait fréquenté à Anvers ces bourgeois libéraux, occupés d'industrie et de négoce, attentifs à ses livres et à sa pensée, ouverts à la nouvelle culture et aux idées les plus hardies, qu'il vit, aux Pays-Bas, fonder sur le commerce maritime, l'industrie et la banque, le capitalisme moderne. Erasme et Thomas More se montraient mieux instruits que Machiavel, parce qu'ils en étaient moins dédaigneux, des humbles nécessités qui gouvernent l'existence quotidienne des hommes. Ils les avaient vus de plus près que Machiavel, dans son bureau du Palais de la Seigneurie, au cours de ses missions diplomatiques auprès de Maximilien, de Louis XII ou de César Borgia. Ils cachent, sous leur ironie, plus de compassion, plus de vraie et vivace amitié pour ces hommes que le chancelier florentin le plus souvent méprise, et ne songe qu'à durement gouverner. C'est ainsi que l'*Institutio principes christiani*, et même l'*Utopie*, en son île de rêve, développent un programme positif, concret, soigneusement élaboré de réforme législative, économique et sociale, que, ni dans le

Prince, ni dans les *Décades*, Machiavel n'a pris le soin d'ébaucher[8]. Machiavel aimait à chercher, dans quelques livres jalousement choisis, les éléments d'une interprétation qui eût éclairé, discipliné, ordonné, les conquêtes de son active expérience. Ces lectures n'étaient pas ou étaient très peu d'un humaniste. Il n'a pas prêté grande attention à tout ce que les humanistes du Quattrocento ont pu écrire sur le gouvernement des Etats. Pas davantage il ne doit aux penseurs grecs ou romains qui tentèrent de réformer la cité selon les vues de l'esprit. Aristote était sans doute celui avec lequel il pouvait le plus aisément s'accorder. Il connaissait sa *Politique* et n'aurait pu l'ignorer. Il pouvait y goûter une dialectique positive, et qui pour dépasser plus sûrement le réel y cherchait d'abord un inébranlable appui. Aristote avait comparé les divers, gouvernements de la Grèce, interrogé l'histoire pour définir ces régimes divers et l'esprit de leurs lois. La leçon du philosophe avait été pour son génie politique une leçon d'histoire. Elle lui prescrivait d'abord, comme règle indispensable de méthode, l'exploration positive du passé; et puisque la seule histoire qui lui parût assez solidement établie et assez riche de faits, d'exemples, d'expérience pour instruire le monde moderne était à ses yeux celle de Rome, c'était au monde romain qu'il entendait consacrer son essentielle étude. De bonne heure, il avait fait choix de deux guides: Polybe, de tous les historiens antiques le plus exact et le plus strictement politique; Tite-Live, parce que les *Décades* lui offraient un récit que, comme Dante, il jugeait définitivement certain. Mais elles contenaient encore un élément héroïque, la résurrection émouvante d'un passé qui pouvait enseigner aux modernes l'art oublié de vivre pour le service de l'Etat.

Les lectures politiques d'Erasme étaient restées plus fidèles à la tradition des philosophes. Platon lui apprenait à rechercher l'équilibre et l'harmonie des forces humaines que libère la vie de la cité. Dans les ouvrages politiques de Cicéron, dans les livres mutilés de la *République*, il avait trouvé la notion la plus noble du citoyen et de ses libertés, et une inspiration qui parfois lui semblait divine[9]. Sénèque, malgré bien de l'emphase et une conception paradoxale de la sagesse, lui offrait l'idée stoïcienne de citoyen du monde, devenue la sienne, comme il l'écrivait en septembre 1522 à Ulrich Zwingli[10]. Mais surtout les Pères de l'Eglise, lus et relus avec prédilection, lui avaient permis de dépasser, méditant sur la cité céleste, la conception philosophique de citoyen du monde terrestre. C'est pourquoi il refusait au gouvernement de la République romaine, et plus encore au despotisme des Césars, l'admiration traditionnelle des humanistes républicains ou amis de la monarchie. Il s'élevait contre le culte que les uns et les autres vouaient sans discernement à l'antiquité[11].

A la différence de Machiavel, Erasme a peu fréquenté les historiens antiques. Il n'a guère interrogé les historiens grecs, pas même Thucydide, que son maître Laurent Valla avait traduit. Bien qu'il ait en 1517 dirigé une édition de Suétone et le 13 février 1519 écrit la préface d'une nouvelle édition de Tite-Live, entreprise par Ulrich de Hutten, il redoute les méfaits d'une histoire mal comprise ou perfidement sollicitée[12]. Il craint qu'on ne tire de l'exemple des fondateurs d'empire un bréviaire de tyrannie. Il ne veut pas, dans l'*Institutio principis christiani*, que son élève étudie avec trop de soin la carrière d'Alexandre ou de César. Il lui enseignerait plus volontiers l'histoire moderne et récente des pays qu'il doit gouverner, leurs institutions, leurs lois, les réalités de leur vie économique et sociale. Il lui enseignerait plus volontiers la géographie de ces régions au moyen de fréquents voyages d'observation et d'étude. Il sait que si les modernes sont les héritiers de l'antiquité, ils sont aussi les héritiers de l'Evangile, et par là capables d'aborder le problème du gouvernement des hommes avec des lumières que l'antiquité, dans sa plus haute sagesse, ne possédait pas. On peut donc faire abstraction d'une histoire qui n'offre que des traditions conventionnelles et dépassées. Jamais l'idée ne lui viendrait de fonder sur la méditation de Tite-Live et de Polybe une science positive de la politique[13].

Ainsi Erasme et Machiavel confrontent deux expériences différentes de caractère et d'étendue, avec des lectures diversement conçues, choisies et dirigées. Il en résulte que pour l'un et pour l'autre le problème politique se pose en des termes différents.

L'esprit du Florentin est dominé par le souci d'une nation qu'il veut reconstituer dans le cadre d'un Etat vigoureux. Il fonde l'Etat sur une science qu'il veut expérimentale et positive de la politique. Il veut et il croit faire abstraction de tout ce qui est sentiment, rêve ou poésie. Il écarte philosophes et. théologiens, attentifs à concilier, avec une éthique rationnelle ou avec l'Evangile, l'art essentiellement pratique de gouverner les hommes. Sa science positive ne se réclame que de l'expérience et de l'histoire, soumises l'une et l'autre à la critique de la seule raison. Mais le problème que cette science se pose est strictement limité. Découvrir, définir, organiser en un système inébranlable toutes les forces qui permettent de construire l'Etat, d'assurer son maintien, sa perpétuité, son expansion. L'Etat, dont Machiavel ne s'attarde pas à rechercher la nature et l'objet, est admis comme une donnée immédiate de la politique, dès l'instant que les hommes, vivant en société, ont senti le besoin de protéger les biens qui naissent de la vie en société, et que le théoricien du *Prince*, le glossateur des *Décades* ne prend pas soin d'analyser. L'Etat apparaît ainsi comme la plus indispensable création de la politique; il est avant tout un fait politique, et l'art de gouverner les hommes est d'abord un art politique. Le reste est donné par surcroît et déterminé par la politique. L'individu ne compte que par ses devoirs envers l'Etat. Il n'exerce aucun droit en dehors de ceux que l'Etat lui concède pour le service de la communauté. Politique d'abord.

Erasme est loin de cette claire et redoutable vigueur de pensée. Il n'y est pas conduit, comme le chancelier florentin, par une pressante nécessité de salut public. L'idée de patrie et de nation lui est indifférente. Citoyen du monde, comme Sénèque, il est universaliste comme Dante. Machiavel exalte l'Etat; Erasme s'en méfie. Il lui arrive d'écrire (Adage *A mortuo tributum exigere*) que le gouvernement d'un Etat n'est autre chose que l'exploitation d'une vaste affaire dont les bénéfices vont au prince et à quelques riches qui le tiennent souvent dans leur dépendance[14]. Bientôt, dans l'*Utopie*, Thomas More formulera, avec l'approbation tacite d'Erasme, cette définition de l'Etat que la critique marxiste ne désavouerait pas: entente secrète de riches, qui, sous le prétexte et le nom prétendu de la chose publique, accordent leurs intérêts[15]. On comprend que, si Erasme accepte lui aussi l'Etat comme une donnée primitive de la politique, il ne s'applique pas à définir, comme Machiavel, les services exigés de l'individu, parce que, dans sa pensée, l'Etat existe ou devrait exister pour le service des hommes, et non pas les hommes pour le service de l'Etat. Sa longue expérience des folies humaines le porte, en face de cette majesté qu'il juge souvent risible, à lui demander d'abord de justifier ses droits. Il se trouve par là reconduit à cette question du bon gouvernement que Machiavel abandonnait avec dédain aux théologiens et aux philosophes.

Aristote, poursuivant ce débat, avait confié à l'Etat la tâche de discipliner la vie de la société tout entière. Il avait fait entrer dans la politique, outre la technique du gouvernement, l'économie, l'instruction publique, l'éducation physique, la musique, la poésie, la religion. La cité ne laissait hors de ses prises nulle forme de l'activité humaine. Toutefois la pensée d'Aristote n'était pas d'un politique, mais d'un éthicien. Le but suprême de cette intervention constante dans la vie de la communauté et des individus n'est pas l'intérêt de l'Etat, mais le bien de l'homme; il est d'assurer au moyen des lois, des institutions, de la force contraignante de la cité, le plus complet et harmonieux développement des facultés humaines, des puissances humaines, de l'esprit humain. Là réside la grandeur humaniste de la politique d'Aristote, et Dante est capable de le suivre jusque-là. Machiavel n'a pas accepté cet idéal, parce que son esprit est moins vaste que celui d'Aristote ou de Dante; parce qu'il est moins humaniste; parce que sa pensée politique obéit aux soucis immédiats d'un étroit positivisme romain[16].

La pensée politique d'Erasme n'a ni la dure étroitesse de Machiavel, ni l'ampleur aristotélicienne. Mais il reste lui aussi en politique, un éthicien. Pour définir le but suprême que poursuit, sous la tutelle de l'Etat, la société humaine, il accepterait, moins le latin scolastique, la formule aristotélicienne de la *Monarchia* dantesque: *actuare semper totam potentiam intellectus possibilis*[17]; faire constamment passer à l'acte toutes les puissances contenues dans l'intellect possible. C'est pourquoi il prend un tel soin des questions d'éducation, de pédagogie, d'instruction publique[18]. Mais surtout, élève de l'humanisme antique, il sait et il respecte la noblesse des âmes humaines. En même temps sa foi en la Rédemption chrétienne lui enseigne le prix incommensurable de la plus humble de ces âmes. Machiavel n'accorde nulle confiance à la nature humaine; si peut-être il croit à la révélation évangélique, il accuse l'Eglise d'avoir par son enseignement affaibli chez les modernes l'énergie et le goût de l'action. Il est convaincu de lire plus judicieusement la Bible; il pense y découvrir la loi qui contraint l'individu au service de la communauté; il semble rêver d'une réforme qui, au catholicisme des prêtres et des moines, substituera un christianisme héroïque de soldats et de citoyens[19]. Erasme, au contraire, maintient en face de l'Etat les affirmations essentielles de l'Evangile aussi bien que de l'humanisme. Le second affirme la dignité du citoyen; le premier, la valeur divine des âmes. L'humanisme d'Erasme et son christianisme abhorrent également toute forme de despotisme. Il n'aurait pu reconnaître, dans le livre du *Prince*, qu'un bréviaire anti-chrétien de tyrannie.

II

La doctrine de Machiavel est suffisamment connue sous son double aspect. Un absolutisme assez inflexible dans ses principes et sa conduite pour s'imposer, assez bienfaisant dans ses effets pour durer, mais dont la technique, dévoilée sans réticence, pouvait offrir à quelque tyran ingénieux et sans scrupules les chances d'un succès facile et détestable; sous la forme d'une glose incomplète à l'oeuvre mutilée d'un historien républicain, les principes d'une république capable de stabilité; république autoritaire, démocratique, jacobine. En dehors de la sécurité des citoyens, elle ne prend que peu de soin de définir le détail de leurs libertés; soucieuse uniquement de sa propre force et de sa propre conservation, elle ne se proposerait jamais d'assurer aux individus le plein développement de leur personne humaine au moyen de droits sans cesse élargis. Dans le *Prince* et dans les *Décades*, l'éthique du Florentin élève au premier rang de la grandeur humaine soit le prince, soit le législateur de la cité libre; au-dessous d'eux s'ordonne le magistrat qui définit les lois, le citoyen de qui l'Etat exige les vertus du soldat, le soldat de qui l'Etat exige les vertus du citoyen. Une telle éthique subordonne strictement les moyens à des fins qu'elle tient pour sacrées, et, comptant peu sur l'intelligence ou sur le coeur des hommes, n'hésite ni devant la contrainte ni devant la violence ou l'hypocrisie systématique; elle ne tient compte des sentiments, des croyances, de la religion, que dans la mesure où ces éléments rationnels ou irrationnels de la psychologie collective peuvent aider ou contrarier son jeu[20].

La politique d'Erasme se développe de préférence sous la forme d'une critique du gouvernement et de la société, surtout dans les *Adages*, dans l'*Eloge de la Folie*, dans les commentaires et les paraphrases du Nouveau Testament; l'exposé s'en poursuit méthodiquement dans l'*Institutio principis christiani*, on peut y joindre la *Querimonia pacis* et la *Lingua*, publiées de 1517 à 1525. Il définit peu à peu un idéal de gouvernement respectueux des libertés individuelles et des consciences. Il ne se fie guère aux hommes, aux classes, aux familles qui sont en possession de gouverner les peuples; autant que Machiavel, il méprise la vie oisive et le plus souvent malfaisante des gentilshommes. Sa plus confiante amitié s'adresse à la bourgeoisie industrielle et commerçante, instruite et libérale, auprès de laquelle il a pu apprendre l'économie, que Machiavel affecte d'ignorer. Son idéal politique s'accorde avec le régime républicain des Cantons suisses, des villes impériales, des cités italiennes. Dans les Etats plus étendus, —et encore sait-il bien que la République de Saint-Marc administre un vaste domaine de terre ferme, et au-delà de l'Adriatique et de la mer Ionienne un large domaine colonial—, il accepte la monarchie, comme un fait historique, une nécessité imposée par une longue tradition. Mais il n'aime guère les gouvernements princiers. Il a connu personnellement plusieurs souverains européens; il correspond avec quelques autres. Henry VIII, en qui il avait cru reconnaître le type même du prince humaniste et chrétien, a bientôt montré le tempérament despotique des Tudors; il ne tardera guère à s'engager violemment dans une politique antipapale et antiromaine dont Thomas More restera la plus illustre victime. François Ier s'épuise en vains efforts pour disputer à Charles-Quint la maîtrise de l'Italie, alors que mieux vaudrait cultiver les richesses de la France. Charles-Quint mène une lutte acharnée contre les libertés des princes allemands. Erasme voit le plus grand des Habsbourg poursuivre des guerres meurtrières et ruiner l'Allemagne, afin de réaliser, en dépit de l'histoire, malgré les peuples de l'Empire et les souverains de l'Europe, son idéal anachronique. Il n'aime pas l'Empire romain qui n'a laissé que l'ombre vaine d'un grand nom; il ne souhaite pas, comme Dante, de le voir renaître; pas plus que Machiavel, il n'est gibelin[21].

Erasme n'est pas Montesquieu. Il ne définit exactement ni le droit du prince, ni le droit des sujets, ni les libertés publiques. Il préfère ébaucher le programme précis d'une bonne administration des choses et d'un bon gouvernement des hommes. Pourtant, il reconnaît la notion contractuelle du pacte gouvernemental. Il le décrit d'après la constitution des Pays-Bas, que, conseiller du gouvernement de Bruxelles, il a vue en pratique. Il aime ce régime libéral et lui demeure attaché. Les Dix-sept Provinces ignorent l'arbitraire et la monarchie absolue. Chacune tient son assemblée d'Etats, où se réunissent les députés des trois ordres; ils se retrouvent presque chaque année aux Etats Généraux. ils consentent l'impôt, surveillent la levée et la gestion des deniers publics, approuvent les lois et les ordonnances du prince. D'après cette constitution, Erasme décrit, dans la *Lingua*, en août 1525, un régime idéal, où l'autorité monarchique, le contrôle des assemblées, l'opinion populaire, se compensent en un équilibre qui évite à la fois révolution et tyrannie et qui assure aux Pays-Bas la sauvegarde d'une large autonomie provinciale et nationale. Partout ailleurs, Erasme voit avec tristesse se renforcer la maxime pernicieuse, antihumaine, antichrétienne, en vertu de laquelle la volonté du prince suffit à créer la loi[22].

Le secrétaire florentin put sans doute confondre Erasme parmi les prophètes désarmés. Lui-même pourtant était, bien plus encore qu'Erasme, un prophète et un visionnaire[23]. Il avait en vain cherché depuis 1513 des armes pour soutenir sa prophétie nationale et princière, auprès de Julien de Nemours, de Laurent d'Urbino, de Léon X et même de Clément VII. Il s'était compromis avec les Médicis. Il vit les républicains, restaurés en 1527, refuser leur confiance et leurs armes à sa prophétie républicaine. Les conventionnels français, en l'An II de la République, devaient s'y conformer assez exactement, jusqu'à fonder, pour le contrôle de l'action politique, un tribunal révolutionnaire. Mais ni Danton, ni Robespierre, ni Saint-Just, ne se doutèrent un instant qu'ils agissaient en disciples de Machiavel républicain. Sa prophétie despotique a été reniée par quelques-uns des hommes qui, au nom de la raison d'Etat, la mirent le plus fidèlement en pratique. Elle devait être recueillie et publiquement glorifiée par les théoriciens et les fondateurs de régimes qu'il aurait mal tolérés.

La prophétie constitutionnelle et libérale d'Erasme a soutenu contre Philippe II, aux Pays-Bas, les défenseurs des libertés populaires et nationales; Guillaume d'Orange et ses amis furent élèves du libéralisme érasmien. Ce libéralisme a soutenu en France, pendant les guerres de religion, la protestation de la conscience nationale contre le gouvernement de Catherine de Médicis, l'action de ceux que l'on appela les Politiques en faveur d'Henri IV et de la tolérance religieuse; ce libéralisme a soutenu, aux Provinces-Unies, le gouvernement des grands bourgeois républicains d'Amsterdam. Et s'il a perdu du terrain dans la France du XVIIe siècle, qui d'ailleurs ne fut pas machiavéliste, il a fini par s'incorporer au libéralisme du XVIIIe siècle, de la Révolution française et du monde moderne[24].

NOTES

[1] MACHIAVEL, **36**, I, p. 48-49: E molti si sono imaginati republiche e principati che non si sono mai visti né conosciuti essere in vero. Perchè egli è tanto discosto da come si vive a come si doverrebbe vivere, che colui che lascia quello che si fa per quello che si doverrebbe fare, impara più tosto la ruina che la perservazione sua.

[2] *Ibid.*, p. 3: una lunga esperienzia delle cose moderne e una continua lezione delle antique.

[3] RENAUDET, **52**, ch. I: La formation de Machiavel; p. 61-66.

[4] MACHIAVEL, **35**, Lettera a Francesco Vettori, 9 avril 1513, p. 882: Perchè la fortuna ha fatto che, non sapendo ragionare nè dell'arte della seta e dell'arte della lana, nè de' guadagni nè delle perdite, e' mi conviene ragionare dello stato.

[5] Sur les rapports du Saint-Siège et de la Banque, ÉRASME, **1**, *Ad.* 912, A mortuo tributum exigere, II, 337 B: Hodie res adeo recepta est apud Christianos, ut... foeneratores propemodum inter Ecclesiae columina habeantur. —Le programme économique de Machiavel tient en quelques mots; MACHIAVEL, **36**, I, *Pr.* XXI, p. 73: Appresso debbe animare li sua cittadini di potere quietamente esercitare li esercizii loro, e nella mercanzia e nella agricultura e in ogni altro esercizio delli uomini.

[6] RENAUDET, **52**, p. 61-147.

[7] RENAUDET, **52**, p. 77; L'*Utopie*, éd. M. Delcourt, p. 61, 17-62, 5.

[8] Sur le réalisme de la critique politique et sociale chez Erasme et Thomas More, RENAUDET, **52**, p. 75-79.

[9] *Ciceronianus*; ÉRASME, **1**, I, 982 B: Divinum illud opus de Republica.

[10] Sur la méfiance d'Erasme vis-à-vis de l'idéal stoïcien, voir p. 208, n. 17; ALLEN, **6**, V; 1314,2: Ego mundi ciuis esse cupio.

[11] Sur les lectures politiques d'Erasme, RENAUDET, **15**, p. 66-68. —*Ciceronianus*, ÉRASME, **1**, I, 909 D: Propemodum adoramus antiquitatem.

[12] RENAUDET, **15**, p. 66-67; ALLEN, **6**, III, 986, 919. —*Ad.* 3001, *Dulce bellum inexpertis*; II, 968 D —Historiarum quas de stultis prodidere stulti...

[13] RENAUDET, **15**, p. 81 et n. 8.

[14] *Ad.*, 912, 338 C: Perinde quasi principatus nihil aliud sit quam ingens negotiatio...

[15] MORE, **22**, p. 204: quaedam conspiratio diuitum, de suis commodis reipublicae nomine tituloque tractantium. —MARX et ENGELS, *Le manifeste communiste*, traduit par Ch. Andler; Paris, s.d., 2 vol. in-12; p. 23: La puissance gouvernementale moderne n'est autre chose qu'une

délégation qui gère les intérêts communs de la classe bourgeoise tout entière.

[16] RENAUDET, **52**, p. 123-124.

[17] DANTE, **31**, I, 4, p. 28: Satis igitur declaratum est quod proprium opus humani generis totaliter accepti est actuare semper totam potentiam intellectus possibilis.

[18] RENAUDET, **15**, ch. III, 3: La définition du gouvernement civil; pédagogie, économie; p. 105-116.

[19] RENAUDET, **52**, p. 44-45, 179-185; 84-87; MACHIAVEL, **36**, I, III, 30, p. 409: E chi legge la Bibbia sensatamente...

[20] RENAUDET, **52**, p. 289-304.

[21] ALLEN, **6**, II, 586, Aux ducs Frédéric et Georges de Saxe, Anven, 5 juin 1517, 126-127: Cum nihil fere supersit praeter inanem magni nominis umbram. —RENAUDET, **15**, p. 71-73.

[22] RENAUDET, **15**, p. 105-111.

[23] MACHIAVEL, **36**, I, *Prin.*, 6, p. 19: Di quì nacque che tutti e profeti armati vinsono, e gli disarmati ruinorno.

[24] Le problème de la pensée politique d'Erasme, comparée à celle de Machiavel, avait fait l'objet d'une communication de l'auteur, au Congrès International d'Etudes humanistes, tenu à Rome et à Florence en septembre 1949, sous le titre *Politique d'Erasme et politique de Machiavel*; Atti del Congresso Internazionale... Milan, 1951, in-8°, p. 353-363.

VIII - PAIX CHRÉTIENNE ET SAC DE ROME

I

Erasme posait en principe, comme Dante, que la réforme intellectuelle, morale et religieuse du monde chrétien exige une paix perpétuelle entre les Etats comme entre les peuples.

Depuis longtemps, il menait une active et inutile propagande en faveur de cette fraternité chrétienne, sans cesse troublée par le jeu cruel des rois, et dont le pape, gardien des enseignements du Christ, aurait dû être le défenseur. Dès décembre 1517, il avait publié chez Froben, et l'année suivante réimprimé à Louvain chez Martens la *Querimonia pacis undique profligatae*. Il y déplorait les guerres qui, depuis la descente de Charles VIII en Italie, n'avaient cessé de ruiner l'Europe occidentale. Comme dans les *Adages* de 1515, comme dans l'*Institutio principes christiani* de mars 1516, il accusait les princes de ruiner à plaisir la richesse produite par le travail des hommes. Le peuple, si méprisé, fonde les villes, les administre, les enrichit. Les satrapes les envahissent[1].

Dans les *Adages*, dans le commentaire du Nouveau Testament, Erasme accusait les théologiens de mettre le livre, l'enseignement et la chaire au service de la violence guerrière. Moines mendiants, prêtres séculiers, prélats, continuent de trahir l'Evangile. Qui parle de paix semble un ennemi public, un opposant au prince, un mauvais citoyen, un mauvais chrétien. Les prêtres suivent les armées, y gagnent titres et honneurs, alors qu'ils devraient élever la voix en faveur de la paix chrétienne[2].

Erasme avait cru ou feint de croire que Léon X, rompant avec la tradition malfaisante de Jules II, travaillait à réconcilier Maximilien, Charles d'Espagne et François Ier. Mais dès l'élection impériale de 1519, se préparaient de nouvelles guerres. En décembre 1521, les hostilités commençaient en Navarre et au Luxembourg; des conférences diplomatiques, à Calais et à Bruges, réunirent inutilement le chancelier anglais Thomas Wolsey, Gattinara et Duprat, chanceliers de l'empereur et du roi de France: un traité secret liait déjà Henry VIII et Charles-Quint; avant même la fin de l'année, la guerre s'engagea aux Pays-Bas où François Ier perdait Tournai, en Italie où Lautrec devait évacuer le duché de Milan.

Erasme, conseiller d'Etat, avait dit sans hésiter son avis à Charles-Quint lui-même. La préface de la *Paraphrase au premier Evangile*, dédiée le 13 janvier 1522 à l'Empereur, se terminait en une leçon: «N'oubliez pas que toute guerre, même entreprise pour la plus légitime des causes, et conduite avec le plus de modération, entraîne nécessairement à sa suite un cortège infini de crimes et de malheurs; et que, contre toute justice, ces calamités atteignent principalement des innocents»[3]. Vaine exhortation: le 10 novembre, dans une lettre à François de Tournon, archevêque d'Embrun, il ne dissimula guère son indignation contre les satrapes et leurs prouesses[4]. Dans la préface du traité *De conscribendis epistolis*, publié en août 1522 chez Froben, il dénonça la rivalité désastreuse du roi de France et de l'Empereur.

Le souverain pontife devrait réconcilier les princes; on a fondé quelque espoir sur Adrien VI, vrai théologien, esprit honnête et modéré. Mais le Saint-Siège travaille bien plus activement à provoquer les guerres qu'à négocier la paix[5]. En août, écrivant contre Zùñiga, il rappelle encore la mission imposée aux prêtres et aux moines de prêcher la paix, au pontife romain de rétablir l'accord entre les chrétiens. Elle ne lui permet ni l'usage des armes, ni l'entrée dans des alliances particulières[6]. Il ne pouvait ignorer l'entente d'Adrien VI avec Charles-Quint. Pourtant, et puisqu'il ne pouvait fonder aucun espoir sur l'Empereur, il finit par s'adresser directement au vicaire du Christ et en septembre 1522 la préface du commentaire d'Arnobe au Psautier adjurait Adrien VI d'intervenir auprès de son ancien élève pour la paix chrétienne[7]. Il écrivit avec un égal insuccès à Ferdinand et à François Ier[8]. Adrien VI mourut le 14 septembre 1523; Erasme voulut espérer davantage de Clément VII élu le 18 novembre. Il lui dédia le 31 janvier 1524 sa *Paraphrase aux Actes des Apôtres*. Il le pressa d'offrir aux princes, pour inaugurer chrétiennement son pontificat, la médiation du Saint-Siège[9].

Il n'ignorait pas qu'on ne l'écoutait guère. Tout engagé dans la querelle luthérienne, attaqué par les hommes de Wittenberg, par les théologiens de Sorbonne, de Louvain et d'Espagne, absorbé par ses publications patrologiques et ses apologies, il n'avait pas le temps de consacrer au problème de la paix chrétienne quelque nouvel écrit[10]. Mais ses lettres intimes ne dissimulent pas la médiocre estime où il tient les hommes qui gouvernent les peuples. Lui-même, pacifique voyageur, va se voir contraint par les armées en campagne, s'il veut se rendre en Italie, à suivre la voie détournée du Tyrol: voilà les bienfaits des rois[11]. Il veut bien croire que Clément VII a renoncé au traité secret d'Adrien VI avec Charles-Quint. La neutralité seule convient au pape, et son devoir lui impose de travailler à la paix[12]. Erasme affirmait volontiers l'essentielle vanité de l'idée impériale. Mise au service de la foi chrétienne, il lui avait pourtant reconnu dans une lettre à Charles-Quint, le 13 janvier 1522, quelque grandeur. Elle lui paraissait de nouveau aussi malfaisante qu'à Machiavel, et propre seulement à entretenir dans le monde moderne des querelles infinies. Clément VII semblait du moins comprendre son devoir. Mais le légat Nicolas Schomberg, qui, en France, en Espagne, en Angleterre, offrait aux belligérants les bons offices de Rome, n'avait rien obtenu. «C'est ainsi, conclut Erasme, que l'on prépare la croisade contre les Turcs. Que veulent donc les rois?»[13].

II

Sujet de l'empereur, conseiller d'Etat à Bruxelles, Erasme devait officiellement apprendre avec joie la journée de Pavie. Sans illusions sur la légèreté de François Ier, dont il avait du moins éprouvé la bienveillance, il s'attrista d'un tel désastre[14]. La captivité de Madrid encourageait l'espoir d'une trêve, qui lui permettrait de partir pour l'Italie. Mais il avait eu raison d'écrire que les amis de la paix étaient désormais soupçonnés d'hérésie. Le 1er juin 1525, la Faculté parisienne de Théologie censurait la *Querimonia pacis* dans la version française de Berquin. Les chances d'un accomodement s'éloignaient; Erasme redoutait le goût des Espagnols pour la guerre. Pourtant, le 28 septembre, il adressait à la soeur du roi, Marguerite d'Angoulême, récemment veuve du duc d'Alençon, et maintenant engagée dans les négociations de Madrid, une lettre soigneusement étudiée, dans l'espoir d'inaugurer avec elle une correspondance humaniste et chrétienne; il exprimait, avec plus de fermeté le désir d'une réconciliation sincère du

Très Chrétien et de César; il s'efforçait de croire à la Modération du vainqueur[15].

Le traité de Madrid, le 14 janvier 1526, répondit mal à cette attente. Le prisonnier, qui renonçait à la Bourgogne et à toute suzeraineté sur la Flandre et l'Artois, reconnut la suprématie de Charles-Quint en Italie, et promit de le suivre à la Croisade. Dès le 22 février, Thomas More écrivait à un ami flamand, François Cranevoldt, que de tels accords ne tiendraient pas[16]. Erasme persistait à souhaiter la réconciliation de deux adversaires dignes l'un de l'autre, et l'adoucissement du traité[17]. Inutilement, le 16 juin, il écrivit à François Ier, loua les bienfaits d'une concorde chrétienne enfin rétablie, qui encouragerait la reprise des études, et la réforme nécessaire de l'Eglise[18].

Mais le 22 mai, la Ligue de Cognac avait associé François Ier et la plupart des princes italiens, sur qui l'accablante victoire de Charles-Quint avait fait passer un vent de panique. François Ier était résolu à ne pas observer le traité. Il alléguait que sa volonté avait été contrainte et que des engagements excessifs, et contraires aux lois du royaume, ne devaient pas être tenus. Machiavel, au 18e chapitre du *Prince*, l'avait d'avance absous[19]. Il cherchait des alliés aux frontières orientales de l'Empire et des domaines habsbourgeois, en Pologne et en Turquie. Clément VII entrait dans la Ligue. Une nouvelle guerre plus terrible, inexpiable, commençait, elle allait démontrer combien Erasme avait eu raison de déconseiller l'entrée du Saint-Siège dans des alliances particulières, et toute compromission dans les querelles italiennes des souverains d'Europe. Prince italien parmi les princes italiens, menacé par l'Espagne du côté de Milan, de Naples et de Rome, menacé à Florence par les rancunes du parti républicain, le pape était de tous le plus en danger.

Erasme assistait impuissant au déchaînement des colères et des violences. Pourtant, le 3 septembre, dans une lettre à Gattinara, il souhaitait encore que le triomphe de l'empereur, évidemment favorisé de Dieu, ouvrît devant le monde chrétien une ère de tranquillité[20]. Mais, sans tarder, la chancellerie impériale allait lui demander le service de sa plume pour soutenir la cause de Charles-Quint. L'idéal érasmien d'une paix chrétienne et perpétuelle présentait quelque ressemblance avec l'idéal que Dante avait développé dans la *Monarchia*. Le poète gibelin, l'humaniste évangélique, souhaitaient l'un et l'autre un accord fraternel des peuples chrétiens, afin de permettre à l'esprit d'accomplir son oeuvre parmi les hommes. L'un et l'autre pensent en philosophes et en chrétiens. Mais Dante écrit, dispute et combat pour le rétablissement de la monarchie universelle aux mains de l'Empereur. Il engage une polémique pressante contre les papes qui, d'un effort tenace et malfaisant, ont avec la complicité des rois capétiens abaissé, désarmé et ruiné la magistrature de César. Les papes ont détruit la seule puissance capable d'établir et de sauvegarder la paix dans le monde temporel; ils entretiennent la guerre pour y conserver et agrandir leur domination usurpée. L'ironie d'Erasme n'avait pas épargné la dignité impériale. Il jugeait absurde de tenter le rétablissement de la monarchie universelle. Il se bornait à souhaiter une fédération chrétienne que ni les princes ni les papes ne se hâtaient de fonder. Il ignorait certainement la *Monarchia*; Rome, depuis deux siècles, avait condamné l'ouvrage; Jean XXII, en 1329, l'avait fait brûler. La congrégation de l'index devait en 1554 l'inscrire à la liste des lectures défendues. Aucun libraire ne s'était encore soucié de l'imprimer. Tandis que commençait la guerre contre les coalisés de Cognac, le gouvernement de Charles-Quint jugea utile une publication de la *Monarchia*; ce fut Erasme qu'il choisit pour lui en confier le soin.

Charles-Quint eût de la sorte apparu sous les traits du défenseur de cette paix universelle et chrétienne que seuls, d'après Dante, les héritiers de César avaient reçu la mission d'établir et de protéger; sous les traits de ce *Defensor pacis* que, trois ans après la mort de Dante, en 1324, Marsile, de Padoue croyait reconnaître dans la personne de l'Empereur Louis de Bavière. On eût dénoncé les adversaires de Charles-Quint comme responsables des hostilités sans terme; rejeté les torts essentiels sur François Ier. On eût opposé à la modération pacifique de l'empereur chrétien la politique turbulente et agressive du Saint-Siège, toujours prêt à semer la discorde parmi les princes, et maintenant complice, en vertu d'une vieille tradition anti-impériale, d'uin roi déloyal. On eût justifié d'avance l'entreprise violente que Charles-Quint préparait contre Rome.

Divers écrits d'Erasme, diverses lettres et préfaces, désormais dans le domaine public, adressées à l'Empereur, aux papes Adrien et Clément, à François Ier, à Ferdinand, la préface du *De conscribendis epistulis*, telle page du commentaire au Nouveau Testament, de l'*Eloge*, de l'*Institution*, tels *Adages* comme le *Dulce bellum inexpertis*, paru pour la première fois dans l'édition bâloise de 1515, déjà treize fois réimprimé à part dans le texte latin et deux fois dans une traduction allemande, la *Querimonia pacis* enfin, désignaient Erasme comme le théoricien le plus résolu de la paix chrétienne et perpétuelle. Il se rencontrait, sans le savoir, avec Dante et Machiavel, pour accuser les papes de cultiver la guerre afin de défendre leurs intérêts temporels et leur politique de puissance en Italie et en Europe. Conseiller du gouvernement espagnol et impérial de Bruxelles, il n'appartenait qu'à lui d'éditer, apologie de l'Empereur, l'oeuvre oubliée du poète doctrinaire[21].

Le chancelier Gattinara lui écrivit donc de Valladolid, vers le 12 mars 1527: «J'ai récemment découvert le *De Monarchia* de Dante, livre étouffé, me dit-on, par ceux qui prétendent indûment à la monarchie universelle... Comme il peut servir la cause de l'empereur, j'en souhaiterais la publication». Il envoyait à Erasme le manuscrit assez mal en point et priait qu'il le donnât, après correction, aux imprimeurs: «Personne, concluait-il, n'est à notre époque mieux désigné que vous Pour que je lui confie ce travail. A vous de décider s'il convient de publier l'ouvrage ou de le laisser inédit»[22].

Erasme ne savait pas que dans la même ville de vieille Castille, au même moment, une commission de théologiens et de moines récemment réunis, l'accusait d'être un ennemi de l'Etat autant que de l'Eglise, d'avoir enseigné dans ses écrits la. désobéissance à l'empereur, aux princes chrétiens, et le refus de l'impôt; et que le chancelier piémontais et libéral de Charles-Quint lui décernait, par ce choix tout confidentiel, un certificat solennel de loyalisme[23]. Erasme hésita. Un projet d'empire universel lui avait toujours semblé vain et absurde. A chaque pays suffit son prince, avait-il écrit dix ans plus tôt dans la préface du Suétone. Quel besoin d'en créer un de plus, au risque d'établir en tous lieux un double despotisme? Comment l'empereur suivra-t-il les affaires de ses plus lointaines provinces? Comment s'y fera-t-il obéir? Erasme craint que dans la réalité ce nouveau pouvoir ne sache qu'exiger de nouveaux impôts. A ces objections de bon sens pratique, il ajoute sa certitude évangélique. On se passera aisément d'un monarque universel quand les chefs des divers Etats s'entendront sur le principe d'une amitié chrétienne. Il n'est de monarque universel que le Christ[24].

Le traité de Dante lui parut certainement scolastique à l'excès, de style barbare et d'une argumentation peu concluante. Son humanisme admettait sans doute que le but essentiel de l'activité humaine dût être la plus haute culture de l'esprit, que cette oeuvre exigeât la paix universelle. Mais une démonstration toute scolastique et théologique ne pouvait guère le convaincre; moins encore il n'eût admis les preuves accumulées par Dante d'une élection providentielle du peuple romain. Il n'aimait ni le despotisme des Césars, ni la république sénatoriale, ses impitoyables vertus, ses tares secrètes, mal dissimulées par l'orgueil des historiens. Le troisième livre, où Dante réfute avec véhémence les Décrétalistes, auteurs d'un droit mensonger qui prétend justifier par l'Evangile et l'équité les usurpations pontificales, aurait intéressé Luther bien plutôt qu'Erasme, car c'était Luther qui à Wittenberg, en décembre 1520, avait brûlé les Décrétales avec la bulle de sa condamnation. Et à coup sûr, le rétablissement de l'empereur à Rome auprès du pape et dans l'enceinte sacrée de la Ville éternelle, la réconciliation des deux pouvoirs, créés par Dieu afin d'assurer l'ordre temporel et spirituel de l'humanité, n'auraient été aux yeux d'Erasme, instruit de la politique contemporaine, que vaines images de poète, contredites par une histoire plusieurs fois séculaires et par les données les plus évidentes du monde moderne. Mais les événements tragiques et qui maintenant se précipitaient en Italie, allaient détourner Erasme de se faire, contre son opinion intime, et au risque de compromettre gravement ses relations avec le Saint-Siège, l'éditeur gibelin d'un livre de doctrine et d'invective[25].

Le 6 mai 1527, l'armée impériale, où les soldats luthériens de Georges Frundsberg montraient dans la guerre contre le pape un acharnement fanatique, força l'entrée de la Ville éternelle. Huit jours durant, tandis que le pape désespéré pleurait au Château Saint-Ange, les Espagnols pillèrent et tuèrent; les Allemands, en haine de Rome et de la papauté, se divertissaient à la profanation des églises et des chapelles, à des mascarades sacrilèges et barbares. Les bandes de lansquenets et les tercios espagnols avaient dispersé dans une fuite commune amis et ennemis d'Erasme. Parmi les érasmiens Paolo Bombace, l'aimable helléniste avec lequel, en 1507, à Bologne, il relisait les classiques grecs, avait péri. Jacques Sadolet, secrétaire de Clément VII, avait eu la chance de quitter Rome quelques jours avant le désastre; mais pendant la traversée de Civitavecchia aux côtes de France, sa bibliothèque, riche de manuscrits latins et de textes grecs réunis à grands frais, fut égarée et dispersée. Bembo, plus heureux, vivait aux bords de la Brenta, dans sa villa proche de Padoue. Clément VII se trouvait assiégé au Château Saint-Ange et pratiquement prisonnier de l'empereur.

III

On ne connut ces événements à Bâle que vers la fin du mois. Erasme ne paraît pas s'en être beaucoup ému. Son titre officiel l'obligeait à une certaine réserve. Mais il savait et il avait dit l'erreur d'une alliance conclue par les papes avec des Etats particuliers. Le 29, il écrivait à Warham:

> On prévoit la conclusion d'un accord entre l'empereur et le pape. Tant que les princes laisseront le pape signer ou rompre des traités, la paix, je le crains bien, ne règnera jamais dans le monde. Le pape devrait être pour tous un juste père. Mais l'ambition et la haine empêchent les princes d'apercevoir cette vérité; ou, s'ils la voient, ils suivent leur passion plutôt que la raison[26].

Le 10 juin, il écrivait à Frédéric Grau, alors prédicateur à Mayence, que les nouvelles de Rome étaient terribles et que l'on ne pouvait compter sur la paix[27]. Mais c'était avant tout le pressentiment d'une longue période de guerres indéfiniment prolongées qui le troublait à la nouvelle du sac de Rome. Les ennemis de l'empereur allaient, dans le devoir de venger l'offense du Souverain Pontife, trouver prétexte à de nouvelles alliances, d'où naîtraient de nouvelles guerres.

Si, à Bâle, Erasme ne prenait guère la peine de s'indigner, les érasmiens des Pays-Bas considéraient ces événements sans tristesse. De Bruges, le 13 juin, Jean-Louis Vives, d'ailleurs espagnol et doublement sujet de Charles-Quint, écrivait à Erasme, en grec, car il s'agissait presque d'un secret d'Etat, que la victoire de l'empereur allait peut-être permettre la réforme chrétienne du monde[28]. Les érasmiens d'Espagne reconnurent, dans la tragédie romaine, l'action vengeresse du Dieu de la Bible. Alonso de Valdés, qui, attaché à la chancellerie du gouvernement espagnol, avait rédigé la minute de la lettre de Gattinara, composait alors, pour soutenir cette politique impériale qui, dans les rues de Rome, avait provoqué des scènes d'horreur, le *Dialogue de Lactance et de l'Archidiacre*. Il y affirma, il y démontra que Rome avait enfin subi le juste châtiment de méfaits séculaires. Erasme fut peut-être effrayé de retrouver, dans ce texte véhément, le souvenir de certaines pages antiromaines, antipontificales de la *Moria*, alléguées pour légitimer la violence et la barbarie. Peut-être au fond n'était-il pas loin de penser comme Valdés ou Vives. En fait, il s'abstint de blâmer le sac de Rome. Et s'il garda le silence, ce ne fut pas uniquement parce que, dans les débats théologiques de Valladolid, il avait besoin de se sentir protégé par la chancellerie impériale et royale.

Valdés concluait le *Dialogue de Lactance* par une exhortation pressante. On ne parlait plus de publier la *Monarchia*. Un tel propos était maintenant dépassé par les événements. il s'agissait bien de cette réforme totale de l'Eglise chrétienne et du monde chrétien, que Vives, à Bruges, avait pressentie:

> L'Empereur, disait Valdés, a besoin d'un bon conseil. Si cette fois il réforme l'Eglise, il sait maintenant combien une telle oeuvre est nécessaire: il rendra service à Dieu, et en ce monde gagnera la plus haute renommée et gloire que jamais prince ait obtenue; on dira jusqu'à la fin des temps que Jésus-Christ a formé l'Eglise et que l'empereur Charles l'a réformée. S'il ne le fait pas, encore que les événements se soient produits sans qu'il l'ait voulu..., je ne sais ce qu'on dira après sa mort, ni comment il rendra compte à Dieu d'avoir laissé perdre une occasion aussi belle de le servir et de procurer un incomparable bienfait à toute la république chrétienne.[29]

Erasme était le plus éminent de ceux à qui cet appel s'adressait. Il avait depuis plusieurs années conçu son plan de réforme de l'Eglise. Il avait tenté de le suggérer à Adrien VI, à Clément VII. Il avait pensé que, dans l'oeuvre de la réforme chrétienne, un rôle capital appartenait aux princes et aux laïques éclairés. Mais il n'accordait qu'une confiance limitée au jeune empereur, dont la politique religieuse restait incertaine, hésitante entre la conciliation et la force. Lorsque s'était conclue, en mai 1526, la Ligue de Cognac, il avait compris la nécessité de ne pas pousser les princes et les villes à une révolte ouverte. Le mois suivant, Ferdinand, son frère, moins engagé dans la politique d'Aléandre, ouvrit la diète de Spire. Les princes réclamaient la liberté religieuse, les villes un concile général ou national. L'archiduc admit la nécessité d'une transaction; princes et villes reçurent la faculté de régler sur leurs domaines la question religieuse, comme les uns et les autres croiraient pouvoir en répondre devant Dieu et devant César. Le gouvernement impérial traitait alors en ennemi Clément VII allié de la

France: les luthériens acceptaient l'idée d'une entente avec l'empereur contre le pape; Georges Frundsberg avait mis au service du connétable de Bourbon les bandes qui, en mai 1527, avaient saccagé la Ville éternelle. Mais rien ne garantissait la durée de ces accords, subordonnés à la persistance d'une rupture, qui elle-même dépendait de certaines rivalités italiennes, entre l'empereur et Clément VII. Erasme connaissait les réalités de la politique, les ressources infinies de la diplomatie romaine, qui, à maintes reprises, avait su se tirer des pas les plus hasardeux. Il savait Charles-Quint soumis aux conseils des théologiens et des moines qui l'avaient élevé. Il savait que César ne pouvait rompre définitivement avec Pierre. Dante lui-même, aux dernières pages de la *Monarchia*, après avoir libéré César, remis en possession d'un contrôle indiscuté sur le monde temporel, concluait pourtant qu'il devait à Pierre la déférence d'un fils aîné à l'égard de son père, afin que, illuminé par la grâce paternelle, il fît rayonner avec plus d'éclat sa propre lumière sur le monde terrestre[30].

Erasme ne subissait pas la contagion de ce messianisme hispano-impérial que la journée de Pavie et la prise de Rome, survenant après l'achèvement définitif de la Reconquista sur les Arabes d'Espagne, après la prise d'Oran par Ximénez en 1509 et les débuts éclatants d'un reflux du monde chrétien sur l'Afrique musulmane, entretenaient dans l'entourage même de Charles-Quint. Erasme aimait les érasmiens espagnols; il n'aimait pas l'Espagne et il l'avait dit[31]. Elle représentait à ses yeux, elle allait représenter pendant plus d'un siècle, bien au-delà de la mort de Philippe II, jusqu'à la journée de Rocroi, la plus redoutable force militaire qui eût encore effrayé le monde chrétien. Maîtresse de Milan et Naples, l'Espagne préparait l'asservissement de l'Italie; elle fondait, au-delà de l'Atlantique, un empire avide et cruel. Les bandes espagnoles, au sac de Rome, s'étaient montrées sanguinaires et rapaces. Erasme ne croyait pas qu'il appartînt jamais à l'Espagne de réformer le monde chrétien, de reconduire l'Eglise romaine au pur Evangile, au culte en esprit et en vérité.

Il demeura donc simple spectateur du drame. Il ne voulut y voir qu'un épisode nouveau de ce règne anti-chrétien de la violence avec lequel le Saint-Siège avait pactisé.

Il ignorait encore l'entrée des lansquenets et des tercios à Rome quand, le 15 mai 1527, il écrivit au roi de Pologne Sigismond Ier. Une fois de plus il déplorait les conflits des princes chrétiens. Il s'inquiétait des progrès des Turcs, maîtres de Rhodes, et, par la Syrie et l'Egypte, de la Méditerranée orientale; envahisseurs de la Hongrie, par où ils menaçaient Vienne et le cœur même de l'Empire. Le roi Sigismond n'avait jamais entrepris que des guerres nécessaires, pour contenir Valaques et Tatars, Prussiens et Russes. Il avait toujours signé la paix à temps; il avait refusé toute annexion de pays russes et prussiens; après la révolution de Copenhague et la chute de Christian II, il avait refusé les couronnes de Norvège et de Suède; il n'avait pas réclamé la succession du dernier roi de Hongrie, Louis Jagellon, mort à la bataille de Mohacz; quand l'archiduc Ferdinand et Jean Zapolya s'étaient disputé ce trône, il leur avait proposé sa médiation; il n'avait même pas refusé de négocier avec les Ottomans. Si tous les rois suivaient son exemple, la paix régnerait en Europe, et l'on repousserait aisément l'invasion turque. Au contraire, les guerres s'aggravaient, provoquées par des rivalités d'ambition, des querelles de prestige, par la passion de quelques hommes de violence. Les princes devraient comprendre le danger d'acquisitions éloignées et vaines. Que dire des absurdes guerres d'Italie? Que de malheurs a pu attirer sur la France la conquête toujours éphémère du Milanais? Si elle n'avait jamais tenté l'annexion de Naples et de la Lombardie, nul royaume ne serait plus prospère. A chaque souverain devrait suffire le soin d'administrer ses domaines et de les mettre en valeur. Ainsi Erasme répétait au roi de Pologne ce qu'il avait maintes fois affirmé dans les *Adages*. Et une fois de plus il affirmait, ignorant encore le désastre romain, que le pape devrait tenir le rôle d'arbitre et ne jamais s'engager dans les querelles des princes[32].

Mais après la première émotion qu'il avait pu ressentir aux nouvelles tragiques de Rome, il attendait avec patience et sans nulle illusion la suite des événements. Ses amis des Pays-Bas le tenaient au courant de la politique. Le Saint-Père assiégé au Château Saint-Ange, découragé, sans défense, avait signé une première capitulation. Marc de Lauwercyn, chanoine de Saint-Donatien de Bruges, familier de Louis Vives, en communiquait à Erasme le détail, le 20 juillet 1527, froidement et sans commentaire. On restituait au pape son autorité spirituelle. Mais l'administration temporelle de Rome et de l'Etat romain serait contrôlée au nom de l'empereur. Clément VII restait étroitement dans la dépendance de Charles-Quint. Il n'existait plus, il n'allait plus exister pendant deux ans de politique pontificale. Le pape, comme souverain italien, n'existait plus[33].

Erasme ne s'en attristait guère; au contraire, cet abaissement d'un pouvoir temporel qu'il n'aimait pas et dont il avait dans l'*Eloge de la Folie* dépeint en de vives couleurs les abus et les tares, répondait à l'un de ses souhaits les plus intimes, quoique toujours exprimé à demi-mot[34]. Son titre de conseiller impérial l'avait autorisé à donner plusieurs fois et publiquement des avis de modération et de paix; il n'éleva pas la voix en faveur du Souverain Pontife, prince italien. Il se bornait à ne pas éditer la *Monarchia* de Dante. Le gouvernement impérial n'y pensait plus. Le 2 septembre 1527, il adressait à Charles-Quint l'affirmation et la promesse d'un dévouement sans réserve. Il avait besoin sans doute de son appui contre quelques moines et théologiens espagnols. Mais il s'agissait encore d'autre chose. En termes presque solennels, il lui écrivit qu'il suivait et voulait toujours suivre ses enseignes et celles du Christ. Ainsi le service du Christ ne lui semblait pas incompatible avec celui d'un empereur qui venait de saccager Rome et de tenir le pape prisonnier, occupait les domaines du Saint-Siège et les administrait en vertu de l'autorité temporelle uniquement réservée à César. Ce texte, traduit en castillan par Alonso de Valdés, allait paraître l'année suivante, sans d'ailleurs qu'Erasme en fût informé, dans une édition espagnole de trois colloques érasmiens. Il semblait annoncer, à la face du monde chrétien, qu'Erasme approuvait, sinon les violences commises à Rome, du moins la politique anti-romaine de Charles-Quint[35].

Mais Erasme ne voulait pas faire davantage; et d'ailleurs cette politique, comme il pouvait le prévoir, allait tourner court. Le jeune Empereur, comme effrayé par l'énormité même de sa victoire, ne pensait avec beaucoup de suite ni aux conciles, ni moins encore à la mise en jugement du pape. Aucun Savonarole n'était auprès de lui pour l'exhorter à poursuivre le châtiment et la purification de Rome; Clément VII n'était pas Alexandre VI, mais un esprit cultivé, facile, aimable, sans conviction vigoureuse; un caractère sans énergie, un diplomate, habitué, dès le temps où sous Léon X il dirigeait au nom de son cousin la politique vaticane, à résoudre par la diplomatie les problèmes les plus épineux. Charles-Quint, peu à peu, oubliait sa colère contre le pape.

Absorbé par les affaires d'Allemagne, inquiet des progrès de plus en plus rapides de la Réforme, qu'avaient encouragés le décret de Spire et la guerre contre Rome, l'empereur risquait de voir les Turcs, maîtres des deux tiers de la Hongrie, menacer les voies du Danube, les approches de Vienne; inquiet également de la politique d'Henry VIII et du projet de divorce royal, dont sa tante Catherine d'Aragon eût été victime, il .se rapprochait nécessairement de Clément VII, de qui dépendait l'investiture traditionnelle du royaume de Naples, où l'occupation espagnole n'était encore qu'un fait et ne fondait pas un droit. De son côté, Clément VII avait hâte de rentrer en pleine possession de son pouvoir temporel et de ses domaines, car déjà Venise et le duc de Ferrare profitaient de l'anéantissement de l'autorité pontificale pour usurper de larges territoires. Mais surtout Clément VII pensait à Florence, héritage des Médicis. Dès le lendemain du sac de Rome, la famille une fois de plus avait été chassée; et de nouveau, comme au temps de Savonarole, une République démocratique et puritaine renaissait. Pour rétablir les Médicis à Florence, Clément VII avait besoin de toute la force militaire de l'empereur. Quand François Ier eut perdu deux armées en Italie et que le pape eut compris que pour quelque temps il ne devrait plus rien attendre de la France, les négociations définitives s'engagèrent. Elles aboutirent au traité que les représentants du pape et de l'empereur signèrent à Barcelone le 29 juin 1529. Pierre et César se réconciliaient. Le pape accordait à Charles-Quint l'investiture définitive de Naples; l'empereur s'engageait à lui faire rendre les terres occupées par la République de Venise et le duc de Ferrare; il établirait à Florence, avec le titre de duc, le jeune Alexandre de Médicis, auquel il donnait en mariage une de ses filles illégitimes. Ces accords préludaient aux entrevues pompeuses qui, à Bologne, en février 1530, scellèrent l'accord du pape et de l'empereur; le gage solennel de cette réconciliation fut, à San Petronio, le 24 février 1530, le couronnement de Charles-Quint par Clément VII.

Erasme avait attendu jusqu'au 3 avril 1528 pour écrire à Clément VII son horreur des récents excès. La lettre est étrange: «Je négligerai pour faire bref de déplorer les calamités romaines, qui ont été cruelles à toute âme pieuse, Très Saint Père». Ainsi Erasme s'abstenait de toute considération sentimentale, de toute protestation oratoire et indignée; pour la forme, il dit la tristesse des chrétiens, et tout aussitôt, il passe à ses plaintes habituelles contre Aléandre et Alberto Pio, qui, malgré la publication des deux *Hyperaspistes*, ne cessent de le dénoncer comme complice de Luther. Il croyait alors que le pape se rendrait prochainement à Nice, chez le duc de Savoie, pour y ouvrir, en vue de la paix européenne, une conférence de souverains; Erasme dans la même lettre en souhaite le succès. Mais il ne se fiait guère à la franchise du pape[36].

Si donc il se montra sensible aux événements de Rome, ce ne fut pas, comme ses relations et sa correspondance antérieure avec Clément VII auraient pu le suggérer, dans une lettre au pape, mais lorsque, le

1er octobre 1528, il écrivit à l'un des plus fidèles érasmiens d'Italie, Jacques Sadolet.

Les événements dataient déjà d'un an et cinq mois; et la déploration érasmienne prit un caractère général, philosophique et assez littéraire. Visiblement le destin de ses amis, victimes du sac de Rome, l'émut plus que le sort du pape: «Quelles calamités nous apporte cette époque fatale à tout ce qui est humain! Que de malheurs à déplorer, que d'infortunes à consoler! Quelle région de l'univers se trouve à l'abri de ces tempêtes? Quel est l'homme de bien qui n'a pas besoin lui aussi de consolation?» Après cet exorde un peu vague, un peu vain, il entre, si l'on peut dire, dans le vif du sujet. «Nous avons vu Rome prise d'assaut, plus cruellement traitée qu'elle ne le fut jamais par les Gaulois et les Goths. Nous avons vu le prince de l'Eglise, Clément, traité de la façon la plus inclémente». Et après ce jeu de mots assez froid, sans insister davantage sur les misères et les humiliations infligées au vicaire du Christ, il accuse à son habitude les querelles des rois. «Et maintenant nous voyons les deux plus puissants monarques de l'Europe divisés par des haines sans remède, et si les nouvelles qui circulent sont exactes, se défier en combat singulier»[37].

Mais, après cette allusion au cartel impérial, il se souvient de ses deux meilleurs amis romains, Sadolet et Bembo, humanistes l'un et l'autre et fidèles à l'évangélisitie érasmien. Il reste encore inquiet au sujet de Bembo, dont il n'a pas reçu de nouvelles. Sadolet, par un hasard providentiel, avait quitté Rome peu avant l'invasion; mais il a perdu sa bibliothèque; Erasme croit qu'elle a été pillée par les envahisseurs; barbarie digne des Scythes, des Vandales et des Huns; ils ne savaient pas que les livres sont chose sacrée: «La perte que vous avez subie est nôtre; ce que vous avez perdu a été dérobé à tous les hommes d'étude»[38].

La Rome sur laquelle Erasme s'attendrit n'est pas la Rome impériale du Souverain Pontife, elle est la Rome des humanistes, des savants et des penseurs, la libre capitale de l'esprit humain. Telle elle lui était apparue en 1509 lorsqu'il fréquentait les humanistes, les écrivains, les poètes, les artistes, les cardinaux à la fois magnifiques et simples, lorsqu'il conversait avec les uns et les autres dans les bibliothèques, les vignes et les villas suburbaines. «Rome, dit-il, n'était pas seulement la citadelle de la religion chrétienne, elle n'était pas seulement la mère nourricière des plus beaux esprits, la plus tranquille habitation des Muses; elle était encore la mère commune de toutes les nations». Et maintenant il évoque le caractère international de cette Rome des papes, où se retrouvaient tous les peuples de l'Occident.

> Quel étranger, même venu des contrées les plus différentes de l'Italie, ne se sentait pas dans cette ville paisiblement accueilli, choyé et bientôt, bon gré mal gré, introduit à une plus haute culture? Quel voyageur, fût-il même venu des lieux les plus inconnus et misérables, s'y sentait étranger? Combien nombreux sont ceux pour qui Rome fut une patrie plus chère, plus douce que la leur, et où souvent ils se sont trouvés plus heureux? Quel est l'homme de tempérament barbare qui, après une longue pratique de la vie romaine, ne soit revenu plus adouci et humanisé? Qui, après un séjour, a pu ne pas en partir contre son gré; qui n'a pas saisi avec empressement les occasions qui s'offraient à lui d'y revenir; qui ne les a pas créées si elles ne s'offraient pas?[39]

Ainsi Erasme, en des termes que les amis les plus affectueux de Rome ont rarement égalé, dit ce charme unique de la Ville éternelle qu'à mainte reprise, depuis 1509, dans ses lettres à Grimani ou à Riario, il s'était plu à rappeler: «Le récent désastre, poursuivait-il, afflige plus encore que Rome le monde chrétien tout entier»[40].

Erasme, dans cette lettre à Sadolet, homme de vie intérieure, prélat de haute vertu, ne veut pas désespérer. Il souhaite que Clément VII, soutenu par la grâce divine, sache prendre plus énergiquement la conduite de la catholicité. Les désaccords déjà notables des Eglises de la Réforme, les variations déjà sensibles des doctrines et des confessions, certaines hésitations de Luther pourraient être de bon augure. Les véritables ennemis de la paix et de l'ordre chrétien, les véritables responsables de tant de misères sont les éternels trouble-fêtes, les théologiens et les moines, qui veulent faire de la revanche due au Christ leur propre revanche, et qui, plutôt encore que les hérésies, veulent détruire toutes les bonnes études[41]. Mais déjà il n'était pas loin de penser que le pape se relevait trop vite. Vers le 6 septembre 1528, il en avertissait Louis de Berquin, traducteur français un peu compromettant, et qui pour renforcer les textes nuancés d'Erasme, y introduisait parfois des phrases de Luther: «Le pape est ressuscité. Il a retrouvé ses cardinaux, puissants et fidèles, ses franciscains et ses dominicains, toujours alertes, et qui sous nos yeux rentrent en campagne»[42].

IV

Le drame du sac de Rome en mai 1527 marque une date capitale dans les rapports d'Erasme et de l'Italie. La prise et le pillage de la Ville éternelle, les violences commises contre les biens et les personnes avaient laissé une impression terrible. La vie des Etats, des cités, la vie même de la civilisation humaine apparut sous l'aspect d'une tragédie où l'intervention de la violence était un fait naturel, inévitable et devant lequel l'esprit demeurait impuissant. Déjà sans doute, depuis la descente de Charles VIII au-delà des Alpes en 1494, des événements cruels et sanglants avaient effrayé les peuples. Mais Rome avait toujours été épargnée. Elle imposait le respect aux violents par la grandeur de ses souvenirs et par la présence du pontife. Ainsi Gian Paolo Baglioni, l'un des plus criminels parmi les princes de ce temps, n'osa pas mettre la main sur Jules II, qui en 1505 s'était aventuré témérairement dans Pérouse, où il se trouvait sans défense[43]. Il apparaissait désormais que les lieux les plus vénérables n'étaient pas à l'abri des forces déchaînées. Il apparaissait que l'existence des hommes en société était un drame aux péripéties incertaines dont l'issue restait nécessairement douloureuse, accablante. Ces mornes tristesses, au cours des années contemporaines de la chute de Rome et de la destruction de la République florentine, ont trouvé leur expression dans les redoutables images dont Michel-Ange à San Lorenzo de Florence décorait les tombes de deux jeunes Médicis, auxquels Machiavel avait en vain offert le livre du *Prince*, Julien, duc de Nemours, et Laurent, duc d'Urbino. Le sculpteur y proclame, après Pétrarque, le triomphe de la mort et de l'éternité.

De cette symphonie de marbre, l'image de Julien qui va se lever, le bâton de commandement à la main, et prendre la tête d'une armée en marche, forme l'allegro. Mais déjà les dernières mesures se ralentissent et s'attristent: sur les traits du jeune héros a passé le pressentiment mélancolique d'une mort prématurée. Et bientôt, dans la plainte douloureuse de l'Aurore, accablée d'avance par le fardeau d'une journée humaine, dans la lassitude morne du Crépuscule, monte et se déploie le double thème de l'adagio. Il s'apaise enfin dans le calme et l'équilibre d'un andante qui pourtant demeure inachevé; car l'artiste, qui dégageait du marbre la tragique figure du Jour, a dû renoncer à en traduire pleinement l'expression de tristesse virile, de forte et dédaigneuse certitude; tant de passion concentrée atteint le repos dans le silence divin de la Nuit assoupie. Mais, sous le masque impénétrable du Penseur, comme pour marquer la solennité du finale, Laurent poursuit sa veille et sa méditation sans terme, et célèbre l'éternité de l'esprit libéré, illuminé, sûr des victoires qui lui sont dues.

Ainsi Michel-Ange, à San Lorenzo, suit, entre Pétrarque et Pascal, le rythme alterné de sa mélancolie et de son espérance. L'oeuvre est humaniste parce qu'elle traduit l'infinie détresse des hommes, et parmi tant de misères, affirme leur unique, leur indestructible grandeur. Mais la foi chrétienne du maître, qui un jour devait évoquer, au mur de la Sixtine, le Jugement dernier, sculpter la Descente de croix du Dôme de Florence et la Pietà Rondanini, porter en plein ciel, comme une prière sûre d'être entendue, la coupole de Saint-Pierre, semblerait, parmi ces tombeaux, étrangement voilée, si l'on ne savait que l'oeuvre, une fois encore, s'interrompit. Deux fresques, dans les lunettes qui surmontent les images de Julien et de Laurent, auraient raconté le mythe du serpent d'airain, et, comme au plafond de la Sixtine, célébré les châtiments et les délivrances d'Israël; une autre, dominant la tombe du Magnifique, eût fait apparaître la résurrection du Christ, premier ressuscité des morts. Seule épave de ce monument, la Vierge chrétienne, humaine et mélancolique, serrant dans ses bras l'enfance robuste du Sauveur, eût, pour adoucir ces leçons hautaines, perpétué dans l'austère chapelle, l'assistance d'une charité divine[44].

Erasme sans doute n'était ni assez poète, ni assez artiste, ni assez musicien pour de telles élévations. Mais il persistait à croire que le salut d'une humanité divisée, tragique, douloureuse et sanglante, consistait dans le retour à l'Evangile; John Colet l'avait enseigné; lui-même, depuis l'*Enchiridion*, depuis le *Nouveau Testament* de Bâle, l'enseignait. Il savait lui aussi, comme Michel-Ange, que la véritable grandeur de l'homme consiste, ainsi que Pascal devait l'écrire un jour, à bien penser[45]. Mais il ne pensait pas exactement comme on pensait à Rome, et moins encore comme on pensait à Wittenberg. Et ce n'était pas en vain, que, répondant àLuther devant Rome et l'Eglise chrétienne attentives, il avait dit les raisons secrètes et peu orthodoxes de sa fidélité catholique[46]. Sans doute l'Italie avait eu raison de rejeter Luther comme un barbare; elle avait compris la part qu'une haine germanique de Rome tenait dans la pensée du moine illuminé, venu de la Saxe lointaine; mais si elle continuait de tenir Erasme pour un grand maître de l'humaine sagesse, elle semblait prendre peu d'intérêt à ce retour évangélique, prêché dans l'*Enchiridion* et les *Paraphrases* érasmiennes du Nouveau Testament. Une telle doctrine laissait apparaître, malgré de graves désaccords, une solidarité dangereuse avec la révolte luthérienne. L'Italie était sans doute le pays où l'on parlait le plus librement du pape vu de trop près. Mais elle tenait à la présence et au prestige du Saint-Siège, dont la grandeur impériale témoignait aux hommes que, si la Ville éternelle avait pu perdre le gouvernement temporel du monde, elle continuait de régner, par l'intermédiaire des Eglises obéissantes et fidèles, sur les esprits. Les faiblesses et les misères morales du Saint-Siège étaient affaires italiennes, dont les Italiens pouvaient parler, médire, s'égayer, ou parfois s'indigner; elles ne regardaient pas les étrangers. Le dogme catholique maintenait en Italie ses prises sur la très grande majorité des intelligences. Il pouvait arriver qu'on le niât; on ne pensait pas à lui substituer, sauf dans quelques petits cercles, de faible audience, une autre foi religieuse. Et déjà, la tradition romaine gardait en Italie assez de vigueur latente et de ressources pour alimenter bientôt et faire triompher au concile de Trente la Contre-Réforme catholique.

NOTES

[1] ÉRASME, **1**, II, III E: Rempublicam civium industria ditescere, principum rapacitate spoliari; 3416, *Sicyon arrodens*: Strenue profundens quod populus esuriens summis laboribus paravent; *Querela pacis*, IV, 534 B; Contemptum illud et ignobile vulgus condit egregias urbes, conditas civiliter administrat, administrando locupletat. In has irrepunt satrapae. —Sur l'activité d'Erasme en faveur de la paix, RENAUDET, **15**, p. 85-91.

[2] Sur la propagande guerrière des prêtres, *Querela pacis*, 634 F-635 D: Minores ac Dominicani... apud Britannos animabant in Gallos, apud Gallos in Britannos. Ad pacem nemo provocabat, praeter unus aut alter, quibus pene capitale fuit... Huc arcanae Scripturae verba imprudentissime detorquemus. Imo jam eo prope rediit res, ut stultum et impium sit adversus bellum hiscere... Imo gignit jam bellum sacerdotes, gignit episcopos...

[3] ALLEN, **6**, V, 1255, 113-116.

[4] *Ibid*, 1319, 19-20: Totos nos ad ossa deglubunt satrapae, belli quam pacis amantiores.

[5] *Ibid.*, 1284, A Nicolas Bérauld, Bâle, 25 mai 1522.

[6] ÉRASME, **1**, IX, 370 C: Nec huic nec illi foederi admixtum. —Sur les deux apologies contre Diego Lopez de Zùñiga, RENAUDET, **15**, p. 197.

[7] ALLEN, **6**, V, 1304, 471-489.

[8] RENAUDET, **15**, p. 90.

[9] ALLEN, **6**, V, 1414.

[10] Sur ces publications diverses, RENAUDET, **15**, ch. I; Science, critique et dispute; 2, Publications patrologiques; 4, Apologies contre les catholiques et défenses contre les luthériens.

[11] ALLEN, **6**, V, 1342, 447-448: Sic enim fruimur monarchis.

12 *Ibid.*, 1417, à W. Pirckheimer, 8 février 1524, 7-9.

13 *Ibid.*, 1255, 89-92. —RENAUDET, **15**, p. 392. —ALLEN, **6**, V, 1417, à W. Pirckheimer, Bâle, 8 février 1524; 1466, au même, Bâle, 21 juillet 1524, 50-53; 1470, à Pierre Barbier, 26 juillet 1526,47-49: Demiror quid sibi velint monarchae.

14 Erasme, en 1526, dans le Colloque Ἰχθυοφαγία, **1**, I, 793 D, insiste sur les côtés humains de François Ier; mais il admet également, dans une lettre de juin 1526, son goût excessif pour les entreprises guerrières: ALLEN, **6**, VI, 1719, Erasme à François Dumoulin, Bâle 10-11.

15 RENAUDET, **15**, p. 92-93. —ALLEN, **6**, VI, 1615, 44-48.

16 DE VOCHT, **27b**, 177, 6-11. —ROGERS, **24**, 145, 6-10.

17 RENAUDET, **15**, p. 93-94. —ÉRASME, **1**, I, 730 D.

18 ALLEN, **6**, VI, 1722.

19 MACHIAVEL, **36**, I, *Il Principe*, XVIII; *Quomodo fides a principibus sit servanda*; p. 55-56: Non può pertanto uno signore prudente nè debbe osservare la fede, quando tale osservanzia li torni contro e che sono spente le cagioni che la feciono promettere... Né mai a uno principe mancarono cagioni legittime di colorire la inosservanzia. Di questo se ne potrebbe dare infiniti esempli moderni...

20 ALLEN, **6**, VI, 1747, 1-5.

21 RENAUDET, **15**, p. 95-96.

22 ALLEN, **6**, VI, 1790 a, 2-13; 6-7: Cuperem vt, cum in rem Caesaris faciat, libellus in publicum exeat.

23 RENAUDET, **15**, p. 96-97.

24 *Ibid.*, p. 75.

25 *Ibid.*, p. 97.

26 ALLEN, **6**, VII, 1831, 16-22.

27 *Ibid.*, 1834, 9-10.

28 *Ibid.*, 1836, 66-68: Κάλλιστον παρέδωκεν ὁ Χριστὸς τοῖς ἡμετέροις χρόνοις καιρὸν τοῦ τοῦτο ποιεῖσθαι ταῖς τοῦ Αὐτοκράτοπος νίκαις τοσαύταις, καὶ αἰχμαλώτου τοῦ Ἀρχιέρεως.

29 BATAILLON, **21a**, ch. V, L'année du Sac de Rome, p. 253-259; ch. VIII, L'érasmisme au service de la politique impériale; Les dialogues d'Alonso de Valdés, p. 395-399.

30 ALLEN, **6**, IV, 1113, à Mélanchthon, Louvain, juin 1520, 37-38: Nulla est aula quam non occuparint isti πτωχοτύραννοι. —*Monarchia*, **31**, l. III, 16; p. 289: Illa igitur reverentia Cesar utatur ad Petrum qua primogenitus filius debet uti ad patrem ut, luce paterne gratie illustratus, virtuosius orbem terre irradiet cui ab Illo solo prefectus est qui est omnium spiritualium et temporalium gubernator.

31 BATAILLON, **21**, p. 83; ALLEN, **6**, III, 597, à Th. More, Louvain, juillet 1517, 47. —Sur le messianisme espagnol au temps de Ximenez, BATAILLON, **21**, ch. I, V, p. 55-65.

32 ALLEN, **6**, VII, 1819, 177-179.

[33] *Ibid.*, 1848, 20-22: Restitutus est in sua sede Rome Pontifex, dimissis illi spiritualibus tractationibus atque moderationibus, ademptis secularibus que Cesaris nomine per suos illic aguntur.

[34] Sur la malfaisance du pouvoir temporel, Erasme n'est pas loin de penser, quoique avec moins. de violence, comme Machiavel. Cf. RENAUDET, **52**, p. 79-80.

[35] ALLEN, **6**, VII, 1873, 23-24: Sub Christi tuisque signis milito, sub iisdem moriar. Sur l'impression de cette lettre, voir Introd. à 1873.

[36] ALLEN, **6**, VII, 1987, 1-2: Vt omittam breuitatis studio Romanae calamitatis deplorationem, que nulli pio non acerbissima fuit.

[37] *Ibid.*, 2059, 5-9: Vidimus Romam crudelius captam quam olim fuerit a Gallis aut post a Gottis. Vidimus Ecclesiae principem Clementem inclementissime tractatum; et adhuc videmus duos potentissimos orbis monarchas odiis immedicabilibus inter se dissidere, et, si verus est rumor, inuicem ad monomachiam prouocare.

[38] *Ibid.*, 10-34: ...Nobis enim ac studiosis omnibus ereptum esse ducimus quicquid ibi periit.

[39] *Ibid.*, 34-45.

[40] *Ibid.*, 45-46: Nimirum orbis hoc excidium erat verius quam vrbis.

[41] *Ibid.*, 47-80. Erasme, une fois de plus, retourne à son jeu de mots habituel sur la famille de Clément VII; 55-58: Requirit hoc malum insignem medicum, quem in illo nobis etiam Medicis cognomen polliceri videtur; requirunt hi monarcharum animi magnum aliquem consultorem, qui illos nimium exacerbatos ad clementiam revocet. —Sur l'absurde violence des scolastiques, 72-78: At vereor ne per quosdam recrudescat morbus. Per quos, inquies? Per eosdem quorum sinistris consiliis et vesanis clamoribus malum hoc et ortum est et huc usque progressum. Victoriam autem Christo debitam ad se rapere moliuntur; nec satis magnificum triumphum existimant, nisi non solum haereses prostratas videant sed et bonas litteras proculcarint: siquidem harum cultores aliquanto vehementius impetunt quam ipsos haeresiarchas.

[42] *Ibid.*, 2048, 26-27: Pontifex revixit, habet suos Card(inales) et potentes et addictos. Dominicani et Franciscani passim incipiunt rem strenue gerere. —Sur les traductions d'Erasme par Berquin,. RENAUDET, **15**, p. 251, n. 3.

[43] MACHIAVEL, **36**, I, *Discorsi....*, I, 27; p. 157-158.

[44] Charles de TOLNAY, *The Medici Chapel*; Princeton (N.J), 1948, in-4°; VII, Projects for Paintings in the Medici Chapel, p. 48-51. —Tolnay (ch. X: Contents, p. 69-70) affirme que Laurent et Julien ont les yeux fixés sur la Vierge Mère, et qu'ainsi s'établit l'unité de l'oeuvre; mais si l'on se place devant le groupe de la mère et de l'enfant, on constate que Julien regarde vers la campagne, d'où vient un appel. de trompette, et que Laurent regarde au-dedans de lui-même.

[45] PASCAL, *Pensées*, éd. Brunschvicg, n° 347.

[46] Voir p. 175, n. 10.

LIVRE IV

LE PROBLÈME DE LA TROISIÈME ÉGLISE

I - QUERELLES CICÉRONIENNES

I

Erasme avait écrit, dans le second *Hyperaspistes*, en face de Wittenberg déjà hostile et de Rome inquiète et soupçonneuse, qu'il supportait l'Eglise catholique jusqu'au jour où il en verrait apparaître une meilleure[1]. Troisième Eglise, ou plutôt Eglise romaine profondément réformée, rajeunie, modernisée, prompte à rejeter la superstition de ces pratiques dévotes, de ces pèlerinages sur lesquels Erasme, dans les *Colloques* de 1526, s'était exprimé sans réticence; Eglise instruite de toutes les recherches et de toutes les curiosités de la critique humaniste, et pourtant Eglise antique, rentrée en possession et dans la conscience profonde de ses origines, en contact étroit, affectueux, émouvant, avec l'Evangile et les Epîtres apostoliques; toute proche, par le savoir et par le désir, de l'âge primitif, des leçons de l'expérience et du labeur des Pères, animée et réconfortée par le souvenir de leurs luttes, de leurs épreuves, et de leur indéfectible espoir. Cette Eglise devait rester romaine, fondée sur le tombeau de Pierre, fidèle au souvenir et aux traditions des martyrs et des saints. Elle continuerait d'obéir à l'autorité indiscutable du pape. Mais la cour romaine, l'administration romaine de l'Eglise universelle, la domination romaine sur les Eglises nationales devraient être profondément réformées. Erasme n'était pas gallican, et la doctrine conciliaire lui demeurait assez indifférente. Il n'avait nulle raison de conserver, comme tant de théologiens et de canonistes en Occident, le culte des décisions de Constance et de Bâle; et d'ailleurs il savait que les grands conciles réformateurs du XVe siècle n'avaient pas abouti à un affaiblissement durable de la monarchie romaine; il l'avait vue se renforcer sous Alexandre VI, sous Léon X, soutenir une grande politique de domination temporelle et de puissance impériale. Pourtant les progrès déjà redoutables de la Réforme traduisaient, avec une force croissante, le mécontentement et la colère des peuples, la méfiance des Etats: et l'heure était maintenant venue où Machiavel pouvait prophétiser, presque à coup sûr, la ruine et le châtiment[2]. Erasme n'avait jamais dit avec beaucoup de précision comment il concevait cette réforme de l'Eglise dans le chef et dans les membres, appelée par les voeux de tant de générations de rigoristes et d'ascètes; par les voeux de Dante, de Pétrarque, de Savonarole. Il avait connu à Rome quelques prélats que leur culture, la dignité de leur vie, rendaient dignes d'estime et de confiance. Mais il restait irréconciliable avec les théologiens et les moines, défenseurs intéressés et malfaisants d'un ordre qui ne pouvait subsister sans de nécessaires et profondes transformations. Il maintenait l'essentiel du dogme catholique, la présence réelle dans l'Eucharistie, la notion mystique du sacrement; il ne croyait plus guère que tous les sacrements eussent été institués par le Christ, ou pratiqués, dans la primitive Eglise, selon le rite des Eglises modernes. Il croyait, avec une fermeté invincible, à la révélation biblique; mais il croyait aussi au prix de la raison et de ses créations, à la nécessité d'interpréter selon les méthodes d'une exégèse désormais scientifique les textes où la révélation sacrée s'enveloppe comme d'un manteau de ténèbres. Il souhaitait une simplification du dogme, réduit aux exigences indispensables d'un spiritualisme évangélique; il aimait dans le Christ un maître à la fois divin et familier, dont les enseignements pouvaient s'accorder avec les plus hautes leçons des philosophes antiques. C'est pourquoi il repoussait, de toutes les forces de sa raison et de son coeur, la notion luthérienne d'une grâce avare et qui refusait le salut à toute une masse d'humanité condamnée, par le décret inexplicable d'une Providence inhumaine, à la perdition. L'augustinisme de Luther, de Calvin, des Jansénistes, n'était pour lui qu'une doctrine vainement anxieuse, inquiète et cruelle. Il admettait volontiers, comme saint Paul, l'accablante supériorité de la foi sur les oeuvres; mais il aimait trop les œuvres des hommes, leurs vertus, leurs sciences et leurs arts, pour sacrifier tant de nobles efforts à la simple récitation, si émouvante qu'elle pût être, d'un Credo. Sans trop goûter, sans s'être véritablement assimilé, comme l'avait fait Luther, les parties sombres du paulinisme, il avait du moins, avant lui, dégagé de l'*Epître aux Galates*, la doctrine et l'affirmation triomphante de la liberté chrétienne. L'Eglise érasmienne, la troisième Eglise, aurait simplifié pour les fidèles le code des pratiques obligatoires, et les aurait reconduits au culte en esprit et en vérité[3].

La fondation de la troisième Eglise eût été la tâche essentielle de cette Italie à laquelle Erasme devait sa libération intellectuelle et continuait de vouer une amitié reconnaissante. Il souffrait, il devait souffrir jusqu'à son dernier jour, de savoir l'Italie autrefois florissante, misérablement ruinée par une longue suite de guerres ininterrompues[4]; il savait que, dans ces régions fertiles, les peuples mouraient de faim, que la misère y était pire encore qu'en France, et qu'elles avaient subi des pertes presque infinies: «Qui a jamais vu, demande-t-il, l'Italie plus abattue? Je crains qu'elle ne doive attendre de longues années avant de retrouver la prospérité que nous y avons connue»[5]. Rome se relevait péniblement des indignités qu'elle avait subies. Mais par moment il s'attristait plus encore, et secrètement s'irritait, de voir l'Italie manquer à son destin. Elle avait créé l'humanisme et sa puissance de libération humaine; elle avait instruit John Colet et les réformateurs à la fois anglais et florentins d'Oxford. Sans doute l'Italie, dans la critique érasmienne, dans l'exégèse scientifique, philologique et historique, enseignée par Erasme à toutes les Eglises de la Réforme, pouvait reconnaître son propre bien, l'héritage d'un de ses plus grands esprits, Laurent Valla. Mais elle n'avait recueilli qu'une partie de cet héritage; Valla n'avait eu pour continuateurs et pour héritiers dans la péninsule que des latinistes, des philologues, d'ailleurs excellents. Elle n'accueillait guère le libre évangélisme d'Erasme. Et maintenant elle discutait jusqu'à sa science de philologue et de linguiste; elle n'était pas loin de ne vouloir reconnaître en lui que le plus grand des Barbares. Un désaccord naissant apparaissait entre Erasme et les élèves des maîtres qu'autrefois il avait révérés. Il semblait ne s'agir que de lettres, de culture humaniste, de beau style latin. En réalité il s'agissait de conformisme et de dissidence. Les Italiens n'avaient pas compris ou affectaient de ne pas comprendre la portée religieuse de son oeuvre. Erasme souffrait de se voir traité par eux comme un lettré parmi d'autres lettrés; ils affectaient de ne considérer que la qualité de son latin et déjà, dans l'esprit qui devait prédominer pendant plus de trois siècles aux Académies, ils lui opposaient le classicisme exquis de Pontano. Ils se méfiaient de l'érasmisme, trop curieux d'examiner les dogmes; guide incertain, irrévérent et suspect dans les conflits religieux qui maintenant divisaient l'Europe et l'Italie; sans trop avoir débattu le problème, ils prenaient d'instinct, et par sentiment national, le parti de Rome. Ils accordaient une assez réelle indifférence religieuse, une connaissance, superficielle des textes sacrés et des doctrines, avec l'orthodoxie romaine et le souci de ne pas s'écarter des chemins battus. Giuseppe Toffanin affirme dans divers ouvrages pleins d'art et de talent que leur rôle historique était maintenant de défendre, contre le scepticisme ou l'incrédulité des averroïstes padouans, contre les négations brutales, antiromaines, du germanisme luthérien, la foi de Rome et sa primauté spirituelle. On les avait vus sous Jules II et Léon X se rallier au catholicisme autoritaire, politique, impérial du Saint-Siège; tandis que l'épopée catholique de Vida et de Sannazar glorifiait le dogme en hexamètre virgiliens, la rhétorique cicéronienne, symbole du génie latin, arme du génie latin au service du magistère de Rome, proclamait la grandeur pontificale de la Ville éternelle, et son second Empire, fondé sur la puissance de l'esprit. Discuter Cicéron devenait indice d'hérésie autant que d'inculture, indice d'aveuglement au spectacle d'une grandeur qui maintenant renaissait[6].

II

Erasme éprouvait secrètement le dépit d'un insuccès que de plus en plus il devait s'avouer. Il en aurait fait volontiers le sujet d'un nouveau colloque. Mais une expérience déjà longue, beaucoup de réflexions, de critiques un peu amères, mêlées parfois de rancune, beaucoup d'idées claires, se pressaient dans son esprit. Le dialogue projeté se développa vite jusqu'aux proportions d'un des livres les plus importants qu'il eût jamais écrits[7]. Le *Ciceronianus* parut àBâle, chez Froben, en mars 1528. L'ouvrage fut adressé à Jean de Vlatten, excellent pédagogue allemand, attaché au service diplomatique du duc de Clèves. Pour marquer publiquement qu'Erasme demeurait fidèle à la tradition du spiritualisme cicéronien, il offrit l'ouvrage à l'humaniste qui avait reçu de lui, en octobre 1523, la dédicace d'une édition des *Tusculanes*. Quelques lignes de la préface indiquaient assez clairement le sens du nouveau dialogue érasmien:

> Quelle perte des études, si l'on se mettait en tête que Cicéron seul doit être imité! Mais je soupçonne que, à l'abri de ce nom, il s'agit d'une autre affaire; je veux dire de nous faire oublier le Christ et de nous reconduire au paganisme; alors que pour moi nulle tâche n'est plus nécessaire que de consacrer les bonnes lettres à la gloire du Christ, notre seigneur et notre maître[8].

Lorsqu'Erasme écrivit son nouveau dialogue, il ne pensait pas seulement à toute une école, qu'il jugeait pédante, inutilement dominée par le souci d'un purisme vaniteux et stérile, et qui, sous une apparence de pompe romaine et de noblesse classique, dissimulait assez mal une grave inaptitude à la critique et à la véritable intelligence des oeuvres et des idées. Il se souvenait particulièrement de deux hommes, qu'il avait fort bien connus, Tommaso Fedra Inghirami et Christophe de Longueil. Le premier, excellent humaniste et philologue, avait été pour lui, lors de son voyage à Rome, un guide prévenant, affectueux et disert; il l'avait introduit à la cour pontificale; il lui avait ouvert les trésors de la Bibliothèque Vaticane. Mais Erasme n'avait pu goûter les formes conventionnelles, la fausse élégance de sa prédication, nourrie de lieux communs antiques et d'un classicisme qui sentait à la fois l'académisme moderne et l'art banal des rhéteurs gréco-romains. Christophe de Longueil, dont en octobre 1519 il avait reçu la visite à Louvain, ne lui avait jamais plu. Ce Brabançon, né à Malines en 1488, fils naturel d'un petit évêque breton de famille normande, avait mené durant de longues années la vie errante des jeunes humanistes. Après un bref apprentissage diplomatique, il avait étudié le droit à Bologne, à Poitiers, à Paris, à Valence. On l'avait vu quelque temps siéger au Parlement de Paris; mais les maîtres et les conseillers de l'humanisme parisien, Guillaume Budé, François Deloyne, Louis Ruzé, le détournaient vers les lettres antiques. Il partit pour Rome, et pendant environ deux ans, il fréquenta Bembo et Sadolet; à leur école, et auprès des membres de l'Académie romaine, il devint un cicéronien passionné. Quand il eut publié cinq discours d'apparat sur la grandeur de Rome, Bembo et Sadolet lui firent décerner par les autorité locales le titre de citoyen de la Ville éternelle. Mais tout aussitôt, s'éleva parmi les humanistes un grand tumulte: ils avaient découvert un panégyrique de saint Louis que, dix ans auparavant, Longueil avait prononcé devant l'Université de Poitiers. Son enthousiasme d'adolescent pour Erasme et Budé le portait à diminuer le prix du savoir italien et des lettres italiennes, à proclamer que Paris, nouvelle Athènes, l'emportait sur Rome, à reprendre, contre les Italiens, l'accusation désormais classique de mauvaises moeurs, de scepticisme et d'incrédulité. Une violente cabale protesta contre le titre de citoyen trop légèrement accordé à un détracteur de la Rome moderne. Au Capitole, le 16 juin 1519, s'ouvrit, sous la présidence de Léon X, une controverse véhémente. Celso Mellini, jeune patricien romain, soutint, dans un langage souvent brutal et vulgaire, l'accusation. Longueil, par prudence, s'était éloigné. Il avait préparé pour sa défense un discours en deux parties: nul n'osa le lire. Mais une fois imprimé dans les premiers jours d'août, et largement distribué, on dut y reconnaître l'évidente supériorité de Longueil sur son adversaire, sa connaissance approfondie de la jurisprudence romaine, et une rare élégance d'argumentation et de style. Le titre de citoyen romain ne lui fut plus refusé. Après un tour rapide à travers l'Angleterre, la France et les Pays-Bas, il revit Bembo à Venise, puis après le retour du grand latiniste à Rome, il sembla se fixer à Padoue. C'est là qu'après la diète de Worms, il écrivit, sur les instances de Léon X et de Bembo, son discours contre les luthériens. Il devait mourir, dans un grand abandon, le 11 septembre 1522. Erasme reconnut ses talents exceptionnels, sa connaissance des lettres antiques, l'excellence d'un latin que gâtait à ses yeux la recherche exclusive de l'expression cicéronienne. Mais il goûtait peu l'exaltation oratoire et lyrique de ce passé romain, dont il n'avait jamais aimé les rudes vertus, de bonne heure gâtées par la corruption et la tyrannie. Le double plaidoyer de Longueil s'adaptait mal aux conditions de la vie présente, et il jugeait ridicule un tel effort pour défendre un titre dérisoire. Enfin, Erasme connaissait trop bien Luther et les luthériens pour penser qu'une éloquence trop évidemment renouvelée de l'antique pût conserver la moindre prise sur des esprits certains d'avoir reconquis durement la vérité. Ceux donc qui avaient exhorté Longueil à l'imitation cicéronienne n'avaient rendu aucun service au progrès naturel de son génie, non plus qu'à la cause des bonnes lettres.

La querelle du cicéronianisme était ouverte depuis longtemps. Déjà Laurent Valla refusait d'admettre la maîtrise incontestée de Cicéron dans tous les domaines de la pensée et de la parole et, véritable fondateur de la linguistique latine, découvrait chez Quintilien une connaissance plus exacte et un maniement plus sûr du latin. Ange Politien, contre Paolo Cortasi et contre l'école des singes de Cicéron, soutint la nécessité pour l'écrivain de rechercher librement ses modèles, et de s'appliquer avant tout à développer sa propre personnalité pour l'exprimer sans souci d'imitation. Le débat mit aux prises, en 1512 et en 1513, Pietro Bembo et Jean-François Pic de la Mirandole. Le premier allait, à maintes reprises, embellissant d'un latin païen et pompeux à l'excès les brefs de Léon X, commettre le péché capital des cicéroniens. Jean-François Pic était l'héritier d'une autre tradition; car son oncle avait, dans une lettre mémorable, défendu les philosophes et leur langage sans apprêt contre Ermolao Barbaro et la superstition littéraire des humanistes. Il n'hésita pas à reprendre contre Bembo la thèse de Politien. Il affirmait, en véritable humaniste, que le devoir essentiel de toute personne humaine est de se chercher, de développer librement toutes les forces qu'elle porte en elle dans le cadre du monde où elle vit, et de n'user de l'imitation que comme d'une pédagogie de la culture. Erasme ne connaissait pas, lorsqu'il écrivit le *Ciceronianus*, le détail de ces controverses qui, au début de 1529, lui étaient devenues familières. Mais sa pensée déjà s'accordait avec celle de Politien et de Jean-François Pic. Il n'avait jamais pris la peine, il n'aurait jamais eu le loisir et la patience de donner à ses écrits la forme cicéronienne. Jamais également, devant la majesté du passé romain, il n'avait abdiqué son droit de libre critique. Mais les cicéroniens d'Italie jugeaient naturel et fatal que le plus grand des Barbares, le vrai responsable de l'aventure luthérienne, parlât sans vénération de leur idole. Il était nécessaire de leur répondre, de discuter leurs opinions trop assurées, de les réduire à l'absurde. Le nouveau dialogue d'Erasme fut un livre de critique littéraire et d'ironie. Mais en même temps, Erasme y voulut définir, avec une gravité solennelle, son éthique d'écrivain. Contre les affectations académiques et conventionnelles du langage et de la pensée, il affirmait le droit d'une pensée librement instruite par la réflexion et l'étude, sans nul souci de vanité mondaine ou de conformisme social, le devoir d'une expression uniquement soucieuse de bien traduire la pensée et de la traduire tout entière; éthique de sincérité, toute dominée par l'amour et le culte indéfectible du vrai; sincérité humaine, sincérité d'un disciple du Christ.

L'ironie érasmienne prête alternativement la parole à l'intransigeance fanatique du cicéronien Nosoponus, à la prudence de Bulephorus, le bon conseiller, à la sagesse de l'arbitre Hypologus. Il est évident que Bulephorus parle au nom d'Erasme. Hypologus, personnage insignifiant, n'est qu'un cicéronien peu convaincu, attentif aux arguments de son adversaire, et tout prêt à une réconciliation. Les contemporains ont voulu reconnaître Christophe de Longueil dans le puriste maniaque dont Erasme s'est diverti; lui-même toutefois affirma, dans une lettre à Germain Brice, le 6 septembre 1528, qu'il ne parlait jamais des Français qu'avec éloge. On doit pourtant noter que si Nosoponus réserve le latin aux entretiens savants, il s'exprime dans la pratique ordinaire de la vie en français ou en flamand. L'étrange mélancolie où l'entretient le culte presque désespéré de Cicéron peut rappeler la morosité de Longueil qui, hôte d'Erasme à Louvain, n'ébaucha pas, pendant trois jours, le plus léger sourire. Erasme avait raconté ce trait à Alciat avec un véritable émerveillement[9]. Nosoponus proclame que, depuis sept ans, il n'a jamais touché que des livres de Cicéron, et s'est abstenu de tous les autres avec un ascétisme de chartreux. Il a réuni en trois lexiques tous les mots, tous les tours de phrases, toutes les cadences métriques en usage dans les écrits du grand orateur. Pour désigner Dieu, le Christ et la Vierge, il voudrait n'emprunter que des termes ou des périphrases qui appartiennent au vocabulaire païen. Mais Buléphorus et Hypologus n'ont pas de peine à démontrer l'absurdité d'un culte aussi décevant. Erasme ne cache guère qu'il juge ridicule et oiseuse la superstition cicéronienne des humanistes d'Italie. Cicéron avait traduit dans le langage de son temps certaines idées en faveur au déclin de la République romaine. Mais il n'avait pas parlé de tout ni trouvé une expression littéraire, un style oratoire convenable à tous les temps et aux problèmes que l'histoire universelle devait affronter dans le cours des âges. Pour exprimer, dans le monde moderne, des pensées modernes, Cicéron ne suffit plus. Il ne suffisait pas davantage pour exprimer devant des chrétiens, en un vocabulaire qui leur appartînt véritablement, des idées chrétiennes. En fait, personne aujourd'hui ne supporterait l'éloquence de Cicéron telle qu'elle se déploie dans la pompe de ses plaidoyers ou de ses discours politiques. A Rome, on peut en faire étalage aux réceptions solennelles d'ambassadeurs; mais, au Vatican même, elle n'est qu'une parade, et les questions sérieuses se débattent et se règlent dans des échanges de notes particulières ou de conversations en langue française. L'éloquence cicéronienne ne servirait aujourd'hui à rien sinon à correspondre avec trois ou quatre Italiens qui, depuis peu, se glorifient d'être disciple de Cicéron[10].

En quelques pages qui forment un chapitre original, pénétrant, exact de critique littéraire, Erasme passe en revue les humanistes italiens, depuis Pétrarque, restaurateur des études antiques. il reconnaît l'érudition, l'éloquence, le génie de ce maître qu'on ne lit plus. Il cite les grands philologues, Filelfo, Poggio Bracciolini, Ange Politien, Pomponio Leto, les deux Beroaldo, Paolo Bombace; la critique de Laurent Valla, le savoir philosophique d'Ermolao Barbaro, la spiritualité géniale de Pic de la Mirandole et de Marsile Ficin, la poésie trop païenne à son gré de Marullo; il n'hésite même pas à rappeler les noms d'Aléandre et d'Alberto Pio, excellents connaisseurs l'un et l'autre des langues et des lettres classiques. Valla préférait à la fluidité cicéronienne le style plus tendu de Quintilien. Nul de ces écrivains ne fut ou n'est un cicéronien authentique. Chacun a dû inventer l'expression de sa propre pensée. Politien avait posé en principe la nécessité de l'expression parfaitement sincère, libérée de toutes les entraves et de toutes les imitations imposées par l'enseignement des écoles. Il était plus délicat de définir l'art littéraire de Bembo ou même de Sadolet. L'un et l'autre étaient d'authentiques cicéroniens. Mais le patricien de Venise avait toujours compris, encouragé, défendu l'oeuvre d'Erasme; l'évêque de Carpentras attribuait un grand prix à ses écrits, tant profanes que spirituels. Erasme se tire d'affaire en affirmant que l'un et l'autre ont su exprimer en langage moderne des pensées modernes. Pareillement les humanistes de France ou d'Espagne, d'Allemagne ou des Pays-Bas, au nombre desquels Erasme appartient, n'ont jamais cru nécessaire de s'imposer l'imitation cicéronienne: ils ont plus à dire et à faire. Ainsi se développe un étonnant tableau des progrès de l'esprit humain dans le domaine des lettres antiques et de la philologie. Ainsi se fonde, sur la doctrine du Politien, dont Erasme regrette que les Italiens modernes lisent peu les écrits, l'éthique érasmienne de la sincérité dans le style, image de la sincérité humaine et chrétienne de la pensée. Ainsi se trouve écarté et condamné tout maniérisme, toute affectation de vaine élégance, tout vain conformisme d'école[11]. Cette sévérité conduit Erasme à juger assez durement Sannazar et Pontano. Le premier, malgré tout son talent de poète et d'artiste, n'a su, dans son *De partu Virginis*, qu'embellir de grâces futiles et païennes la majesté de l'histoire biblique. Le second, éminent par le savoir, excellent écrivain, laisse apparaître une légèreté trop indifférente à la grandeur des choses chrétiennes[12]. Ainsi la faute essentielle des cicéroniens est une sorte de manque de sérieux, qui trop souvent se manifeste jusque dans les domaines les plus sacrés. Erasme traite sans indulgence les prédicateurs cicéroniens d'Italie, qui habillent à l'antique la vérité chrétienne, comme s'ils avaient honte du Christ et de ses humbles disciples, et qui, pour ne pas parler trop pauvrement de la Passion, croient nécessaire de la comparer aux grands sacrifices et aux grands dévouements civiques de l'histoire ancienne. Il se souvient probablement du sermon prêché devant Jules II le Vendredi Saint de l'année 1509, par Fedra Inghirarni. Le monde gréco-romain, dont pourtant, depuis Pétrarque, nul n'a mieux qu'Erasme démontré la grandeur morale et parfois la sainteté, ne mérite pas l'exclusive adoration que certains lui réservent. Les modernes doivent plus à la tradition juive et chrétienne qu'à la cité antique, plus, sans doute, qu'à Rome et à ses dures vertus, si tôt oubliées dans la corruption impériale. Le fanatisme cicéronien des humanistes romains n'est que paganisme déguisé. «Nous adorons presque l'antiquité, dit-il; ne pouvant professer ouvertement le paganisme, nous le dissimulons sous le nom de cicéronisme. Il existe à Rome toute une compagnie où l'on a plus de lettres que de religion»[13].

Aussi, dans le catholicisme cicéronien des humanistes romains, hostiles à l'évangélisme érasmien, discerne-t-il plus de pose littéraire que de sentiment chrétien. Il s'irrite de ce nom de barbare qu'ils donnent si aisément à tout ce qui vient de l'étranger. Christophe de Longueil, dont on ne peut diminuer les dons naturels et le savoir humaniste, perdit ses amitiés italiennes pour un discours d'école où, très jeune encore, il avait osé affirmer que la France égalait parfois l'Italie, et louer Erasme et Budé. Il ne fallait pas qu'un Barbare louât publiquement d'autres Barbares. Erasme refuse de prendre au sérieux les humanistes italiens dans leur exaltation de cette Rome moderne dont, après tant d'invasions, les habitants, fausse postérité des Quirites, descendent plus probablement des Goths ou des Vandales. Rome ne garde de sa grandeur passée que des ruines, elle ne serait rien sans la présence du Souverain Pontife. La face du monde a totalement changé: un citoyen romain compte moins aujourd'hui qu'un bourgeois de Bâle[14].

III

Le *Ciceronianus* devait nécessairement irriter en Italie toute la corporation des humanistes, dont il dévoilait sans beaucoup de réserves l'indifférence religieuse et le conformisme paresseux à une foi qui semblait avoir perdu le don de les émouvoir profondément. Pourtant la réponse au livre d'Erasme ne fut pas écrite en Italie. Un inconnu, vaniteux et bruyant, la composa aux bords de la Garonne. Jules César Scaliger était né en 1484 à Riva di Trento sur le lac de Garde. Il se vantait de descendre des Della Scala, seigneurs de Vérone. Il avait mené pendant dix-sept ans la vie militaire et, dans les armées de Maximilien, pris part à quelques batailles dont il ne parla jamais qu'en termes confus. Ses ennemis publièrent que, fils d'un maître d'école véronais, il avait étudié à Padoue, et ne prêtèrent jamais aucune créance aux aventures qu'il se plaisait à conter. Du moins sait-on que, après 1514, il passa cinq années à l'Université de Bologne; il entra comme médecin au service d'un des évêques italiens que, depuis le concordat de 1516, François Ier appelait en France, l'évêque d'Agen Della Rovere. Etabli en Gascogne en 1526, il était complètement inconnu, lorsque la lecture du *Ciceronianus* parut lui offrir l'occasion de se concilier, par un acte éclatant, la faveur des ennemis d'Erasme. Il se vanta plus tard d'avoir écrit en trois jours la *Pro M. Tullio Cicerone, contra Desid. Erasmum Roterodamum Oratio*. Il y défendait avec passion, outre le style de Cicéron, la vie et l'action politique de l'homme d'Etat, qu'il accusait Erasme d'avoir bassement vilipendé. Il prenait avec orgueil l'attitude d'un défenseur de l'Italie et de la France, volontairement abaissées par Erasme. Il se répandait contre lui en attaques personnelles. Il l'accusait d'avoir mené, depuis sa sortie du couvent, une vie de mercenaire des lettres, goinfre et ivrogne, parasite à Venise de l'Académie aldine, plagiaire dans ,cette composition même des *Adages*, qui lui avait valu sa réputation usurpée. Erasme jugea plus tard que ces racontars vénitiens ne pouvaient provenir que d'Aléandre, et comme le nom même de Scaliger lui parut supposé, il attribua, sans beaucoup hésiter, le discours à celui qu'il tenait pour son plus intime ennemi. Du moins, et bien que l'auteur en eût fait répandre avec soin diverses copies, et qu'il l'eût dédié aux étudiants de l'Université de Paris dont il flattait la passion nationale, il ne réussit pas, avant 1531, à le faire imprimer[15].

NOTES

[1] Voir p. 175, n. 10.

[2] MACHIAVEL, **36**, I; *Discorsi...* I, 12, p. 130: essere propinquo sanza dubbio o la rovina o il fragello.

[3] Pour toutes ces questions, on pourra se reporter à *Etudes érasmiennes*, **15**, ch. IV, le modernisme érasmien, p. 122-189. —Sur saint Augustin, p. 32, n. I: *N. Test*, Jo., 31, 15; **1**, VII, 419 D: Vir ille quidem, quod

negari non potest, sanctus, integer, acuto praeditus ingenio, verum pro ingenii simplicitate impense credulus, neque perinde munitus praesidio linguarum, etiamsi non omnino rudis fuit graecanicae literaturae, et non cousque doctus, utgraecos interpretes expedite posset evolvere. Adde quod et sero venerit ad christiani nominis professionem, et mox juvenis ad episcopale munus raptus est, ut fere docendo discere cogeretur. —*Antibarb.*; 1, X, 1730 F: ...Arctae adeo ne dicam meticulosae conscientiae, ut saepenumero mihi ...abs te trepidare videatur.

[4] ALLEN, **6**, VIII, 2196, 169-171.

[5] *Ibid.*, 2285, 46-47, IX, 2366, 28-29; 2375, 104-105; 2472, 51-53.

[6] Voir particulièrement *Che cosa fu l'umanesimo*? Florence, 1928, in-8°; ch. III-VI; *Il Cinquecento* (Coll. Storia letteraria d'Italia), Milan, 1929, in-8°, p. 29-34; *La fine del logos*, Bologne, 1948, in-8°, p. 13: L'umanesimo italiano è tutto quì, in questa riscossa della Ragione-Logos contro la ragion naturale che, al secolo XIII, nell'ondata arabistico-semitica, s'era insediata anche in Occidente con gli «hallucinantes philosophi» della cosmologia greca (la frase è di sant'Agostino) e con i loro epigoni...

[7] Sur le problème du *Ciceronianus*, voir GAMBARO, **19**; introduction historique et critique à une édition qui ne tardera guère à paraître. —MICHEL (Julien) a soutenu devant la Faculté des Lettres de Paris, en 1951, pour le Doctorat d'Université, une thèse restée inédite sur le *Ciceronianus d'Erasme*.

[8] ALLEN, **6**, V, 1390; VII, 1948, 2-35.

[9] *id.*, VI, 1706; lettre écrite à Alciat peu après la mort de Longueil, et importante pour le caractère du personnage.

[10] Excellent résumé dans GAMBARO, **19**, p. 14-21; ÉRASME, **1**, I, 1004 D: ...Quod est serius, privatim litteris et gallicis colloquiis peragitur; —1004 E: Ad quos igitur? Ad quatuor Italos qui se nuper jactare coeperunt ciceronianus.

[11] *Ibid.*, 1008 C-1011 D.

[12] ÉRASME, **1**, I, 995 E-996 A; 999 CE: Propemodum adoramus antiquitatem... Paganitatem profiteri non audemus. Ciceroniani cognomen obtendimus. —1017 B: Et est, ut audio, nunc Romae sodalitas quaedam eorum, qui plus habent litteraturae quam pietatis.

[13] GAMBARO, **19**, p. 30-31.

[14] ALLEN, **6**, VII, 1840, 37-40. —**1**, I, 1017 C: Quasi facies rerum non tota sit immutata... Nunc autem quid est esse civem romanum? profecto minus aliquanto quam esse civem basiliensem.

[15] Les lettres de Scaliger ont été publiées dans *I.C. Scaligeri Epistolae*, Toulouse, 1620.

II - DIFFICULTÉS ALLEMANDES ET ROMAINES DE LA TROISIÈME ÉGLISE. LA DIÈTE D'AUGSBOURG

I

La création de la troisième Eglise semblait d'autant plus improbable que le conformisme romain n'admettait aucune transaction avec l'hérésie, et que d'autre part chacune des Eglises hérétiques se jugeait en possession d'une vérité péniblement reconquise et dont rien ne devait être abandonné.

A Bâle, la révolution religieuse allait s'accomplir. Œcolampade, qui en 1515 et en 1516, aidait Erasme chez Froben à déchiffrer ces textes hébraïques de l'Ancien Testament qu'il n'avait jamais bien entendus, était maintenant le chef du parti de la Réforme. D'accord avec les Zwingliens de Zurich, d'accord avec ceux qui, à Strasbourg, sous la conduite de Bucer, avaient fondé un nouveau culte et une nouvelle discipline, les Bâlois dépassaient hardiment Luther, condamnaient la modération théologique de Mélanchthon, la timidité de Wittenberg en face des princes, et tout ce que Wittenberg conservait encore du système romain, la présence réelle et la notion même de sacrement. Au début du Carême, la révolution religieuse éclata. Les réformateurs envahirent la cathédrale, brisèrent les images et tout ce qui rappelait l'idolâtrie romaine, occupèrent en armes les portes de la ville, braquèrent des canons aux coins des principales places, Lu conseil décréta, le 10 février 1529, l'abolition de la messe; le 14, le culte évangélique, à la manière de Zurich ou de Strasbourg, fut célébré à la cathédrale.

Erasme n'entendait pas rester plus longtemps. Il n'avait rien à craindre des autorités locales. Mais s'il restait, les Romains qui, après l'avoir accusé de pactiser avec Luther, l'accusaient maintenant d'entente secrète avec Œcolampade, l'auraient dénoncé comme complice de l'hérésie triomphante. Il n'accepta pas les invitations de Besançon, ville libre impériale, certains voulaient l'attirer à Cologne, citadelle du catholicisme. Il choisit Fribourg en Brisgau, ville habsbourgeoise et peu éloignée. La population et le Conseil étaient catholiques, sans avoir joué un rôle trop actif dans la défense du système romain. L'Université admirait Erasme, lisait ses oeuvres, l'avait déjà fêté; il retrouverait le jurisconsulte Ulrich Zäsi et quelques amis fidèles. L'archiduc Ferdinand, frère de Charles-Quint, lui accorda le sauf-conduit nécessaire. Vers le 10 avril, Œcolampade eut avec lui, dans le jardin de Froben, un dernier entretien; pour l'honneur de la ville, on souhaitait qu'il ne s'éloignât pas. Il répondit qu'il ne pouvait sanctionner, par sa présence, la destruction du culte romain; les deux hommes se quittèrent amicalement. Du moins le Conseil ne voulut pas permettre un départ clandestin. Il ne convenait pas qu'Erasme quittât la ville, où il avait tant vécu, publié tant de livres, soutenu tant de combats, comme un exilé. Lorsque le 13 avril 1529, à midi, avec quelques familiers et Boniface Amerbach, il s'embarqua au pont de Bâle, nul ne se permit une parole malséante.

Erasme, après un bref voyage, s'établit à Fribourg. La première lettre qu'il y écrivit date du 21 avril 1529[1].

L'Université l'accueillit avec honneur. Les autorités autrichiennes avaient mis à sa disposition une maison spacieuse, presque impériale. Comme à Bâle, il vécut très simplement dans un petit cercle d'amis. Il surveillait l'impression du dernier volume de son *Saint Augustin*. En mai, à peine installé dans sa nouvelle résidence, il dédiait les dix volumes à l'archevêque de Tolède, Alfonso Fonseca. Ce prélat fort éclairé avait en 1527, au cours des débats de Valladolid, défendu contre moines et théologiens les hardiesses érasmiennes[2]. En même temps se poursuivait l'impression des oeuvres de saint Jean Chrysostome. Mais Erasme trouvait peu de charme à la petite capitale du Brisgau. Il n'avait jamais habité longuement que de grandes villes: Paris et Londres, capitales de deux royaumes; Bruxelles, capitale de ces Pays-Bas qui, peu à peu, depuis que les guerres incessantes menaçaient de ruiner l'Italie, devenaient les régions les plus actives et les plus prospères de l'Europe chrétienne; Rome enfin, métropole de l'Europe catholique. Il avait aimé le séjour des grandes villes de commerce et de négoce, comme Anvers et Venise. A Bâle, sur le plus beau fleuve de l'Occident, au croisement des routes qui menaient d'Italie, des Pays-Bas et de France aux Cantons Suisses et dans l'Empire, il s'était diverti au passage incessant des voyageurs et des nouvelles, à l'activité de l'imprimerie et de la librairie, à la circulation ininterrompue des livres et des idées. Mais Fribourg se trouvait à l'écart des grandes routes et des échanges lointains, sans commerce ni industrie; la vie, malgré la présence d'une Université assez peuplée, demeurait languissante; et, par suite de l'insuffisance des communications, coûtait sensiblement plus cher qu'à Bâle. Erasme regrettait les huit années de labeur et de combats qu'il y avait passées parmi tant d'amis fidèles, de collaborateurs actifs et dévoués; il savait que ses adversaires eux-mêmes l'y respectaient; qu'il restait la gloire de la ville, mal consolée de son départ[3].

Les conflits auxquels son nom et son oeuvre étaient mêlés ne s'apaisaient pas. il avait appris dès son arrivée à Fribourg la mort de Louis de Berquin, son traducteur, déjà plusieurs fois censuré par la Sorbonne, condamné par le Parlement de Paris le 17 avril pour recel de livres prohibés, et tout aussitôt pendu et brûlé en place de Grève[4]. Il demeurait, malgré sa fidélité à l'ancienne Eglise, et son refus de vivre plus longtemps sous la discipline sacramentaire, l'ennemi des superstitions et des abus, l'irréconciliable adversaire des moines et des théologiens, qui le haïssaient plus encore que Luther.

Erasme ne lui pardonnait pas ses injures, son injustice, ni d'être resté sourd à ses conseils de modération, ni d'avoir accepté d'un coeur léger une révolution populaire et nationale contre Rome, ni l'orgueil brutal du triomphe que, l'unité catholique maintenant rompue, il menait à la tête d'hommes de violence et de colère. Pourtant il ne voulait désespérer encore d'une réconciliation des Eglises. Il savait que Mélanchthon, le plus intime conseiller et confident de Luther, demeurait au fond un érasmien. Il ne voulait pas encore abandonner l'espoir d'une troisième Eglise.

L'heure d'Erasme cependant pouvait sonner. Les désaccords des Eglises de la Réforme, déjà séparées par des variations graves, pouvaient faciliter une politique érasmienne de conciliation, si du moins Rome consentait à discuter avec les Ecoles hérétiques et savait profiter de leurs querelles. Luthériens et sacramentaires refusaient de s'entendre; à Marbourg en Hesse, le 30 avril 1529, Luther, assisté de Mélanchthon, avait rencontré Zwingli, Œcolampade, Bucer. Il ne s'était prêté que de mauvaise grâce à converser avec Zwingli. On ne put s'entendre sur l'Eucharistie. «Votre esprit, dit Luther à Zwingli, n'est pas le nôtre». Et il refusa sa main tendue. En octobre, un nouveau colloque s'ouvrit inutilement.

Encouragé par le désaccord des Réformés, Charles-Quint poursuivait ses avantages. Allié de Clément VII depuis décembre

1529, couronné par lui à Bologne le 22 février 1530, il n'entendait pourtant pas recourir à la force avant d'avoir épuisé tous les moyens pacifiques. Devant la menace des Turcs, maîtres des deux tiers de la Hongrie, il ne pouvait négliger le péril d'une sécession protestante des princes et des villes. Son expérience politique s'était élargie. Il savait maintenant le mauvais gouvernement de l'Eglise romaine et les justes griefs des peuples. Si l'on voulait vaincre l'hérésie, on devait d'abord satisfaire les revendications qui en avaient aidé le succès. Eclairé par son chancelier érasmien Mercurino Gattinara, il admettait plus volontiers la politique érasmienne de conciliation et de réforme. Après Louis XII et Maximilien, il se ralliait à l'idée d'un concile universel, qui eût réformé l'Eglise dans le chef et dans les membres, contraint au besoin la Curie d'accomplir, sous la surveillance impériale, l'oeuvre de restauration chrétienne à laquelle depuis un siècle elle se dérobait. Il avait obtenu de Clément VII la promesse d'une assemblée œcuménique, et pris en retour l'engagement de rétablir l'unité religieuse dans l'Empire. Mais il inclinait à l'idée de rapprocher luthériens et catholiques, moyennant diverses concessions qu'il eût aisément imposées au pape, soucieux avant tout de rétablir à Florence, avec l'aide des lansquenets allemands, le principal des Médicis. Il serait facile ensuite de réduire les irréconciliables, et, malgré l'appui des Cantons Suisses, les sacramentaires des villes du Sud. Dès janvier 1530, l'empereur avait invité les chefs des Eglises réformées à la Diète qui, le 21 juin, s'ouvrit à Augsbourg.

II

La mort de Gattinara, à Innsbruck, le 5 juin 1530, compromit dès le début cette politique érasmienne. Trois jours plus tôt, il avait chargé Corneille Scheffer, ancien élève de Louvain et diplomate attaché aux services impériaux, d'écrire secrètement à Erasme pour lui demander son avis raisonné sur le projet de pacification religieuse. Son nom ne serait divulgué qu'avec son aveu. On savait l'affection sincère du chancelier pour Erasme, qui dut éprouver cette perte comme un désastre. Il avait écrit à l'empereur et au chancelier deux lettres confidentielles, et qui sont perdues.

Erasme, dont la politique religieuse était mise ainsi à l'essai, aurait eu sa place à l'Assemblée. Mais il n'était pas venu en 1521 à Worms;

il ne vint pas en 1530 à Augsbourg. La maladie sans doute le retint; mais une fois encore il manqua, ou il évita, l'occasion de défendre en personne sa doctrine et son programme de réforme. Une fois encore on ne le vit pas prendre part à des débats où la voix d'hommes passionnés et convaincus aurait couvert la sienne.

Du moins, à plusieurs reprises, écrivit-il au cardinal Campeggio, légat pontifical auprès des princes et des villes, et qui avait demandé son avis; il répondit d'abord le 24 juin. De nouveau, il se plaignit de ses adversaires, et particulièrement du prince de Carpi, qu'il disait aidé par deux collaborateurs, dont un Espagnol, probablement Sepúlveda. On continuait à l'accuser d'être l'auteur responsable de tout le soulèvement de la Réforme. Sans illusion, avec lassitude, il dit qu'il ne voit plus d'issue que dans une intervention divine. Bien informé de la politique et de la situation générale de l'Empire, il constatait qu'en Allemagne les catholiques eux-mêmes se détachaient du pape; rien ne serait plus hasardeux qu'une guerre religieuse; les prêtres, en aucun pays, ne trouvaient de soldats; l'empereur n'obtiendrait par la force aucun succès.

Mais l'empereur semblait désormais n'en plus vouloir user. Erasme, une seconde fois, répondit, le 7 juillet, avec plus de précision. Bien que, toujours malade, il se dît peu capable de donner des conseils, il reconnaissait la modération de Charles-Quint et souhaitait qu'on l'y encourageât. Il insistait sur les discordes protestantes. L'autorité de Zwingli grandissait et semblait s'étendre plus largement que celle des honunes de Wittenberg. Mais le vieil humaniste, dédaigneux, accablé, laissait échapper cet aveu, précieux pour définir sa propre psychologie:

> Ce ne sont pas seulement les doctrines qui m'émeuvent, et particulièrement celle de Luther. Mais je vois, sous le prétexte de l'Evangile, apparaître un type d'humanité qui me déplaît de toute manière. Si du moins on pouvait, continue-t-il, tenir hors des débats les plus violents et les plus convaincus, non seulement Luther, mais Zwingli, Œcolampade et Capiton, on aurait le droit de concevoir une espérance d'apaisement.

Il ajoutait quelques mots de pitié pour les anabaptistes cruellement réprimés: «Ils sont possédés d'une sorte de frénésie, et pourtant on affirme qu'il existe dans cette secte des hommes qui ne sont pas sans vertu»[5].

Cependant les invitations à la Diète se faisaient plus pressantes. Erasme, le 9 juillet, expliquait à un ami padouan, Luca Buonfigli, son attitude. Quand même la maladie ne l'eût pas retenu, il n'éprouvait nul désir de se montrer à Augsbourg, et ne se sentait pas assez fort pour s'y imposer. Les questions à débattre étaient si compliquées que le Concile oecuménique ne les résoudrait pas en trois ans: «Si j'y exprimais quelque opinion juste, poursuivait-il, on me traiterait de luthérien». La diète semblait annoncer et préparer ce concile; Erasme n'aimait pas les conciles. Revenant au projet qu'il avait déjà soumis à Léon X et Adrien VI, il ajoutait: «Si le litige n'est pas examiné par des hommes de très grande autorité, venus de tous pays, on ne fera rien». Encore une fois, il souhaitait que l'on écartât d'une telle assemblée, qui n'eût pas été un concile mais une libre conférence, toutes les passions humaines[6].

C'est le 18 août qu'il finit par exposer plus exactement, dans une nouvelle lettre à Campeggio, sa politique religieuse. Lettre qu'il n'a jamais publiée, écrite en secret, interceptée par les évangéliques, imprimée par eux à plusieurs reprises, et qui n'est pas arrivée à destination, si une autre copie n'en fut pas remise à Campeggio. Il croyait alors savoir Charles-Quint résigné à l'échec des pourparlers pacifiques, et prêt à faire entendre des menaces de guerre. On peut à la rigueur admettre cette tactique; mais s'il veut passer à l'acte, rien ne pourrait être plus dangereux. L'autorité de l'empereur n'est pas absolue; les Allemands ne l'admettent que sous certaines conditions; ils veulent commander plutôt qu'obéir. Les domaines de l'empereur sont épuisés par ces entreprises politiques et militaires. Les villes de l'Empire ont, en très grand nombre, adopté la Réforme. Si l'empereur, par scrupule de piété, commet l'imprudence de vouloir trop complètement satisfaire le Souverain Pontife, on peut craindre que cette politique soit généralement désapprouvée, et il faut tenir compte du danger constant de l'invasion turque. Pour la guerre religieuse, il ne disposerait que d'une armée peu sûre. Mais Erasme veut croire que l'empereur, en réalité, souhaite la paix: pourquoi faut-il qu'à la diète les violents aient l'air de l'emporter, et que malgré l'empereur, on n'y parle que de guerre? Déjà les hostilités incessantes ont réduit à la misère la France et l'Italie. La guerre religieuse dans l'Empire y entraînerait la subversion totale de l'Eglise, d'autant plus que l'opinion générale attribue la responsabilité de tous les troubles à la politique du pape soutenue par les évêques et les abbés. Le pouvoir impérial pourrait même être en péril[7].

Ainsi Erasme, peu confiant dans la politique érasmienne de l'empereur et du chancelier, continue de redouter l'échec de la diète, et semble prévoir un siècle d'avance la guerre de Trente ans, l'abaissement de la Maison d'Autriche devant les Etats allemands, les princes et les villes. Et pour éviter les désastres qu'il sent venir, il propose la paix religieuse, même au prix de graves concessions.

> Sans doute, reprend-il, j'exècre l'insolence des chefs de secte et de leurs partisans. Mais, plutôt que de réprimer, il faut considérer ce qu'exige la tranquillité du monde chrétien... Il ne faut pas totalement désespérer de l'Eglise. Elle a traversé autrefois des tempêtes plus dures, lorsque dans la même cité vivaient des Ariens, des païens et des orthodoxes, tandis qu'en Afrique s'agitaient furieusement Donatistes et Circoncellions, que les Manichéens et les Marcionistes étaient encore maîtres de nombreux pays et que les Barbares forçaient le passage des frontières. Pourtant l'autorité impériale, sans effusion de sang, maintenait l'ordre et la paix. Le temps lui-même apporte quelquefois le remède à des maux qui semblent inguérissables.

Pour conclure, il propose la solution de tolérance que déjà l'Eglise romaine avait adoptée le 5 juillet 1436 vis-à-vis des sectes de Bohême par les *Compactata* d'Iihlava. Alors, pour la première fois, l'Eglise romaine, après avoir prêché la croisade contre une hérésie, rétractait ses anathèmes et composait avec ses adversaires. Sans doute le Saint-Siège ne souhaitait-il pas en 1530 de subir pour la seconde fois après un siècle écoulé pareille humiliation; plus grave, car elle se fût étendue non plus à une province comme la Bohême, mais à une vaste partie de l'Empire. Erasme le sait et il ajoute: «Ce serait un mal, je l'avoue, mais plus léger que la guerre religieuse, et une telle guerre...»[8].

Erasme, tout en protestant, selon l'usage, de son fidèle attachement à l'Eglise catholique, semble conseiller d'avance à l'empereur et au pape la solution qui devait intervenir, après plusieurs de ces guerres religieuses qu'il fallait à tout prix éviter, par le traité signé le 3 octobre 1555 à Augsbourg, entre l'autorité impériale et les protestants d'Allemagne, devant lesquels l'empereur, par l'intermédiaire de l'archiduc Ferdinand, capitula.

Erasme pourtant demeurait pessimiste. Plus libre dans sa correspondance avec Pirckheimer, il affirmait que l'empereur conformait sa politique à celle de Clément VII, toute dominée par le souci de détruire la république florentine. Il résumait le 6 septembre, à un familier peu connu, le mystère de délibérations qui devenaient inintelligibles: «Si l'empereur accorde quelques concessions aux sectes, elles pousseront des cris de victoire, et je ne vois pas qui pourra supporter leur insolence. Si l'autre partie l'emporte, qui tolèrera la tyrannie des moines?»[9].

Cependant se développaient les débats de la Diète. Luther, étant au ban de l'Empire, ne parut pas; l'électeur Jean de Saxe le retint à Cobourg. Mélanchthon, le 25 juin, présenta la Confession de foi de Wittenberg; Zwingli, le 31 juillet, celle de Zurich, Berne et Bâle. Bucer fut admis le 12 juillet à déposer la confession de Strasbourg et des villes du Sud. Mélanchthon, érasmien de formation, travaillé de scrupules et de doutes, était plus apte à une oeuvre de conciliation et d'harmonie qu'à la définition d'un système dogmatique. Nul n'était mieux désigné pour seconder les intentions érasmiennes de la chancellerie impériale, et visiblement il s'y efforça. Il insista sur les différences qui séparaient Luther de Zwingli; il atténua les désaccords de Wittenberg et de Rome. Son désir de laisser dans l'ombre les détails scabreux du litige le conduisit à une diplomatie médiocrement franche. Reculant jusqu'à la doctrine conciliaire, que Luther dans l'Appel *à la nation allemande* n'avait admise que par un artifice de polémique, il ne niait plus l'apostolicité du Siège romain, et se bornait, selon la tradition de Constance et de Bâle, à lui refuser une suprématie absolue sur les Eglises. Il admettait le caractère indélébile du sacerdoce; il reconnaissait les sept sacrements catholiques; il mit en relief la croyance luthérienne à la présence réelle, mais n'exposa qu'avec une ambiguité voulue, la négation luthérienne de la transsubstantiation. Au cours des débats, il finit par accepter la hiérarchie épiscopale, la confesssion auriculaire, les jeûnes et abstinences obligatoires. Il se contentait de demander provisoirement la communion sous les deux espèces et le mariage des prêtres, en attendant la décision du concile à laquelle par avance il se soumettait. Erasme aurait pu approuver un tel programme. Il avait écrit à Mélanchthon, le 7 juillet 1530, que pour résoudre les questions pendantes, il faudrait une dizaine de conciles. Mais un an plus tard, le 20 août 1531, il devait affirmer à Julius Pflug, doyen de Meissen, ancien élève de Padoue et de Bologne, que s'il avait pu se rendre à Augsbourg, il y aurait soutenu l'action de Mélanchthon[10].

Mais l'érasmisme de Mélanchthon ne pouvait plaire aux sacramentaires et à Luther lui-même. Zwingli, avec la plus courageuse netteté, ne dissimula rien de ses désaccords avec Rome et Wittenberg et rétracta même quelques amendements consentis à Marbourg. Bucer, depuis l'échec de Marbourg, semblait se rapprocher des luthériens, mais il restait intraitable en face de Rome. Cependant les concessions de Mélanchthon risquaient de ne pas paraître très sincères et de rester inutiles. Les théologiens catholiques ne se montraient prêts à céder ni sur les messes privées, ni sur le célibat sacerdotal, ni sur l'Eucharistie, ni sur la nécessité des oeuvres, ni sur la monarchie romaine. Et, comme on pouvait s'y attendre, Luther perdit patience. On ne pouvait concilier Dieu et Belial. Le 20 septembre il disait la guerre préférable à une nouvelle capitulation. Les princes désavouaient Mélanchthon. La rupture, fait éclatante. Le 22 septembre on rédigea le recès par lequel la Diète accordait aux luthériens sept mois pour rentrer dans la communion romaine et les sommait de coopérer avec l'empereur à la lutte immédiate contre les sacramentaires. Les princes protestants et les représentants des Cantons et des villes du sud quittèrent alors Augsbourg. Le 15 novembre 1530 Charles-Quint ordonnait l'application stricte de l'édit de Worms; le rétablissement des évêques, la restitution des biens d'Eglise sécularisés. Ainsi les pourparlers érasmiens d'Augsbourg, auxquels Erasme n'avait pas paru, n'aboutissaient ,qu'à une déclaration de guerre à la Réforme.

III

A la fin de novembre, Erasme, dans une lettre à Campeggio, avait laissé entendre qu'un tel insuccès ne le surprenait pas. «Je souhaitais la paix de l'Eglise, je ne l'espérais pas. Il ne nous reste plus qu'à désirer l'intervention du Christ et que l'empereur incline à des idées de paix». Mais Erasme craignait désormais la guerre religieuse en Allemagne. Revenant sur les événements des derniers mois, il affirmait maintenant qu'il serait allé à Augsbourg si sa présence avait pu être utile. «Mais, disait-il, je savais qu'il y avait là bien des hommes qui jugeaient tout d'après leur passion et croyaient servir l'Eglise alors qu'ils la ruinaient». Il attribuait aux conseillers ecclésiastiques de l'Empereur, aux membres ecclésiastiques de la Diète la principale responsabilité de la rupture. Il rappelait l'inutilité constante de ses propres interventions. Toutes les fois qu'il avait essayé d'agir, ses éternels ennemis l'avaient attaqués par derrière. Aléandre et Alberto de Carpi continuaient de le diffamer, voulaient sa perte; cependant il serait la première victime des luthériens et des zwingliens triomphants[11].

Erasme avait donc été absent. Comme il l'écrivait le 2 janvier 1531 à Wolfgang Oehm, prévost de Saint-Maurice d'Augsbourg, ancien élève de Padoue et ancien disciple d'Alciat à Bourges, il avait préféré vivre, et s'était presque réjoui de la maladie qui lui offrait l'excuse nécessaire. Il aurait craint de se faire trop voir en compagnie de Mélanchthon[12].

Ainsi, la politique érasmienne de conciliation religieuse venait d'échouer. Il en rendait responsables les théologiens des deux partis, également convaincus de posséder la véritable Eglise, la seule qui eût conservé la tradition du Christ et des Apôtres, la seule qui possédât les paroles de la vie éternelle. Il en rendait responsable le pape, incertain, sans idées nettes, sans franchise, étranger à la véritable vie religieuse, dominé par des soucis d'ordre temporel, par les intérêts italiens des Médicis. Il écrivait à Mélanchthon que le pape se réjouirait sans doute au spectacle d'une Allemagne déchirée par la guerre civile et religieuse. Le désaccord des Eglises réformées, la mauvaise entente des princes et des villes pouvaient encourager à Rome la politique du pire. Mais la culpabilité de Charles-Quint n'était pas moindre. Alors que le problème essentiel demeurait celui de la paix religieuse en Allemagne, il se laissait entraîner vers l'Italie par une politique de grandeur habsbourgeoise et, de plus en plus, la fondait sur une entente étroite avec Clément VII. Erasme avait écrit à Thomas More dès le 5 mai 1529, en des termes qui rappellent étrangement la dernière page de la *Monarchia* dantesque: «Je crains que l'Italie et les embrassements du Saint-Père ne le retardent trop longtemps; car je ne doute pas que dans sa piété il ne lui accorde tous les honneurs qu'un fils doit à son père». Le 16 janvier 1530, il écrivait à Boniface Amerbach: «L'empereur se complaît aux fêtes et aux embrassades italiennes, non sans les plus lourdes dépenses». La Hongrie est perdue, les Turcs ont ravagé l'Autriche et menacent de nouvelles invasions; et pourtant Charles-Quint perd son temps en Italie. Il sacrifie Florence au Souverain Pontife. Le siège de la ville, la politique brutale du pape discréditent en Italie l'autorité impériale[13]. Mais Erasme continue de ne guère se fier à une modération toujours peu vraisemblable des luthériens. Il sait l'obstination intraitable des zwingliens de Zurich et de Berne, des sacramentaires de Strasbourg et de Bâle.

La guerre religieuse prévue par Erasme semblait maintenant prête à se déchaîner. Les protestants d'Allemagne s'unissaient et formaient à

Schmalkalden, en mars 1531, pour la défense de l'Evangile, une ligue où s'accordaient luthériens et sacramentaires. Elle ne tardait guère à s'allier, en mai 1532, avec François Ier. Charles-Quint, d'accord avec Clément VII qui, en mai, avait dû lui promettre la réunion du concile, accepta de négocier. Le 23 juin, la paix de Nuremberg ajourna l'application des décrets d'Augsbourg. Mais déjà l'appel aux armes, différé dans l'Empire, avait divisé les Cantons suisses. La première guerre de religion du XVIe siècle, qui fut brève et tragique, avait mis aux prises catholiques et protestants, et Zwingli avait péri sur le champ de bataille de Kappel. Erasme jugea durement le réformateur de Zurich: «Zwingli, écrivait-il à Boniface Amerbach le 24 octobre 1531, a trouvé des juges parmi les hommes; souhaitons que Dieu le juge moins sévèrement»[14].

Pour éviter ces guerres religieuses, dont les Cantons suisses venaient d'offrir au monde chrétien comme un premier essai, le gouvernement français semblait alors s'engager à son tour dans cette politique érasmienne de conciliation qui, admise par le chancelier érasmien de Charles-Quint, avait échoué au débat d'Augsbourg. La monarchie française semblait glisser peu à peu vers la Réforme. Marguerite de Navarre avait en 1531 publié le *Miroir de l'âme pécheresse*; elle avait établi à Nérac, auprès d'elle, le vieux Lefèvre d'Etaples gagné à la réforme sacramentaire des Strasbourgeois. Quelques prédicateurs de tendance luthérienne prêchaient au Louvre devant le roi trois ans de suite, pendant le carême, de 1531 à 1533. Le gouvernement royal, sans accorder la moindre confiance à Clément VII et à son projet conciliaire, admettait la pensée d'établir, d'accord avec les protestants d'Allemagne, le programme d'une réforme évangélique et modérée, dont on eût imposé l'acceptation à l'empereur et au pape. Les politiques de Schmalkalden auraient volontiers payé d'importantes concessions doctrinales l'appui de la France. Mélanchthon était de nouveau prêt à les formuler dans un esprit érasmien. Luther s'enfermait dans un silence mécontent. Erasme put croire alors, plus qu'au temps de la Diète d'Augsbourg, qu'on l'écouterait peut-être. En octobre 1533, il publiait sur la réconciliation des Eglises son *De Sarcienda Eccelesiae concordia* où il ne faisait guère que répéter ce qu'il avait dit si souvent[15].

Il conseillait aux Eglises une tolérance mutuelle, et l'abandon des problèmes dont la discussion n'aboutissait qu'à troubler les consciences; le renoncement aux polémiques violentes, la suppression des pamphlets agressifs, le respect des images, qui, dans les temples, semblaient perpétuer une poésie silencieuse; enfin, la convocation d'un concile, sous le contrôle et avec une large représentation des autorités laïques.

Mélanchthon achevait en ce temps la seconde édition du grand ouvrage doctrinal, *Loci communes rerum theologicarum*, où il avait, dès 1521, présenté l'exposition la plus systématique et la plus solide de la doctrine luthérienne. Il y introduisait, dans un esprit érasmien, de très importants adoucissements. Il ne condamnait plus sans restriction ce libre arbitre défendu par Erasme contre Luther; il le laissait coopérer avec la grâce et refusait de croire que l'observation de la loi ne méritât aucune récompense. Plus confiant qu'Erasme dans l'avenir, il ne voulait pas plus qu'à Augsbourg désespérer d'une réconciliation des Eglises. Le 1er août 1534 il adressait à l'ambassadeur royal dans l'Empire, Guillaume Du Bellay, son *Consilium de moderandis controverses religionis*.

Dans un esprit de concorde toute érasmienne, on devait tolérer les abus qui n'altéraient pas la doctrine et ne contraignaient pas au péché. Il n'aurait pas rejeté la primauté du pape, une fois reconnue de droit humain; ni la hiérarchie épiscopale, ni l'ordination, ni la côtifession, ni, pour les cérémonies et les abstinences, l'usage traditionnel. Sur le péché originel, sur le libre arbitre, sur l'insuffisance des oeuvres pour le salut, sur les abus du culte des saints, on pouvait aisément s'entendre. Il appartiendrait au pape et au concile d'abolir les messes privées, d'accorder le calice aux fidèles, de rendre facultatif, sauf pour les évêques, le célibat sacerdotal.

Il n'est pas sûr qu'Erasme ait été informé de ces négociations. Déjà il n'accordait plus à Mélanchthon la même confiance. Pourtant une étroite parenté intellectuelle semblait rapprocher ces deux hommes. Mélanchthon n'avait jamais visité l'Italie; mais il était l'élève et le neveu de Jean Reuchlin et, par l'intermédiaire de cet initiateur des études hébraïques en Allemagne, de cet humaniste passionné qui avait visité Rome, Venise et Florence, il conservait une part précieuse d'héritage italien. Mais, tout érasmien qu'il pût être et disposé à mitiger les affirmations les plus impérieuses de Luther, il maintenait toutes les libertés que Wittenberg et l'esprit germanique avaient pu conquérir sur la monarchie romaine et sa tradition. Si bien qu'Erasme, dans un moment d'impatience, finissait par écrire le 5 mars 1534 à un de ses amis polonais, Jean Laski: «Son style est moins violent, mais il n'entend s'écarter aucunement des dogmes, luthériens, et j'irais presque jusqu'à dire qu'il est plus luthérien que Luther lui-même»[16].

NOTES

[1] ALLEN, **6**, VIII, 2150, lettre à Girolamo Riccio, médecin d'origine juive, en faveur auprès de l'archiduc Ferdinand.

[2] *Ibid.*, 2157, Fribourg, mai 1529; sur la conférence théologique de Valladolid, voir BATAILLON, **21a**, p. 260-295.

[3] ALLEN, **6**, VIII, 2355, à Jean Rinck, Fribourg, 19 juillet 1530, 69-70: in credibilis omnium rerum charitas, genus hominum parum hospitale.

[4] *Ibid.*, 2188, à Charles Utenhove, Fribourg, 1er juillet 1529.

[5] *Id.*, VIII, 2328; 2341; 11-13: Me non tam mouent dogrnata, praesertim Lutheri, quam quod video sub praetextu Euangelii nasci genus hominum quod mihi modis omnibus displicet.

[6] *Ibid.*, 2347, Luca Buonfigli, 5-11.

[7] *Id.*, IX, 2366, 6-9, 10-21, 30-34.

[8] *Ibid.*, 39-52, 54-55.

[9] *Ibid.*, 2371, 14-18; 2380, 14-18.

[10] *Id.*, VIII, 2343, 2-3; IX, 2522, 152-154.

[11] *Id.*, IX, 2411, 1-3, 23-25.

[12] *Ibid.*, 2419, 11-12: Istuc non nisi summo vitae discrimine proficisci lictiisset, itaque malui viuere. —2522, à Julius Pflug, Fribourg, 20 août 1531, 155-158: Erant tum illic, qui quosdam integerrimos nec extremae dignitatis viros clamarent haereticos, non ob aliud, nisi quod aliquoties cum Melanchtone miscuissetit collaquium: quid dicturi, si Erasmus crebro cum illo contulisset ?

[13] ALLEN, **6**, VIII, 2256, 18-19: Interim Cesar indulget osculis et pompis Italicis, non sine maximis impendiis. —2295, à Lord Mountjoy, Fribourg, 28 mars 1529 ou 1530, 13-15; IX, 2371, à Pirckheimer, Fribourg, 29 août 1530, 10-12; 2375, à André Kriczki, Fribourg, 1er septembre 1530, 86-88. Nunc Florentia pertinaciter obsessa, et a Clemente, nisi vanus est. rumor, parum clementer vexata, vix credas quantum addat invidiae; 90-92.

[14] *ibid.*, 2561, 6-7 Zuinglius habet iudicium uum apud homines, vtinam inueniat mitius apud Deum.

[15] *Id.*, X, 2852. Dédicace de l'ouvrage à Julias Pflug, Fribourg, 31 juillet 1533.

[16] *Ibid.*, 2911, 24-25: Scribit ille quidem minus violenter, sed a dogmatis lutheranis nusquam culmum latum discedit; est ipse, pene vt ita dixerim, ipso Luthero lutheranior.

III - ÉRASMIENS D'ITALIE

Malgré la froideur croissante des humanistes italiens pour l'oeuvre d'Erasme, pour sa critique, pour la liberté religieuse de sa pensée, il conservait en Italie des lecteurs, des amis, des partisans, des élèves. Quelques-uns de ces hommes appartenaient au haut clergé, d'autres vivaient dans de grandes villes universitaires, d'autres enfin, plus modestes, habitaient des centres moins éclatants, ou conservaient à l'étranger le souvenir des lectures érasmiennes qui avaient ému leur coeur, ouvert leur intelligence.

I

Le type le plus accompli de l'érasmisme catholique et de la prélature érasmienne peut être représenté par Jacques Sadolet: l'excellent latiniste, le cicéronien exempt de toutes les superstitions littéraires des cicéroniens d'Italie, l'héritier des enthousiasmes de la Renaissance, l'homme de vie intérieure qui fut membre de l'Oratoire de l'Amour divin aussi naturellement qu'il appartenait à l'Académie romaine, le prélat qui dans son diocèse de Carpentras au Comtat-Venaissin consacrait ses efforts à des oeuvres d'assistance et d'éducation populaire. Sadolet ne cessa jamais de tenir Erasme pour un maître de vie religieuse; ni de trouver dans ses commentaires et ses paraphrases du texte biblique, dans ses apologies, dans les préfaces de ses éditions patrologiques, dans les digressions de tant d'écrits où le retour inattendu des problèmes religieux démontrait que l'esprit d'Erasme en était hanté jusqu'à l'obsession, un sens exact, sincère, parfois émouvant et profond, des enseignements du Christ. Il avait assez pratiqué les livres d'Erasme, il connaissait assez l'Eglise romaine, il avait suivi assez longtemps la Curie pour ne conserver aucun doute sur la nécessité urgente d'une réforme intellectuelle, morale, religieuse du monde chrétien; et sans doute la concevait-il à peu de choses près comme Erasme.

La correspondance d'Erasme avec Sadolet fut sans doute une des rares consolations de ses dernières années. Le 12 février 1530, le prélat dit son admiration pour les écrits spirituels d'Erasme; il souhaite que son ami ne perde plus un labeur précieux à des apologies contre des adversaires indignes. Erasme, le 14 mai, affirme que l'Eglise romaine n'est pas encore perdue si elle produit des évêques comme Sadolet. Il s'applique à dégager, d'accord avec lui, l'esprit de cette religion chrétienne à laquelle tous deux restent si profondément fidèles. Il pense retrouver en Sadolet quelque chose de John Colot, élève de l'Italie. Il ne peut s'empêcher de revenir sur les débuts de ce mouvement révolutionnaire, qui bouleverse le monde chrétien. Toute l'affaire a été mal conduite. Les moines et les théologiens ont compromis l'Evangile et l'Eglise romaine; et une fois de plus, Erasme s'accuse d'avoir trop librement écrit, en des temps qui permettaient et encourageaient la liberté[1]. Sadolet répond de Carpentras le 17 septembre 1530. Il reconnaît chez Erasme la profondeur du sentiment religieux, la fermeté dans la résistance à l'erreur. Il résume en quelques mots la grandeur de l'oeuvre humaniste d'Erasme, et trouve pour la définir le langage d'un écrivain de la Renaissance. Nous apprenons par cette lettre que Sadolet avait, sans doute inutilement, conseillé à Clément VII d'accorder à Erasme, une haute dignité dans l'Eglise germanique. Erasme, le 7 mars 1531, confie au prélat que, malgré des invitations pressantes, la maladie pendant toute l'année précédente l'a tenu prisonnier aux mains des médecins, et ne lui a pas permis de se rendre à Augsbourg. Mais il laisse ignorer à Sadolet qu'il a préféré ne pas s'y montrer. Il reconnaît qu'il perd son temps à écrire des apologies; du moins n'a-t-il jamais composé d'invectives; et il y a certaines calomnies contre lesquelles on doit protester. Il est attaqué par les bêtes et certains de ses adversaires ne sont que des insectes. Certains Italiens se sont efforcés de le diffamer auprès de l'empereur; il a pu rétablir la vérité. Et comme Sadolet, dans la lettre précédente, a posé la question du culte des saints et des images, il s'efforce d'aboutir sur ce point à quelques formules justes et nuancées, également éloignées de la superstition et du vandalisme. Il aime trop les oeuvres de l'art humain et les joies qu'elles donnent aux hommes pour approuver la destruction des images dans les Eglises; mais il sonhaite des images dignes des Eglises. Bien qu'aucun texte de l'Ecriture ne permette l'invocation des saints, il ne veut pas la désapprouver; mais elle ne doit pas envahir toute la religion comme si le Christ n'existait plus ou comme si les saints étaient moins inexorables. Il passe en revue ses adversaires, il résume ses misères et conclut que peut-être toutes ces tribulations étaient nécessaires à son salut[2].

Le 22 février 1532, Erasme dédie à Sadolet l'édition des oeuvres de saint Basile, et s'étend avec complaisance sur les vertus et les talents des Pères de l'Eglise grecque, et de celui qui fut l'un des maîtres des études antiques et chrétiennes. Sadolet, qui reprend alors son commentaire sur l'Epître aux Romains, le remercie le 8 mai. Erasme lui adresse, en avril 1533, son *Explanatio Symboli* publié le mois précédent chez Froben; Sadolet a vivement goûté ce résumé commode et clair du Symbole des Apôtres, du Décalogue et de l'Oraison dominicale. Il achève alors son commentaire de l'Epître aux Romains; œuvre de spiritualité érasmienne où l'étude exacte des doctrines de l'Apôtre sur le mystère insondable de la grâce semble aboutir à la recherche de quelque illumination mystérieuse. Il sollicite l'avis et la critique d'Erasme[3]. Cette réponse n'existe plus, et Sadolet fut long à répliquer. Erasme craignit de l'avoir froissé. Une mission diplomatique à l'entrevue de Marseille, en octobre 1533, où François Ier rencontrait Clément VII et où fut décidé le mariage d'Henri d'Orléans et de Catherine de Médicis,, éloigna quelque temps Sadolet de Carpentras; Erasme lui adressait, le 31 octobre, une lettre affectueuse et pressante. Il lui avait envoyé le conunentaire de Mélanchthon sur la même Epître. Nulle part le collaborateur de Luther n'avait, sous une apparence de simplicité, plus habilement sollicité le sens de l'Ecriture. Mais l'ouvrage restait un précieux recueil de textes et d'opinions. Sadolet, également inquiet de ne rien savoir d'Erasme, exprime le regret que le destin ne lui ait pas permis de vivre dans la même ville que lui, en pleine communion d'étude et de pensée. Le 9 décembre 1534, il répond enfin à la lettre du 31 octobre; il affirme à Erasme le prix et la reconnaissance qu'il attache à ses critiques[4].

Ainsi se développe une correspondance singulièrement riche, qui ajoute quelques traits nouveaux à la connaissance d'Erasme, de sa pensée, de son oeuvre, de son humanisme. D'autres correspondants interviennent au cours de ces dernières années: amis d'Erasme, toujours dévoués à sa personne. Agostino Trivulzio, évêque de Bayeux où il ne résidait guère, cardinal depuis 1517, est le type même du prélat de grande famille; curieux de patrologie grecque, curieux encore de l'histoire des papes et des cardinaux, il aime Erasme et les érasmiens. Le 12 avril 1531 Erasme se plaint à lui d'être calomnié à Rome par ceux qui l'ont connu le plus intimement; il le prie d'intervenir auprès de Clément VII pour défendre la vérité[5]. Luigi Canossa, presqu'au terme de sa carrière de prélat et de diplomate au service du gouvernement français, conserve pour Erasme, qu'il a vu familièrement à Londres chez Ammonio, des sentiments d'estime et d'amitié[6].

L'érasmisme italien rayonne encore autour de Padoue et de Venise, grâce à la fidèle amitié de Bembo et d'Egnazio.

A Padoue, l'enseignement de Pomponazzi semblait introduire l'averroïsme, rajeuni par une connaissance scientifique des commentateurs grecs d'Aristote, dans le courant de la Renaissance. Erasme et les érasmiens, non plus que les antiérasmiens, n'aimaient l'école où revivait hardiment et pour un siècle, avec l'aide du savoir grec, cette incrédulité arabe que Pétrarque avait exécrée. Cependant les cicéroniens continuaient de parler dédaigneusement d'Erasme et des humanistes barbares, disciples maladroits et ingrats de l'Italie. Mais quelques grands esprits conservaient le culte de l'oeuvre érasmienne.

Pietro Bembo pouvait compter, comme Erasme, parmi les grands écrivains de ce temps. Il restait, quoique vénitien, l'un des maîtres de la prose et de la poésie toscane, l'auteur platonicien des *Asolani*: il publiait en 1530 son *Canzoniere*, tout pétrarquiste d'inspiration et de langage. Baldassare Castiglione, aux dernières pages du *Cortegiano*, paru à Venise en 1528, avait mis en scène le commentateur inspiré du banquet platonicien et de cette dialectique de l'amour qui, de la beauté des choses matérielles, et des êtres vivants, s'élève jusqu'à la splendeur des beautés incorruptibles et divines. Dans sa villa voisine de Padoue, sur les bords de la Brenta, parmi ses jardins, ses oeuvres d'art et ses manuscrits antiques, il demeure l'admirateur de l'art moderne, le défenseur génial de l'antiquité classique, le spiritualiste enthousiaste qui, selon l'exemple de Pétrarque et les formules érasmiennes de l'*Enchiridion* et des *Colloques*, réconcilie le Christ et Platon. Egnazio, l'excellent humaniste vénitien, l'helléniste qu'Erasme avait connu en 1508 à l'Académie aldine, demeurait catholique érasmien.

Erasme n'avait, en 1509, connu Bembo ni à Venise ni à Rome; il ne devait jamais le rencontrer; il ne devait plus rencontrer Egnazio. Mais il échangeait avec eux depuis longtemps des lettres amicales. Une nouvelle occasion lui en fut donnée par le voyage à Padoue de deux jeunes hommes, venus de ces Pays-Bas vers lesquels se tournait la nostalgie d'Erasme. Le premier, Charles Utenhove, d'une famille gantoise, avait, de juillet 1528 à la révolution bâloise, habité la maison d'Erasme. Il suivit depuis lors et jusqu'en septembre 1531 les cours de l'Université padouane. Erasme fondait sur sa culture et ses talents de grandes espérances, assez vite déçues. Wigle van Aytta venait de Zuichom en Frise; il avait été, comme Erasme, élève de Deventer, et de Louvain; il avait écouté, au collège Busleiden, l'enseignement et les leçons de Conrad Goclen; il avait étudié le droit sous Alciat aux Universités d'Avignon et de Bourges, où pendant quelques mois, il suppléa son maître en 1530. Inscrit à Padoue, en août 1531, il devait y rester deux ans, préparant divers ouvrages qui, publiés à Bâle, confirmèrent sa réputation de juriste. A Fribourg, en janvier 1534, il put visiter Erasme. Il devait obtenir de hautes fonctions et jouer un rôle important aux Pays-Bas sous Charles-Quint et Philippe II.

La correspondance d'Erasme avec Bembo, avec Egnazio, est en partie consacrée à recommander ces étrangers et à suivre leurs passages. Mais en même temps s'y manifeste l'amitié réciproque qui l'unissait aux deux grands Vénitiens. Erasme tenait en haute estime l'Université de Padoue, ses maîtres et leur enseignement; il rêvait parfois d'achever sa vie parmi eux. Les lettres de Utenhove et de Wigle van Aytta contiennent des détails précis et parfois pittoresques sur cette Athènes de l'Italie du Nord. Malgré l'affabilité généreuse de Bembo, il est difficile d'entretenir avec lui des rapports vraiment familiers, parce qu'il n'aime guère à parler latin. Egnazio est un vieillard éloquent et gai, dans ses leçons vénitiennes comme dans le privé. En public, orateur latin abondant et disert, il multiplie volontiers les expressions et les phrases italiennes, qui lui attirent le succès parmi les auditeurs de distinction. La lutte des cicéroniens et de leurs adversaires se poursuit à Padoue. Les premiers affectent de dédaigner les Transalpins et l'oeuvre d'Erasme; ils n'estiment que Cicéron et ses pénibles imitateurs. Mais d'autres parmi les Italiens reconnaissent tout ce que le savoir moderne doit à Erasme, et sont impatients de l'accueillir parmi eux. Egnazio s'est informé affectueusement d'Erasme et ne parle de lui qu'avec honneur. Bembo, poète éloquent, va jusqu'à proclamer que l'Italie entière admire l'oeuvre érasmienne. Le maître croit savoir que la librairie aldine est devenue moins active; mais les successeurs de Froben entreprennent une nouvelle édition de Tite Live, pour laquelle Beatus Rhenanus, Henri Loriti de Glaris, Sigismond Gelensky cherchent des sources nouvelles. Il serait heureux que Bembo pût leur confier un manuscrit vénitien, qu'il possède, des six premiers livres de la troisième Décade. Il s'agissait d'une copie de Poggio Bracciolini, appartenant à Bembo, qui s'excusa de ne rien envoyer, car elle n'ajoutait rien au texte déjà publié par Alde[7].

Erasme voulut également recommander à ses amis padouans et vénitiens le jeune portugais Damian de Goes, agent commercial de Jean III aux Pays-Bas et en Afrique, lié d'une vive amitié avec les humanistes d'Anvers. Le théologien bâlois Louis Ber, qui, après avoir enseigné plusieurs années à la Sorbonne et professé la théologie à l'Université de sa ville natale, avait refusé d'adhérer à la Réforme et, depuis la révolution bâloise, s'était fixé à Fribourg, a visité Rome en 1530; il y revient au printemps de 1535 et, au retour, s'arrête à Padoue pour saluer Bembo au nom d'Erasme. Bembo remercie Erasme de lui avoir fait connaître le jeune Portugais plein de savoir, de finesse et de modestie. Il est heureux de lui ouvrir sa maison. Il a conversé volontiers avec Louis Ber, dont il admire la science, la gravité, la religion; il l'a longuement interrogé sur Erasme; il se réjouit d'apprendre les dispositions favorables de Paul III à l'égard du rénovateur de la théologie chrétienne[8].

Erasme a pu connaître d'autres Padouans. Il ne semble pas avoir éprouvé une vive curiosité pour Lazzaro Bonamico. Cet élève de Musuros et de Pomponazzi comptait parmi les cicéroniens, et sous l'extrême élégance de sa prose classique, ne laissait deviner que peu des: pensées rares. Mais Luca Buonfigli, secrétaire de Campeggio à Augsbourg et à Ratisbonne,, chambellan papal en 1523, restait un ami dévoué de l'humanisme érasmien, un lecteur des Pères grecs aussi bien que des poésies siciliennes de Théocrite, de tragédies de Sophocle et. d'Euripide, un admirateur d'Erasme. Mais le vieil humaniste semble avoir gardé un véritable culte pour Niccolò Leonico Tomeo. Fils d'un Epirote établi à Venise, peu après l'invasion turque, il appartenait par son âge, étant né en 1456, à la génération qui avait pu entendre, à Florence ou à Milan, les leçons de Chalcondylas. Il avait enseigné dix ans la philosophie à Padoue,. commentant pour la première fois Platon et Aristote d'après le texte grec; passé vingt autres années, professeur de philosophie, à Venise; depuis 1524, il ne quittait plus Padoue. Il avait traduit divers écrits d'Aristote et de Proclos, imprimé à Florence en 1527, sous le titre de *Variae Historiae*, une importante miscellanée; on connaissait encore de lui divers traités et dialogues. Il travaillait en plein accord avec les amis anglais d'Erasme, Latimer, Linacre, Tunstall. Erasme. le tenait pour un savant et pour un saint; il mourut le 28 mars 1531[9].

Andrea Alciati, bien que Milanais, avait souhaité vivement une chaire à Padoue. Il y avait autrefois étudié; juriste, historien, helléniste et latiniste, fort en faveur auprès des autorités françaises de Lombardie, il savait enseigner le droit en ami des lettres. Professeur à l'Université d'Avignon pendant dix années, avec divers intervalles, de 1518 à 1529, il professa jusqu'en 1531 à l'Université de Bourges. Il avait inutilement désiré les chaires de Padoue et de Bologne. La bienveillance de François-Marie Sforza, duc de Milan, l'appela, en 1533, à Pavie. Il devait encore, avant d'y terminer en 1552 sa carrière et sa vie, professer à Bologne et à Ferrare. Zäsi l'estimait hautement pour son savoir juridique; Erasme lui avait rendu hommage dans les *Chiniades*. Les amis de la culture antique lui savaient gré d'avoir, dans ses *Emblemata*, publiés à Augsbourg en 1531, exposé les symboles de diverses épigrammes antiques et ajouté un complément ingénieux aux *Adages* érasmiens. De nombreuses éditions, des versions en plusieurs langues, devaient assurer la vogue de l'ouvrage bien au delà des limites du XVIe siècle. Ami des imprimeurs bâlois et de Boniface Amerbach, il correspondait avec quelques maîtres l'humanisme européen[10].

Il échangeait avec Erasme des lettres amicales et confiantes. Il le tenait au courant d'une carrière traversée de déceptions. Il se plaignait, le 1er mars 1530, de n'avoir pu encore obtenir une chaire en Italie. Erasme, vers le 24 juin, lui répondait: «Un sentiment pieux vous portait à servir votre patrie; mais Dieu a voulu que votre érudition pût éclairer un plus grand nombre d'esprits». Erasme lui souhaitait plus de patience. Il écrivit d'ailleurs un jour à Damian de Goes qu'en Italie nul ne s'étonnait si un homme fort âgé continuait d'enseigner publiquement. Alciat lui conseille de perdre moins de temps à confondre ses adversaires, et de garder une haute idée de son génie et de son oeuvre. Mais Erasme reconnaît que son destin le condamne à des luttes fastidieuses et toujours renaissantes. Ses ennemis l'ont diffamé devant Clément VII et Charles-Quint. Les calomniateurs méritent d'être confondus; il est bon que les hommes de coeur sachent la vérité et apprennent à se défendre contre le mensonge. Ils doivent savoir que la culture humaniste ne se confond pas avec l'hérésie. Alciat a la chance d'enseigner une discipline qui offre moins de prétextes à d'odieuses querelles. Erasme revient avec ennui sur les folles colères des cicéroniens; quelle erreur a commis Longueil, lorsque pour le vain renom de purisme cicéronien et le titre vide de citoyen romain, il a négligé ses études grecques! Il en aurait sans doute tiré plus de profit pour lui-même et pour le bien commun du savoir public[11].

II

A Ferrare, capitale de la plus éclatante poésie toscane, où l'Arioste, après avoir achevé d'imprimer, en octobre 1532, la rédaction définitive de l'*Orlando Furioso* en quarante-six chants, mourait le 6 juin 1533, l'humanisme et ses querelles, malgré la tradition de Guarino, restait affaire de collège. Erasme connaissait, depuis un lointain séjour qui datait de décembre 1508, Celio Calcagnini. Après avoir servi dans les armées de Maximilien et de Jules II, puis chanoine à la cathédrale de Ferrare, il avait enseigné à l'Université; passé au service de la famille ducale, et particulièrement du cardinal Hippolyte d'Este, il avait soutenu la politique princière auprès de Jules II, de Léon X, d'Adrien VI; il devait la servir encore sous Paul III; il avait accompagné Hippolyte en 1516 auprès de la cour de Hongrie; il assista, le 18 avril 1518, au mariage de Sigismond Ier de Pologne avec Bona Sforza, célébré à Cracovie. Il savait les sciences, la botanique, l'astronomie; il aimait les fresques de Raphaël et la nouvelle architecture qui triomphait à Rome; en 1525, un moment attiré par la parole de Luther, la révolution religieuse qui se déchaînait en Allemagne, les violences et l'orgueil dogmatique des nouveaux Réformés l'avaient, malgré son mépris érasmien des moines, maintenu dans la foi traditionnelle. Alors, après Erasme,, il écrivit, contre le déterminisme luthérien, un *De libero arbitrio*. Il affirmait volontiers que la doctrine du salut par la foi seule et sans le secours des oeuvres risquait de conduire très vite à la religion facile. Mais il jugeait que les adversaires de Luther devaient travailler à sa réfutation avec plus de savoir et de doctrine. Le *Ciceronianus* le cita parmi les bons humanistes modernes qui ne se laissaient pas séduire par la superstition d'un purisme académique. ToutefoisErasme ne semble jamais avoir eu un goût très vif pour l'éloquence fleurie, prolixe, inépuisables de Calcagnini. Il connut le nom et peut-être les oeuvres d'un ami de Calcagnini, le médecin, Giovanni Manardi, traducteur de l'*Ars medicalis* de Galien; il avait aidé Jean-François Pic de la Mirandole à publier le *Adversus astrologos* de son oncle en 1495, et composé sur les questions de médecine un recueil de lettres, publié à Ferrare en 1521, et qu'Erasme peut avoir lu. On sait du moins que, comme Rabelais, il tint Manardi en haute estime[12].

Quelques érasmiens vivaient isolés dans des villes moins importantes, et trouvaient dans l'oeuvre du maître des consolations et l'aliment de leur vie religieuse.

De Sondrio, Martino Boellini, administrateur de divers cantons de la Valteline, adresse à Erasme, le 15 février 1529, une lettre touchante, pleine d'admiration et de reconnaissance, et qui reste un document pour l'histoire de la spiritualité érasmienne, et de la nourriture religieuse que certains isolés, vivant à l'écart des grandes querelles des écoles et des sectes, pouvaient tirer de ses écrits. «Nous prions Dieu, écrit-il peu avant la révolution bâloise, qu'il délivre cette ville du tumulte et enseigne à tous de n'avoir qu'une âme, non seulement pour être catholiques, mais pour pratiquer en toute vérité la foi catholique». Quelques mois plus tard, le 29 juin 1530, recommandant son fils Lazzaro qui s'inscrit à l'Université de Fribourg, il conte à Erasme que, lors d'un récent voyage à Venise, il a rencontré Bembo qui le charge de saluer le maître et de lui envoyer un petit écrit, qui probablement contenait les deux dialogues sur le *Culex* de Virgile et sur les ducs d'Urbino[13].

A Brescia, Emilio de' Migli, chancelier de la ville, correspondait avec Bembo et lisait passionnément les écrits d'érasmiens. En ces années où l'oeuvre humaniste et religieuse d'Erasme se développait amplement, c'était à l'*Enchiridion militis christiani* qu'il remontait pour y rechercher la vérité et la vie. Il annonçait à l'auteur, le 4 mai 1529, qu'il venait de traduire l'oeuvre dans cette langue toscane dont Bembo fixait définitivement les règles. Peu importait que Franciscains et Dominicains eussent récemment accueilli avec une joie maligne la fausse nouvelle de la mort d'Erasme. A Brescia, toutes les personnes de vie intérieure, prêtres, religieux, sermonnaires, dames cultivées, souhaitaient l'impression de ce texte bienfaisant. Il demandait seulement à Erasme de la permettre et, s'il était possible, de donner son avis sur la version. Il répondit le 17 mai qu'il verrait avec joie traduire en langue vulgaire ses principaux ouvrages.

> Pourquoi, demandait-il, travaille-t-on si activement à empêcher mes écrits de parler en langue vulgaire? La cause en est visible. Ces gens me couvrent sans cesse d'injures et trouvent l'audience de la multitude... si mes écrits parlaient la langue vulgaire, ces mensonges impudents seraient pris sur le fait.

Il conseille toutefois, pour éviter des conflits inutiles, de ne pas traduire la préface à Paul Volz, d'éclairer quelques phrases ambiguës, d'adoucir avec soin le ressentiment de quelques passages.

> Il faut admettre quelques concessions à ce siècle de sycophantes; mais je suis si éloigné d'entraver cette édition que je souhaiterais vivement voir la traduction de mes autres ouvrages, de ceux particulièrement qui furent écrits avec le moins de colère, et qui introduisent le mieux à la piété chrétienne par exemple les Commentaires aux saints Psaumes, la Comparaison de la virginité, et du martyre, la Miséricorde du Seigneur, le Mariage chrétien, la Veuve chrétienne et les *Paraphrases*. Je souhaiterais, continue-t-il, un traducteur français ou hollandais: mais rien n'est plus rare.

Finalement, il loue la piété chrétienne de Bembo. La version toscane de l'*Enchiridion* parut à Brescia le 22 avril 1531; elle ne semble pas avoir obtenu autant de succès que cette version castillane qui, en 1524, par les soins de Alonso Fernandez de Madrid, avait semblé pour quelques années conquérir l'Espagne à la spiritualité espagnole. Le messager d'Emilio de' Migli auprès d'Erasme avait été Vincenzo Magi, de Brescia, qui depuis la même année enseignait la philosophie à Padoue; dans le vocabulaire de l'*Enchiridion*, le traducteur le désigne comme un ennemi de toute superstition, et dévoué à la cause de la liberté chrétienne[14].

Deux jeunes italiens, Giovanni Angelo Odoni, né dans l'Abruzze, et Fileno Lunardi, originaire de Bologne, vivaient à Strasbourg sous la discipline protestante de Martin Bucer. Ils avaient étudié à l'Université de Bologne, Odoni la médecine et Fileno le droit. A Strasbourg, guidés par Bucer, et en relations amicales avec Capiton, ils s'initiaient à la théologie réformée. La critique érasmienne semble les avoir conduits à la Réforme et, comme tant d'esprits italiens, à dépasser Luther pour adhérer au radicalisme zwinglien. Il est possible que par la suite ils aient assuré les relations entre Strasbourg et les premiers groupes réformés de Ferrare. Cependant Odoni, humaniste et poète, homme de la Renaissance italienne, gardait le culte de Dante, de Pétrarque et de Machiavel. De Strasbourg, vers mars 1535, Odoni écrivit, pour lui-même et pour son ami, une longue lettre à Erasme, oratoire et un peu emphatique. «Salut Erasme, de tous les hommes de notre temps le plus éclatant par l'infinie variété des talents et des vertus». Suit une énumération de tous ses travaux, de ses oeuvres critiques et doctrinales; hommage rendu au nouveau Père de l'Eglise, défenseur de la science et de la vérité. Dans la querelle injuste des cicéroniens contre Erasme, il prend parti avec vigueur: il affirme qu'Erasme a toujours aimé l'Italie et toujours lui a rendu justice. Bientôt l'éloge d'Erasme se développe en hexamètres élégants et prolixes. Puis, reprenant la parole en prose, il énumère les grands humanistes qui ont sans cesse témoigné de leur amitié pour Erasme, Sadolet, Bembo, Egnazio, Calcagnini, Manardi, Alciat; mais, avec une sorte de prédilection, il a d'abord insisté sur Emilio de' Migli, traducteur de l'*Enchiridion*, sur tous ces prêtres, ces religieux, tout ce peuple italien, fidèles de tous âges, enfants, hommes faits ou vieillards, qui ont lu ces pages chrétiennes et en ont souhaité l'impression. Si parfois on a accusé Erasme d'avoir formulé sur l'Italie quelques jugements sévères, les plus grands Italiens eux-mêmes, comme Pétrarque et l'Arioste, ont durement traité leurs contemporains. Si l'on reproche à Erasme d'avoir dénoncé les tares et les vices du Saint-Siège, il n'a rien dit que Dante, Pétrarque, Boccace et Machiavel n'aient affirmé avec une autre virulence; le chancelier florentin n'a-t-il pas démontré que l'Italie, par la seule présence du Saint-Siège, a perdu toute religion? Erasme peut donc mépriser ses contradicteurs; tout ce qui compte en Italie garde pour lui une vénération reconnaissante. Ainsi par la pensée de ces jeunes gens, par leur hommage touchant à l'oeuvre du grand humaniste, s'établit le contact entre la critique érasmienne et les hérétiques italiens du Cinquecento[15].

NOTES

[1] ALLEN, **6**, VIII, 2272, 38-50; 2315, 97-300.

[2] *Id.*, IX, 2385, 50-56, 64-69; 2443, 5-8, 152-162, 196-226.

[3] *Ibid.*, 2611; 2648; 2772 et Introd. à 2816; 2816, 23-25, 32-34.

[4] *Id.*, XI, 2971, 21-25; 5973; 2982.

[5] *Id.*, IX, 2423, à Agostino Trivulzio, Fribourg, 30 janvier 1931; 2482.

[6] Sur Luigi Canossa, voir ALLEN, **6**, II, p. 382, Introd. à 489.

[7] *Id.*, VIII, 2209, à Utenhove, Fribourg, 1er septembre 1529, 5-6, 30-31; 2256, à Amerbach, Fribourg, 16 janvier 1530, 32-33; IX, 2657, Wigle van Haytta à Erasme, Padoue, 8 juin 1532, 71-75; 2568, le même à Erasme, Padoue, 18 novembre 1531, 6-8; 2594, le même à Erasme, Padoue, 17 janvier 1532, 8-13; 2568,10-13, 29-33, 8-9; VIII, 2144, Bembo à Erasme, Padoue, 4 avril 1529, 13-17; XI, 2975, le même à Erasme, Padoue, 11 novembre 1534, 19-23.

[8] *Id.*, XI, 2975, Bembo à Erasme, Padoue, 11 novembre 1534, 6-13; 3026, le même à Erasme, Padoue, 20 juin 1535, 7-13.

[9] *Id.*, VIII, 2347, à Luca Buonfigli, Fribourg, 9 juillet 1530, 1-2.

[10] ÉRASME, **1**, *Ad.* 259, 445, 1526, 1553, 3836.

[11] ALLEN, **6**, VIII, 2276; 2329, 20-22. IX, 2987, à Damian de Goes, Fribourg, 11 janvier 1535, 9-10; 2394, Alciat à Erasme, Bourges, 7 octobre 1530; 2468, Erasme à Alciat, Fribourg, 31 mars 1531, 52-54, 77, 151-152, 155-158.

[12] *Id.*, VI, 1587, Celio Calcagnini à Erasme, Ferrare, 6 juillet 1525, 34-36; 150-152; 69-74; sur Manardi, même lettre, 298-295 et note.

[13] *Id.*, VIII, 2102, Martino Boellini à Erasme, Sondrio, 15 février 1529, 27-30; 2337, le même à Erasme, Venise, 29 juin 1530, 26-28.

[14] *Ibid.*, VIII, 2154, Emilio de' Migli à Erasme, Brescia, 4 mai 1529; 2165, Erasme à Emilio de' Migli, Fribourg, 17 mai 1529, 25-30, 33-43. —Sur le succès de l'*Enchiridion* traduit en espagnol, voir BATAILLON, **21***a*, ch. IV, Illuminisme et érasmisme, L'*Enchiridion*, p. 179-242.

[15] ALLEN, **6**, XI, 3002, 1-2, 496-535; à noter plus particulièrement 501-509: Caeterum si tibi pro meritis agere visum esset inclementius, ansamue quaesisses eiusmodi, quantum dicendi campum habere potuisses satis ostendit Nicolaus Machiauellus, Florentinae reipublicae a secretis, rerumque politicarum callentissimus; qui nuper Clementis tempore libris, iisque Etrusca lingua, aeditis... testatus est Italiam nostram cum alia permulta et maxima, tum ipsam quoque religionem penitus omnem exuisse; idque ob Romanae sedis sanctitatem. —Cf. MACHIAVEL, *Discorsi sopra la Prima Deca....* voir p. 101, n. 8.

IV - ANTIÉRASMIENS D'ITALIE

I

Erasme persistait à tenir Aléandre pour le chef du choeur des antiérasmiens d'Italie. Il connaissait à n'en pas douter la réelle valeur de l'homme, cette érudition d'helléniste qui de 1508 à 1513 avait émerveillé Paris, son savoir d'hébraïsant. Sans doute, lors des querelles de Louvain, lui était-il échappé d'écrire dans une lettre familière: «Aléandre est un véritable maniaque, sot et méchant»[1]. Plus équitable en août 1525, il glissait dans l'*Apologie contre Cousturier* quelques lignes flatteuses en l'honneur de ce maître des langues antiques et des bonnes lettres[2]. La même année, à Pierre Barbier, l'un de ces hommes du Nord qui avaient accompagné Adrien VI en Italie, il avait écrit le 3 octobre: «J'admire son érudition, j'aime la forme de son esprit» et le 31 août, il était allé jusqu'à écrire: «J'aime Aléandre, et j'ai pour lui une haute estime»[3]. Trois ans plus tard, dans le *Ciceronianus*, il avait reconnu le rang éminent que tenait Aléandre parmi les humanistes italiens[4]. Mais il l'avait trop intimement fréquenté à Venise dans la maison d'Andrea d'Asola; il avait cru discerner alors chez lui une certaine incrédulité; c'est pourquoi il s'irritait de le rencontrer sans cesse à la tête de la résistance orthodoxe. Il croyait savoir qu'Aléandre était d'origine juive; les *Acta Academiae Lovaniensis* l'avaient nommé cousin de Judas. Il répétait volontiers la même affirmation. Aléandre ne se donna jamais la peine d'y répondre[5].

Le prince Alberto Pio de Carpi n'aurait jamais pu, sans l'aide d'Aléandre, achever dans les premiers mois de 1526 le livre où il accusait Erasme d'ignorance théologique, d'incapacité philosophique et d'hérésie. La publication du livre avait été retardée probablement grâce à la prudence bienveillante de Clément VII; puis le Sac de Rome avait pour quelque temps détourné les esprits romains de ces polémiques. Erasme en avait pu lire une première rédaction manuscrite. Il fut sensible à la courtoisie de l'auteur, qui lui témoignait tout le respect dû à son oeuvre d'humaniste. Mais le livre qui confondait, de façon systématique et avec une habileté trop visible, la cause d'Erasme et la cause de Luther, censurait aigrement la *Moria*, les *Paraphrases au Nouveau Testament* et le défenseur des lettres antiques. Erasme eut d'ailleurs l'impression qu'Alberto Pio ne l'avait pas lu et se bornait à répéter les propos recueillis au cours de ses conversations avec les théologiens. Mais, en même temps, se répandait, dans les milieux pontificaux, un écrit anonyme, intitulé *Racha*. L'auteur, sous prétexte de donner une interprétation exacte de diverses expression hébraïques, et notamment de ce terme qui, dans la Bible, désigne l'ignorance pernicieuse de toute vérité divine, et qu'il interprétait comme une formule de malédiction, accusait Erasme d'ignorer l'hébreu, et pour achever de le confondre, citait quelques textes du *Talmud*. Il protestait contre la malfaisance de sa critique scripturaire; il le rendait responsable de la révolution luthérienne; il s'émerveillait que tant de milliers d'hommes eussent, en Allemagne, expié par la mort leur impiété, et qu'Erasme fût encore en vie. Il lui souhaitait ainsi le sort des paysans, massacrés en foule à l'appel de Luther par leurs seigneurs. D'ailleurs les luthériens eux-mêmes ne pouvaient plus tolérer l'impiété érasmienne. Erasme crut reconnaître, dans ce petit écrit, le génie mauvais d'Aléandre. Le *Racha* ne fut jamais imprimé; il en existe toutefois une copie incomplète, due à un secrétaire d'Egidio de Viterbe. Mais rien ne démontre qu'il en soit l'auteur: Erasme possédait une copie du *Julius exclusus*, et il est peu probable qu'il l'ait composé[6].

La lettre fort tardive qu'Erasme adressait à Clément VII, le 3 avril 1528, où sommairement il déplorait le drame romain, déjà vieux de onze mois, contenait de nouvelles plaintes contre Aléandre et Alberto de Carpi. Une fois encore, il conseillait au pape la modération, et de ne pas écouter les hommes qui, dans la lutte anti-luthérienne, pensaient avant tout à la défense de leur autorité. Mais de la cour romaine et du pape ressuscité, il n'attendait plus aucun bien[7].

Alberto de Carpi, alors chargé en France d'une mission diplomatique par le Saint-Siège, tentait d'imprimer chez Josse Bade son pamphlet déjà connu des théologiens. Louis de Berquin, ami fidèle, traducteur compromettant d'Erasme, essaya d'en retarder la publication: elle eut lieu le 7 janvier 1529; Erasme reçut le volume à Bâle le 9 février. Il acheva promptement, le 13, une *Apologia ad Albertum Pium*, que les successeurs de Froben imprimèrent en mars[8].

Elle est d'un homme excédé, qui ne se soucie plus guère de convaincre ses adversaires ou le public, ou d'atténuer ses hardiesses. Il se sait poursuivi par la haine des moines; il rappelle certains mots d'ordre qui ont circulé dans les couvents: «Nous mettrons Erasme aux prises avec Luther, et nous les détruirons l'un par l'autre... Nous n'aboutirons à rien avant d'avoir étouffé la voix d'Erasme». Poursuivi depuis dix ans par la haine d'Aléandre, médiocrement soutenu et presque trahi par cette cour papale qu'il a vainement avertie, et dont nul châtiment ne corrigera jamais la légèreté, il ne pardonne pas aux hommes des couvents romains; après avoir répandu secrètement contre lui, sous Léon X et Adrien VI, les écrits de Zúñiga, ils encouragent maintenant le prince de Carpi et défendent contre toute atteinte de la critique érasmienne un dogmatisme confiant en son éternité. Honni depuis la publication du *Ciceronianus* par la plupart des humanistes italiens, émerveillé de leur inaptitude à saisir ce que la critique érasmienne contenait de pensée grave, déçu, irrité, il juge avec une liberté nouvelle le catholicisme transalpin, et l'asservissement des Italiens à cette Eglise romaine dont nul peuple ne parle sans plus d'irrespect. Avec une liberté nouvelle il juge la théologie ultramontaine. Jamais il n'a mis en doute que l'Eglise antique ne reconnût la primauté de Pierre. Mais il ne veut la voir s'exercer que dans le spirituel. Au temps du conciliabule de Pise, un maître de Sorbonne, —il s'agit en réalité du navarriste Jacques Almain—, a réfuté, en 1512, Caïétan, car ce commentateur de saint Thomas défendait l'absolutisme papal dans un esprit si maladroit de soumission que ses écrits ont causé plus de préjudice au Saint-Siège que les invectives de Luther. L'autorité des cardinaux ne restera pas intangible; Erasme n'est pas le premier qui ait discuté le problème historique de leurs origines, jugé leur nombre et leur faste également excessifs. Il a jadis écrit, et il ne s'en rétracte pas, qu'autrefois l'empereur convoquait le Concile. L'histoire en témoigne; il suffit de rappeler les assemblées de Constance, de Florence et de Bâle. Il refuse tout accord avec le conformisme extérieur et fictif qu'impose l'Eglise italienne. Elle lui paraît assez pauvre de doctrine et de vertu, impropre à l'éducation des foules. «Croyez-vous donc, demande-t-il au prince de Carpi, que nous ignorons comment vit le peuple en Italie?» Les italiens s'attribuent la maîtrise de tout savoir; et nulle part sans doute on ne trouverait plus de puristes; leur vie entière s'écoule à rechercher la perfection du style: «Mais dans nos pays les études philosophiques sont plus sérieuses; plus vigoureuses aussi les études théologiques, abandonnées presque entièrement chez vous à quelques moines». L'ironie érasmienne, si décriée et suspecte, a toujours ménagé la vraie grandeur morale. On l'accuse de n'avoir même pas respecté le Christ; mais c'est en Italie, dans la société des princes et particulièrement à Rome, qu'on entendrait le plus souvent rire de ce nom sacré[9].

En face d'une obstination, pour laquelle il ne subsiste aucune incertitude sur aucun point du dogme, Erasme une fois de plus justifie son attitude. Jamais il n'a eu la pensée de ramener à l'enfance des origines l'Eglise peut-être vieillissante. Mais le contact repris avec les générations primitives lui rendrait une jeunesse et une pureté inaltérables. Sans doute, il ne peut être question de réduire le pape à la condition d'un évêque, ou de supprimer les cardinaux, ou de rétablir de force, à l'intérieur du corps épiscopal, l'égalité, ou d'effacer le mariage du nombre des sacrements, ou de ne reconnaître dans l'Eucharistie qu'une simple commémoration, ou de supprimer les cérémonies et de fermer les couvents. Mais une vaste réforme est nécessaire. Elle regarde les chefs de l'Eglise. Il appartient du moins à un théologien de donner quelques conseils, lorsque l'Ecriture en offre l'occasion. Erasme persiste à juger et à dire que la protestation de Luther était justifiée. «Je n'ai jamais approuvé la violence de Luther; mais je n'ai pas désapprouvé le rôle qu'il semblait appelé à jouer, et j'ai vu mon sentiment partagé par des milliers d'hommes, et du plus haut rang, clercs ou laïques». Accusé d'avoir écrit trop tard contre Luther, il n'a du moins jamais dissimulé ses réserves, même devant l'électeur de Saxe. Pourquoi la Sorbonne s'est-elle tue? Pourquoi Mazzolini et Caïétan sont-ils intervenus avec si peu de succès? On blâme, dans les traités anti-luthériens d'Erasme une modération à laquelle pourtant le *De servo arbitrio* a mal répondu. Alberto Pio presse Erasme de reprendre plus vigoureusement l'offensive, s'il ne veut créer contre lui-même le soupçon de complicité secrète. Erasme refuse de céder à cette sommation. Mais ceux qui voudront écrire encore contre Luther, devront mener le débat avec les plus solides arguments ou s'abstenir[10].

II

Il demeurait plein d'inquiétude. Clément VII, malgré quelque sympathie pour sa personne, pour la culture humaniste qui lui devait tant, avait admis dès 1521 le caractère suspect de quelques-uns de ses livres. Il ne pouvait pas désavouer ces théologiens de Sorbonne dont l'appui était trop indispensable à l'Eglise catholique. Dans son entourage, Aléandre et Alberto Pio dénonçaient Erasme, luthérien secret. Il devait chercher dans la famille impériale de nouvelles protections. C'est pourquoi la réponse au prince de Carpi fut accompagnée en février 1529 de la *Vidua christiana*, dédiée à Marie de Hongrie, soeur de Charles-Quint et veuve du roi Louis. L'auteur y résume cette philosophie chrétienne, facile à concevoir si l'on écarte les affirmations et les discussions stériles dont les théologiens ont alourdi le texte de l'Ecriture. Il débat avec l'érudition d'un canoniste et d'un historien la question du second mariage des veuves, et du rôle que l'Eglise primitive leur réservait. Il leur trace avec soin un programme d'action. Il y admet les oeuvres, dont il soutient contre les luthériens le prix et le bienfait; l'aumône, dont il reconnaît la sainteté, pourvu qu'elle secoure véritablement la détresse des pauvre-, et ne dégénère pas en donations aux Eglises déjà trop fastueuses, en largesses imprudentes aux monastères. Il montre comme toujours peu de goût pour les austérités claustrales; il n'a jamais conseillé, il ne conseille pas d'y attirer la jeunesse. Du moins ne doit-on pas rompre sans autorisation, comme les luthériens, la contrainte de la règle. Erasme conseille aux veuves d'écouter les prédications véritablement chrétiennes qui manquent si malheureusement en tout pays, qui manquaient en Italie quand il y séjourna. Les veuves liront avec soin les Pères de l'Eglise, et n'abuseront pas de la confession[11].

Ce petit ouvrage, d'une sagesse chrétienne et toute discrète, semble avoir plu. Il devait rester jusqu'à la fin de sa carrière en faveur auprès de Marie de Hongrie.

On sent toutefois chez Erasme un certain découragement. Il regrette de plus en plus souvent ses propres hardiesses.

> J'ai autrefois enseigné dans mes livres la liberté spirituelle. Je l'ai fait en toute sincérité, car je ne m'attendais à rien moins qu'à la venue de cette nouvelle génération. Je souhaitais qu'on diminuât l'importance des cérémonies et des pratiques à l'avantage de la vraie piété. Mais on les rejette si brutalement qu'au lieu de la liberté de l'esprit s'est instituée une liberté charnelle et sans frein.

Il ne désire plus guère qu'on divulgue sa doctrine. Il a honte d'avoir perdu son temps à composer tant d'apologies. Il ne compte plus guère sur la victoire de l'esprit érasmien. «Je crains, dit-il, que le monde ne finisse par l'emporter». Il n'attend plus rien des hommes. «J'ai assez vécu, pour ne pas dire plus qu'assez»[12].

Alberto Pio mourut peu avant le 10 janvier 1531 à Paris, où il habitait depuis plusieurs années[13]. Erasme crut qu'il laissait le manuscrit de nouvelles attaques; Franciscains et Dominicains allaient se charger de l'imprimer. En réalité, le Cordouan Juan Gines de Sepúlveda, insigne traducteur et commentateur d'Aristote, contradicteur de Luther sur la question du libre arbitre, entretenait depuis 1523 une collaboration amicale avec Alberto Pio; il semble avoir en partie composé sa réplique posthume, *Responsio in locos lucubrationum Erasmi*, qui devait paraître à Paris en 1531 ou 1532. En même temps à Rome où il résidait le plus souvent, il écrivait, pour défendre le prince de Carpi contre l'*Apologie* érasmienne une *Antapologia pro Alberto Pio in Erasmum*, imprimée deux fois, à Rome d'abord, au début de 1532, et à Paris quelques mois plus tard[14]. Il avait admiré le *Ciceronianus*; mais le ton un peu protecteur du maître lui avait déplu. Il ne parla d'ailleurs jamais d'Erasme qu'avec les égards nécessaires. Il raconta plus tard que Clément VII avait lu son *Antapologia*, en avait loué la modération, et ne lui avait pas caché que si la cour de Rome ménageait encore Erasme, c'était pour ne pas le pousser définitivement du côté des Eglises de la Réforme. Erasme ne crut pas devoir répondre à Sepúlveda; il exprima courtoisement à l'auteur le regret de voir tant de talent, qui aurait pu servir le Christ et les Muses, se perdre à la défense d'une mauvaise cause et de passions partisanes. Sepúlveda, de son côté, lui avoua qu'il avait exagéré certaines critiques sous la pression des amis d'Alberto Pio.

La rancune d'Erasme contre le prince de Carpi fut tenace. Il avait appris que le défenseur des moines et des théologiens s'était fait ensevelir dans la bure franciscaine; il ne doutait pas que cette âme bienheureuse ne participât aux jeux des esprits séraphiques; il écrivit alors, vers février ou mars 1531, le colloque *Exsequiae seraphicae*; il y conte les funérailles burlesques d'un certain Eusebius, de prince devenu mendiant et sycophante[15].

Le livre de Jules César Scaliger avait enfin paru en septembre 1531. Boniface Amerbach annonçait à Erasme cette publication en novembre. Erasme était convaincu que Jules César Scaliger n'existait pas, et que ce prétendu rejeton des seigneurs de Vérone était un prêtenom sous lequel Aléandre dissimulait ses vieilles haines. Le livre de Scaliger parut à Erasme insensé, digne d'Oreste en ses furies. Il soupçonna que Noël Beda y avait peut-être collaboré; mais l'auteur véritable était Aléandre, dont il disait connaître le style autant qu'il se connaissait lui-même. Scaliger attendait peut-être une réponse; mais, deux ans plus tard, Erasme s'était contenté de feuilleter cette diatribe qui ne valait pas la peine d'être lue.

Erasme suivait avec inquiétude et colère les faits et gestes d'Aléandre. A Venise, la tolérance d'un gouvernement avant tout soucieux de ses intérêts commerciaux avait laissé librement se répandre les ouvrages de Luther et de Zwingli, multipliés par les presses de Bâle, tandis que divers moines allemands, franciscains et augustins, s'en faisaient les commentateurs, et dès 1529, organisaient de petits groupes surtout composés d'artisans. Aléandre, légat en 1530 auprès de la République, et tout occupé à relever dans les écrits d'Erasme le pullulement des erreurs, avait tenté sans doute de réagir contre les progrès de l'hérésie. Erasme savait encore que, l'année suivante, aux Pays-Bas, il avait soutenu de son autorité religieuse la politique de terreur instituée par les placards de Charles-Quint. Pourtant, lorsque, las et indigné, il se fut plaint amèrement dans une lettre, actuellement perdue, au légat, de sa collaboration avec Alberto Pio et le prétendu Scaliger, Aléandre, de Ratisbonne où il résidait alors, lui adressa, le 1er avril, l'offre surprenante d'une réconciliation[16].

Les mobiles en demeurent assez obscurs. Peut-être commençait-il à se demander si l'avenir, dans l'Eglise catholique, n'appartenait pas aux érasmiens. Il avait pu mesurer le prestige des grands érasmiens de Venise et de Padoue. Le nom de Bembo était un des plus grands d'Italie. Egnazio restait un des maîtres de l'humanisme; on respectait en Contarini un maître du savoir politique et de la vie intérieure. La cour de Ferrare n'accueillait pas volontiers la réaction théologique et monacale. La publication à Brescia de l'*Enchiridion* toscan pouvait être un fait assez grave. Le succès éclatant de l'*Enchiridion* castillan donnait à réfléchir. L'antiérasmisme semblait triompher à Rome, capitale et citadelle des théologiens et des moines, qui, après avoir si mal assuré la défense de l'orthodoxie contre Luther, régnaient sous le nom de Clément VII. On savait que le Souverain Pontife, après avoir, en mai 1532, promis à l'empereur la réunion du concile, s'y montrait fort peu enclin. Mais une telle politique de négation et de refus ne pouvait plus guère durer; il faudrait un jour ouvrir l'assemblée oecuménique, et les érasmiens sans doute y parleraient. Leur indubitable succès en Espagne n'était pas encore compromis. Les deux protecteurs de leur maître dans la haute Eglise espagnole, l'archevêque de Séville et le grand Inquisiteur, Fonseca et Manrique, vivaient encore. Cependant le pontificat de Clément VII s'achevait parmi l'angoisse d'un immense désastre. Dans l'empire, les princes et les villes s'étaient fédérés à Smalkalde en mars 1531, pour la défense de la Réforme. En France, des théologiens réformés, en 1531, en 1532, prêchaient au Louvre devant François Ier et Marguerite de Navarre. En Angleterre, le gouvernement d'Henry VIII, le 16 mai 1532, avait rétabli la pleine autonomie de l'Eglise nationale; aux Pays-Bas, malgré une législation sanglante, les luthériens maintenaient, dans la relative liberté d'Anvers, leur propagande, et l'anabaptisme, surexcité par la persécution, multipliait ses communautés, à Leyde, à Haarlem, à Amsterdam. En Suède, Gustave Vasa, libérant son pays de la domination danoise, fondait une monarchie nationale qui, dès 1527, avait admis le luthéranisme comme religion de l'Etat, et en 1529 institué une Eglise luthérienne où se conservait, sous la tutelle royale, la hiérarchie catholique. Dans le royaume de Hongrie, sans cesse menacé par l'invasion ottomane, les doctrines luthériennes obtenaient un crédit grandissant. Sur les confins de la Pologne, la ville libre de Dantzig était luthérienne depuis 1525. La même année, le dernier grand-maître des Chevaliers de l'Ordre teutonique, Albert de Brandebourg, avait sécularisé son duché où il instituait une Eglise luthérienne. En Pologne, les efforts de Sigismond Ier, correspondant d'Erasme, parvenaient mal à retarder les progrès du luthéranisme, et les diètes manifestaient une aversion croissante vis-à-vis de Rome. Ainsi l'Eglise catholique, depuis 1517, avait perdu un tiers de ses fidèles, et les circonstances pouvaient rendre nécessaire toute politique attentive à conjurer tant de menaces, par la réconciliation de l'autorité romaine et du modernisme érasmien.

Le plaidoyer d'Aléandre fut habile et plein de talent. Accusé de collaboration aux écrits d'Alberto Pio et de Scaliger, il se justifia sans beaucoup de peine. Il n'avait vu le premier que trois ou quatre fois depuis dix ans; cinq ans s'étaient écoulés depuis leur dernière rencontre. Il n'avait rien su de lui après le Sac de Rome: il avait appris en même temps sa mort et la publication du livre contre Erasme. Il ne croit pas plus qu'Erasme à l'existence de Jules César Scaliger; il n'est pour rien dans la composition du libelle, dont il ignorait tout avant la letttre d'Erasme. Il n'a pas assez de temps à perdre pour composer de tels livres, et les publier sous de faux noms. Il affirme que jamais, au cours de ses légations, il n'a voulu parler ou agir contre Erasme. C'est lui-même qui a rédigé le bref signé par Adrien VI le 1er décembre 1522; et la minute qu'il avait préparée et qu'il conserve dans ses papiers était plus favorable encore que le texte officiel dont Erasme aime à se glorifier. Si donc Erasme corrige dans ses écrits quelques passages qui ont déplu à ses meilleurs amis, s'il consent à juger plus équitablement l'attitude d'Aléandre, et à rectifier l'impression qu'il en a sans cesse voulu donner, Aléandre est prêt à se dire l'ennemi de quiconque est l'ennemi d'Erasme.

Il croit pouvoir invoquer la solidarité nécessaire entre deux humanistes: «Qui veut ta ruine, —l'ignores-tu donc?— veut en même temps ruiner les bonnes lettres et l'étude des langues. Cette ruine consommée, qu'en sera-t-il d'Aléandre?» Modestement, en faveur de son oeuvre d'humaniste, il ne veut citer que le témoignage d'Erasme. Il existe toutefois entre eux deux une différence. Depuis le temps lointain de leurs études vénitiennes, il a voulu apprendre à fond la théologie; il ne s'est pas borné aux Pères et aux docteurs antiques; il a lu les modernes, et pu ainsi acquérir un savoir doctrinal que lui reconnaissent désormais les maîtres les plus qualifiés; la culture humaniste lui permet d'introduire lumière et clarté dans cette scolastique. Il a pu ainsi retrouver, bien qu'il ne juge pas nécessaire de le dire, les convictions qu'il défend. Erasme doit donc renoncer à ces querelles, à ces soupçons qui lui ont porté préjudice auprès de personnages éminents. Il est temps qu'Erasme et Aléandre s'accordent une amnistie réciproque. Il est temps d'imposer un terme à des disputes, à des invectives, à des libelles, à des propos injurieux qui couvrent deux hommes de ridicule, qui nuisent à la cause des lettres et à la pacification religieuse: inimitiés indignes de chrétiens[17].

Le même jour, Aléandre écrivit une lettre de ton plus dur. Il se justifiait contre divers griefs allégués par Erasme. Lors de son dernier séjour à Venise, étant fiévreux et absorbé par des entretiens diplomatiques, il n'avait pu trouver le loisir de chercher dans les écrits érasmiens des arguments pour la polémique d'Alberto Pio. Erasme a été mal informé par un imprimeur français, qu'une ivrognerie habituelle prive de tout jugement. Il souhaite qu'Erasme accueille moins facilement des avis contestables. A sans cesse dénoncer les collaborateurs hypothétiques d'Alberto Pio, Aléandre, Sepúlveda et les professeurs parisiens, il risque de soulever contre lui-même trop d'adversaires. L'amnistie proposée doit être perpétuelle. Aléandre est l'ami d'Erasme; il pourrait lui nuire gravement. Il attend donc la réponse d'Erasme; les amis de l'un et de l'autre devront apprendre la guérison des blessures dont Aléandre a souffert du fait d'Erasme, de ses attaques et de ses soupçons[18].

La réponse d'Erasme, courtoise de langage, est perdue. Mais, vers le 5 juillet 1532, il écrivait à Wigle de Zuichem que la lettre pieuse et amicale du légat ne l'avait pas convaincu; depuis les années de Venise, le caractère d'Aléandre lui était trop bien connu. Il retrouvait son style et sa pensée et certains souvenirs vénitiens dans l'écrit du prétendu Scaliger: basse vengeance d'Aléandre, qui s'était senti visé à mots couverts dans l'*Apologie contre Alberto Pio* [19].

De Ratisbonne, le 4 juillet, le légat insista sur la nécessité de la réconciliation offerte. Un dénonciateur anonyme l'avait accusé d'avoir collaboré à Paris au premier traité d'Alberto Pio; or, il n'était pas venu à Paris depuis dix-huit ans. Il persistait à regretter qu'Erasme, dans son *Apologie*, l'eût mis en cause sans le nommer. Pour que l'amnistie fût désormais complète, il était nécessaire qu'Erasme, dans sa réponse, ou même dans un petit écrit qu'on n'eût pas tardé à publier, témoignât que sa bonne foi avait été surprise et que des calomnies l'avaient porté à défavorablement juger l'oeuvre d'Aléandre. Cette amitié, de nouveau, s'offrait: «Tu sais sans doute, mon frère, que nous avons l'un et l'autre beaucoup d'ennemis qui souhaitent la guerre entre nous»[20].

Erasme ne répondit pas. Il ne voulait pas écrire le désaveu public de reproches qui, depuis trop longtemps, lui semblaient trop justifiés. Il méprisait Aléandre et n'accueillait pas ces avances, mêlées de menaces. Il ne se laissait pas séduire par la Rome de Clément VII; il ne souhaitait, pas de la servir; il la savait irréformable.

III

Toutefois, étant désormais en pleine rupture avec la Réforme de Wittenberg et de Zurich, et toujours soucieux d'assurer la paix de l'Eglise et, s'il était possible, la réconciliation des sectes, il n'écartait pas les discussions courtoises avec les théologiens catholiques. Le 27 mars 1531, il écrivait longuement à un chanoine régulier de saint Augustin, Agostino Steuco, homme de vie intérieure, théologien et humaniste, qui habitait alors le couvent vénitien de Sant'Antonio où, depuis 1523, avaient été déposés les précieux manuscrits du cardinal Grimani. La lettre, très confiante et amicale, est faite tout entière de discussions techniques sur les éditions qu'Erasme avait données du Nouveau Testament et des oeuvres de saint Jérôme. Steuco sans doute n'aime pas Laurent Valla; il défendra un jour contre lui l'authenticité de la Donation constantinienne. Visiblement, la méthode exégétique d'Erasme lui paraît dangereuse et, dans une large mesure, il reste partisan des méthodes traditionnelles d'interprétation. Mais il conserve pour Erasme, rénovateur des études classiques, un respect qu'il exprime en termes touchants: «Je professe pour vous une vénération affectueuse; je ne doute pas de votre gravité morale; le renom que vous avez acquis en tous pays, surtout en Italie, n'est pas pour moi objet d'envie, mais autant qu'il m'est possible je m'applique à le soutenir devant tous et à l'exalter, et souvent je trouve dans vos écrits mon réconfort»[21].

Erasme avait toujours souhaité l'approbation officielle de ses méthodes d'exégèse par l'autorité romaine. Il l'avait espérée quelque temps de Léon X. Mais la bulle «Exsurge Domine» détruisit bientôt de telles illusions. Les théologiens demeuraient hostiles à ses hardiesses. Il avait sans doute pu entretenir, sur la conduite, qu'il jugeait maladroite, de l'affaire luthérienne, une très libre correspondance avec des hommes instruits des affaires d'Allemagne comme. Campeggio ou Filonardi. Mais ces prélats distingués étaient des diplomates et non des théologiens. Or, il advint au temps où Erasme quittait Bâle pour Fribourg, que le cardinal Caïétan, le glorieux commentateur de la *Somme*, l'adversaire irréductible et hautain de Luther, inclinait vers les méthodes érasmiennes. Ce vigoureux esprit n'avait guère tardé à comprendre que, pour combattre efficacement les écoles protestantes, il fallait s'établir sur le terrain où se fondait leur exégèse, c'est-à-dire sur ces principes de la critique érasmienne, indiscutables en eux-mêmes et maintenant triomphants dans un tiers de la chrétienté occidentale. De 1524 à 1529, il composait des Commentaires sur le Psautier et le Nouveau Testament, qui, publiés à Venise en 1530, furent réédités à Paris deux ans plus tard, sans la permission de la Faculté de Théologie. Caïétan avait utilisé les versions et commentaires d'Erasme. Sa critique scripturaire dépassait en netteté décisive les hardiesses qu'Erasme parfois commençait à regretter. Il se refusait, comme lui, de chercher dans l'Apocalypse des vérités théologiques. Il ne croyait guère à l'authenticité de l'épître de Jacques; l'épître aux Hébreux, les deux dernières épîtres de Jean, l'épître de Jude lui inspiraient peu de confiance. Quelques textes évangéliques lui semblaient apocryphes. A la Faculté parisienne de Théologie, Noël Béda souleva contre lui les colères des docteurs qui le détestaient depuis les querelles gallicanes de 1512 et ne lui pardonnèrent pas d'avoir imprimé son livre sans leur permission. De longues disputes s'engagèrent en juin 1532. On recueillit avec soin les affirmations erronées du cardinal. L'affaire eut un écho à Rome où Clément VII soutint hautement Caïétan, et en Allemagne, où les luthériens se réjouirent; et déjà Aléandre se montrait hostile. La mort de Caïétan, en août 1534, mit fin à ces débats[22].

Erasme, aux premiers temps de la querelle luthérienne, l'avait jugé orgueilleux et brutal[23]. Mais il n'avait pas tardé à reconnaître que, sur la question des origines de l'autorité papale, Caiétan exprimait l'exacte doctrine de l'Eglise. Il connut vraisemblablement l'édition vénitienne des *Commentaires* de Caïétan, et put constater avec plaisir certains accords de principe entre le grand dominicain et ses propres méthodes. Il lui avait écrit, probablement en décembre 1531, pour se plaindre de Noël Béda. La réponse de Caiétan, perdue comme cette première lettre, avait été bienveillante. Dans le parti romain, on savait Erasme inquiet. Caïétan lui envoya au printemps de 1532, le résumé qu'il venait de composer sur la doctrine et la pratique de la communion, de la confession et des oeuvres. Erasme en avait admiré la nette briéveté et, dans la discussion, une sobriété qui aurait dû servir de modèle aux théologiens. Il lui répondit le 23 juillet 1532. Une fois encore, il insistait sur son désaccord intellectuel et moral avec les hérétiques. Le cardinal lui avait demandé une révision partielle de ses écrits. Erasme affirma son intention de suivre l'exemple de saint Augustin, dont les rétractations n'avaient pas été des palinodies. Il pensait terminer avant Pâques un premier travail de correction, probablement sur son Nouveau Testament. Il pensait encore à réunir ses *Apologies*, afin d'en expliquer pacifiquement les passages scabreux. Mais il ne désirait que la paix de l'Eglise, et ne voulait plaire qu'aux hommes de bien et au Christ. Caïétan fut satisfait et montra la lettre d'Erasme à Clément VII. Il répondit en termes affectueux, et lui garantit la bienveillance du pape. Mais Erasme ne donna pas suite à ces projets de révision, et par prudence ne prit pas avec Caïétan d'engagement nouveau. On sait seulement que, vers avril 1534, le cardinal lui écrivit une lettre malheureusement perdue. On sait encore qu'Erasme lui adressa, en mai, le *De sarcienda pace Ecclesiae*, accompagné d'une nouvelle lettre qui n'existe plus, et d'une autre également perdue, à Clément VII. Le pape et le cardinal accueillirent le livre avec faveur; mais le programme d'Erasme ne pouvait les satisfaire[24].

IV

Erasme persistait à penser que le rejeton des Della Scala de Vérone n'existait pas. C'est alors que François Rabelais s'enhardit à lui écrire. Comme Erasme, il avait été moine; il avait traversé les ordres de saint François et de saint Benoît comme Erasme, il avait préféré la vie plus libre du clergé séculier. Helléniste, humaniste, médecin, il avait exposé, à la Faculté de Montpellier, Hippocrate et Galien, d'après le texte grec, édité, en juillet 1532, les *Aphorismes* d'Hippocrate. Il avait lu les *Adages*, les *Colloques* et certainement le second *Hyperaspistes*; il allait en 1534, dans la préface de *Gargantua*, paraphraser joyeusement l'adage *Sileni Alcibiadis*; l'*Utopie* de Thomas More lui était familière. La critique érasmienne, le souci érasmien, d'une réforme intellectuelle, morale et religieuse du monde chrétien le conduisaient aux approches de la première Réforme française, du christianisme simplifié, tout évangélique, dont vivaient les hommes du groupe de Meaux, Lefèvre d'Etaples, Marguerite de Navarre. Etabli à Lyon en juin 1532, médecin de l'Hôtel-Dieu en novembre, il se révélait alors comme l'un des plus grands écrivains français. A la foire lyonnaise de novembre 1532 paraissaient *Les horribles et espoventables faictz et prouesses du très renommé Pantagruel, roy des Dipsodes, filz du grand géant Gargantua, composez nouvellement par maitre Alcofribas Nasier*. La lettre que le héros gigantesque recevait, étudiant à Paris, de son père, glorifie, en langage érasmien, la renaissance des études humaines, et sans doute aussi la fondation récente du collège érasmien des lecteurs royaux; le catalogue burlesque de la librairie Saint-Victor évoque en un cortège grotesque ces théologiens et ces docteurs scolastiques acharnés contre l'oeuvre d'Erasme; certaines moqueries à l'adresse des miracles les plus catholiques semblaient accentuer plus hardiment, avec une verve gauloise de franciscain jovial, certaines plaisanteries des *Adages* érasmiens. Rabelais n'avait pas encore visité l'Italie. En novembre 1532, au moment où paraissait le *Pantagruel*, il adressait de Lyon au chef de l'humanisme européen une lettre qu'anime un respect émouvant et affectueux.

Je vous appelle mon père... tout ce que je suis, tout ce que je puis faire, je serais le dernier des ingrats si je ne reconnaissais que je l'ai reçu de vous.

Il vient d'apprendre qu'Erasme prépare une défense contre Aléandre, auquel il attribue les calomnies d'un certain Scaliger. Ce personnage existe; Rabelais, dont la critique n'est pas toujours très sûre et qui, la même année, avait publié, comme un précieux document de l'antiquité romaine, le *Testament de Cuspidius*, fabriqué vers la fin du XVe siècle par Giovanni Pontano, admet que le pamphlétaire est un exilé véronais qui descend de la noble famille des Della Scala. Il exerce la médecine à Agen; Rabelais le connaît pour un bon praticien, mais il ajoute en grec, avec un sentiment sincère de réprobation, que nul n'est plus athée. Le livre est d'ailleurs introuvable; on affirme qu'à Paris les amis d'Erasme l'ont supprimé[25].

Erasme ne répondit pas à cette lettre qu'il n'a peut-être pas reçue. Du moins, il finit par admettre la présence à Paris d'un écrivain nommé Scaliger, dont on savait maintenant qu'il venait de publier un recueil d'épigranunes. On disait encore qu'il attendait une réponse d'Erasme et achevait contre lui un nouveau volume d'invectives. Mais cet écrit, particulièrement injurieux et bas, ne devait paraître qu'après la mort d'Erasme, en 1537, probablement à Paris[26].

Les cicéroniens continuaient de mener contre Erasme une guerre acharnée. Ils avaient jugé médiocre la qualité de son latin et de son style. Ils reprenaient maintenant contre lui l'un des griefs allégués par Scaliger: Erasme n'avait jamais aimé l'Italie et tenait les Italiens en faible estime. Pietro Corsi appartenait au clergé romain; il était fort écouté dans la haute société et dans les cercles académiques. Il avait abondamment écrit en prose et en vers depuis 1510, célébré en hexamètres faciles la grandeur de l'Italie antique et, de la Rome papale, déploré la catastrophe de 1527, commémoré les vertus du cardinal Campeggio. Il avait achevé en novembre 1534, et il publiait à Rome vers le printemps de l'année suivante, sa *Defensio pro Italia ad Erasmum Roterodamum*. Il avait découvert dans les *Adages* quelques lignes d'Erasme qui semblaient mettre en doute les vertus guerrières des Italiens. Il revendiquait toutes les gloires de l'histoire romaine; il accusait encore l'humaniste barbare de traiter avec dédain l'érudition italienne. Erasme le tenait pour un bon latiniste, sincèrement dévoué aux traditions de sa patrie; mais il reconnaissait en lui un de ces prêtres romains trop appliqués à polir leur propre éloquence pour avoir le temps de penser au Christ, et qui d'ailleurs obtenaient un absurde succès dans les chaires de la Ville éternelle. Erasme crut devoir répondre assez longuement dans un petit écrit qu'il publiait chez Froben et qu'il offrit vers août 1535 à Jean Choler, chanoine d'Augsbourg[27].

Il n'avait pas voulu accuser chez les Italiens le manque de courage militaire; il avait seulement affirmé que la guerre ne leur plaisait pas. Il ne se refusa pas le plaisir d'une digression sur le goût étrangement antichrétien de beaucoup de prêtres et de théologiens pour la guerre. Mais il sut protester éloquemment de cet amour pour l'Italie qu'il avait senti s'éveiller en lui dès l'adolescence et qu'il n'avait pu satisfaire qu'une fois atteinte la quarantaine; et de nouveau il énuméra tous les grands hommes qu'il y avait rencontrés et qui l'avaient aimé. Il avait admiré la beauté du pays; la simplicité, la sobriété, la courtoisie, l'affectueuse humanité du caractère italien l'avaient charmé à tel point qu'il avait presque résolu de s'établir à Rome, commune patrie des âmes, et d'y attendre la vieillesse. Appelé en Angleterre par de trop belles promesses, il n'avait quitté l'Italie qu'à grand'peine et contre son gré[28].

Erasme affirmait, dans l'*Apologie* contre Alberto Pio, que Rome, dans le monde moderne, n'était rien que par la présence du pape, et que les Romains avaient grand tort d'accuser de barbarie tous les Transalpins, car les diverses invasions avaient tellement confondu les peuples, que les habitants de la Ville éternelle pouvaient descendre en majorité des Goths et des Vandales[29]. Un tel propos faisait scandale. Erasme, loin de le rétracter, insiste avec une ironie nouvelle, et sur la foi d'amis savants qu'il a connus à Rome, il expose certaines vues d'une ethnographie fort moderne, et qui présentent une ressemblance singulière avec des théories reprises, non sans véhémence, par quelques écrivains du XIXe et du XXe siècles.

> J'entendis affirmer que les hommes de type héroïque descendaient des Goths et d'autres nations barbares, et que certains types chétifs, difformes et malingres, représentaient les véritables reliques du peuple romain. On ne dissimulait pas que la plupart des nobles familles d'Italie remontaient par leurs origines aux nations barbares[30].

Erasme n'en veut pas à Pietro Corsi; il sait trop bien qui conduit le chœur de ses amis romains. Il crut savoir que Paul III, successeur de Clément VII, avait interdit l'impression de la *Defensio pro Italia*; on l'avait pourtant imprimée avec une dédicace au Souverain Pontife, et les adversaires d'Erasme continuaient de le diffamer; ils n'hésitaient même pas à répandre sous son nom une fausse lettre à Pietro Corsi. Le droit impérial punissait autrefois de tels procédés. Ils se permettent tous les excès sous les yeux du pape et du Sacré Collège. Contraints au silence, ils crieraient que l'on attente aux libertés de la Ville éternelle[31].

On assura que Pietro Corsi préparait une réplique. Erasme, en mai 1536, l'attendait encore. Il sut du moins par Damian de Goes que Lazzaro Bonamico, bien que contraire aux *Apologies*, avait approuvé la *Responsio* [32].

Le tumulte cicéronien éveillait de nouveau, en France, de bruyants échos. Bien que né à Orléans, Etienne Dolet appartenait, par ses véritables origines intellectuelles, à l'Italie. Il avait étudié, de 1527 à 1530, à Padoue. Il avait vécu une année à Venise, secrétaire de Jean de Langeac, ambassadeur royal. A Venise, il avait écouté Pomponazzi. A Toulouse, ses protestations contre un Parlement acharné à poursuivre avec l'hérésie toute liberté de pensée furent punies d'un premier emprisonnement au printemps de 1534; en juin, il échappait par la fuite à une nouvelle arrestation. Il eût volontiers, comme son maître Jean de Boyssonné, cherché un libre asile à Padoue. Mais l'impression d'un premier ouvrage le retint à Lyon, où bientôt il se fixa. C'est alors que, à la fin de l'hiver de 1535, après un voyage à Paris, il écrivit et publia contre Erasme son *Dialogus de Imitatione Ciceroniana adversus Desiderium Erasmum Roterodamum pro Christophoro Longolio*. Mieux que ce pamphlet injurieux et violent, les deux volumes de ses *Commentarii linguae latinae*, imprimés en 1536 et 1538, devaient manifester son savoir d'humaniste. Son hostilité contre Erasme ne s'expliquait pas seulement par un souci de purisme cicéronien, ou par le désir de défendre la mémoire de Longueil, dont Erasme n'avait jamais nié le talent. L'humanisme chrétien d'Erasme lui était étranger, presque odieux. Héritier authentique de Pomponazzi, il se détournait du catholicisme, sans admettre davantage la bienfaisance de la Réforme luthérienne. Il adhérait au déterminisme padouan, et sa raison, qui déjà rejetait le miracle, s'accommodait mal de la Providence chrétienne. Il ne crut guère à la vie future que sous la forme d'une gloire posthume qui n'eût charmé d'aucune joie son éternel sommeil. S'il crut à l'existence de Dieu, il n'invoqua jamais le Christ, ignora la Trinité chrétienne comme la Rédemption. Déjà les haines qu'il semblait provoquer à plaisir par son orgueil, son caractère violent et dur[33].

Erasme, le 18 mars 1535, écrivait à un ami lombard: «On m'apprend qu'il s'imprime à Lyon un livre qui m'attaque avec aigreur. L'auteur est un certain Etienne Dolet. C'est un furieux dont il faut se garder sans s'émouvoir. Je n'ai pas vu l'ouvrage, et même s'il m'arrive de le voir, je n'y répondrai pas». Naturellement il rendit Aléandre responsable de cette nouvelle insulte. Il est probable qu'Erasme ne lut jamais les pages hostiles de Dolet, qui devait rester intraitable. En 1536, bien qu'une ode ajoutée à la préface rendît à la mémoire du maître disparu l'hommage toujours refusé de son vivant, il laissait subsister dans le premier volume de ses *Commentaires* les jugements les plus sévères et les plus étroits sur sa science et son génie[34].

A Milan existait un groupe assez actif de cicéroniens ennemis d'Erasme. C'étaient en général de très jeunes gens. Il se plaignait d'eux, dès le 18 mars 1535, dans une lettre à Pietro Merbelli, secrétaire du duc François-Marie Sforza; mais il ne leur répondrait que par le silence. Déjà, l'année précédente, un jeune Milanais, Ortensio Laudi, ami de Dolet, avait publié à Lyon et à Venise, un ouvrage fort médiocre intitulé *Cicero relegatus et revocatus*; Erasme en prit peu d'ombrage, car il s'y voyait faiblement attaqué par un défenseur maladroit à l'excès de Cicéron. Il se préparait alors un *Bellum civile inter Ciceronianos et Erasmicos*. L'auteur en était probablement Gaudenzio Merula, né près de Novare, humaniste d'une génération assez ancienne, curieux d'antiquités cisalpines, et qui allait publier en 1536 le *De Gallorum Cisalpinorum antiquitate et origine*. Alciat devait parler de lui avec estime. Le *Bellum civile* fut imprimé à Milan vers le début de l'automne. Erasme, le 16 octobre 1535, se plaignit au duc François-Marie Sforza de ces hommes de ténèbres, de ces grammairiens qui prétendaient au titre immérité d'élèves de Cicéron. Ils ne mériteraient que du bâton; mais l'auteur du *Bellum* est un faussaire; il introduit dans son ouvrage de prétendues lettres d'Erasme qu'Erasme n'a jamais écrites. Ils ne voient là qu'un jeu. Or le droit impérial, qui poursuit les libelles injurieux, va jusqu'à punir de mort l'usage de faux. Erasme ne veut pas vanter les services qu'il a rendus aux études publiques et à la religion. Il rappelle que, bien que Batave, il a été appelé au Conseil de l'empereur, que Ferdinand, roi de Hongrie, ne dédaigne pas de le nommer son maître, et que le pape Paul III a bien voulu lui offrir les plus hautes dignités. Il importe au gouvernement ducal de réprimer une insolence qui pourrait un jour se détourner contre l'autorité légitime[35].

Le duc mourut le 1er novembre. Il est probable que les autorités ducales prirent les mesures nécessaires pour empêcher la circulation du libelle. Le 2 février 1536, Pietro Merbelli, nonuné secrétaire impérial, approuvait Erasme de ne pas vouloir se commettre avec ces hommes de ténèbres[36].

Erasme restait attentif, depuis le réconciliation manquée de 1532, aux faits et gestes d'Aléandre. Le 2 septembre 1532, il notait sa présence à la cour impériale, avec un autre légat, le cardinal Hippolyte de Médicis. Le 31 octobre, il savait qu'Aléandre cumulait désormais, outre l'archevêché de Brindisi, un évêché en Sicile. Le 17 avril 1533, Wigle van Aytta lui écrivait de Padoue qu'Aléandre, maintenant légat à Venise, y assurait la censure des livres. Le 25 février 1535, Conrad Goclen, professeur au collège Busleiden de Louvain, signale à Erasme que l'excellent hébraïsant Jean de Campen, auteur d'une grammaire hébraïque publiée à Louvain un 1528 et déjà traduite en plusieurs langues, s'était établi à Venise pour y continuer ses études dans le milieu israélite; appelé à Rome pour une chaire d'hébreu, Aléandre s'efforçait de l'en détourner, mécontent de s'être vu enlever par Paul III sa légation. Erasme ne sut pas, rentré en faveur auprès de Paul III, le dépit d'Aléandre. On est presque tenté de regretter qu'il ait ignoré le jugement final de son vieil adversaire, dans une lettre à 'Thierry de Heeze: «Rome a toujours produit de pareils monstres»[37].

Erasme ne devait jamais cesser de reconnaître une même action maléfique derrière tant d'attaques sans cesse renaissantes. Il accusait sans relâche Aléandre d'avoir excité contre lui Scaliger, Pietro Corsi, l'auteur du *Bellum civile*, Etienne Dolet. Le 28 juin 1536, huit jours avant de mourir, il écrivait encore à Conrad Goclen, à propos de diverses difficultés que ce professeur de Louvain rencontrait aux Pays-Bas dans sa carrière ecclésiastique: «Je soupçonne que l'artisan de ces ennuis est celui qui s'est fait contre moi le meneur des Scaliger, des Dolet, des Merula. Non content de m'attaquer, il faut que cet homme, rancunier comme un Juif, attaque encore mes amis. Dans le furieux *Dialogue* de Dolet, Thomas More est injurié»[38].

NOTES

[1] ALLEN, **6**, IV, 1188, Erasme à Nicolas Everard, Malines, mars 1521, l. 27: Aleander plane maniacus est, vir malus et stultus.

[2] RENAUDET, **15**, p. 257, n. 4: «Linguarum ac bonarum litterarum antesignanus».

[3] ALLEN, **6**, VI, 1621, 10: Admiror hominis cruditionem, ingeriium amo; 1605, 7: Aleandrum tum amo tum suspicio.

[4] Voir p. 205.

[5] Voir p. 148 et n. 3. —ALLEN, **IX**, 2578, 31: Adest isthic quidam Judeus... —Le seul texte où Aléandre s'inscrit en faux contre l'accusation de judaïsme, qu'il dit colportée par les luthériens en Allemagne et à Rome par les ennemis du Saint-Siège, est une lettre non datée, mais probablement de 1525-1526, qu'il écrivit à Felice Trofino, évêque de Chieti (PAQUIER, *Lettres familières de Jérôme Aléandre*, Paris, 1909, in-8°, p. 118-119.) Il affirme que sa famille tient depuis longtemps un rang éminent dans le Frioul et à Venise même.

[6] ALLEN, **6**, VI, 1717, à Pirckheimer, Bâle, 6 juin 1526, 31-41; 1719, à François Dumoulin, Bâle, vers le 6 juin 1526, 39-51; 1744, à Simon Pistorius, Bâle, vers le 2 septembre 1526; VII, 1804, à Thomas More, Bâle, 30 mars 1527, 248-224. —Le *Racha* a été découvert dans les papiers d'Egidio de Viterbe par le Prof. Eugenio Massa, lecteur d'italien à la Faculté des Lettres de Toulouse.

[7] ALLEN, **6**, VII, 1987, 1-10; 19-23. —Sur cette lettre, voir p. 388-389. —Sur cette résurrection du pape, voir lettre à Berquin (ALLEN, **6**, VII, 2048, 26-27): Pontifex revixit, habet suos cardinales et potentes et addictos. Dominicani et Franciscani passim incipiunt rem strenue agere... —Cf. RENAUDET, **15**, p. 99.

[8] Sur Louis de Berquin, traducteur d'Erasme, et qui parfois, dans ses versions, mêlait des texte de Luther aux textes voit Margaret MANN, **17**, ch. V, Louis de Berquin, traducteur d'Erasme et de Luther (1525-1529), p. 113-149.

[9] RENAUDET, **15**, p. 296-298; Erasme, **1**, IX, 1104 C, 1199 AB, 1106 D, 1109 A, 1110 F, 1111 A, 1104 D, 1106 B, 1105 A-D, 1106 D, 1107 A, 1104 E, 1120 EF, 1110 E, 1111 A.

[10] RENAUDET, **15**, p. 298-299, ÉRASME, **1**, IX, 1114 A, 1108 F, 1109 A, 1101 C, 1117 E, 1119 D, 1120B, 1121 AB, 1122 D.

[11] RENAUDET, **15**, p. 301-302; ÉRASME, **1**, V, 731 A, 734 A, 742 D, 752 A, 754 B, 764 E, 759 B, 755 D, 759 F, 761 B.

[12] RENAUDET, **15**, p. 302; ALLEN, **6**, VII, 1887, 12-16; 2048, 44; 2042, 19; 2048, 57-58.

[13] *Id.*, IX, 2486, 36-39.

[14] *Id.*, X, Introd. à 2637.

15 ÉRASME, **1**, l. 866; SMITH, **16**, p. 54; ALLEN, **6**, IX, 2441, Erasme à Eleutherius, Fribourg, 6 mars 1531, 69-77.

16 *Id.*, IX, 2371, à W. Pirckheimer, Fribourg, 29 août 1530; 2379, à Germain Brice, 5 septembre 1530; 2445, à Mathias Kretz, 11 mars 1531, 65-79.

17 *Id.*, X, 2638, 1-23; 33-44, 44-46: An ignoras, ωγαθε, quicunque te opprimere vult, eundem et bonarum literarum et linguarum causam opprimere? Porro illis oppressas quid erit Aleander? 52-59, 63-68 —Proinde abstine tandem istarum querelarum, istarum suspicionum, per quas multorum doctorum et summatum virorum odium in te concitasti, et per amicitiam nostram quam ego integram saluamque semper existimaui, tu si quid contaminatum putas, possumus optimo αμνηστίας remedio et pristinorum officiorum redit eratione facile resarcire.

18 *Ibid.*, 2639, 7-17, 37-40, 54-56; Et tu tibi persuadaes te a me amari plurimum posseque me tibi, si velim, non vulgariter obesse: 63-66. —P.S. Allen suggère que l'imprimeur français allégué par Aléandre pourrait être Etienne Dolet. Mais celui-ci, secrétaire de Jean de Langeac, ambassadeur de François Ier auprès de la République, ne semble pas s'être occupé à Venise du commerce des livres.

19 *Ibid.*, 2682.

20 *Ibid.*, 2679, 44-52, 53-54: Sed considerare debes, mi frater, multos esse qui, quum neutrum nostrum ament, nos inter nos hostes facere studeant.

21 *Id.*, IX, 2465; 2513, Agostino Steuco à Erasme, Reggio d'Emilie, 25 juillet 1531, 456-464.

22 *Revue Thomiste*, n° double, novembre 1934-février 1935; *Caïétan*; sur l'évolution de Caïétan dans le sens érasmien. voir: R.P. LAGRANGE, *La critique textuelle avant le concile de Trente*, p. 405-406, R. P. LAURENT, *Caïétan et l'Université de Paris (1532-1534)*, p. 110-121; *Documents*, p. 121-129.

23 ALLEN, **6**, IV, 1188, Erasme à Nicolas Everard, Malines, mars 1521; l. 23-24: Quid Caietano Cardinale superbius ac furiosius?

24 *Id.*, IX, 2619, à Ambroise de Gumppenberg, Fribourg, 5 mars 1532, 7-14; X, 2728, à Jean Choler, Fribourg, 5 octobre 1532. 84-88, 87; 2779, à André Silvius, Fribourg, 15 mars 1533, 24; 2935, Jean Daniel à Erasme, Rome, 16 mai 1534, 1-5.

25 *Ibid.*, 2743, 7-17; 13-14: Patrem te dixi... tibi id uni acceptum in feram, hominum omnium qui sunt aut aliis erunt in annis ingratissimus sim; 18-29; 25-26: τὰ μὲν ἰατρικὰ οὐκ ἀνεπιστήμων, τἆλλα πάντως ἄθεος ὡς οὐκ ἄλλος πώποτ οὐδείς.

26 *Ibid.*, 2810, Erasme à Wigle van Haytta, Fribourg, 14 mai 1533, 91-93.

27 ÉRASME, **1**, I, *Ad*, 1007, Myconius calvus; ALLEN, **6**, XI, 3032, à Jean Choler, Bâle, vers août 1535, 20-46; 301-303; 3127, Erasme à Mélanchthon, Bâle, 6 juin 1536, 44-46.

28 *Ibid.*, 3032, 300 seq.; 197-209: Magnoque studio frequenter molitus sum iter in Italiam... Sed semper quasi fatis ab instituto sum repulsus. Tandem a Guilhelmo Montioio discipulo pertractus in Angliam, quum multae offerrentur, nullam conditionem recipere volui priusquam viderem

Italiam, idque feqi dissuadentibus amicis omnibus, iam accedens ad annum quadragesimum. Mihique praeter eximias regionis dotas, tantopere placuit illius gentis simplicitas, sobrietas, ciuilitas, candor et humanitas, ut Romae statuerim figere sedem, in eaque velut in communi patria consenescere: idque adeo fecissem, nisi promissis montibus aureis in Angliam fuissem retractus verius quam reuocatus; 210-232; 204-209; 228.

29 Voir p. 206.

30 ALLEN, XI, 3032, 277-282: Siquidem cum essem Romae, quidam eruditi serio fatebantur heroicos illos viros Gotthorum aliarumque barbarum nationum esse progeniem, pusillos quosdam, deformes ac macilentos, esse veras Romanae stirpis reliquias. Nec illud dissimulabant, plerosque Italiae nobiles generis originem ad barbaras nationes referre.

31 *Ibid.*, 590; 3007, François Rupilius à Erasme, Rome, 29 mars 1535; 3019, Erasme à Damian de Goes, Fribourg, 21 mai 1535, 31-32, 3032, 572, 587, 588-589. Et tamen ista fiunt sub oculis summi Pontificis et Cardinalium, qui se cohibeant, clamant Urbem non esse liberam.

32 *Ibid.*, 3085, Damian de Goes à Erasme, Padoue, 26 janvier 1536; 3104, à Gilbert Cousin, Bâle, 11 mars 1536; Introd. à 3032.

33 BUSSON, **48**, ch. IV, Les Français en Italie, p. 121-133.

34 ALLEN, **6**, XI, 3005, à Merbelli et Laurentia, 17-20.

35 *Ibid.*, 3005, 7-8; 3019, à Damian de Goes, Fribourg, 21 mai 1535, 43-44; 3064, 3-5; 17-20, 22-27.

36 *Ibid.*, Introd. à 3064; 3091, 6-10.

37 *Id.*, X, 2713, à Tomiczki, 13-15; 2735, à Quirinus Talesius, 41-43; 2791; 2998, 46-50; Introd. à 3033, n. 6.

38 *Id.*, IX, 2565, à Jean Choler, Fribourg, 7 novembre 1531, 25-26; XI, 3052, à Conrad Goclen, Bâle, 2 septembre 1535, 26, 29-30; 3127, à Mélanchthon, Bâle, 6 juin 1536, 40-46; 3130; Goclen, Bâle, 28 juin 1536, 16-19: Suspicor harum molestiarum τεχνίτην esse eum qui Scaligeros, Doletos et Merulas in me subornat. Non sat habet homo Iudaice vindex impetere me, nisi et meos impetat. In furioso Dialogo Doleti vexatur Morus.

V - LA POLITIQUE ÉRASMIENNE DE PAUL III

I

Clément VII, depuis longtemps malade, mourut le 25 septembre 1534, à l'âge de 56 ans. Le conclave élut le 13 octobre le cardinal Alexandre Farnèse, qui prit le nom de Paul III. Il avait mené longtemps la vie fastueuse et libre d'un prélat de la Renaissance. D'une haute famille romaine, il avait dû à la faveur de Giulia Farnèse, sa soeur, auprès du pape Alexandre VI, une éclatante carrière. Cardinal à 25 ans, dès 1493, évêque de Parme en 1509, déjà père de trois fils et d'une fille, il n'avait été ordonné prêtre qu'à la fin de 1519. On pouvait imaginer qu'il n'abolirait pas la pratique du népotisme. Léon X, l'année même où apparaissait Luther, consacrait une partie de ses soins à l'établissements de son neveu Laurent comme duc d'Urbino. Clément VII, dans les dernières années de son pontificat, avait passionnément poursuivi la restauration des Médicis à Florence. Paul III désira et put obtenir l'établissement de sa famille au duché de Parme. Toutefois, depuis le concile du Latran, il avait compris l'urgence d'une réforme profonde de l'Eglise; on l'avait vu, en 1516, inspecter son diocèse, tenir, en 1519, un synode diocésain, qui imposa les décrets promulgués par le concile. Le pape Adrien VI le tenait pour un prélat pénétré du sentiment de ses devoirs, et peu s'en fallut que le conclave de 1523 le préférât à Jules de Médicis. Son ambition, qui n'était pas petite, avait alors subi un assez pénible échec. Il appartenait désormais au nombre croissant des hommes résolus à l'oeuvre indispensable de réforme ecclésiastique et religieuse.

La question n'en pouvait plus être différée. Dès 1514, quelques prêtres et évêques se réunissaient au Transtévère, dans l'Eglise de San Silvestro e Dorotea; ils constituaient, sous la direction de Gaetano de Thiene et du napolitain Gian Pietro Carafa, l'Oratoire du Divin Amour. Ils s'y livraient à des pratiques de piété, s'exerçaient aux oeuvres de prédication et de charité. On rencontrait, parmi ces hommes de vie intérieure, quelques membres de l'Académie romaine, quelques fonctionnaires de la Curie, comme Giovanni Matteo Giberti ou Jacques Sadolet. Il semble que l'un et l'autre aient été amicalement liés avec Raphaël[1].

On vit ainsi, dans divers diocèses italiens, apparaître des évêques, profondément respectueux, en prêtres chrétiens, de leurs devoirs. Tel devait être Sadolet à Carpentras, tel fut à Vérone Giberti. Il était, comme Sadolet, rentré dans son diocèse après le Sac de Rome. Il rétablit la discipline du clergé séculier, encouragea et réforma la prédication, multiplia les écoles et les oeuvres de charité, soutint les études patrologiques, et, dans son palais épiscopal, où il observait une austérité monastique, fonda une imprimerie grecque. Tel fut à Chieti Gian Pietro Carafa, à Bergame Lippomano, à Albe Marco Girolamo Vida, l'excellent latiniste, l'auteur de la *Christiade*, tels furent à Vicence, à Bellune, à Gênes, à Trente, un certain nombre de prélats, qui préparaient dans le silence l'oeuvre du concile de Trente. Cependant la restauration monastique se développait avec une activité nouvelle. En 1524, Gaetano de Thiene fondait un nouvel ordre de chanoines réguliers voués à l'étude, à l'enseignement, à la prédication, à l'action populaire, dont le premier supérieur fut Gian Pietro Carafa; du nom latin de Chieti, sa ville natale, ils s'appelèrent Théatins. Sur leur modèle, le vénitien Girolamo Miani fondait en 1528, à Somasco, une nouvelle congrégation de clercs réguliers; à Milan, s'organisaient en 1531 les Barnabites, sous la direction de Antonio Maria Zaccaria. Les anciens ordres se réformaient: Egidio de Viterbe, Girolamo Seripando, restauraient la discipline et les études chez les Augustins. Dès 1526, au couvent de Montefalcone, Matteo de Bascio, restaurant toute la sévérité de la règle franciscaine, créait une congrégation nouvelle, dont les membres, sous la conduite de Lodovico de Fossombrone, allaient recevoir le nom de Capucins. Combattus dans leur ordre et d'abord mal secondés par l'autorité pontificale, ils s'étaient déjà rendus populaires par la rudesse de leur vie, la simplicité efficace de leur prédication. L'Oratoire du Divin Amour n'avait d'abord parlé que très discrètement du Concile; mais l'idée maintenant s'en imposait. Clément VII, par deux fois, en mai 1532 et en février 1533, avait promis à Charles-Quint de le tenir. Mais il ne le souhaitait guère, et grâce à l'appui de François Ier, il put mourir sans l'avoir convoqué. Paul III en admettait au contraire l'urgente nécessité. Dès le 17 octobre 1534, il la proclamait. Le 13 novembre, il annonçait hautement l'intention de réunir l'assemblée oecuménique[2].

On avait pu compter, à l'Oratoire du Divin Amour, quelques érasmiens. Il s'en trouvait dans le parti de la réforme catholique. Sadolet restait peut-être le plus fidèle ami d'Erasme. Bembo, dans l'éloignement magnifique de sa villa padouane, s'accordait avec les rigoristes catholiques aussi bien qu'avec lui. Quelques-uns d'entre eux avaient traversé l'érasmisme; Gian Pietro Carafa avait été autrefois l'un de ses correspondants. Giberti, dataire sous Adrien VI et Clément VII et jusqu'au Sac de Rome, l'avait soutenu et protégé, Le programme des études véronaises s'accordait avec l'idéal patrologique du grand helléniste. Mais Carafa, depuis longtemps, souhaitait avant tout le maintien du catholicisme traditionnel; Giberti gardait maintenant le silence en face d'Erasme. Egidio de Viterbe, après avoir autrefois défendu Reuchlin et Lefèvre d'Etaples, semblait, dans les dernières années de sa vie, s'être détourné du programme érasmien. Seul Soripando devait en conserver le culte jusqu'aux discussions de Trente. Il était difficile de prévoir exactement l'attitude de Paul III. Goclen, le 25 février 1535, allait dire l'incertitude des érasmiens de Louvain. Il semblait que l'on pût fonder quelques espérances sur ce nouveau pontife qui, dès son élection, invitait les princes au Concile. Mais certains craignaient déjà que ce troisième Paul ne ressemblât à Paul II plus qu'à l'Apôtre des Gentils. On le savait déjà engagé dans les querelles territoriales des princes italiens; il venait de nommer deux cardinaux dans sa propre famille, Alexandre Farnèse et Guido Ascanio Sforza, âgés de quatorze et de seize ans. On affirmait toutefois que le pape venait d'appeler Erasme à Rome et sollicitait ses conseils. On soupçonnait une disgrâce cominençante d'Aléandre[3].

Erasme à pareille date avait, dès le 23 janvier 1535, écrit à Paul III. Il le félicitait de son heureuse accession, quoique tardive, au trône de saint Pierre. Elle ne devait rien à la brigue ni à l'ambition mondaine. Le monde chrétien pouvait maintenant concevoir une grande espérance. Il appartenait à Paul III d'apaiser la querelle qui divisait les peuples et les Eglises. Erasme s'excuse d'offrir au Souverain Pontife les conseils d'une expérience déjà longue. Il souhaite donc de ne plus voir l'autorité du Siège rotnain s'engager dans les querelles politiques des Etats temporels. Il souhaite comme toujours une fédération des princes chrétiens, ou du moins une trêve de six ou sept années. Pendant ce temps, il serait nécessaire de pourvoir à la pacification religieuse. Il appartiendra au Concile de définir les dogmes; mais il ne sera point nécessaire d'entrer dans le détail des opinions; il suffira de régler les principes essentiels sur lesquels repose la doctrine chrétienne. Il existe beaucoup de points sur lesquels l'apôtre Paul souhaite que chacun puisse conserver son sentiment. Pareillement, la variété, les formes extérieures du culte ne divisent pas la concorde de l'Eglise. On devrait permettre certains désaccords d'opinion qui ne portent nul préjudice à la paix chrétienne. Il conviendra que le Concile proclame une large amnistie. L'essentiel sera que les uns et les autres renoncent à leurs passions particulières et ne considèrent que la gloire du Christ et l'intérêt de la religion chrétienne. Malgré la gravité des événements, il ne faut pas désespérer du succès. La majorité des hommes, particulièrement chez ceux qui excellent par la dignité et par la doctrine, est encore intacte. Beaucoup de ceux qui avaient subi l'attrait des nouveautés, en sont las, et regrettent le passé. Le théologien bâlois Louis Ber exposera plus complètement au pape la pensée d'Erasme, qui, terminant sa lettre, adresse ses salutations à Pucci, à Filonardi et même à Aléandre[4].

II

Paul III, en attendant le Concile, semblait avoir adopté la politique érasmienne des libres colloques engagés entre théologiens des confessions rivales. Il encourageait les conversations entre Guillaume du Bellay, Mélanchthon et Bucer, inaugurées depuis avril 1534. Comme à la Diète d'Augsbourg, Mélanchthon, qui venait d'achever la seconde édition de ses *Loci Communes*, eût accepté d'importantes concessions. Mais le gouvernement français, depuis novembre 1534, traquait les Réformés, et pour se disculper devant la Ligue de Smalkalde, les accusait de sédition. Les Eglises saxonnes blâmaient Mélanchthon, Luther gardait un silence hostile; il continuait de mépriser la politique érasmienne, qui n'était pour lui qu'une trahison de la vérité. En mars 1534, il avait une fois encore, dans une lettre plus violente que jamais qu'il adressait à Nicolas Amsdorf, traité le vieil humaniste d'arien et de sceptique, impropre à distinguer Dieu d'avec Bélial. Le 18 août 1535, l'électeur Jean de Saxe, dans une lettre à François Ier, s'excusa de retenir Mélanchthon. Paul III regretta l'échec de ces pourparlers érasmiens.

Il demeurait fidèle à l'esprit de pacification religieuse. Louis Ber lui avait porté la lettre d'Erasme. Il répondit par un bref daté du 31 mai 1535. Il disait son admiration déjà ancienne pour l'oeuvre et la doctrine d'Erasme; il le remerciait de son zèle à rechercher la paix de l'Eglise; il l'exhortait à poursuivre, par la parole et par la plume, ses efforts de défense catholique. Il souhaitait la présence d'Erasme au Concile; ainsi toute une oeuvre et toute une vie, dominées par le souci de la religion, trouveraient leur couronnement. Ainsi Erasme imposerait silence à la calomnie; il ne rencontrerait plus que des admirateurs, et connaîtrait les effets de la gratitude pontificale[5].

Paul III se proposait de nommer, en vue du concile, un certain nombre de cardinaux, partisans d'une réforme active de l'Eglise, et prêts à servir une politique de rapprochement confessionnel. Le premier nom qui se présentait à son esprit fut naturellement celui d'Erasme. Il en fut bientôt averti: «Ecoutez, écrivait-il le 31 août 1535 à Pierre Tomiczki, évêque de Cracovie, une histoire plaisante. Paul III a la fantaisie de créer, pour le prochain Concile, quelques cardinaux, illustres par leur savoir, et l'on a même proposé le nom d'Erasme...». Pour lui permettre de tenir son rang au Sacré Collège, un bref pontifical lui conférait l'importante prévôté de Deventer. Il sut que les revenus étaient fort importants et qu'un prévôt dans l'Eglise des Pays-Bas comptait plus qu'un évêque en Italie. C'était dans cette ville d'Overyssel que jadis une conférence de Rodolphe Agricola lui avait fait entrevoir tout le génie de l'humanisme italien. Un bref du 5 août recommandait Erasme à Marie de Hongrie, gouvernante des Pays-Bas. Mais Erasme se sentait vieux et débile, peu capable d'intervenir dans les affaires de l'Eglise. Il refusait, il refuserait perpétuellement. Il n'était plus qu'un être éphémère, il ne voulait plus risquer des querelles avec des hommes paresseux, opulents et brutaux, pour la satisfaction de mourir dans la richesse[6].

Erasme était alors accablé de tristesse. Sa correspondance avec Thomas More s'était ralentie. Plus ardemment que lui, l'auteur de l'*Utopie* était intervenu dans la lutte contre la propagande luthérienne. Il avait commis l'imprudence d'accepter, en octobre 1529, les fonctions de chancelier, alors que la question scabreuse du divorce royal engageait le gouvernement anglais dans de graves difficultés avec Clément VII et Charles-Quint. Le 11 février 1531, le Parlement reconnaissait au roi le titre de protecteur de l'Eglise nationale. Le 10 avril 1532, une nouvelle loi interdisait la levée des Annates et les appels devant les tribunaux romains. Le 18 mai, l'Eglise d'Angleterre n'admettait plus les actes de l'autorité papale que sous l'approbation souveraine. Le schisme, consommé en mars 1534 par diverses mesures législatives, rompit toutes relations entre l'Angleterre et Rome. Pourtant l'Eglise d'Henry

VIII maintenait les lois médiévales contre l'hérésie, et le chancelier Thomas More les avait strictement appliquées. Mais, resté comme Erasme fidèle à une Rome qu'il eût désirée plus sainte, il avait dès le 16 mai 1532, déposé les sceaux. Des mesures votées par le Parlement poursuivaient, comme crime de haute trahison, le refus d'obéissance aux actes qui proclamaient la validité du divorce royal et définissaient la nouvelle constitution religieuse. More, par deux fois, le 13 et le 17 avril 1534, refusa le serment. Emprisonné, condamné à mort, il fut décapité devant la Tour de Londres le 6 juillet 1535. Erasme voyait ainsi disparaître, de façon tragique, l'ami qui, pendant de longues années, avait été son sûr confident, l'interprète le plus fidèle de sa pensée l'héritier le plus génial de cette Angleterre italienne qui, à la fin du siècle précédent, avait si généreusement accueilli un jeune clerc hollandais, en quête de savoir antique et de vérité chrétienne.

Il achevait cependant les quatre livres de l'*Ecclesiastes*, ce traité de prédication évangélique et simplement efficace auquel il pensait depuis douze ans. Il avait eu l'intention de le dédier à John Fisher, évêque de Rochester, qui devait périr, peu avant Thomas More, le 21 juin 1535. Il l'offrit à Christophe de Stadion, évêque d'Augsbourg, élève de Bologne et de Ferrare. Erasme ne savait que depuis le 26 août la fin tragique de Fisher et de More. Il introduisit dans la préface que l'on achevait d'imprimer quelques lignes mélancoliques, sur la double perte qu'il ressentait si profondément; certains les jugèrent un peu brèves. Nul coeur n'était plus simple et plus sincère que celui de Thomas More; l'Angleterre n'avait jamais produit et ne produirait jamais plus un pareil génie. Il cherchait quelque consolation dans une espérance mystique dont l'expression avait été rare sous sa plume: «Le monde semble sur le point d'enfanter le Christ»; et il affirmait en termes pauliniens, le souhait de voir le Christ se former dans les âmes des hommes[7].

III

C'était à Bâle qu'il avait écrit ces lignes qui doivent compter dans l'histoire de sa spiritualité sans cesse un peu fuyante et jamais exprimée autrement qu'à demi-mot. La vie à Fribourg lui devenait pesante; il y retrouvait des théologiens et des moines; il avait subi, dans l'été de 1532, un vol assez grave[8].

Il était, en juin 1535, revenu à Bâle, afin d'y surveiller l'impression de l'*Ecclesiastes*. Il aurait ensuite probablement regagné les Pays-Bas; depuis quelques années, il avait à maintes reprises, dit son désir de revoir cette patrie à laquelle, malgré tant de voyages et de longs séjours à l'étranger, en France, en Angleterre, en Italie, dans les Cantons suisses, en Allemagne, il demeurait profondément attaché; il y aurait trouvé, en Marie de Hongrie, une protectrice intelligente et dévouée[9].

Il vécut dans la maison de Froben, et l'un de ses premiers soins fut de recueillir pieusement et de publier tout ce qu'il put apprendre sur le procès et les derniers jours de Thomas More; il y ajouta quelques pages sur la mort de John Fisher[10]. Cependant il travaillait à son édition d'Origène, qui devait être achevée par Beatus Rhenanus. Il s'habituait sans trop de peine à l'atmosphère d'une ville protestante, de même que Lefèvre d'Etaples, en 1526, s'était accommodé du régime religieux de Strasbourg. Il retrouvait à Bâle le souvenir émouvant d'années laborieuses. Mais l'hiver lui apporta un redoublement de souffrances; ses mains presque paralysées ne lui permettaient plus d'écrire. Vers la fin de juin il tomba gravement malade. Il s'éteignit dans la nuit du 5 au 6 juillet 1536. L'absence de tout prêtre catholique ne lui avait pas permis le secours des sacrements romains. Il mourut comme un chrétien évangélique, affirmant sa foi en la divinité du Christ, et murmurant, dans son hollandais natal, quelques prières enfantines. Il avait légué tous ses biens aux pauvres. Bâle lui fit de solennelles funérailles. Les étudiants de l'Université portèrent sur leurs épaules son cercueil à la cathédrale de grès rouge où s'élève son tombeau. Il convenait[11] que la dépouille d'Erasme, premier initiateur de la Réforme, trouvât un asile et le repos sous les voûtes d'un temple réformé.

NOTES

[1] TACCHI-VENTURI, **39**, p. 405-422; Appendice di documenti inediti, 423-552.

[2] Résumé de cette histoire dans L. CRISTIANI, **49***ter*, II, La Réforme de l'Eglise catholique; ch. I, La Réforme catholique en Italie, p. 245-295. —TACCHI-VENTURI, **39**, p. 53-89.

[3] Sur les relations d'Erasme avec ces divers personnages, voir RENAUDET, **15**, ch. VI, Erasme et l'Eglise catholique, p. 237-304. —La correspondance d'Erasme avec Carafa se réduit aux deux lettres qui portent

les n° 377 et 640 dans ALLEN, **6**, II et III, et qui datent du 23 décembre 1515 et du 29 août 1517. —*Id.*, XI, 2998, Conrad Goclen à Erasme, Louvain, 23 février 1535, 35-43. —Sur la possibilité d'une disgrâce d'Aléandre, voir p. 476.

⁴ *Id.*, XI, 2988, 55-59, 75-77; 88-91: Maxima pars hominum, praesertim dignitate doctrinaque praecellentium, adhuc intacta est: tum plurimos ex his qui fuerant afflati iamdudum tedet praesentium ac relicta desiderant; —95-98.

⁵ *Id.*, XI, 3021, 35-41: Quo magis te, fili, hortamur ut tu quoque, quem tot ingenii et doctrinae laudibus Deus ornavit, nos in hoc pio labore tibi maxime consentaneo coadiuuans verbis et scriptis Catholicam fidem nobiscum tuendam, et ante Sinodum, et mox in Sinodo, quam Deo adiutore omnino habere intendimus, suscipias, extremoque hoc pietatis opere, quasi optimo actu, vitam religiose actam tuaque tot scripta concludens, criminatores refellas, prouoces laudatores.

⁶ *Id.*, XI, 3049, 165-167;-3033;-3047, Gumppenberg à Erasme, 21 août 1535, 4-II; 8-II: Sat scio te hac vice contentum fore, presertim cum in patria tua ac loco nativo sita existat, et ex eo quod aliquis prepositus illic pluris reputatur quam quiuis episcopus. —3034;-3049, Erasme à Tomiczki, Bâle, 31 août 1535, 169-179, 172-174: Ego animalculum ημερδβιον nunc suscipiam certamen cum ociosis, violentes et opulentis competitoribus, ut diues moriar? —TACCHI-VENTURI, **39**, p. 15-17.

⁷ ÉRASME, **1**, V. 767. —ALLEN, XI, Introd. à 3036;-3085, 18-24;-3036, à Christophe de Stadion, Bâle, 6 août 1535, 126-127: Mundus videtur iamdudum parturire Christum, qui si vere formetur in animis nostris multis indiciis sese proferet syncera radix cordis. —Cf. *Gal.* IV, 19: Filioli mei, quos iterum parturio, donec forinetur Christus in vobis.

⁸ ALLEN, **6**, X, 2868, Erasme à Jean Choler, Fribourg, 9 septembre 1533, 39-45.

⁹ *Id.*, X, 2704, à Erasme Schets, Fribourg, 27 août 1532, 21; —2762, à Nicolas Olah, Fribourg, 7 février 1533, 29: Ad patriam aspirat animus. —2783, à Jean Henckel, Fribourg, 24 mars 1533, 22-23; —2792, à Nicolas Olah, Fribourg, 19 avril 1533, 60-64; —2865, à B. Amerbach, Fribourg, 31 août 1533, I.

¹⁰ *Expositio fidelis de morte D. Thomae Mori et quorundam aliorum insignium virorum in Anglia*, imprimée en 1535 chez Froben, rééditée à Anvers en 1536; et enfin rééditée à Bâle par Episcopius, dans Thomae Mori Lucubrationes, sous le titre de *Epistola de Morte D. Thomae Mori et Episcopii Roffensis, insignium virorum in Anglia*, réimprimée par ALLEN, **6**, XI, 368-378, sous le titre de *Espositio Fidelis*.

¹¹ ALLEN, **6**, I, Beatus Rhenanus à Hermann de Wied, Sélestat, 15 août 1536, 29-36; 50-55.

CONCLUSION

CONTRASTE DES DEUX ROME

Le moment n'est pas encore venu d'entreprendre l'étude objective et historique d'une oeuvre qui, à l'épreuve, peut apparaître inépuisable, d'une vie qu'une correspondance énorme et pourtant incomplète, dont l'index n'est pas encore achevé, n'éclaire pas entièrement. On n'a voulu considérer ici l'activité du grand humaniste que sous un seul aspect, d'ailleurs capital, mais qui ne dévoile pas tout le mystère d'une destinée à la fois éclatante et silencieuse. Qu'a-t-il cherché en Italie, qu'a-t-il reçu, qu'a-t-il refusé? Qu'y a-t-il aimé, qu'y a-t-il refusé d'aimer? Qu'a-t-il donné à l'Italie, qu'a-t-elle accepté, qu'a-t-elle refusé de lui? Dans quelle mesure l'a-telle aimé ou s'est-elle détournée de sa personne et de son oeuvre?

Pour ne rien dire de l'histoire de l'art, qui n'est pas l'objet du présent ouvrage, la maîtrise italienne domine si puissamment, au début des temps modernes, la chrétienté occidentale, que toute étude historique sur la vie intellectuelle, morale, religieuse du moyen âge finissant et des premières décades du XVIe siècle doit, de toute nécessité, prendre, à Florence, à Rome, à Venise, son point de départ; car c'est là d'abord que tous les problèmes essentiels ont été posés, que les termes en ont été définis, que les solutions en ont été aperçues ou formulées. Toute recherche qui aborde une question où la vie de l'esprit se trouve alors intéressée, rencontre nécessairement, à l'origine même du débat ainsi institué, les deux créations fondamentales de l'Italie dans l'ordre de l'esprit, l'humanisme et la philologie.

Il n'y a pas lieu de définir, une fois encore, l'humanisme. On rappellera seulement qu'il est une éthique; elle s'impose comme but de définir et de réaliser le type le plus complet et le plus haut de l'être humain et de l'existence humaine, dans l'individu et dans la société. La philologie est un ensemble fort complexe et divers de techniques d'étude, appliquées aux lettres anciennes; elle est une érudition, une critique, une esthétique. Elle recherche les textes, les découvre, les analyse, les interprète. Elle rassemble les matériaux, dont il lui appartient d'évaluer le prix et de mesurer la solidité, d'une histoire de l'esprit humain; elle conduit à penser, en termes nouveaux, l'histoire de l'esprit humain. Elle aboutit à une histoire critique de l'intelligence, et par là elle éclaire et guide, elle oriente l'effort de l'humanisme. Mais en même temps, elle travaille à l'éducation de l'esprit; elle découvre, elle illustre, dans ces oeuvres antiques, certains éléments de vérité morale ou de beauté formelle, où elle pense attacher un prix infini; par là s'exerce sur l'évolution, sur le renouveau des formes et des créations littéraires, son action indispensable, bienfaisante, vivifiante. Par là, elle embellit la demeure terrestre des hommes. Ainsi le contact, l'entente, la nécessaire collaboration s'établissent entre la philologie et l'humanisme. On ne conçoit pas un humanisme qui ne recherche le concours d'une philologie; on ne conçoit pas une philologie qui ne conduise à un humanisme, qui ne crée, qui ne soutienne, qui ne nourrisse un humanisme. On peut admettre que cet accord intime de l'humanisme et de la philologie fut l'oeuvre essentielle de l'Italie, dès sa sortie du Moyen Age.

L'humanisme existait, en Occident, bien avant Pétrarque; mais les premiers humanistes n'étaient pas, ou n'étaient guère, des philologues; c'est l'union et la collaboration intime de l'humanisme et de la philologie qui, depuis la fin du XIVe siècle, de Coluccio Salutati au Politien, a déterminé l'apparition définitive de la Renaissance italienne[1].

On peut admettre qu'Erasme et Montaigne ont été, au XVIe siècle, les deux plus grands noms de l'humanisme européen; étrangers, l'un et l'autre à l'Italie., et l'un et l'autre ses disciples, et de façon fort différente, puisque les trois quarts d'un très grand siècle les séparent. Entre Erasme et Montaigne, et sans oublier tout ce que Montaigne lui doit, il y a toute une Italie; en relation étroite avec la France, admirée, imitée dans ses arts, dans ses lettres, dans sa politique; avec toute une littérature, ses poètes, ses historiens, ses conteurs, ses politiques; avec sa langue, tenacement étudiée, que Montaigne sait écrire sans trop de

CONCLUSION 413

correction, mais non sans un vif sentiment du génie qui s'y exprime. L'Italie qu'Erasme a connue ne lui offrait pas ce débordement de richesses; et surtout, il n'y a point, au contraire de Montaigne, recherché ou même désiré, le contact des lettres modernes. Il a ignoré Pulci, Boiardo, l'Arioste, les oeuvres italiennes du Politien, Machiavel. Il n'a voulu connaître, parmi les créations de l'Italie moderne, que l'humanisme et la philologie. C'était d'ailleurs, outre l'oeuvre inépuisable de ses artistes, le plus riche présent que l'Italie offrait au monde. Mais il apparaît qu'Erasme, bien plus sobrement que Montaigne, a puisé aux sources d'Ausonie. Et pourtant, s'il est vrai que Montaigne, sans l'aide de la culture italienne, n'aurait pu aussi bien s'analyser et se décrire, on ne peut tenir pour moins certain qu'Erasme, sans le voyage d'Italie, ne serait pas devenu le maître que nous connaissons.

Michelet qualifie Erasme d'esprit italien, et non hollandais. Mais la Hollande à laquelle il songe n'existait pas encore. L'unité des dix-sept Provinces n'était pas encore rompue: toute la vie s'y concentrait à Bruxelles, Anvers et Louvain, et l'attrait de l'Italie s'y faisait vigoureusement sentir, même à Louvain. Erasme est un homme des dix-sept Provinces, avant la scission. Il n'a rien de commun avec un maître de Leyde. La grande Université hollandaise est, aux Pays-Bas, une création tardive du calvinisme français. Erasme est le condisciple et l'ami des premiers humanistes de Louvain, le familier des bourgeois libéraux de Bruxelles et d'Anvers; il a gardé très vive, jusqu'à la fin de sa carrière, l'empreinte des Pays-Bas; il y aurait peut-être achevé de vivre, si la maladie et la mort ne l'avaient surpris à Bâle. Mais la culture italienne, l'humanisme et la philologie des écoles d'outremonts, l'avaient, de très bonne heure, subjugué. Il avait reçu, dès le couvent de Steijn, dès l'école de Deventer, une longue et lointaine initiation au savoir italien. Initiation lente et méthodique, sans cesse poursuivie à Paris, à Louvain, à Londres, à Oxford; initiation acquise, patiemment, dans les écrits des maîtres italiens du Quattrocento; puissamment renforcée par l'action et par la parole des maîtres venus d'Italie en Occident, ou des maîtres occidentaux qui avaient eu la rare fortune, à Florence, à Venise, à Rome, de les entendre. Il savait maintenant que l'Italie, s'il voulait achever son éducation de philologue et d'humaniste, lui était indispensable. Il avait déjà quarante ans quand il put enfin prendre contact avec tout ce monde d'intelligence et de savoir, dont l'attente et l'espérance l'avait aidé à supporter une vie incertaine et difficile. En Italie, il se fit romain; et jusqu'à son dernier jour, il resta romain de désir.

Aussi longtemps qu'au cimetière Montmartre on lira l'épitaphe milanaise d'Henri Beyle, on saura de quelle passion ce Dauphinois avait adopté l'Italie comme patrie de son intelligence et de son coeur; et l'on se souviendra que, selon le testament de 1821, son âme lombarde avait adoré Cimarosa, Mozart et Shakespeare[2]; on se plaît à dire que l'Italie l'avait révélé à lui-même, ou du moins l'avait aidé à prendre conscience de tout ce qu'il aimait véritablement, et des aspirations profondes de sa nature mécontente, ironique, inquiète. Cet homme du XVIIIe siècle français n'entendait rester dupe d'aucune tradition, d'aucune opinion imposée, d'aucun dogme; mais sa méditation obstinée le portait à la rencontre des plus hauts types humains; il crut découvrir en Italie le mépris des conventions et des préjugés, l'éthique de la libre passion, et, selon l'Alfieri, la sève la plus vigoureuse de la plante humaine; tout un romantisme qu'il portait inexprimé et tumultueux au fond de lui-même. Las d'une société trop bien ordonnée et disciplinée, il voulut reconnaître au-delà des Alpes l'épanouissement, dans la peinture, la musique et l'amour, d'âmes généreuses, impatientes et affranchies. Il se fit le confident émerveillé, l'admirateur lyrique des êtres inégalables auxquels son enthousiasme de poète avait communiqué la vie.

Peut-on dire qu'Erasme reçut en Italie la révélation de sa nature la plus profonde? L'expression ne conviendrait guère au voyageur hollandais qui, en septembre 1506, descendait à Turin pour y subir, hâtivement et presque en secret, les épreuves du doctorat en théologie. Du moins doit-on dire qu'avant le séjour en Italie, Erasme est l'homme de l'*Enchiridion militis christiani*. Après son retour en occident, il est l'homme de la *Moria*, des Préfaces du Nouveau Testament de Bâle, des éditions multiples des *Adages*, premiers essais avant les *Essais* de Montaigne; des éditions multiples des *Colloques*, du second *Hyperaspistes*, du *Ciceronianus*, de l'approbation amicale aux plus hardis chapitres de l'*Utopie*. L'Italie n'a pas transformé son génie; elle en a du moins achevé l'éducation. Sans doute lui avait-il manqué la connaissance de la langue, qui devait ouvrir à Montaigne et à Stendhal tout un monde d'émotions et de pensée moderne. Mais pour les Italiens de la Renaissance, le latin classique, dont Erasme savait user comme d'un idiome vivant, demeurait la véritable langue de l'Italie, sa langue impériale, plus noble, plus grande, plus véritablement nationale que le toscan moderne, d'ailleurs mal parlé, souvent mal entendu hors de la province où il avait, en trois siècles, atteint sa perfection. Nous ne saurons jamais si les arts de l'Italie ont pu émouvoir, à Florence, cet ami de Holbein, de Quentin Matsijs, d'Albert Dürer. A Florence, pour ne pas rester complètement oisif, il traduisit quelques dialogues de Lucien. Mais Stendhal, à Florence, s'ennuyait mortellement. Sur la colline inspirée d'Assise, Goethe, qui glorifiait en un langage sublime les plus modestes vestiges de l'antiquité païenne, n'eut d'yeux que pour le portique et le fronton d'un temple de Minerve. Toute l'histoire du culte européen de l'Italie se résume dans ce que les générations successives de voyageurs ont aimé avec émerveillement, ou n'ont pas regardé.

Que cherchait donc cet homme déjà mûri par de longues années d'étude, par des courses déjà passablement vastes à travers l'Europe occidentale, par ses méditations d'humaniste et de chrétien, qui, de l'automne 1506 au printemps 1509, parcourut le Piémont et la Lombardie, l'Emilie et la Toscane, passa de longs mois à Venise, poussa une rapide escapade jusqu'à Naples, et parut décidé à se fixer pour longtemps, peut-être pour toujours, dans la Ville éternelle? Quelle impression reçut-il de cette Italie vivante et réelle, dont il connaissait déjà fort bien par les livres toute la puissance de création humaniste et philologique. Il admirait la génération des géants, il en était le disciple. Il ne rencontrait que de modestes épigones. Peut-on dire qu'il leur demanda uniquement ces leçons de philologie humaniste dont, en somme, il n'avait plus guère besoin? L'éducation morale et religieuse de son génie était achevée; et sans doute avait-elle déjà subi d'assez fortes influences italiennes, puisque ses maîtres d'Oxford, qui lui avaient enseigné la religion du pur esprit, devaient à Ficin et à Pic de la Mirandole l'essentiel de leur doctrine et de leur évangélisme platonicien, et que, d'autre part, la critique de Laurent Valli lui avait appris les méthodes d'une exégèse philologique et méfiante, assez aisément conciliable avec cette sorte de wycléfisme latent, de hussitisme inexprimé, qu'il tenait de John Colet et de Jean Vitrier. Et comme, en Italie, les grands créateurs de la pensée religieuse, ainsi que les grands créateurs de la science humaniste, n'avaient laissé qu'une faible postérité, l'Italie de 1506 ne lui offrait à peu près rien qu'il n'eût eu déjà l'occasion de connaître et d'étudier.

De là une certaine désillusion; il put du moins développer sa connaissance déjà vigoureuse du grec. Mais il ne trouva plus, dans l'Italie de 1506, ce qu'il avait appris, avec tant de passion, dans les livres du Quattrocento: et d'ailleurs l'édition vénitienne des *Adages*, en septembre 1508, le classait parmi les égaux des maîtres du passé, et au premier rang des maîtres contemporains.

Stendhal se fit, pendant sept ans, milanais. Erasme ne fut romain que pendant quatre mois; ils comptèrent pourtant dans l'éducation du grand écrivain qu'il n'était pas encore, et qui, dans les *Adages* de Venise, n'avait fait qu'essayer son talent. Il ne prenait, aux gouvernements princiers de la péninsule, que le plus dédaigneux intérêt; il avait dû recueillir, passant par Florence, la tradition de la grandeur intellectuelle et politique des Médicis, alors déchus. Il eût probablement jugé la République de Saint-Marc avec moins de prévention démocratique et guerrière que Machiavel. L'élève de John Colet ne pouvait que repousser le régime antichrétien de Jules II. Rabelais devait joyeusement s'émerveiller de l'immense bouffonnerie romaine. Erasme, plus chrétien, souffrit d'assister à la trahison de l'Evangile, par ceux-là mêmes qui devaient en conserver le dépôt sacré, y conformer leur conduite privée, leur gouvernement, leur politique. Mais la capitale de l'Occident chrétien était encore la libre capitale des libres esprits. Erasme, volontiers dissident, hostile à tout conformisme d'église, d'ordre ou d'école, et d'ailleurs, moine échappé à la règle et bien résolu à conserver son indépendance, se trouvait singulièrement à l'aise dans la ville des papes, où déjà les prélats le traitaient en égal. De là une double impression, assez forte pour remplir une vie, le contraste, en son esprit et sa conscience, de deux Romes, celle qu'il aima et celle qu'il n'aima pas.

La Rome qu'il aime est celle des chrétiens indépendants, lecteurs de l'Evangile et de saint Paul, prêts à reconnaître l'urgence d'une réforme religieuse, mais aussi intellectuelle et morale, du monde chrétien. Il ne désespère point encore d'en garder l'audience, de l'éclairer, de l'instruire, de la conseiller, peut-être de la guider. Mais les circonstances l'ont contraint de s'en éloigner, pour son propre malheur, peut-être aussi pour le malheur de cette Rome qui eût pu devenir érasmienne. Du moins n'a-t-il jamais cessé de penser à elle; il a continué de correspondre avec les cardinaux qu'il savait enclins à l'écouter; il n'a jamais cessé de correspondre avec les papes. L'essentiel de son oeuvre fut destiné à cette Rome qu'il aimait. C'est à elle que s'adressent les adjurations pathétiques de la *Moria*, et le Nouveau Testament grec de Bâle, et les préfaces de 1516 qui définissent les règles d'une exégèse à la fois humaine et chrétienne, philologique et pieuse. C'est à elle qu'il dédie les Paraphrases du Nouveau Testament. Visiblement, il eût

CONCLUSION

souhaité que la libre Rome à laquelle il conservait sa fidélité de chrétien adoptât les règles, les méthodes, l'esprit de ce qui allait bientôt devenir le modernisme érasmien.

Mais toute une Rome qu'il n'aimait pas le lui rendait bien. C'était celle des théologiens, des moines mendiants, essentiellement conservatrice, autoritaire, prête à soupçonner et à dénoncer partout l'hérésie; assez puissante d'ailleurs, par la foule de ses milices et son crédit auprès des peuples, des aristocraties autant que des plèbes, pour faire peur aux papes. Cette Rome se méfiait d'Erasme et déjà l'accusait de doctrines suspectes; et l'entrée en scène de Luther allait le contraindre à prendre, contre la Rome qu'il n'aimait pas, des initiatives assez graves pour inquiéter la Rome qu'il aimait, et le condamner à toute une politique, parfois médiocrement franche, d'incertitudes, d'hésitations, de fausses démarches et d'insuccès.

Ses colères contre la Rome qu'il n'aimait pas expliquent le demi-luthéranisme auquel, sans trop attendre, on put le voir quelque temps adhérer, les services importants rendus par lui à Luther; son hostilité véhémente contre les théologiens romains, contre cet Aléandre qu'il méprisa; et son indifférence à la Bulle qu'il savait dictée à Léon X par les théologiens et les moines; la publication de ces *Acta Academiae Lovaniensis* dont les rédacteurs érasmiens affirmaient qu'on pourrait écraser Luther, mais non l'esprit humain[3]. Son amitié pour une Rome qu'il persistait à vouloir érasmienne inspira l'effort d'une médiation que les journées de Worms rendirent vaine; et déjà la Rome qu'il n'aimait pas triomphait avec Aléandre, qui en novembre 1521 le contraignait à fuir Louvain. A Bâle, il poursuivit sous cet Adrien VI que la Rome érasmienne autant que celle d'Aléandre jugeaient barbare et risible, sa diplomatie de médiateur sans espoir. Car la Rome qu'il aimait n'admettait plus aucune transaction avec les nouvelles hérésies, et lui-même, en présence d'une révolution religieuse qti'il n'avait pas souhaitée, d'un paulinisme antihtimain qui lui faisait horreur, se détournait de Luther. Pour servir, pour rappeler à lui la Rome qu'il aimait et dont il pensait fléchir l'inimitié, il accepta d'engager avec Luther non pas une controverse théologique, mais un débat philosophique sur un problème de psychologie humaniste. Il subit un désastre. Son redoutable contradicteur triompha aisément des incertitudes et des faiblesses de son semi-pélagianisme; la Rome d'Aléandre le jugea complice d'un adversaire volontairement ménagé; la Rome qu'il aimait ne lui sut aucun gré d'avoir engagé ce combat inégal qui assurait à la Réforme une nouvelle victoire. Erasme n'oubliait pourtant pas la Rome à laquelle il conservait son affection; ce fut pour elle qu'après avoir faiblement répondu, dans le premier *Hyperaspistes*, à Luther, il composa ce second *Hyperaspistes*, admirable et complet testament de l'humanisme et de l'italianisme érasmiens. Discussion serrée, lumineuse, humaine, de l'antirationalisme luthérien; texte par avance rabelaisien, nourri d'une ferme confiance en la vertu de la nature humaine, et dans son accord avec cet évangélisme presque sans dogme, où de plus en plus se réduisait le christianisme érasmien.

Le drame du Sac de Rome, en mai 1527, était le châtiment d'une Rome qu'il n'aimait pas et dont il dénonçait, depuis plusieurs années, les fautes religieuses, morales et politiques. Il continuait d'aimer la Rome érasmienne, où il conservait un petit nombre de partisans, dont certains étaient illustres. Pour ne pas la blesser et sans doute en vertu de vieux scrupules de fidélité catholique, il n'avait pas rompu avec le Saint-Siège, maintenant dominé par les théologiens et les moines, par Alberto Pio et par Aléandre, et qui, après le désastre de mai 1527, avait hâté sa réconciliation avec Charles-Quint et se relevait trop vite. Mais il avait déclaré à Luther, devant l'Europe chrétienne attentive: «Je reste fidèle à cette Eglise jusqu'au jour où j'en verrai naître une meilleure». Et maintenant, le problème de la troisième Eglise allait dominer sa pensée jusqu'à la mort.

Cette troisième Eglise se confondait dans son esprit avec la Rome qu'il aimait. Elle devenaît de plus en plus faible, car maintenant la majorité des humanistes italiens, par conformisme politique, académique, religieux, avaient pris parti contre lui. En vain il les attaqua de front, démontra le vide de leur pensée, le néant académique de leur doctrine, dans ce *Ciceronianus* qui demeure probablement l'oeuvre la plus vigoureuse qu'il ait composée. Il restait, malgré la faveur toute provisoire de Paul III, un vaincu. Il avait, dès la diète de Worms, prévu le concile de Trente. Aléandre demeurait le plus fort. L'humanisme d'Erasme ne devait survivre, du moins dans l'Eglise Officielle, qu'amendé, corrigé, réduit à de plates résipiscences, par l'esprit malfaisant d'Aléandre et de la Compagnie de Jésus.

On peut maintenant se demander si l'étude des rapports d'Erasme avec l'Italie permet d'épuiser le problème de son oeuvre et de son génie.

CONCLUSION

Il serait nécessaire qu'un philologue de profession entreprît de façon définitive l'étude d'Erasme philologue, d'après ses éditions classiques, ses versions, ses commentaires; de rendre sa véritable place dans l'histoire de l'esprit humain au latiniste, à l'helléniste, à l'interprète des littératures anciennes, impatient d'assister à leur résurrection. Pareillement il conviendrait qu'un érudit, spécialement informé des questions bibliques et de la primitive littérature chrétienne, instituât une étude critique des travaux qu'Erasme a consacrés aux Pères de l'Eglise, éditions ou commentaires. Surtout, il faudrait soumettre à un strict examen l'édition du Nouveau Testament: oeuvre hardie, improvisée, insuffisante, géniale sous certains aspects, si amèrement jugée par Richard Simon; critique, timide encore, faiblement informée, mais qui, dans l'histoire des études religieuses, reste capitale, puisqu'elle ouvrit la voie à la critique des Eglises réformées, de Luther, de Zwingli, de Calvin, qui sans Erasme n'auraient su que balbutier.

De telles recherches conduiraient à mieux définir le christianisme érasmien, nié par Luther, et pourtant réel et profond, dont témoignait, dès 1524, un texte émouvant d'Henri Loriti de Glaris[4]. Il s'agirait d'étudier, entre la publication de l'*Enchiridion* et celle de l'*Ecclesiastes*, cette spiritualité érasmienne si difficile à saisir, nourrie des souvenirs lointains de la *Devotio moderna* et de l'*Imitation*, nourrie également de l'Evangile et de saint Paul; il s'agirait de vérifier si, le texte des synoptiques demeurant pour Erasme celui d'une histoire et d'une éthique religieuse, le texte de saint Paul une méditation ardue sur le thème de la grâce, la piété érasmienne ne s'est pas de bonne heure portée vers le Quatrième Evangile et les Epîtres attribuées à saint Jean. De même qu'Henri Bremond s'efforçait de définir la prière de Pascal et d'y reconnaître les éléments spécifiques du jansénisme et les éléments traditionnels, il serait important de discerner dans l'oraison d'Erasme ce qui est spiritualisme éternel, confiance chrétienne en la miséricorde divine, confiance paulinienne en la foi, indifférence plus ou moins marquée aux oeuvres, au culte des saints et même de la Vierge, adhésion compatissante et humble aux souffrances de Jésus crucifié[5]. C'est seulement la religion d'Erasme ainsi définie, que l'on pourra tenter de comprendre exactement la pédagogie et la politique d'Erasme; si la première se fonde en partie sur la psychologie et la raison antiques, la seconde sur Platon, Aristote, Cicéron, l'une et l'autre invoquent l'autorité de l'Evangile et des Pères, et seraient l'une et l'autre inintelligibles, si l'on ne savait que le libéralisme parfois républicain d'Erasme est celui d'un penseur formé par l'oraison chrétienne.

Les libertins érudits du XVIIe siècle ont essayé de reconnaître en Erasme un précurseur. Dans le cabinet de Guy Patin, son portrait voisinait avec celui de Rabelais, qui, un jour, affirma lui devoir l'éducation de sa pensée; et Guy Patin, dans une note manuscrite, où il reproduit des propos de Grotius, glorifie Erasme comme un grand homme, malgré les vaines clameurs des loyolites et autres imposteurs de la même école[6].

Erasme est mort comme Raminagrobis, sans le secours catholique des prêtres et des sacrements; et Rabelais, au chapitre XXI du *Tiers Livre*, a pu s'en souvenir[7]. Le vieil poète françois a chassé de sa chambre les «vilaines, immondes et pestilentes bestes, noires, guarres, fauves, blanches, cendrées, grivelées», dont Erasme avait autrefois décrit l'empressement importun autour des mourants[8]. Erasme eût sans doute dit lui aussi: «Declinez de leur voye, ne soyez à elles semblables». Il l'avait maintes fois répété. De sa chambre bâloise, il n'eut pas à les chasser; elles n'avaient plus droit de cité dans une ville sacramentaire. Raminagrobis contemple et voit, et déjà touche et goûte «le bien et félicité que le bon Dieu a praeparé à ses fidèles et esleuz en l'aultre vie et estat de immortalité». Erasme n'eut peut-être pas cette sereine certitude d'un stoïcisme cicéronien; il se savait faible et pécheur. Mais il fondait son espérance sur la charité divine[9], et sans doute aurait-il accueilli avec joie l'aide, les consolations et les sacrements d'un prêtre romain, pourvu qu'il vînt de la Rome toujours chère à l'humanisme érasmien, non de la Rome d'Aléandre.

NOTES

[1] Ernest RENAN, *L'avenir de la science*; VIII, p. 121-153; XI, p. 202-211.

[2] Quest'anima adorava Cimarosa, Mozart e Shakespeare.

[3] Voir p. 148, n. 3.

[4] Voir p. 175, n. 14.

[5] BREMOND (Henri), *Histoire littéraire du sentiment religieux en France depuis la fin des guerres de religion jusqu'à nos jours*; IV, La conquête mystique; L'école de Port-Royal; Paris, 1920, gr. in-8°; ch. IX: La prière de Pascal, p. 318-417.

[6] FEBVRE, **47**, p. 259 et n. 1. —PINTARD (Renë), *La Mothe le Vayer-Gassendi-Guy Patin*; Etudes de bibliographie et de critique, suivies de

textes inédits de Guy Patin; Paris, 1944, in-8°; p. 77-78: J'aime Erasme pour bien des raisons, dont la première est qu'il a paru comme un soleil au milieu des tenebres et qu'il a esté le commun maistre et précepteur de tout le genre humain... ce grand homme, qui a esté véritablement incomparable, *quidquid contra effutiant Monachi et Loyolitae, impurum hominum genus.*

7 Il n'est pas invraisemblable d'autre part que l'oracle du mourant: Galloppez, mais allez le pas. Recullez, entrez y de faict. Prenez la, ne la prenez pas (qui d'ailleurs est un rondeau de Guillaume Crétin), puisse s'appliquer, dans la pensée de Rabelais, et peut-être aussi de Marguerite, qui reçut la dédicace du livre, aux hésitations et incertitudes religieuses d'Érasme.

8 Dans le colloque *Funus* (éd. février 1526); mais le texte, ici imité par Rabelais, se trouve dans le colloque *Charon* (éd. 1528); ÉRASME, **1**, I, 823 A : Sunt animalia queedam pullis et candidis palliis, cinericiis tunicis. variis ornata plumis.

9 ALLEN, **6**, I, III, Beatus Rhenanus à Hermann de Wied, Sélestat, 15 août 1536; 32-33: in Christum se spem omnem figere testabatur, assidue clamans, «O Jesu, misericordia...; —IV, Beatus Rhenanus à Charles-Quint, Sélestat, 1er juin 1540; 515-516: Christi misericordiam extremis saepe repetitis vocibus implorantem.

INDEX

Accurse (Marie-Ange) 77.

Adriatique, mer 151, 282, 319.

Adrien VI 247, 270-272, 278-280, 285, 289, 306, 311, 324, 325, 331, 360, 376, 381, 383, 388, 403, 405, 417.

Agen 394, 353.

Agnadel 176, 188.

Agricola (Rodolphe) 40, 41, 46, 47, 52, 53, 76, 95, 216, 407.

Albert de Brandebourg, archevêque de Mayence 112, 113, 234, 242, 247, 253, 260, 311, 388.

Alberti (Leon Battista) 105.

Alcalá 147, 228, 249.

Alciat (Andrea Alciati) 350, 354, 364, 373, 375, 379, 380, 397.

Aldington (Kent) 200, 218, 225.

Aléandre (Jérôme; Girolamo Aleandro) 9, 13, 21, 23, 31, 157, 162, 177, 195, 198, 205, 227, 255, 258-287, 290, 295, 304, 331, 335, 351, 353, 363, 381-384, 386, 387, 389, 390, 392, 397, 398, 399, 405, 406, 410, 417, 418, 420.

Alexandre VI 33, 74, 97, 101, 110, 111, 153, 168, 179, 201, 334, 344, 403.

Alexandrie d'Egypte 151.

—école 53.

Alfieri (Vittorio) 414.

Alighieri (Dante) 14, 16, 20, 26, 27, 33, 53, 108, 109, 115, 116, 121, 122, 126, 128, 131, 136, 147, 168, 169, 177, 180, 194, 254, 282, 316, 317, 319, 323, 326-328, 334, 344, 378, 379.

—*Monarchia* 317, 326-328, 331, 332, 334, 364.

Allemagne 23, 28, 38, 47, 52, 103, 151, 170, 228, 236, 241, 258, 277, 279, 285, 292, 359, 363, 364, 366, 376, 382, 392, 409.

Almain (Jacques) 383.

Alpes 40, 66, 87, 88, 90, 98, 139, 146, 148, 176, 183, 338, 414.

Alphonse Ier, duc de Ferrare 164-165.

Amboise (Chaumont d') 140.

Ambroise (saint) 59, 78, 102, 302.

Amerbach Basile 205.

—Boniface 356, 364, 386.

—Bruno 204-205.

—Jean 204-205.

Ammonio (Andrea) 201, 202, 203, 211, 213, 224, 225, 227, 231, 232, 247, 372.

Amsdorf (Nicolas) 406.

Amsterdam 320, 388.

Anabaptistes 27, 359.

Andrelini (Fausto) 54-57, 59-63, 68, 74, 75, 162, 195, 202, 205, 231, 245.

Angleterre *passim*

—Eglise d'Angleterre 208, 388.

—Angleterre italienne 29, 57, 75, 81-86, 89, 148, 160, 164, 185, 408.

Anvers 78, 80, 183, 186, 211, 224, 226, 228, 251, 260, 261, 311, 312, 356, 374, 388, 413.

Aphrodise (Alexandre d') 130, 153.

Apostolios (Michel) 162.

Argyropoulos (Jean) 59.

Arioste (Lodovico Ariosto) 131, 134, 164, 376, 379, 413.

Aristote 26, 53, 56, 60, 74, 117, 119, 122, 124, 127, 128, 130, 147, 153, 158, 165, 214, 247, 314-320, 372, 386, 419.

Ariens 361.

Asola (Torresani d') Andrea 156-162, 205, 212, 229, 381.

—Federico, Francesco, Maria 156.

Assise 108, 514.

Athènes 20, 161, 171, 348, 373.

Augsbourg 33, 151, 234, 253, 285, 312, 358, 360-366, 370, 374, 406.

Augustin (saint) 41, 43, 45, 48, 54, 58, 74, 89, 128, 130, 132, 216, 232, 242, 251, 252, 269, 283, 290, 304, 356, 390, 392.

—ermites de saint Augustin 404.

—chanoines réguliers, voir Windesheim et Steijn.

Autriche 189, 194, 361.

Averroès 130, 177.

Avignon 52, 141, 169, 373, 375.

Aytta (Wigle van) 373, 398.

Bade Ascensius (Josse) 82-88.

Baechem (Nicolas) 246, 262,, 263, 270.

Baglioni (famille) 141.

—Giampaolo 338.

Balbi (Girolamo) 54, 55, 245.

Balde de Ubaldis (Pierre) 77.

Bâle 7-9, 20-23, 28, 30, 33, 47, 159, 175, 177, 204, 205, 207-210, 212, 217, 224, 226, 227, 232, 233, 235, 236, 246, 248, 249, 263, 269, 272, 277, 281, 282, 310, 311, 330, 339, 344, 346, 352, 355-357, 362, 364, 373, 382, 383, 387, 391, 408, 409, 413, 416, 417.

Barbaro (Ermolao) 42, 58, 73, 76, 95, 130, 133, 146, 153, 162, 349, 351.

Barbier, Pierre 270, 290, 381.

Barcelone 335.

Barnabites 404.

Bartole 76.

Bartolomeo della Porta (fra) 95, 111.

Barzizza (Gasparino da) 44.

Bascio (Matteo da) 404.

Basile (saint) 200, 205, 216, 371.

Bataillon (Marcel) 4, 5, 9.

Batt (Jacques) 48, 62.

Bayle (Pierre) 27.

Beckett (Thomas) 283.

Beda (Noël) 386.

Bedwell 63.

Bellay (Guillaume du) 366, 406.

Bellini (Giovanni) 152, 155.

Belluno 158.

Bembo (Bernardo) 154.

—Pietro 154, 162, 281, 304, 306, 329, 336, 347- 349, 351, 372-374, 377-379, 387, 404.

Bentivogli (famille) 141, 171, 202.

Ber (Louis) 205, 374, 406.

Béraud (Nicolas) 90.

Bere (Richard) 200.

Bergamo 404.

Bergen, Antoine de 77.

—Henri de 47, 77.

Bergen-op-Zoom 48, 58, 62, 77.

Berne 362, 364.

Bernard (saint) 27, 43, 282, 284.

Bernardin de Sienne (saint) 110.

Beroaldo, Filippo 53, 161, 351.

—Filippo le jeune 351.

Berquin (Louis de) 289, 325, 337, 357, 382.

INDEX

Besançon 282, 355.

Bessarion (Jean, cardinal) 52, 125, 146.

Béthune (Evrard de) 46.

Bible

—*Ancien Testament* 27, 28, 355.

—*Psaumes* 27, 55, 77, 140, 243, 271, 358, 378.

—*Nouveau Testament* 6, 20, 23, 24, 27, 29, 31, 32, 43, 45, 82, 88, 90, 124, 125, 144, 147, 159, 173, 190, 195, 200, 208-210, 212-214, 217, 223-235, 245-250, 318, 323, 327, 339, 381, 390, 414, 419.

—*Evangiles* 21, 24, 77, 88, 233.

—*Actes des Apôtres* 66, 187, 203, 211, 230, 245.20, 391.

—*Apocalypse* 20, 391.

—Interprétation 78, 118, 124, 130, 161, 187, 215, 294, 313, 382.

—Retour à la Bible cf.livre III

—Bible polyglotte d'Alcalà (Complutensis) 228.

—Pour l'édition princeps du Nouveau Testament grec et pour les commentaires et édi-tions érasmiens des textes bibliques, voir Erasme, *Œuvres*.

Biétry (Thibault) 282.

Blount (William), voir Mountjoy.

Boccace (Giovanni Boccaccio) 103, 110, 115, 118, 120, 122, 379.

Boellini (Martino et Lazzaro) 377.

Boerio (Battista) 87, 140, 146.

Bohême 23, 244, 250.

Boiardo (Matteo Maria) 413.

Bologne 53, 62, 63, 75, 87, 92, 103, 104, 108, 115, 117, 118, 127, 139-148, 157, 161, 163, 165, 169, 171, 173, 176, 183, 202, 231, 329, 335, 347, 353, 362, 375, 378, 408.

Bolzano (fra Urbano da) 158.

Bombace (Paolo) 145, 148, 165, 176, 183, 184, 202, 231, 235, 266, 268, 281, 329, 351.

Bonamico (Lazzaro) 374, 396.

Borgia, Cesare 101, 186, 313.

—Francesco, cardinal 189.

—Lucrèce 154, 164.

—Rodrigo, voir Alexandre VI.

Bosch (Arnold de) 42, 46, 52, 62, 68.

Botticelli (Sandro Filipepi) 95, 111, 142.

Botzheim (Jean) ; cf. Erasme, *Œuvres*, *Catalogus lucubrationum*.

Boudet (Michel) 298.

Bourbon (Charles, connétable de) 331.

Bourges 90, 198, 364, 375, 380.

Bourgogne 97, 326.

Boyssonné (Jean de) 396.

Brabant 48, 60, 213, 224, 277, 286.

Bracciolini (Poggio) 44, 45, 54, 121, 122, 174, 177, 309, 351, 373.

Bramante (Donato) 170-173, 282.

Brant (Sébastien) 183.

Bremond (Henri) 419.

Brenta 329, 372.

Brescia 377, 378, 387.

Brice (Germain) 163, 350.

Briçonnet (Guillaume, cardinal) 189.

Brindisi 398.

Brislot (Jean) 146.

Bruges 142, 212, 267, 311, 312, 324, 330, 331.

Bruni (Leonardo) 59, 119, 121, 123, 309.

Bruno (Giordano) 135.

Bruxelles 48, 60, 62, 143, 175, 183, 224, 226, 227, 251, 267, 268, 277, 281, 311, 319, 325, 328, 356, 413.

Bucer (Martin) 355, 357, 362, 362, 378, 406.

Bucklersbury 86, 183, 188, 198.

Budé (Guillaume) 20, 161, 194, 195, 206, 226, 228, 259, 268, 311, 347, 352.

Buonarroti (Michelangelo) 3, 6, 95, 111, 135, 142, 171, 338-339.

Buonfigli (Luca) 359, 374.

Busleiden (Jérôme) 143, 144, 245.

Caïétan (Thomas de Vio) 107, 234, 264, 383, 384, 391-392.

Calabre 51, 107.

Calcagnini (Celio) 164, 289, 376, 379.

Callimaque 132, 158.

Calvin (Jean) 6, 9, 23, 27, 87, 109, 110, 134, 255, 281, 283, 303, 344, 419.

Cambrai 47, 48, 51, 52, 58, 59, 62, 77, 87, 91, 163, 176, 225.

Cambridge 8, 85-91, 161, 196, 199-207, 227, 231.

Campeggio (Lorenzo, cardinal) 244, 247, 263, 281, 284-286, 359, 360, 367, 374, 391, 394.

Campen (Jean de) 398.

Canale (Paolo) 162.

Canossa (Luigi) 371.

Canterbury 86, 148, 181, 200, 283.

Capiton (Wolfgang Koepfel) 226, 236, 241, 270, 359, 378.

Caracciolo (Marino) 235, 270, 279.

Carmes 107, 246, 248, 263.

Carpaccio (Vittore) 152.

Carpentras 351, 369, 370, 371, 404.

Carpi (Alberto Pio da) 146, 156, 158, 290, 359, 363, 381-386.

Carvajal (Bernardino, cardinal) 189.

Castellesi da Corneto (Adriano, cardinal) 219.

Castiglione (Baldassare) 372.

Caton d'Utique 301.

Catulle 59, 164.

Cavalcanti (Cavalcante et Guido) 115.

César (Jules) 143, 157, 158, 309, 311, 325, 352, 386.

Chalcondylas (Demetrio) 67, 374.

Charles-Quint, empereur 213, 323, 331.

Charles Ier, roi d'Espagne, voir Charles-Quint

Charles VIII, roi de France 61, 97, 108, 153, 323, 338.

Charles, duc d'Alençon 325.

Charles II, duc de Savoie 139.

Charles III, duc de Savoie 139, 335.

Charnock (Richard) 63, 75, 81.

Chartreux 62, 72, 207.

Chelsea 138.

Chieregato (Francesco) 252-253.

Chieti 126, 225, 404.

Choler (Jean) 395.

Christ 6, 19, 22, 30, 31, 38, 52, 55, 65, 67, 74, 76, 90, 91, 107-109, 119, 123-129, 141, 144, 153, 168, 169, 176-178, 182, 187, 190-192, 203, 21-218, 225, 229, 233, 234, 243, 245, 247, 248, 251, 252, 254, 265, 266, 282, 284, 289, 292, 293, 301, 302, 304, 306, 323, 324, 328, 331, 334, 336, 337, 339, 344, 347, 349-351, 363, 364, 369, 370, 372, 389, 386, 392-396, 406, 408, 409.

INDEX

—Philosophie érasmienne du Christ

Christian II, roi de Danemark 268, 311, 333.

Chypre 151, 164.

Cicéron 26, 44, 77, 125, 132, 230, 314, 346-353, 373, 397, 419.

—cicéroniens contre Erasme, et l. IV, ch I, *Querelles cicéroniennes*

Clément VII 7, 21, 280, 281, 284-286, 288, 311, 320, 324-326, 329-337, 357, 361, 364, 387, 390, 391, 395, 403-404, 407.

Cles (Bernard de) 295.

Coblence 235, 269.

Cochlaeus (Jean Dobneck) 306.

Cognac (ligue de) 326, 327, 331.

Colet, Henri 63.

—John 30, 63, 65-69, 71-83, 85-91, 95, 140, 143, 160, 176, 182, 183, 185, 187, 190, 192, 195-208, 210, 216, 225, 226, 229, 232, 234, 242, 244, 247, 248, 253, 263, 266, 283, 293, 299, 339, 345, 415, 416.

Cologne 205, 208, 209, 212, 224, 233, 236, 246, 250, 261, 262, 265, 269, 310, 355.

Colonna (Francesco) 155.

Constance (concile de) 177, 183, 292, 344, 362.

Constantin (donation de) 29, 45, 194.

Constantinople 151, 158.

Contarini (Gasparo, cardinal) 387.

Contre-Réforme 4, 9, 19, 119, 135, 340. 394, 395, 398.

Corsi (Pietro) 394, 395, 398.

Cortesi (Paolo) 349.

Cousturier (Pierre), voir Sutor

Cracovie 376, 407.

Craneveldt (François) 13, 113, 326.

Cremonini (Cesare) 117.

Crète 201.

Cretin (Guillaume) 420.

Croke (Richard) 194.

Cues (Nicolas de) 5, 28, 40, 67, 129.

Cybo (Francesco) 100.

Cyprien (saint) 245.

Cyrille (saint) 216.

Dalmatie 151, 162, 182.

Damien (Pierre) 120.

Dante, voir Alighieri

Dati (Agostino) 44.

Deloyne (François) 347.

Denys l'Aréopagite 42, 70, 73, 76.

De Groote (Gérard) 38, 42.

De Sanctis (Francesce) 118, 131, 134.

De Schrijver (Corneille) 251.

Deventer 38, 40-42, 46, 372, 407, 413.

Dircks (Vincent) 113, 246.

Dobneck (Jean), voir Cochiaeus

Dolet (Etienne) 22, 26, 396,-398.

Dominicains 101, 111, 140, 205, 208, 236, 248, 260, 337, 377, 385.

Dominici (Giovanni, cardinal) 49, 119, 120, 122, 129, 131, 132.

Dorp (Martin van) 196, 209, 211, 225, 237.

Dumoulin (François) 341, 399.

Duprat (Antoine) 323.

Dürer (Albert) 142, 153, 206, 251, 414.

Eck (Jean) 234, 236, 279.

Ecosse 167.

Egidio de Viterbe (cardinal) 172, 176, 382, 399, 404.

Eglise; Eglise catholique 32, 101, 265, 288, 343, 361, 384.

—Eglises nationales 99, 169, 182, 253, 344.

Eglises réformées, voir Réforme

Eglise (Pères de) 24-26, 47, 59, 66, 74, 76, 77, 79, 81, 88, 160, 245, 299, 303, 314, 371, 385, 419.

Egnazio (Battista) 157, 372, 373, 379, 387.

Egypte 59, 116, 151, 152, 231, 332.

Emilie 400, 415.

Empire (Saint) 27, 33, 66, 88, 97, 151, 154, 162, 163, 169, 206, 234, 247, 251, 261, 266, 267, 286, 310, 311, 319, 326, 346, 356, 358-366.

Erasme —Le nom d'Erasme apparaissant à presque toutes les pages de ce livre, le lecteur pourra se reporter à la table des matières et à l'index des ouvra-ges d'Erasme établi ci-dessous.

—*Adagia* 3, 6, 20, 23, 44, 47, 75, 77, 79, 81, 91, 144-146, 148, 156-157, 159-163, 165, 167, 172-173, 176, 182, 184, 186, 195, 197, 199-200, 204-207, 229, 249, 259, 281, 313, 316, 318, 323, 327, 333, 353, 375, 393-394, 414, 416.

—*Antibarbari* 47, 48, 237.

—*Apologia ad Albertum Pium* 180, 382, 386, 390, 395.

— *Apologia adversus debacchationes Petri Sutoris* 290.

— *Apologia ad prodromon Stunicae*; *adversus libellum Stunicae cui titulum fecit Blasphemiae* 286.

—*Axiomata in causa Martini Lutheri* 262, 272.

— *Catalogus lucubrationum* (Lettre d'Erasme à Jean Botzheim, Bâle, 30 janvier, Allen, **6**, I, 1-46) 179, 295.

—*Ciceronianus* 7, 22, 28, 34, 76, 179, 182, 205, 321, 346, 349, 352, 354, 376, 381, 383, 386, 414.

—*Collaquia* 56, 275.

— *Comparatio virginis et martyris* 378.

—*De conscribendis epistolis* 61, 324, 327.

—*De contemptu mundi* 43.

—*De duplici copia verborum et rerum* 201.

—*De immerisa Dei misericordia concio* 378.

—*De libero arbitrio* 34, 287, 288, 303, 376.

—*Deploratio mortis Ioannis Frobenii* 205.

— *De sarcienda Ecclesiae concordia* 365, 392.

—*De taedio, pavore et tristitia Iesui, instante crucis hora* 81, 140.

—*De vidua christiana.* 384.

—*Ecclesiastes* 22, 23, 179, 408, 419.

—*Enchiridion militis christiani* 6, 20, 29, 32, 74, 78, 81, 82, 89, 91, 122, 141, 145, 147, 159, 160, 173, 176, 182, 187, 196, 199, 214, 223, 230, 232-234, 241, 251, 255, 278, 339, 372, 376, 378, 388, 415, 419.

—*Encomium matrimonii* 378.

—*Encomium Moriae* 3, 11, 20, 23, 29, 182-187, 194-195, 200, 204, 209, 211, 226, 230, 249, 259, 261, 318, 447.

—*Explanatio Symboli* 371.

INDEX

—*Hyperaspistes (I et II)* 25, 293, 294, 299, 303, 305, 335, 343, 393, 415, 418.

—*Institutio principes christiani* 23, 223, 310, 313,315, 318, 323, 327.

—*Lingua* 318, 320.

—*Lucubrationes aliquot* 80.

—*Paraphrases in Psalmos (I, II, III, IV, LXXXIII, LXXXV)* 289, 339, 378, 381.

—*Paraphrasis in Evangelium Matthaei* 229, 318, 324, 339, 382, 416.

—*Paraphrasis in Acta Apostolorum* 280, 284, 286, 318, 324, 339, 382, 416.

—*Paraphrasis in Epistola Pauli ad Romanos* 229-230, 318, 339, 382, 416.

—*Paraphrasis in Epistola Pauli ad Ephesios* 229-230, 244, 318, 339, 382, 416.

—*Prosopopoeia Britanniae* 76.

—*Querimonia pacis* 289, 318, 323, 326, 327.

—*Ratio seu methodus compendio parveniendi ad veram theologiam* 20, 29.

—*Virginis Matris apud Lauretum liturgia* 296.

Editions

—*Arnobii Opera* 270, 272, 324.

—*Sancti Augustini Opera* 253, 356.

—*Ciceronis Tusculanae Disputationes* 347.

—*Sancti Cypriani Opera* 245.

—*Sancti Hieronymi Opera* 43, 48, 77, 201, 204, 208, 210-213, 223-224, 226, 84, 390, 446.

—*Novum Testamentum graece* 7, 20-21, 23, 29, 32, 43, 125, 144, 150, 195, 200-201, 208, 212-214, 217-218, 220-221, 223-227, 229-230, 232-233, 235-236, 245-246, 248-249, 251, 339, 390, 392, 414, 416, 419, 445-446.

—*Origenis Opera* 409.

—*Suetonii Opera* 219, 315, 328.

—*Laurentii Vallae Annotationes in Novum Testamentum* 43, 124, 159, 201, 217, 221, 223, 251, 416.

Traductions

—Euripide 87, 89, 144, 146, 147, 155, 249.

—Lucien 87, 89, 90, 97, 140, 142, 143, 164, 182, 199, 249.

—Plutarque 160.

En collaboration

—*Acta academiae lovaniensis* 262.

Projet

—*Libellus* (ouvrage en forme de trois dialogues, qui ne furent jamais écrits, sur la question luthérienne) 288, 306.

Erfurt 40, 226, 236, 241.

Espagne 4, 5, 8, 21, 52, 97, 100, 103, 111, 164, 208, 211, 228, 246, 249, 324, 326, 330, 332, 351, 378, 388.

Este (famille) 164, 289.

—Alphonse, voir Alphonse I, duc de Ferrare

—Hippolyte, cardinal 376.

Euripide 26, 77, 87, 89, 144-147, 155, 158, 163, 177, 184, 186, 249, 374.

Europe 4, 23, 44, 52, 57, 71, 74, 90, 92, 96-102, 107, 110, 121, 134, 135, 139, 151, 154, 156, 163, 169, 174, 193, 229, 233, 288, 305, 310, 312, 319, 323, 326, 327, 333, 336, 346, 356, 415, 418.

Everard (Nicolas) 272, 399.

Farnèse 405.

—Alexandre, voir Paul III

—Giulia 403.

Fèbvre (Lucien) 15, 112, 420.

Ferdinand le Catholique, roi d'Aragon et de Naples 163, 189, 213, 288, 311, 327.

Ferdinand, archiduc d'Autriche 333, 361, 397.

Fernandez (Alonso) 378.

Ferrare 40, 96, 104, 118, 127, 146, 148, 154, 164, 183, 289, 335, 375, 376, 387, 408.

Ferrerio (Stefano) 173.

Fichet (Guillaume) 52-54, 93.

Ficin (Marsile) 4, 5, 28, 40, 47, 52, 56, 58, 64, 67, 68, 72, 74, 79, 80, 95, 103, 104, 126, 127, 128-130, 132, 154, 185, 195, 253, 351, 415.

Filelfo (Francesco) 45, 54, 55, 57, 309, 351.

Filonardi (Enrico) 280, 281, 285, 286, 391, 406.

Fisher (Christophe) 82.

Fisher

—John 61, 86, 91, 200, 208, 228, 408, 409.

—Robert 61, 73.

Fitzjames (Richard) 202, 207.

Fiume 283.

Flandre 6, 326.

Flore (Joachim de) 108, 184.

Florence 3, 6, 104-106, 115, 126, 131, 141, 161, 165, 175, 183, 411.

—institutions, économie et vie politique 32, 98, 108, 115, 154, 165, 170, 173, 186, 210, 312, 313, 318, 326, 335, 338, 403, 416.

—humanisme, vie intellectuelle et artistique 28, 45, 52, 57, 58, 64, 67, 79, 104, 122, 142-143, 146, 171, 303, 310, 338, 339, 366, 374, 413, 414.

—vie religieuse (voir aussi Savonarole) 64, 66, 81, 88, 102, 106, 109, 122, 193, 22, 335, 358, 364, 383.

Floriszoon (Adrien), voir Adrien VI

Fonseca (Alonso de) 356, 387.

Forteguerri (Scipione) 155, 172, 176, 184.

Fossombrone (Lodovico de) 404.

Foxe (Richard) 86, 91, 200, 201, 208.

France —vie intellectuelle 52, 58, 66, 131, 226, 259, 310, 351-353, 396, 409, 412.

—institutions et politique 90, 97, 98, 110, 141, 158, 164, 167, 169, 174, 189, 194, 202, 203, 226, 310, 319, 320, 323-325, 332, 333, 335, 345, 356, 360, 365.

—Eglise, religion, croyances 23, 28, 103, 107, 133, 177, 189, 264, 288, 320, 332, 352, 382, 387.

Francfort 33, 154, 108.

Franciscains 108, 119, 377, 385.

François de Paule (saint) 51, 107.

François de Sales (saint) 299.

François Ier 33, 83, 165, 208, 211, 226, 245, 247, 311, 319, 323-327, 335, 353, 364, 371, 388, 404, 406.

Frédéric, électeur de Saxe 234, 241, 242, 247, 263, 311.

Fribourg en Brisgau 23, 183, 205, 283, 355, 357, 373, 377, 391, 408.

Frise 44, 372.

Froben (Jean) 20, 159, 204, 205, 207, 212, 226, 233, 235, 242, 252, 270, 282, 283, 286, 299, 323, 346, 355, 356, 371, 373, 382, 394, 409.

Frundsberg (Georges de) 329, 331.

INDEX

Gaetano de Thiene (saint) 126, 403-404.

Gaguin (Robert) 52-63, 68, 74-76, 82, 95, 144-145, 226.

Galien 165, 376, 393.

Galilée (Galileo Galilei) 117, 135.

Ganay (Jean de) 189.

Gand 42.

Garigliano 141.

Gattinara (Mercurino) 253, 265, 323, 326, 328, 330, 358.

Gelensky (Sigismond) 373.

Gênes 97, 404.

Georges, duc de Saxe 228, 311.

Georges de Trébizonde 75.

Genève 109-111, 139, 255.

Gérard (Corneille) 38, 42, 45-48, 54, 60-62, 68, 82, 90, 107.

Gerson (Jean) 242.

Ghiberti (Lorenzo) 6.

Ghirlandaio (Domenico) 142.

Gibelins 115, 118.

Giberti (Matteo) 287, 289, 403, 405.

Gigli (Silvestro) 201, 225, 247.

Gilles (Pierre) 226, 228, 251.

Glapion (Jean) 268, 279.

Glarianus, voir Loriti

Goclen (Conrad) 373, 398, 405.

Goes (Damian de) 374, 375, 396.

Goethe 26, 415.

Goths 82, 336, 352, 395.

Gouda 38, 41, 51, 143.

Gourmont (Gilles de) 184, 248, 259.

Grau (Ferdinand; Nausea) 305, 330.

Grèce 44, 46, 121, 146, 314.

Greenwich 63, 71, 76, 148, 181, 183, 188.

Grégoire de Nazianze 159.

Grey (Thomas) 61.

Grimani (Domenico, cardinal) 3, 6, 174, 176, 182, 203, 210, 229, 230, 246, 259, 337, 390.

Gringore (Pierre) 193, 194.

Grocyn (William) 67, 71, 72, 76, 81, 82, 85, 87, 95, 147, 148, 185.

Groenendael 48, 60.

Groningue 40, 80.

Guarino de Vérone 49, 309, 376.

Guibé (Robert de) 173, 202.

Guichardin (Guicciardini, Francesco) 111, 312.

Guillaume d'Orange (dit le Taciturne) 320.

Gumppenberg (Ambroise de) 400, 404.

Haarlem 388.

Habsbourg (maison de) 97, 312, 319.

Heek (Alexandre de) 41, 42, 44, 46, 76.

Heeze (Thierry Adrien de) 272, 289, 398.

Heidelberg 40, 79, 226.

Heigerlin (Jean Faber) 220.

Henri duc d'Orléans, plus tard Henri II 371.

Henry VII, roi d'Angleterre 86, 220.

Henry VIII, roi d'Angleterre 61.

Herebouts (Adrien) 251.

Hermans (Guillaume) 42, 46, 48, 58, 59, 62, 68.

Hermonyme (Georges) 61.

Hérodote 124.

Hésiode 158.

Hess (Eoban) 236.

Hillen (Martin) 80.

Hippocrate 165, 393.

Holbein (Hans) 142, 414.

Hollande 6, 38, 58, 59, 63, 73, 77, 90, 413.

Homère 26, 147, 184.

Hongrie 23, 151, 162, 311, 332, 334, 357, 364, 376, 388.

Hoochstraeten (Jacob van) 246, 250, 263.

Horace 27, 43, 164, 184.

Hus (Jean), Hussites 30, 66, 89, 169, 213, 214, 242, 254, 292.

Hutten (Ulrich de) 187, 208, 212, 263, 315.

—*Epistolae obscurorum virorum* 212, 229, 236, 244.

Iihlava 361.

Imitation du Christ 27, 38, 42, 60, 213, 214, 419.

Imola (Benvenuto da) 115.

Indes Orientales 99, 152.

Indulgences, querelle des 190, 224, 232, 234.

Inghirami (Tommaso, dit Fedra) 172, 173, 347.

Innocent VIII 100, 103, 106, 128, 171, 174.

Inquisition 4, 266, 292.

Isocrate 77.

Italie *passim*

—Voyage d'Erasme en Italie, voir pp. 85-199.

Jacques IV, roi d'Ecosse 163.

Jacques V, roi d'Ecosse 311.

Jandun (Jean de) 117, 124, 131.

Jean (saint), voir Bible (*Evangiles*, *Epîtres apostoliques*, *Apocalypse*)

Jean Chrysostome (saint) 91, 356.

Jean XXII 327.

Jean III, roi de Portugal 311, 374.

Jean III, duc de Clèves 346.

Jean le Constant, électeur de Saxe 292, 362, 406.

Jérôme (saint) 43, 45, 47, 48, 54, 77, 78, 108, 199, 201, 204, 208, 210-213, 216, 223, 224, 226, 227, 230, 232, 270, 284, 285, 390.

—Voir aussi Erasme, *Oeuvres*

Jésus, Compagnie de 135, 418.

Jonas (Josse Koch) 241, 243.

Juifs 4, 260.

Jules II 3, 33, 97, 99, 140, 141, 143, 145, 152, 163, 165, 167-178, 182, 185, 188-190, 193, 194, 200, 203, 208, 209, 211, 244, 278, 282, 323, 338, 346, 352, 376, 416.

Julius exclusus, pamphlet attribué sans preuves décisives à Erasme 203, 244, 382.

Kabbale 103, 127, 128, 229.

Kretz (Matthias) 400.

Kriczki (André) 367.

Lachner (Wolfgang) 205.

Landi (Ortensio) 449.

Lang (Jean) 236, 243.

Langeac (Jean de) 396.

INDEX

Lascaris
—Constantin 154.
—Jean 157, 163, 175.

Laski (Jean) 366.

Latimer (William) 148, 374.

Laurensen (Laurent) 261, 269.

Laurent le Magnifique, voir Médicis

Lautrec (Odet de) 324.

Lauwereyns (Marc) 273.

Lee (Edward) 248, 249.

Lefèvre d'Etaples (Jacques) 5, 6, 28, 47, 58, 60, 62, 67, 73, 74, 90, 91, 108, 140, 144, 172, 173, 195, 204, 217, 229, 249, 271, 189, 365, 393, 405, 409.

Leipzig 228, 234, 247.

Lemaire de Belges (Jean) 194.

Léon X 3, 7, 21, 104, 111, 134, 154, 162, 173, 182, 203, 208, 210-214, 223-235, 242-252, 259, 260, 262, 267, 270, 277, 278, 280, 289, 306, 311, 320, 323, 334, 346, 348, 349, 360, 376, 383, 391, 403, 417.

Leoni (Ambrogio) 162.

Leonico Tomeo (Niccolò) 164, 374.

Leoniceno (Niccolò) 165.

Leonini (Angelo) 162.

Le Sauvage (Jean) 224, 226.

Le Sueur (Pierre), voir Sutor

Leto (Pomponio) 125, 177, 351.

Leyde 3, 42, 388, 413.

Liège 204, 233, 246, 260, 270.

Linacre (Thomas) 68, 71, 73, 74, 76, 81, 85, 87, 95, 148, 165, 185, 374.

Lippi (Filippino) 142.

Lippomano (Pietro) 404.

Lister (Gérard) 204, 207.

Lollards 30, 66.

Lombardie 103, 140, 152, 162, 333, 374, 415.

Londres 63, 71, 72, 81, 82, 85-87, 97, 142, 161, 175, 181, 183, 188, 190, 199, 202-204, 207, 210, 211, 225, 227, 228, 231, 247, 311, 356, 372, 408, 413.

—Saint-Paul 81, 85, 88, 183, 200-202, 207.

Longueil (Christophe de) 347, 348, 350, 352, 375, 396.

Lorédan (Léonard) 3.

Loreto 282, 283.

Loriti (Henri L. de Glaris) 205, 306, 373, 419.

Louis IX (saint), roi de France 347.

Louis XI, roi de France 51, 139.

Louis XII, roi de France 97, 141, 145, 158, 163, 64, 176, 188, 189, 190, 194, 203, 211, 259, 290, 313, 358.

Louis II Jagellon, roi de Hongrie 164, 332, 397.

Louvain 8, 9, 22, 23, 39, 45, 77, 78, 81, 82, 87, 92, 143, 181, 183, 204, 206, 209, 211, 225, 226, 228, 229, 233, 234, 236, 241, 243, 245, 246, 248-251, 259, 260, 263, 267, 269-271, 277, 279, 280, 289, 299, 304, 311, 313, 323, 324, 347, 350, 358, 373, 381, 398, 405, 413, 417.

—Collège des trois Langues (Busleiden) 373, 398.

Lucien 20, 26, 29, 87, 89, 90, 97, 131, 140, 142, 143, 145, 159, 164, 176, 182-184, 199, 203, 206, 249, 292, 415.

Lucques 201, 202.

Lucrèce 90, 127, 131-133, 154, 164

Ludovic le More, duc de Milan 163.

Lunardi (Fileno) 378.

Lupset (Thomas) 204, 257.

Luther (Martin) *passim*

—*De captivitate babilonica Eccleslae* 23, 223, 254, 284.

—*De libertate christiana* 23, 254, 263.

—*De servo arbitrio* 32, 291, 294, 384.

—Lettre à Nicolas Amsdorf 406.

Lyon 66, 90, 139, 189, 198.

Machiavel (Niccolò Machiavelli) 3, 10, 19, 27, 95-102, 105, 111, 125, 134, 141, 169, 185, 186, 189, 309-320, 325, 327, 338, 344, 378, 379, 413, 416.

Madrid 325, 378.

—traité de 326.

Magi (Vincenzo) 378.

Mair (John) 52.

Maldonado (Juan) 307.

Malines 51, 143, 260, 311, 347.

Manardi (Giovanni) 376, 379.

Mantegna (Andrea) 153, 155.

Mantoue 54, 59, 107, 153, 164.

Manuce (Alde) 3, 5, 20, 68, 71, 74, 146, 153, 154, 158, 176, 183, 184, 204, 205, 229, 259, 260, 290.

—Académie aldine 155, 158, 188, 212, 259, 353, 372.

Marbourg 357, 363.

Marck (Erard de la) 246, 253, 260, 270.

Margaret Tudor, reine d'Angleterre 86.

Marguerite d'Autriche 194.

Marguerite d'Angoulême, duchesse d'Alençon, reine de Navarre 325, 365, 388, 393.

Marie de Hongrie 384, 407, 409.

Marignan 165, 211.

Marliano (Alvise) 265.

Marsile de Padoue 327.

Martens (Thierry) 209, 226.

Marullo (Michele) 327.

Masson (Jacques; Latomus) 245, 248.

Matsijs (Quentin) 124, 414.

Mauritz (Jacques) 143.

Maximilien, roi des Romains 163, 169, 188, 189, 193, 203, 205, 206, 210, 213, 290, 313, 323, 353, 358, 376.

Mayence 204, 233-235, 242, 247, 269, 330.

Mayence (Albert de), voir Albert de Brandebourg

Mazzolini (Silvestro) 234, 236, 383, 384.

Médicis

—famille 65, 98, 99, 109, 135, 141, 142, 158, 168, 174, 186, 210, 280, 320, 335, 338, 358, 364, 403, 416.

—Côme l'Ancien 45, 98, 104, 105, 109, 123, 127, 174, 186.

—Laurent le Magnifique 3, 95, 98, 99, 104, 107, 109, 126, 127, 141, 158, 169, 173, 174, 175, 210, 214, 232, 270.

—Pierre II 99, 141, 174.

—Jean, voir Léon X

—Jules, voir Clément VII

—Julien, duc de Nemours 320, 338.

—Laurent, duc d'Urbino 320, 338, 377, 403.

—Alexandre, duc de Florence 335.

—Hippolyte, cardinal 398.

—Catherine, reine de France 320, 371.

Méditerranée 97, 99, 151, 152, 332, 355, 357, 362-366, 371, 406.

Mélanchthon (Philippe) 226, 236, 288

INDEX

Mellini (Celso) 348.

Merbelli (Pietro) 397-398.

Merula (Gaudenzio) 397-398.

Miani (Girolamo) 404.

Michelange, voir Buonarroti

Michelet (Jules) 28, 37, 413.

Migli (Emilio de') 377-379.

Milan (ville et duché) 45, 75, 97, 102, 103, 108, 140, 146, 153, 162, 165, 175, 183, 186, 189, 227, 324, 326, 332, 374, 375, 397, 404.

Minimes 51, 107.

Mirandole 189.

Mirandole (Jean Pic de la) 5, 28, 57, 58, 61, 64, 73, 74, 76, 86, 95, 104, 127, 195, 208, 229, 248, 253, 290.

—Jean François 349, 376.

Modène 96, 140.

Mohács 333.

Mombaer (Jean) 60, 61, 68, 69.

Montefalcone 404.

More (Thomas) 12, 13, 23, 61, 71-73, 75, 83, 85, 87, 88, 90, 91, 97, 140, 143, 181-183, 187, 190, 192, 195, 196, 204, 207, 209, 212, 213, 219, 220, 223, 225, 226, 228, 232, 238, 244, 281, 305, 311, 313, 316, 319, 324, 326, 344, 364, 393, 398, 407, 409, 410, 442, 444, 446, 447.

Mornyeu (Pierre de) 149.

Morton (John), cardinal 71, 97.

Mountjoy (William Blount) 63, 71, 75, 86, 181, 183, 200, 201, 227, 246, 274, 367.

Münster (Westphalie) 27.

Musuro (Marco) 157, 163, 374.

Naples 95, 97, 100, 102, 141, 145, 167, 186, 232, 326, 332.

—royaume de 101, 102, 151, 164, 232, 334.

Nausea, voir Grau

Navarre 323

—collège de, voir Paris

Niccoli (Niccolò) 119.

Nice 139, 335.

Nicolas V 124, 171.

Nole 162.

Nolhac (Pierre de) 3, 5, 150.

Novare 397.

Nuremberg 33, 151, 206, 228, 237, 250, 269, 285, 312, 365.

Obrecht (Jacques) 38.

Occident 47, 61, 99, 117, 122, 169, 259, 336, 344, 354, 412, 413, 416.

Ockham (Guillaume d'), ockhamistes 25, 53, 116, 124, 216.

Odoni (Giovanni Angelo) 378, 447.

Œcolampade (Jean) 9, 23, 257, 355, 357, 359.

Œhm (Wolfgang) 364.

Olah (Nicolas) 275, 410.

Omer (St) 77, 78, 89, 185.

Orient et Empire d'Orient 103, 122, 146, 151, 152, 158, 231, 443.

—Extrême-Orient 151.

Origène 77, 79, 216, 304, 409.

Orléans 76, 90, 143, 195, 259, 371, 396.

Ormuz 152.

Overijssel 38, 44.

Ovide 39, 59, 184.

Oxford 5, 11, 29, 30, 34, 63, 67, 68, 71, 72, 74, 75, 77, 79-81, 85, 88, 91, 92, 140, 147, 154, 159, 161, 176, 181, 185, 199, 205, 213, 223, 304, 345, 413, 415, 442.

Pace (Richard) 164, 226, 267, 274.

Padoue 26, 54, 96, 104, 117, 118, 124, 126, 127, 131, 143, 148, 153, 158, 162-164, 206, 253, 281, 329, 348, 353, 362, 364, 372-375, 378, 387, 396, 398.

Palmieri (Matteo) 309.

Paris 8, 16, 20, 39, 48, 51-53, 56-58, 62, 63, 73-76, 78, 80, 87, 90, 91, 107, 117, 140, 145, 154, 161, 162, 175, 181, 185, 195, 198, 201, 204, 206, 226, 228, 231, 237, 244, 256, 259, 264, 269, 311, 347, 356, 357, 381, 385, 390, 393, 396, 413, 441.

—chapitre Notre-Dame et évêché 169, 219, 226, 259.

—Saint-Germain-des-Prés 195, 207.

—Saint-Victor 60, 61, 393.

—Université 40, 52, 54, 57, 116, 169, 197, 198, 259, 264, 353, 354, 400

—Faculté des arts 55, 74, 162.

—collège du cardinal Lemoine 58, 60, 73.

—Faculté de décret 51.

—Faculté de Théologie 21, 31, 51, 60, 74, 289, 303, 325, 391.

—collège de Sorbonne 51, 77, 92, 205, 264, 279, 289, 299, 303, 304, 357, 374, 383, 384.

—Collège de Navarre 48, 92.

—collège de Montaigu 51, 59, 441.

—Couvent des Jacobins 246, 260, 263.

—collège des lecteurs royaux 83.

—Imprimerie 29, 53, 80, 124, 194, 195, 201, 204, 248, 385, 391, 393.

—Italianisme parisien, voir l. I, ch. 2, pp. 51-56.

Parme 140, 403.

Pascal (Blaise) 124, 339, 419, 420.

—mystère de Jésus 140.

Patin (Guy) 420.

Paul (saint) 177, 187, 191, 195, 209, 212, 230, 232.

—*Epîtres*: I, *Cor.* 66, 70, 74, 78, 198, 215.

—*Gal.* 20, 30, 49, 80, 230, 308, 345, 410.

—*Hébr.* 6, 391.

—*Rom.* 78, 79, 80, 229, 371, 428.

Paul II 104, 125, 170, 177, 282, 404.

Paul III 21, 30, 311, 374, 376, 395, 397, 403-406, 418.

Paul IV 225.

Paulin de Nole 59.

Pausanias 159, 163.

Pavie 40, 140, 153, 160, 206, 325, 332, 375, 447.

Pavie (Michel de) 48.

Pays-Bas 6, 16, 20, 23, 27, 28, 30, 33, 38, 42, 47, 51, 53, 62, 79, 83, 103, 142, 143, 146, 161, 162, 183, 192, 210, 211, 213, 219, 224, 226, 228, 241, 246, 248, 251, 260, 261, 264, 266, 268-271, 277, 280, 290, 310, 32, 313, 319, 324, 333, 348, 357, 356, 372, 374, 387, 398, 407, 408, 413

Pellican (Conrad) 270.

Pérouse 106, 141, 169, 338.

Perse, golfe Persique 118, 152.

Pesaro (Iacopo) 153.

Pétrarque 3, 25, 26, 28, 40, 41, 43, 44, 48, 52, 58, 95, 110, 117, 118, 120-123, 125, 127, 128, 132, 136, 148, 153, 154, 162, 169, 177, 195, 303, 338, 344, 350, 352, 372, 378, 412.

Peutinger (Conrad) 258.

Pflug (Julius) 362, 367.

Philibert, duc de Savoie 194.

Philippe II, roi d'Espagne 4, 42, 320, 373.

Philippe le Beau, archiduc d'Autriche 62, 77, 273.

Philippe le Bon, duc de Bourgogne 62, 97, 246.

Pie II (Enea Silvio Piccolomini) 47, 166.

Piémont 91, 139, 415.

Pierre (saint) 153, 176, 191, 203, 230, 268, 332, 335, 343, 383, 405.

— basilique 74, 97, 170, 172, 232, 261, 268, 339.

Pindare 158, 163.

Pirckheimer (Willibald) 206, 207, 228, 269, 275, 280, 295, 308, 340, 361, 367, 399.

Pise 15, 141, 189, 193, 197, 202, 203, 259, 383.

Plaisance 140.

Platina (Bartolommeo Sacchi) 125, 177.

Platon, platonisme, néoplatonisme 15, 26, 28, 40, 52, 54, 56, 57, 60, 64, 73, 76, 83, 95, 103, 105, 117, 119, 122, 124, 126-128, 130, 132, 134, 147, 150, 153, 154, 158, 163, 184, 192, 197, 214, 216, 247, 293, 306, 314, 372, 374, 415, 419.

Plaute 160, 184, 209.

Pline l'Ancien 39, 130, 132, 137, 165, 177, 185, 196.

Pline le Jeune 156, 160.

Plotin 56, 57.

Plutarque 28, 158, 160, 184, 200, 206, 207.

Poitiers 55, 347.

Pô 139, 165.

Politien (Ange; Angelo Ambrogini da Montepulciano) 64, 67, 76, 95, 142, 154, 158, 161, 165, 184, 195, 227, 348, 351, 412.

Pologne 23, 151, 154, 170, 311, 326, 332, 376, 388.

Polybe 314, 315.

Pomponazzi (Pietro) 26, 131, 132, 153, 372, 374, 396.

Poncher (Etienne) 219, 226, 237, 259.

Pontano (Giovanni) 95, 104, 346, 351, 394.

Porcari (Stefano) 125.

Portugal 99, 113, 152, 311, 374.

Prie (René de, cardinal) 189.

Probst (Jakob) 251.

Proclos 127, 374.

Properce 59.

Prudence 59.

Pucci (Antonio) 235, 264, 273, 404.

—Lorenzo, cardinal 145, 231, 245, 266.

Pulci (Luigi) 110, 126, 137, 413.

Pythagore, pythagorisme 128, 214, 229.

Quintilien 348, 351.

Rabelais (François) 15, 25, 52, 87, 131, 185, 187, 230, 283, 302, 307, 376, 393, 394, 416, 420, 421.

Raminagrobis 420.

Ratisbonne 374, 387, 390.

Ravenne 163, 169.

Réforme générale de l'Eglise *passim*

Reggio Emilia 96, 400.

Reuchlin (Jean) 34, 208, 210-211, 225-226, 229, 246, 261, 266, 270, 291, 366, 405, 444.

Rhenanus (Beatus) 155, 166, 196, 204, 206, 212, 238, 373, 409-410, 421.

Rhin 41, 183, 224, 235, 310.

Riario (Raffaello, cardinal) 100, 172-173, 176, 203, 210, 219, 337.

Ricchieri (Lodovico; Celius Rhodiginus) 165.

Richmond 181, 207.

Rieger (Urban) 220.

Rochester 61, 86, 408.

Roger (Servais) 42, 144, 209, 219.

Romagne 141, 161.

Rome *passim*

—Voir également Saint-Siège

Rorario (Girolamo) 219.

Rosemondt (Godescalc) 261.

Rotterdam 12, 34, 38, 41, 159, 249.

Rovere, della (famille) 172, 201, 353.

Rucellai (Giovanni) 105.

Rupilius (Francesco) 347, 351, 369-371, 379, 401.

Ruthall (Thomas) 8, 89, 91, 200, 224, 403-404, 446-447.

Ruysbroeck (Jean) 42, 227, 286, 288-290, 297.

Ruzé (Louis) 304, 306, 329, 335-337.

Sadolet (Jacques) 8, 224, 227, 286, 288-290, 297, 304, 306, 329, 335-337, 347, 351, 370-371, 379, 403-404, 446-447.

Salluste 54.

Salutati (Coluccio) 119, 195, 412.

Sangallo (Giuliano da) 282.

—Antonio da

Sannazar (Jacques; Iacopo Sannazaro) 346, 351.

Sanseverino (Federico), cardinal 189.

Sansovino (Andrea Contucci da Monte San Savino) 282.

Santeramo (Pietro) 48.

Sanudo (Marino) 153-154, 162.

Sanzio (Raphaël; Raffaello Santi) 3, 142, 171-173, 376, 404, 445.

Savoie 3, 27, 64, 139, 164, 194, 335.

Savonarole (Girolamo Savonarola) 66, 95, 99, 109, 334-335, 344.

Saxe

—duché 241, 339.

—électorat 226, 228, 234, 241-242, 247, 260-262, 266, 292, 297, 311, 322, 362, 384, 406, 445.

Scala, della (famille) 353, 393-394.

Scaliger (Jules-César) 157-158, 352-354, 386-388, 394, 398, 401, 447.

Schade (Petrus Mosellanus) 238.

Scheffer (Corneille) 358.

Schmalkalden, ligue de 364-365.

Schmidt (Jean) 253, 277, 281, 296.

Schomberg (Nicolas) 325.

Schürer (Matthias) 207.

Scipion l'Africain 309.

Scot (Duns) 53, 216.

Sélestat 155, 204, 410, 421.

Sélim Ier, sultan 231.

Sénèque 54, 160, 172, 200, 207, 314, 316.

Sepúlveda (Juan Ginès de) 359, 386, 389.

Seripando (Girolamo) 404.

Sforza

—famille 140, 153.

—Bona 376.

—Francesco Maria 375, 397.

—Guido Ascanio 405.

—Lodovico, voir Ludovic le More

Sicile 226, 251, 398.

Siège (Saint-) 21, 98, 104, 111, 127, 133, 140, 168-170, 173, 175, 177-178, 182, 188, 202, 211, 213, 225, 234-235, 245, 250-252, 262, 265, 269, 280, 290-291, 305, 311-312, 321, 324, 326-327, 329, 332, 334, 339, 346, 361, 379, 382-383, 399, 418, 443, 445.

Sienne 6, 106, 110, 165, 167.

Siger de Brabant 116.

Sigismond Ier, roi de Pologne 311, 332, 373, 376, 388.

Simon (Richard) 419.

Sion, congrégation de 41-42.

Sixte IV 4.

Sixte V 4.

Socrate 212, 216, 301.

Soderini (Pietro) 141.

Sophocle 26, 155, 163, 184, 374.

Spagnuoli (Battista) 46, 59, 68, 90, 107.

Spalatin (Georg Burchard de Spalt) 226, 232, 250, 262, 272.

Spire 208, 235, 331, 334.

Stadion (Christophe) 408, 410.

Standish (Henry) 248-249.

Standonck (Jean) 51.

Steijn, couvent de 24, 41-45, 48, 54, 58, 60-62, 77, 82, 144, 164, 209, 225, 413.

Stendhal 414, 416, 448.

Steuco (Agostino) 180, 196, 390, 400.

Stoïciens 123, 130, 186, 293, 301, 314.

Strasbourg 7, 14, 33, 183, 204, 207, 224, 235, 310, 355, 362, 364-365.

Stuart (Alexandre) 163, 165, 167, 443.

Suède 333, 388.

Suétone 55, 219, 315, 328.

Suisse, cantons 22, 170, 235, 311. 356, 358, 447.

Sutor (Petrus; Cousturier, ou plus probablement Le Sueur) 381, 428.

Synthen (Jean) 41-42, 46.

Syrie 231, 332.

Tacite 311.

Tardif (Guillaume) 54-55.

Térence 39, 43, 46, 160, 209.

Tetzel (Jean) 234.

Théatins 255, 404.

Themistios 153.

Théocrite 159, 374.

Thomas (saint, d'Aquin) 25-26, 53, 64, 68-69, 82, 109, 124, 128-129, 234, 262, 294, 383.

Thucydide 124, 315.

Tibulle 59.

Tirlemont 236, 269.

Tite-Live 39, 55, 310, 314-315.

Titien 153.

Toffanin (Giuseppe) 119, 153, 299, 346.

Tolède 228, 356.

Tolomei (Pietro di Giorgio) 282.

Tomiczki (Pierre) 401, 407, 410.

Torresani, voir d'Asola

Toscane 98-99, 105, 111, 162, 194, 415.

Toulouse 55, 69, 354, 396, 399.

Tournai 324.

Tournon (François de), cardinal 324.

Tournehem 62, 77.

Traversari (Ambrogio) 119, 121.

Trente 280, 295, 404-405.

—concile de 9, 15, 23, 32, 99, 107, 119, 135, 255, 266, 400, 418, 307, 340, 404.

Trithème (Jean) 229.

Trivulzio (Agostino) 371, 379.

Tübingen 206.

Tudôr, famille 86, 88, 181, 200, 313, 319.

Tunstall (Cuthbert) 148, 374.

Turin 12, 92, 139-140.

Turcs 152, 231, 234, 238, 325, 332, 334, 358, 364.

Tyrol 280, 312, 325.

Ubaldini (Ottaviano) 115.

Uberti (Farinata degli) 115.

Urbino, ville et duché 75, 154, 162, 232, 320, 338, 377, 403.

Ursule (sainte) 153.

Utenheim (Christophe) 272.

Utenhove (Charles de) 367, 372-373, 379.

Utrecht 38, 246, 270.

Valdés (Alonso de) 330-331, 334, 341.

Valence (Dauphiné) 347.

Valla (Lorenzo) 5, 29, 40, 43, 45, 60, 67, 74, 81-83, 85, 87-89, 91, 123-125, 128, 145, 147, 159, 173, 182, 194-195, 199, 209, 212, 214, 217, 249, 315, 345, 348, 351, 390, 415, 441, 443.

Valladolid 328, 331, 356, 367.

Valois, famille royale de France 97.

Vandales 336, 352, 395.

Vaudois 30, 66, 89, 213-214.

Vecre (Anne de) 62-63, 77.

—Adolphe de 62.

Venise 3, 21, 32, 68, 153-154, 156-157, 159, 161, 163-167, 169-170, 172-174, 176-177, 182, 184, 186, 188, 194-195, 202, 205, 212, 219, 259-260, 265, 269, 281, 303, 311-312, 334, 348, 351, 353, 356, 366, 372, 374, 377, 380-381, 387, 389, 391, 396-400, 411, 413, 415, 442, 444, 447.

Vergy (Antoine de) 282.

Vernia (Nicoletto) 126.

Vérone 154, 163, 353, 386, 393, 404.

Vida (Marco Girolamo) 346, 404.

Vie commune, frères de la 38-43, 46-47, 51, 60, 232, 441.

Vienne (Autriche) 151-152, 305. 333-334.

Villedieu (Alexandre de) 41.

Vinci (Léonard de) 21, 96, 134, 140, 142.

Vio (Thomas de), voir Caïétan

Virgile 27, 39, 44, 54, 59, 107, 154, 184, 377.

Virgile (Polydore) 75.

Vischer (Peter) 206.

Visconti, famille 140, 162.

Vitelli (Cornelio) 54.

Vitrier (Jean) 30, 77-80, 83, 89, 185, 299, 415, 442.

Vivès (Jean-Louis) 297.

Vlatten (Jean de) 346.

Volz (Paul) 233, 243, 288, 378.

Walsingham 87, 283.

Warham (William) 86, 89, 92, 148, 181, 200, 208, 210, 218, 223, 225, 228, 247, 267, 274, 287, 330.

Werner (Nicolas) 61.

Wessel Gansfort (Jean) 80.

Westminster 201, 227, 237.

Wied (Hermann de) 410, 421.

Winchester 86.

Windesheim, congrégation de 38-39, 41-43, 48, 51, 60, 185, 441.

Wittenberg 7, 21, 232-234, 236. 238, 243, 250, 252, 255, 263-264, 282, 286-287, 289, 291, 294, 297, 304-305, 324, 329, 339, 343, 355, 359, 362-363, 366, 390, 446.

Witz (Jean; Sapidus) 212.

Wolsey (Thomas) 208, 228, 242, 246-248, 267, 274, 285, 287, 324.

Worcester 201, 226.

Worms 9, 111, 213, 220, 236, 258, 263, 265-266, 273, 278-279, 285, 307, 348, 358, 363, 417-418, 445.

Wyclif (John) 66, 79, 89, 169, 213-214, 254, 278, 292.

X iménez de Cisneros (Francisco, cardinal) 228, 249, 332, 341.

York 228, 247.

Zaccaria (Antonio Maria) 404.

Zápolya (Jean) 333.

Zäsi (Ulrich) 206, 283, 356, 375.

Zúñiga (Diego Lopez) 249, 270, 274-275, 278, 284, 286, 324, 340, 383.

Zurich 7, 12, 33, 231, 238, 280, 355, 362, 364-365, 390.

Zwingli (Ulrich) 7, 22, 270, 280, 295, 306, 314, 357, 359, 362-363, 365, 367, 387, 419, 447.

Zwolle 38, 47, 355.

TABLE ANALYTIQUE DES MATIÈRES

Préface de Silvana Seidel-Menchi	VII
Avant-Propos	3
Notes bibliographiques	11

Introduction   19

Erasme de Rotterdam   19

Signification de l'oeuvre érasmienne, 19 —Grandeur et décadence d'Erasme, 20 —et de l'érasmisme, 23 —Esprit de l'humanisme érasmien, 24 —L'italianisme érasmien, 28 —Une réforme évangélique de l'Eglise, 30 —Une réforme intellectuelle et morale du monde chrétien, 32.

Livre I: Initiations lointaines.

I. L'italianisme des Pays-Bas   37

Windesheim et les Frères de la Vie commune, 37 —L'italianisme de Rodolphe Agricola et d'Alexandre de Heek, 40 —Lectures et amitiés humanistes au couvent de Steijn, 41 —Première connaissance de l'humanisme italien; le nom de Laurent Valla, 42.

II. L'italianisme parisien   51

Erasme en lutte contre l'esprit de Montaigu, 51 —Tradition pétrarquiste de Guillaume Fichet; professeurs italiens à Paris, Robert Gaguin et Fausto Andrelini, 52 —Erasme encouragé par Gaguin et Andrelini, 55.

III. L'Angleterre italienne 57

I. Hésitations d'Erasme; influences windesheimienne, 57 —II. Erasme à Oxford; John Colet, humanisme florentin et retour à la Bible; ses leçons sur saint Paul; Th. Linacre, collaborateur d'Alde Manuce, 63 —John Colet maître d'Erasme et son directeur de conscience, 68.

IV. De John Colet à Laurent Valla 71

I. Erasme et Thomas More; intimité littéraire et religieuse, 71 —Erasme achève son initiation à la pensée de l'humanisme italien, 73 —II. Retour d'Erasme à Paris; signification humaniste des premiers *Adages,* 74 —Aux Pays-Bas; influence évangélique et paulinienne de Jean Vitrier, 76 —Louvain et la préparation de l'*Enchiridion,* 78 —Signification religieuse de cet ouvrage . retour à la Bible et liberté chrétienne, 79 —Publication à Paris par Erasme des *Notes critiques* de Valli sur le Nouveau Testament. Entrée de l'exégèse critique dans la religion érasmienne, 81.

Livre II: Erasme en Italie.

I. De Cambridge à Turin 85

Autorité nouvelle d'Erasme auprès de l'Angleterre italienne; départ pour l'Italie, 85 —Publication à Paris des versions d'Euripide et de Lucien préparées en Angleterre. Critique religieuse d'Erasme et de Thomas More dans les traductions de Lucien. Poème religieux écrit sur le chemin d'Italie, 87 —Erasme docteur en théologie de l'Université de Turin, 91.

II. L'Italie en 1506. Humanisme, politique, religion 95

I. Disparition des maîres des écoles humanistes, renouveau de l'averroïsme padouan, 95 —II. Force intellectuelle et faiblesse militaire; républiques et absolutisme princier; prédominance des questions économiques à Florence et Venise, 96 —L'autorité de l'Eglise décroît; superstitions populaires; superstitions savantes et leur rôle dans la spéculation philosophique, 100 —III. Persistance de la foi catholique dans la bourgeoisie et les classes populaires; confréries et théâtre religieux, 105 —Commencement d'une réforme des ordres religieux,, les prêcheurs de pénitence; l'oeuvre et l'échec de Savonarole, 107.

III. L'Italie en 1506. Mesure de l'incrédulité 115

I. Epicuriens et incroyants dans la *Divine Comédie*; l'idée des religions comparées; le conte des trois anneaux; progrès et activité de l'école averroïste de Padoue; ses conflits avec Pétrarque, 115 —Boccace, conformisme et indifférence; l'humanisme pétrarquiste en lutte contre l'incrédulité; méfiance de Giovanni Dominici (*Lucula noctis*, 1405), 118 —II. Sagesse païenne des humanistes; progrès de l'ironie; méfiance à l'égard de la théologie traditionnelle; Laurent Valla: critique des doctrines philosophiques et des dogmes religieux; exégèse hardie et foi évangélique, 121 —Médiocrité de l'Académie romaine; incroyance florentine (Luigi Pulci); apologétique: Marsile Ficin et Pic de la Mirandole tentent de construire une nouvelle théologie; acte de foi et incertitudes dogmatiques, 125 —III. Ermolao Barbaro contre l'averroïsme padouan; autorité croissante de Pomponazzi, 130 —renforcée par la tradition de Lucrèce, de Pline l'Ancien et même de Cicéron, 131 —IV. Conclusion: existence d'éléments importants d'incrédulité; persistance vigoureuse et attestée par la Contre-Réforme de la foi catholique; rôle de l'art dans sa conservation. Synthèse, chez les plus grands artistes, de l'humanisme et de la sensibilité chrétienne, 133

IV. Turin, Florence, Bologne 139

Bref séjour au Piémont; passage à Milan; la république de Florence en 1506; politique et art, 139 —Spectacles de guerre, 143 —Erasme à Bologne; activité d'helléniste, 144 —Importance en Italie et en Europe de l'atelier d'Alde Manuce, 146 —Projet de l'édition princeps du Nouveau Testament grec; accord avec Alde pour une nouvelle édition des *Adages,* 147.

V. Venise 151

I. Politique et économie; Venise porte de l'Orient; menaces contre l'impérialisme vénitien, 151 —Art, humanisme, académie aldine, 152 —II. Erasme chez Alde, 156 —Préparation des *Adages* de 1508, 157 —Publication et caractère de l'oeuvre; philologie humaniste et essais personnels, 159 —III. Erasme et la société vénitienne; l'amitié d'Aléandre, 162 —Erasme précepteur d'Alexandre Stuart; bref séjour à Padoue, 163 —Bref séjour à Ferrare; formation de la Ligue de Cambrai et danger de guerre dans l'Italie du Nord, 163 —Erasme part pour Rome, 165.

VI. Rome 167

Erasme à Rome; rentrée d'Alexandre Stuart en Ecosse, 167 —I. Jules II; la politique et la guerre; méfiances et rancunes italiennes contre le Saint-Siège; prestige maintenu de la Rome papale, 167 —Splendeur de l'art romain; Bramante, Michelange, Raphaël, 170 —II. Erasme en faveur auprès de la haute Eglise et des cardinaux; sensible à la liberté des esprits dans une ville internationale, 172 —Déceptions: manque d'une forte école d'humanistes; caractère superficiel du catholicisme romain; symptômes d'incrédulité, 175 —Malgré le charme de la vie romaine, Erasme condamne la papauté guerrière de Jules II; certitude évangélique d'une réforme nécessaire, 178.

VII. Le retour de Rome et l'*Eloge de la Folie* 181

I. Erasme rappelé en Angleterre; quitte Rome avec regrets, 181 —Voyage à travers l'Allemagne et les Pays-Bas; projet d'un *Eloge de. la Folie,* 183 —II. La première rédaction de l'*Eloge* chez Thomas More; caractère lucianesque et aristophanesque de l'ouvrage; amertume érasmienne au spectacle des choses humaines; critique des gouvernements et de la société; critique de la vie intellectuelle et du formalisme religieux, 183 —III. Guerre de Jules II contre Venise; préparation d'un concile œcuménique par le gouvernement français. Erasme achève l'*Eloge*; critique plus véhémente de l'Eglise, 188 —Développement en France d'une politique antiromaine à laquelle l'*Eloge de la Folie* semble se conformer, bien qu'Erasme se méfie du concile de Pise. Publication de l'ouvrage à Paris, juin 1511, et son très grand succès, 194.

Livre III: Erasme, la Réforme et l'Italie.

I. Italianisme érasmien et retour à la Bible 199

I. Erasme professeur de théologie à Cambridge, 199 —Correspondance avec Ammonio et Colet; mort de Jules II. Le *Julius exclusus,* 201 —II. Jean Froben, 204 —Premier séjour à Bâle (août 1514-avril 1515); contacts avec l'humanisme allemand, 204 —Travaux humanistes et préparation de l'édition princeps du Nouveau Testament grec, 207 —Bref voyage à Londres. Difficultés théologiques et disciplinaires. Le procès de Reuchlin en Cour de Rome, 208 —Rentrée à Bâle juillet 1515 et publication du Nouveau

Testament grec, février 1516, 212 —III. Le Nouveau Testament de Bâle; retour à la Bible et fondation de l'exégèse moderne; importance de la dédicace à Léon X et des préfaces, 213 —Signification historique du livre, 217.

II. L'attente érasmienne de la Réforme et l'apparition de Luther 223

I. L'édition du *Saint Jérôme* et l'*Institutio principis christiani*, 223—Invitation inutile à Rome, 224 —Séjour à Londres; l'irrégularité disciplinaire d'Erasme discutée à Rome, 224 —Absolution d'Erasme et projet d'évêché sicilien, 226 —Autorité intellectuelle et religieuse d'Erasme, son paulinisme antiromain. Les années de Louvain, 228 —II. Apparition de Luther; Erasme contre les Indulgences et la Cour de Rome, 232 —Réédition de l'*Enchiridion*, manifeste de la religion érasmienne, 233 —Suite de la querelle des Indulgences, 234 —Léon X approuve la seconde édition du Nouveau Testament, septembre 1518, 235 —Sollicitations des luthériens auprès d'Erasme, 236.

III. Luther, Rome et l'italianisme érasmien 241

I. Lettre de Luther à Erasme, mars 1519; réponse d'Erasme; il assure à Luther la protection de l'électeur de Saxe. Solidarité inavouée d'Erasme avec Luther, 241 —Erasme demeure en bonnes relations avec le Saint-Siège. Lettre à Léon X, 13 août 1519, et correspondance avec Campeggio, 244 —II. Diplomatie religieuse d'Erasme, 245 —Ses conflits théologiques à Louvain, 245 —Correspondance avec la Cour romaine, 247 —Attaques contre Erasme en Angleterre, 248 —en Espagne, 249 —en Cour de Rome, 250 —Erasme, blâmant la bulle *Exsurge Domine*, est sommé par Rome de se déclarer, 250 —Lettres à Léon X et à Chieregato, 13 septembre 1520, 251 —La politique de pacification du *Consilium,* 253 —La publication des trois grandes oeuvres de Luther met Erasme en danger, 253.

IV. La victoire d'Aléandre 259

I. Carrière d'Aléandre, 259 —Acharnement des théologiens et des moines contre Erasme, 260 —Campagne de presse dirigée par Erasme contre Aléandre, 261 —Refus d'admettre la bulle, 262 —Correspondance d'Erasme aux approches de la diète de Worms, 263 —II. Erasme invité par Léon X à écrire contre Luther, continue de se défendre en Cour de Rome, 264 —Découragement d'Erasme après la diète. Il prévoit la réaction religieuse, 265 —Aléandre, soutenu en Cour de Rome par le cardinal Jules de Médicis, demeure maître de la situation, 266 —Erasme quitte Louvain (28 octobre 1521), 268 —Désaffection naissante des Italiens vis-à-vis d'Erasme, 269

—Démarches inutiles d'Erasme auprès d'Adrien VI, qui le presse de venir à Rome pour y écrire contre Luther, 269.

V. L'humanisme italien d'Erasme contre Luther 277

I. Erasme conseille au pape une politique libérale (22 mars 1523), 277 —Projet du *Libellus,* 279 —Avènement de Clément VII; autorité d'Aléandre à Rome, 280 —II. Erasme décide de débattre avec Luther le problème du libre arbitre, 281 —Il compose une messe de Notre-Dame de Lorette, 282 —Erasme finit par annoncer à Campeggio son projet de traité du libre arbitre (8 février 1524), 283 —III. Erasme refuse de se rendre en Allemagne auprès de Campeggio et à Rome auprès de Clément VII, 285 —Très grande liberté des *Colloques,* 287 —Médiocre succès du *De libero arbitrio* à Rome, 288 —qui abandonne Erasme aux attaques des théologiens et des moines, 289 —Offensive d'Alberto Pio de Carpi, 289 —IV. Le *De servo arbitrio* de Luther (décembre 1525), 291 —Le premier *Hyperaspistes* (février 1526), 292 —Conclusion de Luther et d'Erasme sur leur désaccord, 294.

VI. Le testament humaniste et italien d'Erasme 299

I. Publication du second *Hyperaspistes*, août 1527, 299 —Analyse de l'ouvrage, 300 —II. Mécontentements romains et catholiques; Erasme dans l'attente de la troisième Eglise, 303 —Définition incertaine de cette troisième Eglise, 305 —Méfiance à l'égard des conciles, 306.

VII. Erasme et Machiavel 309

Erasme et la politique. Indifférence à la littérature italienne de la question, 309 —I. L'expérience politique chez Erasme et chez Machiavel, 310 —Réalisme dans l'*Utopie* à demi érasmienne de Thomas More et chez Machiavel, 313 —Lectures et sources d'Erasme et de Machiavel, 314 —Attitude de Machiavel et d'Erasme sur le problème de l'état et de la politique, 315 —Désaccord sur l'éthique du gouvernement. L'idéal constitutionnel d'Erasme, 318 —Tradition autoritaire de Machiavel et tradition libérale d'Erasme, 320.

VIII. Paix chrétienne et Sac de Rome 323

I. Propagande d'Erasme en faveur de la paix chrétienne, rôle idéal de la papauté, 323 —Désillusions et méfiances, 324 —II. Captivité de François Ier en Espagne; Erasme et la réconciliation chrétienne des princes, 325 —Ligue de Cognac; nouvelles guerres, 326 —La chancellerie impériale projette de publier par les soins d'Erasme la *Monarchia* de Dante. Pourquoi Erasme s'est dérobé, 326

—III. Erasme averti du Sac de Rome, mai 1527, 330 —réfractaire au messianisme hispano-impérial qui annonce la réforme chrétienne du monde, 330 —spectateur des événements romains et de la réconciliation de Charles-Quint avec Clément VII, 332 —Froideur de la lettre tardive au pape (3 avril 1528); importance de la lettre à Sadolet (1er octobre 1528) sur la Rome humaniste, capitale des libres esprits, 325 —IV. Tristesses italiennes. Michelange et les certitudes de la pensée, 338 —La pensée érasmienne et les certitudes de la liberté chrétienne; ni Wittenberg, ni la Rome papale, 339.

Livre IV: Le problème de la troisième Eglise.

I. Querelles cicéroniennes 343

I. Retour sur la question de la troisième Eglise; conformisme et cicéronianisme en Italie, 343 —II. Publication du *Ciceronianus*, mars 1528; résumé de la querelle cicéronienne dans l'Italie de la Renaissance; analyse de l'ouvrage; Erasme contre le paganisme des catholiques cicéroniens, 346 —III. Jules-César Scaliger attaque Erasme et l'accuse de diffamer l'Italie, 352.

II. Difficultés allemandes et romaines de la troisième Eglise. La diète d'Augsbourg 355

I. Révolution religieuse à Bâle; retraite d'Erasme à Fribourg, 355 —Condamnation et mort de Berquin. Erasme n'abandonne pas l'espoir d'une troisième Eglise, 356 —Convocation de la diète d'Augsbourg, 357 —II. Correspondance d'Erasme avec les autorités romaines au cours de la diète; projet d'une réconciliation des Eglises. Absence d'Erasme aux débats d'Augsbourg, 358 —Echec de l'érasmisme de Mélanchthon; danger de guerre religieuse, 362 —III. Découragement d'Erasme, 363 —Guerre religieuse en Suisse et mort de Zwingli; négociations érasmiennes de Mélanchthon avec le gouvernement français; mais Erasme se méfie même de Mélanchthon, 364.

III. Erasmiens d'Italie 369

Froideur croissante des humanistes italiens, 369 —I. Amitié d'Erasme et de Sadolet, partisan de la spiritualité érasmienne, 369 —Venise et Padoue: relations amicales avec Bembo et Egnazio; élèves d'Erasme à Padoue, 372 —Pavie: Alciat, 375 —II. Ferrare: Celio Calcagnini, 376 —Brescia: traduction en italien de l'*Enchiridion* par Emilio de' Migli (1531), 377 —Strasbourg: Giovanni Angelo Odoni et Fileno Lunardi, 378.

    IV. Antiérasmiens d'Italie   381

I. Aléandre et Alberto Pio de Carpi, 381 —II. Erasme regrette ses propres hardiesses, sans rien pardonner. Mort d'Alberto Pio et colloque *Exsequiae seraphicae,* 384 —Aléandre accusé par Erasme d'avoir collaboré avec Scaliger et Alberto Pio, lui offre une réconciliation qu'il refuse, 386 —III. Réconciliation de Caïétan avec Erasme et mort de Caïétan août 1534, 390 —IV. Suite de la querelle avec Scaliger. Rabelais pour Erasme, 393 —Attaque de Pietro Corsi, 394 —Etienne Dolet, allié des cicéroniens d'Italie, 396 —Attaque d'Ortensio Landi et des cicéroniens de Milan, 397 —Erasme rend Aléandre responsable de tout le complot des cicéroniens en Italie et en France, 398.

    V. La politique érasmienne de Paul III   403

I. Paul III, élu le 13 octobre 1534, adhère à l'oeuvre de réforme entreprise dans les ordres et dans le haut clergé, et soutenue par quelques érasmiens. Lettre-programme d'Erasme à Paul III (23 janvier 1535), 403 —II. Paul III prépare le concile œcuménique et se propose de nommer Erasme cardinal. Refus d'Erasme; sa tristesse après la mort of Thomas More, 406 —III. Retour d'Erasme à Bâle et sa mort, le 6 juillet 1536, 408.

Conclusion   411

Maîtrise italienne fondée sur l'humanisme et la philologie, 411 —Mesure de la dette d'Erasme envers l'Italie; Erasme et Montaigne; Erasme et Stendhal, 412 —Impression d'Erasme, déjà instruit par ses lectures, au cours du voyage d'Italie. Contraste d'une Rome qu'il voudrait érasmienne et d'une Rome conservatrice et hostile, 415 —Comment ce dualisme se traduit dans l'oeuvre et dans l'activité d'Erasme, 417 —Problème insoluble de la troisième Eglise, 418 —Mais les sources de sa pensée religieuse ne sont pas uniquement italiennes. Obscurités du problème de la spiritualité érasmienne, qu'il s'agisse de la vie ou de la mort d'Erasme, 419.

    Index   423

    Table analytique des matières   443

Imprimé en Suisse